凝聚隧道及地下工程领域的
先进理论方法、突破性科研成果、前沿关键技术，
记录中国隧道及地下工程修建技术的创新、进步和发展。

"十四五"时期国家重点出版物出版专项规划项目

中国隧道及地下工程修建关键技术研究书系

RESEARCH ON SURVEY,
DESIGN AND KEY TECHNOLOGIES OF SUPER LARGE DIAMETER
SHANTOU BAY TUNNEL
IN HIGH INTENSITY AREA

高烈度区超大直径汕头海湾隧道工程勘察设计研究及关键技术

孙 钧 陈韶章 / 总顾问
贺维国 周华贵 刘庆方 王东伟 等 / 编著

人民交通出版社股份有限公司
北京

内 容 提 要

本书为"十四五"时期国家重点出版物出版专项规划项目，依托我国在8度地震烈度区建设的首条海底超大直径盾构隧道——汕头海湾隧道的工程实践与科研创新成果，结合基于工程建设挑战与勘察设计重难点所展开的海湾隧道工程勘察、平纵断面设计、海底隧道8度抗震设计、结构及其耐久性设计、机电系统、防灾减灾等方面的技术研究，系统总结了作者团队在极复杂艰险环境与地质条件下的水下大直径盾构隧道修建中的突破性科研成果，深入阐述了相关的关键性、创新性工程技术。本书全面构建了高烈度区超大直径海底隧道工程勘察设计技术体系，资料翔实，内容丰富，理论性和实践性兼备。

本书可供从事水下隧道工程设计、施工管理和技术研究的工程技术人员阅读借鉴，也可供相关专业的高校师生学习参考。

图书在版编目(CIP)数据

高烈度区超大直径汕头海湾隧道工程勘察设计研究及关键技术 / 贺维国等编著. — 北京：人民交通出版社股份有限公司, 2022.2
ISBN 978-7-114-17858-0

Ⅰ.①高⋯ Ⅱ.①贺⋯ Ⅲ.①水下隧道—隧道工程—地质勘探—设计 Ⅳ.①U459.5

中国版本图书馆CIP数据核字(2022)第025525号

中国隧道及地下工程修建关键技术研究书系
Gaoliedu Qu Chaoda Zhijing Shantou Haiwan Suidao Gongcheng Kancha Sheji Yanjiu ji Guanjian Jishu

书　　名：	高烈度区超大直径汕头海湾隧道工程勘察设计研究及关键技术
著 作 者：	贺维国　周华贵　刘庆方　王东伟　等
责任编辑：	张　晓　李学会
责任校对：	孙国靖　宋佳时　扈　婕
责任印制：	刘高彤
出版发行：	人民交通出版社股份有限公司
地　　址：	(100011)北京市朝阳区安定门外外馆斜街3号
网　　址：	http://www.ccpcl.com.cn
销售电话：	(010)59757973
总 经 销：	人民交通出版社股份有限公司发行部
经　　销：	各地新华书店
印　　刷：	北京印匠彩色印刷有限公司
开　　本：	787×1092　1/16
印　　张：	38.5
字　　数：	905千
版　　次：	2022年2月　第1版
印　　次：	2022年2月　第1次印刷
书　　号：	ISBN 978-7-114-17858-0
定　　价：	228.00元

(有印刷、装订质量问题的图书由本公司负责调换)

海湾隧道鸟瞰效果

RESEARCH ON SURVEY, DESIGN AND KEY TECHNOLOGIES OF SUPER LARGE DIAMETER
SHANTOU BAY TUNNEL IN HIGH INTENSITY AREA

高烈度区超大直径
汕头海湾隧道
工程勘察设计研究及关键技术

■ 南岸临时围堰鸟瞰

■ 北岸华侨公园接收井鸟瞰

东线盾构始发仪式

■ 管片负环安装

■ 海湾隧道监控智慧中心

口子件拼装

隧道内部照片

南岸鸟瞰图

■ 东线盾构贯通

■ 南岸洞口及管理大楼

组织委员会

总 顾 问： 孙　钧　陈韶章

主 任 委 员： 贺维国　孔少波　赵晋友　雍泉茂

副主任委员： 费曼利　张良辉　叶东明　贺斯进　苏立勇　金若翃
　　　　　　　孙为东

委　　　员：（按姓氏笔画排序）

于　勇　方　磊　方　圆　牛紫龙　田　峰　付仁鹏
李永宝　李红谍　吕　洋　邢永辉　闫高翔　宋超业
杜华林　杨将晓　柏　林　徐彦举　郭富强　唐　健
蒋洪军　韩现民　谭忠盛

编写委员会

主　　编： 贺维国

副 主 编： 周华贵　刘庆方　王东伟

编　　委：（按姓氏笔画排序）

于　勇　王东伟　王　倩　王风波　王之心　王洪刚
石　刘　厉红星　刘庆方　吕青松　余露茜　张光伟
周华贵　范国刚　贺维国　胡　斌　曹　平　曹　威
曾桃桃　褚　凯　廖　荣　戴　新

编写单位： 中铁隧道勘测设计院有限公司
　　　　　　中铁第六勘察设计院集团有限公司

作者简介

贺维国

正高级工程师。现任天津市隧道风险与安全评估企业重点实验室主任，中铁隧道勘测设计院有限公司党委书记、执行董事，中国中铁专家，享受国务院政府特殊津贴专家，曾获"中华国际科学交流基金会杰出工程师青年奖""全国勘察设计行业建国七十周年科技创新带头人""天津市中青年科技领军人才"等荣誉称号。长期从事水下隧道、长大山岭隧道、大型地下洞库等隧道与地下工程的勘察设计、科研工作。发表论文 30 余篇，参编出版著作 10 多部，获授权国际《专利合作条约》(Patent Cooperation Treaty,PCT) 专利 4 项、国家发明专利 30 余项、实用新型专利 70 余项、软件著作权 70 余项，编写国家及地方标准 12 项。以第一或第二完成人获国家科技进步二等奖 1 项，天津市科技进步一等奖 2 项、二等奖 3 项、三等奖 2 项，全国性学会（协会）科学技术奖 16 项。获国家及省部级优秀设计一等奖 28 项、优秀咨询奖 14 项，获国际隧道与地下空间协会 (ITA) 杰出工程奖 1 项、提名奖 1 项。

周华贵

正高级工程师。现任中铁隧道勘测设计院有限公司副总工程师，国家一级注册结构工程师，天津市科技领域专家，天津市交通运输委员会专家委员会委员。长期从事水下隧道、地铁等隧道与地下工程的勘察设计、咨询及科研工作。发表论文 6 篇，参编出版著作 1 部，编写国家标准、地方标准、行业规范 3 部。获授权国家发明专利、实用新型专利各 8 项，软件著作权 16 项。获得中国中铁、中国公路学会、中国城市轨道交通协会科技进步一等奖各 1 项，华夏建设科学技术奖二等奖 1 项，获国家优秀设计二等奖 1 项，天津市优秀设计一等奖 2 项，所参与项目获国际隧道与地下空间协会提名奖 4 项。

刘庆方

高级工程师。现任中铁隧道勘测设计院有限公司第一设计分院总工程师。长期从事隧道与地下工程相关设计和研究工作。先后在长沙南湖路湘江大直径盾构隧道（隧道外径11.3m）、南昌红谷沉管法隧道、深中通道全隧方案研究、汕头海湾隧道（直径14.5m）、跨汕头湾新通道（直径14.5m）等项目上担任专业负责人、隧道技术负责人及项目负责人。获得2020年度国际隧道与地下空间协会最佳青年隧道工程师提名奖，获省部级科学技术一等奖4项、优秀工程设计一等奖1项、优秀工程咨询奖4项，其他奖项10余项，已授权专利7项。

王东伟

正高级工程师。现任中铁隧道勘测设计院有限公司副总工程师，注册公用设备工程师（暖通空调），天津市科技领域专家，天津市勘察设计评优专家。长期从事公路、铁路、轨道交通等领域隧道工程通风与防灾方面的勘察设计与科研工作。发表论文10余篇，获授权国家发明专利4项、实用新型专利5项、软件著作权5项，参编行业标准1部、协会标准1部。获得中国城市轨道交通协会科技进步二等奖1项，先后获得省部级及以上优秀设计奖、咨询奖15项。参与项目获得詹天佑奖、鲁班奖及国家优质工程金奖等。

序

我国是一个海洋大国，海岸线漫长，沿海资源丰富，海岸带地区发挥着重要的经济和生态功能效应。伴随粤港澳大湾区互联互通、长江经济带现代化综合立体交通走廊、长三角地区交通一体化等国家重大战略的推进，对我国海岸带跨海通道的高质量建设提出了新的要求。

隧道作为跨海通道的一种主要方式，随着厦门翔安海底隧道、青岛胶州湾隧道、港珠澳大桥海底隧道、青岛地铁8号线过海隧道、厦门地铁3号线过海隧道等重大海底隧道工程的先后建成，其修建技术日趋完善。然而，在高地震烈度区、极度软硬不均的地层条件下以盾构法修建大断面海底隧道，对隧道结构设计、抗震设计、防灾救援设计等来说又是一项新的挑战。

为此，汕头海湾隧道的设计团队开展了深入系统的研究与技术攻关，基于大量翔实的勘察资料、严谨扎实的结构设计、系统适度的防灾救援设计，构建了高地震烈度区、极复杂环境条件下海底盾构法隧道的勘察设计技术体系，为汕头海湾隧道的高质量修建和全寿命周期安全运营提供了技术支撑。

本书是对上述创新成果与关键技术的系统总结，秉持"安全、高效、健康"的设计理念，如实记录了诸多复杂技术难题的解决思路、技术方案、实施要点，全面阐述了作者团队宝贵的一线工程实践经验与突破性做法。

  本书资料翔实，内容丰富，论述客观，相信必将为国内的同行提供有益的借鉴和重要参考。同时，可为规划研究中的琼州海峡通道、渤海湾通道、台湾海峡通道等重大工程建设提供必要的技术储备，对拓展我国海底隧道修建技术体系、推动行业整体技术水平的提升，具有重要价值。

全国勘察设计大师

2021 年 12 月 22 日 天津

前言

2000年以来，我国陆续开启了一系列的海底隧道建设，经过二十年的努力，修建技术日趋成熟。在高地震烈度区（8度）汕头湾建成的超大直径海底盾构隧道，是我国在复杂环境下修建海底隧道技术的新突破。

汕头海湾隧道为双向六车道，按一级公路兼城市主干道标准设计，路线全长6680m，其中海底隧道5300m。盾构隧道管片内径13.2m，外径14.5m。海域段宽3500m，海面航运繁忙，水下淤泥深厚，海域孤石密布，下伏花岗岩凸起到隧道范围内，岩体抗压强度高达217MPa。

该项目于2007年启动工程可行性研究工作，历经9年的前期研究、勘察设计等准备工作，2016年正式开工，至2020年隧道贯通。建设期间，中铁隧道勘测设计院有限公司承担了项目工程可行性研究修编、初勘、详勘、初步设计、技术设计以及部分施工图设计及科研工作，10余年间主持或参与了该项目几乎所有关键技术的确定工作。

面对汕头海湾隧道存在的"大、浅、高、硬、险"五大环境特点，中铁隧道勘测设计院在海域勘察、隧道埋深、高烈度隧道抗震、耐久性、机电系统、防灾减灾以及水下硬岩掘进等多方面开展了系统深入的技术研究。于国内首次采用多种物探手段精准探明了下伏基岩面的位置，研发了盾构隧道抗震消能节点，提出了水下隧道抗震设计标准，开发了盾构隧道坡道直接进入车道层下方环向救援疏散通道的设计方法，大大提高了疏散救援效率。研究成果的工程应用效果良好，克服诸多技术难点，推动了在高烈度极软极硬地区修建超大直径海底盾构法隧道技术发展。该项目已取得了 10 余项发明专利，并获得国际隧道与地下空间协会"2021 年度杰出工程奖"。

本书涵盖了作者团队的诸多技术攻关与科研创新成果，旨在构建海底盾构法隧道的勘察设计技术体系。全书共分 9 章：第 1 章综合介绍了国内外水下盾构隧道技术发展状况、汕头海湾隧道工程概况及建设面临的挑战、工程勘察设计重难点、工程设计技术标准；第 2 章介绍了工程周边环境条件、工程地质条件、水文地质条件，场地地震安全性评价、河势演变及防洪评价分析，交通流量预测及工程通行能力分析；第 3 章介绍了各阶段勘察成果、工程总体设计方案、海中硬岩掘进技术研究及交通安全性评价研究；第 4 章介绍了盾构段结构设计、盾构井结构设计、岸上段结构设计、隧道防水设计、南岸围堰设计等；第 5 章介绍了隧道震害及应对措施、工程场地地震动的分析与确定、隧道节点减震措施等，第 6 章介绍了混凝土耐久性影响因素分析和环境类别划分、提高混凝土结构耐久性的基本措施、盾构管片混凝土配合比设计、高耐久性能混凝土试验研究、海湾隧道辅助防腐蚀技术研究、盾构管片橡胶密封垫耐久性研究；第 7 章介绍了隧道通风系统、消防系统、排水系统、照明系统、供配电系统，以及综合监控系统等的设计；第 8 章介绍了隧道建筑与结构防火设计、疏散通道设置、救援与排烟方案制订，以及火灾报警及联动控制措施等；第 9 章介绍了大直径盾构隧道定额专题研究。

本书由贺维国、周华贵、刘庆方、王东伟等编著，费曼利、田峰、韩现民、蒋洪军、唐健等审稿。主要编写分工如下：第 1 章（贺维国、周华贵、张光伟、褚凯、范国刚、王东伟、戴新、厉红星、王倩、曾桃桃、王之心）、第 2 章（王风波、周华贵、王洪刚）、第 3 章（贺维国、周华贵、王风波、褚凯、王洪刚、胡斌）、第 4 章（刘庆方、周华贵、曹平、曹威）、第 5 章（贺维国、范国刚、刘庆方、于勇、曹威）、第 6 章（范国刚、曹威）、第 7 章（王东伟、戴新、厉红星、王倩、吕青松、廖荣）、第 8 章（王东伟、戴新、王倩）、第 9 章（余露茜、石刘）、工程建设实录（贺维国、刘庆方）。

  本书在编写过程中，得到了中铁隧道勘测设计院有限公司、汕头市苏埃通道建设投资发展有限公司的大力支持和帮助，中铁隧道勘测设计院有限公司吕游、胡慧、赵靓等参与了文稿的资料整理及编审组织工作，在此一并表示衷心的感谢。

  由于时间仓促，且水平有限，书中不妥之处在所难免，欢迎读者批评指正。

作　者

2022 年 1 月

目录

第1章 绪论 ·· **001**
    1.1 引言 ·· 003
    1.2 国内外水下盾构法隧道修建技术发展概述 ············ 003
    1.3 汕头海湾隧道工程概况及建设面临的挑战 ············ 015
    1.4 工程勘察设计重难点 ·· 018
    1.5 工程设计技术标准 ·· 018
    本章参考文献 ··· 024

第2章 工程建设条件 ··· **027**
    2.1 周边环境条件 ·· 029
    2.2 工程地质条件 ·· 035
    2.3 水文地质条件 ·· 045
    2.4 场地地震安全性评价 ·· 049
    2.5 河势演变及防洪评价分析 ································ 055
    2.6 交通流量预测及工程通行能力分析 ···················· 059
    本章参考文献 ··· 065

第3章 工程勘察与总体设计关键技术 ······················· **067**
    3.1 工程勘察技术研究 ·· 069
    3.2 工程总体设计 ·· 093
    3.3 海中硬岩掘进技术研究 ···································· 133

3.4 交通安全性评价 …………………………………………… 137
3.5 本章小结 …………………………………………………… 157
本章参考文献 …………………………………………………… 158

第 4 章 隧道及附属结构设计关键技术 …………………………… 161
4.1 盾构管片结构设计 ………………………………………… 163
4.2 盾构井结构设计 …………………………………………… 183
4.3 岸上段结构设计 …………………………………………… 200
4.4 隧道防水设计 ……………………………………………… 212
4.5 南岸围堰设计 ……………………………………………… 217
4.6 本章小结 …………………………………………………… 229
本章参考文献 …………………………………………………… 229

第 5 章 隧道结构抗震性能研究与设计 …………………………… 231
5.1 隧道震害及应对措施 ……………………………………… 233
5.2 场地砂土液化与软土震陷判别 …………………………… 239
5.3 工程场地地震动的分析与确定 …………………………… 248
5.4 隧道位置在土层中的反应分析 …………………………… 257
5.5 隧道横断面静力与地震计算分析 ………………………… 262
5.6 隧道局部三维实体抗震性能分析 ………………………… 293
5.7 隧道减隔震措施 …………………………………………… 306
5.8 隧道整体纵向抗震性能分析 ……………………………… 309
5.9 本章小结 …………………………………………………… 347
本章参考文献 …………………………………………………… 347

第6章 汕头海湾隧道结构耐久性研究 ········· **351**

    6.1 耐久性影响因素分析和环境类别划分 ········· 353

    6.2 混凝土材料指标的确定 ········· 355

    6.3 盾构管片混凝土配合比设计 ········· 359

    6.4 高耐久性能混凝土试验研究 ········· 365

    6.5 海湾隧道辅助防腐蚀技术研究 ········· 377

    6.6 盾构管片橡胶密封垫耐久性研究 ········· 386

    6.7 本章小结 ········· 399

    本章参考文献 ········· 399

第7章 机电系统设计技术 ········· **403**

    7.1 隧道通风系统设计 ········· 405

    7.2 消防系统设计 ········· 458

    7.3 排水系统设计 ········· 471

    7.4 照明系统设计 ········· 482

    7.5 供配电系统设计 ········· 490

    7.6 综合监控系统设计 ········· 499

    7.7 本章小结 ········· 515

    本章参考文献 ········· 516

第8章 隧道防灾、减灾设计技术 ········· **519**

    8.1 防灾设计原则及要求 ········· 521

    8.2 工程防灾救援设计特点 ········· 522

    8.3 隧道建筑与结构防火设计 ········· 522

8.4	安全疏散通道设置	523
8.5	隧道救援方案	542
8.6	隧道防排烟方案	546
8.7	隧道消防系统	548
8.8	火灾报警及联动控制	549
8.9	本章小结	556
	本章参考文献	556

第9章 概算研究 557

9.1	编制原则与依据	559
9.2	项目概算编制重点及难点	559
9.3	概算编制重点及难点解决方法研究	560
9.4	超大直径盾构隧道工程定额专题研究	561
9.5	本章小结	575
	本章参考文献	575

工程建设实录 577

第 1 章
绪论

1.1 引言

世界上大部分经济发达的城市都坐落在沿海、湾区或江河两岸,海湾和河流给城市带来发展的同时,也成了阻隔交通的天然屏障。随着城市面积的扩张和人口的增长,人们对跨江越海通道的需求越来越迫切。为了减少对水上航运和周边环境的影响,越来越多的跨江越海通道都采用水下隧道方式穿越水域。目前修建水下隧道的工法主要有盾构法、矿山法、沉管法和围堰明挖法。

盾构法是在盾构机械保护下完成隧道掘进、出渣、管片拼装等作业形成隧道的方法。矿山法是在岩石地层中通过钻孔、装药、爆破开挖,然后施工隧道支护结构和主体结构的方法。沉管法是隧道管节经干坞内预制、拖航浮运、沉放对接、基础处理、回填覆盖等工序而建成水下隧道的方法。围堰明挖法是通过在水域段修筑围堰隔水,在围堰内明挖施工隧道的方法。相比其他工法,盾构法具有机械化程度高、工人作业环境好、地质适应性广、对航运和防洪影响小等突出优点,现已成为修建水下隧道的最主要工法。

与陆域盾构法隧道相比,水下盾构法隧道修建面临更多挑战。

①勘察难度大。勘察工作需要大量的水上作业,精准探明地质情况的难度更大。

②不良地质多。同时受到地形地貌、动水环境搬运及侵蚀作用的共同影响,水底地形动态变化,地层容易出现深厚软土、基岩出露或极软极硬岩互相夹杂等复杂的地质现象,给隧道施工带来极大困难。

③地震烈度高。对地处板块运动活跃带的沿江、沿海地区来说,地震多发且烈度高,给隧道设计带来巨大挑战。

1.2 国内外水下盾构法隧道修建技术发展概述

1.2.1 国外水下盾构法隧道修建技术发展概况

1)国外水下盾构法隧道修建技术发展历程

18世纪末,英国人提出了修建泰晤士河水下隧道的构想,并针对具体工法和使用机械进行了长时间的研讨。1818年布鲁诺尔在蛀虫钻孔的启示下,最早提出了用盾构法建设隧道的设想,并且在英国取得了该工法的专利。1841年首座下穿泰晤士河的水下隧道,采用的是矩形铸铁框盾构。1869年开始建造第二座泰晤士河水下隧道,首次采用圆形断面,外径2.18m。1874年,在英国伦敦地下铁道南线的黏土和含水砂砾地层中建造内径为3.12m的隧道时,格雷塞(HENRY GREATHEAD)(1844—1896年)综合了以往所有盾构施工和气压法的技术特点,较完整地提出了气压盾构法的施工工艺,并且首创了在盾尾后面的衬砌外围环形空隙中压浆的施工方法,为盾构法发展起到了重大的推动作用。1880—1890年间,在美国和加拿大间的圣克莱河下用盾构法建成了一条直径6.4m,长1800余米的水底铁路隧道。

20世纪初,盾构法施工已在美、英、德、苏、法等国开始推广。30至40年代在这些国家已成功地使用盾构建成内径3.0~9.5m的多条地下铁道及过河公路隧道。仅在美国纽约就采用气压法建成了19条重要的水底隧道,有公路隧道、地下铁道、上下水道以及其他市政公用设施管道等。苏联在20世纪40年代初开始使用直径为6.0~9.5m的盾构,先后在莫斯科、列宁格勒(现名为圣彼得堡)等市修建地下铁道的区间隧道及车站。

20世纪60至80年代,盾构法在日本得到迅速发展,除了用于东京、大阪、名古屋等城市中大量的地下铁道建设外,更多的是用在下水道等市政公用设施管道建设中。据统计,从1964年到1984年的20年时间,日本自行制造的盾构高达5000台之多。70年代,日本及前联邦德国等国家针对在城市建设区的松软含水地层中开挖时,由盾构施工所引起的地表沉陷、预制高精度钢筋混凝土衬砌和接缝防水等技术问题,研制了各种新型的衬砌和防水技术及局部气压式、泥水加压式和土压平衡式等新型盾构及相应的工艺和配套设备。

1990至2010年,国外的水下盾构法隧道建设得到了快速发展:1994年建成了外径8.4m的英吉利海峡隧道,1995年建成了外径8.5m的丹麦斯多贝尔特大海峡隧道,1997年建成了外径13.9m的日本东京湾隧道,2000年建成了外径13.75m的德国易北河隧道,2004年采用1台外径14.5m的泥水盾构建成了荷兰绿心隧道,2007年西班牙马德里M30环线工程采用两台外径15.2m的土压平衡盾构掘进贯通,2008年建成了外径15m的第二座英吉利海峡隧道。值得说明的是,用于荷兰绿心隧道的盾构后来引进到国内,经修复后建成了上海上中路隧道、军工路隧道等多座隧道。

2010年以后,国外的水下盾构法隧道进一步朝着长距离化、大直径化发展,盾构断面也越来越多样化,出现了矩形、椭圆形、多圆搭接形等多种异形断面盾构,以及可变密度泥水盾构技术、可变断面盾构和多模式切换盾构,同时施工自动化、盾构姿态自动控制系统等技术也不断进步。2015年建成了外径13.5m的土耳其博斯普鲁斯亚欧隧道,2017年建成了外径14m的新西兰Waterview隧道,2017年美国西雅图外径16.5m道路隧道在历经长时间停机修复后终于完成掘进施工,作为东京奥运会配套工程的东京外环隧道采用4台ϕ16.1m土压平衡盾构于2017年正式始发掘进。

2)国外水下盾构法隧道典型案例

(1)英吉利海峡隧道

英吉利海峡隧道工程全长48.5km,海底段37.5km,隧道最大埋深100m,于1994年5月建成通车,是目前世界上最长的海底隧道。隧道沿线主要为泥灰质白垩岩地层,该岩层抗渗性好,硬度不大,裂隙较少。英吉利海峡隧道由两条外径为7.6m的铁路隧道和一条外径为4.8m的服务隧道组成,如图1.2-1所示,铁路隧道每隔375m设置一条与服务隧道相连接的横通道,每隔250m设置连接两条铁路隧道的横向活塞泄压风道,在施工中遇到不利的地质条件时,可通过服务道向两边主隧道注浆加固。利用服务隧道,解决了英法两侧盾构隧道海底对接、深层高水压下的密封防水及长距离掘进等系列技术难题。

(2)日本东京湾隧道

日本东京湾隧道盾构段单孔长度为9.1km,管片外径13.9m,平均水深27.5m,隧底水压达 0.58MPa,为双向四车道公路隧道,于 1997 年建成通车。该隧道沿线地层主要为软弱的冲积、洪积黏性土层,采用了 8 台直径为 14.14m 泥水加压平衡盾构进行长距离掘进,分别从浮岛、川崎人工岛和木更津人工岛始发推出,每台盾构推进距离为 2~2.5km,并在海底地层中实现了对接。作为盾构推进起点,隧道与桥梁接口的木更津岛是在海底宽 240m、长 1400m 规模上堆土而成的人工岛,既确保隧道安全开挖,又解决隧道与桥梁的连接问题,如图 1.2-2 所示。

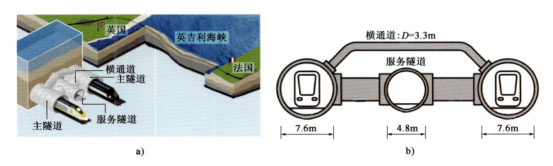

图 1.2-1 英吉利海峡隧道

D-横通道直径

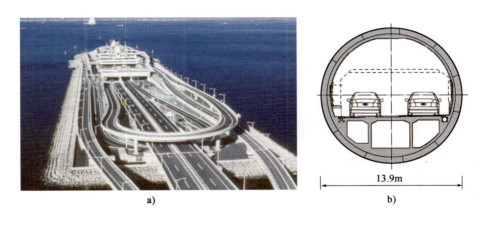

图 1.2-2 日本东京湾隧道

(3)德国易北河隧道

德国易北河隧道全长 3.1km,其中盾构段长为 2.56km,为单孔双车道公路隧道,布置有两条宽 3.75m 的行车带、一条宽 2m 的停车带和两条宽度分别为 0.50m 与 0.63m 的紧急人行道,于 2000 年 3 月贯通运营。隧道顶距河床底最小覆土约 7m,最大覆土深度约 13m,使用直径为 14.2m 的泥水加压平衡盾构施工,隧道承受最大水压 0.5MPa。隧道穿越由砂、砾石、黏土、云母淤泥、泥灰质漂砾黏土组成的地层,如图 1.2-3 所示。盾构隧道管片外径 13.75m,内径 12.35m。两条隧道之间有两条长 70m 的横向紧急联络通道,采用一台直径 4.4m 的顶管施工。

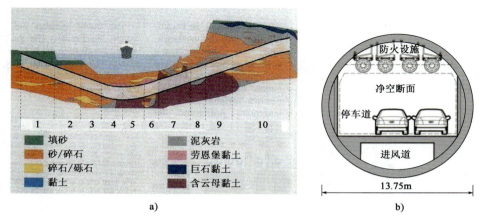

图 1.2-3 德国易北河隧道

(4) 荷兰"绿心隧道"

荷兰"绿心隧道"全长 7176m,分成三个区段,采用直径为 14.83m 的盾构进行掘进施工,2004 年 1 月 1 日隧道贯通。隧道沿线穿越了包含泥炭土、黏土、饱和砂层土的高水压地层。从环保角度考虑,隧道在设计时将最初的双管隧道方案改为单管隧道,两条铁路线由混凝土隔墙分开,隔一段距离设置一扇逃生门,如图 1.2-4 所示。整条隧道内共有三个逃生竖井,设置间隔为 2km,可在发生火灾时启用。

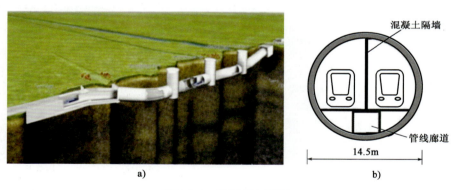

图 1.2-4 荷兰"绿心隧道"

(5) 土耳其博斯普鲁斯亚欧隧道

土耳其博斯普鲁斯亚欧隧道长为 5.4km,海底段全长 3.34km,设计速度 80km/h,为双向四车道海底公路隧道,于 2015 年 8 月贯通。盾构从亚洲一侧始发,采用一台泥水气压平衡盾构成功完成了 3.34km 的隧道掘进,水面至隧道底部的深度最大达 106m,是世界上抗水压最大的盾构隧道之一,如图 1.2-5 所示。沿线地质情况复杂,包括亚洲侧到欧洲侧的灰色特拉基亚(Trakya)构造基岩带、火山辉绿岩和安山岩(单轴抗压强度达 125MPa)。隧道采用单管双层形式,管片外径 13.5m,每隔 300m 设紧急楼梯连接双层,任意一层如遇灾情,可当作紧急通道。该工程使用了常压可检修刀盘,并在 13.98m 直径大刀盘上换装 35×19in(1in ≈ 2.54cm)的双环整体刀具。

绪 论/第1章

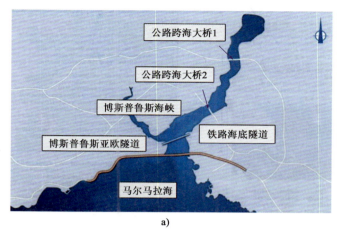
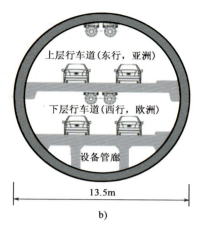

图 1.2-5 土耳其博斯普鲁斯亚欧隧道

1.2.2 国内水下盾构法隧道修建技术发展状况

1) 国内水下盾构法隧道修建技术发展历程

自 1965 年上海打浦路越江隧道建设起,截至 2000 年,我国大陆建成了 12 座水下隧道。进入 21 世纪,各类水下隧道的建设速度大幅提升,2001—2010 年有 79 座水下隧道开工建设,2011—2020 年有 154 座水下隧道开工建设。截至 2020 年年底,我国已建成(含在建)水下隧道 245 座❶。

盾构法因建设速度快、施工安全、对环境及交通影响小及适用多种地层等优点,成为应用最广的工法,其技术体系日趋完善。截至 2020 年年底,我国已建成(含在建)的水下隧道中有 170 余座采用盾构法施工,总长度约 600km。我国水下隧道建设数值统计如图 1.2-6 所示。

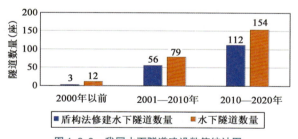

图 1.2-6 我国水下隧道建设数值统计图

大体而言,我国的盾构法水下隧道发展可以分为起步、快速发展和突破创新三个阶段。

(1) 起步阶段(1965—2000 年)

1971 年,直径 10m 的上海打浦路隧道建成;1989 年,直径 11m 的上海延安东路隧道建成,均采用自主研发的网格式盾构施工,建设速度极为缓慢。1987 年修建上海市南站过江电缆通道时,成功研制了我国第一台直径 4.35m 加泥式土压平衡盾构。1996 年,由国外引进的泥水

---

❶ 本书统计数据不含中国香港、澳门特别行政区及台湾地区。

平衡盾构建成了直径11m的延安东路南线隧道,建设速度大幅提高,盾构掘进平均速度6m/d,最高达到13m/d。1999年,首次采用铰接式土压平衡盾构建成了外径7.48m的外滩观光隧道,盾构掘进平均速度达到8m/d。

总体而言,在此期间建设的盾构法水下隧道具有以下特点:

①隧道数量少、规模小,盾构段最长1476m。

②隧道主要穿越黏土、粉土等软土地层,盾构设备相对简单,盾构施工速度极为缓慢。

③管片最大直径11m,采用90~120cm的较小环宽,主要采用通缝拼装。

④隧道在江底最小覆盖层厚度0.5~0.7D(D为开挖直径),其中延安东路隧道水下最小覆盖层厚度仅5.8m。

⑤设计、施工规范和技术标准体系尚未建立,隧道设计多借鉴日本经验,管片结构计算主要采用均质圆环法,即日本(修正)惯用设计法。

(2)快速发展阶段(2000—2010年)

从2000年开始,我国的盾构法水下隧道进入了快速发展期,10年间共修建了56座盾构法水下隧道,累计长度约143km。其特点主要体现在以下几个方面:

①盾构仍然以进口为主,但我国已逐步开启自主研制直径6m量级的泥水平衡盾构与土压平衡盾构。2003年,上海隧道股份有限公司设计制造了第一台国产盾构;2008年,中铁隧道集团制造了首台直径6.34m的复合式土压平衡盾构。

②隧道长度越来越大,穿越地层从相对单一的软土地层拓展到复合地层。

2008年建成的武汉长江隧道盾构段长2540m,主要穿越黏土、砂层,江中约250m范围内切入抗压强度24MPa的砂岩;2010年建成的南京长江隧道盾构段长3022m,主要穿越砂砾、卵石地层;2010年贯通的广深高铁狮子洋隧道盾构段长9340m,主要穿越粉细砂、中粗砂、砂岩、砂砾岩等地层,基岩最大抗压强度82.8MPa。

③从以城市道路为主的交通隧道拓展到高速铁路、水利工程、能源运输、综合管廊等多个领域,隧道断面形状越来越多样化。

2004年,忠武输气管道工程城陵矶长江隧道建成,采用直径2.94m的泥水平衡盾构掘进了2012m;2005年,广州建成了直径6m的大学城过江综合管线隧道,一次性解决了大学城区域冷热水管网、高压供配电线路等多种管线过江架设的难题;2009年建成的上海长江隧道,双向六车道公路并预留了轨道交通通行的空间,隧道外径达15m,是当时世界最大直径的盾构法水下隧道;2010年,长3450m的南水北调中线穿黄河隧道工程双线贯通,隧道首次采用了双层衬砌。

④隧道埋深越来越大,换刀难度越来越大。

南京长江隧道、城陵矶长江隧道、广深高铁狮子洋隧道所处环境地质条件复杂,隧道所受的最大水压都超过6.5Bar(1Bar=0.1MPa),盾构带压换刀难度较大,而换刀效率对隧道工期、造价都有决定性的影响。因此,提高刀具的耐磨性、优化刀盘刀具的布置、增设破岩机、采用可伸缩的主驱动等技术的革新十分必要。

⑤减少联络通道,优化防灾疏散方案。

为了降低施工风险,提升隧道结构的抗变形能力,武汉长江隧道取消了水下联络通道,在车行道下部设置纵向疏散通道。

(3) 突破创新阶段(2010年以后)

2010年以后,我国的盾构法水下隧道建设规模持续增长,在众多关键技术上都实现了大的突破和创新,颁布了《盾构法隧道施工及验收规范》(GB 50446—2017)、《盾构隧道工程设计标准》(GB/T 51438—2021)。突破与创新主要体现在以下几个方面。

①大直径隧道数量越来越多、直径也越来越大。

单洞双线的轨道交通、轨道交通与城市道路合建、上下双层城市道路等大断面的水下隧道越来越多。截至2020年底,我国直径超过14.5m的水下隧道建设数量已超过40座。2016年建成的香港屯门—赤鱲角海底隧道直径达17.6m,是当时世界上建成的最大直径盾构隧道,利用人工岛上的明挖工作井实现了将同一台盾构的直径由17.6m转变为14.4m。2018年建成的武汉三阳路长江隧道直径15.2m,单洞实现了三条车道与一条轨道交通线路的通行。

②国产大直径盾构、异形盾构研制取得重大突破。

盾构装备制造企业相继成立,10m以内的盾构设备绝大部分已由国内企业研制完成。2012年,两台国产直径14.93m的泥水平衡盾构用在了南京纬三路长江隧道施工中。2018年,一台直径15.03m的泥水平衡盾构在汕头海湾隧道顺利掘进。2019年,直径达15.8m的我国最大直径泥水平衡盾构"春风号"在深圳顺利掘进。2018年,高11.9m的世界首台马蹄形盾构顺利完成蒙华铁路白城隧道的掘进,此开挖方式有助于提高隧道的空间利用率。

③环境条件更加复杂,大埋深、长距离、高烈度隧道不断出现。

绝大多数水下隧道承受的最大水压力在0.4MPa左右,即约40m水头压力,施工过程中刀具更换一般采用带压换刀。南京长江隧道最大水压力达到0.65MPa,首次采用了常压换刀技术;2019年建成的苏通GIL综合管廊过长江隧道最大水压力达0.78MPa;在建的深江铁路珠江口隧道盾构段最大水压力达1.06MPa,将成为国内最大埋深水下隧道。

一般过江、过河隧道长度为1~2km,跨海湾时隧道长度可达3~5km,在建的甬舟铁路金塘隧道海底盾构段长度达11.2km,需要穿越9处断层、6处节理密集带以及多处软硬不均地层。2020年全线贯通的汕头海湾隧道是国内首座位于8度地震烈度区的超大直径海底隧道。

联络通道修建也由传统的冷冻+矿山法施工,逐步向机械化施工转变。国内首台集"泥水、土压、TBM"于一体的三模盾构也于2020年正式完成组装,并应用于广州地铁7号线二期萝岗至水西区间。

2) 国内水下盾构法隧道典型案例

(1) 武汉长江隧道

武汉长江隧道位于武汉长江大桥和武汉长江二桥之间,是万里长江上的第一条穿江隧道,于2008年12月运营通车。隧道总长度3630m,其中盾构段长2550m,为双向四车道公路隧道,设计行车速度为50km/h,采用两台直径11.38m的大型盾构掘进施工,如图1.2-7所示。盾构穿越的地层主要为中密粉细砂、密实粉细砂,底部为卵石层及强风化泥质粉砂岩夹砂岩、页岩。武汉长江隧道在盾构段不设联络通道,采用纵向疏散的方式:车行隧道内纵向每隔80m设置一个逃生安全口,位于车行道路缘带及余宽内,同时利用隧道底部空间设置了纵向疏散通道,人员使用逃生滑梯进入纵向疏散通道,再通过与逃生通道相连的竖井直达地面。

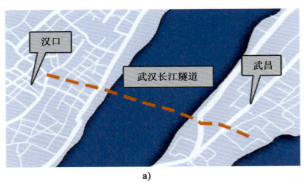
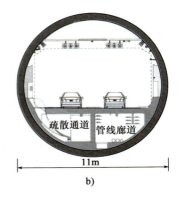

图 1.2-7 武汉长江隧道

(2) 上海长江隧道

上海长江隧道位于上海市东北部长江下游入海口,是国家重点公路建设规划中的上海至西安高速公路(G40)的重要组成部分,起于浦东新区五号沟,穿越南港水域在长兴岛西南方登陆,路线全长约 8.9km,如图 1.2-8 所示,是我国首条公轨合用跨江隧道,公路部分于 2009 年 10 月 31 日通车运营。盾构段全长约 7.5km,单管外径为 15m。隧道分三层:上层为烟道;中层为三车道高速公路车道层,设计车速 80km/h,不设紧急停车带;下层为预留轨道空间、逃生通道、设备通道,在中、下层间设有疏散楼梯。采用两台直径为 15.43m 泥水加气平衡盾构掘进,沿线穿越地层土层主要为软黏性土、粉性土,江底最浅覆土约 14m,最深覆土约 29m。

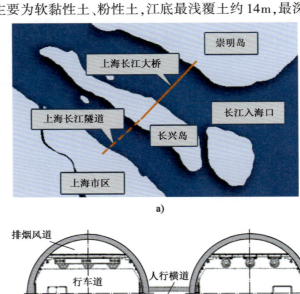
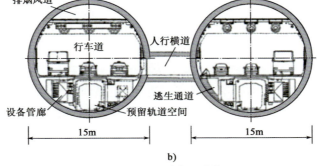

图 1.2-8 上海长江隧道

(3) 广深港高速铁路狮子洋隧道

狮子洋隧道是世界首座高速铁路水下盾构隧道,设计速度350km/h,盾构段长9.34km,于2011年3月完工。隧道设计为双孔单线,如图1.2-9所示,管片外径为10.8m,隧道最大覆土厚度为52.3m,最小覆土厚度为7.8m,采用四台直径11.18m的泥水平衡式盾构掘进施工,隧道穿越地层复杂多变,大部分处于微风化砂岩、砂砾岩中,局部穿越软弱地层、土岩复合地层、基岩及其破碎带。采用"相向掘进、地中对接、洞内解体"的盾构施工技术实现盾构在水下60m深处的精确对接。

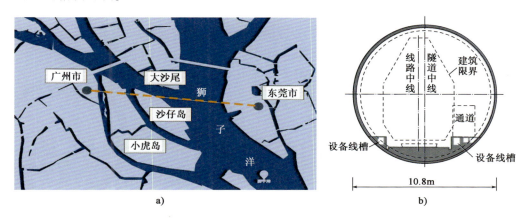

图1.2-9 广深港高速铁路狮子洋隧道

(4) 广东台山核电站隧道

台山核电站取水隧洞主要解决核电站的循环冷却水的供应问题,1号、2号取水隧洞平面轴线为两条平行直线,盾构段区间隧洞总长8119m,1号隧洞长4061m,2号隧洞长4068m,隧洞中心间距29.2m,最大埋深约55.75m,如图1.2-10所示。隧洞采用1台直径9.03m的泥水平衡式盾构机掘进,1号隧道施工完成后在2号隧洞内组装始发。隧洞穿越2条断层破碎带、4段孤石群、3段基岩凸起以及多处软硬不均地层,尤其是400多米的基岩孤石段平均抗压强度为140MPa,最大抗压度达220MPa。工程师们创造性地采用海上垂直钻孔爆破和地表注浆的技术方案,提前处理基岩、孤石等不良地质段。

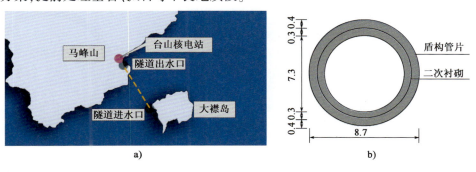

图1.2-10 台山核电站隧道(尺寸单位:m)

(5)长沙南湖路湘江隧道

南湖路湘江隧道为国内第一条穿越湘江的大直径盾构隧道,隧道位于橘子洲大桥与猴子石大桥之间,毗邻橘子洲洲头,双线四车道城市主干路,设计车速50km/h,路线全长约2.3km,采用两台泥水平衡盾构掘进,隧道于2013年12月全线通车,如图1.2-11所示。盾构段结构外径11.3m,内径10.3m,隧道分两层,路面层为双车道层,在路面下设置结构隔板,利用下部空间作为行人紧急疏散通道及综合管廊。盾构区间隧道主要是在强风化~中风化砾岩中穿过,河西局部地段穿越含水沙砾和圆砾地层,河东端为中风化砾岩地层,中间部分存在上软下硬地层及白云岩岩溶区段。江中段隧道覆土厚度均小于1倍洞径,大部分地段埋深为7~10m,其中北线隧道埋深小于10m段共619m,占全线的45%,南线隧道埋深小于10m段共876m,占全线的65%,南湖路湘江隧道浅覆土长距离掘进在国内大直径盾构法隧道中尚属首例。

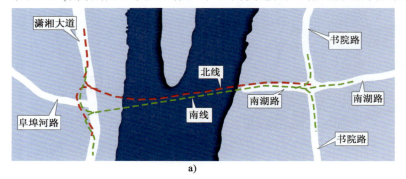
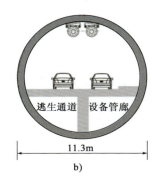

图1.2-11 南湖路湘江隧道

(6)武汉三阳路隧道

武汉三阳路长江隧道盾构段全长2590m,管片外径15.2m,是国内已建最大直径公轨合建的盾构法隧道,在2020年6月实现全线贯通。三阳路隧道为城市道路与轨道交通7号线共用的越江隧道,道路隧道布置在上层,轨道交通区间隧道布置在下层,如图1.2-12所示。道路层隧道为设计车速60km/h的双向六车道城市主干路。隧道采用2台直径15.76m的泥水气平衡盾构掘进施工,沿线主要穿越粉细砂层,江中长约1.2km的地段切入基岩(粉砂质泥岩、弱胶结砾岩),切入最大深度为9m,最大水压约0.64MPa。

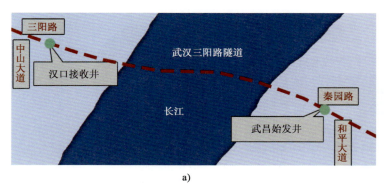
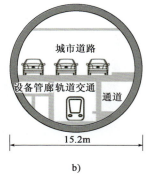

图1.2-12 武汉三阳路隧道

(7) 厦门地铁 3 号线海底隧道

厦门地铁 3 号线五缘湾站—刘五店站区间位于翔安隧道西北侧 1.3km 处，区间穿越厦门东海域，连接本岛及翔安区，全长 4.9km，海底段长约 3.6km，如图 1.2-13 所示。翔安侧隧道主要穿越中粗砂层、圆砾和全、强风化花岗岩地层，岛内陆域段隧道主要穿越残积土和全、强风化花岗岩地层，海域段穿越微风化花岗岩层和 4 组风化深槽，微风化基岩平均强度达 110MPa。岛内陆域段采用土压平衡盾构施工，内径 5.5m，单线长度 869m，海域中部的基岩面较高，采用钻爆法施工，翔安侧隧道采用泥水平衡盾构施工，内径 6m，预留 250mm 二次衬砌空间，单线长度 1451m。钻爆法隧道从本岛岸边竖井出发，泥水盾构隧道从翔安刘五店站出发，两者相向掘进，在海底实现复杂环境长距离过海区间地铁隧道的精准对接。

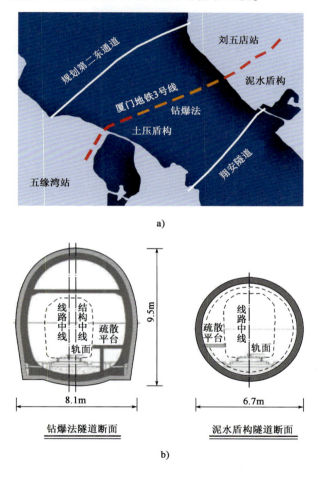

图 1.2-13　厦门地铁 3 号线隧道

(8) 深圳—江门铁路珠江口隧道

深圳—江门铁路珠江口隧道位于珠江水道下游、伶仃洋口部，连接广州的万顷沙和东莞的虎门镇，是国内首座采用"盾构法+矿山法"施工的海底铁路隧道，已于 2020 年正式开工建设，预计 2025 年建成通车，如图 1.2-14 所示。隧道全长 13.69km，采用单洞双线方案，设计速度200km/h,最大埋深约115m。岸上段隧道采用明挖法施工,水域段隧道采用盾构法+矿山法施工,水域盾构法隧道全长6520m,管片内径为11.7m,采用两台直径13.32m、13.42m泥水平衡盾构分别从两端盾构井始发,至海中矿山工法处解体,项目研究解决了盾构在矿山法隧道内拆解、两种不同隧道结构的连接与防水处理等难题。

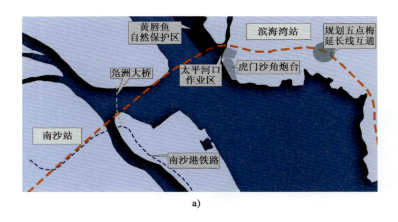
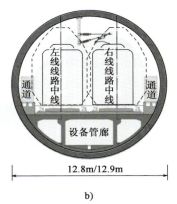

图1.2-14 深圳—江门珠江口铁路隧道

(9)深圳望海路隧道

深圳望海路隧道全长7.636km,其中盾构段长5.271km,设计速度为60km/h,车道宽度3.25m,衬砌外径为15.7m,内径为14.4m。隧道横断面内分上层车道和下层车道,为单管双层双向六车道的市政隧道,预计2025年建成通车。盾构段每隔100m设置连接上下车道层的疏散楼梯,供驾乘人员疏散使用,如图1.2-15所示。隧道沿线穿越地层主要有淤泥层、填石层、砂层、黏土层、全风化~微风化花岗岩层,采用2台国内最大直径(16.28m)泥水平衡盾构掘进,盾构近距离穿越沿线众多建(构)筑物,地下、地上建筑物保护要求高,环保要求严。

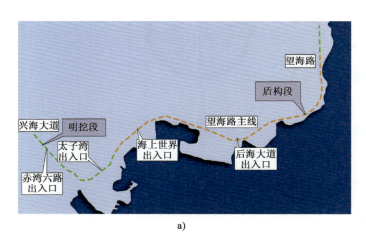
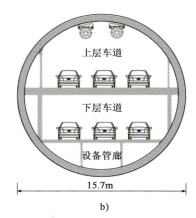

图1.2-15 深圳望海路隧道

从以上论述及案例可以看出,盾构法在跨江越海通道工程中得到了大量应用,且呈现出向大断面、高水头、长距离发展的总体趋势。

1.3 汕头海湾隧道工程概况及建设面临的挑战

1.3.1 工程概况

1)工程背景

汕头海湾隧道(规划时期名称为"汕头苏埃通道")是为了满足汕头市中心城区南北两岸交通需要,形成"四纵四横"干线公路网,在海湾大桥与礐石大桥间修建的一条新通道。通道北侧连接天山南路,向北通过天山路延伸至G324,与汕汾高速及汕揭梅高速公路连通;南侧连接规划的安海路、河中路,可延伸连接至深汕、汕普高速公路;贯穿汕头市南北后,作为汕头市中心轴线,承担汕头市大部分的出入交通量,有效缓解礐石大桥、海湾大桥的过江交通压力,如图1.3-1所示。鉴于通道北岸密集分布了众多大型港口、码头,无法采用海湾大桥沉管隧道方案,因此决定采用盾构法隧道方案。

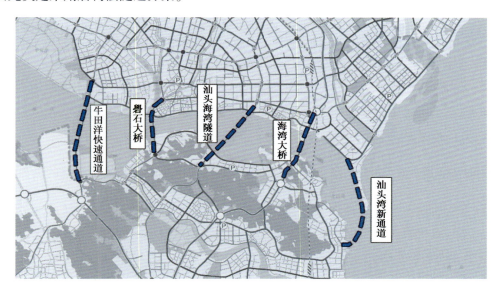

图 1.3-1 汕头市过海通道规划示意图

2)工程建设规模

汕头海湾隧道设计起点位于龙湖区天山南路与金砂东路平交口,终点位于虎头山脚,与规划的安海路相接,路线总长 6.68km,设特长隧道 1 座(5300m),互通立交 2 处,管控中心 1 处,收费站 1 处,风塔两座。按双向六车道一级公路兼城市主干道标准设计,采用双洞盾构法方案,隧道外径14.5m,内径13.3m。工程规模统计见表1.3-1。

工程规模统计表(单位:m)　　　　　表1.3-1

项目	北岸				海中段	南岸				
	路基段	隧道段			盾构段	隧道段			路基段	桥梁段
		敞开段	暗埋段	接收井		始发井	暗埋段	敞开段		
东线	250	635	875	30	3047.5	25	437.5	230	670	480
西线	250	634.77	873.29	30	3045.75	25	437.13	230	669.911	479.761

3）工程总体布置

隧道工程总体布置,统筹考虑了两岸接线、海中硬岩凸起、正常使用阶段多系统运营及事故工况时防灾体系控制要求。工程设计中,在北岸华侨公园和海中临时围堰分别设有接收工作井和始发工作井。在北岸暗埋段洞口、AB匝道洞口、南岸暗埋段洞口分别设有雨水泵房;北岸工作井及南岸暗埋段设置通风排烟机房和变电所,地面设排风塔、新风井和疏散出口。隧道北岸接收工作井内设隧道通风机房连接风塔、变电所、电缆夹层、疏散救援环形车道、废水泵房、疏散出口等,海中段东、西线最低点分设大小废水泵房各一处。隧道南岸始发井内设废水泵房、环形车道出入口、风道转换层等,南岸暗埋段设置变电所、隧道通风排烟机房及风塔等。隧道南岸洞口东侧设管理控制中心一座,负责隧道综合监控,包括交通监控、设备监控、视频监控、通信、火灾自动报警、中央计算机管理及显示大屏等。管控中心北侧设消防站一座,保障隧道内发生灾害时能够及时实施救援。隧道的总体平面布置如图1.3-2所示。

1.3.2 工程建设面临的挑战

汕头海湾隧道存在"大、浅、高、硬、险"五大技术特点,被业内誉为具挑战性的世界级工程之一。

(1)"大":盾构直径超过15m,属于超大直径。

(2)"浅":盾构隧道上方覆盖层厚度薄,始发地段隧道上覆土厚度仅为8.2m,远小于一般工程中对覆土厚度的要求。

(3)"高":隧道地处高地震烈度区,属国内首座在8度地震烈度区建设的海底隧道。

(4)"硬":海底遇到高强度基岩,基岩强度最高达217MPa,隧道南岸存在大面积的孤石密集区。

(5)"险":隧道处于极度软硬不均地层,不仅要长距离穿越极软的淤泥质土,还要面临三段强度极高的基岩凸出段。

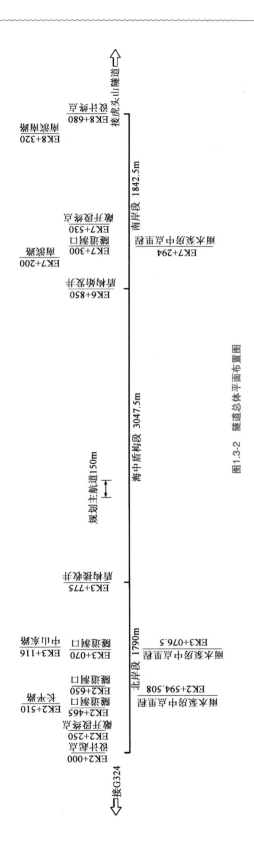

图1.3-2 隧道总体平面布置图

1.4 工程勘察设计重难点

(1)海域条件复杂、精准勘察难度大

隧址下覆基岩为花岗岩,岩土分界面的位置勘察对确定隧道埋深、断面尺寸等设计至关重要。而该处海域宽、波浪大、航运繁忙,海域大面积分布深厚淤泥层及蚝壳层,常规手段难以查明岩土分界面的精准位置。同时,如何探明花岗岩孤石体的分布规律,也对稳定隧道方案、控制工程投资非常重要。

(2)环境条件复杂,工程总体设计难度大

隧道北岸建(构)筑物密集,南岸用地空间小,两岸接线设计难度大;海域范围隧道埋深同时受到上部的河床冲刷线、航道高程以及下覆花岗岩基岩凸起等多因素共同作用,隧道埋深确定难度大;此外,隧道断面不仅考虑使用功能,还必须兼顾施工风险控制难度等因素。

(3)海域段盾构掘进遇基岩凸起处理难度大

根据勘察结果,下覆基岩凸起在于主航道及南岸附近范围已侵入隧道范围内,基岩强度高,确定合适的处理方案,有助于确定工期、投资可控。

(4)海底隧道抗震设计难度大

相比于山岭隧道,海底隧道地震破坏造成的后果更加严重。汕头海湾隧道是国内首座位于8度地震烈度区的超大直径海底隧道,对于抗震计算方法、设防标准、抗震措施方面,都没有现成的规范、标准可以遵循。

(5)结构耐久性问题突出

工程按100年使用年限设计。勘察显示,海域段氯离子、硫酸根离子含量高。盾构隧道由管片、金属螺栓等构件拼装而成,水下抗腐蚀要求高。

(6)隧道机电系统设计、概算编制标准不完全适用

海湾隧道按一级公路标准进行设计,国内已建的大直径盾构法水下隧道均采用城市道路标准,既有的隧道机电系统设计、概算编制标准不完全适用,需要进行专门的研究。

(7)隧道防灾救援设计难度大

隧道全长5300m,海域段长3500m,高烈度区地震作用大,海域段取消联络通道可大大提高隧道的抗震性能,但是取消联络通道后,则无法采用常规的横向疏散方案,需要对隧道防灾救援方案进行专门研究。

1.5 工程设计技术标准

依据国家相关规范、标准,结合汕头市相关规划文件,设计单位提出了汕头海湾隧道的工程设计技术标准。

1.5.1 总体设计技术标准

(1)公路等级:一级公路兼城市主干道标准设计,双向六车道。
(2)设计速度:主线60km/h,匝道30~40km/h。
(3)建筑限界:宽度12.25m(0.25m+0.5m+3×3.5m+0.75m+0.25m);高度5.0m。
(4)最小圆曲线半径:主线1500m,匝道75m。
(5)最大纵坡:主线3.0%,匝道6.0%。
(6)设计荷载:公路Ⅰ级。
(7)隧道防灾设计以防火灾为主,车道层火灾热释放速率50MW,双洞隧道内按同一时间发生一处火灾,且相邻隧道交通封闭进行设计。

1.5.2 结构设计标准

(1)工程结构安全等级为一级。
(2)结构按8度地震烈度设防,并按9度采取相应的构造措施。
(3)隧道结构设计水位按历史最高水位1.4m(1985国家高程基准)计算。
(4)衬砌结构变形验算:计算直径变形≤0.3%D(D为隧道外径)。
(5)主体结构构件裂缝宽度≤0.2mm。
(6)主体结构设计使用年限:100年。

1.5.3 防水、耐久性设计标准

(1)隧道防水等级二级。
(2)海中段混凝土管片抗渗等级≥P12。岸边段结构埋置深度<10m的抗渗等级≥P6;10m≤埋置深度<20m的抗渗等级≥P8;20m≤埋置深度<30m的抗渗等级≥P10。
(3)管片弹性橡胶密封垫的材质采用三元乙丙橡胶防水材料。三元乙丙弹性密封垫在正常工况下,最大张开量为8mm,最大错缝10mm,要求远期(100年)抗水压能力不小于0.40MPa,即时抗水压能力不小于0.80MPa;在地震工况下,最大张开15mm,最大错缝10mm,要求远期(100年)抗水压能力不小于0.40MPa,即时抗水压能力不小于0.48MPa。
(4)管片混凝土强度等级为C60,岸上主体结构混凝土强度等级为C45。
(5)管片混凝土胶凝材料用量为450~500kg/m³,混凝土中的总含碱量≤3kg/m³;水胶比0.28~0.32,混凝土中最大氯离子含量为胶凝材料重量的0.06%。
(6)管片混凝土用自然扩散法检测的氯离子扩散系数≤$1.2×10^{-12}$m²/s。

1.5.4 建筑防火设计标准

(1)汕头海湾隧道属于一类隧道。隧道主体、附属地下设备用房、地面出入口和风亭耐火等级为一级,其他地面建筑耐火等级为二级。
(2)隧道东线、西线公路交通层形成独立的防火分区。
盾构段隧道空间形成3个独立的防火分区:排烟道、公路交通层、下层逃生通道与电缆廊道。

暗埋段采用两孔一管廊形式，形成以下防火分区：左、右车道孔各 1 个防火分区，中间廊道 1 个防火分区。

（3）在标准 RABT 火灾升温曲线条件下 2h 保护时间内，被保护的主体结构混凝土表面温度≤380℃，距离混凝土表面 25mm 处的钢筋温度≤300℃。

（4）隧道南、北两岸两端明挖段内设置横通道，两端盾构井内设置车行横通道。在每条圆形隧道的车道板下设置了专门的安全通道，在行车道左侧每隔 80m 设一个逃生楼梯。

1.5.5 通风系统技术标准

1）隧道设计参数及标准

（1）隧道内通风卫生标准

隧道内一氧化碳（CO）、烟雾（隧道内采用 LED 灯）允许浓度见表 1.5-1。

汕头海湾隧道采用的通风卫生标准　　　　表 1.5-1

交通状况	车速（km/h）	CO 浓度（ppm）	烟雾浓度（m^{-1}）
正常	50～60	100	0.0070
正常	30～50	100	0.0075
阻滞	20（1km） 30（其他段）	150（20min）	0.012
交通管制	—	150（20min）	0.012

隧道禁止人员及非机动车辆（包括摩托车）通行。

隧道养护维修时，隧道作业段空气的 CO 允许浓度不应大于 30ppm。

隧道为满足稀释空气中异味的需风量，采用的换气次数为 3 次/h。当采用纵向通风时，隧道内换气风速≥1.5m/s。

（2）尾气排放标准

正常交通时，CO 基准排放量取值为 0.007m³/（辆·km），并按照每年 2% 速度递减；交通阻塞时车速按照怠速考虑，CO 基准排放量取值为 0.015m³/（辆·km），并按照每年 2% 速度递减，阻塞段长度不大于 1000m。烟雾的基准排放量取值为 2.0m³/（辆·km），并按照每年 2% 速度递减。基准排放率最大折减年限不超过 30 年。汽车污染物基准排放量见表 1.5-2。

汽车污染物基准排放量　　　　表 1.5-2

基准排放量	年份			
	2000 年	2023 年（初期）	2028 年（近期）	2038 年（远期）
正常交通段 CO（m³/辆·km）	0.007	0.0044	0.004	0.0038
阻塞交通段 CO（m³/辆·km）	0.015	0.0094	0.0085	0.0082
烟雾（m³/辆·km）	2.0	1.257	1.136	1.091

(3) 防排烟设计标准

按照火灾热释放率 50MW 设计。对应横向排烟段排烟量为 200m³/s，纵向排烟区段排烟量按照临界风速控制，主洞正坡度、水平坡度段以及匝道临界风速取值为 4.0m/s，主洞负坡度段临界风速取值为 4.5m/s。

(4) 设计计算交通工况

正常工况：隧道内各车道正常行驶，平均车速 30~60km/h。

阻塞工况：按照阻塞段 20km/h 车速，局部阻塞段长度取 1000m 进行阻塞计算，阻塞段取隧道出口段，其他行车段按照正常行车速度 30km/h 进行计算。

火灾工况：隧道火灾工况考虑非交通阻塞工况火灾及交通阻塞工况火灾两种火灾场景；双洞隧道内同一时间一处火灾，且双管隧道交通封闭，车辆只出不进。

(5) 噪声标准

通风设备传至隧道内的噪声标准≤90dB(A)。

北岸龙湖区段属于 2 类声环境功能区，执行 2 类标准；南岸濠江区段属于 1 类声环境功能区，执行 1 类标准；天山南路交通干线两侧执行 4a 类标准。具体标准见表 1.5-3。

《声环境质量标准》(GB 3096—2008) 表 1.5-3

类别	昼间 dB(A)	夜间 dB(A)
1 类	55	45
2 类	60	50
4a 类	70	55

(6) 环境空气质量标准

项目北岸区域环境空气质量为二类区域标准，南岸区域环境空气质量为一类区域标准。具体标准见表 1.5-4。

环境空气质量标准 (GB 3095—2012)（单位：mg/m³） 表 1.5-4

项目	一级标准		二级标准	
	CO	TSP	CO	TSP
年平均	—	0.08	—	0.20
日平均	4.0	0.12	4.0	0.30
1 小时平均	10.0	—	10.0	—

注：TSP-总悬浮颗粒物。

(7) 风速标准

竖井单排通风方式，隧道内单管正常设计风速：$v \leq 10$m/s；

通风井：$13 \leq v \leq 20$m/s，（兼排烟）$v \leq 15$m/s；

通风塔：（进风）$v \leq 8$m/s；（排风）$v \leq 15$m/s；

混凝土风道：$13 \leq v \leq 18$m/s；

消声器片间风速：$v \leq 12$m/s；

钢制排烟干管:$v≤20m/s$;
排风口风速:$5≤v≤6m/s$;
风亭格栅:$v≤5m/s$。

(8)主要室外气象参数

海拔高度:17.3m;

冬季室外大气压力:1020.2hPa;

夏季室外大气压力:1005.7hPa;

通风室外计算温度:夏季30.9℃;冬季13.8℃;

年平均风速:2.7m/s。

(9)交通参数

各特征年交通量见表1.5-5,分布系数按0.55考虑;各类车辆的引擎比例见表1.5-6。

各特征年交通量(单位:pcu/h)　　　　　　　　　　　表1.5-5

特征年	小客车	中客车	大客车	实际通行(V)	通行能力(C)	大型车比例
2019年	1761	262	177	2508	6310	15.45%
2023年	2425	380	307	3608	6310	17.00%
2028年	2754	507	351	3880	6310	17.51%
2031年	2993	551	381	4582	6310	16.67%
2038年	3534	716	423	5452	6310	15.50%

各类车辆的引擎比例　　　　　　　　　　　表1.5-6

车型	小客车	中客车	大客车
汽油车	0.9	0.7	0
柴油车	0.1	0.3	1

2)安全通道、电缆通道设计参数及标准

(1)室外气象参数

夏季空调室外计算干球温度:32.2℃;

夏季空调室外计算湿球温度:27.8℃;

冬季空调室外计算干球温度:7.3℃;

夏季通风室外计算温度:30.2℃;

冬季通风室外计算温度:14.8℃。

(2)车道板下纵向人员疏散通道设计标准

隧道封闭段火灾时,安全疏散通道前室按照满足余压值30Pa进行设计,加压送风量按照门洞风速0.7m/s取值。对纵向人员疏散通道维修、检修时提供临时通风措施。

(3)电缆通道设计标准

温度≤40℃;换气次数不少于1次/h。

1.5.6 给排水、消防技术标准

1)消防系统设计标准及参数

(1)隧道内泡沫水喷雾灭火系统供给强度≥6.5L/min·m²,混合比≥3%,泡沫喷射时间≥20min,水喷雾冷却时间≥1h,泡沫水喷雾强度最不利喷头处压力≥0.35MPa。

(2)隧道内消火栓系统用水量为20L/s,隧道洞口外消火栓用水量为30L/s,火灾延续时间均为4h。

(3)隧道一侧设置灭火器箱间距40m,隧道另一侧设置消火栓箱(含灭火器),间距40m,灭火器箱和消火栓箱交错布置。

(4)盾构段电缆通道及隧道内变配电房间高压细水雾灭火系统供给强度≥1.0L/min·m²,持续喷雾时间≥30min,系统反应时间≤30s,系统工作压力12MPa,最不利点喷头工作压力≥10MPa。

2)排水系统设计标准及参数

(1)隧道敞开段雨水按暴雨重现期50年一遇设计,地面集流时间经计算确定,大于5min时按5min取值,径流系数取1.0。

(2)结构渗入水量按1L/m²·d计。

(3)冲洗排水量按2L/m²·d计(消防时不考虑冲洗水量)。

(4)雨水管道按满管流设计,管顶平接,最小流速≥0.75m/s。

(5)排水管道粗糙系数n:球墨铸铁管及钢筋混凝土管道$n=0.013$。

1.5.7 照明设计标准

隧道照明计算洞外环境亮度:北洞口按4000cd/m²取值,南洞口按3000cd/m²取值,东、西洞口按3500cd/m²取值。隧道各照明段长度及路面亮度标准见表1.5-7。

汕头海湾隧道照明标准表　　　　　　表1.5-7

项　　目		长度(m)	灯具布置方式	亮度(cd/m²)
主洞加强照明	入口段1 L_{th1}	21	两侧对称布置	88
	入口段2 L_{th2}	21	两侧对称布置	44
	过渡段1 L_{tr1}	49	两侧对称布置	13.2
	过渡段2 L_{tr2}	70	两侧对称布置	4.4
	出口段1 L_{ex1}	30	两侧对称布置	7.5
	出口段2 L_{ex2}	30	两侧对称布置	12.5
主洞中间段 L_{in}		—	两侧对称布置	2.5
匝道中间段 L_{in}		—	两侧对称布置	1.5

续上表

项　　目		长度(m)	灯具布置方式	亮度(cd/m²)
匝道加强照明	入口段1 L_{th1}	14	两侧对称布置	36
	入口段2 L_{th2}	14	两侧对称布置	18
	过渡段1 L_{tr1}	28	两侧对称布置	5.4
	出口段1 L_{ex1}	30	两侧对称布置	4.5
	出口段2 L_{ex2}	30	两侧对称布置	7.5

本章参考文献

[1] 汕头市人民政府.汕头市城市总体规划(2002—2020)[R].2014.

[2] 汕头市交通运输局.汕头市中心城区快速路系统专项规划[R].2016.

[3] 中铁隧道勘测设计院有限公司,广东省公路勘察规划设计院股份有限公司.汕头市苏埃通道工程调整建设规模报告[R].2014.

[4] 中交第二公路勘察设计研究院有限公司.汕头苏埃通道隧道工程可行性研究报告[R].2014.

[5] 贺维国,宋超业,杜宝义.中国跨越海域最长地铁区间隧道—厦门地铁3号线五刘区间[J].隧道建设(中英文),2018,38(03):501-504.

[6] 肖明清.我国水下盾构隧道代表性工程与发展趋势[J].隧道建设(中英文),2018,38(03):360-367.

[7] 杨文武.盾构法水下隧道工程技术的发展[J].隧道建设,2009,29(02):145-151.

[8] 陈建芹,冯晓燕,魏怀,等.中国水下隧道数据统计[J].隧道建设(中英文),2021,41(03):483-516.

[9] 黄融.世界最大公轨合建隧桥工程——上海长江隧道关键技术与创新[M].北京:人民交通出版社,2011.

[10] TAN Z S,HE W G,WANG M S. A study on engineering geological problems and the railway tunnel plan of qiongzhou strait [J]. Tunnel Construction, 2017.

[11] HE W G,SONG C Y,DU B Y. Chinese longest sea-crossing metro tunnel:wuyuan bay station-liuwudian station section of xiamen metro line #3[J]. Tunnel Construction, 2018, 38(03):501-505.

[12] 田博全.大连地铁隧道盾构法施工风险研究[D].大连:大连理工大学,2016.

[13] 张轶.上海打浦路隧道复线工程施工技术概述[J].地下工程与隧道,2011(01):27-30,53.

[14] 李先元.中国第一条越江隧道之谜[J].世纪,2020(02):37-38.

[15] 侯田春.广州地铁盾构施工关键技术研究[D].西安:长安大学,2017.

[16] 蔡桂英.上海地铁一号线工程简介[J].中国市政工程,1996(01):18-20.

[17] 傅德明.延安东路隧道南线工程主要科技成果介绍[J].上海建设科技,1997(01):

16-18.
[18] 李勇军.武汉长江隧道工程施工技术[J].隧道建设,2008(03):318-323.
[19] 何川,封坤.大型水下盾构隧道结构研究现状与展望[J].西南交通大学学报,2011,46(01):1-11.
[20] 蒋超.佛莞城际铁路狮子洋隧道设计综述[J].隧道建设,2017,37(02):207-214.
[21] 梁奎生.台山核电海底泥水盾构隧洞基岩及风化孤石地层深孔爆破技术研究与应用[D].长沙:中南大学,2012.
[22] 肖明清,凌汉东,孙文昊.武汉三阳路公铁合建长江隧道总体设计关键技术研究[J].现代隧道技术,2014,51(04):161-167.
[23] 袁大军,吴俊,沈翔,等.超高水压越江海长大盾构隧道工程安全[J].中国公路学报,2020,33(12):26-45.

第 2 章 工程建设条件

汕头市首座海底隧道——汕头海湾隧道投资规模大,环境条件极其复杂。隧道位于汕头市中心城区,北岸为老城区,住宅小区、码头、水闸以及各类城市地下管网等建(构)筑物密集;南岸规划为滨海新城,是未来的城市发展中心,规划要求高,隧道尽头与穿山的虎头山隧道顺接,在较短的空间距离内要实现交通的安全衔接。

隧道沿线地质条件复杂多变,北岸基岩面较深,其上分布了深厚的淤泥及淤泥质地层;南岩基岩面较浅,覆盖层以淤泥及细砂层为主;下覆基岩为花岗岩,强度高,其特点是在长期风化侵蚀作用下,形成的基岩面起伏非常剧烈;花岗岩球状风化体(孤石)分布范围广,其规律难掌握。

隧道地处韩江、榕江交汇入海口,水文条件同时受到上游径流与下游海洋潮汐共同往复作用,海域年平均波浪高为1.1m,最大波浪高为6.5m,海床的稳定情况较为复杂。

隧道位于汕头海湾大桥与礐石大桥之间,隧道与大桥间的交通流量需要合理进行分配才能准确确定隧道规模。此外,由于隧道南北两岸城市发展不均衡,前期交通流量分析认为过海交通存在明显的潮汐现象,进一步影响了隧道方案的选择。

建设条件对隧道设计方案影响巨大,为此,勘察设计单位花费了大量的时间与精力对相关内容开展了全面的勘察、调查及专题研究工作。

2.1 周边环境条件

2.1.1 隧道北岸环境条件

1) 区域规划

工程北岸位于规划珠港新城,其规划范围为:西起龙湖沟,东至沈海高速公路,北起中山东路,南至港区码头前沿海岸线,规划区总用地面积为351.12公顷(1公顷 = $0.01km^2$),涵盖汕头国际集装箱码头用地。

珠港新城规划功能定位:以"璀璨之链,梦想之城"为主题,以"城市生态链"理念打造粤东海滨休闲商务区,最终形成以粤东地区区域总部为核心驱动,现代都市海滨休闲为特色,集商务办公、文化旅游、高端居住等多种功能为一体的新城区。

珠港新城规划用地包括城市建设用地329.48公顷、区域交通设施用地2.5公顷和水域19.14公顷。根据城市用地分类标准,珠港新城用地功能划分为7大类城市建设用地,分别是居住用地、商住用地、公共管理与公共服务设施用地、商业服务业设施用地、道路与交通设施用地、市政公用设施用地、绿地。

2) 道路现状及规划

两岸道路平面位置如图2.1-1所示。

(1) 海滨路:现状行车道路宽15m,双向四车道,规划为城市主干道,红线宽46~58m。

(2) 中山东路:现状行车道路宽35m,机非混行,双向六~八车道,规划为城市主干道,红线宽52m。

(3) 韩江路:现状行车道路宽11m,双向二~四车道,规划为城市次干道,红线宽30m。

(4) 长平路：现状行车道路宽13m，双向四车道，规划为城市次干道，红线宽34m。

(5) 金砂路：现状行车道路宽21m，双向六车道，规划为城市主干道，红线宽52m。

(6) 天山南路：现状行车道路宽18m，双向四～六车道，规划为城市主干道，红线宽43m。

(7) 华山南路：现状行车道路宽18m，机非混行，双向四～六车道，规划为城市次干道，红线宽36m。

(8) 衡山路：现状行车道路宽12m，对向四车道，规划为城市次干道，红线宽30m。

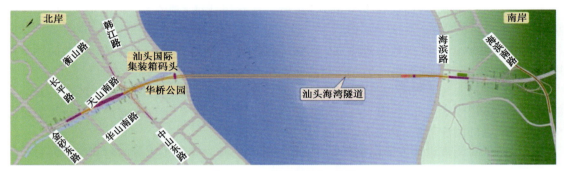

图 2.1-1　两岸现状道路一览图

3) 周边现状及沿线主要建(构)筑物

项目北岸位于龙湖区，周边建(构)筑物、控制因素等较多，主要有华侨公园、国际集装箱码头、龙湖沟、水闸、电排站、中山东路跨龙湖沟桥梁、预留绿化用地、居民小区等，如图2.1-2所示。

图 2.1-2　周边现状示意图

(1) 华侨公园

华侨公园位于汕头港湾北侧，龙湖沟入海口以西，占地面积17.8公顷，如图2.1-3所示。公园东南侧为一篮式观览车，高度24.8m，主体结构为钢结构，基础为钢筋混凝土结构，基础底面采用松木桩复合地基，松木长度3.5m。施工期间篮式观览车需临时拆除。

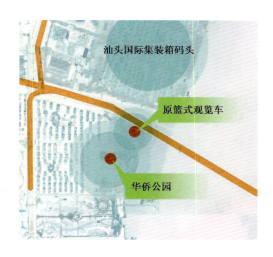

图 2.1-3　华侨公园及篮式观览车位置图

（2）国际集装箱码头及港区

汕头国际集装箱码头有限公司位于线路东侧，是汕头经济特区第一个具有现代设施的集装箱专业码头，如图 2.1-4 所示，位于珠池深水港区 7 号、8 号泊位，为汕头港的重要组成部分。陆域面积 42.5 万 m^2，码头长度 460m，前沿设计水深 10.5m，可满足二艘 2.5 万 t 级全集装箱船同时靠泊作业，集装箱堆场面积 20 万 m^2。根据《汕头港总体规划》，2020 年汕头港货物吞吐量发展水平为 6000 万 t（集装箱 2 万 t），以进出口货物为主。

图 2.1-4　汕头国际集装箱码头

（3）龙湖沟、水闸及电排站

龙湖沟位于线路西侧，如图 2.1-5 所示，为汕头市排涝、泄洪的通道之一。水面宽度中山东路以北约为 50m，以南约为 75m，最大水深为 3～5m，沟底为杂填土及淤泥混层，总厚度为 18～25m，下部为粉质黏土及中粗砂，厚度为 6～20m，再下部为 10～15m 厚淤泥质黏土。如图 2.1-6 所示，龙湖沟在中山路处设置一处电排站、一处水闸，配备 5 台大功率排水泵，满足正常排涝。其中水闸基础为粉喷桩，桩长 18m，电排站基础为高强度预应力混凝土管桩，桩径 0.4m、0.5m，桩长约 43m。

图 2.1-5　龙湖沟现状图

(4) 中山东路跨龙湖沟桥梁

桥梁位于中山东路跨越龙湖沟地段(图 2.1-6)，桥梁纵轴与水流方向成 12°角，桥长 22m，采用单跨双悬臂连续板，5m(悬臂) + 12m + 5m(悬臂)，悬臂端设置搭板连接。桥面与路面同宽，为 52m，其中，中间绿化带 1.5m，机动车道各 10.5m，两侧绿化带各 2m，非机动车道各 7m，人行道各 5.75m。桥下净空按不通航考虑。

桥墩采用薄壁式穿孔墩，基础采用钻孔摩擦桩，桩径 1.2m，中砂层作为持力层，桩长约 26m。桥梁两侧设置桥头挡土墙，主要考虑其挡土作用，不考虑承受桥面荷载，墙下基础采用打松木桩挤密基础，桩长 6m，桩径 140mm，间距 0.5m，呈品字形布置。

(5) 预留绿化用地

中山东路以北、天山南路与龙湖沟之间为预留绿化用地，如图 2.1-7 所示。隧道范围内，绿化地最宽约 140m，最窄约 30m，总占地面积约 65000m^2。

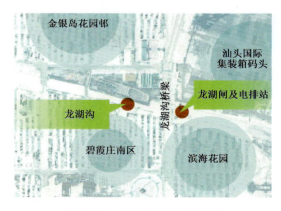

图 2.1-6　龙湖闸及电排站分布图

图 2.1-7　中山东路北侧预留绿化用地范围

(6)沿线建筑物

明挖基坑西侧为龙湖沟,东侧为天山南路及众多居民小区楼房,楼房均为深基础,基坑开挖对其影响不大。

4)地下管线

(1)排污干管

①海滨路排水、排污工程服务范围为:雨水收集自金平东旧城片区,即金湖路以南、金环路以西、梅溪河以东、海滨路以北的合流区域,总汇水面积 $10.59km^2$。污水收集自旧城片区($10.59km^2$)、乌桥岛($0.48km^2$)、中山公园($0.23km^2$),总汇水面积 $11.3km^2$。海滨路排水干管总管长 4550m,直径为 150～300cm,为聚氯乙烯(Polyvinyl Chloride,PVC)内衬钢筋混凝土管,采用顶管技术进行施工。流向自西向东,沿华侨公园边铺设,与北下的截污干管汇集,经过中山东路截污干管,最终汇集于汕头市东区黄厝围进入泵站。

②中山东路截污干管为汕头市东区污水处理厂场外配套工程,管径 2m,坡度 0.6‰,管底内高程 -4.5m 左右。东区污水处理厂工程系治理汕头市东区城市污水,其纳污范围为黄河路以南,金环路以东的汕头市东部地区,包括龙湖片区分流制管网系统和金砂小部分片区合流制管网系统,总服务面积约 $32.4km^2$。金砂片区和龙湖片区的所有污水通过中山路截流干管自西向东流入黄厝围进入泵站,经提升后,输送到污水处理厂。

(2)中山东路地下管线

中山东路地下管线包括一条煤气管,三条电信光纤,四条电力管,四条给水管及两条雨水管。其中,雨水管为混凝土结构,直径 600mm,位于中山东路南、北两侧,埋深分别为 1.99m 和 2.77m;给水管管径最大为 1400mm,埋深较浅,最深处为 1.34m;其他管线埋深均小于 1m。

(3)长平东路与天山南路交口地下管线

此处管线埋深均较浅,埋深超过 1m 的包括一条电信光纤,两条雨水管及一条污水管。其中,雨水管及污水管均为混凝土结构,直径为 500～600mm。

2.1.2 隧道南岸环境条件

1)区域规划

汕头市中信滨海新城南滨片区位于汕头湾南岸、濠江区北部滨海地带,背山面海,用地相对独立,隶属于濠江区。南滨片区是修通南滨路、围填海滩而形成的城市新区,该片区东起葛洲村,西至红星村与礐石风景区交界处,北临汕头湾,南靠礐石风景区。总规划区面积约 $12.40km^2$。其中,规划区东起深海高速公路(深汕段),西至石林公园,北临汕头湾,南靠礐石风景区,总面积约 $9.38km^2$;协调区包括部分华能电厂片区、澳头村和葛洲村,总面积约 $3.02km^2$。

隧道南岸位于南滨—葛洲片区,由南滨片区和澳头—葛洲片区两部分组成,按照《汕头市南滨葛洲片区土地利用规划》,汕头南滨片区定位为游憩商务区。南滨片区是南滨路、围填海涂而形成的城市新区,规划用地主要沿山脚线、海岸线东西向延伸,在中心地段结合自然条件适当扩大进深,内凹呈有规则变化的扇形,以强化南北向景观主轴线,建设用地面积约 260 公顷,是城市中心的重要组成部分,也是汕头市三条经济带的枢纽;该片区交通便捷、土地资源充裕、景观形态丰富,用地的地势平坦但形状相对狭长,除游泳跳水馆之外基本属于未开发用地。

该片区以会展博览、文化体育、旅游娱乐为主体,配套部分金融、信息、商贸功能,兼具高品质居住生活功能的游憩商务区。南滨路和南滨南路构成疏通南滨片区交通的城市干道环,海湾隧道与之衔接既可以形成快速过海通道,同时作为濠江区外环路"七连"中唯一的过境交通干线,将盘活整个濠江区。

2)道路现状及规划

南滨片区道路交通规划如图2.1-8所示,包括南滨路、南滨南路和安海路三条道路。

(1)南滨路:现状行车道14.5~15.0m,双向六车道,规划为城市主干道,红线宽50m。

(2)南滨南路:规划城市主干道,机非混行2×16m,红线宽40m。

(3)安海路:规划城市主干道,机非混行2×17.5m,红线宽60m(预留10m轻轨)。

图2.1-8 南滨片区综合交通规划

3)周边现状及沿线主要建(构)筑物

隧道南岸接地点以西北为礐石风景区,以东为南滨葛洲、汕头市跳水馆,线路终点位于虎头山山脚,与规划虎头山隧道相接。虎头山山脚规划东西向南滨南路,双向六车道,为城市主干道。

礐石风景区为国家级4A级景区。汕头市跳水馆位于南滨片区南滨路以南,工程线位东侧200m处,对海湾隧道影响不大。

4)地下管线

南滨路地下管线包括电信光纤、电力、给水、雨水等管线,其中部分电力、电信管线为军事用途。南滨路两侧电信光纤及电力管线埋深较浅,对项目实施影响较大的为两条混凝土雨水管,管径分别为1200mm、500mm,埋深分别为3.2m、2.94m,其中1200mm的雨水管为东西走向的雨水干管,沿南滨路南侧布设,管底高程-0.91m。南滨路北侧大堤下部有两条给水管,一条为直径60mm铸铁给水管,埋深0.29m,另一条为直径1000mm混凝土给水管,埋深1.19m。

2.2 工程地质条件

2.2.1 地形地貌

汕头海湾隧道工程从北至南地跨龙湖区、汕头港湾和濠江区。北部为滨海三角洲平原区，基岩埋深大、地势低平，为居民区，其间高楼林立、巷道纵横。中部为海湾区，其中汕头国际集装箱码头占据部分地域。南部为丘陵区，基岩埋藏浅、地形高低起伏、建筑物少。从地貌特征分析，测区跨越滨海三角洲冲积海积平原、海湾海积地貌和剥蚀丘陵地貌三个不同的地貌单元（图2.2-1）。

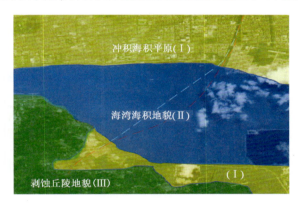

图 2.2-1　工程地貌分区

滨海三角洲冲积海积平原区（Ⅰ区）：分布于海湾北岸及南岸侧，位于路线起点~BK3+800段、BK7+305~BK8+760段。绝对高程2~4m，相对高度1~2m，地势均较平坦，水系发育，河流总体呈北西—南东走向，流向出海口。

海湾海积地貌区（Ⅱ区）：项目所在位置海湾较宽阔，航道顺直，水深3~13.5m，水域宽约3.5km，规划主航道宽约350m，海底高程一般在-7~-3m之间。

剥蚀丘陵地貌区（Ⅲ区）：分布于路线终点附近，为燕山期侵入岩系山脉，场区附近山体最大高程154m，相对高差约150m，坡度20°~35°，基岩埋藏浅，周围建筑物少。

2.2.2 区域地质构造

场区位于新丰—军埠—大南山复式褶皱带向东南凸出的弧形部位，主要发育北西向和北东向断裂带，北西向断裂与北东向断裂并行交错。北西向断裂主要为韩江断裂、古巷—澄海断裂、榕江断裂、练江断裂及普宁—田心断裂；北东向断裂主要为饶平—汕头断裂和潮州—汕尾断裂。

1）饶平—汕头断裂（F1）

发育于饶平、汕头一带。此断裂广泛发育动热变质现象，砂岩硅化、花岗岩压碎、硅化和糜棱岩化形成动热变质带，显示强烈挤压逆冲现象。新构造运动时期以来，断裂活动控制了沿海山地丘陵、台地、滨海平原的分布。断裂北西盘整体持续上升，而南东盘相对下降。其间又以第四纪早期活动的强度和幅度较大。中更新世以来，南东盘处于长期稳定的剥蚀状态，晚更新世以来在某些地段仍有较强活动。

2）韩江断裂（F3）

该断裂呈北西300°~320°方向展布，平面上呈舒缓波状延伸，倾向或北东或南西，倾角为75°~85°，沿线通过丰顺县留隍镇—潮州市区一线，为北西向饶平—大埔断裂带的重要组成部分，地表出露主要为留隍镇的四斗平—西洞村及潮安区赤凤镇的韩西村—克安村一带，地表出露长度为16km，其余部分被第四系或韩江河覆盖，往南东经樟林入海。近场区几乎全部为第四系覆盖，长约17km。

3）古巷—澄海断裂（F4）

古巷—澄海断裂东北段自潮州以西7km的古巷一带，往南东经东凤、大山及澄海以东，最后在北港口南侧入海。

该断层在近场区内为第四系所覆盖，但在卫星影像图上线性显示明显。在区外地貌上，断裂西北段形成平行于田东河上游的陡崖，在区内，其东南段控制着东溪顺直的河道及两处峡口（急水门和程洋岗峡口）。在断裂北西段的古巷一带，可见下侏罗统砂页岩与燕山晚期花岗岩呈断层接触，岩石强烈破碎，呈角砾状，沿破碎带有石英脉贯入。断裂控制两侧的第四系沉积厚度，东侧相对较薄，厚度50~100m；西侧较厚，厚度60~168m。沿断裂带微地震密集成带分布，古巷—澄海断裂和韩江断裂控制着韩江平原的第四纪断陷盆地的发育，盆地内第四系厚168m，盆地外侧为高150~400m的低山丘陵。沿断裂现代微震密集成带分布，附近发生过1067年 $6\frac{3}{4}$ 级潮州地震和三次 $4\frac{3}{4}$ 级地震，最大潜在震源为 $6\frac{3}{4}$（中国地震局地球物理研究所，广东省地震局，2005）。由此，推测断裂为晚更新世断裂，该断裂距场址12km。

4）榕江断裂带（F5）

榕江断裂带位于汕头市牛田洋至丰顺县汤坑中间的榕江一带，沿北西320°方向展布，总长约70km。北西段有11处温泉出露，呈北西向线状排列。

该断裂带自汾水开始，被第四系河流冲积层覆盖，但沿河流两侧在花岗岩和流纹斑岩中都可以见到走向为北西向的小断层或裂隙。在汤坑以北其走向为北西330°~340°，倾向北东65°，倾角70°~80°。在汕头市西北莲塘附近，见该断层露头剖面，断层走向320°，倾向南西，为由一条主断面和两个次级构造组成的断层带。主断面产状230°∠80°，次级构造产状分别为240°∠55°、343°∠49°，两次级构造发育在花岗岩内，未穿透该层，依据断面擦痕，推测断层为左旋走滑运动，上覆第四系底部未显示明显的形变特征，表明断裂近期无活动。

5）练江断裂（F6）

该断裂基本上沿练江流域呈北西向延伸，北自白坑，经玉溪、龙秋至青洋山，向东南延伸被第四系覆盖，近场区内仅为其东段一部分。在区外西侧，沿此断裂两侧形成明显地貌反差，断裂西南侧为平原，练江沿山前切割洪积—冲积阶地，而东北侧为低山丘陵，虽然山体和高度都不大（100~300m），但沿断裂山前见有一排洪积扇、三角面，说明断裂东北盘上升明显，西南盘下降，属张性断裂。

该断裂与普宁—田心断裂分别分布在练江平原的北南两侧，控制着练江第四纪断陷盆地的发育。盆地周围分布高差300~600m的低山丘陵，发育4级夷平面，盆地内第四系厚40~120m。该断裂与北东向潮州—汕尾断裂（F1）交汇处1849年发生过4级地震，沿断裂有微震分布。根据以上特征该断裂可能为上述地震的发震构造。由此推测断裂为晚更新世断裂(中国地震局地球物理研究所,广东省地震局,2005),该断裂距场址18km。

6)普宁—田心断裂(F7)

该断层位于沙陂村西南,断层走向300°,倾向或南西或北东,发育在同一岩性内,由2条次级构造组成,断层靠近山谷边缘。该两组次级构造面均为波状,上断点为第四系坡积物所覆盖。地貌上表现出山顶边缘呈斜凹形,此处坡积物多含砾石,砾石为花岗岩,大小不一。南侧次级构造破碎带宽为10~20cm,由断层泥组成,显示为左旋性质;北侧次级构造为30~80cm宽的破碎带,含砾石透镜体。断层带上覆第四系沉积物底部无明显形变迹象,表明近期无活动特征。取第四系沉积物进行测试,经热释光测年,其年龄不晚于50万年,表明其最新活动时间不晚于晚更新世早期。据人工地震勘探资料,该断裂隐伏于练江盆地的南缘,西端起自普宁以东,东至田心一带,走向北西西向,延伸长约70km。卫星影像线性构造明显。西南侧为高程300~600m的低山丘陵区,发育4级夷平面;东北侧为宽广的练江平原,平原的基底为燕山期花岗岩构成的古红壤型风化壳,风化壳之上第四系厚40~120m。

除上述断裂外,区域上尚发育潮州—汕尾断裂(F2),这些断裂因远离隧道,对工程影响性不大。

2.2.3 工程沿线地基土的构成与特征

1)工程地质分区

根据地形地貌、地层年代成因、岩性组合及地层岩土工程特征,将场区划分为松散岩类工程地质区(Q,Ⅰ区)、块状坚硬岩类工程地质区[$\gamma_5^{2(3)}$,Ⅱ区]两个工程地质区。

(1)松散岩类工程地质区[Q,Ⅰ区]

分布于北岸、苏埃海湾、南岸大部分地段。松散层由人工填土、海相沉积、海陆交互相沉积的淤泥、淤泥质土、粉质黏土、细~粗砂、砾砂组成。淤泥、淤泥质土为软土层,具高压缩性、低承载力特点;细~粗砂、砾砂层厚,含水量丰富,水头高,易发生突涌水。

(2)块状坚硬岩类工程地质区[$\gamma_5^{2(3)}$,Ⅱ区]

分布于场区南端丘陵地貌区,由燕山期侵入花岗岩组成。岩质坚硬,地基承载力高。坚硬的花岗岩经风化后,形成全~强风化层,以竖向分带性为主,球状风化普遍,孤石零星随机分布于全~强风化层中。

2)岩土分层及其特征

工程勘察场区第四系松散沉积层(Q)及燕山期侵入花岗岩[$\gamma_5^{2(3)}$]岩土特征分述如下:

第四系松散沉积层按地层年代、成因类型可划分为填筑土(Q_4^{me},层号为①)、海相沉积层(Q_4^{m},层号为②)、全新统海陆交互相沉积层(Q_4^{mc},勘察区内全新统海陆交互相有两个沉积旋回,分别用层号③和④表示)及残积层(Q^{el},层号为⑤),燕山期侵入花岗岩[$\gamma_5^{2(3)}$]按风化程度不同划分为四个风化岩带,含辉绿玢岩(脉)、石英岩脉。各大层断面如图2.2-2所示。

各层按岩性特征及物理力学性质划分为若干亚层,现概述如下:

(1)填土层

①$_1$填筑土(Q_4^{me},层号为①$_1$):灰黄色、深灰色,稍湿~饱和,松散~稍密。

①$_2$耕植土(Q_4^{pd}):灰黄色,稍湿,松散,主要由中粗砂组成。

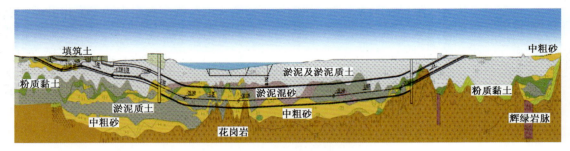

图 2.2-2　工程地质断面图

（2）海相沉积层（Q_4^m，层号为②）

分为6个亚层。

②$_1$淤泥（Q_4^m）：黄灰色、灰～深灰，流塑，多夹薄层粉细砂，富含腐殖质，具腐臭味，具易流变、高压缩性等特点。

②$_2$淤泥质土（Q_4^m）：灰～深灰色，流塑，含少量贝壳碎片及腐殖质，为高压缩性土。

②$_3$淤泥混砂（Q_4^m）：灰～深灰色，饱和，流塑或松散，淤泥与粉细或中粗砂无序状混杂一起，砂多微层理混杂于淤泥层中，为高压缩性土。

②$_4$粉细砂（Q_4^m）：浅灰色，饱和，松散～稍密，局部中密，级配不良，为中压缩性土。

②$_5$中粗砂（Q_4^m）：灰黄色，饱和，松散～稍密为主，局部中密，级配不良。

②$_6$砾砂（Q_4^m）：灰黄色、灰白色，饱和，松散～稍密为主，局部中密，级配不良。

（3）全新统海陆交互相沉积层

按沉积层序分为③、④两个主层。

③层（Q_4^{mc}）：分为7个亚层。

③$_1$粉质黏土（Q_4^{mc}）：灰黄色、灰白色，可塑为主，局部呈软塑、硬塑状，以黏粒、粉粒为主，为中压缩性土。

③$_2$淤泥质土（Q_4^{mc}）：浅灰色～深灰色，流塑为主，富含腐殖质，味臭，多夹粉细砂薄层，或与粉细砂互层，为高压缩性土。

③$_3$粉细砂（Q_4^{mc}）：灰色、灰白色，稍密～中密状，局部松散，级配不良，含黏土。

③$_4$中粗砂（Q_4^{mc}）：灰～灰白色，饱和，中密为主，局部密实，级配良好，为中压缩性土。

③$_5$砾砂（Q_4^{mc}）：灰黄色，饱和，密实状，级配良好，为中压缩性土。

③$_6$圆砾土（Q_4^{mc}）：灰黄色，饱和，密实状，级配良好。

③$_7$卵石土（Q_4^{mc}）：灰黄色，饱和，密实状，级配良好

④层（Q_4^{mc}）：分为6个亚层。

④$_1$淤泥质土（Q_4^{mc}）：深～浅灰色，流塑状为主，局部呈软～可塑状，含有机质，为淤泥质土超固结而成，为高压缩性土。

④$_2$粉质黏土（Q_4^{mc}）：深灰色，可塑为主，局部为硬塑状，含少量腐殖质，土质较均匀，黏性较好，呈透镜体状分布，为中压缩性土。

④$_3$粉细砂（Q_4^{mc}）：灰黄色、下部浅灰色，饱和，稍密～中密，级配不良，下部含黏土，呈透镜体状分布。

④$_4$ 中粗砂（Q_4^{mc}）：灰白色，饱和，密实为主，级配良好，含少量细砾和砾石，为中压缩性土。

④$_5$ 砾砂（Q_4^{mc}）：灰白色~深灰色，饱和，密实，局部中密，级配良好。

④$_6$ 圆砾（Q_4^{mc}）：灰~灰黄色，饱和，密实，石英质，亚圆状，级配良好，局部为砾砂，含约30%石英质卵石，卵石粒径2~5cm。

(4) 残积层（Q^{el}，层号为⑤）

分为2个亚层。

⑤$_1$ 砂质黏性土：灰绿色、青灰色间灰白色，可塑~硬塑，花岗岩风化残积成土状，遇水易软化，为中压缩性土。

⑤$_2$ 砾质黏性土：黄褐色、浅肉红色间灰白色，可塑~硬塑，花岗岩风化残积成土状，遇水易软化崩解。

(5) 燕山期侵入花岗岩 [$\gamma_5^{2(3)}$，层号为⑥]

麻灰色、肉红色间灰白色，细粒、中粗粒花岗结构，块状构造，石英含量25%~45%，岩层风化自上而下由强变弱，风化层厚度不均，多见球状风化体分布。局部地段见辉绿玢岩（脉）、石英岩脉穿插。

按风化程度不同划分为全风化、强风化、中风化、微风化4个风化花岗岩带：

⑥$_1$ 全风化花岗岩：以粗、砾砂为主，含少量角砾及粉粒，部分呈土柱状，遇水易崩解软化。局部见球状风化体。

⑥$_2$ 强风化花岗岩：按风化差异及物理力学性质划分为两个次亚层⑥$_{2a}$、⑥$_{2b}$。

⑥$_{2a}$ 强风化花岗岩：岩芯呈砂土状，手捻易散，浸水崩解软化。

⑥$_{2b}$ 强风化花岗岩：岩芯呈短柱状、碎块状，手可折断或锤击易散，浸水崩解软化，局部见球状风化体。

⑥$_3$ 中风化花岗岩：裂隙较发育，岩芯以短~长柱状为主，部分呈碎块状，岩石坚硬。

⑥$_4$ 微风化花岗岩：裂隙不发育，岩芯呈20~100cm柱状，岩质坚硬。

辉绿玢岩（脉）、石英岩脉，层号为⑦、⑧。辉绿玢岩呈脉状产出。

⑦$_1$ 全风化辉绿玢岩：灰绿色、灰黄色，母岩结构可辨，岩芯呈坚硬土柱状，遇水软化。

⑦$_2$ 强风化辉绿玢岩：灰绿色、灰黄色，母岩结构清晰，岩芯多呈土柱状，中下部多呈碎块状，浸水崩解软化，局部夹中风化岩块。

⑦$_3$ 中风化辉绿玢岩：青灰色~灰绿色，细晶结构，岩芯大部分呈碎块状，部分呈短~长柱状，岩石坚硬，主要呈脉状产出。

⑦$_4$ 中风化辉绿玢岩：青灰色~灰绿色，细晶结构，岩芯大部分呈碎块状，部分呈短~长柱状，岩石坚硬。

⑧$_2$ 强风化石英脉：白色，岩芯碎块状，锤击易散，岩脉状产出。

⑧$_3$ 中风化石英脉：白色，裂隙发育，裂隙面多见铁锰质浸染，岩质坚硬，岩脉状产出。

3）各岩土层物理力学指标

(1) 试验技术要求

测试工作中，采取样品基本具有代表性，试验方法与操作正确，综合测试手段先进、方法得当、数据合理，具有较好的代表性，但因地层岩性的不均一性及岩性的变化，各种测试方法提供的同种参数数值具有一定差异性。因此，所使用的各种数值必须经过分析筛选，结合各种经验，才能利用。

土工试验黏性土的常规物理性质试验测试项目：颗粒级配、相对密度、天然含水量、重度、最大和最小密度、天然孔隙比、饱和度、液限、塑限、有机质含量、渗透系数。增做粉土、黏性土颗粒分析并提供黏粒含量。

黏性土的常规力学性质试验测试项目：内摩擦角、黏聚力、压缩系数、压缩模量、无侧限抗压强度、地基抗力系数（基床系数）、静止侧压力系数、固结系数。

砂类土（含粉土）测试项目：天然孔隙比、饱和度、相对密度、颗粒分析（d70、d60、d50、d30、d10）等，并提供石英颗粒、黏粒含量百分率。

需要进行基坑开挖的工点，进行三轴剪切试验，包括不固结不排水剪（UU）（c、φ 值）、固结不排水剪（CU）（c、φ 值）。

固结试验最大加压值应大于自重压力与附加压力之和。高压固结试验，施加的最大压力应满足绘制完整的 e-$\lg P$ 曲线的要求。

岩石试验包括岩石成分试验、岩石物理性能试验（密度、吸水率、湿化与膨胀试验）、岩石力学性能试验（极限抗压强度、泊松比、抗剪、抗拉试验）等，盾构段提供岩石的矿物成分、结晶颗粒大小及岩石的磨蚀性。

水质分析试验进行水质简分析，试验项目为工程水 15 项。

（2）数据处理方法

根据现行行业规范《公路工程地质勘察规范》（JTG C20）的有关规定对岩土层进行统计，在进行统计时，异常数据的剔除原则上采用三倍标准方差法，个别数据由于岩土层的不均匀性或为夹层而造成数据明显离群的，也予以剔除。有关参数的计算公式如下：

平均值：
$$f_\mathrm{m} = \frac{1}{n}\sum_{i=1}^{n} f_i \tag{2.2-1}$$

标准差：
$$\sigma_\mathrm{f} = \sqrt{\frac{1}{n-1}\left[\frac{\sum_{i=1}^{n} f_i^2 - (\sum_{i=1}^{n} f_i)^2}{n}\right]} \tag{2.2-2}$$

变异系数：
$$\delta = \frac{\sigma_\mathrm{f}}{f_\mathrm{m}} \tag{2.2-3}$$

标准值：
$$f_\mathrm{k} = \gamma_\mathrm{s} \cdot f_\mathrm{m}，其中 \gamma_\mathrm{s} = 1 \pm \left(\frac{1.704}{\sqrt{n}} + \frac{4.678}{n^2}\right)\delta \tag{2.2-4}$$

式中：f_i——岩土参数测试值；

n——参加统计的子样数；

γ_s——统计修正系数，式中正负号按不利组合考虑。

（3）岩土层主要参数建议值

①设计参数的依据

设计参数建议值取值的依据为：勘察各岩土层试验数据；规范中表列的各种建议数据；工程地质手册中通过试验确定的各种同类岩土的参数数据；地区经验数据；类比工程数据。

②岩土设计参数建议值

岩土物理力学指标(可由室内试验直接提供的指标):天然重度、天然含水率、天然孔隙比、压缩系数、压缩模量、固结系数、黏聚力、内摩擦角和岩石的抗压强度主要根据室内试验统计结果,并参照地区经验提出。

变形模量:黏土、粉细砂和中砂参照《工程地质手册》(第四版)中表 3-1-24 提供,淤泥、淤泥质土参照当地经验值提供;残积砂质黏性土层、全风化层、强风化层根据广东省标准《建筑地基基础设计规范》(DBJ 15-31—2016),并参考地区经验数据提供;中风化岩的弹性模量由实验统计得到,并参考地区经验数据提供。

基床反力系数 K_v、K_x:土层的基床反力系数包括垂直基床反力系数 K_v、水平基床反力系数 K_x。根据《城市轨道交通岩土工程勘察规范》(GB 50307—2012)附录、$K=(1.5\sim3.0)N$ 并结合室内试验、旁压试验综合提供。

静止侧压力系数 K 和土的泊松比 v:泊松比和静止侧压力由室内试验统计值,结合广东省标准《建筑地基基础设计规范》(DBJ 15-31—2016)表 4.3.11 和《工程地质手册》(第四版)[公式 $K=v/(1-v)$]提供。

对于盾构段隧道,因盾构机参数的选择往往与工程最不利因素有关,常规的统计建议值无法满足参数选择的要求,因此针对其特殊性,对盾构段参数提供范围值,以供设计使用。

各工点主要物理力学性质指标详见表 2.2-1 ~ 表 2.2-7。

北岸连接线及明挖段土体物理力学性质参数表　　表 2.2-1

地层编号	天然重度 γ (kN/m³)	天然含水率 w (%)	天然孔隙比 e_0	快剪 黏聚力 c(kPa)	快剪 内摩擦角 φ(°)	压缩系数 a_{v1-2} (MPa⁻¹)	压缩模量 E_{s1-2} (MPa)	侧压力系数 k_0	基床系数 K (MPa/m) 垂直	基床系数 K (MPa/m) 水平
②₁	16.0	60.2	1.70	9.0	3.2	1.50	1.9	0.82	3	4
②₂	16.7	49.3	1.38	13.4	5.0	1.00	2.5	0.72	4	5
②₃	17.5	43.5	1.00	12.5	8.0	0.98	2.6	0.54	5	6
②₄	18.4			3.0	28.0	0.50	4.4	0.43	8	10
②₅	19.6				32.0			0.33	12	15
②₆	20.2				35.0			0.28	15	20
③₁	18.7	31.5	0.90	19.0	12.0	0.40	4.5	0.43	25	30
③₂	16.9	48.5	1.35	17.3	6.1	0.90	2.7	0.72	4	5
③₃	19.5			3.0	30.0			0.43	8	10
③₄	20.6				30.0	0.30	7.0	0.33	12	15
③₅	20.2				35.0	0.32	6.5	0.28	15	20
④₁	17.5	44.4	1.22	22.5	10.0	0.60	3.8	0.67	5	6
④₂	18.5	32.5	0.92	23.0	11.5	0.42	5.1	0.64	6	7
④₃	18.5				30.0			0.43	10	12
④₄	20.9				35.0	0.15	10.6	0.33	15	20
④₅	21.1				40.0			0.28	20	25
⑤₁	19.3	23.3	0.74	13.5	21.0	0.40	5.2	0.39	25	30
⑤₂	19.3	20.7	0.70	17.0	19.0	0.35	5.6	0.39	30	35
⑥₁	19.0	22.5	0.71	15.0	23.3	0.32	5.4	0.33	55	65
⑥₂₋₁	19.4	20.3	0.64	12.0	20.0	0.30	5.8	0.25	65	75
⑥₂₋₂	22.0							0.22	70	80

北岸连接线及明挖段岩石物理力学性质参数表　　表2.2-2

层号	颗粒密度（g/cm³）	吸水率（%）	饱和抗压强度（MPa）	软化系数	饱和抗剪断强度		弹性模量 E（MPa）	泊松比 v
					内摩擦角 φ（°）	黏聚力 c（MPa）		
⑥$_{2\text{-}2}$			20					
⑥$_3$	2.67	0.89	142	0.82	43.3	19.9	70693	0.25
⑥$_4$	2.68	0.83	203	0.83	62.5	21.1	73760	0.24
⑦$_2$			16.3					
⑦$_3$			188				87867	0.27
⑦$_4$	2.81	1.76	286	0.90	42.9	11.6	90225	0.24

盾构段土体物理力学性质参数表　　表2.2-3

地层编号	天然重度 γ（kN/m³）	天然含水率 w（%）	天然孔隙比 e_0	快剪		压缩系数 a_{v1-2}（MPa⁻¹）	压缩模量 E_{s1-2}（MPa）	侧压力系数 k_0	基床系数 K（MPa/m）	
				黏聚力 c(kPa)	内摩擦角 φ(°)				垂直	水平
②$_1$	15.4	71.8	1.90	9	3.2	1.70	1.90	0.82	3	4
②$_2$	16.7	52.2	1.44	13.4	5	0.85	2.85	0.72	4	5
②$_3$	18.1	40	1.10	12.5	8	0.86	2.86	0.54	5	6
②$_4$	19.5			3	28	0.25	6.20	0.43	8	10
②$_5$	20				32			0.33	12	15
②$_6$	20				35			0.28	15	20
③$_1$	19.0	31.7	0.87	19.0	12.0	0.34	5.66	0.43	25	30
③$_2$	17	49.9	1.37	17.3	6.1	0.82	3.07	0.72	4	5
③$_3$	19.5			3	30			0.43	8	10
③$_4$	20.5				30	0.30	6.85	0.33	12	15
③$_5$	20.5				35			0.28	15	20
④$_1$	17.5	44.7	1.22	22.5	10	0.66	3.69	0.67	5	6
④$_2$	18.1	32.5	0.92	23.0	11.5	0.40	5.10	0.64	6	7
④$_3$	19				30			0.43	10	12
④$_4$	21				35	0.15	10.60	0.33	15	20
④$_5$	21.5				40			0.28	20	25
⑤$_1$	19.0	24.1	0.73	13.5	21.0	0.37	5.07	0.39	25	30
⑤$_2$	19.0	21.8	0.70	17.0	19.0	0.30	6.00	0.39	30	35
⑥$_1$	19.0	22.5	0.70	15.0	23.3	0.33	5.68	0.33	55	65
⑥$_{2\text{-}1}$	19.5	20.8	0.65	17.0	25.0	0.33	5.53	0.25	65	75

盾构段岩石物理力学性质参数表 表2.2-4

层号	颗粒密度（g/cm³）	吸水率（%）	饱和抗压强度（MPa）	软化系数	饱和抗剪断强度指标		弹性模量 E_{50}（MPa）	耐磨性（g/cm²）
					内摩擦角（°）	黏聚力 c(MPa)		
⑥$_{2-2}$			20					
⑥$_3$	2.67	0.89	142	0.82	43.3	19.9	70693	
⑥$_4$	2.68	0.83	203	0.83	62.5	21.1	73760	0.15
⑦$_2$			16.3					
⑦$_3$			188				87867	
⑦$_4$	2.81	1.76	286	0.90	42.9	11.6	90225	

盾构段特殊试验参数表 表2.2-5

地层代号	黏粒含量(%)		石英含量(%)		不均匀系数 C_u	饱和抗压强度(MPa)			弹性模量 E_{50}(MPa)		耐磨性指标/0.1mm
	范围值	平均值	范围值	平均值		范围值	平均值	标准值	范围值	平均值	
②$_1$	34.2~50.1	41.4									
②$_2$	14.1~46.4	28.9									
②$_4$				40.4	5.6						
③$_3$					10.4						
②$_5$			51.4~73.8	58.85	10.6						
③$_4$			54.8~80.2	68.2	10.02						
④$_4$					11.63						
③$_5$					14.9						
④$_5$					12.5						
⑤$_1$			8.4~32.8	18.5	8.85						
⑤$_2$			26.2~51.6	40.6							
⑥$_{2-2}$							20				
⑥$_3$						39.3~142	83.8	90	5.2×10⁴~7.1×10⁴	7.07×10⁴	3.84
⑥$_4$						52.8~203	119.2	124	4.8×10⁴~1.0×10⁵	7.37×10⁴	
⑦$_2$							16.3				
⑦$_3$						26.8~188.3	94.7			8.8×10⁴	
⑦$_4$						104.4~285.5	177.7	241.6	7.4×10⁴~1.06×10⁵	9.02×10⁴	
孤石						79.9~102.5	90.1				

南岸明挖、连接线土体物理力学性质参数表　　表 2.2-6

地层编号	天然重度 γ (kN/m³)	天然含水率 w (%)	天然孔隙比 e_0	快剪 黏聚力 c (kPa)	快剪 内摩擦角 φ (°)	压缩系数 a_{v1-2} (MPa⁻¹)	压缩模量 E_{S1-2} (MPa)	侧压力系数 k_0	基床系数 K (MPa·m) 垂直	基床系数 K (MPa·m) 水平
②₁	15.4	70.4	1.96	9	3.2	1.65	1.85	0.82	3	4
②₂	16.8	51.2	1.40	13.4	5	1.00	2.7	0.72	4	5
②₃	18.5	41.0	1.00	12.5	8	0.98	2.6	0.54	5	6
②₄	19.0			3	28	0.50	4.4	0.43	8	10
②₅	19.5				32			0.33	12	15
②₆	20.0				35			0.28	15	20
③₁	29.1	28.4	0.81	19.0	12.0	0.40	5.1	0.43	25	30
③₂	17.0	48.6	1.34	17.3	6.1	0.88	2.8	0.72	4	5
③₃	19.0			3	30			0.43	8	10
③₄	20.0				30	0.30	7	0.33	12	15
③₅	20.5				35	0.30	6.5	0.28	15	20
④₁	17.5	44.2	1.20	22.5	10	0.60	3.7	0.67	5	6
④₂	18.5	32.5	0.92	23.0	11.5	0.42	5.1	0.64	6	7
④₃	19.0				30			0.43	10	12
④₄	20.0				35	0.15	10.6	0.33	15	20
④₅	20.5				40			0.28	20	25
⑤₁	18.8	25.6	0.80	13.5	21.0	0.40	4.8	0.39	25	30
⑤₂	19.0	21.8	0.70	17.0	19.0	0.30	6.0	0.39	30	35
⑥₁	19.0	22.6	0.73	15.0	23.3	0.30	5.5	0.33	55	65
⑥₂₋₁	19.5			17.0	25.0	0.30	5.7	0.25	65	75
⑥₂₋₂	22.0							0.22	70	80

南岸明挖、连接线岩石物理力学性质参数表　　表 2.2-7

层号	颗粒密度 (g/cm³)	吸水率 (%)	饱和抗压强度 (MPa)	软化系数	饱和抗剪断强度指标 内摩擦角 φ (°)	饱和抗剪断强度指标 黏聚力 c (MPa)	弹性模量 E_s (MPa)	泊松比 υ
⑥₂₋₂			20					
⑥₃	2.67	0.89	142	0.82	43.3	19.9	70693	0.25
⑥₄	2.68	0.83	203	0.83	62.5	21.1	73760	0.24
⑦₂			16.3					
⑦₃			188				87867	0.27
⑦₄	2.81	1.76	286	0.90	42.9	11.6	90225	0.24

2.2.4 主要工程地质评价

北岸段:场地发育的特殊性岩土主要为软土,具高含水率、大孔隙比、高压缩性、低强度的工程特性,施工开挖易导致基坑变形、边坡失稳、地面沉降,甚至塌陷等现象。基坑坑底下伏的承压含水层可能导致基坑突涌等地质现象。

盾构段:主要工程地质问题为软土、地层软硬不均以及基岩凸起。洞身位于淤泥、淤泥质土等软土层时,由于土层呈流塑状,具有大孔隙比、高压缩性、低强度特性,围岩极易坍塌变形,浅埋时易坍塌至地表;盾构推进时掌子面稳定性差,易使土层扰动,施工不当易引起地表隆起或沉陷,严重时形成冒顶;洞身位于饱和砂土时,由于砂层承压富水,稳定性差,施工时易产生涌水、涌砂,严重时形成冒顶,导致海水回灌。

洞身处于上软下硬的复合地层时,即上部为淤泥、粉质黏土、密实中粗砂或全、强风化地层,下部切割中~微风化花岗岩,地层的软硬不均使盾构刀具配置难度加大,盾构掘进方向、盾构姿态控制困难,推进时易造成偏心或抬头。同时由于下部基岩强度高,掘进速度慢,盾构机刀盘长时间原位转动会对上部软弱围岩造成扰动而使其失稳,形成以刀盘为中心的漏斗状塌空区,强行掘进可能会导致地面出现坍塌。

对于基岩凸起段洞身为微风化花岗岩地层,最大饱和单轴抗压强度超过200MPa,易造成掘进速度缓慢,刀具磨损严重。

南岸段:主要工程地质问题为花岗岩球状风化,易导致施工困难(如断桩、增加施工成本)、上部结构失稳(如不均匀沉降)等问题。

2.3 水文地质条件

2.3.1 地表水

隧址场地地表水体较发育,主要为汕头湾、龙湖沟、其他小涌及鱼塘等。在南、北两岸,地下水与地表水呈互补关系,海域段地表水补给地下水。

龙湖沟:河道宽50~80m,流经金平和龙湖两区,向南于汕头港出海。该沟为人工开挖沟渠,主要功能为城市排涝。龙湖沟连同引水渠全长7.3km。

汕头湾:平均海平面1.37m,航道段海水较深,线路经过区域最深处约13m。

南岸线路与一涌沟相交,该沟与汕头湾由堤岸处排水涵闸相连,沟宽约5m,水深约1m。

2.3.2 地下水

1)地下水类型

根据区内地下水的赋存特征及形成条件,可将测区地下水划分为松散岩类孔隙潜水、松散岩类孔隙承压水及块状岩类裂隙水。

(1)松散岩类孔隙潜水

主要分布于汕头市平原区(韩江河口)和海滨地带,含水岩组主要为第四系海积、海陆交互沉积和冲积成因的砂砾岩、卵砾石层、砂层,含水岩组厚度一般多小于 10m。地下水位埋深在平原地带多在 0.63~1.76m,靠近滨海滩地,水量丰富,单井涌水量 23.7~99.1t/d[数据源自《广东省汕头市地质图说明书》(1:50000 广东省地质矿产局 1985 年 5 月)第 3 章]。

(2)松散岩类孔隙承压水

主要分布在汕头三角洲和河床内,由于三角洲和滨海地带岩性变化较大,故承压水具有单层和多层结构,水质类型也较复杂。含水岩组主要为第四系全新统海积、冲积和海陆交互沉积的砾石、卵石、中细砂层、粉砂层和淤泥质黏土层。由于该岩组顶底板有相对隔水层,造成地下水具有承压特点。含水岩组厚度一般为 18~28m。地下水位高出地面 0.82~1.14m,单井涌水量 508.7~666.1t/d[数据源自《广东省汕头市地质图说明书》(1:50000 广东省地质矿产局 1985 年 5 月)第 3 章]。

(3)块状岩类裂隙水

主要分布于测区南部,含水岩层主要为燕山期花岗岩和各类脉岩,地下水赋存于岩石的裂隙中,并且以风化裂隙为主,风化带厚度多小于 20m,形成块状岩类裂隙水。其特点是地表泉点多,但水量小,泉流量多在 0.014~0.325L/s,水量季节性变化较大,主要受大气降水所控制。

2)岩土层渗透系数

岩土的渗透系数是根据现场抽水试验、室内试验、类似地层抽水试验成果资料和当地地区经验数值综合确定,具体见表 2.3-1。

岩土的渗透系数表   表 2.3-1

序号	地层编号	岩土名称	岩土状态	渗透系数建议值(m/d)
1	②$_1$、②$_2$、③$_2$、④$_1$	淤泥、淤泥质土(含或夹砂)	流塑~软塑	0.02
2	③$_1$、④$_2$	粉质黏土	可塑	0.02
3	②$_3$、②$_4$③$_3$、④$_3$	粉细砂	松散~稍密	3.5
4	③$_4$、③$_5$、④$_4$、④$_5$	中粗砂、砾砂	中密~密实	22
5	⑤$_1$、⑤$_2$	砂质黏土、砾质黏土	可塑~硬塑	0.06
6	⑥$_1$、⑥$_{2a}$	全风化岩、土状强风化岩	坚硬	0.1
7	⑥$_{2b}$、⑦$_2$	碎块状强风化岩	半土、半岩	0.5
8	⑥$_{23}$	中风化岩	完整岩石	0.05

2.3.3 场地水的腐蚀性评价

场地水的腐蚀性评价按照北岸、海域、南岸的工程分区分别取样进行评价。

1)北岸连接线段及明挖段

野外作业期间,在场地共取了 7 组水样进行水质分析。其中,地下水 5 组、地表水(龙湖沟)2 组,见表 2.3-2。

北岸连接线段及明挖段水的腐蚀性评价表   表2.3-2

取水位置	Cl⁻ (mg/L)	SO_4^{2-} (mg/L)	HCO_3^- (mmol/L)	总矿 化度 (mg/L)	侵蚀性 CO_2 (mg/L)	pH值	对混凝土 结构 腐蚀性	对混凝土 结构中 钢筋 腐蚀性	备注
LZXNJ3,30m	9699.32*	130.00	11.88	16645.78	0.00	7.45	微	强	地下水
SNKS1	2525.81*	36.53	86.67	4172.02	33.85*	6.29*	中	中	
SNKS1,10m	2443.22*	65.00	146.84	4188.09	22.1*	6.75	弱	中	
SNKS1,30m	2464.69*	56.00	109.75	4178.76	33.82*	6.75	中	中	
SNKS2	6558.25*	55.80	404.45	7509.65	0.00	6.88	微	强	
XWGZ6	3516.1*	490.38*	70.89	6269.775	5.56	7.10	弱	中	龙湖沟退潮
XWGZ6	1903.45*	234.23*	80.14	3521.27	8.89	7.00	弱	中	龙湖沟涨潮

注:标*的数值为具有腐蚀性的指标。

2) 海域段

野外作业期间,在场地共取了6组水样进行水质分析。其中,地下水3组、地表水(海水)3组,见表2.3-3。

海域段水的腐蚀性评价表   表2.3-3

取水位置	Cl⁻ (mg/L)	SO_4^{2-} (mg/L)	HCO_3^- (mmol/L)	总矿 化度 (mg/L)	侵蚀性 CO_2 (mg/L)	pH值	对混凝土 结构 腐蚀性	对混凝土 结构中 钢筋 腐蚀性	备注
LZCS-1	11091.8*	570.00*	6.20	18965.79	17.18	7.60	中	强	地下水
LZCS-1	11611.8*	620.00*	6.78	19870.27	19.09	7.55	中	强	
XEGZ38-1	13622.78*	31.5	564.28	22824.55	0.00	7.00	中	弱	
LZCS-1	5545.92*	530.00*	1.39	9570.64	5.73	7.30	中	强	海水
海水-1	8685.25*	1195.74*	83.06	15690.01	3.91	7.24	中	强	
XEGZ38-1	8477.92*	1120.0*	107.97	15576.78	0.00	7.45	中	强	

注:标*的数值为具有腐蚀性的指标。

3) 南岸明挖段

野外作业期间,在场地共取了10组水样进行水质分析。其中,南岸明挖段及路基段共6组,包括地下水4组、地表水2组;南岸立交段共4组,包括地下水3组、地表水1组,见表2.3-4。

南岸明挖段水的腐蚀性评价表 表 2.3-4

取样位置	HCO_3^-（mmol/L）	Cl^-（mg/L）	SO_4^{2-}（mg/L）	pH 值	总矿化度（mg/L）	侵蚀性CO_2（mg/L）	对混凝土结构腐蚀性	对混凝土结构中钢筋腐蚀性	备注
南岸明挖及路基段									
LZXSMW19（0.00~7.00m）	652.5	6672.55*	51	7.05	11515.97*	3.91	微	强	地下水
LZXSMW19（23.00~27.00m）抽水前	624.7	6796.35*	4	6.8	11607.36*	8.73	微	强	地下水
LZXSMW19（23.00~27.00m）抽水中	637.5	6651.2*	4.4	7	11372.59*	0	微	强	地下水
XNKZ10	283.6	1982.76*	301.83*	7.74	3997.9	0	弱	中	
LZXSMW19（附近涌沟水）	158.1	7496.48*	800*	7.05	13540.36*	22.52	中	强	地表水
XSKZ13	163.8	5780.44*	405.0*	6.7	10065.79*	13.35	弱	强	
南岸立交段									
LZXSLJ2-1（井水,2.00m）	225.7	30.74	20	7.6	315.94	0	微	微	地下水
LCZ3-56	2.1	20.8	13	7.1	286.96	4.2	微	微	
LCZ3-59	2.9	90.12	65	7.06	342.94	3.44	微	微	
LCZ3-56（附近涌沟水）	3.5	201.04*	67	7.67	673.64	5.73	微	弱	地表水

注：标*的数值为具有腐蚀性的指标。

通过以上数据，可以发现海域段 Cl^- 最高，且比较稳定，最大数值为 13622.78mmol/L；北岸连接线段及明挖段接近海域段 Cl^- 较高，最大值为 9699.32 mmol/L，其他区段逐渐降低；南岸明挖段接近海域段 Cl^- 较高，最大值为 6796.35 mmol/L，其他区段逐渐降低。

2.3.4 水文对工程影响评价

1）地表水对工程影响评价

工程场地地表水体较发育，主要为汕头湾、龙湖沟、其他小涌及鱼塘等。尤其是北岸开挖段，线路小角度穿过龙湖沟，施工时在龙湖沟及其前后段须做好基坑的支护与防水，避免因支护失稳导致塌方而诱发河流水体灌入基坑。

盾构隧道下穿汕头湾，隧道上覆土层以淤泥和淤泥质土等软土为主，尤其在航道区域，上覆土层厚度约为1倍洞径,在施工振动下,软土容易变形失稳,若施工不当可能会导致海水灌入隧道。

其他小涌及鱼塘等,因规模不大且水量小,采取措施后,对工程影响不大。

2) 地下水对工程影响评价

(1) 地下水力学作用分析评价

对项目影响较大的含水层有3个:②$_4$粉细砂层、③$_4$、③$_5$中粗砂层、砾砂层与④$_4$、④$_5$中粗砂层、砾砂层。

②$_4$主要由粉细砂组成,含淤泥,中等透水。北岸该层位于施工开挖范围内,且该含水层与西侧的龙湖沟有水力联系,施工开挖受其影响较大。

③$_4$、③$_5$和④$_4$、④$_5$主要由中粗砂、砾砂组成,该层埋深大,强透水,承压。在北岸开挖段表现为承压水对坑底的托力,可能导致坑底隆起或突涌;对盾构段影响主要表现为施工涌水、涌砂。

(2) 水化学分析评价

因项目各段落所处水文单元有一定差异,故地下水及地表水的腐蚀性也有所不同,具体表现为北岸及海域段腐蚀性相对较强,南岸段,尤其南岸立交段腐蚀性相对较弱。场地土的腐蚀性与场地地下水的腐蚀性具有一致性。

2.4 场地地震安全性评价

2.4.1 区域地震构造及地震活动性评价

1) 区域地震构造评价

区域范围内断裂构造的主要方向为北东—北北东向,其次为北西—近东西向,区域内的地震活动主要与北东—北北东向断裂相关,尤其是台湾海峡和台湾地区,北北东向的断裂是重要的控震构造。两组断裂的交汇处是强震发生地点的重要标志,区内许多强震就是发生在这两组活动断裂交汇处附近。有深部重力、磁场异常特征显示的深大断裂带也通常是中强以上地震活动的重要构造。

区域陆域内北东—北北东向断裂规模大、切割深,第四纪活动性具有由内陆向海域逐渐增强的特点,一般为第四纪早中期和前第四纪断裂,晚更新世以来活动仅局限在个别断裂的个别段落。海域北东向断裂晚更新世以来活动较强,主要分布在台湾海峡。区域内的北西向—北西西向断裂规模相对较小,其第四纪活动性相对较强,部分断裂第四纪晚期仍有活动。这些断裂主要分布在一些第四纪断陷盆地中(如九龙江盆地、潮汕盆地等)。

区域内的地震活动也主要发生在陆域和海域晚更新世以来的活动断裂上,尤其是7级以上的强震更是如此,绝大多数中强地震都发生在第四纪晚期活动的、规模较大的北北东向断裂上或该断裂与北西向断裂交汇的地区。

根据区域地震构造与历史地震活动特征,区域具有发生7.5、7.0、6.5、6.0、5.5级级段地震的发震条件。7.5级发震构造有滨海断裂台湾海峡段和台湾浅滩西南断裂带;7.0级发震构造有潮州—汕尾断裂带潮州—普宁段、滨海断裂带汕尾海外段、陆丰海外段、榕江断裂汕头—揭阳段、韩江断裂潮州段、黄岗河断裂饶平段及九龙江断裂等;6.5级发震构造主要有河源—邵武断裂带寻乌段和黄岗河断裂梅州段等;6级地震发震构造主要有五华—深圳断裂带深圳—海丰段、丰顺段、潮州—汕尾断裂带陆丰—普宁段、榕江断裂丰顺段、上杭—云霄断裂带云霄段、永安—安溪断裂安溪段等;5.5级地震的发震构造主要有瑞金—龙南断裂带、河源—邵武断裂带龙川段、五华—深圳断裂带陆河—揭西段等。

2) 区域地震活动性评价

自 1067 年以来，在区域范围内发生 $M \geq 4.7$ 级地震 46 次，其中 4.7~4.9 级地震 13 次、5.0~5.9 级地震 21 次，6.0~6.9 级地震 10 次，7.0 级及以上地震 2 次。其中对场地影响最大的是 1918 年 2 月 13 日南澳 7.3 级地震，它对场地的影响烈度达Ⅷ~Ⅸ度。

目前，华南沿海地震带尚处于活动周期的剩余释放阶段，估计在 21 世纪初 20~30 年才能转入到第三活动周期的平静阶段。

自 1969 年至今，本区域范围内未记载到 5 级以上地震，据区域地震活动的时间分布特征分析，可以推断未来百年区域地震活动水平处在 1400 年以来的平均活动水平，地震统计区 4.0 级以上地震的年发生次数为 5.6 次。

华南沿海地区的主压应力的优势方向为北西—南东向，也有地震的震源机制解反映为北北西、近南北或近东西向。最大主压应力 P 轴与主张应力 T 轴的倾角大多数小于 30°。

2.4.2 近场区地震构造及地震活动性评价

1) 近场区地质构造概况

在大地构造位置上，近场区处于黄汲清等划分的华南褶皱系的二级构造单元粤东—粤闽东隆起区内，为华南造山带与西太平洋晚喜马拉雅岛弧系的交界带。

粤东—闽东隆起区位于粤闽东部沿海一带，丰顺—海丰深断裂和政和—漳平深大断裂以东，滨海断裂以西。该构造区未发现早古生代基底，也未见晚古生代沉积。震旦纪以来，可能已发育成隆起区。在华力—印支拗褶基础上，中生代发生大规模断陷和坳陷，复陆屑式建造组成夹含煤建造和火山建造叠置在古老基底之上。而白垩系、古近纪红层不发育，尤其是汕头、潮安一带，至今还没发现这种地层沉积。中生代岩浆活动强烈，火山岩和花岗岩大面积分布，沿一些主干断裂带形成强烈的区域变质和混合岩化作用。在广东沿岸地带，新生代还零星分布一些偏基性火山活动。本区内深、大断裂较发育，其中以北东向断裂最强烈、规模大，东西向、北西向次之，沿北东向深断裂带发生变质作用、混合岩化作用，形成粤东—闽东沿海中生代低压渐进变质带。

近场区内地表仅分布中生代以来的地层，以燕山晚期花岗岩及第四系为主，三叠系、侏罗系、喜山期侵入岩零星分布，缺失第三系。

2) 近场区地震活动性

图 2.4-1 为工程近场区内的历史地震和现代小震的震中分布图，据记载，有史以来近场区内记录到 5 次历史地震，其中 Ms4.7~4.9 级地震 2 次、Ms5.0~5.9 级地震 1 次、Ms6.0~6.9 级地震 2 次；近场区记录到 M_L2.0 级以上地震 37 次，其中 M_L2.0~2.9 级地震 32 次、M_L3.0~3.9 级地震 4 次、M_L4.0~5.0 级地震 1 次。

工程建设条件/第2章

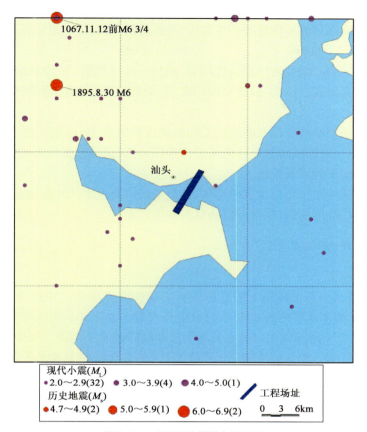

图 2.4-1 近场区地震震中分布图

在空间分布上，现代小震的比较分散，且频度较小；历史地震活动也不是很强烈，在场址北部有两个 6 级以上的地震，较近的一个距离场址 28km。

3）近场区主要断裂构造及其活动性

近场区断裂较发育，以北东向、北西向为主，有一定规模的主要断裂有 7 条，其中全新世—晚更新世断裂、全新世断裂分别为韩江断裂和榕江断裂，其中韩江断裂距场址 21km，榕江断裂距场址 6km；晚更新世断裂有 3 条，为潮州—汕尾断裂、古巷—澄海断裂和练江断裂，它们距场址最近距离分别是 28km、12km、18km；中更新世活动断裂有 2 条，为饶平—汕头断裂和普宁—田心断裂，它们距场址最近距离分别是 1km、20km。

4）近场区地震活动性和地震构造评价

近场区历史上曾记录了 5 次破坏性地震，分别为：1067 年 $5\frac{3}{4}$ 级潮州一带地震，1641 年 $5\frac{3}{4}$ 级揭阳东地震，1895 年 6 级揭阳地震，1886 年汕头和 1962 年澄海附近的 2 次 $4\frac{3}{4}$ 级地震。

自 1970 年建立地震台网后至 2014 年，在近场区内记录到 65 次震级 2.0 级以上地震，最大为 2004 年 1 月 16 日发生在澄海的 4.2 级地震。

近场区及邻近地区历史上曾发生过数次破坏性地震，以 1918 年南澳 7.3 级地震对工程场地破坏最大,地震烈度达Ⅷ~Ⅸ度。

近场区及邻近地区是破坏性地震的多发区,地震重复性高,因此近场区未来仍存在发生中强地震的可能性。

近场区的普宁—田心断裂为中更新世断裂,潮州—汕尾断裂(潮汕平原段)和饶平—汕头断裂在晚更新世以来曾有过活动,属晚第四纪断层,而韩江断裂、榕江断裂被鉴定为全新世活动断裂。

近场区的地震活动性特点以及断裂构造的活动性特征表明,近场区的北西向断裂是本区的主要发震构造,北东向的断裂则是一组重要的控震构造,最易发生地震的构造部位是北西向断裂与北东向断裂交汇处或其附近。

根据近场区地震构造与历史地震活动特征,近场区具有发生7.0级地震的发震条件。7.0级发震构造有潮州—汕尾断裂、饶平—汕头断裂及韩江断裂。

2.4.3 场地地震动参数

1)设计地震动参数

根据《广东省汕头市苏埃隧道工程场地地震安全性评价报告》,主要分析50年超越概率63%、10%、2%三个概率水平的地表水平的地震动参数。表2.4-1列出了2个计算模型的3个不同概率水平、3个不同随机相位的地表水平加速度峰值及平均值。表中所列数据表明,随机相位存在一定的影响。汕头海湾隧道工程中,地震动参数中的地表水平加速度峰值可以取不同钻孔的不同随机相位反应的均值。据此可以给出工程场地的3个不同概率水准下的水平加速度峰值的均值 A_m 及设计地震系数 K($K = A_m/g$,g 为重力加速度),见表2.4-2。

50年超越概率63%、10%、2%的地表峰值加速度 表2.4-1

50年超越概率	63%			10%			2%		
模型1	76.24	80.70	79.31	206.6	208.4	212.6	318.4	363.0	325.9
模型2	78.45	82.02	77.23	206.1	218.2	199.2	300.5	326.3	314.9
平均值		79			209			325	

场地地表水平向设计地震动参数与地震系数 K 值 表2.4-2

50年超越概率	63%	10%	2%
A_m(gal)	79	209	325
K	0.08	0.21	0.33

2)场地设计规准谱

工程场地设计地震动加速度反应谱取为:

$$S_a(T) = A_{max}\beta(T) \quad (2.4\text{-}1)$$

$$\alpha_{max} = K\beta_m \quad (2.4\text{-}2)$$

$$K = A_m/g \quad (2.4\text{-}3)$$

式中:A_{max}——设计地震动峰值加速度;

$\beta(T)$——设计地震动加速度放大系数反应谱;

$\alpha_{\max}$——地震影响系数最大值;

K——设计地震系数。

图2.4-2是工程场地的3个概率水准的水平加速度反应谱(阻尼为5%),即动力放大系数 $\beta(T)$。据此,可以从统计意义上给出3个概率水准下的设计规准谱的有关特征参数,图中粗折线代表的是规准反应谱 $\beta(T)$。规准反应谱 $\beta(T)$ 的表达式为:

$$\beta(T) = \begin{cases} 1 & (T \leq T_0) \\ 1 + (\beta_m - 1)\dfrac{T - T_0}{T_1 - T_0} & (T_0 < T \leq T_1) \\ \beta_m & (T_1 < T \leq T_g) \\ \beta_m \left(\dfrac{T_g}{T}\right)^\gamma & (T > T_g) \end{cases} \quad (2.4\text{-}4)$$

且有 $\alpha_{\max} = \beta_{\max} \times K$。

式中: T——反应谱周期;

β_m——反应谱最大值;

T_g——反应谱特征周期;

$\alpha_{\max}$——最大地震影响系数;

T_0、T_1、T_g——临界反应谱周期。

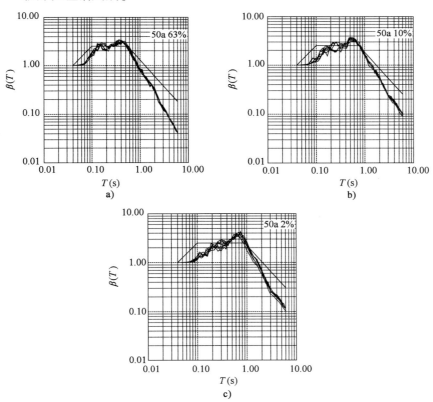

图2.4-2 地表水平向设计地震动反应谱(阻尼比5%)

场地的设计规准谱的特征参数由表 2.4-3 列出。

场地设计规准谱特征参数　　　　　表 2.4-3

50 年概率水平	β_m	T_0	T_1	T_g	C	α_{max}
63%	2.5	0.04	0.1	0.55	1.1	0.20
10%	2.5	0.04	0.1	0.75	1.1	0.52
2%	2.5	0.04	0.1	0.90	1.1	0.81

注：C 为衰减系数。

2.4.4　地震地质灾害评价

1）地基土液化

砂土液化是平原区普遍存在的一种震害现象，对场区地基可液化土层进行了判别。

（1）液化土层的初判依据：地质年代为第四纪晚更新世（Q_3）及其以前时，地震基本烈度为Ⅶ、Ⅷ度时可判为不液化。钻孔揭示地层广泛发育第四系全新统（Q_4）地层，因此均有发生液化的潜势。

（2）液化土层标准贯入试验的进一步判别。

地面下 20m 深度范围内液化判别标准贯入锤击数临界值可按下式计算：

$$N_{cr} = N_0 \beta \left[\ln(0.6 d_s + 1.5) - 0.1 d_w \right] \sqrt{\frac{3}{\rho_c}} \tag{2.4-5}$$

式中：N_0——液化判别标准贯入锤击数基准值；

β——调整系数（设计地震第一组取 0.80，第二组取 0.95，第三组取 1.05）；

d_s——饱和土标准贯入点深度（m）；

d_w——地下水位（m）；

ρ_c——黏粒含量百分率，当小于 3 或为砂土时，应取为 3。

当 $N < N_{cr}$ 时可判为液化。

提供的钻孔资料中，仅 GZK1 孔中在 20.1～30.5m 部位存在饱和砂土，此范围已超出了现行国家标准《建筑抗震设计规范》（GB 50011）规定的液化判定范围，但由于工程为海底隧道工程，场地较软（Ⅲ类场地），饱和砂层上又存在较厚的软土层，且水位近地表，为确保安全起见，液化深度的判别范围参照了现行国家标准《岩土工程勘察规范》（GB 50021）对深基础液化判定的安全范围，对 20.1～30.5m 范围内的饱和砂土采用标准贯入试验和剪切波速判别法进行了辅助判别，综合两种判别方法的结果，工程在 20～25m 范围内需要考虑液化的影响。

2）软土震陷

软土主要由淤泥、淤泥质土、泥炭质土、有机质土或其他高压缩性土组成，软土能否发生震陷，与土层承载力标准值和平均剪切波速有关，当地基承载力标准值或平均剪切波速满足表 2.4-4 所规定的数值条件时，可不考虑震陷影响。

震陷影响判别标准　　　　　表 2.4-4

抗震设防烈度	Ⅶ	Ⅷ	Ⅸ
承载力标准值（kPa）	>80	>130	>160
平均剪切波速（m/s）	>90	>140	>200

从勘察报告可以看出，设计烈度为Ⅷ时，钻孔显示平均剪切波速小于140m/s，故场址需要考虑软土震陷问题。

3）地表断层

场址区5km范围内，有饶平—汕头断裂通过。该断裂在基岩区断裂形迹不发育，在韩江三角洲地区和练江平原地区断裂隐伏于第四系覆盖之下，断裂形迹北强南弱，汕头以北，断裂对地貌、第四纪晚更新世沉积有控制，为早、中更新世断裂；汕头以南，断裂形迹微弱，对练江盆地基底地貌和盆地内沉积没有控制作用，为早、中更新世断裂，不会对场地造成地表破裂。

4）崩塌、滑坡、地裂缝和泥石流

工程场地地势相对平坦，不存在发生地震崩塌、滑坡和泥石流的条件，可不考虑地震崩塌、滑坡和泥石流对工程的不利影响。

2.5 河势演变及防洪评价分析

2.5.1 汕头湾区域地表水径流特征

汕头湾区域地表水网纵横交错，周边断续分布着韩江、榕江、练江等一系列北西向河流，这些河流皆由北西流向南东汇入南海之中，这与区内地形总体为北西高、南东低相一致，地表水系的发育也应运而生。由于地表水系发育，河口及滨海平原形成溪沟密集的网状水系，同时，也是地下水的主要补给区之一。

汕头市境内，集水面积100km²以上的河流（含干支流）31条，其中独立流入南海9条，流域面积超过1000 km²的河流有韩江、榕江、练江、黄冈河和龙江（图2.5-1）。

图2.5-1　汕头湾区域地表水系图

海湾隧道跨越汕头湾，下经妈屿岛与南海相通，上经礐石与牛田洋连接，牛田洋纳韩江、榕江之水，分别由汕头港和濠江吐入南海。

2.5.2 汕头湾区域泥沙及输运

汕头湾泥沙的来源主要有两个方面：陆域径流来沙和海域来沙，但以径流来沙为主。湾内径流主要为榕江和韩江的支流梅溪，湾口外有韩江另一支流新津河，其中梅溪为湾内淤积的主要沙源。汕头湾内的淤积以细颗粒泥沙为主,运移形态为悬移质输运。湾内的水体以潮水为主,湾内泥沙运动的主要动力因素为涨落潮流。

由于汕头湾海口防沙导流堤的建成,新津河河口外浅滩的泥沙无法直接进入湾内,可以大大改善珠池港区、马山港区和堤内港区的淤积状况。

从图 2.5-2 中可以看到,研究海区的表层沉积物输运趋势以龙湖沟为界分成两种运移趋势:一是龙湖沟以东的湾口及湾外区域,表层沉积物有向西即向湾内运移的趋势;二是龙湖沟以西至梅溪以东区域,其表层沉积物表现出自西向东的运移趋势。

图 2.5-2　研究区域泥沙输运趋势图

通过现场勘察和沉积物特征、输运趋势的分析,隧道工程附近区域岸滩沉积物主要为细粉砂,泥沙运动主要受到径流和潮流作用;总的来说榕江、梅溪的悬移质来沙量不大,泥沙主要在汕头湾中部地区落淤,总的淤积量有限。

2.5.3　河床演变分析及冲刷研究

1) 工程区域河床演变

从 1972—2002 年,岸线变化较大,主要是受人类围垦活动的影响,围垦区域主要位于北岸珠池肚水域及南岸的泥湾区域,北岸珠池肚围垦后最后建设成汕头国际集装箱码头,南岸固化成为堤防路。同期工程河段的演变趋势是向窄深发展,其演变趋势主要可能是受人类围垦活动影响所致。从 2002—2013 年,人类活动对本区河床演变最大的影响:一是在汕头港外修建了一条防沙导堤;二是在汕头国际集装箱码头港池的开挖。而同期工程所在区域河床在港池区域河床下切,上下游则有所淤积。

隧址河床从 1972—2013 年一直在向窄深发展,深槽从北岸向南岸移动,深槽高程从 1979—2002 年一直在下切,共下切了 0.6m,但从 2002—2013 年,深槽出现淤浅的变化趋势,深槽高程淤积了 0.1m。

2) 航道疏浚后河床极限冲刷数值计算结果

从河床极限冲刷数值计算结果来看,河床的冲刷主要集中在河道深槽中,南边的泥湾则有所淤积,最大淤积厚度在 1.5m 左右。工程所在苏埃湾深槽的冲刷最大位置处于连接牛田洋和苏埃湾的瓶颈河段,苏埃湾内的深槽从西到东其最大冲刷幅度是逐渐减小。

100年一遇洪水下,现状河床下工程断面的最大极限冲深为4.014m,冲刷后最深点的底高程为-11.613m,航道疏浚后最大极限冲深为3.363m,冲刷后最深点的底高程为-14.516m,疏浚后河床极限冲刷深度减小了0.651m。300年一遇洪水下,现状河床下工程断面的最大极限冲深为6.145m,冲刷后最深点的底高程为-13.768m,航道疏浚后最大极限冲深为5.481m,冲刷后最深点的底高程为-16.324m,疏浚后河床极限冲刷深度减小了0.664m。具体详见表2.5-1和图2.5-3、图2.5-4。

工程断面极限冲刷情况统计表　　　　　　　　　　表2.5-1

项　　目		2%洪水	1%洪水	0.33%洪水
现状冲深	最大冲刷厚度(m)	2.822	4.014	6.145
	冲刷后最深点高程(m)	-10.419	-11.613	-13.768
疏浚后冲深	最大冲刷厚度(m)	2.236	3.363	5.481
	冲刷后最深点高程(m)	-13.616	-14.516	-16.324
冲刷强度变化	冲刷强度变化(m)	-0.586	-0.651	-0.664

注:冲刷强度变化=疏浚后冲深-现状冲深,负值表示航道疏浚后冲刷强度减弱了。

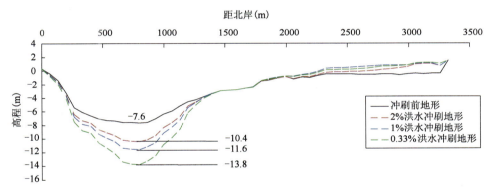

图2.5-3　不同水文组合下工程断面极限冲刷断面图(现状)

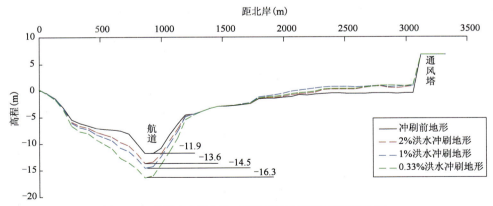

图2.5-4　不同水文组合下工程断面极限冲刷断面图(疏浚后)

极限冲刷主要发生在河道深槽位置,最大的冲刷发生在河床最底部,最深点距河道北岸约800m。现状河床最低处的底高程为-7.6m,极限冲刷后底高程最深为-13.8m(0.33%洪水下)。工程河段南岸泥湾位置则有所淤积。航道疏浚后的底高程为-11.9m,极限冲刷后底高程最深为-16.3m(0.33%洪水下)。现状及疏浚后情况下,南岸泥湾位置均有所淤积,其淤积泥沙主要来源于主槽冲刷,主槽泥沙被水流携带到这里,水流流速迅速减小,挟沙力下降,从而泥沙在这里落淤。

3)工程后河床极限冲刷物模型试验结果

根据物理模型试验研究,100年一遇洪水下,工程后隧道线位河床最大冲深为4.36m,河床最低高程为-14.63m,最低高程处距离北岸约896m;300年一遇洪水下,工程后隧道线位河床最大冲深为6.74m,最低高程为-16.08m,最低高程处距离北岸约930m,如图2.5-5所示。

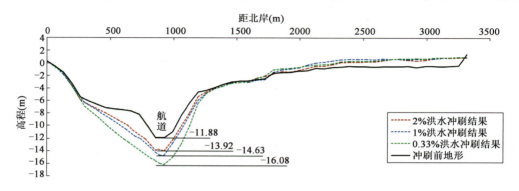

图2.5-5　不同水文条件下通道线位河床横断面模型试验冲刷结果

4)河床演变分析及冲刷研究结果

(1)工程区域表层沉积物运移主要分两部分,一是龙湖沟以东的湾口及湾外区域,表层沉积物有向西即向湾内运移的趋势;二是龙湖沟以西至梅溪以东区域,其表层沉积物表现出自西向东的运移趋势。

(2)近几十年来的河床冲淤演变表明,工程所在河段的主河槽从1972—2002年的演变趋势是向窄深发展,但从2002—2013年河床开始有所淤积,分析表明工程区域河床演变受人类活动影响较大。

(3)数学模型计算结果与物模试验研究表明,航道按规划疏浚以后,水流流态没有重大的改变,但由于规划航道与现有主槽有一定偏差,故航道疏浚后主航道水流方向稍有所向南偏。

(4)现状航道底高程为-8.884m,规划航道底高程为-11.884m,疏浚深度为3m。而航道疏浚前后其极限冲深差值在0.586~0.664m之间,即疏浚后的河床极限冲刷后其河床底高程要小于现状河床受极限冲刷后的底高程,其原因是航道浚深后,水流归槽,深槽流速增大,使其极限冲刷强度并没有大幅度减小。因此,工程设计时需得按照规划航道的底高程进行考虑。

2.5.4　防洪评价分析

海湾隧道北岸与汕头大围华侨公园段连接,目前该段堤防防洪标准仅为20年一遇,尚未达到规划100年一遇防洪标准,堤顶与堤后地面高程约3.46m。隧道南岸与濠江新堤连接,该段堤防防洪标准为20年一遇,堤顶高程为3.46m。

施工期南岸需向海域修建长约300m临时围堰,运营期拆除。运营期在距离海岸线约

150m 处修建一座风塔,风塔人工岛大小约 36m×38m,风塔以栈桥形式与堤岸连接(开展防洪评价分析时,南岸风塔方案尚未完全稳定,暂按对防洪较不利方案进行分析)。

项目运营期及施工期,均有建筑物占用河道过水面积,引起工程附近水域动力条件变化,工程断面涨、落潮量也发生相应变化。

在实测枯水大潮水文条件下,工程断面在工程前、后及施工期涨、落潮量统计见表 2.5-2。

拟建工程对纳潮量影响统计 表 2.5-2

工 况	组 次	大潮涨急(m³/s)	大潮落急(m³/s)
运营期	工程前	9888	10817
	工程后	9886	10816
	变化率(%)	-0.02	-0.01
施工期	工程前	9888	10817
	工程后	9869	10805
	变化率(%)	-0.19	-0.11

由表 2.5-2 可见,隧道运营期河道断面涨急、落急流量均略有减小,其中涨急流量减少约 0.02%,落急流量减少约 0.01%,可见隧道运营期对汕头湾纳潮的影响甚小。隧道施工期与施工前相比,河道断面涨急、落急流量均略有减小,其中涨急流量减小约 0.19%,落急流量减小约 0.11%,可见隧道施工期对汕头湾纳潮的影响也较小。

2.6 交通流量预测及工程通行能力分析

2.6.1 交通调查范围

交通量调查的范围主要是汕头市主城区金平区、龙湖区以及礐石大桥和海湾大桥两侧所连接的主要道路区域的交通量调查。其中金平区及龙湖区的交通量调查主要是道路交叉口的高峰小时交通量(PHV)的调查。汕头市过海交通量的调查主要是礐石大桥的年平均日交通量(AADT)的调查,海湾大桥的年平均日交通量的调查,连接礐石大桥及海湾大桥的主要进出口匝道的年平均日交通量的调查,以及过海交通的交通量组成。同时项目组还调查了经过汕头市境内的主要国道交叉口年平均日交通量的调查。主要的交通调查区域如图 2.6-1 所示。

2.6.2 交通调查内容

在进行机动车交通量调查的过程中,由于无论在汕头市的主城区交叉口还是过海交通中,摩托车的数目和当量都占有较大比重,将摩托车作为交通调查中的一种主要车型。各种车型的定义

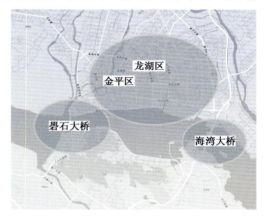

图 2.6-1 交通调查主要区域

及当量换算系数见表2.6-1。

车型分类表　　　　　　　　　　表2.6-1

车辆类型	摩托车	小客车	大型客车	大型货车	铰接车
折算系数	0.3	1.0	2.0	2.5	3.0

在调查的过程中,项目组首先进行了汕头市海湾通道北方向,即汕头市主城区金平区及龙湖区的主要道路交叉口的高峰小时交通量调查,以了解现状汕头市的城区主要道路的交通状况,调查的主要17个城市道路交叉口的位置如图2.6-2所示。

图2.6-2　调查城市道路交叉口的主要位置图

❶～⓱-调查城市道路交叉口编号,见表2.6-2。

通过项目组成员的调查后,并对所调查数据进行整理,得出汕头市城区主干道17个交叉口的高峰小时各方向的转向交通量的统计结果及交叉口各向车道数目统计见表2.6-2。

各交叉口转向交通量的统计结果　　　　　　　　　　表2.6-2

交叉口编号	交叉口名称	类型	进口	左转	车道数	直行	车道数	右转	车道数	合计
1	天山南路与汕汾路	T字形	东	544	1	—	—	1583	2	2127
			南	—	—	1226	2	517	1	1743
			北	279	1	917	2	—	—	1196
2	黄河路与天山南路	十字形	东	476	1	758	1	127	1	1362
			西	228	1	732	2	112	1	1072
			南	274	1	720	1	86	1	1080
			北	180	1	898	2	394	1	1471
3	黄河路与嵩山北路	十字形	东	208	1	540	2	888	1	1636
			西	140	1	544	2	371	1	1055
			南	163	1	594	1	156	1	913
			北	49	1	593	1	112	1	754

续上表

交叉口编号	交叉口名称	类型	进口	左转	车道数	直行	车道数	右转	车道数	合计
4	嵩山南路与珠池路	十字形	东	168	—	500	—	114	—	782
			西	104	—	544	—	41	—	689
			南	235	—	578	—	121	—	935
			北	107	—	467	—	167	—	740
5	珠池路与天山南路	十字形	东	509	1	61	1	178	1	748
			西	50	1	264	1	52	1	366
			南	31	1	1176	1	229	1	1436
			北	233	1	599	1	50	1	882
6	金砂东路与华山南路	十字形	东	432	1	1990	2	630	1	3052
			西	301	1	704	2	262	1	1267
			南	151	1	419	1	206	1	776
			北	223	1	562	1	125	1	910
7	金沙东路与天山南路	十字形	东	342	1	1478	3	206	1	2027
			西	815	1	2117	3	161	1	3092
			南	311	1	688	3	114	1	1112
			北	262	1	817	3	402	1	1481
8	金沙东路与衡山路	十字形	东	120	1	1374	3	272	1	1766
			西	670	1	2392	3	528	1	3589
			南	131	1	322	1	101	1	553
			北	401	1	791	1	512	1	1704
9	金沙东路与嵩山南路	十字形	东	292	1	721	3	263	1	1276
			西	204	1	773	3	224	1	1201
			南	334	1	883	1	56	1	1273
			北	278	1	990	1	128	1	1397
10	中山东路与嵩山南路	T字形	东	—	—	929	3	62	1	991
			西	845	2	894	2	—	—	1739
			北	203	1	—	—	190	1	392
11	中山东路与天山南路	T字形	东	—	—	718	3	131	1	848
			西	401	2	821	3	—	—	1222
			北	84	1	—	—	253	2	337
12	中山东路与金环南路	十字形	东	458	2	2009	3	578	1	3046
			西	198	1	1010	3	215	1	1423
			南	366	1	278	1	251	1	895
			北	223	1	1063	1	298	1	1584

续上表

交叉口编号	交叉口名称	类型	进口	左转	车道数	直行	车道数	右转	车道数	合计
13	长平东路与金环南路	十字形	东	223	1	596	1	287	1	1106
			西	173	1	408	1	179	1	760
			南	220	1	560	2	151	1	931
			北	284	1	821	2	229	1	1334
14	金砂中路与金环南路	十字形	东	322	2	982	3	463	1	1766
			西	352	2	1097	3	428	1	1877
			南	229	1	799	2	227	1	1255
			北	310	1	935	2	372	1	1616
15	金砂中路与东厦南路	十字形	东	215	1	740	2	289	1	1244
			西	259	1	728	2	312	1	1300
			南	280	1	908	2	268	1	1456
			北	203	1	835	2	257	1	1295
16	中山中路与东厦南路	十字形	东	301	1	961	2	436	1	1698
			西	278	1	932	2	473	1	1684
			南	221	1	767	2	158	1	1146
			北	200	1	830	2	278	1	1309
17	中山路与大华路	十字形	东	203	1	702	2	278	1	1183
			西	187	1	679	2	277	1	1144
			南	119	1	380	2	116	1	616
			北	97	1	395	2	132	1	624

2.6.3 交通量预测总体思路

由于海湾隧道的建设会影响到整个汕头市主要城区的内部交通流分配，故在进行汕头市交通量预测时，根据汕头市海湾隧道建成后的城区，以及主城区外的间接影响区综合进行考虑，同时对规划年行政区划、铁路、合流、城市干道和用地等综合分析，按照现状交通调查数据建立交通预测模型以预测规划年汕头市内部及主要对外通道交通流量。

然而，在进行汕头市内部交通量预测时，由于汕头市现状交通调查资料的不完整和发展过程的不确定性，传统交通规划所依赖的城市居民社会经济特征以及土地利用的基础资料在城市新区都难以收集完全。再加上汕头市部分地区规划年的人口分布和土地利用特征与现状相比有较大的变化，若仅按照现状交通调查资料建立预测模型势必难以保证模型的准确性，也难以反映规划年的土地利用和交通需求的相关性。

为此，建立了面向城市新区的交通生成预测模型，然后根据各区的地理区位、道路行驶距离、行驶时间等特点，在各区之间进行交通分布计算，再确定各种交通方式的分担率，最后选择恰当的交通分配方法，即可得出拟建项目未来年份的交通量。

2.6.4 特征年的确定

项目预测年限为项目建成后的 20 年。结合海湾隧道实际情况,预测基年为 2012 年,交通量预测年限为 2019—2038 年,按计划,海湾隧道将于 2019 年建成,近期预测为项目建成后的第 5 年,即 2023 年;中期预测为项目建成后的第 10 年,即 2028 年;远期预测为项目建成后的第 20 年,即 2038 年。同时,由于海湾大桥在 2031 年底取消收费,届时流量将会有一个突变,对整个汕头市的过海交通产生一定程度的影响,将 2031 年也作为一个预测特征年,故将 2019 年、2023 年、2028 年、2031 年、2038 年作为预测特征年。

2.6.5 交通量预测方法步骤

交通量预测采用四阶段预测法,即交通小区交通量发生吸引预测、交通量分布预测、方式划分预测,最后利用交通规划软件 TransCAD 在不同道路网上对基于交叉口之间的路段进行交通量分配。基本预测技术路线如图 2.6-3 所示。

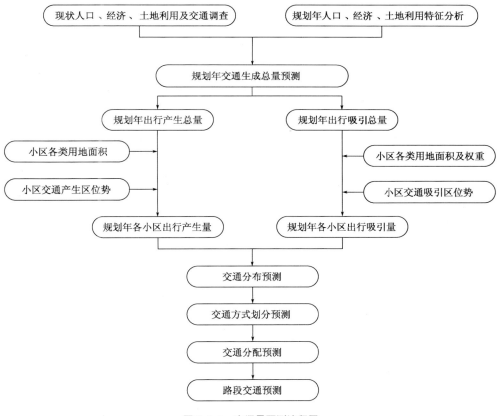

图 2.6-3 交通量预测流程图

2.6.6 交通流量预测

根据汕头城市发展、跨海交通现状等对海湾隧道过海交通需求进行预测,其结果显示海湾隧道潮汐交通流在远期趋于缓和,过海交通流将不存在潮汐现象。评价末年(2038年),年平均日交通量为76339 pcu/d,各特征年交通量分布及交通组成分别见表2.6-3、表2.6-4。

汕头市海湾隧道主要特征年交通流量(单位:pcu/d) 表2.6-3

通道	特征年				
	2019年	2023年	2028年	2031年	2038年
海湾隧道	40146	50517	58938	63990	76339

汕头市海湾隧道各特征年交通组成 表2.6-4

特征年	车型		
	小型车	中型车	大型车
2019年	69.31%	15.24%	15.45%
2023年	67.20%	15.79%	17.00%
2028年	66.20%	16.29%	17.51%
2031年	65.48%	18.08%	16.67%
2038年	64.81%	19.69%	15.50%

2.6.7 工程通行能力分析

1)交通组成与车辆折算系数

(1)交通组成

海湾隧道各特征年交通组成见表2.6-4。

(2)车辆折算系数

各预测年份车辆折算系数:小型车折算系数取1.0;中型车折算系数取1.5;大型车折算系数取2.0。

2)通行能力分析

一级公路实际通行能力计算如下:

$$C = C_0 \times f_p \times f_W \times f_e \times f_{HV} \tag{2.6-1}$$

式中:C——实际条件下的通行能力(辆/h);

C_0——基本通行能力(pcu/h/ln),C_0 取 2000pcu/h/ln;

f_p——驾驶员总体特征影响修正系数,通常取值1.00;

f_W——受限车道宽度和侧向净空影响修正系数,一般当路面宽度为3.75m时取1.00,当路面宽度为3.5m时取0.96;

f_e——路侧干扰影响修正系数,取值0.75~0.95;

f_{HV}——交通组成对通行能力的修正系数。

根据预测的交通组成,以及各车型折算系数,按下式计算交通组成对通行能力的修正系数:

$$f_{HV} = \frac{1}{1 + P_1(E_1 - 1) + P_2(E_2 - 1)} \tag{2.6-2}$$

式中:P_1、P_2——大型车、中型车的交通量占总交通量的百分比;

E_1、E_2——大型车、中型车的车辆折算系数。

3）服务水平分析

根据交通量和通行能力计算出饱和度，并确定实际条件下的服务水平。各特征年交通运行状况及服务水平见表 2.6-5。

各特征年服务水平计算结果　　　　表 2.6-5

特征年	高峰小时流量 V(pcu/h)	实际通行能力 C(pcu/h)	V/C	服 务 水 平
2019 年	2506	6395	0.39	一级
2023 年	3573	6395	0.56	二级
2028 年	4204	6395	0.66	二级
2031 年	4571	6395	0.71	三级
2038 年	5453	6395	0.85	三级

计算结果表明：汕头海湾隧道工程采用双向六车道在近、远期均有良好的服务水平，能够满足交通需求。

本章参考文献

[1] 汕头市交通运输局.汕头市中心城区快速路系统专项规划[R].2016.
[2] 汕头市龙湖区发展规划局.汕头市龙湖区土地利用总体规划(2010—2020 年)[R].2011.
[3] 中国市政工程中南设计研究总院有限公司.汕头市苏埃通道交通专项规划[R].2014.04.
[4] 汕头市濠江区发展规划局.汕头市濠江区分区规划(2007—2020)[R].2009.
[5] 中交第二公路勘察设计研究院有限公司.汕头市苏埃通道工程工可阶段工程地质勘察报告[R].2008.12.
[6] 中交第二公路勘察设计研究院有限公司.汕头市苏埃通道初步设计阶段工程地质勘察报告[R].2010.10.
[7] 中铁隧道勘测设计院有限公司.汕头市苏埃通道详细勘察阶段工程地质勘察报告[R].2015.10.
[8] 中铁隧道勘测设计院有限公司,广东省公路勘察规划设计院股份有限公司.汕头市苏埃通道工程调整建设规模报告[R].2014.
[9] 中交第二公路勘察设计研究院有限公司.汕头苏埃通道隧道工程可行性研究报告[R].2014.
[10] 中铁隧道勘测设计院有限公司,广东省公路勘察规划设计院股份有限公司.汕头苏埃通道隧道初步设计文件[R].2015.

第 3 章
工程勘察与总体设计关键技术

汕头海湾隧道海域宽、风浪大、航运繁忙,海域勘察难度很大,加上长期渔业养殖造成的蚝壳堆积在海床,导致精准探明基岩与土层的分界面则更加困难。在工程可行性研究阶段(以下简称"工可阶段")推荐采用三管盾构方案,其中一个重要原因是勘察结果认为岩土分界面较深,采用三管盾构可以避开下伏的基岩凸起。为了确保设计方案的合理,勘察设计者采用多种手段,对岩土分界面进行了精细化的比较探查,取得了很好的效果。

总体设计阶段,对隧道线位进行了多路由的比选;结合最新勘察与交通流量研究成果对三管盾构方案与两管盾构方案进行了对比研究,并根据地质条件进行了隧道最小埋深的理论研究;根据南岸的基岩凸起及孤石分布情况,推荐采用在南岸浅滩段修筑围堰的方案;同时,对沿线立交节点、风塔方案以及海中基岩凸起段的处置等关键技术也进行了充分论证,从而全面稳定了隧道设计方案、初步控制了工程投资。

3.1 工程勘察技术研究

汕头海湾隧道工程位于汕头港湾入海口附近,从区域地层位置来看,近场区地表仅分布中生代以来的地层,以燕山晚期花岗岩及第四系为主,三叠系、侏罗系、喜山期侵入岩零星分布,缺失第三系;从大地构造来看,近场区处于华南褶皱系的二级构造单元粤东—粤闽东隆起区内,为华南造山带与西太平洋晚喜马拉雅岛弧系的交界带。由于地层成因类型复杂和地质构造独特,场区工程地质问题尤其突出,典型的地质问题有基岩面起伏大、花岗岩球状风化发育等。场区周边环境如图3.1-1~图3.1-4所示。

图3.1-1 濠江段环境

图3.1-2 南岸养殖区

勘察成果的精确程度和研究深度对工程选线及建设具有重要意义,对工程的安全性和经济性有重要影响。海底隧道勘察受台风、海浪、潮汐等恶劣环境的影响,以及场地大面积被水覆盖、露头条件有限、地质构造复杂等因素影响,常规的勘察手段难以满足工程建设要求。本节通过对比工可阶段勘察成果和初步设计阶段勘察成果,分析其差异性;完善勘察手段,使勘察精度进一步提高,同时将完善后的勘察手段应用于详细勘察阶段;将施工反映的地质情况与详细勘察成果进行对比验证,来达到最佳的勘察效果。

图 3.1-3　榕江环境

图 3.1-4　北岸环境

3.1.1　工可阶段勘察

工可阶段勘察工作于 2008 年 8 月中旬启动,2009 年 2 月完成并提交成果报告。

1）勘察手段

工可阶段根据预可阶段研究成果以及预可评审意见,重点对 A、B 两个线位展开了勘察工作,线位平面图如图 3.1-5 所示。针对工程区域地形地貌、地层岩性与地质构造,并结合工可阶段的特点及规模,采取了工程地质调绘、钻探、标准贯入测试、重型动力触探测试、室内土工试验、钻孔内声波测井等综合勘察手段。

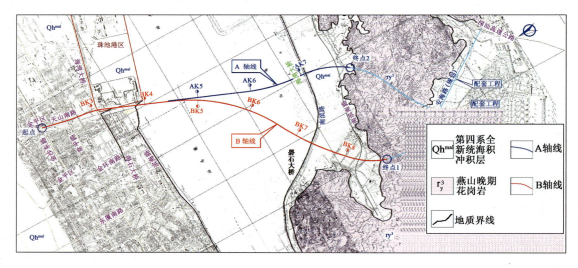

图 3.1-5　A、B 线位平面图

2）勘察成果

共布置 24 个钻孔,钻孔位置基本与隧道线位平行,兼顾 A、B 线位。根据现场钻探取样、原位测试及室内岩土试验成果的分析,结合当地工程的实际经验,场地各岩土层分布情况如图 3.1-6、图 3.1-7 所示。

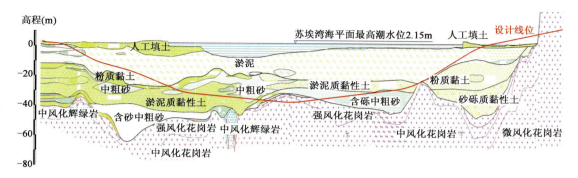

图 3.1-6　A 线位工程地质纵断面图

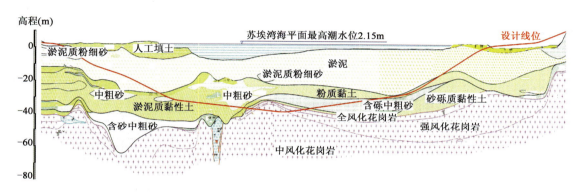

图 3.1-7　B 线位工程地质纵断面图

A、B 两条线位皆呈近南北向展布,二条路线的起点都为汕头市区,主体过海隧道部分相距不足 1km,汕头海湾南岸两条路线同样都穿越燕山晚期(γ_5^3)花岗岩,其工程地质条件大部分一致,但局部基岩面的起伏不同。A 线除 AK4+750～AK5+380 段隧道遇到凸起的中强风化花岗岩外,在 AK6+620～AK6+670 段也有同样的问题。而 B 线仅 BK4+750～BK5+380 段存在基岩凸起情况。因此,B 线比 A 线工程地质优越。

设计过程中为了进一步降低盾构隧道在上软下硬地层中的施工风险,减少隧道穿越中风化花岗岩的长度,针对 B 线提出三管六车道盾构隧道方案。

3.1.2　初步勘察

初步勘察外业工作于 2008 年 8 月下旬开始,至 12 月中下旬完成阶段性勘察工作,2010 年 5 月重新启动该项目的初步勘察外业工作,至 6 月 28 日完成全部外业工作,2010 年 10 月完成初步勘察工作。

1）初步勘察方案

初步勘察主要针对 B 线三管六车道盾构隧道方案实施。采取综合地质工程勘察,以钻探、工程物理勘探(以下简称"物探")为主,结合抽水试验、十字板剪切、双桥静探、标准贯入及重(Ⅱ)型动力触探等原位测试。地球物理勘探采用地震反射法,进行纵向(南北方向)、横向(东西向)网状布线探测,以查清工作区域范围地层的分布、埋深、厚度以及各层面的高程。

地震勘探工作布置:纵向分别沿 B 线位右线隧道中线、基岩起伏较大的局部地段等共布置 6 条地震测线,横向沿水流方向布置 32 条地震测线。钻探共布置 50 个钻孔,钻孔位置基本与横向物探线一一对应,投影至隧道轴线平均间距 200~300m,其中利用工可阶段钻孔 14 个。钻孔平面布置图如图 3.1-8 所示。

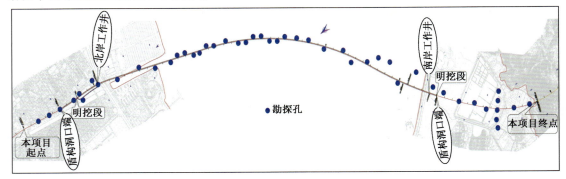

图 3.1-8 B 线位初勘钻孔平面布置图

2) 初步勘察成果

B 线地质纵断面如图 3.1-9 所示。

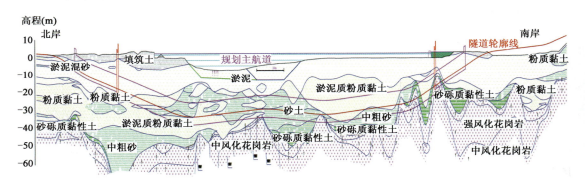

图 3.1-9 B 线位地质纵断面

海上段物探覆盖范围为 BK4+000~BK5+485 段。测得在 BK4+039~BK4+085、BK4+367~BK4+513、BK4+930~BK5+097 段为断层破碎带,BK4+738~BK4+811 段为局部破碎带。其中 BK4+200~BK4+370 段岩性相变为辉绿岩,且较为破碎,如图 3.1-10 所示。

3) 初步勘察与工可阶段勘察成果综合分析

(1) 通过两阶段勘察,基本查明了场区的区域地层及其性质。项目区地质构造属潮汕盆地中的次一级断隆山~桑埔山之前缘。潮汕盆地的基底为燕山晚期中酸性花岗岩,其上沉积厚度达数十米至近百米的第四系松散沉积物。区内地层发育不全,仅出露新生代第四纪地层,三叠系、侏罗系零星分布,缺失第三系。区内岩浆岩分布较广,主要为燕山晚期中酸性花岗岩,局部为新生代喜马拉雅期(以下简称"喜山期")侵入岩,岩性表现为辉长岩、辉绿岩,以岩脉状零星分布在西部区域。区内第四系地层主要有上更新统(Q_3)、全新统(Q_4)。上更新统(Q_3)主要为区内花岗岩风化残积层;全新统(Q_4)以海积和冲积类型为主,分布于河谷、海湾地带,岩性以淤泥、淤泥质粉质黏土、粉质黏土、黏土、粉细砂、中粗砂、砾石为主。

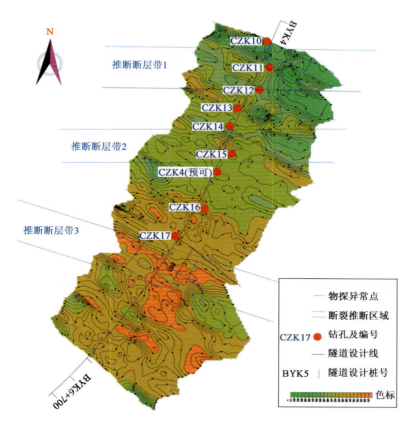

图 3.1-10 汕头海湾隧道海域地震反射物探构造推断分布图

（2）明确了场区地质构造特征。场区新构造运动以构造差异性隆升为主，总体为由西北向东南掀斜式隆升。近场区断裂较发育，以北东向、北西向为主，前者具有左旋运动性质，后者具有右旋运动性质。晚更新世以来的活动断裂有 5 条，具有 6.0～7.0 级地震构造条件；场址区 5km 范围内，仅有早、中更新世活动的饶平—汕头断裂通过，无晚第四纪活动断裂通过，F1、F5 断裂对工程区影响甚微，不会造成隧道场地地表破裂。在 B2 线位的钻探深度内未钻遇断层泥、角砾岩、糜棱岩、破碎带等断裂构造痕迹。场址北端为平原区，南端为山前地带，多为花岗岩，地表地形平缓，不易造成滑坡崩塌等地震地质灾害。场地现阶段基本稳定。

（3）进一步查明了基岩段施工风险。工可阶段反映出 B 线位存在 1 处基岩凸起，而初步设计阶段海域段基岩凸起的数量达到 5 处，较工可前期阶段有了大幅的增加，从而使盾构施工风险更大。为降低施工风险，要求在详细勘察阶段彻底摸清海域段基岩分布情况，以便更好地确定路线平纵断面，甚至绕避部分基岩，降低水下盾构隧道施工风险。

3.1.3 详细勘察

详细勘察工作主要分为两个阶段：第一个阶段外业工作于 2011 年 9 月开始，至 12 月完成 B1 线位详勘；第二个阶段于 2014 年 11 月开始，至 2015 年 6 月完成 B2 线位详细勘察。

1)前期勘察成果存在的问题

由前期勘察成果可知,场区工程地质条件非常复杂,海中基岩面起伏变化大,存在5段基岩凸起,其中4段进入三管方案隧道内。局部区域风化岩和残积土较厚,虽然前期工作未发现花岗岩球状风化体(又称孤石),但根据经验,本区域产生球状风化体的概率极大。孤石对盾构施工影响很大,包括:盾构推进时容易随刀盘一起滚动,妨碍刀盘掘进;导致盾构姿态和掘进方向控制困难;刀盘受力不均致使主轴承受损或密封破坏等。

初步勘察在 BK5+485~BK7+360 海域段没有进行物探工作,钻孔间的岩面起伏仅靠推测确定,无法准确统计进入两管或三管方案隧道内基岩段落的长度,也就无法准确评估两管或三管方案的地质风险,导致在方案比选时难以决策。

2)勘察方法及选择

以往跨江、跨海隧道勘察以钻探取样为主,具有直观性、准确性等优点,但钻探也具有范围小、局限性大等缺点。汕头海湾隧道详细勘察工作开始时,究竟采用两管还是三管方案还没有最终确定,此时若直接大规模开展钻探工作存在很大风险。因此,详细勘察工作分两阶段进行:第一阶段,勘察工作以稳定设计方案为目的,采用以物探为主,钻探验证的勘察方法;第二阶段,勘察工作以满足既定线路方案的详细设计为目的,采用以钻探为主,重点区域辅助物探探测的勘察方法。

物探,是一种通过研究和观测各种地球物理场的变化来探测地层岩性、地质构造等地质条件的方法。由于组成地壳的不同岩层介质往往在密度、弹性、导电性、磁性、放射性及导热性等方面存在差异,这些差异将引起相应的地球物理场产生局部变化。通过量测这些物理场的分布和变化特征,结合已知地质资料进行分析研究,就可以达到推断地质性状的目的。该方法兼有勘探与试验两种功能,与钻探相比,具有设备轻便、成本低、效率高、工作空间广等优点。但由于不能取样,不能直接观察,故多与钻探配合使用。

物探方法多种多样,归纳起来主要有重力法、磁法、电法、地震法四大类,每种物探方法均以地质体或地质构造某一方面物理特性差异性为基础,用地球物理方法研究或勘查地质体或地质构造,根据测量数据或所观测的地球物理场求解场源体,是地球物理场的反演问题,而反演的结果一般是多解的。同时各种物探模型均具有一定的理想化,考虑到实际地质的复杂性,以及场区各种外界干扰因素,因此只有选择适宜性较强的物探方法并适当地使用其施工方法和工艺,才能较准确地取得客观反映地质情况的信息,获取真实有效的原始资料,为后续的数据处理及综合解释奠定牢固的基础。

根据上述特点及本项目的实际情况,基岩界面探测可采用的物探手段主要有浅层高分辨率地震反射波法、浅地层剖面系统法、海洋直流高密度电法、可控源音频大地电磁法(CSAMT法)等;花岗岩球状风化体可采用的物探手段主要有浅层高分辨率地震反射波法、跨孔计算机断层扫描算法(CT法)、微动探测法、海洋直流高密度电法、瞬变电磁法等。综合场区条件及其他因素,最终选择浅层高分辨率地震反射波法、海洋直流高密度电法、微动探测法。

(1)浅层高分辨率多道深度道集叠加技术地震反射波法探测

①浅层高分辨率多道CDP叠加技术地震反射波法探测原理。

多道多次覆盖CDP叠加技术在地震反射波勘探技术中具有里程碑的意义。在地震反射波勘探技术中,多次覆盖技术的地位和作用是其他技术所不能比拟的。多次覆盖技术又称之为水平多次叠加,又称为共反射点(Common Depth Point,CDP)叠加。多次覆盖即是将不同激震点、不同接收点上接收的来自相同反射点的地震反射信号,经过几何地震学校正后叠加起来,得到同一个反射点的叠加值。采集观测系统如图3.1-11所示。

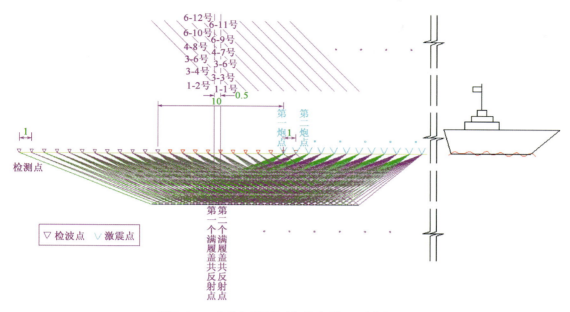

图3.1-11 多道多次覆盖采集观测系统(尺寸单位:m)

覆盖次数取决于每次激震时接收点的数量和激震点的间距,对于单边激震而言,覆盖次数 n 由式(3.1-1)确定:

$$n = \frac{N}{2d} \tag{3.1-1}$$

式中:N——采集记录地震道数;

d——激发炮点间距。

目前多道多次覆盖CDP叠加技术水域地震反射波勘探是本工程的关键技术方法。与单道地震对比,多次CDP覆盖具有如下显著特点(优势):

a. 使有效信号得到增强。理论上在保持完全同相叠加时,信噪比可提高 $\sqrt{n}$ 倍。

b. 提高横向分辨率。在单道地震剖面中,地层反射点的间距与炮点激发的间距相同,取决于与船速和震源激发的时间间隔,若采用多道小间距(1.0m)密集采集装置,可以得到一定长度(23m)线下的多点反射以船行速度1.5m/s计算,对同一点则有8次0.5m间隔的扫描,有效地提高了信噪比和横向分辨率。

c. 提取速度谱。多道信号的正常时间中隐含着地震波传播速度这一参数的信息。速度分析的主要目的是为水平叠加、偏移等处理提供处理参数,所用的方法以在共反射点道集上进行多道信号最佳估计为基础。

d. 对多次波和噪声信号抑制或有效消除。多道采集有比较完整成熟的消除随机噪声和规则干扰噪声的理论和算法程序。

e. 可提取不同深度地层信息。从地震反射波在界面处的反射能量分配来看,不同偏移距其反射系数不一样,较浅地层应采用较小的偏移距,较深的地层则应采用相对大的偏移距。单道地震采用同一偏移距不能清楚地同时反映从上到下不同深度的地层信息,多道采集则很好地克服了此项不足。

f. 可提取静校正数据。

g. 反射界面能够偏移归位到其客观的空间位置。

②采用的仪器设备。

a. 地震震源。

震源一:气动机械声波水域高分辨率浅层地震勘探连续冲击震源,型号为 QD-1,如图 3.1-12 所示。震源主频为 300～2000Hz,频带特性好,余震衰减快,能量适中,脉冲特性好,激发频率相当于 1000J 电火花震源,不受水深影响,对海洋生态及环境保护有利,特别适合各类浅海和海滩过渡带浅地层剖面探测。震源激发时间可调,最小可达 1.0s,递增时间间隔 0.1s,冲击时间间隔的调整灵活方便。

震源已在全国沿海不同地质条件的水域勘探中使用,效果良好,最大勘探深度在第四系覆盖层中达 200m。与电火花震源对比,具有激发时间短、能量适中、频带宽等优点。

震源二:布默(BOOMER)震源如图 3.1-13 所示。外形尺寸为 38cm×38cm×5cm,质量为 18kg,最大输入能量为 300J,混响＜1/10 初始脉冲。

图 3.1-12　水域高分辨率浅层地震勘探连续冲击震源

图 3.1-13　BOOMER 震源

b. 水听器。

水听器采用 2 条西安地质仪器厂的 12 道水上漂浮信号电缆设备;同时还采用了上海海洋石油局第一海洋地质调查大队物探设备厂的单道水上漂浮信号电缆设备。

c. 地震仪。

地震仪采用北京市水电物探研究所的 SWS-6 地震勘探系统,如图 3.1-14 所示。主要技术指标见表 3.1-1。

d. 浅剖仪。

常用英国 AAE(APPLIED ACOUSTICS ENGINEERING)公司浅剖仪,如图 3.1-15 所示。

SWS-6 地震勘探系统技术指标 表 3.1-1

序号	主要技术指标
1	24 通道
2	瞬时浮点放大,双 A/D 采集,A/D 为 20+bit,动态范围大,信噪比高
3	频带宽度:0.5~4000Hz
4	采样率:0.010~4ms 之间可选
5	具有超长采集记录功能,采样点数:1024、2048、4096、8192、16384
6	数字滤波
7	接口:USB 口
8	外配:U 盘、键盘、鼠标
9	操作系统:Windows XP 系统
10	工控级主板
11	存储介质:CF 卡
12	外形尺寸:38cm×33cm×17cm(长×宽×高)

图 3.1-14　SWS-6 地震勘探系统

图 3.1-15　英国 AAE 公司浅剖仪

多道采集技术中,CDP 点间距主要与道间距有关,当采用道间距为 1m 的电缆、24 道采集、船速为 1m/s 时,CDP 覆盖次数为可达 12 次,CDP 间隔可达到 0.5m;当采用道间距为 0.5m 的电缆时,CDP 间隔可达到 0.25m。CDP 道集是由不同偏移距的若干炮检记录对在同一共深度反射点的记录组成的,在时间与偏移距坐标系收集的所有记录,其水平反射界面的时距曲线为一条双曲线。利用叠加速度或偏移距与时间的关系,将反射波到达时间排列成直线,并累加产生一个单独的记录,它的信噪比要高于所有原始记录。

水域走航式地震反射波方法由于工作船的航速受发动机功率、海水流速、涨落潮、风向、驾驶技术等影响,不可能保持恒定的速度,实际作业中工作船的航速基本在 1.2~1.4m/s 之间;震源激发点距取决于船速和震源船冲击间隔时间,震源船冲击间隔时间保持 1s,炮点距在 1.2~1.5m 之间,不同测线或同一测线不同里程段炮点距有所不同,因此本工程采用准 CDP 叠加方法,即抽取小面元的来自不同激震点、不同接收点上接收的反射地震信号进行叠加。

③地震资料处理与成果解释。

a. 资料处理。

水域地震反射波方法资料的处理分两步进行:第一步为采集记录的回放与存储;第二步为资料的数据处理。

水域地震反射波方法数据处理和成图解释流程如下:

数据处理:解编→动平衡记录时间补偿→坏道剔除→频谱分析→滤波→速度分析→抽道集→噪声处理→反褶积→滤波→动校正→CDP叠加→多次波消除→偏移→深度衰减补偿→长PCX文件制作→绘制彩色反射波时间剖面图,如图3.1-16所示。

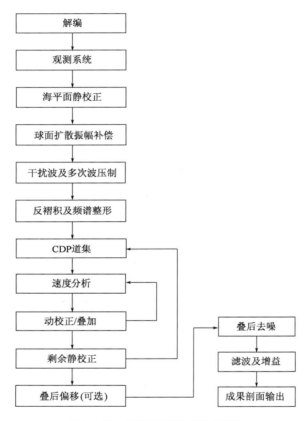

图3.1-16 地震反射波数据处理流程

各地震道坐标、距离计算流程:航迹归一→地震道号与坐标对应点输入→计算各道坐标、各道坐标投影道隧洞轴线或设计线→计算偏离轴线距离→插值计算每个CDP点的里程桩号、偏离距。

考虑海水高程变化,按叠加速度计算各CDP道的隧洞洞顶、洞底时间,并在时间剖面图上表示出来。

b. 成果解释。

水域地震映像资料成果解释工作以反射波时间剖面图为基础。各反射波的时序分布关系与形态特征是地层地质现象的客观反映,地质解译剖面图是解释人员对客观反映的认识。在反射波时间剖面图中可清晰看出水下地形,并能看出水下有许多断断续续的同相轴,显示第四系覆盖层内存在许多不同物理力学性质的地层。根据地质钻探资料,这些同相轴是由淤泥、淤泥质土、粉质黏土、粉砂、中粗砂、风化岩等土层引起的,这在地震反射波时间剖面图上得到了很好的反映。

解释过程中,对波阻抗差异较小的土层进行了归并,做出了主要土层如水底、淤泥底界面、中粗砂顶面、基岩顶界面的划分与解释。

根据解释推断的数据成果利用SURFER(三维立体图制作软件),分别做出测区探测范围基岩面二维(2D)、三维(3D)效果图。

(2)海洋直流高密度电法

①高密度电法原理。

高密度电法是在常规电法基础上发展起来的新型物探方法,其工作原理与常规电法一致,以岩土介质的导电性差异为基础,研究在人为施加电场的作用下,地下传导电流的变化分布规律。

高密度电法通过供电电极向地下供入直流电流,建立电场,通过改变供电(A、B极)、测量装置(M、N极)的排列、大小和相对位置来改变电流在地下的分布情况,在地面测量电场的变化,就可以推断出地层电阻率深度的变化,达到测深的目的,其测试原理示意图如图3.1-17所示。各测深点视电阻率按式(3.1-2)计算。

$$\rho_S = K \frac{\Delta U}{I} \qquad (3.1-2)$$

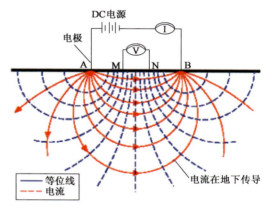

图3.1-17 高密度电法原理示意图

式中:ρ_S——视电阻率;

ΔU——测量极M、N的电位差;

I——人工电场的电流;

K——与装置类型、极距有关的系数。

相对于常规电法,高密度电法具有以下特点:

a.电极布设一次完成时,测量过程中无须更换电极,因而可以防止因电极设置而引起的故障和干扰。

b.能有效地进行多种电极排列方式的参数测定,测点密度明显增加,同时具有测深和测剖面功能,因而可以获得较丰富的地电结构信息。

c.数据的采集和收录实现了自动化(或半自动化),不仅采集速度快,而且避免了由于人工操作导致的误差和错误。

d.可以实现资料的现场实时处理或脱机处理。根据需要自动绘制和打印各种成果图件,大大提高了电阻率法的智能化程度。

e.与传统的电阻率法相比,具有成本低、效率高、信息丰富、成图直观、解释方便、点距小、精度高、勘探能力显著提高等优点。

②高密度电法技术方法。

常用的高密度电阻率探测系统有分布式、集中式两种,本项目采用的高密度电法探测系统为集中式电极系,其工作示意如图3.1-18所示。

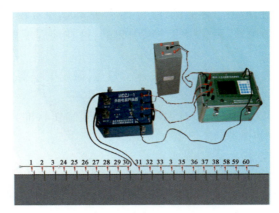

图 3.1-18　高密度电法外业工作示意图

高密度电法探测系统由主机、多路电极转换器、电极系三部分组成。多路电极转换器通过电缆控制各电极的供电及测量状态;主机通过通信电缆、供电电缆向多路电极转换器发出工作指令,向电极供电并接收、存储测量数据。野外工作时,将多个电极按一定的间隔布置,观测过程中电极按一定规律组合,一次布置电极可实现不同的观测装置。

高密度电法探测系统外业工作装置形式很多,常用的布置形式有温纳装置、施伦贝尔、二极装置、三极装置及偶极装置。装置类型、总电极数与极距可根据场地条件与勘察目的适当选择。与常规电法相比,高密度电法通过多道电极转换开关自动转换测量电极,一次性测量,具有直观、高效、高分辨率、高精度等特点。本项目选用温纳、施伦贝尔两种测量装置。其目的用于分析比对,综合解释。现场数据采集主要参数设定如下:电极数 60 根;极距 8m;剖面数 16 层;供电电压 180V。

③海洋电磁场的研究背景与理论。

国外的海洋电磁法研究较多,已广泛用于海底资源勘探等,国外用于浅层勘探目的的海洋直流电法工作时,一般将供电电极与测量电极在海面进行拖曳,常采用四极对称装置。国内对海洋电磁法的研究相对较少,但高密度电法在我国的陆地水文、工程、环境的地质调查中已广泛应用并取得了长足的发展。详细勘探中技术人员把陆地的高密度电法搬到浅海中,开展浅海直流高密度电法应用。

如图 3.1-19 所示,σ_1、σ_0 分别为海底和海水的电导率。在陆地上,$\sigma_0 \to 0$,与大地相比有 $\sigma_0 < < \sigma_1$;在海底,$\sigma_0 \to \infty$,相比之下有 $\sigma_0 > > \sigma_1$。因为海底引起的信息比例一级近似地由 σ_1/σ_0 给出,对于未固结的沉积物,比值 σ_1/σ_0 为 0.1 或更小。由于高密度直流电法探测介质的电阻率差异是电阻率比值的差异,而不是通过做减法得到的差值。因此,高密度直流电法可以在电阻率为 $0.2\Omega \cdot m$ 的海水上获得有用的数据,可探测低阻环境中的高阻体(如花岗岩基岩面起伏)。

在浅海中开展高密度直流电法探测有其自身优势:

a. 电极所处环境均匀稳定,电极噪声小。

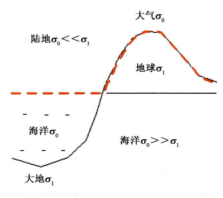

图 3.1-19　陆地与海洋环境对比示意图

b. 电极与海水接触阻抗小(小到 0.1Ω),对于供电电极,易于供出很大的供电电流,这在陆地上很难做到;而对测量电极来说,接地电阻小,均匀而稳定,可提高测量精度。

④海洋环境的岩土电阻率与影响因素。

陆地上电阻率在地表附近的变化非常大,变化范围可达 8 个数量级之多,陆地上松散沉积物如黏土的电阻率为 $1\sim100\Omega\cdot m$,花岗岩的电阻率为 $1.6\times10^2\sim3.6\times10^6\Omega\cdot m$。海洋环境中沉积物、岩石的电阻率不同于陆地,由于其孔隙度和渗透性高,实际上海洋地壳均海水饱和,这使得海底近地表、小范围的导电性不均匀被大大平均,而岩石的成分并不能像陆地那样成为决定其导电性的主要因素。

a. 海水的电阻率主要受温度和含盐度的影响,一般要比大多数岩石和沉积物的电阻率都小得多,从近海面的 $0.2\Omega\cdot m$ 变到温跃层下的 $0.3\Omega\cdot m$。

b. 海洋沉积物的电阻率一般在 $0.1\sim1.0\Omega\cdot m$ 之间,而富黏土地层是导电性最好的地层。在岩化过程中,电阻率随着孔隙度的降低而增大。

c. 花岗岩的电阻率要比松散沉积物的电阻率高出几个数量级。

d. 对于海水饱和的沉积物,海洋沉积物的导电性主要取决于其孔隙度和充填其中的孔隙液,并且服从阿尔奇(ARCHIE,1942)定律,见式(3.1-3)。

$$\sigma_f = \frac{\Phi^m \sigma_w}{A} \qquad (3.1\text{-}3)$$

式中: Φ——孔隙率;

σ_w——孔隙水电导率;

m——黏结度,主要决定于孔隙空间的几何形态,为常数。

按 JACHSON(1987)的意见,可合理地设 $A=1$,取 $\Phi=0.5$,$m=1.5$,$\sigma_w=3.32s/m$,则 $\sigma_f=1.17s/m$。则海底沉积物电导率比海水电导率低 2.8 倍。一般地,海底沉积物电导率比海水低 1.54 倍。

e. 孔内电阻率测试。对场区进行了孔内电阻率测试,测试成果显示,淤泥、淤泥质土的电阻率大体上小于 $1\Omega\cdot m$,粉细砂、淤泥混砂的电阻率在 $0.77\sim0.96\Omega\cdot m$ 之间,中砂、粗砂、卵石的电阻率在 $0.98\sim2.63\Omega\cdot m$ 之间。总体上,海水下沉积层的电阻率较低,随着深度增加,风化层中的电阻率逐渐递增,中风化花岗岩的电阻率在 $14.79\sim123.97\Omega\cdot m$ 之间,比沉积层要高 $1\sim2$ 个数量级,这种电性差异是开展海洋直流高密度电法作业的前提条件。

⑤正反演模型计算。

在理论方面,首先采用正演模型对本测区地球物理特征进行了估计。计算模型假设如下:海水电阻率为 $0.4\Omega\cdot m$,淤泥(淤泥质土)电阻率为 $2.0\Omega\cdot m$,砂层电阻率为 $2\Omega\cdot m$,基岩电阻率为 $150\Omega\cdot m$;假设基岩在 $160\sim300m$ 和 $190\sim260m$ 位置呈台阶状凸起,凸起深度为 $12\sim15m$;海水深度 2m,电极布置在海底,采用 60 根电极,电极距为 8m;观测装置类型选用温纳和施伦贝格。

模型的正反演计算采用专门的海洋直流电法计算程序。图 3.1-20、图 3.1-21 为理论模型的反演结果,从图中可以看出,温纳装置和施伦贝格装置均对异常地质体反映良好。

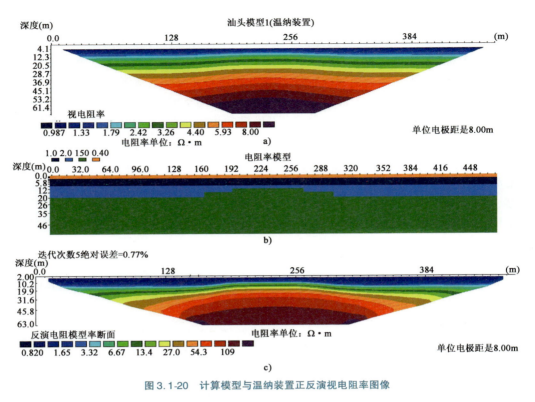

图 3.1-20　计算模型与温纳装置正反演视电阻率图像

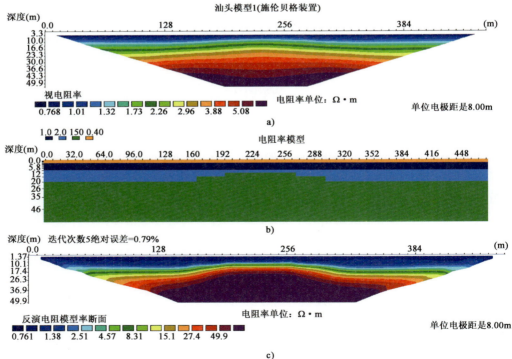

图 3.1-21　计算模型与施伦贝格装置正反演视电阻率图像

⑥高密度电法试验成果分析。

试验测线采用了温纳和温纳—施伦贝格两种测试装置进行测量,这两种装置互为补充,其中,温纳装置抗干扰好,灵敏度低一点;温纳—施伦贝格装置抗干扰性稍差,但灵敏度高。以下为本次纵测线最终成果图像,同时将沿线钻孔揭示的地层标示在电阻率成果图中(图 3.1-22、图 3.1-23)。从图中可以看出高密度电法成果大体上能够反映基岩的起伏情况,但对图像中的高电阻率基岩凸起位置,需通过钻探进一步验证。

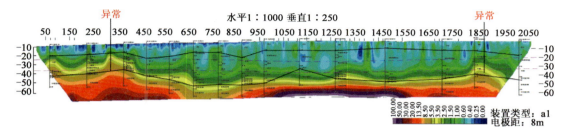

图 3.1-22　海洋高密度电法剖面成果图(温纳装置)

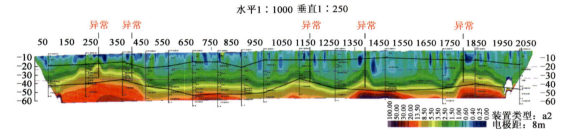

图 3.1-23　海洋高密度电法剖面成果图(温纳—施伦贝格装置)

（3）微动探测法

微动方法也称天然源面波法,属于地震勘探方法范畴,它以自然界中的各种微弱振动为震源,通过二维台阵形式采集信号,采用专业软件分析这种弹性波在地下介质中的传播特征来探测异常目标体。城区的各种天然、人工振动正好可以作为微动的震源,对地表状况无特殊要求,尤其适于城区复杂干扰环境。

工作原理可用图 3.1-24 所示流程图表示。采用空间自相关法(SPAC)从微动台阵记录中提取瑞雷波频散曲线,计算视横波速 V_s,再经插值光滑计算获得二维视横波波速剖面。微动速度剖面能准确、直观地反映地层岩性变化及异常体状态,是地质解释的重要参考依据。

微动数据采集一般使用地震仪与配套低频检波器(2Hz)或一体式地震记录仪完成。

微动探测法的优点主要有:

①利用天然源,无需人工源。

②抗干扰能力强。

③探测精度及分辨率高。

④场地适应性广。

⑤环境无损性、无碍性、环保性。

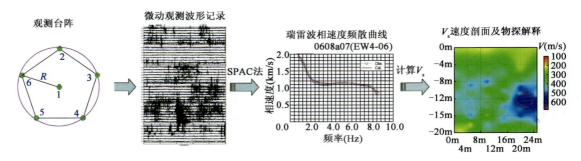

图 3.1-24 微动探测原理流程图

微动探测法的缺点主要有：

①不具备封路条件的路面、地面起伏很大的区域、水域等无法开展工作,本次微动试验仅在潮间带潮水退后时使用,大大限制了其发挥。

②物理勘探方法具有多解性。

③无法有效探测规模尺寸小于 1m 的异常体。

④浅部探测效果一般。

3）勘察实施方案

（1）物理勘探测线布置

浅层地震法测线布置：南岸基石凸起段测线成网格状布置,间距 50m,其他区域沿隧道纵向布置。地震勘探中采用的探测系统均为国内、国际主流系统,勘察中共完成地震法测线 69.5km。海湾隧道地震法测线布置如图 3.1-25 所示。

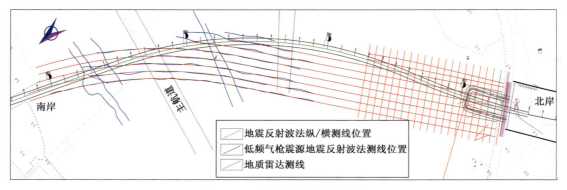

图 3.1-25 地震法测线布置平面图

高密度电法测线布置：在地震法没有覆盖的范围内,沿隧道轴线纵向布置 3 条测线,并在 BK5+650 和 BK7+750 处布置了两条 600m 的横测线。电法测线沿隧道轴线布置,基岩凸起段加布横测线,共完成测线长 8.99km。电法测线布置如图 3.1-26 所示。

微动探测法布置：南岸区域采用正五边形阵列,每个观测阵列形成一个微动测点。如图 3.1-27 所示,每个观测阵列由放置于正五边形顶点和中心点的 6 个 2Hz 低频检波器组成,五边形顶点到中心点的距离为观测半径 R，R 设定为 5m（根据现场条件）,满足本次探测深度需求。

本次微动探测均采用逐点连续观测方式,以形成二维剖面观测。

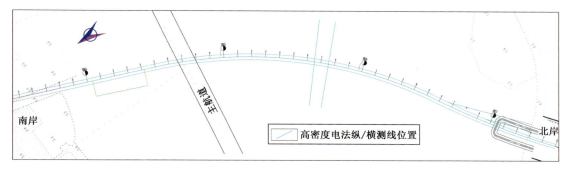

图 3.1-26　电法测线布置平面图

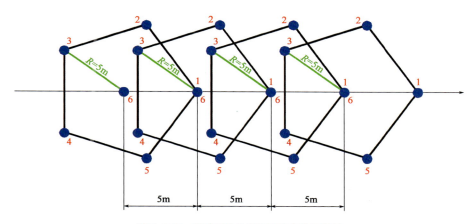

图 3.1-27　微动测线及观测系统布设示意图

（2）钻探方案

场区道路路基段沿路线中线布置钻孔,钻孔间距为 50～100m,共布置 17 个钻孔;明挖、围堰段按照基坑布置钻孔,共布置 46 个钻孔;盾构段布置在隧道结构线外不少于 5m,地质条件复杂地段(岩面起伏大、球状风化发育)布置 3 排钻孔,分别布置在左、右隧道外侧和两隧道中间位置,钻孔投影间距为 10～30m,其他地段布置 2 排钻孔,在左、右隧道外侧交错布置,钻孔投影间距一般为 30～50m,共布置 150 个钻孔。钻孔布置平面如图 3.1-28 所示。对于基岩凸起段及花岗岩球状风化发育区域加密钻探。

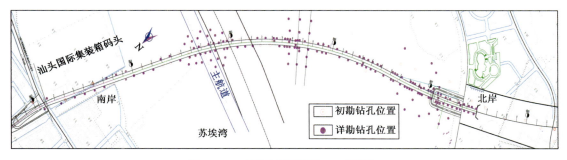

图 3.1-28　钻孔布置平面图(213 个测孔)

4) 勘察成果分析

(1) 探测成果综合评述

①地震反射法探测成果评述。

a. 地震法探测效果较好区段。

工程海域物理勘探工作采用了地震反射波方法,探测中试验了不同频带范围的各种震源,从低频气枪震源、频带较合适的气动震源到相对频带较宽的 BOOMER 震源等,对可选择的震源均进行了试验,得到的结论基本一致,即探测效果较好的范围集中在三个区域:一是主航道附近(BK4+037.3~BK4+417.3 段),长度约为 380m;二是 BK5+320~BK5+550 段,长度约为 220m,该两段地震反射波穿透效果好,地层反映清楚,基岩可追踪;三是南岸养殖区地段(BK6+600~BK7+200 段),长度约为 600m,基岩面反映较清楚。其余地段地震反射波效果均较差。

b. 地震法探测效果较差段原因分析。

探测海域水深 0~9.3m,有较大面积的养殖区,水底有渔网、蚝桩等障碍物;地层中淤泥层厚度大,且含有大量贝壳碎片及较多粉细砂夹层,复杂的环境条件及地质条件影响了部分区段地震反射波法探测效果。

同时地震反射波法探测效果较好区域集中在航道清淤或围海造田等翻动过的地段,因而也不排除因淤泥中腐殖质产生的气泡等导致了探测效果较差的可能。

②高密度直流电法探测成果评述。

在地震反射探测效果较差区域,针对本工程的地质特点,采用海洋高密度直流电法进行了探测。探测成果表明,高密度电法虽不能对覆盖层细分,但能较好地反映基岩面起伏趋势状态,因而在地震反射无效区域,可以通过高密度电法查明基岩面的相对起伏状态。

③微动探测成果评述。

在落潮、无水的情况下进行了微动探测,探测成果表明:可清晰地分辨出强风化或中风化在全风化、残积土中的横波波速差异,依据物探解释原则,在残积土、全风化花岗岩地层中,对其中存在的孤立高速闭合异常区、明显突出基岩界面的半闭合高速异常区,推断解释为孤石。

(2) B1 线位勘察成果分析

①B1 线隧道范围勘察平面基岩面等深成果图。

通过地震反射法、高密度电法及钻探,确定了 B1 线位处存在的 3 段基岩凸起段的范围及埋深,如图 3.1-29 所示,也确定了南岸孤石的埋深及范围。同时,发现了基岩整体呈现东高西低,孤石全部分布在南岸附近的分布规律。

②海域主航道段地质剖面。

主航道段在里程 BK4+037.3~BK4+417.3 和 BK5+320~BK5+550 区段地震效果好,该段基岩埋藏较深,基岩面高程在 -50.0~-40.8m 之间,隧洞洞底高程在 -37.8~-36m 之间,洞身在基岩面上方,中风化基岩凸起面不会侵入洞身范围。其中主航道 BK4+500~BK5+000 段基岩凸起高密度直流电法探测成果 3D 深度切片如图 3.1-30 所示。

③海域段基岩凸起 3D 效果图。

根据地震反射波法与海洋高密度直流电法探测的解释成果,得出海域隧道段三处基岩凸起的3D效果图(图3.1-31~图3.1-33),直观反映了基岩凸起并深入隧道断面的位置和规模。

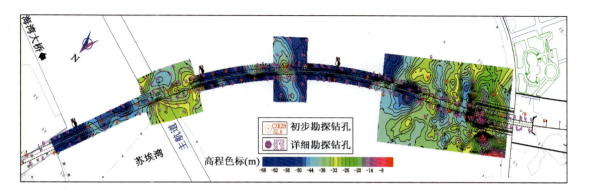

图3.1-29 B1线位勘察基岩面等深图

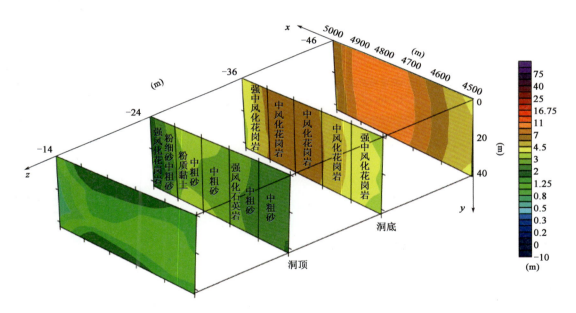

图3.1-30 主航道附近基岩凸起高密度直流电法探测成果3D深度切片图(BK4+500~BK5+000段)

④南岸岸边基岩面的3D效果。

南岸岸边基岩面3D效果如图3.1-34所示,从图中可见,南岸岸边基岩凸起段内,基岩面整体较高,基岩凸起面高低起伏,峰谷相间,且峰谷走向与隧道路线方向大致呈正交。

⑤南岸孤石。

根据地震反射波剖面同相轴特征和验证钻孔结果,南岸养殖区域花岗岩球状风化发育,典型剖面如图3.1-35所示。

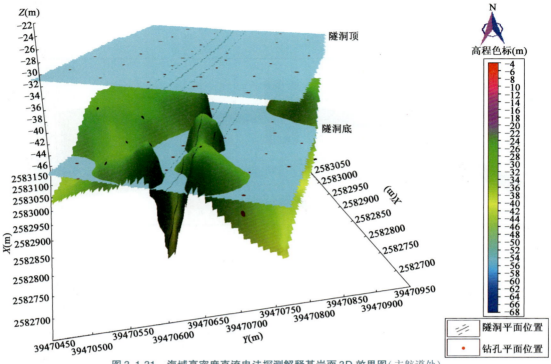

图 3.1-31　海域高密度直流电法探测解释基岩面 3D 效果图（主航道处）
注：BK4+744～BK4+951 段，基岩进入隧道洞身。

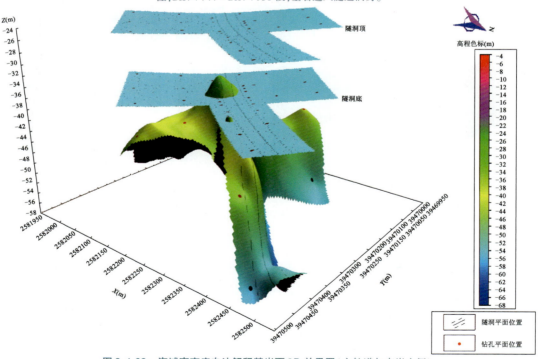

图 3.1-32　海域高密度电法解释基岩面 3D 效果图（主航道与南岸之间）
注：BK5+579～BK5+652 段，BK5+390～BK5+432 段，基岩凸起进入或接近隧洞底板。

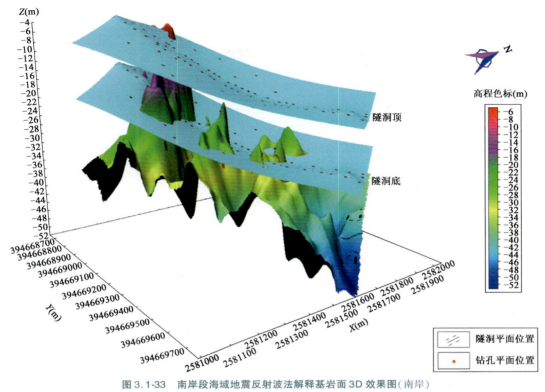

图 3.1-33 南岸段海域地震反射波法解释基岩面 3D 效果图（南岸）

比例　X(北向)、Y(东向)1:4000　Z(高程)1:1000

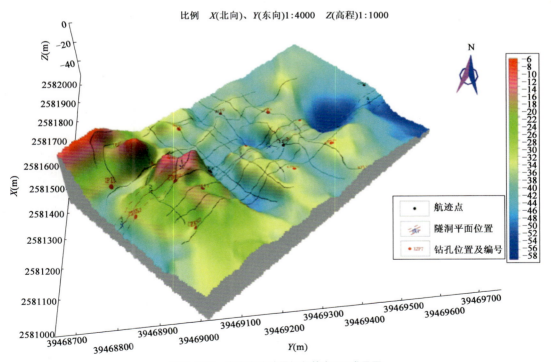

图 3.1-34 南岸岸边地震解释基岩 3D 成果图

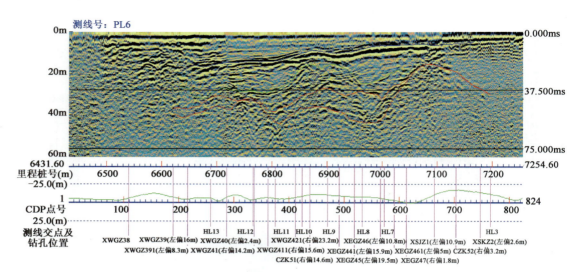

图 3.1-35　测线风化残留体判译（图中两红色线之间）

图中里程 BK6+800~BK7+200 附近分析判断花岗岩风化程度不均,可能存在球状风化体。

验证钻孔 XPZ4、XPZ6、XPZ7、XPZ8、XPZ9、XPZ10、XEGZ43、XEGZ45、XWGZ39、XWGZ391、XWGZ431、XSJZ2、XSJZ3、XSKZ3、XSKZ4、XSKZ6 和初步勘察钻孔 CZK32、CZK49 分别揭露有花岗岩球状风化体,风化核大小不一,直径最大 7.1m,最小 0.5m,平均 2.7m;球状风化体发育深度不一,个别钻孔风化核呈串珠状。

根据微动探测及钻探结果,南岸养殖区域花岗岩球状风化主要集中在残积土及全、强风化花岗岩比较发育地段,其大小、范围呈不规律发展。典型剖面如图 3.1-36 所示。

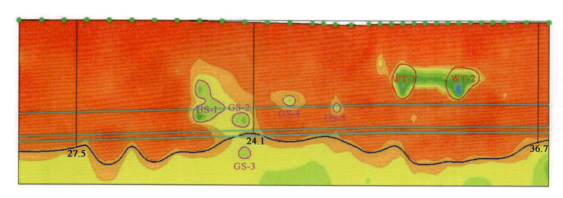

图 3.1-36　南岸海域球状风化体(孤石)典型剖面

⑥钻探。

前期物探发现,主航道、南岸段及主航道与南岸段之间存在基岩凸起段,其中南岸段与主航道段基岩凸起显著。本次详细勘察与初步勘察共有 180 个钻孔(初勘 43 个)揭露基岩,其中有 33 个钻孔揭露了 45 个花岗岩球状风化体,球状风化核大小不一,直径最大 5.4m,最小 0.5m,一般为 1~2.5m;球状风化发育深度不一,在孔深 4.2~50.7m 范围内均有发育,埋深

0~20m 有 15 个(球状风化体),埋深 20~40m 有 22 个。球状风化体发育的地层层位也不一致,其中发育在⑤$_1$残积层 1 个,在⑥$_1$全风化层 13 个,在⑥$_{2a}$土状强风化层 16 个,在⑥$_{2b}$块石状强风化层 15 个。在路线 BK6+400~BK7+350 段,花岗岩球状风化最发育,该段揭露基岩钻孔 59 个,有 20 个钻孔揭露了球状风化体,部分球状风化呈串珠状。南岸海域球状风化体(孤石)典型照片如图 3.1-37 所示。

图 3.1-37 南岸海域球状风化体(孤石)典型照片

通过物探及钻探绘制的 B1 线位地质纵断面图(图 3.1-38)可得出,B1 线南边 700m 范围内基岩、孤石侵入隧道范围内,主航道下存在 436m 基岩侵入隧道范围内,岩石最高高程为 -27.66m,侵入隧道内 6~8m。

(3) B2 线位勘察成果分析

由于 B1 线位工程地质条件过于复杂,隧道施工难度较大,设计根据场地条件,提出 B2 线位方案,该线位主要区别在于海域部分。针对海域段,采用物探、钻探综合勘察手段,同时为了更大范围选线,在主航道处 B1、B2 线位之间布置了 7 个普查钻孔。对主航道、南岸段基岩凸起段进行了加密钻探勘察,如图 3.1-39 所示。

通过物探、钻探等多种手段,B2 线位基岩凸起段分布规律基本与 B1 线位相同。主航道 3 段基岩凸起段共计 162m 侵入隧道范围内;南边 400m 范围内基岩、孤石侵入隧道范围内,如图 3.1-40 所示。

5) 施工揭露情况及验证

2018 年 4 月 12 日,东线盾构机开始掘进,2020 年 5 月 16 日,海湾隧道东线盾构机顺利抵达北岸华侨公园内盾构接收井,完成最后一环管片安装。

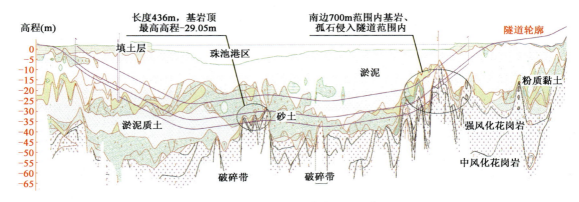

图 3.1-38　B1 线位地质纵断面图

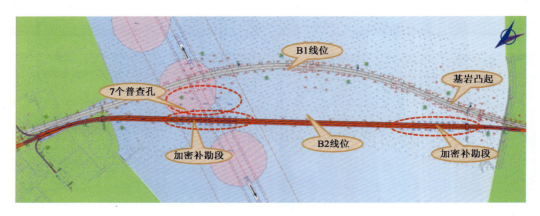

图 3.1-39　B2 线位平面图

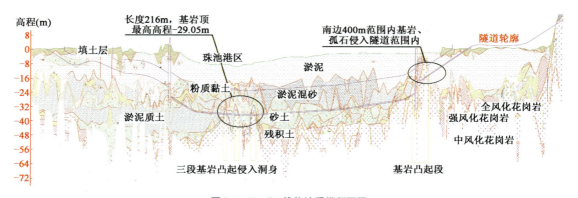

图 3.1-40　B2 线位地质纵断面图

盾构掘进过程中,在盾构始发段前 80m 内揭示高强度基岩、孤石总量 700 余立方米,岩石强度均在 100MPa 左右,最大值高达 120MPa;在海湾隧道东线 1970m 处开始穿越 3 段不连续基岩凸起,经现场揭示总长度约为 182m,该段地质具有岩面高、强度大、变化快、埋深浅、覆土软、水压高等突出特点。

施工揭示情况与详细勘察地质资料基本相符,证明设计阶段采用的勘察手段是合理的,其准确程度也完全能满足工程施工需要。

3.2 工程总体设计

对于一些重大的隧道工程,开展总体设计很有必要,可以在初步设计前利用有限的时间和基础资料条件对隧道规模、平面、纵断面设计、重要节点设计、关键技术等核心内容进行深入研究,并予以稳定,以利后续勘察设计工作的顺利推进。汕头海湾隧道建设规模大、地质条件和周边环境复杂,路网衔接难度大。针对项目工程特点,总体设计从工程选线、隧道方案、海域段隧道埋深、隧道平纵横设计、隧道工作井及风塔和互通式立体交叉(以下简称"互通式立交")等方面进行了多方案的比选论证,确保了整个方案的合理可行与项目进度的顺利推进。

3.2.1 工程选线

1)拟定选线区域

根据汕头市城市发展规划,汕头市将形成"两纵三环九射"骨架干线公路网。现状的南北岸过海交通通道有海湾大桥、礐石大桥,海湾大桥和沈海高速公路汕头段是"一纵",常年拥堵,且市区中、西部车辆绕行距离长;礐石大桥主要承担的是金平区和濠江区的市内组团联系,对过境交通疏解能力有限。为完善对汕头市南北向过境交通体系,急需打通"第二纵",根据城市规划,汕头海湾隧道应具备"第二纵"功能。海湾隧道选址区域既要符合"两纵三环九射"骨架干线公路网布局,又要兼顾城市组团过海交通需求,海湾隧道选线区域宜位于海湾大桥与礐石大桥之间,如图3.2-1所示。

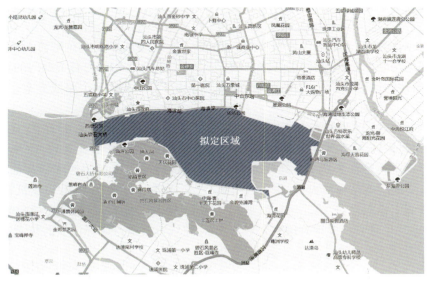

图 3.2-1 拟定选线区域

2)隧道选线原则

路线方案的选择关系到工程本身的技术可行性、耐久性、可靠性及社会效益的发挥等重大问题,必须进行充分的论证。路线的布设需综合考虑城市建设现状、规划布局等各方面的因素,并遵循以下原则:

(1)海湾隧道是汕头市"东延、南拓"的城市空间发展部署规划的重要节点工程,路线选择应从海湾隧道的交通功能定位出发,结合汕头湾两岸现状及规划路网,与城市主干道顺接。

(2)路线方案需与城市规划相协调,满足汕头市、龙湖区和南滨葛州片区的现状及未来规划城市格局交通出行需求,并与城市及各区发展总体规划相协调,有利于城市和分区总体规划及功能的实施,促进汕头市整体的社会、经济和旅游发展。

(3)路线选择应充分考虑沿线建(构)筑物的影响,如汕头国际集装箱码头规划、龙湖沟沿线住宅规划,预留足够的空间,避免对码头桩基产生不利影响。

(4)终点顺接虎头山隧道,在规划南滨葛州片区和礐石风景区之间穿越虎头山,路线方案尽可能避让部队军事用地区和汕头跳水馆。

(5)隧道通风竖井位置的选择除考虑经济、实用等合理要求外,还应充分考虑地面通风建筑物与周围环境的相容性,注意隧道洞口、桥梁景观设计。

(6)根据现状及规划的道路情况,合理设置互通式立交,在便于城市现状和规划路网交通集散、充分发挥城市主干路功能和社会经济效益的前提下,力争投资最省、效益最好。

(7)充分考虑汕头市北岸老城区和南岸新城区交通流量流向的发展特点和路线选择的合理性,满足汕头南岸新城区交通量迅速发展的要求。

(8)北岸龙湖区陆域段路线选择时,尽量利用中山东路北侧现状天山南路与龙湖沟之间的绿化空地,尽可能避让市政设施、高压线网和其他电力、电信、电缆、光缆等城市基础设施。

(9)南岸濠江区陆域段路线选择时,注重环境保护和水土保持,减少征地拆迁。

3)路线方案比选

根据前文对海湾隧道地理位置和功能定位的解读,路线选择范围在海湾大桥与礐石大桥之间,经过现场踏勘、对沿岸路网的考察并征求地方规划、交通和电力有关部门的意见后,结合当地的自然条件和地形、地物,按照全域选线原则提出了 A~F 共 6 个路线方案。路线方案总体布置图如图 3.2-2 所示。

6 个路线方案中,D、E 线方案北岸接嵩山路,起点位置距离海湾大桥太近,且需要下穿汕头国际集装箱码头;F 线方案将北岸起点设在汕樟路与金砂路平面交叉口,距离礐石大桥较近;D、E、F 线既不符合汕头城市总体规划,路线走向也与汕头城市用地规划和汕头海洋功能区划相矛盾,交通功能与海湾大桥、礐石大桥重叠,交通辐射功能低,对沿线建筑物干扰大,拆迁费用高,协调工作艰巨;F 线北岸接线道路等级低,横向干扰大,不利于交通疏解,故不再对D、E、F 线做进一步研究。设计阶段主要对 A、B、C 路线方案进行同等深度的技术经济比较,见表 3.2-1。

图 3.2-2　路线方案总体布置图

隧道路线比选表　　　　　　　　　　　　　　　　　　　　　　　表 3.2-1

序号	比选项	A 线方案	B 线方案	C 线方案
1	规模	路线全长 5.95km,其中轴线海域宽度为 3.4km	路线全长 6.8km,其中轴线海域宽度为 3.5km	路线全长 6.415km,其中轴线海域宽度为 3.35km
2	与规划关系	北岸接线符合汕头市总体规划和用地规划,但南岸接线与规划不符	南北两岸接线均符合汕头市总体规划和用地规划	北岸接线不符合汕头市总体规划和用地规划,南岸接线符合规划
3	与路网衔接、交通疏解	起于北岸龙湖区天山南路与金砂路平面交叉口,沿天山南路南行,南岸从汕头跳水馆东侧穿南滨规划片区至虎头山隧道后接规划安海路,起终点均与城市规划主干道相接,交通辐射及疏解能力强	走向基本与规划线一致,北岸同"A 线方案",在南岸利用礐石风景区和南滨规划片区之间的预留空地布线接上规划的安海路。起终点均与城市规划主干道相接,交通辐射及疏解能力强	北岸起点设在金环南路与金砂路交叉处,沿金环南路南行入海,南岸同"B 线方案"。金环南路道路等级较低,北岸中山路互通的布设困难,不利于过海通道交通功能的发挥
4	对周边建构筑物的影响	对龙湖沟、汕头国际集装箱码头有一定干扰;路线在南岸从南滨规划片区中间穿过,对规划用地切割严重	对龙湖沟、汕头国际集装箱码头有一定干扰;南岸避开礐石风景区、南滨规划片区和军事区	金环南路道路等级较低,道路红线仅为 40m,北岸互通布设受限,需局部拓宽,对沿线建(构)筑物影响较大
5	总体线形	从海湾隧道大的走向看,路线最短,跨越的海域宽度相对较短,线形最顺畅	路线南岸上岸位置及接线存在一定绕行,海域宽度略宽,线形较为顺畅	路线长度和跨越的海域宽度相对较短,线形较为顺畅
6	南岸互通式立交设置条件	南岸地形控制较严,虎头山至南滨路海边的陆域纵深较小,不便于南滨南路互通匝道的布设	南岸地形条件较好,虎头山至南滨路海边的陆域纵深较大,互通布设条件较好	南岸同"B 线方案"
7	拆迁量	少	少	多

从城市规划、用地拆迁、交通功能及对军事区的影响等方面综合分析,拟定 B 线为推荐路线方案。

3.2.2 隧道方案

1)工可阶段方案

工可阶段针对海湾隧道工程,开展了钻爆法、沉管法、盾构法等工法研究。隧道北岸为汕头市国际集装箱码头,主航道航运繁忙,南岸水深较浅;隧址除南岸及主航道处存在基岩凸起外,其余地方砂层、淤泥地层深厚。因此,钻爆法、沉管法均不适用于本工程。针对盾构法方案,工可阶段对三管、两管盾构法方案进行了深入的研究。具体内容如下:

(1)三管盾构隧道方案

①隧道平面。

考虑到南岸海域近 1km 范围内水深仅 2~3m,同时结合南岸南滨片区规划情况,为进一步降低隧道建设规模、缩短建设工期,在南岸浅海区设置了一段围堰(约 300m)。三管盾构隧道根据其平纵线形及沿线的地形、地质条件确定如下:隧道进口位于长平东路与天山南路交汇处以北;出口位于南岸南滨路南侧,隧道总长 5010m。北岸采用明挖形式施工,长 540m,南岸也采用明挖形式施工,长 380m。隧道在中山东路北侧天山南路与龙湖沟之间的空地上设置接收竖井(运营后兼作通风竖井);在南岸设置围堰,围堰内侧处设置始发竖井,盾构掘进段长 4050m。三管盾构方案隧道平面如图 3.2-3 所示。

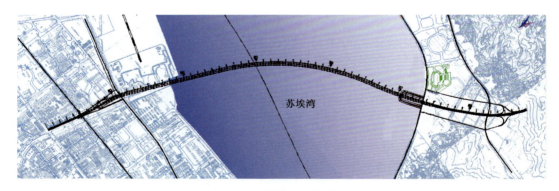

图 3.2-3 三管盾构方案隧道平面图

②隧道纵断面。

隧道最大纵坡采用 3.0%,中间海域段依据海床高程并结合主航道疏浚情况采用 W 形纵坡形式。受主航道后期疏浚及隧道抗浮要求的限制,同时考虑地质因素,海域段结构顶最大埋深约 27m(最高潮水位 1.344m 水面下),其中,主航道处隧道顶位于规划疏浚航道底高程 10m 以下,如图 3.2-4 所示。

③隧道横断面(车道数 2+4)。

隧道拟采用双向六车道一级公路(兼城市道路),设计速度为 60km/h,三管方案横断面布置如图 3.2-5 所示。

隧道建筑限界净高 5.0m,净宽 9.5m。满足建筑限界、施工误差、设备安装限界要求的盾构隧道内径为10.2m,外径为11.2m,如图3.2-6所示。

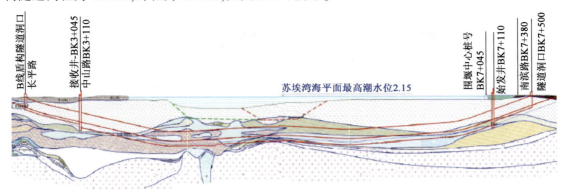

图3.2-4　三管盾构方案隧道纵断面示意图

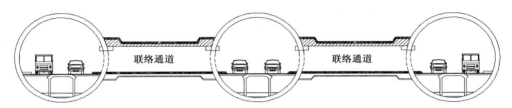

图3.2-5　三管盾构方案隧道横断面布置图

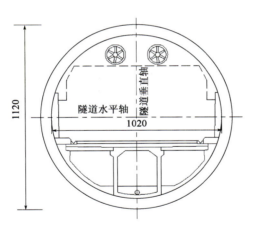

图3.2-6　三管盾构方案单洞横断面图(尺寸单位:cm)

(2)两管盾构隧道方案

①隧道平面。

与三管方案一样,两管隧道方案在南岸浅海区也设置了一段围堰(约300m)。两管盾构隧道根据其平纵线形及沿线的地形、地质条件确定如下:隧道进口位于长平东路与天山南路交汇处以北;出口位于南岸南滨路南侧,隧道总长5110m。北岸采用明挖形式施工,长540m,南岸也采用明挖形式施工,长480m。隧道在中山东路北侧天山南路与龙湖沟之间的空地上设置接收竖井(运营后兼作通风竖井);在南岸设置围堰,围堰内侧处设置始发竖井,盾构掘进段长4030m。两管盾构方案隧道平面如图3.2-7所示。

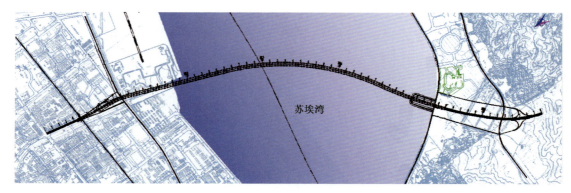

图 3.2-7　两管盾构方案隧道平面示意图

②隧道纵断面。

隧道最大纵坡采用 3.0%,中间海域段依据海床高程并结合主航道疏浚情况采用 W 形纵坡形式。受主航道后期疏浚及隧道抗浮要求的限制,同时考虑地质因素,海域段结构顶最大埋深约 29m(最高潮水位 1.344m 水面下),其中,主航道处隧道顶位于规划疏浚航道底高程 10m以下,如图 3.2-8 所示。

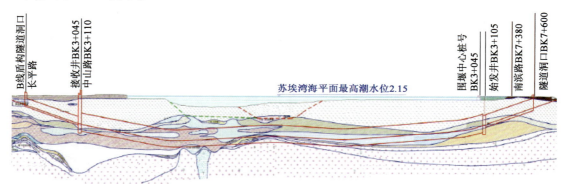

图 3.2-8　两管盾构方案隧道纵断面示意图

③隧道横断面(车道数 3＋3)。

隧道拟采用双向六车道一级公路(兼城市道路),设计速度为 60km/h,两管盾构方案隧道横断面布置如图 3.2-9 所示。

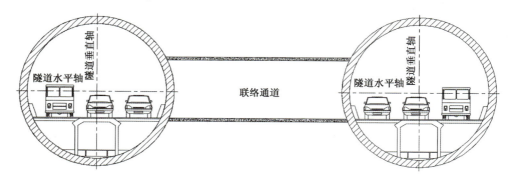

图 3.2-9　两管盾构方案隧道横断面布置图

隧道建筑限界净高5.0m,净宽12m。满足建筑限界、施工误差、设备安装限界要求的盾构隧道内径为13m,外径为14.3m,如图3.2-10所示。

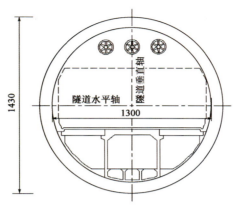

图3.2-10 两管盾构方案单洞断面示意图(尺寸单位:cm)

(3)盾构隧道方案比选

三管盾构和两管盾构隧道总长度基本相当,鉴于当时的技术水平及对项目的认识程度,2008年工可编制单位在进行对比分析时认为三管盾构方案具有更突出的优势,主要体现在以下方面:

①更适应两岸特殊时段交通流不均衡性的需要。由于汕头市苏埃湾两岸发展及功能定位的差异,本通道建成后在相当长的时间内将面临特殊时段交通流的不均衡性所带来的压力(主要是早晚上下班高峰时段),为缓解这一矛盾及提高本通道的交通运能,工可研究在预可研究的基础上,提出了三管盾构隧道方案。三管盾构方案将采用2+4的车道组合方式,即中间隧道孔2条车道可根据两岸特殊时段交通流的不均衡性灵活调整行车方向。

②更适应高抗震设防烈度的要求。由于三管盾构断面较小,与两管盾构相比,在采用相同构造措施的情况下,更能适应高烈度抗震设防的要求。

③建设规模相对较小,建设费用较低。三管盾构隧道在盾构机械购置费、断面开挖量、两岸明挖段基坑深度等方面规模更小,从而建设费用更低。

④可大大减少海中盾构涉岩段掘进长度,降低施工风险。在主航道段,受规划疏浚深度、隧道结构抗浮要求及基岩顶面高程的限制,盾构隧道穿越空间有限。由于三管盾构断面较小,研究认为盾构掘进可避开极硬的中风化花岗岩层,而两管盾构涉岩段长300~400m,施工风险更大,如图3.2-11所示。

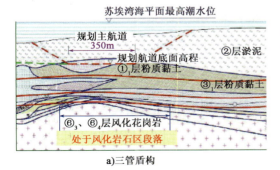
a)三管盾构

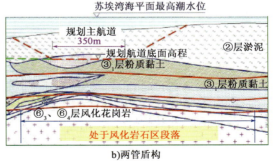
b)两管盾构

图3.2-11 基岩侵入隧道长度对比图

⑤在盾构选型方面,其可行性更高。两管盾构方案隧道直径达到 14.3m 左右,采用超大直径盾构机,且须能适应中风化花岗岩层掘进,根据调研,目前(注:当时是 2008 年)该种盾构机的研制及生产还存在一定难度,可能难以保证项目工期的要求。对于三管盾构方案,盾构直径约为 11.7m,基本避开了中风化花岗岩层,目前该种直径的复合式泥水盾构机生产及应用技术较为成熟。

⑥在施工工期上更有优势。类似地层中,三管盾构方案盾构机掘进速度较两管盾构方案快 10%~20%,故三管盾构施工在工期上更有保障。

2)初步设计、施工图阶段方案研究

在经与有关部门走访、外业调研和梳理工可报告方案的过程中,发现外部条件发生了极大的变化,原工可阶段方案受诸多因素影响,可实施性较小,并非最优方案。

(1)交流量不存在潮汐现象

《工可阶段客流量研究报告》编制完成于 2008 年,大量基础调研资料来源于 2007 年。而近 5 年来汕头市经济、人口、交通发展均发生了一定变化,同时,市内规划对比《工可阶段客流量研究报告》编制时发生了较大变化。北岸主要为珠港新城、东部经济带的规划;南岸原规划南滨—葛洲片区人口约 9 万,濠江区约 43 万,2012 年规划调整后南滨片区的开发强度大幅加强,南滨片区规划常住人口 20 万,濠江区规划人口 2020 年达到 70 万。因此,有必要根据最新的汕头城市发展、跨海交通现状等对苏埃通道过海交通需求重新进行预测。

根据 2014 年 4 月完成的《汕头市苏埃通道交通专项规划》,隧道潮汐交通流在远期趋于缓和,过海交通流将不存在潮汐现象,见表 3.2-2。长远来看,三管方案的服务水平将低于两管方案。

隧道远期机动车车道的建设标准　　　　表 3.2-2

时段	方向	N_{da}	K	N_h	N_m	需要车道数(条)	推荐车道数(条)
早高峰	由北向南	39987	0.105	4199	1400	2.99	3
	由南向北	36352	0.085	3090	1400	2.21	3
晚高峰	由北向南	35453	0.085	3014	1400	2.15	3
	由南向北	39445	0.105	4142	1400	2.96	3

注:N_{da}-设计年限的年平均日交通量(pcu/d);K-设计高峰小时交通量与年平均日交通量的比值;N_h-设计小时交通量(pcu/h);N_m-单车道设计通行能力(pcu/h)。

(2)潮汐式交通组织难度大

潮汐式车道设置一般无法设置硬隔离,仅能通过交通标线根据时间实现车道的转换。在国内目前交通情况下,无法完全保证车辆按照要求行驶,易出现交通事故。并且潮汐式车道设置,对交通信号监控等多方面要求较高,交通组织难度大。由于该种交通习惯与一般不同,对驾驶者要求较高。

(3)无法实现中间潮汐车道与中山路的衔接

工可方案中由于中山路衔接的两条定向匝道与三管盾构的两侧隧道衔接,中间潮汐车道车流无法进出中山路,削弱了中山路对客流的吸引及疏散能力。

(4)地质变化,三管方案仍然无法避开海中硬岩凸起

工可阶段中,三管方案可以避开海中硬岩凸起,而两管方案无法避开。但根据详细勘察资

料,三管盾构方案亦需穿过硬岩段,方案对比如图3.2-12~图3.2-14所示。

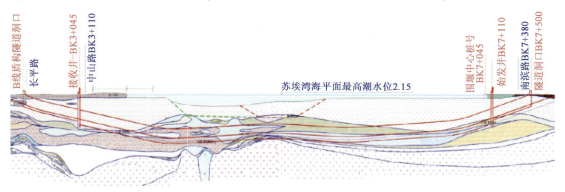

图3.2-12　工可阶段三管盾构方案纵断面图

图3.2-13　详勘阶段三管盾构方案纵断面图(西线)

图3.2-14　详勘阶段两管盾构方案纵断面图(西线)

通过表3.2-3可知,三管方案通过硬岩段的总长度(1489m)大于两管方案(1229m),从这点上看,两方案施工难度并没有本质的区别。

通过硬岩段长度统计表　　　　　　　　　　　　　　表3.2-3

	隧道方案		入岩长度(m)	最大入岩深度(m)
工可地质	两管盾构	合计	240	3.0
	三管盾构	合计	0	0
详勘阶段地质	两管盾构	东线	587	13.6
		西线	642	14.5
	三管盾构	东线	418	9.6
		中线	468	7.5
		西线	603	12.6

(5)防灾救援

三管盾构方案车行道板下空间较小,大多需要设置横向联络通道来解决隧道防灾救援问题。海域段地质主要为淤泥及砂层，联络通道采用暗挖法施工，施工难度大、风险高、费用高，且对抗震不利。而两管盾构方案车行道板下空间大，可以进行纵向防灾救援，因而不必设置横向联络通道，从而避免了联络通道施工风险，同时也改善了盾构隧道的整体受力状况，有利于抗震。

（6）应急车道设置

根据公路隧道规范，公路需要设置应急车道。三管盾构方案，隧道内仅2个车道，未设置应急车道，发生交通事故时应急救援困难，容易造成更大交通安全事故，而两管盾构方案，隧道内存在3个车道，发生交通事故时可以紧急预留一个车道作为应急车道，另外2个车道作为交通车道，这样会大大缓解交通事故的压力。

（7）隧道运营费用的比较

双管方案和三管方案隧道运营费用差别主要体现在人员数量、动力费用、维修保养费用等方面。

①人员数量及费用支出。

三管方案比双管方案多出一管隧道，因而在监控室、养护维修等方面的人员数量需要增加，初步测算需要增加约20人。按平均每人年费用支出5万元计，每年此项费用需多支出约100万元。

②动力费用。

经初步测算，双管方案机电设备装机总功率约为6000kW，三管方案机电设备装机总功率约为7000kW。根据隧道实际运营状况，平均负荷运转率约为45%，则三管方案较双管方案每年多支出电费约335万元（电价按0.85元/度）。

③维修保养费用。

经初步测算，三管方案每年维修保养费较双管方案多约100万元。

④运营费。

统计以上数据，三管方案运营费用较双管方案多约535万元/年。

3）综合比选

对双管盾构方案与三管盾构方案进行综合比较，见表3.2-4。

综合比较表　　　　　　　　　　表3.2-4

项目线位	双管盾构方案	三管盾构方案
交通量适应性	隧道潮汐交通流在远期趋于缓和，过海交通流将不存在潮汐现象	
	交通量适应性好	交通量适应性差
交通组织	常规交通组织，交通功能较优	潮汐式车道一般无法设置硬隔离，仅能通过交通标线实现车道根据时间的转换，交通组织难度大，且中间潮汐车道无法实现与中山路的衔接，交通功能较差
硬岩凸起的影响	均无法完全避开海中硬岩凸起	
	通过硬岩段总长度1229m	通过硬岩段总长度1489m

续上表

项目线位	双管盾构方案	三管盾构方案
防灾疏散	车行道板下空间大,可以进行纵向疏散,因而不必设置横向联络通道,从而避免了联络通道施工风险,同时也改善了盾构隧道的整体受力状况,有利于抗震	车行道板下空间较小,一般需要设置横向联络通道来解决隧道防灾疏散问题,海域段地质主要为淤泥及砂层,联络通道采用暗挖法施工,施工难度大、风险高、费用高,且对抗震不利
运营费用	运营费用差别主要体现在人员数量、动力费用、维修保养费用等方面	
	运营费用较低	运营费用较高,较双管方案多约535万元/年
结论	推荐	

通过对双管、三管隧道在交通量适应性、交通组织、硬岩凸起、防灾疏散和运营费用方面的综合比选,双管方案优于三管方案。因此,平面推荐采用双管盾构方案。

3.2.3 隧道最小覆土深度研究

1）盾构隧道最小埋深概述

海底隧道纵断面一般呈 V 字形,两侧岸上段高,中间海域低。隧道中间最低点的埋深是影响隧道方案的重要因素,埋深大则隧道加长,工期及工程投资增加,同时衔接地面路网能力差;埋深过浅则易出现抗浮不够等问题。因此,海域段合理的隧道最小埋深取值是隧道设计过程中的一个关键问题,在设计过程中,设计人员往往倾向于找到一个既能保证安全又最小的埋置深度(对应盾构机顶部的最小覆土厚度),并以此为基准开展设计工作。

国内在建及已建的水下盾构隧道最小覆盖层厚度统计情况见表3.2-5。

国内典型水下盾构隧道最小覆盖层厚度统计表　　　表3.2-5

项目名称	盾构管片外径	一般段最小覆土	水中控制点最小覆土
长沙南湖路湘江隧道	11.3m	8.2m(0.72D)	7.2m(0.63D)
南京纬七路长江隧道	14.5m	11.8m(0.81D)	8.4m(0.58D)
南京纬三路长江隧道	14.5m	5.0m(0.35D) 附加抗浮措施	9.5m(0.66D)
长沙湘雅路隧道	14.5m	15.5m(1.06D)	8.73m(0.6D)
衡阳合江套隧道	11.3m	10.4m(0.92D)	9.14m(0.8D)
深圳—江门铁路珠江口隧道	12.9m	8.1m(0.6D)	深埋隧道
佛莞城际狮子洋隧道	13.1m	4.6m(0.35D) 附加抗浮措施	深埋隧道
广州海珠湾隧道	14.5m	9.6m(0.66D)	11.7m(0.8D)

注:D 为盾构隧道外轮廓直径。

（1）有关规范对盾构隧道埋深的要求

国内外对盾构隧道覆盖层的最小厚度,没有统一的规定,目前关于盾构埋深要求的规范主要有:①日本规范中提出隧道顶部必要的覆土厚度一般为 $1D \sim 1.5D$（D 为隧道外轮廓直径,下同);②《地铁设计规范》(GB 50157—2013)中规定盾构法施工的区间隧道覆土厚度不宜小于1.0D(D为隧道外径);③《铁路隧道设计规范》(TB 10003—2016)中规定隧道覆土厚度不宜小于1.0D。

(2)盾构隧道最小覆土计算方法

盾构隧道最小覆土的确定主要考虑两方面因素:一方面是盾构机掘进过程中的安全,盾构机掘进过程要有足够大的泥水压力来平衡掘进面稳定,上覆土层要能保证在泥水压力作用下不发生破坏而造成冒顶事故;另一方面是满足施工期和运营期结构抗浮要求。

目前国内外关于最小覆土厚度的计算方法有多种,其中以抗浮为基础的计算方法原理清晰,应用简便,一般通过手算即可求解;而考虑掘进安全的最小覆土计算常采用有限元或离散元计算方法确定。

考虑浮力影响的最小覆土计算方法主要有以下三种:

①简化最小覆土计算方法。

该计算方法原理简单,即根据管片所受浮力与管片自重及上部覆土重量平衡来计算所需要的最小覆土厚度。其计算简图如图3.2-15、图3.2-16所示。

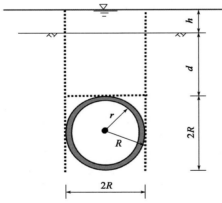

图3.2-15 隧道计算简图　　图3.2-16 管片受力示意图

单位长度管片自重为:
$$G = \pi \gamma_c (R^2 - r^2) \tag{3.2-1}$$

单位长度管片上部覆土有效重量为:
$$W = (\gamma_s - \gamma_w)[2R(d+R) - 0.5\pi R^2] \tag{3.2-2}$$

单位长度管片所受浮力为:
$$F_{浮} = \pi R^2 \gamma_g \tag{3.2-3}$$

上述式中:G——单位长度管片自重;
　　　　　R——管片外径;
　　　　　r——管片内径;
　　　　　γ_c——管片重度;
　　　　　γ_s——土体饱和重度;
　　　　　γ_w——水重度;
　　　　　γ_g——壁后注浆材料重度。

根据力平衡并考虑隧道抗浮安全系数,有:

$$K = \frac{W + G}{F_{浮}} \tag{3.2-4}$$

式中:K——抗浮安全系数,施工时 K 大于 1.05,运营时 K 大于 1.1。

可得隧道施工期最小埋深 d_1 为:

$$d_1 = \frac{\pi r^2 \gamma_c - \left(2 - \frac{\pi}{2}\right)R^2(\gamma_s - \gamma_w) - \pi R^2(\gamma_c - 1.05\gamma_g)}{2R(\gamma_s - \gamma_w)} \tag{3.2-5}$$

隧道运营期最小埋深 d_2 为:

$$d_2 = \frac{\pi r^2 \gamma_c - \left(2 - \frac{\pi}{2}\right)R^2(\gamma_s - \gamma_w) - \pi R^2(\gamma_c - 1.1\gamma_g)}{2R(\gamma_s - \gamma_w)} \tag{3.2-6}$$

②考虑土体摩阻力作用的最小覆土计算方法。

上述简化计算方案没有考虑土体在管片浮力作用下向上运动时其周围土体对它的约束作用,最小覆土厚度计算值偏大,对此,提出一种改进的考虑隧道上浮时周围土体对管片产生向下的摩阻力计算方法,其计算简图如图 3.2-17 所示。

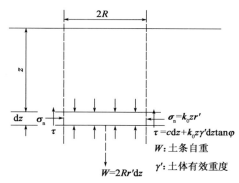

图 3.2-17 计算模型示意图

该方法假定滑动面为直线,取一定深度土条进行受力计算分析(土条宽度为 $2R$,R 含义同上),侧向摩阻力由侧向静止土压力提供,摩擦力计算中的法向应力为:

$$\sigma_h = \gamma' z K \tag{3.2-7}$$

根据受力平衡条件可得:

$$2R\sigma_v = 2R\gamma' dz + 2R(\sigma_v - d\sigma_v) + 2cdz + 2K\gamma' z dz \tan\varphi \tag{3.2-8}$$

边界条件为:$z = z_0$,$\sigma_v = P_0$,其中 P_0 为管片底部对土体作用力计算公式如下:

$$P_0 = \frac{F_{浮} - G - \left(2 - \frac{\pi}{2}\right)R^2\gamma'}{2R} \tag{3.2-9}$$

由上式可得任意深度土压力值:

$$\sigma_v = P_0 + \frac{R\gamma' + c}{R}(z - z_0) + \frac{K\gamma' \tan\varphi}{R}\left(\frac{z^2}{2} - \frac{z_0^2}{2}\right) \tag{3.2-10}$$

式中:c——土的黏聚力;

φ——土的内摩擦角；

K——侧土压力系数。

由土体在地表处边界条件：$z=0, \sigma_v=0$，可得隧道最小埋深：

$$d = \frac{\sqrt{(R\gamma'+c)^2 + 2R\gamma' P_0 K\tan\varphi} - (R\gamma'+c)}{K\gamma'\tan\varphi} \tag{3.2-11}$$

此方法计算出的覆土厚度比简化的计算值小，且随着盾构隧道直径增大，计算结果相差更大，但与实际工程更相符。

③考虑纵向连接螺栓预紧力及上覆土摩阻力效应的最小覆土计算方法。

该计算方法在考虑上覆土摩阻力效应的同时，还考虑了管片间纵向螺栓预紧力，由于螺栓的存在，螺栓的预紧力会在管片错动趋势下产生摩擦力，从而对抗浮产生一定影响。

考虑螺栓预紧力产生的摩擦力时，取

$$P_0 = \frac{F_{浮} - G - \left(2-\dfrac{\pi}{2}\right)R^2\gamma' - \dfrac{\sum_{i=1}^{n}\mu N_i}{B}}{2R} \tag{3.2-12}$$

式中：n——一环管片环间纵向螺栓的数量；

N_i——每个纵向螺栓施加的预紧力；

μ——管片环间的摩擦系数；

B——未凝结浆液作用管片环宽度。

因此得：

$$d = \frac{\sqrt{(R\gamma'+c)^2 + \gamma' K\tan\varphi\left[F_{浮} - G - \left(2-\dfrac{\pi}{2}\right)R^2\gamma' - \dfrac{\sum_{i=1}^{n}\mu N_i}{B}\right]} - (R\gamma'+c)}{K\gamma'\tan\varphi} \tag{3.2-13}$$

盾构隧道覆土厚度与盾构外径、地下水水位、同步注浆重度、掘进参数、土体重度、土体黏聚力和内摩擦角等因素有关，但理论计算方法需结合类似工程经验进行综合判断，进行最小覆土厚度计算时，需同时考虑盾构施工和结构抗浮要求，综合选择合适的覆土控制要求。

2) 一般软土地段盾构隧道最小埋深

海湾隧道在北岸及海域段主要穿越淤泥地层，地层自重小，盾构机在浅覆土掘进时极易发生软土劈裂现象，因此，最小埋深计算需综合考虑隧道抗浮及软土地层抗劈裂能力。

(1) 满足抗浮要求的最小埋深计算

盾构隧道满足抗浮要求的最小埋深一般在施工阶段（不考虑内部结构）和运营阶段（考虑内部结构荷载）分别进行计算。

①施工期隧道抗浮最小覆土厚度要求。

施工期隧道抗浮稳定主要有两种工况：一种是管片结构拼装完成，内部结构未安装，此时隧道自身重量较小，容易发生整体上浮；另一种是管片刚拼装完成，前面几环浆液未凝，由于未凝浆液的影响，脱出盾尾的管片会产生较大上浮力，从而引起隧道局部上浮，曾出现由于管片脱出盾尾后上浮量较大，导致管片不能拼装的工程事故。

在大多数的隧道抗浮计算中，都忽略了盾构隧道受到的覆土侧向摩阻力作用，使得覆土厚度计算值变得保守。而实际上，覆土侧向摩阻力对阻止隧道上覆有着一定贡献。

下面运用简化方法、考虑土体侧摩阻力和考虑螺栓预紧力及土体侧摩阻力三种方法分别对不同工况下的最小覆土厚度进行计算分析。选取管片外径14.5m，管片内径13.3m，重度26kN/m³，其余参数见表3.2-6、表3.2-7。其中，侧压力系数根据公式 $K = 1 - \sin\varphi$ 计算。

螺 栓 参 数   表3.2-6

未凝结管片环宽 B(m)	单个螺栓预紧力 N_t(kN)	螺栓数量 n(个)	摩擦系数 μ
20	30	58	0.5

不同工况地层材料参数表   表3.2-7

分析参数	上覆土体重度（kN/m³）	上覆土体内摩擦角 φ(°)	上覆土体黏聚力 c(kPa)	浆液重度（kN/m³）	侧压力系数
工况一	15.5	3.2	9.0	10.0（水）	0.92
	16.5				
	17.5				
	18.5				
	19.5				
	20.5				
工况二	15.5	5	9.0	10.0（水）	0.91
		10			0.83
		15			0.74
		20			0.66
		25			0.58
		30			0.5
		35			0.43
		40			0.36
工况三	15.5	3.2	4	10.0（水）	0.92
			6		
			8		
			10		
			12		
			14		
			16		
工况四	15.5	3.2	9.0	10.0（水）	0.92
				11.0（浆液）	
				12.0（浆液）	
				13.0（浆液）	
				14.0（浆液）	
				15.0（浆液）	
				16.0（浆液）	
				17.0（浆液）	
				18.0（浆液）	

采用三种计算方法计算各个工况参数并绘制图形,如图 3.2-18～图 3.2-21 所示。

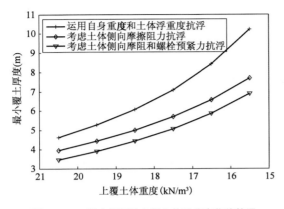

图 3.2-18 最小埋深随上覆土体重度变化趋势图

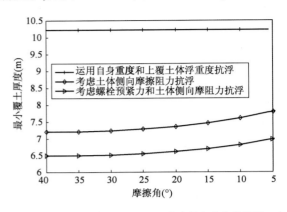

图 3.2-19 最小埋深随上覆土体摩擦角变化趋势图

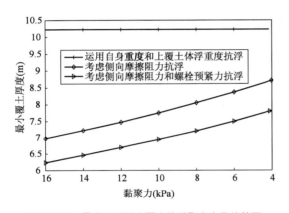

图 3.2-20 最小埋深随上覆土体黏聚力变化趋势图

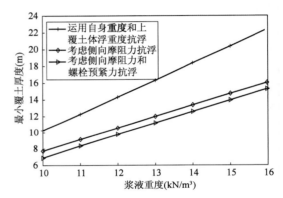

图 3.2-21 最小埋深随包围浆体变化趋势图

综合图 3.2-18～图 3.2-21 可得,考虑上覆土体的摩擦角和黏聚力的改进方法对隧道最小埋深计算结果影响显著,而在此基础上考虑螺栓预紧力后最小埋深又进一步减小。

从图 3.2-18 可以看出,随着上覆土体重度的增加,隧道最小埋深逐渐减小。而由图 3.2-19、图 3.2-20 看出,随着上覆土体摩擦角和黏聚力的增大,其最小埋深亦逐渐减小,但变化趋势相对较小。而重度较低的淤泥使得隧道抗浮稳定性降低很多,对于重度为 15.5kN/m³ 的淤泥,仅依靠隧道自身和土体的重度来维持平衡则需要 10.2m 的覆土厚度才能达到抗浮稳定要求。

从图 3.2-21 可以得出,随着隧道包裹浆液重度的增大,其最小覆土厚度迅速增大,可见其包裹浆体的重度对最小覆土厚度影响很大。施工过程中,由于未凝固包裹浆体的浮力作用,其需要的最小覆土厚度增加很多。在确定覆土厚度时,要重视并合理计算由于未凝固包裹浆体的浮力作用而增加的最小覆土厚度,以便为工程选线提供依据。

从上述分析可知,盾构施工期间最小覆土厚度除受上覆土体重度、摩擦角和黏聚力影响外,受未凝固包裹浆体的浮力作用影响也较大,故施工期盾构隧道抗浮需考虑包裹浆液的影响。

汕头海湾隧道工程盾构管片外径 14.5m，内径 13.3m，覆土为深厚淤泥地层，考虑淤泥层重度为 15.5kN/m³，采用最不利的第一种计算方法(考虑自身重度和上覆土体浮重度抗浮)，经核算，一般软土地段盾构施工期抗浮最小覆土厚度为 12m。

②运营期隧道抗浮最小覆土厚度要求。

隧道运营期主要分析内部结构铺装完毕情况。隧道设计寿命一般为 100 年，考虑到隧道长期运营安全，特别强调依靠隧道本身和土体自重的抗浮力学性能，并附加一定的安全系数，安全系数一般为 1.1。

为了保守估计隧道长期运营安全的抗浮能力，特建立如图 3.2-22 所示计算原理图。由于隧道处于淤泥地层情况较多，此时为隧道抗浮稳定性能最弱情况，隧道管片之间的纵向约束效应较弱，即使部分穿过岩层，增强了隧道的纵向刚度，但也宜作为安全储备。忽略隧道的纵向约束效应，该问题即转化为平面应变问题。图 3.2-22 中，G 表示每延米管片重量，g 表示每延米隧道内部结构重量，γ' 表示上覆土体的浮重度，h 表示上覆土体的厚度，R 表示隧道的外半径。则由极限平衡法得最小覆土厚度计算公式。

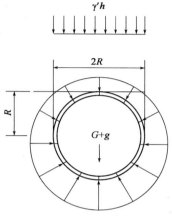

图 3.2-22　抗浮稳定计算原理图

汕头海湾隧道工程盾构管片外径 14.5m，内径 13.3m，管片重度取 25kN/m³，隧道内部结构重量为 365kN/m，上覆土体浮重度为 8kN/m³。

由图 3.2-22 得最小覆土厚度计算公式。

$$h = \frac{k_{运} \times \pi \cdot R^2 \cdot \gamma_w - G - g - \left(2 - \frac{\pi}{2}\right) \cdot R^2 \cdot \gamma'}{2 \cdot R\gamma'} \qquad (3.2\text{-}14)$$

式中：$k_{运}$——运营期间抗浮安全系数。

式(3.2-14)代入数据得：

$$\frac{1.1 \times \pi \times 7.25^2 \times 10.0 - \pi \times (7.25^2 - 6.65^2) \times 26.0 - 363 - \left(2 - \frac{\pi}{2}\right) \times 7.25^2 \times 8}{2 \times 7.25 \times 8} = 8(\text{m})$$

从以上分析得出：若考虑隧道结构内部重量，则运营期设定覆土厚度为 8m。

(2) 满足抗劈裂要求的最小埋深计算

隧道工程中地下水问题是强透水地层施工中普遍存在的重要问题，土体中的水压力对掘进面的稳定有着较大的影响，结合水压力考虑掘进面支护压力设定更符合工程实际。特别是由于海底地形的影响，隧道开挖上方的覆土厚度变化起伏，这使得掘进面支护压力更加难以设定。首先，必须有足够的压力来维持掘进面的稳定，使其不会出现坍塌，引发工程事故；其次，其维持掘进面稳定的支护压力设定不是越大越好，过大的支护压力将降低刀盘的切削效能，更重要的是，压力过大会导致强大的泥水压力使隧道上覆土层出现劈裂，从而形成涌水通道，海水倒灌，出现工程安全事故。

汕头海湾隧道工程处于淤泥和硬岩交接地带，淤泥本身的泥水抵抗特性较差，而带有硬岩边界的淤泥地层更加助长了发生劈裂的可能性。当然，泥水压力设定越小，淤泥地层发生劈裂的可能性越小。但是，泥水压力的设定不能无限制小，原因是泥水盾构掘进需要一定的压力维持掘进面的稳定，特别是对于淤泥土质来说其基本没有黏聚力和摩擦角，其侧向压力系数接近于1.0，最大土压力在盾构切口最下方，从而决定了盾构切口泥水压力必定大于维持稳定所需的压力，我们称之为冗余压力。于是，切口上方的淤泥覆土厚度能否抵抗冗余压力，防止泥水压力过大导致掘进面失稳或者引发泥水劈裂、江水倒灌，成为汕头海湾隧道设定纵断面的关键。

①不同覆土厚度下掘进面泥水支护压力分析。

运用有限差分方法，考虑流固耦合计算不同覆土厚度下维持掘进面稳定的最小泥水支护压力。参考以往工程和科研经验，选取覆土厚度为5~20m进行研究。各个工况的具体覆土厚度见表3.2-8，汕头海湾隧道上覆土层多为淤泥，选取计算分析对象为淤泥。考虑流固耦合，计算时材料参数采用有效值，淤泥的材料参数取自地质勘探，见表3.2-9。建立计算模型，如图3.2-23所示。

不同覆土厚度泥水支护压力计算工况　　　　　　　　　　　　　表3.2-8

计算工况序号	覆土厚度(m)	计算工况序号	覆土厚度(m)
1	20	9	12
2	19	10	11
3	18	11	10
4	17	12	9
5	16	13	8
6	15	14	7
7	14	15	6
8	13	16	5

淤泥地层模型材料参数　　　　　　　　　　　　　表3.2-9

材料	重度 γ (kN/m³)	内摩擦角有效值 φ (°)	黏聚力有效值 c (kPa)	弹性模量 E (MPa)	泊松比 μ
淤泥	15.5	20.8	14.0	6	0.45

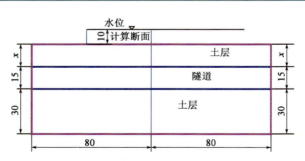

图3.2-23　开挖面稳定计算模型(尺寸单位:m)
x-覆土厚度

对于土压力计算，采用传统水土分算进行计算。

水土分算，是将地层中土骨架产生的压力和孔隙水产生的压力分别计算，然后再合在一起施加在结构上的一种计算方法。这种计算方法充分考虑水压力的影响，适用于砂土地层土压力的计算。其计算公式如下：

$$P_a = P_1 + P_2 = \gamma_w \times h + K_a \times (\gamma - \gamma_w) \times H - 2 \times c \times \sqrt{K_a} \qquad (3.2\text{-}15)$$

式中：P_a——盾构中心泥水支护压力的下限值（kPa）；

P_1——地下水压力（kPa）；

P_2——主动土压力（kPa）；

γ、γ_w——分别指土和水的重度（kN/m³）；

c——黏聚力（kPa）；

H、h——分别指河床到盾构中心的距离（m）和水面到盾构中心的高度（m）；

K_a——按有效应力强度指标计算的主动土压力系数。

当覆土厚度为 15m 时，计算断面处盾构中心土压力值为：

$$\begin{aligned}P_a &= P_1 + P_2 = \gamma_w \times h + K_a \times (\gamma - \gamma_w) \times H - 2 \times c \times \sqrt{K_a} \\ &= 9.8 \times 32.5 + \tan^2\left(45° - \frac{20.8°}{2}\right) \times (15.5 - 9.8) \times 22.5 - 2 \times 14.0 \times \tan\left(45° - \frac{20.8°}{2}\right) \\ &= 360.2(\text{kPa}) = 0.36(\text{MPa})\end{aligned}$$

而此时切口压力为：

$$P_0 = P_a - \gamma_f \cdot D/2 = 360.2 - 12.0 \times 15.0/2 = 0.27(\text{MPa})$$

为了更加精确地计算支护压力的数值，运用有限差分计算软件，选取计算断面左80m，右80m，计算长度为160m，建立数值模型。模型宽度为105m，隧道上覆土厚度取为15m，地下水位按照如图3.2-24选取，建立如图3.2-24所示模型。采用表3.2-5、表3.2-6所示参数，计算出地层初始应力和空隙水压力，如图3.2-25所示。

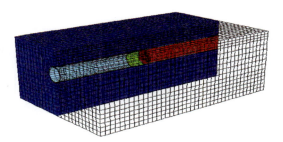

图 3.2-24　计算模型及网格划分示意图

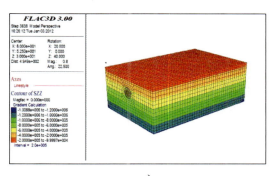
　　　　a)
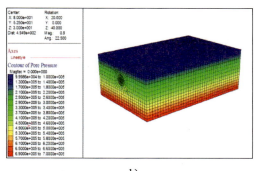
　　　　b)

图 3.2-25　计算模型地层初始竖向应力、孔隙水压力分布图（单位：Pa）

假设盾构开挖至模型长度的一半,当盾构切口支护压力为0.35MPa时,盾构掘进面前方地层沉降、掘进面挤出位移如图3.2-26、图3.2-27所示,盾构前方孔隙水压力及水头分布如图3.2-28、图3.2-29所示,围岩塑性区分布如图3.2-30所示。

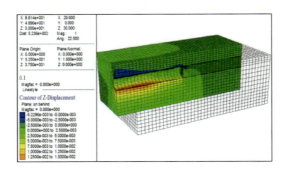

图3.2-26 开挖后地层沉降云图(单位:m)

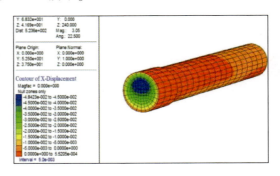

图3.2-27 开挖后掘进面挤出位移云图(单位:m)

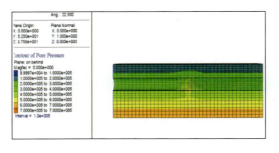

图3.2-28 开挖后切口前方超孔隙水压分布图(单位:Pa)

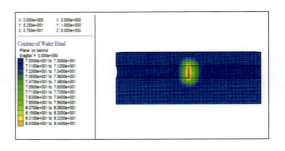

图3.2-29 开挖后切口前方水头分布(单位:m)

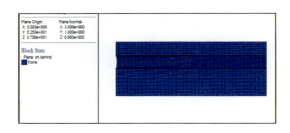

图3.2-30 开挖后塑性区分布

从图3.2-26、图3.2-27可以看出,当盾构切口支护力为0.35MPa时,切口处的垂直沉降维持在较低水平,约为5mm,而掘进面的最大水平位移约为45mm,这是由于淤泥的压缩模量较小,容易发生变形和坍塌。从图3.2-30的塑性区发展来看,没有出现塑性区,可以看出淤泥质土体可以容许较大的变形而不发生破坏,但是在掘进的过程中,盾构机前方不容许发生这么大的水平位移。因此认为支护压力为0.35MPa尚不能维持掘进面的稳定,必须加大泥水压力。

从图3.2-28、图3.2-29来看,由于泥水压力的存在,泥水仓前方产生了孔隙水压力。泥水仓的水头也比周围稍大,这说明泥水发挥了自身的支护作用。但是,对比图3.2-25的分析可以得出,泥水压力不足以维持掘进面的稳定,需加大泥水压力。

以此支护压力为基础,缓慢变化泥水压力,分析掘进面的水平位移和变形特性,得到如

图3.2-31所示支护力学特性曲线。

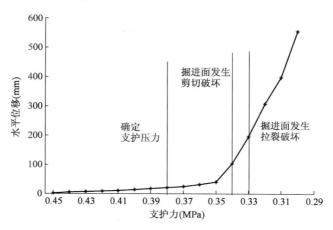

图3.2-31 开挖后掘进面支护力学特性曲线

从图3.2-31中可以看出,随着支护力的逐渐减少,掘进面的水平位移逐渐增加,当支护力小于0.35MPa时,掘进面的水平位移急剧增加,掘进面发生破坏,说明在点0.35MPa掘进面处于破坏的边缘,且水平位移较大,达到45mm,而当掘进面的支护压力为0.38MPa时,掘进面的水平位移小于20mm,处于可以接受的状态。而由主动土压力确定的支护压力较小,不宜作为设定值。因此,当覆土厚度为15m时,掘进面最小支护压力取为0.38MPa。

依次从20m到5m逐步改变覆土厚度,运用以上分析方法确定掘进面的支护压力,如图3.2-32所示。

②不同覆土厚度下淤泥质地层抵抗劈裂压力分析。

离散元由于其独特的算法和简单的本构关系(满足牛顿第二定律),得到国内外致力于前沿科学研究的学者的重视。经过多年的发展,离散元在研究土体的本构关系方向取得了长足的进展,如土体的剪切破坏力学特性、非饱和特性,岩石的断裂特性等。

由于实际土体颗粒较小,使得离散元计算需要高性能的计算机和足够的计算时间;而实际工程规模浩大,使得离散元无法直接模拟实际工程。

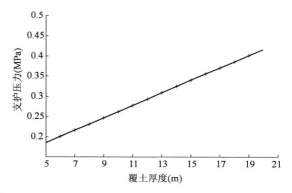

图3.2-32 不同覆土厚度与最小支护压力关系

通常采用相似比理论,运用几何相似和动力相似对实际工程项目缩小尺寸进行模拟,将所得结果再运用相似比理论映射得出原工程的力学特性和变形特征。在此采用离散元对盾构施工时不同覆土厚度下淤泥质地层抵抗劈裂压力进行分析。

选择相似比例为$n=100$,则依据相似原理,得到模型尺寸为实际尺寸的$1/n=0.01$,而重力加速度$g'=n \cdot g=100g$,应力σ、应变ε与原型相等。为使计算出的参数具有参考性,采用上节相同工况、相同覆土厚度按比例缩小建立数值模型,如图3.2-33所示。

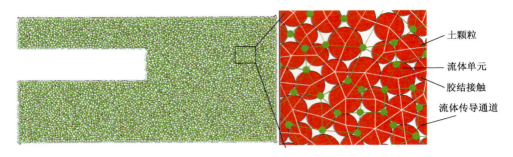

图 3.2-33 离散元与有限元耦合计算模型示意图

运用流固耦合理论进行计算,结果如图 3.2-34 所示。

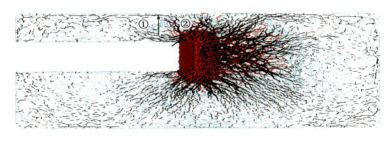

图 3.2-34 离散元与有限元耦合计算结果示意图

图 3.2-34 中,黑色线条代表压力,线越粗代表压力越大,而蓝色线条代表拉力,同样线越粗代表拉力越大。而红色的点划线代表着裂纹的产生,也即泥水到达、发生劈裂的地方。在图 3.2-34 中可以看到试样的压力方向总是平行于泥水扩散方向,而拉力一般垂直于泥水扩散方向。在图 3.2-34 中,劈裂主要沿着①、②两个方向开展,且①方向由于路径短而首先发生劈裂。在其他方向,裂纹也有扩展,这主要是因为土质为淤泥,其应力状态基本上为各向同性,所以裂纹向四周均有扩展,而劈裂的发生不仅与应力状态有关,而且受边界影响,①、②两个方向为劈裂的主方向。①方向主要是受边界影响,劈裂路径短,②方向受泥水压力方向的影响同时也受边界影响而称为第二劈裂主方向。该试样的切口劈裂压力为 0.41MPa,由相似原理可知,模型应力与原型应力一致,所以,当覆土为 15m 时,地层抵抗劈裂的压力为 0.41MPa。

依次从 20m 到 5m 改变覆土厚度,进行数值试验,得到不同覆土厚度下淤泥质地层的抗劈裂压力值,如图 3.2-35 所示。

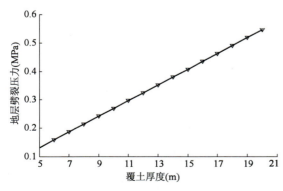

图 3.2-35 不同覆土厚度下淤泥质地层抵抗劈裂压力值

如图 3.2-35 所示,随着覆土厚度的增加,地层抵抗泥水劈裂的能力越强;而如图 3.2-32 所示,随着覆土厚度的增加,掘进面的支护压力越大。因此随着覆土厚度的增加,地层抵抗泥水劈裂压力的速率能否大于最小支护压力增加的速率将成为工程是否可行的重要标志。

为了便于比较随着覆土厚度的变化掘进面最小支护压力与地层抵抗劈裂压力的关系,将地层抵抗泥水劈裂压力与最小支护压力及它们之间的差值一并绘于图 3.2-36 中。

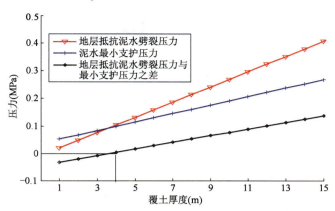

图 3.2-36　不同覆土厚度下淤泥地层稳定特性

从图 3.2-36 中,可以看出,当覆土厚度小于 4m,泥水压力将无从设定,对于汕头海湾隧道淤泥地层,考虑到泥水设定精度,汕头海湾隧道一般地段淤泥地层覆土厚度宜设为 7m。

综合考虑盾构抗浮要求及淤泥质地层泥水劈裂影响,汕头海湾隧道盾构一般地段软土地层施工阶段最小覆土厚度按 12m 控制,运营阶段按 8m 控制。

3) 特殊段(主航道)盾构隧道最小埋深

主航道段盾构隧道最小埋深取值,除需满足结构自身抗浮要求外,还需根据通航要求综合确定。由于水下隧道的地质条件、水文条件的复杂性以及施工的风险性,水域段抗浮最小埋深一般选用偏保守计算方法,而通航要求需根据航道远期规划底高程、应急抛锚深度、施工误差、河道冲刷深度等因素综合确定。

(1) 通航要求最小覆土

依据《广东省沿海航道通航标准》(DB44/T 1355—2014),穿越航道建筑物顶部的埋深应按以下方法确定:当穿越的航道为人工开挖时,其埋深应包括航道设计水深、疏浚施工的允许误差和船舶应急抛锚时锚体的入土深度,如图 3.2-37 所示。在海域和潮汐明显的水域,埋深的起算面为当地理论最低潮面。在不受潮汐影响或潮汐影响不明显的水域,埋深的起算面为设计最低通航水位。

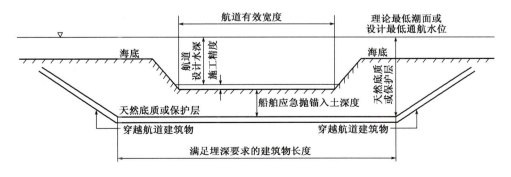

图 3.2-37　穿越航道建筑物埋深深度与埋深长度示意图

当穿越航道建筑物所在水域的自然水深大于航道设计水深时,其埋深应包括设计最低通航水位或当地理论最低潮面下的水深和船舶应急抛锚时锚体的入土深度。

船舶应急抛锚时锚体的入土深度取决于锚的重量、类型、水深和抛锚海域的底质(自然底质或保护层类型),应进行试验研究确定。

在海床(河床)不稳定的水域,尚应考虑航道可能冲刷的最大深度。

①航道远期规划与通航标准。

依据《广东省沿海航道通航标准》(DB44/T 1355—2014)第5.1.6条,在兴建永久性跨越、穿越航道的建筑物时,其通航标准应按航道远期规划和预测规模进行控制。

汕头海湾隧道穿越汕头港主航道,对于穿越段的航道远期规划汕头市港口管理局以《汕头市港口管理局关于提供汕头港主航道相关资料的函》(汕港管函〔2014〕30号)进行了批复。根据汕头市港口管理局文件,汕头海湾隧道穿越的航道段目前按乘潮通航5000吨级设计,航道宽度120m,底高程为-8.0m(当地理论基准面,下同)。规划按通航30000吨级设计,航道底宽150m,航道底高程为-11m。

因此,汕头海湾隧道穿越汕头港主航道航段,其隧道埋深按航道远期规划底宽150m,航道底高程为-11m(当地理论基准面起算,相当于85高程起算的-11.884m)、通航30000吨级船舶的标准进行论证。

②应急抛锚深度。

依据《广东省沿海航道通航标准》(DB44/T 1355—2014)的规定,应急抛锚时锚体入土深度应进行试验研究确定。但由于目前航道实际情况是5000吨级船舶满载乘潮通航航道,而30000吨级船舶不能驶入进行实船试验。汕头海湾隧道建议的船舶应急抛锚锚体入土深度取4m,其主要依据如下:

a.根据交通运输部规划研究院、广东省航道局2009年7月编写的《广东省沿海航道通航标准(试行)》及条文说明(专家咨询稿)第7.3条规定:"船舶应急抛锚时的入土深度可采用2~4m。不同吨级船舶的锚重量及尺度不尽相同,万吨级及以下船舶取用2m,其他船舶取用4m"。"船舶应急抛锚时的锚体的入土深度系根据对海港引航员调研结果和各种船舶的锚重、尺度提出的"。

汕头港规划此航段预留最大通航能力为3万吨级,因此船舶应急抛锚入土深度可采用4m。

b.挪威船级社数据中的船舶吨级与锚的质量关系如图3.2-38所示。

依据图3.2-39内插得到,3万吨级船配备的锚的质量为5~6t。图3.2-39为国外研究机构根据不同地质、不同锚重的船舶抛时入土深度示意图。

依据图3.2-39内插,5~6t重的锚抛锚时锚体入土的深度小于4m,也即3万吨级的船舶抛锚时,锚的入土深度小于4m。

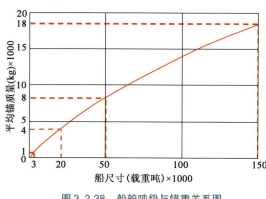

图3.2-38 船舶吨级与锚重关系图

综上所述,汕头海湾隧道穿越的汕头港主

航道航段,通航标准规划为 3 万吨级船,以 4m 作为船舶应急抛锚时锚体的入土深度,能满足通航安全要求。

③疏浚施工允许误差。

根据《水运工程质量检验标准》(JTS 257—2008)第 3.1.0.4 条,基建性疏浚工程施工的最大超宽、最大超深不宜超过相应挖泥船施工平均超深、超宽控制值的 2 倍,各类挖泥船施工的平均超深、超宽控制值不应超过表 3.2-10 的规定。当最大超深设计有要求时应满足设计要求。

平均超深取最大值 0.6m,则按表 3.2-10 的规定,疏浚工程施工的最大超深为:

$$2 \times 0.6 = 1.20 (m)$$

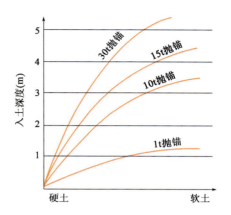

图 3.2-39　锚重与抛锚入土深度、地质关系示意图

各类挖泥船施工质量控制标准　　　　表 3.2-10

船　　型	耙吸 (舱容,m³)		绞吸 (总装机功率,kW)		链斗 (半容,m³)		抓斗 (半容,m³)			铲斗 (半容,m³)	
	≥4000	<4000	≥5000	<5000	≥0.5	<0.5	>8	4~8	≤4	≥4	<4
平均超深(m)	0.55	0.50	0.40	0.30	0.35	0.30	0.60	0.50	0.40	0.40	0.30
平均超宽(m)	6.5	5.0	4.0	3.0	4.0	3.0	4.0	4.0	3.0	3.0	2.0

因此,从保障通航安全的角度出发,汕头海湾隧道疏浚施工的允许误差取 1.20m。

④航道可能冲刷的最大深度。

广东省水利水电科学研究院、广东省水动力学应用研究重点实验室、河口水利技术国家地方联合实验室三个单位于 2014 年 7 月联合编制了《汕头海湾隧道工程河床演变分析及冲刷研究报告》。报告编制单位针对汕头海湾隧道河床进行了 50 年一遇、100 年一遇、300 年一遇的洪水极限冲刷数学模型计算和模型试验,主要结论如下:

a. 极限冲刷的数学模型计算结果表明,100 年一遇洪水下,现状河床下工程断面的最大极限冲深为 4.014m,冲刷最深处底高程为 -11.613m,冲刷最深处距北岸约 800m;航道疏浚后最大极限冲深为 3.363m,冲刷最深处底高程为 -14.516m,冲刷最深处距北岸约 860m,疏浚后河床极限冲深减小了 0.651m。300 年一遇洪水下,现状河床下工程断面的最大极限冲深为 6.145m,冲刷最深处底高程为 -13.768m,航道疏浚后最大极限冲深为 5.481m,冲刷最深处底高程为 -16.324m。

b. 根据物理模型试验研究,航道疏浚后,在 100 年一遇洪水条件下,通道线位河床冲刷最大深度为 4.36m,对应河床高程为 -11.60m,该点距离北岸 698.48m;通道线位河床最低高程为 -14.63m,对应冲刷深度为 2.75m,该点距北岸 896.26m。300 年一遇洪水条件下,通道线位河床冲刷最大深度为 6.74m,对应河床高程为 -12.55m,该点距离北岸 646.87m;通道线位河床最低高程为 -16.08m,对应冲刷深度为 4.20m,该点距离北岸 929.63m。

汕头海湾隧道使用期为 100 年,因此,应按 100 年一遇的洪水条件下的极限冲刷结果来核算汕头海湾隧道穿越航道段的埋深。

由上可知：

a. 根据数模计算结果,航道疏浚后,在100年一遇洪水条件下,工程处航道冲刷最深可至底高程-14.516m。

b. 根据物模试验结果,航道疏浚后,在100年一遇洪水条件下,工程处航道冲刷最深底高程为-14.63m,对应冲刷深度为2.75m。

对比以上数模、物模结果,则在100年洪水的条件下,航道范围内有可能冲刷的最大深度为2.75m。

据表3.2-11可知,在100年一遇的洪水作用下,距北岸距离797m、863m、930m、996m四个位置点的极限冲刷深度最大为2.763m,从通航安全的角度出发,建议航道可能冲刷的最大深度取2.80m。

极限冲刷结果　　　　　　表3.2-11

距北岸距离(m)	高程(m,85高程)				冲刷深度(m)		
	疏浚后地形	疏浚后2%洪水冲刷后	疏浚后1%洪水冲刷后	疏浚后0.33%洪水冲刷后	2%洪水	1%洪水	0.33%洪水
0	0.331	0.331	0.331	0.331	0.000	0.000	0.000
66	-0.487	-0.492	-0.498	-0.583	0.004	0.011	0.096
133	-1.495	-1.498	-1.503	-1.597	0.002	0.008	0.102
199	-3.224	-3.275	-3.317	-3.559	0.051	0.093	0.336
266	-5.375	-5.762	-5.974	-6.562	0.387	0.599	1.188
332	-6.076	-6.593	-6.885	-7.642	0.517	0.809	1.566
398	-6.562	-6.988	-7.259	-8.017	0.425	0.697	1.455
465	-7.066	-7.778	-8.203	-9.241	0.711	1.137	2.175
531	-7.257	-8.210	-8.771	-10.060	0.953	1.515	2.803
598	-7.393	-8.703	-9.422	-10.970	1.309	2.028	3.577
664	-7.570	-9.679	-10.719	-12.722	2.109	3.148	5.152
731	-8.109	-10.346	-11.473	-13.590	2.236	3.363	5.481
797	-10.008	-11.785	-12.770	-14.745	1.777	2.763	4.737
863	-11.840	-13.616	-14.516	-16.324	1.776	2.676	4.484
930	-11.840	-13.389	-14.222	-15.968	1.549	2.382	4.128
996	-10.869	-11.869	-12.439	-13.859	1.000	1.569	2.990
1063	-8.333	-9.360	-9.940	-11.389	1.026	1.607	3.056
1129	-6.333	-7.167	-7.627	-8.870	0.834	1.293	2.537
1195	-4.585	-4.744	-4.846	-5.383	0.159	0.261	0.798

⑤隧道满足埋深长度要求。

依据《广东省沿海航道通航标准》(DB44/T 1355—2014)第8.3条,穿越沿海航道建筑物满足上述埋深要求的长度应按以下方法确定：

a. 在海床或河床稳定、航道轴线基本不变的水域，其长度应不小于航道有效宽度的3~4倍，或不小于自然河宽。

b. 在海床或河床欠稳定、航道轴线摆动频繁的水域，其长度应通过模型试验研究确定，并应覆盖航道轴线可能变化的范围。

c. 在通航水域宽阔、水深充裕的水域，其长度应覆盖全部通航水域的范围。

工程处河床相对稳定，因此，可按上述第a条规定的不小于航道有效宽度的3~4倍来确定满足埋深的长度。汕头海湾隧道满足埋深深度要求的隧道长度为：

$150 \times (3 \sim 4) = 450 \sim 600 (m)$

汕头海湾隧道满足埋深要求长度450~600m的隧道应是在航道轴线的法线方向上的长度。而汕头海湾隧道穿越段的航道，汕头市港口管理局在《汕头市港口管理局关于提供汕头港主航道相关资料的函》（汕港管函〔2014〕30号）中，明确给出了航道轴线规划控制点坐标，见表3.2-12。

隧道穿越段航道的轴线规划控制点坐标　　　　表3.2-12

航道中心线控制点	BJ54坐标		大地坐标	
	X	Y	B(北纬)	L(东经)
航道中心B	2583352.417	469295.929	23.20592	116.4159
航道中心C	2582612.328	472501.607	23.203535	116.4352

表3.2-9中B、C两点连线的航道轴线的走向为103°/283°；汕头海湾隧道的走向方位角为041°44′12.45″/221°44′12.45″。因此，隧道的走向与主航道轴线的交角为61°15′47.55″($\approx$ 61.3°)。

根据隧道与航道相交的情况，满足埋深要求的长度为：

$(450 \sim 600) \div \sin 61.3° = 513.11 \sim 684.15 (m)$

考虑隧道与规划航道斜交，隧道满足埋深要求的长度设计取708.54m。因此，汕头海湾隧道满足隧道埋深要求的长度符合要求。

⑥满足通航要求的隧道最小埋深。

综上，隧道顶部至主航道规划航道底最小覆土厚度（埋深）为：

$4 + 1.2 + 2.8 = 8.0 (m)$

(2) 抗浮要求的最小覆土厚度

主航道处盾构上覆土层同样大部为淤泥层，因此主航道位置抗浮计算与一般地段（软土地层）最小覆土计算一致，施工期隧道满足抗浮要求的最小覆土厚度为现状河床底部以下11.6m；运营期设定覆土厚度为规划主航道底部以下8m。

(3) 极端条件下盾构隧道抗浮措施

汕头海湾隧道地质勘察资料揭示，在主航道下方，存在较高的硬岩凸起，如图3.2-40所示，上软下硬地层掘进风险高，综合考虑规划航道高程、航道疏浚、海床冲刷等因素，为减小盾构隧道洞身入岩深度，设计时将隧道上抬，隧道顶部至主航道覆土按不小于8m控制。

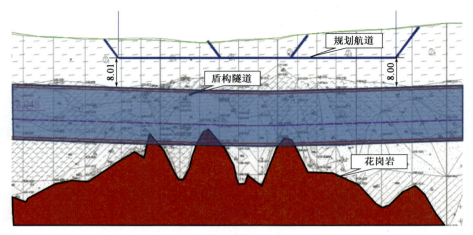

图 3.2-40 主航道处隧道地质纵断面图(尺寸单位:m)

但在百年一遇极限 2.8m 冲刷深度下,隧道顶埋深仅 5.2m,盾构隧道将不满足抗浮要求,对此,提出在隧道内设置特殊抗浮措施——回填层铺设铅块加以抗浮,如图 3.2-41 所示。

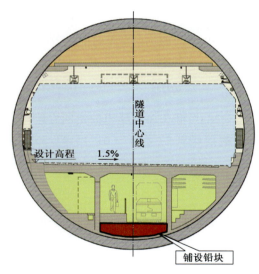

图 3.2-41 主航道铺设铅块抗浮示意图

汕头海湾隧道工程盾构管片外径 14.5m,内径 13.3m,管片重度取 $26kN/m^3$,隧道内部结构重量 363kN/m,上覆土体重度 $15.5kN/m^3$,极限最小覆土厚度 5.2m。

则由式(3.2-16)计算可得,每延米预压 $2.5m^3$ 铅块可满足抗浮要求。

$$V_{铅块} = \frac{k_w \times F_f - G_d - G'_d - G'_s - h\gamma}{\gamma_{铅块}}$$

(3.2-16)

式中:k_w——抗浮系数,取为 1.1;
F_f——隧道浮力(kN);
G_d——隧道结构重量(kN),$G_d = 25 \times \pi(r^2 - r_1^2)$;
G'_d——隧道内部结构荷载(车道板及回填层均施工完成),取 363kN/m;
G'_s——隧道顶部角区的土体重量(kN);
$\gamma_{铅块}$——预压配重重度(kN/m^3);
h——隧道顶部覆土厚度(m)。

式(3.2-16)代入数据得:

$$\frac{[1.1 \times 10 \times 3.14 \times 7.25^2 - 25 \times 3.14 \times (7.25^2 - 6.65^2) - 363 - 15.5 \times (14.5 \times 7.25 - 3.14 \times 7.25^2/2) - 15.5 \times 5.2]}{113}$$

$= 2.5(m^3)$

3.2.4 隧道平纵横设计

1)隧道平面设计

海湾隧道平面设计首先应符合城市总体规划要求,充分考虑施工工艺、机械设备、结构类型、使用条件、航道、地质、水文等因素,减少对汕头湾环境造成的不利影响,做到设计方案合理可行,尽量避让周边已有建(构)筑物及沿线障碍物,如住宅区、码头、公园等,力求线形顺畅,为运营创造舒适的行车条件。

在拟定 B 线作为推荐路线后,对海中基岩、孤石段分布范围等控制因素做了详细调查分析,基于此,提出了 B1 及 B2 线方案。

(1)主要控制因素

①汕头国际集装箱码头。

汕头国际集装箱码头有限公司明确码头地下空间属于其享有权益的空间范围,隧道不应与其产生冲突,协调难度大,路线比选中应尽量平面避让。

②海中基岩、孤石。

海域段选线控制因素主要是基岩、孤石及地下构筑物位置及范围等。通过物理勘探、钻探等多种手段,发现 B1 线南岸、主航道处基岩凸起,且南岸孤石多。

(2)隧道平面方案

①B1 线方案。

起点位于北岸天山南路与金砂路平面交叉口,路线自北向南沿天山南路布设,下穿长平路路口后利用天山南路与龙湖沟之间的绿化用地布线,下穿中山东路,在汕头国际集装箱码头西南角龙湖沟入海口处进入海域,以 $R=5000m$ 与 $R=3000m$ 的反向曲线穿越汕头湾海域,在南岸汕头跳水馆西侧约 200m 处上岸,经礐石风景区和南滨规划片区之间的预留空地至研究终点,与规划的安海路相接。路线全长 6.8km,该轴线穿越海域宽度约 3.5km,如图 3.2-42 所示。

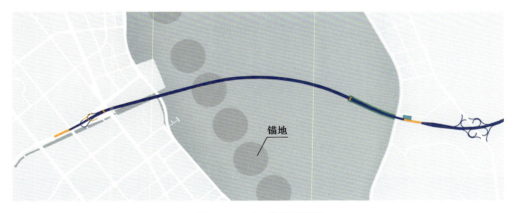

图 3.2-42　B1 线总平面图

②B2 线方案。

B1 线下穿汕头国际集装箱码头,协调难度大,同时,结合 B1 线基岩东高西低的分布规律,提出 B2 线方案。

北岸下穿码头段路线西移以避开码头,穿龙湖沟后以 $R=1500m$ 转入华侨公园,于华侨公园东南角处进入海域,以直线形式穿越汕头湾海域,避开港区,南岸顺接规划路。路线全长 6.68km,该轴线穿越海域宽度约 3.35km,如图 3.2-43、图 3.2-44 所示。

③综合比选。

各线综合比较见表 3.2-13。

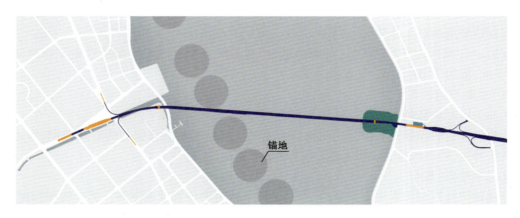

图 3.2-43　B2 线总平面图

图 3.2-44　B2 线北岸局部调整图

综合比较表　　　　　　　　　　　　　　　　　　　　　　表 3.2-13

项　目	B1 线	B2 线
路线长度(m)	6800	6680
线形	共 5 段平曲线,海中段为曲线	共 3 段平曲线,海中段为直线
对汕头国际集装箱码头的影响	下穿码头 2 层办公楼(带有桩基),需拆迁;下穿码头最大距离约 80m;下穿珠池港区	主线避开码头岸上段、珠池港区
对龙湖沟电排站的影响	避开电排站,无影响	下穿电排站,电排站需迁改
对中山路桥影响	避开中山路桥,无影响	中山路桥需改造
对华侨公园影响	无影响	盾构井位于华侨公园时,施工期间有影响
拆迁情况	码头 2 层办公楼(有桩基),需拆迁	无房屋拆迁,但电排站需迁改

续上表

项　目	B1 线	B2 线
匝道布设情况	地下回头曲线,行车舒适度及安全性较差,交通功能较差	匝道布设灵活,交通功能好
地质情况	相对较差	相对较好
相关单位意见	汕头国际集装箱码头有限公司:地下空间应属于其享有权益的空间范围,隧道不应与其产生冲突。协调难度大	汕头市市政设施管理处:在确保龙湖沟防汛安全下,电排站可以重建

B1 线下穿汕头国际集装箱码头区域,需拆迁其二层办公楼(带有桩基);下穿码头最大距离约 80m。且汕头国际集装箱码头协调难度大。因此,此线不予推荐。

B2 线主线避开汕头国际集装箱码头,中山东路立交布设灵活,交通功能性好;海中段为直线,长度减少约 120m,且避开珠池港区,地质条件更好。

通过物探、钻探等多种手段,B1 线南边 700m 范围内基岩、孤石侵入隧道范围内,B2 线仅有 400m 范围内基岩、孤石侵入隧道范围内,可以通过岸边临时围堰 + 明挖法施工减少盾构掘进的施工风险;B1 线主航道 436m 范围内基岩侵入隧道范围内,B2 线仅有 162m 范围内基岩侵入隧道范围内,且侵入隧道内高度 B2 线方案小于 B1 线方案。

通过综合比选,B2 线方案在施工难易程度、施工风险、工期、造价等方面均优于 B1 线方案。因此,推荐采用 B2 线方案。

2)隧道纵断面设计

(1)主要控制因素

纵断面设计的主要控制因素有:两岸接线道路的衔接、管线布置、龙湖沟底设计深度、海床最大冲刷深度、隧道最大纵坡的取用值及地质条件等。

(2)南岸盾构井位置的选择

纵断面设计时,针对南岸盾构井的位置进行了比选。

假设盾构井位于南滨路南侧,受盾构井埋深要求,隧道洞门距离南滨路约 420m,距离南滨南路约 615m。收费站需设置在洞门至南滨南路间,由隧道洞门爬至地面长度至少需 250m,南滨南路立交匝道的设置至少需要 250m,因此,地面空间仅剩余 115m,收费站(长度需 300m)无法设置于地面,仅能设置半地下式,同时隧道主线只能暗埋下穿南滨南路,在南滨南路设置地下立交。

此外,根据勘察资料可知,沿线地质情况复杂,南岸岸边淤泥层下存在一段较长的凸起硬岩,且存在大量的孤石,直接采用盾构机从岸上始发难度大、风险高。

国内盾构隧道对于下伏基岩一般采用明挖法预处理方案;对于孤石,没有太好的处理办法,要么直接掘进,要么改盾构方案为明挖方案。

经过认真研究,决定在南岸海中设置 400m 长的围堰,如图 3.2-45 所示,把盾构井设置于围堰上,采用明挖法处理基岩、孤石,不仅解决了盾构机的难题,而且南岸路线可以提前爬出地面,收费站及南滨南路立交的设置问题也一并解决了。

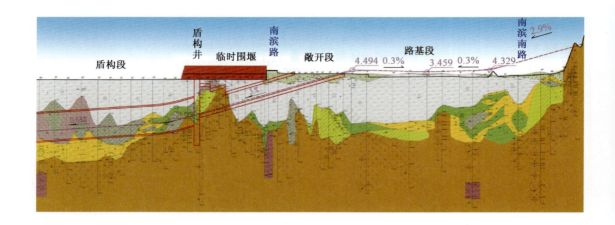

图 3.2-45 盾构井设置于临时围堰上纵断面图

(3)纵断面设计

经过前述论证,隧道全线纵断面设计控制标准如下:

盾构始发井设于南岸围堰内,北岸接收井设于华侨公园东南角,南岸基岩凸起及孤石段采用明挖法。淤泥地层盾构掘进阶段覆土不小于12m,盾构始发到达段,覆土不小于8m。运营阶段,一般软土地段永久覆土不小于8m;在主航道下方,隧道顶部至主航道覆土按不小于8m控制,局部地段采用隧底回填压重措施。隧道最大纵坡采用3.0%,最小纵坡采用0.3%,中间海域盾构段依据海床高程并结合主航道疏浚情况采用V形纵坡形式,北岸结合匝道设置情况采用W形纵坡形式,隧道纵断面如图3.2-46所示。

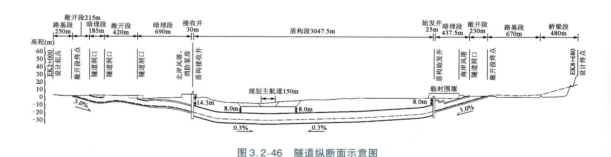

图 3.2-46 隧道纵断面示意图

3)隧道横断面设计

(1)盾构段横断面

拟定盾构段横断面首先应满足交通功能、运营管理设施、安全设施所需要的空间要求,在此基础上,考虑隧道施工误差、结构变形、设计管片拟合误差及隧道后期不均匀沉降等因素所需的富余空间。隧道建筑限界净高5.0m,净宽12.25m。满足建筑限界、施工误差、设备安装限界要求的盾构隧道内径为13.3m,外径为14.5m,如图3.2-47所示。

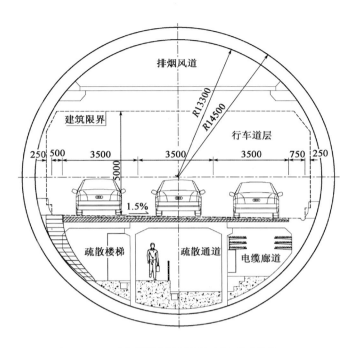

图 3.2-47 盾构段隧道横断面示意图(尺寸单位:mm)

(2)暗埋段横断面

横断面布置为 2×(0.2m 装修及施工误差+0.25m 余宽+0.5m 左侧向宽度+3×3.5m 行车道宽度+0.75m 右侧向宽度+0.25m 余宽+0.2m 装修及施工误差+0.6m 中隔墙)+1.5m 中间廊道,如图 3.2-48 所示。

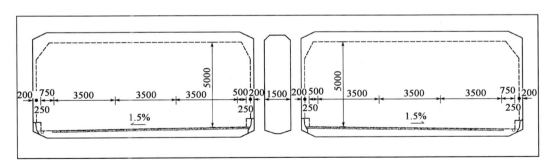

图 3.2-48 明挖暗埋段隧道横断面示意图(尺寸单位:mm)

(3)敞开段横断面

横断面布置为 2×(0.25m 余宽+0.5m 左侧向宽度+3×3.5m 行车道宽度+0.75m 右侧向宽度+0.25m 余宽+0.2m 装修及施工误差)+3.6m 中间带,如图 3.2-49 所示。

4)建设规模

海湾隧道建设规模统计见表 3.2-14。

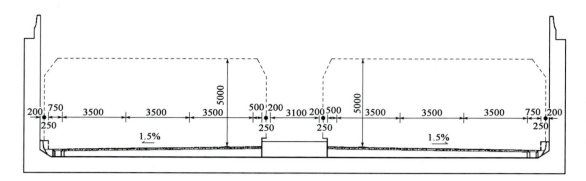

图 3.2-49 明挖敞开段隧道横断面图(尺寸单位:mm)

建设规模统计表(单位:m)　　　　　　　　　　　　　表 3.2-14

项目	路基段	敞开段	暗埋段	盾构段	盾构井	桥梁段
东线(EK)	920	885	1312.5	3047.5	30+25	480
西线(WK)	924.3	884.77	1310.42	3045.75	30+25	479.76
隧道总长	—	\multicolumn{4}{c}{5300(EK)、5295.94(WK)}	—
路线总长	\multicolumn{6}{c}{6700}

3.2.5 隧道工作井及风塔设计方案

1)北岸工作井及风塔设计

北岸工作井平面外包尺寸为 50m×30m。在施工阶段,北岸工作井作为盾构的接收井满足盾构接收功能要求;在运营阶段,还分层设置了车道层、设备用房层、烟道转换层等,以满足运营的需要。北岸工作井设计特点主要体现在以下两个方面:

(1)使用功能

北岸工作井为地下四层,地面一层建筑物。地下四层为行车道路面下层,布置了废水泵房、电缆井道及疏散楼梯间;地下三层为行车道层,布置了疏散楼梯间、车辆横向通道;地下二层为主要设备用房层,布置了环控机房、风道、10kV 高压室、0.4kV 低压室、控制室、消防楼梯、消防水池、消防泵房、电缆间;地下一层为主要设备用房层,布置了环控机房、风道、电缆间,消防楼梯间等。送风井、排风井通至地面风塔;消防楼梯间直接出地面进行人员疏散。地下各层都预留了足够的空间设置排风井、排烟井及电缆井。如此设计,则不仅能完全满足竖井的通风功能,同时还满足了紧急疏散要求。

(2)景观功能

北岸工作井地上建筑主要是风塔。

北岸风塔设置在华侨公园内,高 53m,紧邻苏埃湾区,周边环境优美。本方案风塔造型设计在满足废气排放的前提下,结合周围环境对造型进行了艺术处理,让风塔巧妙地融合到周边环境中,成为城市的标志景点。风塔像一座灯塔,熠熠发光于苏埃湾区,如图 3.2-50 所示。

图 3.2-50　北岸风塔图

2) 南岸工作井及风塔设计

(1) 南岸工作井

南岸工作井东西线合并设置一处，顶板埋深约 10m，盾构井外包尺寸为 50m（长）×25m（宽），施工时作为盾构始发井。整个工作井运营阶段分为两层，地下二层为行车道路面下层，布置了废水泵房、电缆井道、疏散楼梯间及消防救援车道；地下一层为行车道层，布置了疏散楼梯间及车辆横向通道。盾构井与明挖暗埋段之间设置了消防救援车道，消防救援车道可从行车面层下到行车板下方安全通道。

(2) 南岸风塔方案比选

南岸风塔（图 3.2-51）地处中信滨海新城的核心区，高 42m，当地政府高度关注风塔的景观设计。结合工程建设方案，设计提出了 4 个不同的风塔场址方案（表 3.2-15），最终推荐设计方案二。

图 3.2-51　南岸风塔现场照片

南岸风塔方案比较表　　　　表 3.2-15

方案	设置位置	功能	优缺点	效果图
方案一	设置在南滨路南侧岸上，与控制中心合建，与南岸隧道敞口段基本齐平	与控制中心合建	对景观影响不大，结合周边建筑物处理	
方案二	风塔设置在南滨路北侧紧邻海岸线，距离南岸隧道敞口段约 130m	南滨路北侧	结合海岸线，考虑与观海平台合建，地下风道较短	

127

续上表

方案	设置位置	功能	优缺点	效果图
方案三	风塔设置在南滨路南侧,距离南岸隧道敞口段约60m	南滨路南侧	对景观及海洋环境影响不大,但地下风道较长	
方案四	风塔设置在南滨路北侧,距离海岸线约150m;距离南岸隧道敞口段约280m	海域内	结合海岸线,考虑与观海平台合建	

该风塔最终设置在南滨路北侧海堤上,风塔高42m,近邻苏埃湾区,周边环境优美。风塔临海侧设置观景平台,作为城市休闲场所。

3.2.6 互通式立交方案比选

根据交通路网现状及规划,充分考虑交通疏解需求,汕头海湾隧道共设置两处互通式立交,见表3.2-16。

互通式立交布置一览表　　表3.2-16

立交名称	交叉桩号	立交间距	立交形式	被交道路
中山东路互通式立交	K3+117.799	—	多级分流式立交	中山东路
南滨南路互通式立交	K8+495.535	5.37km	半苜蓿叶式	南滨南路

注:表中的交叉桩号是指主线与被交路相交的位置所对应的主线桩号。

1)设计原则

互通式立交设计应综合考虑路网情况、交叉道路、交通量、交通组成、收费制式、地形、地物、地质、环境条件、是否预留等各种因素,设计原则如下:

(1)合理确定各互通式立交的转向交通流及立交形式,满足各交通流转向的交通功能需求,统一考虑区间的交通组织与转换。

(2)立交布线与现场地形、地物相协调,少占土地、少拆迁民房及电力、电信等设施。

(3)立交几何布线力求简单,尽量避免匝道间的过多缠绕,交通流向清晰,力求造型美观、大方。

(4)根据远景年预测交通量、被交道路等级确定合理的互通式立交类型、匝道设计速度、匝道车道数等相关参数。

(5)在满足交通功能需求的前提下,尽量采用工程造价低、实施难度小、利于可持续发展的方案。

2）中山东路互通式立交

（1）控制因素

立交位于城市中心区，四个象限均有控制物，场地受限，仅龙湖沟东侧绿地、中山东路北侧绿地可利用，如图3.2-45所示。

立交布设的主要影响因素有：

①位于第一象限的丹阳庄、金银岛花园邨住宅区。

②位于第二象限的碧霞住宅区。

③位于第三象限的海滨花园住宅区。

④位于第四象限的国际集装箱码头。

⑤跨于龙湖沟顶的中山东路桥。

（2）立交方案技术经济比较

根据交通量预测结果，结合地形、地物等情况，对中山东路互通式立交共提出2个同深度比较方案。

①方案一：中山东路右进右出匝道＋天山南路平行匝道。

北岸立交采用多级分流理念布设匝道，于中山东路设置一组右进右出匝道，中山东路与长平东路之间的天山南路设一组平行匝道，在长平东路北侧设置隧道主线敞开段，通过设置多匝道来疏解北岸交通，如图3.2-52所示。匝道设计速度均为40km/h，最小曲线半径为75m。敞开段匝道纵坡为6.0%，暗埋段最大纵坡为2.0%。

优点：该方案可实现多级分流，交通组织简单，可充分利用空间，占地面积小，无房屋拆迁，造价相对较低。

缺点：中山东路北侧的隧道敞开段需永久占用龙湖沟约14m，敞开段对景观有影响，中山东路与隧道的左转联系不顺畅，无法实现与中山东路全互通。

②方案二：中山东路右进右出匝道＋天山南路桥梁回头匝道。

在方案一基础上增加桥梁回头匝道，实现变异型中山东路互通式立交方案。中山东路右进右出匝道以及出口C匝道与方案一类似，不同之处在于天山南路匝道衔接段以桥梁形式上跨龙湖沟后接入D匝道，将中山东路与长平东路间的天山南路改为由南向北的单行道，实现龙湖沟东侧中山东路车流快捷进入主线隧道，如图3.2-53所示。

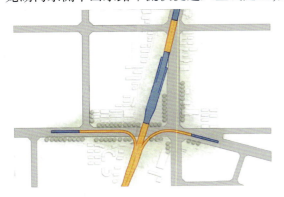

图3.2-52 中山东路互通式立交平面布置图（方案一）

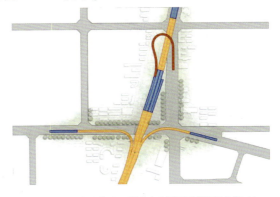

图3.2-53 中山东路互通式立交平面布置图（方案二）

优点:该方案将地下匝道改为地上匝道,安全性提高,能充分利用可用空间,无房屋拆迁。

缺点:该方案同样采用多级分流理念,但交通组织较方案一更为复杂;对龙湖沟的影响与方案一相同;中山东路与长平东路间的天山南路需改为由南向北的单行道,对现状交通有影响。

中山东路互通式立交两个设计方案的技术经济比较见表3.2-17。

中山东路互通式立交设计方案技术经济比较表　　表3.2-17

序号	指标名称	方案一	方案二	备注
1	设计速度(km/h)	40	30/40	内环匝道/其他匝道
2	最小平曲线半径(m)	75	50	
3	最大纵坡(%)	6	6	
4	匝道总长度(m)	1290(隧道)	1485(隧道)+995(桥梁)	
5	对码头影响	占用西北角约27m	占用西北角约27m	
6	交通服务功能	多级分流	变异型中山东路互通,城市中单点疏散,容易堵塞	
7	安全性	安全	安全	
8	拆迁(m²)	无	无	
9	工期(年)	1	1	
10	建安费(万元)	62030(含主线44030)	64555(含主线44030)	
	方案比选结论	推荐		

两方案皆充分利用绿地空间,设置互通式立交形式。虽然方案二同样可以实现多级分流,通过桥隧相接实现中山东路全互通,但方案二交通组织更为复杂,同时需要调整现状渠化设计,对天山南路沿线交通出行影响较大,且桥梁段对景观有影响。综合考虑交通服务功能、安全性、造价等因素,推荐方案一。

3)南滨南路互通式立交

(1)控制因素

立交位置第三象限及第四象限部分地段的地势相对较高,其余象限地势均较为平坦,地貌以山地、田地和鱼塘为主。

立交布设的主要影响因素(图3.2-54):

①位于第二象限的苏安村(与本立交距离最近的房屋已位于立交交叉点位置)。

②第四象限的军事用地,其与立交交叉点的距离约为510m。

③主线收费站,其与立交交叉点的距离约为560m(根据规范,匝道出入口鼻端与收费站中心距离需大于75m)。

④规划虎头山隧道,其隧道洞口与立交交叉

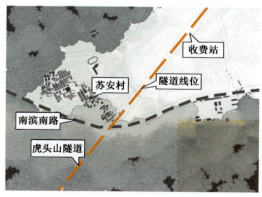

图3.2-54　南滨南路立交主控因素示意图

点的距离约为170m。初步设计时,关于虎头山隧道出口至本立交出口的安全间距问题,以《公路立体交叉设计规范》(2013送审稿)为依据,进行了研究分析,具体内容如下:

根据《公路立体交叉设计规范》(2013送审稿)中的规定(表3.2-18),对应于60km/h设计速度和主线单向三车道情况,隧道出口至前方互通式立交减速车道渐变段起点的距离不小于350m。

隧道出口与前方减速车道的最小净距　　　　　　　　　　　　　　表3.2-18

主线设计速度(km/h)		120	100	80	60
最小净距(m)	主线单向双车道	500	400	300	200
	主线单向三车道	700	600	450	350
	主线单向,≥4车道	1000	800	600	500

根据《海湾隧道安全性评价报告》,隧道出口至立交出口减速车道渐变段起点的距离最小值为13s设计速度行程长度(经计算,60km/h设计速度对应的13s行程长度为217m)。

经综合分析,本立交设计时,虎头山隧道出口至立交出口减速车道渐变段起点的距离按不小于350m进行控制。

(2)立交方案技术经济比较

根据交通量预测结果,结合地形、地物等情况,对南滨南路互通式立交提出2个同深度比较方案。

①方案一:半苜蓿叶立交。

本方案为半苜蓿叶型立交方案。即在第一和第二象限布设半苜蓿叶立交匝道与主线连接,再通过两个平面交叉口与南滨南路连接,在两个平面交叉口处均预留远期南滨南路直行车道下沉式隧道的建设条件。隧道主线上跨南滨南路;匝道最小平曲线半径为50m;匝道最大纵坡为3.18%;立交总占地面积约为275亩(含立交范围内的主线占地面积和被交路占地面积,1亩≈666.6m²)。平面布置如图3.2-55所示。

优点:线形流畅,布置紧凑,形式简易;匝道布设与预测交通量相匹配;远期实施南滨南路直行车道下沉式隧道后,立交通行能力较大;无匝道桥,占地较小,近期造价较低;避开了军事用地;出入口匝道鼻端与主线收费站中心间距满足规范要求;虎头山隧道出口与立交匝道出口渐变段起点的净距离为372m,满足识别视距要求。

缺点:在第二象限的拆迁房屋相对较多;由于远期南滨南路预留隧道需穿越两个平面交叉口,故其远期隧道规模比方案二大。

②方案二:变异单Y形立交。

鉴于方案一在第二象限的拆迁房屋较多,为减少第二象限的房屋拆迁,提出方案二。

本方案为变异单Y形立交方案。即在主交通流象限(第一象限)布设变异单Y形匝道与主线连接,再通过平面交叉口与南滨南路连接,在平面交叉口处预留远期南滨南路直行车道下沉式隧道的建设条件。隧道主线上跨南滨南路,匝道上跨主线;匝道最小平曲线半径为70m;匝道最大纵坡为4.0%;立交总占地面积约为278亩(含立交范围内的主线占地面积和被交路占地面积)。平面布置如图3.2-56所示。

图3.2-55 南滨南路立交(方案一)平面布置图

图3.2-56 南滨南路立交(方案二)平面布置图

优点:线形流畅,布置紧凑,形式简易;匝道布设与预测交通量相匹配;远期实施南滨南路直行车道下沉式隧道后,立交通行能力较大;在第二象限的拆迁房屋较少;避开了军事用地;出入口匝道鼻端与主线收费站中心间距满足规范要求;虎头山隧道出口与立交匝道出口渐变段起点的净距离为370m,满足识别视距要求;由于远期南滨南路预留隧道仅需穿越一个平面交叉口,故其远期隧道规模比方案一小。

缺点:匝道桥规模比方案一大,占地比方案一略大,故近期造价比方案一高。

两个立交设计方案的技术经济比较见表3.2-19,表中费用数量均包含互通范围内主线工程数量、匝道工程数量及被交路加宽部分工程数量。

互通式立交各方案技术经济比较表　　　　表3.2-19

序号	指标名称	方案一	方案二
1	匝道设计车速(km/h)	35/40	40
2	匝道长度(m)	1205	1816
3	匝道最小平曲线半径(m)	50	70
4	匝道最大纵坡(%)	3.18	4.0
5	桥梁(m/座)	355/2	923/4
6	占用土地(亩)	275	278
7	拆迁房屋建筑(m²)	11567	3867
8	建安费(万元)	9790	12650
9	总造价(万元)	18165	19460
10	推荐意见	推荐	

综合以上分析,方案一和方案二均为可行方案。方案一半苜蓿叶立交形式简单,线形指标较高,无需设置匝道桥,造价相对较低,进出南滨南路由两个平面交叉节点控制,能缓解南滨南路进出口匝道节点的交通压力;方案二将进出口匝道集中在一个平面交叉节点,易造成瓶颈路段,不利于大流量交通转换。因此,推荐采用方案一。

3.3 海中硬岩掘进技术研究

随着盾构掘进技术的不断成熟和逐步推广,盾构隧道在陆域和海域穿越硬岩凸起的工程案例越来越多。结合典型的工程案例,盾构机穿越硬岩凸起地层的常规处理方案有以下三种:①加固法,将硬岩凸起周边软土加固,使岩体软硬差异缩小,降低施工难度;②预碎处理方案,采用微差爆破法或冲击锤直接冲击基岩,将基岩预裂成小块,再通过注浆加固破碎岩体,方便盾构机掘进通过;③盾构机直接通过法,加强机械配置,用盾构机直接破岩通过。

表 3.3-1 列举了国内典型的硬岩处理工程案例,盾构均成功穿越了工程硬岩凸起段。

盾构机过硬岩凸起工程案例　　　　　　表 3.3-1

序号	项目名称	基岩凸起地层描述	基岩处理方案
1	深圳地铁 9 号线车香区间	花岗岩基岩凸起长度为(45+45)m,刀盘上部为较厚全风化花岗岩,下部为微风化花岗岩,岩石抗压强度最大值为 128MPa	地面钻孔,深孔爆破+注浆加固
2	深圳地铁 11 号线车红区间	花岗岩基岩凸起长度为(66+73)m,微风化花岗岩岩石抗压强度为 80~150MPa	地面钻孔,深孔爆破+注浆加固
3	深圳地铁 1 号线西固区间	右线花岗岩基岩凸起,侵入隧道高度为 3.3m,长度为 20m,岩石强度为 140MPa	地面钻孔,深孔爆破+注浆加固
4	深圳地铁 5 号线翻灵区间	长 80m 范围花岗岩基岩凸起,岩石抗压强度为 140~170MPa,最大达到 220MPa	地面钻孔,深孔爆破+注浆加固
5	广州地铁 5 号线草淘区间	微风化砾岩、含砾粉砂岩等基岩凸起,长度约为 400m,岩石抗压强度为 30~70MPa,最大值为 96.6MPa	盾构机直接掘进
6	台山核电厂一期取水隧洞工程	2 处孤石群,孤石强度平均为 120MPa,最大达到 222MPa	地面钻孔,深孔爆破+注浆加固
7	广深港益田路隧道	花岗岩基岩凸起长度约为 667m,微风化花岗岩岩石抗压强度为 21~78MPa,最大值为 220MPa	地面地层加固,盾构机掘进通过

3.3.1 穿越硬岩段概况

详细勘察揭露本工程东、西线海域主航道附近均存在 3 段基岩凸起,东线盾构隧道 EK4+460~EK4+496、EK4+590~EK4+650、EK4+792~EK4+858 共 162m 花岗岩基岩凸起,如图 3.3-1 所示;西线 WK4+443~WK4+488、WK4+589~WK4+660、WK4+803~WK4+840 共 153m 花岗岩基岩,如图 3.3-2 所示,造成该区段地层上软下硬,且隧道顶部距离规划主航道线覆土厚度最小 12.6m,不足 1 倍洞径。

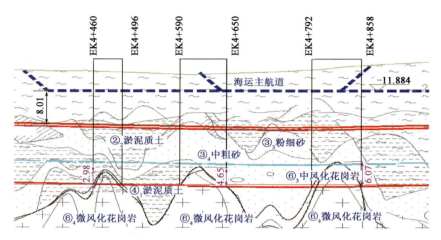

图 3.3-1 东线地质纵断面图（尺寸单位：m）

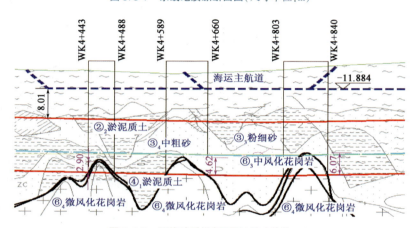

图 3.3-2 西线地质纵断面图（尺寸单位：m）

1）东线地质情况

第一段（EK4+460～EK4+496）基岩凸起侵入东线隧道长66m、最大高度为6.07m，岩石强度为104MPa。

第二段（EK4+590～EK4+650）基岩凸起侵入东线隧道长60m、最大高度为4.65m，岩石强度为128MPa。

第三段（EK4+792～EK4+858）基岩凸起侵入东线隧道长36m、最大高度为2.98m，岩石强度为81MPa。

2）西线地质情况

第一段（WK4+443～WK4+488）基岩凸起侵入西线隧道长37m、最大高度为6.07m，岩芯强度为122MPa。

第二段（WK4+589～WK4+660）基岩凸起侵入西线隧道长71m、最大高度为4.62m，岩芯强度为114MPa。

第三段（WK4+803～WK4+840）基岩凸起侵入西线隧道长45m、最大高度为2.90m，岩芯强度为81.2MPa。

3.3.2 推荐方案确定过程

本工程三段基岩凸起位于海底,上方海面为主航道,基岩岩石强度较大,基岩上部土体主要为淤泥、淤泥质土及部分砂层,自稳性较差。结合地质揭露情况、工程经验及盾构机制造能力等多方面因素,初步设计阶段对前述三种方案进行了详细研究,比选表见表3.3-2。

三种方案比选表　　表3.3-2

序号	处理方案	优势	存在问题
1	预爆破处理	基岩爆破处理后,可增加掘进效率,减少刀盘磨损及换刀数量,爆破后岩石单体节理数增加,降低刀具破岩的难度	①爆破效果较难保证。爆破过后的石块粒径不可控,产生人造孤石的风险大; ②爆破对上部软土扰动,增大该段盾构掘进施工土体坍塌的风险,可能导致无法进行带压进仓作业; ③主航道占用协调成本高
2	盾构直接掘进	相对爆破预处理,盾构直接掘进方式可避免对原状地层的扰动,利于掘进过程中盾构上方土体稳定。基岩在刀具挤压切削作用下,产生的石块较小,利于盾构掘进泥浆循环出渣,避免带压进仓打捞孤石,降低了盾构施工风险	①刀具直接破岩难度大; ②易造成刀具磨损换刀数量增大,推进速度相对较慢,换刀风险大; ③缺乏类似成功经验; ④盾构技术可靠度较难保证
3	上部软土加固	加固后的土体有较强的自稳性	①加固体强度与花岗岩强度差异太大,掘进效果无法保证; ②海上加固需要提前计划并沟通专用设备、辅助性设备、改迁航道等相关事宜,费用成本极高

经过多次专家研讨,结合2014年大直径盾构机的制造水平及典型工程案例,初步设计推荐采用海中施工平台钻孔爆破预处理方案,具体设计方案介绍如下。

1)对侵入盾构隧道内硬岩进行深孔爆破

即从海面向硬岩中钻孔、装药、爆破,对爆破体缝隙进行注浆加固,盾构机掘进通过硬岩的方案。爆破后岩石粒径要求为40~50cm,并对爆破体缝隙注浆封堵,以确保盾构机掘进通过时保压。硬岩爆破平面、纵断面、横断面、爆破钻孔布置、钻孔装药设计如图3.3-3、图3.3-4所示。设计参数:爆破范围隧道底下1m,两侧各1m,上部到硬岩顶部;钻孔的平面布置间距为1m×1m。硬岩爆破完成后,对爆破体采用袖阀管深孔注浆。

2)对硬岩爆破体及上部软土地层进行加固

即从海面向硬岩及上部软土地层钻孔,采用袖阀管对地层进行注浆加固后,盾构机掘进通过硬岩的方案。注浆加固用来提高土体强度和自稳能力,避免在盾构刀盘扰动下土体坍塌或常压开仓坍塌。加固范围为硬岩爆破体底面到隧道结构顶面6m,长度182m,地层加固预处理纵断面示意图如图3.3-5所示。

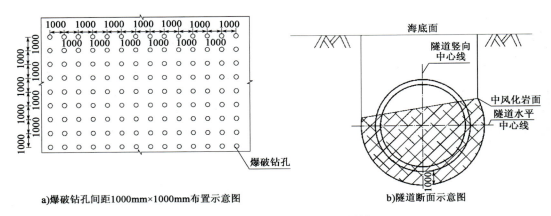

a) 爆破钻孔间距1000mm×1000mm布置示意图   b) 隧道断面示意图

图 3.3-3 硬岩爆破设计示意图(一)(尺寸单位:mm)

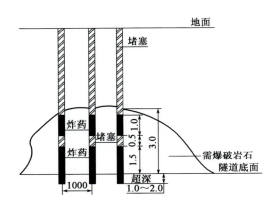

图 3.3-4 硬岩爆破设计示意图(二)(尺寸单位:m)

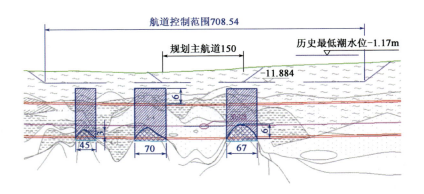

图 3.3-5 地层加固预处理纵断面示意图(尺寸单位:m)

3) 硬岩处理海上施工场地

开展海面加固需要稳固的施工平台,根据汕头湾海域实际情况及施工需要选择海上大型设备,如图 3.3-6、图 3.3-7 所示。

图3.3-6 海上施工场地(一)　　　　图3.3-7 海上施工场地(二)

3.3.3 施工阶段变更情况

鉴于基岩凸起段恰好位于主航道处，航运繁忙，通过大型船舶从海面上进行注浆或爆破等预处理的协调难度非常大，在海事警戒方面的代价也很大。2016年盾构始发后，相关单位提出了盾构直接掘进通过的方案，即取消海上基岩预处理等一系列措施，精细化控制盾构以低扭矩、低转速（转速控制在0.8r/min、速度控制在3~5mm/min）掘进方式直接通过。其理由论证如下：

(1) 对硬岩采用爆破预处理，破碎后岩块粒径按0.3m的标准控制，会使盾构掘进速度、扭矩等参数有所改善，但扭矩波动极为频繁；同时由于海中基岩面起伏大，钻孔定位难度大，爆破难度大，爆破后的粒径难以保证。

(2) 掘进过程中爆破后的石块易从掌子面掉块脱落，卡在限径板处和刀盘面板前，导致切刀脱落，且易发生舱内石块滞排导致压力波动，影响掌子面稳定。

(3) 爆破后注浆效果无法保证，且土体扰动，带压进仓检查难度大，刀具打捞风险高。

为验证盾构在基岩凸起段破岩能力，施工单位委托"盾构及掘进技术国家重点实验室"进行了刀具破岩试验。试验采用现场所取的岩样和实验室配置的水泥砂浆来模拟软硬不均地层，现场岩样单轴抗压强度约为134MPa，水泥砂浆强度约为3.4MPa。试验过程中分别测试了刀间距为90mm、100mm、120mm，掘进速度为3mm/min、4mm/min、5mm/min，刀盘转速分别设置为1r/min、1.5r/min和2r/min时的破岩效果及刀具受力情况，试验用的3把滚刀直径为17in(1in=25.4mm)，各种参数下所需的破岩推力基本维持在500~700kN，试验过程中无岩脊，三种刀间距下均能正常破岩。

后经过慎审的多轮研究与专家论证，最终选择了盾构机直接通过方案。后来，现场的施工也证明此方案合理可行。

3.4 交通安全性评价

汕头海湾隧道受两岸地形地物和接线条件限制，隧道在南岸上岸后，存在主线收费站与隧道出入口的间距小、南滨南路立交匝道出入口与虎头山隧道的间距偏小、互通式立交平曲线半径小的情况。为确保运营安全,依据现行的国家标准和有关技术标准或规范,采用设计速度法,多方面、多角度对隧道洞口接线段、隧道与主线收费站间距和互通式立交行车安全等进行了安全性评价。

3.4.1 安全评价的目的与方法

1) 安全评价的目的

安全评价的目的是从公路使用者行车安全性的角度对设计成果进行安全评估,对设计方案可能造成的交通安全问题进行分析,并提出设计方案优化建议,或从交通工程的角度提出切实可行的安全措施,以提高项目的安全性能、避免或减少项目运营后的安全改造工程。

2) 安全评价方法

我国公路设计是依据现行的国家标准和有关技术标准或规范进行的,一般采用设计速度法,即在选定的设计速度下,结合地形和工程规模,在规定的平、纵指标范围内选定路线设计参数,并在条件许可时,尽量采用高指标,以获得较高的运输性能。

在实际设计中,往往只在条件困难的路段选用设计速度所对应的极限指标,而在其他路段,线形等指标均大于或远远大于设计速度所对应的极限指标,这就造成了车辆在一般路段上会采用较高的运行速度行驶,而到达设计速度所对应的极限指标控制的路段时往往反应不及,操作失误,形成安全隐患。

随着公路项目建设技术的发展和科学水平的提高,安全问题越来越凸显,有可能出现某条道路设计指标完全符合标准规范却存在安全隐患的问题。针对高速公路的定量化评价方法还存在许多不足,仅仅采用标准、规范中的单一的评价方法已经无法满足现实的要求。

在海湾隧道的安全性评价中,采用了定性与定量、成熟结论和新研究成果相结合的方法,以《公路项目安全性评价规范》(JTG B05—2015)中的评价方法为基础,运用多年来积累的高速公路设计经验与新的设计理念相融合的新思路,力争得出更为全面、客观、有效的安全性评价结果。

3.4.2 隧道洞口接线段安全性评价

1) 隧道洞口接线段

(1) 速度协调性评价

研究表明,相邻路段的运行速度差值应控制在一定的范围内,这样可以最大限度地减少操作错误,提高运行安全性。特别对于采用较低指标值设计的路段,应验算其设计速度与运行速度的速度差值是否在协调性范围内。

运行速度是指当交通处于自由流状态,且天气良好时,在路段特征点上测定的第85个百分位上的车速,评价指标采用相邻路段间运行速度的变化差值 ΔV_{85}。评判标准如下:

$|\Delta V_{85}| < 10 \text{km/h}$:运行速度协调性好。

$10 \text{km/h} \leq |\Delta V_{85}| \leq 20 \text{km/h}$:运行速度协调性较好。条件允许时宜适当调整相邻路段技术指标,使运行速度的差值小于或等于10km/h。

$|\Delta V_{85}| > 20 \text{km/h}$:运行速度协调性不良。相邻路段需重新调整平、纵面设计。

《公路项目安全性评价规范》(JTG B05—2015)中对一般路段的运行速度计算进行了较为详细的论述,但并未对隧道路段的运行速度做出相应的规定。隧道内特殊的行驶环境往往使隧道内的行驶速度比一般路段小,若按照《公路项目安全性评价规范》(JTG B05—2015)的计算方法,将隧道作为一般路段计算出的运行速度将偏大。因此,通过查阅相关的研究成果,采用《高速公路隧道路段小客车运行速度模型研究》及《高速公路隧道路段大型车运行速度模型》中的模型计算海湾隧道的小客车及大客车运行速度。根据该研究项目,特长隧道小客车及大型车运行速度计算模型如下:

$$\begin{cases} V_{S1} = 0.99 V_{S0} - 11.07 \\ V_{S2} = 0.81 V_{S0} + 8.22 \\ V_{S3} = 0.74 V_{S0} + 16.43 \\ V_{L1} = 0.98 V_{L0} - 6.56 \\ V_{L2} = 0.85 V_{L0} + 3.89 \\ V_{L3} = 0.45 V_{L0} + 42.61 \end{cases} \quad (3.4\text{-}1)$$

式中:V_{S0}、V_{L0}——前一路段单元终点小客车、大型车的运行速度;

V_{S1}、V_{L1}——前一隧道进口小客车、大型车的运行速度;

V_{S2}、V_{L2}——隧道内小客车、大型车的运行速度;

V_{S3}、V_{L3}——离开隧道路段小客车、大型车的运行速度。

海湾隧道位于市区内,设计速度为60km/h。实际上,海湾通道设计速度采用60km/h,主要是为了与两头接线道路的行车速度相协调,即海湾隧道前一路段单元的行车速度与60km/h的协调性较好。因此,可取前一路段单元小客车观测速度为60~80km/h,考虑到大型车一般比小客车的运行速度慢,则大型车观测速度可取50~70km/h,可计算出隧道各特征路段车辆运行速度,见表3.4-1。

隧道路段运行速度计算表(单位:km/h)　　　表3.4-1

车　型	隧道进口速度 V_1	隧道内稳定速度 V_2	离开隧道路段速度 V_3
小客车 $V_0 = 60$	48.33	56.82	60.83
小客车 $V_0 = 80$	68.13	73.02	75.63
大客车 $V_0 = 50$	42.44	46.36	65.11
大客车 $V_0 = 70$	62.04	63.39	74.11

根据表3.4-1中的计算结果可知,当小客车驶入隧道前的运行速度在60~80km/h之间时,隧道内小客车的预测运行速度在48~76km/h之间,与设计速度协调性较好;当大客车驶入隧道前的运行速度在50~70km/h之间时,隧道内大客车的预测运行速度在42~75km/h之间,与设计速度协调性也较好。

(2)线形一致性评价

海湾隧道进出口的线形情况见表3.4-2。

隧道进出口线形基本情况   表 3.4-2

方 向	进(出)口桩号	隧道线形	
		竖曲线类型/纵坡坡度/最小竖曲线半径(m)	所含平曲线半径(m)
进口	K3+070	凸/内外 1.9%/9000	4000
出口	K7+300	凹/内外 3.0%/6000	4000

注:表中隧道进(出)口桩号为两端隧道洞口起讫点。

①规范符合性检验。

根据《公路隧道设计细则》(JTG/T D70—2010)对隧道进出口最小竖曲线半径的要求,设计速度为 60km/h 的一级公路隧道进出口最小竖曲线半径为凸形 9000m、凹形 6000m。对照表 3.4-2 可知海湾隧道进出口竖曲线半径满足《公路隧道设计细则》(JTG/T D—2010)的要求。

②根据设计速度指标检验线形一致性。

根据《公路项目安全性评价规范》(JTG B05—2015)的要求:

a. 隧道洞口内外各 3s 时间设计速度行程长度范围内的平面线形应保持一致。平面线形一致是指洞口内外处于同一个直线或圆曲线内,缓和曲线内曲率不断变化,不应视为线形一致。

b. 隧道洞内外各 3s 时间设计速度行程范围的纵面线形应尽量保持一致,有条件时宜取 5s 时间设计行程速度。

评价范围内海湾隧道设计速度为 60km/h,则 3s 时间行程为 50m、5s 时间行程为 84m,线形一致性检验表见表 3.4-3。

60km/h 速度下隧道进出口竖曲线 3s 时间和 5s 时间行程检验表(单位:m)   表 3.4-3

线位	3s 时间行程	5s 时间行程	平曲线线形一致检验				竖曲线线形一致检验			
			进口接线段		出口接线段		3s 检验结果	进口接线段		出口接线段		3s 时间检验结果	3s 时间检验结果
			隧道外	隧道内	隧道内	隧道外		隧道外	隧道内	隧道内	隧道外		
东线	50	80	170	200	120	1380	满足要求	260	130	600	230	满足要求	满足要求
西线			170	200	115	685	满足要求	260	130	595	225	满足要求	满足要求

通过线形一致性检验表明,海湾隧道洞内外平曲线长度满足设计速度 3s 时间行程一致性要求,隧道洞内外竖曲线长度满足设计速度 3s 时间和 5s 时间行程一致性要求。

(3)运行速度下最小竖曲线半径评价

海湾隧道洞口的竖曲线半径设计指标刚好符合设计速度为 60km/h 情况下的最小竖曲线半径的标准。但海湾隧道运行速度预测值高于设计速度值,则运行速度情况下的最小竖曲线半径将不符合《公路隧道设计细则》(JTG/T D70—2010)的要求。因此,建议限制海湾隧道速度为 60km/h,并严格控制行车速度不超过限制速度,以保证行车的安全性。

2) 隧道横向视距

根据《公路项目安全性评价规范》(JTG B05—2015),曲线隧道的横向视距应按照设计速度的标准进行检查。当横向视距不足时,可加大隧道横断面尺寸或采取减速措施。

横向视距是指行车轨迹线与视距曲线之间的距离。通过停车视距就可以计算出不同的圆曲线半径所需要的横净距。横向视距与停车视距的关系如下:

$$h = R_s \left[1 - \cos\left(\frac{90}{\pi}\right) \times \frac{S}{R_s} \right] \tag{3.4-2}$$

式中:h——最大横净视距(m);
S——视距(m);
R_s——曲线内侧行驶轨迹的半径(m),其值为未加宽前路面内缘的半径 + 1/2 车道宽。

对于小客车,隧道洞内的固有横向视距为:
$h = 3.5/2 + 0.75 + 0.25 + 1.2/2 = 3.35(\text{m})$ [车道宽 3.5m,路缘带宽 0.75m,余宽 0.25m,驾驶员坐在左边的可以增加车身宽度(平均 1.2m)一半的横净视距]。

隧道敞开段的固有横向视距为:
$h = 3.5/2 + 0.75 + 0.95 + 1.2/2 = 4.05(\text{m})$ [车道宽 3.5m,路缘带宽 0.75m,检修道宽 0.95m,驾驶员坐在左边的可以增加车身宽度(平均 1.2m)一半的横净距]。

以隧道设计速度进行验算,即当小客车以 60km/h 行驶时,在 $R = 1680$m 和 $R = 4000$m 平曲线停车时的横向视距验算见表 3.4-4。

横向视距验算表　　　　　　　　　　　　　　　表 3.4-4

半径(m)	设计速度(km/h)	计算视距(m)	计算需横净距(m)	设计横净距(m)
1680	60	90	0.603	3.35
4000			0.253	

由表 3.4-4 可知,由于海湾隧道平面线形较好,基本上处于直线段上,则在设计速度为 60km/h 的情况下,计算所需的横向视距十分小,设计横向视距能够满足行车安全性要求。

3) 隧道分合流视距

《公路隧道设计细则》(JTG/T D70—2010)指出,隧道内应避免出现车辆合流、分流、交织等现象。特殊情况下,如隧道洞口分散设置,但需在隧道内进行车流分、合流时,应根据车辆合流、分流的运行速度对停车视距进行验算。

中山东路立交 A、B 定向匝道在隧道内与隧道主线相接,致使隧道内存在车流合流、分流的现象,需要根据车流合流、分流的运行速度对停车视距进行验算。

根据《公路项目安全性评价规范》(JTG B05—2015)规定,分流点视距应根据主线预测运行速度,采用分流识别视距进行评价,识别视距按行驶 10~13s 的行程进行计算。合流点视距也应根据主线预测运行速度标准,采用合流识别视距进行评价,合流识别视距,匝道按行驶 5s 的距离(根据匝道设计行车速度计算)进行计算,主线按行驶 8s 的距离进行计算。

中山东路互通式立交识别视距见表 3.4-5。

中山东路互通式立交识别视距　　　　　　　表3.4-5

互通式立交名称	车速(km/h)	分流识别视距(m)	合流识别视距(m)
立交主线	60	167	134
立交匝道	40	—	55.5

互通立交主线可提供视距可按式(3.4-3)进行计算。

$$S = \left(\frac{90}{\pi}\right) \cdot R_s \cdot \arccos\left(1 - \frac{h}{R_s}\right) \tag{3.4-3}$$

式中：S——主线可提供的视距(m)；

h——主线提供的横净距(m)；

R_s——曲线内侧行驶轨迹的半径(m)，其值为未加宽前路面内缘的半径加1/2车道宽。

中山东路立交隧道内主线半径 $R_s = 4000$m、合流匝道 B 的半径 $R_s = 75$m，隧道主线提供的横净距为 3.785m，B 匝道提供的横净距为 5.6m，则主线可提供的视距为 348m，B 匝道可提供的视距为 58m，能够满足运行速度 60km/h 下合流和分流的视距要求。

4）隧道行车视距

根据《公路隧道设计细则》（JTG/T D70—2010）第 5.2.7 条，隧道平面线形设计应以避免视距不足为原则，若隧道内轮廓断面不满足视距要求，应予以加宽。保证视距的临界曲线半径 R 可按式(3.4-4)计算：

$$R = \frac{S^2}{8Y} \tag{3.4-4}$$

式中：R——车道中心线的平曲线半径(m)；

S——保证视距(m)；

Y——保证视距的侧向宽度(m)。

左侧保证视距宽度的计算公式为：$Y_L = W_L/2 + L_L + J$。

右侧保证视距宽度的计算公式为：$Y_R = W_R/2 + L_R + J$。

以上两式中，W_L、W_R 为车道宽度；L_L、L_R 为侧向宽度；J 为检修道宽度。

主线隧道及中山立交地下定向匝道横向建筑限界设计指标见表3.4-6。

单向行车公路隧道建筑限界横断面组成最小宽度(单位:m)　　　　　　　表3.4-6

路段	设计速度(km/h)	车道宽度 W	侧向宽度 左侧 L_L	侧向宽度 右侧 L_R	余宽 C	检修道宽度 J 左侧	检修道宽度 J 右侧	隧道建筑限界净宽
主线	60	3.5×3	0.5	0.75	0.25	0.25	0.25	12.25
匝道	60	3.5×1	0.5	2.5	0.25	0.95	0.75	8.45

注：左侧检修道宽度包括余宽。主线隧道右侧检修道宽度 0.25m 为余宽。

主线隧道最小半径 $R = 1680$m，根据表3.4-6 可知 $Y_L = 2.5$m、$Y_R = 2.75$m，则根据公式计算出的最小保证视距 $S = 183$m，能够满足相关规范规定的 75m 行车视距的要求，主线隧道横断面设计侧向宽度能够保证安全行车视距。

中山东路立交地下定向匝道最小半径 $R = 75$m，根据表3.4-6 可知 $Y_L = 3.2$m、$Y_R = 5.0$m，则根据公式计算出的最小保证视距 $S = 44$m，能够满足相关规范规定的匝道设计速度 40km/h 情况下 40m 行车视距的要求，中山东路立交地下定向匝道横断面设计侧向宽度能够保证安全行车视距。

为避免隧道出口匝道出现拥堵排队或交通事故从而影响主线隧道交通,建议对中山东路立交地下出口匝道加强交通诱导设计和速度控制,有条件时,建议在匝道内设置事故车辆临时停靠设施,以便能及时将事故车辆搬离现场,避免引发堵塞或二次事故。

3.4.3 隧道与主线收费站间距安全性评价

1) 规范符合性检查

根据《高速公路收费站及收费广场设计规范》(2001,报批稿)第 3.2.1-4 条条文说明:特大桥、隧道等构筑物前后一般来说其平纵线形指标都不适宜布设收费广场,且在收费广场与特大桥或隧道之间都应设置相当数量的交通标志,以有效地提高这些重要构筑物的交通安全性。通常,特大桥、大型隧道区域是交通事故的常发路段,是交通管理的重点监控点,因而,主线收费广场应与特大桥、隧道等保持一定的间距设置,其间距在 1km 以上为宜。

海湾隧道南岸洞口距离主线收费广场南侧边缘线的距离为 384.5m,不在《高速公路收费站及收费广场设计规范》(2001,报批稿)规范推荐的距离范围内。海湾隧道南岸洞口与收费广场的平面布置如图 3.4-1 所示。

2) 安全距离论证

车辆在收费广场频繁地减速、停止和起动、加速,且在收费广场区域驾驶员常常把注意力放在寻找空闲车道、通行券及费用缴付上,若隧道出入口距离收费广场过近,驾驶员往往不易及时识别指路、指示等交通标志,则容易引起以下行车隐患:

图 3.4-1 海湾隧道南岸洞口与收费广场的平面布置图

①驾驶员驶离收费广场时往往有加速的行为,若驾驶员未注意到前方有隧道,在速度较快的情况下驶入隧道可能存在"暗适应"不良的情况,容易引起交通事故。

②收费站有发生堵车的可能性,如果堵车距离较长,车辆驶出隧道时存在"明适应"的反应过程,可能来不及减速停车,易发生追尾事故;另外,如果堵车堵到隧道内,车辆在隧道内由于视线不佳,则更容易发生追尾事故,且遇突发情况,前后路段均封死,后果非常危险。

③车辆驶出隧道后需要寻找合适的收费窗口,存在变道分流的情况;而车辆驶离收费广场进入隧道存在合流的情况,若隧道洞口距离收费广场过近,则不利于车辆及时变换车道进行合流、分流,易发生车辆碰撞事故。

鉴于以上分析,为了保障行车安全,隧道入口与收费广场之间应满足安全行车视距的要求,而隧道出口与收费广场之间除了应满足安全行车视距的要求外,还应注意收费广场的收费排队长度。

下面将从安全行车视距和收费广场排队长度两方面评价海湾隧道南岸洞口与主线收费广场间距的安全性。

(1) 安全行车视距计算

根据《公路隧道设计细则》(JTG/T D70—2010)、《公路隧道设计规范　第一册　土建工程》（JTG 3370.1—2018）、《公路工程技术标准》（JTG B01—2014）等相关标准规范的有关规定,高速公路、一级公路路段及隧道的停车视距应符合表 3.4-7 的规定。隧道设计速度为 60km/h,则其停车视距应满足 75m 的要求。

公路停车视距　　　　　　　　　　　　　表 3.4-7

公路等级	高速公路、一级公路			
设计速度（km/h）	120	100	80	60
停车视距（m）	210	160	110	75

根据《公路项目安全性评价规范》（JTG B05—2015）,小客车停车视距采用路段运行速度计算值计算。当采用路段运行速度计算值计算的停车视距大于设计速度对应的停车视距时,应加大停车视距。停车视距采用式(3.4-5)进行计算。

$$S_c = \frac{v_{85}t}{3.6} + \frac{\left(\frac{v_{85}}{3.6}\right)^2}{2gf} \tag{3.4-5}$$

式中：S_c——小客车停车视距(m)；

v_{85}——运行速度计算值(km/h)；

t——空驶时间(s),即反应时间,取 2.5s(判断时间 1.5s,运行时间 1.0s)；

g——重力加速度(m/s^2),取 9.8m/s^2；

f——纵向摩阻系数,依运行速度和路面状况而定。

项目位于城市内部,兼具城市道路功能,为与接线道路行车速度相适宜,主线设计速度采用 60km/h,则限制速度应为 60km/h,正常运行状况下的最大运行速度也是 60km/h。则可计算出主线小客车的停车视距为 90m。

鉴于以上两种标准的客车停车视距要求（项目全线禁货,故不考虑货车停车视距）,从最大限度保证行车安全的角度出发,隧道洞口与收费广场的间距应满足 90m 停车视距的要求,且至少应满足 75m 的要求。

（2）主线收费站排队长度计算

①收费通道分析。

高速公路收费站是一个典型的排队系统,因此高速公路收费站的运行性能特征可以用排队论的理论得出,如系统中车辆的平均等待时间、车辆的平均排队长度等。收费时间与收费制式、收费设备以及收费人员的素质有关。

设计收费站主要采用人工/电子不停车收费系统（ETC）混合的模式进行收费,单向收费车道数为 6 个,含 3 个年票收费车道、1 个 ETC 收费车道和 2 个人工收费车道。

对于本地车辆,可通过购买年票方式收费,其通过海湾隧道时,进行识别年卡后放行,收费车道数保持主线双向六车道不变（即 3 进 3 出）；对于外地车辆,实施按次收费,若通过 ETC 收费,进行电子标签识别后即可放行；若通过人工收费,则停车按次收费后放行,收费车道数也是 6 个（即 3 进 3 出,两侧各含 1 个 EIC 车道）。

因此,项目主线收费站单方向含 4 个不停车计费车道(1 个供外地车辆使用的 ETC 车道和 3 个供本地年票制车辆使用的专用通道)及 2 个常规收费车道(供外地车辆使用)。计算排队长度时分为停车收费和不停车收费两种情况进行分析。

另外,海湾通道全线禁止货车通行,因此不存在货车计重收费的情况,计算排队长度时,仅考虑客车收费排队情况。

②交通量基础数据。

根据《汕头市海湾通道交通专项规划》,在海湾通道全线禁货情况下预测的交通量数据见表3.4-8。

海湾隧道特征年交通量预测数据　　　　　　　　　　　　　　表3.4-8

特征年	小客车（veh/h）	中客车（veh/h）	大客车（veh/h）	实际通行（pcu/h）	通行能力（pcu/h）
2019 年	1761	262	177	2508	6310
2023 年	2425	380	307	3608	6310
2028 年	2754	507	351	3880	6310
2031 年	2993	551	381	4582	6310
2038 年	3534	716	423	5452	6310

高峰小时单向交通量取最高值的预测数据,见表3.4-9。

海湾隧道特征年高峰小时单向交通量预测数据　　　　　　　　表3.4-9

特征年	小客车（veh/h）	中客车（veh/h）	大客车（veh/h）	实际通行（pcu/h）	通行能力（pcu/h）
2019 年	1007	148	99	1435	3155
2023 年	1387	215	172	2039	3155
2028 年	1575	286	197	2177	3155
2031 年	1712	311	214	2538	3155
2038 年	2021	405	237	2857	3155

③停车收费排队长度计算。

过海段需要进行常规停车收费的车辆为外省非ETC车辆。收费站单方向提供3个车道(1个ETC车道和2个人工收费车道)对其进行收费,本次安全评价考虑最不利情况,即外省车辆均通过人工收费车道通过收费站。

海湾通道的外地车流量占总交通量的比例约为20%,则从海湾隧道出来进入主线收费站方向的高峰小时交通量见表3.4-10。

高峰小时外地车辆离开隧道进入收费站的交通量　　　　　　　表3.4-10

特征年	小客车（veh/h）	中客车（veh/h）	大客车（veh/h）	实际通行（pcu/h）
2019 年	201	30	20	287
2023 年	277	43	34	408
2028 年	315	57	39	435
2031 年	342	62	53	508
2038 年	404	81	47	571

服务时间按收费制式、收费方式和车辆类型不同而有所差异。设计时采用平均服务时间，并按表3.4-11确定。表中括号内数值在大型车比率达30%以上时采用，对开放式收费制式其最大值可采用14s。

收费服务时间　　　　　表3.4-11

开放式、均一式、混合式	封闭式	
	入口	出口
12s(14s)	6s(8s)	14s(16s)

车辆通过收费站首先需减速，然后排队缴费，最后加速驶出收费站。车辆通过收费站的时间主要包括以下几个部分。

车辆进入收费站的减速时间：

$$t_1 = \frac{V_0}{3.6a_1} \tag{3.4-6}$$

车辆在收费站的平均停留时间：

$$W = E[V] + \frac{\lambda\{(E[V])^2 + D[V]\}}{2(1-\lambda E[V])} \tag{3.4-7}$$

车辆驶离收费站的加速时间：

$$t_2 = \frac{V_0}{3.6a_2} \tag{3.4-8}$$

上述式中：V_0——正常车流车速(km/h)，取60km/h；
　　　　　λ——车辆的平均到达率(pcu/s)；
　　　　　a_1——车辆的加速度(m/s²)，取-3m/s²；
　　　　　a_2——车辆的加速度(m/s²)，取2.5m/s²；
　　　　　$E[V]$——服务时间的数学期望值(s)，取12s；
　　　　　$D[V]$——服务时间的方差(s²)，取15s²。

收费影响路段的长度包括以下3个部分。

车辆减速通过的长度：

$$l_1 = \frac{1}{2}a_1 t_1^2 \tag{3.4-9}$$

系统中车辆队长：

$$l_2 = m\left[\lambda E[V] + \frac{\lambda^2\{(E[V])^2 + D[V]\}}{2(1-\lambda E[V])}\right] \tag{3.4-10}$$

车辆加速通过的长度：

$$l_3 = \frac{1}{2}a_2 t_2^2 \tag{3.4-11}$$

式中：m——车队长度换算系数(m/pcu)；
　　　其余符号意义同前式。

公式中m的取值与收费站的车种组成比例有关，可以根据实测数据确定。其确定方法如下：假设根据观测，某收费站的车种比例为大型车占k_1，中型车占k_2，小型车占k_3，大型车的平

均长度为 $b_1(\mathrm{m})$，中型车的平均长度为 $b_2(\mathrm{m})$，小型车的平均长度为 $b_3(\mathrm{m})$，则有：$m = b_1 k_1 + b_2 k_2 + b_3 k_3$。

利用以上公式计算收费影响路段的长度如下：

a. 计算平均到达率 λ。

$$\lambda = \frac{DHV}{3600 \cdot n} \tag{3.4-12}$$

式中：n——收费通道数，停车收费单向车道数为 2。

b. 确定车辆的平均长度 m。

各特征年车型组成情况见表 3.4-12。

各特征年车型组成（换算成标准车型）　　　　　　　　　表 3.4-12

特 征 年	小型车（车长 4m）	中型车（车长 9m）	大型车（车长 12m）
2019 年	69.31%	15.24%	15.45%
2023 年	67.20%	15.79%	17.01%
2028 年	66.20%	16.29%	17.51%
2031 年	65.48%	18.08%	16.44%
2038 年	64.81%	19.69%	15.50%

各特征年平均到达率以及车辆平均长度的计算值见表 3.4-13。

各特征年车辆平均到达率及平均长度计算值　　　　　　　　表 3.4-13

特 征 年	平均到达率（λ）	车辆平均长度 m（m/pcu）
2019 年	0.039849333	6.00
2023 年	0.056625556	6.15
2028 年	0.060463333	6.22
2031 年	0.070511889	6.25
2038 年	0.079356889	6.22

c. 确定排队长度。

将相应数据代入排队长度计算公式 (3.4-8) ~ 式 (3.4-10)，可得到高峰时段该方向人工收费通道收费影响路段的长度及收费延误，见表 3.4-14。

各特征年人工停车收费车道影响路段长度　　　　　　　　表 3.4-14

特 征 年	车辆减速通过长度 L_1（m）	平均排队长度 L_1（m）	车辆加速通过长度 L_1（m）
2019 年	46.3	4.3	55.6
2023 年	46.3	9.1	55.6
2028 年	46.3	11.1	55.6
2031 年	46.3	21.3	55.6
2038 年	46.3	71.2	55.6

④不停车收费排队长度计算。

本地车辆均为年票制,即通过该通道为不停车收费。由于技术限制,不停车收费通道通常限制速度为20km/h,服务时间一般为2~3s。则离开隧道进入收费站方向高峰小时通过车辆见表3.4-15。

高峰小时本地车辆离开隧道进入收费站交通量　　　表3.4-15

特 征 年	小客车 (veh/h)	中客车 (veh/h)	大客车 (veh/h)	实际通行 (pcu/h)
2019年	806	118	79	806
2023年	1110	172	138	1110
2028年	1260	229	158	1260
2031年	1370	249	171	1370
2038年	1617	324	190	1617

车辆通过收费站首先需减速,然后以20km/h的速度通过收费通道,最后加速驶出收费站。车辆通过收费站的时间主要包括以下几个部分。

车辆进入收费站的减速时间:

$$t_1 = \frac{V_0 - V_1}{a_1} \tag{3.4-13}$$

车辆在收费站的平均停留时间:

$$W = E[V] + \frac{\lambda\{(E[V])^2 + D[V]\}}{2(1 - \lambda E[V])} \tag{3.4-14}$$

车辆驶离收费站的加速时间:

$$t_2 = \frac{V_0 - V_1}{a_2} \tag{3.4-15}$$

上述式中:V_0——正常车流车速(km/h),取60km/h;

V_1——不停车收费通道车流车速(km/h),取20km/h;

λ——车辆的平均到达率(pcu/s);

a_1——车辆的减速度(m/s²),取3m/s²;

a_2——车辆的加速度(m/s²),2.5m/s²;

$E[V]$——服务时间的数学期望值(s),取3s;

$D[V]$——服务时间的方差(s²),取15s²。

收费影响路段的长度包括以下3个部分。

车辆减速通过的长度:

$$l_1 = \frac{V_0^2 - V_1^2}{2a_1} \tag{3.4-16}$$

系统中车辆队长:

$$l_2 = m\left[\lambda E[V] + \frac{\lambda^2\{(E[V])^2 + D[V]\}}{2(1 - \lambda E[V])}\right] \tag{3.4-17}$$

车辆加速通过的长度：

$$l_3 = \frac{V_0^2 - V_1^2}{2a_2} \qquad (3.4\text{-}18)$$

公式中符号意义同前。

利用以上公式计算收费影响路段的长度如下：

a. 计算平均到达率。

利用式(3.4-12)进行计算，其中针对市籍车辆的单向不停车收费车道数为3。

b. 确定车辆的平均长度。

各特征年平均到达率以及车辆平均长度的计算值见表3.4-16。

各特征年收费参数计算　　　　　　　　　　　　　　表3.4-16

特 征 年	平均达到率 λ	车辆平均长度(m)
2019 年	0.10626489	6.00
2023 年	0.151001481	6.15
2028 年	0.161235556	6.22
2031 年	0.188031704	6.25
2038 年	0.21161837	6.22

c. 确定排队长度。

将相应数据代入排队长度计算公式(3.4-16)～式(3.4-18)，可得到高峰时段该方向人工收费通道收费影响路段的长度，见表3.4-17。

各特征年不停车收费车道影响路段的长度　　　　　　　　　　　　　　表3.4-17

特 征 年	车辆减速通过长度 L_1(m)	平均排队长度 L_1(m)	车辆加速通过长度 L_1(m)
2019 年	41.2	3.1	49.4
2023 年	41.2	5.9	49.4
2028 年	41.2	6.8	49.4
2031 年	41.2	9.6	49.4
2038 年	41.2	13.1	49.4

d. 排队长度计算。

根据上述分析与计算，不同类型车辆通过收费站其具体排队长度见表3.4-18。

各特征年排队长度计算表　　　　　　　　　　　　　　表3.4-18

特 征 年	停车收费车道			不停车收费车道		
	减速距离(m)	平均排队长度(m)	加速距离(m)	减速距离(m)	平均排队长度(m)	加速距离(m)
2019 年	46.3	4.3	55.6	41.2	3.1	49.4
2023 年	46.3	9.1	55.6	41.2	5.9	49.4
2028 年	46.3	11.1	55.6	41.2	6.8	49.4
2031 年	46.3	21.3	55.6	41.2	9.6	49.4
2038 年	46.3	71.2	55.6	41.2	13.1	49.4

上表中，停车收费影响段的长度是在假设所有外籍车辆均通过人工收费的情况下计算的，不停车收费影响段的长度是在所有市籍车辆均通过年票不停车收费的情况下计算的。

（3）论证结论

经过以上分析，海湾隧道与主线收费广场之间的距离不能满足《高速公路收费站及收费广场设计规范》（2001，报批稿）的推荐值规定，但能满足现行设计规范中停车视距75m及根据《公路项目安全性评价规范》（JTG B05—2015）计算的停车视距90m 的要求。

同时，根据《汕头市海湾通道交通专项规划》中的交通量预测数据、《交通工程手册》中的排队长度计算方法，以及现有设计方案中的收费通道设置方案、收费管理方式，计算出来的收费广场最大排队长度为71.2m（以2038年预测交通量数据为基础）。设计方案中海湾隧道出口与主线收费广场之间的距离为384.5m，收费广场车辆排队不会导致隧道内塞车，且在排队长度最大的情况下，也能满足停车视距的要求。

3）安全措施建议

隧道洞口距离收费广场太近，最大的安全隐患在于收费广场收费排队距离过长，导致隧道内发生交通拥堵，若发生紧急情况，则前后受堵，有可能将造成十分严重的后果。考虑到项目运营期间实际交通量可能会比现有预测交通量大，或可能发生收费系统故障影响收费服务效率的情况，为了避免交通事故的发生，建议从工程技术和交通管理两方面采取相应的措施来保障行车安全。

（1）工程技术措施

①建议有条件修改优化设计方案时，应优化设计方案，取消海湾隧道出口处的收费站，将其设置在隧道入口前。

②对于人工收费岛，建议采用电子不停车收费系统（ETC）加半自动车道收费系统（MTC）复式收费方式，以提高收费广场服务效率。

③在海湾隧道入口前、隧道内、隧道出口处的合适位置设置预告和指示标志或可变信息标志，对前方收费广场进行预告和信息提示，向驾驶员告知隧道出口外即为收费站，让驾驶员提前做好准备。

④在海湾隧道入口前、出口前的适当位置设置减速设施，如视觉减速标线、振动减速标线或彩色薄层铺装等，同时也可以设置测速装置或速度反馈标志，以提醒驾驶员减速并控制车速。

⑤在收费广场范围主线全段施划视觉减速标线（如菱形纵向减速标线等），提醒驾驶员控制车速，谨慎驾驶。

⑥确保隧道出口加强照明过渡合理，适当提高加强照明设计标准，以降低视觉障碍发生的可能性。

（2）交通管理措施

①采取优惠措施，鼓励市籍车辆和入境频繁的外籍车辆购买年票，鼓励车辆安装ETC，以提高不停车收费车辆的比例，降低排队拥堵风险。

②将海湾隧道出口与主线收费站作为一个单独的控制单元，提出适宜的限速方案。

③制订交通安全事故应急预案，对隧道和收费广场实行全程严密监控，如果出现收费广场排队车辆长度超过200m，立即启动应急预案，打开所有收费通道，统一免费放行，紧急疏散现场车辆。

（3）收费管理措施

此外，在没有条件优化设计方案的情况下，建议争取政策优化收费管理方式，优化方案如下：

①取消海湾隧道出口收费，采取入口单向收费的形式。

目前，与海湾隧道并行的过海通道还有礐石大桥和海湾大桥，两座大桥均是收费大桥，如果取消海湾隧道出口收费，可能导致两座大桥上的出城交通量大量转移到海湾隧道上，使海湾通道的交通量短期内大量增加。但由于影响出行路径选择的因素除了出行成本外，还有出行时间和出行距离，在海湾通道交通量达到饱和后，极易出现交通拥堵情况，如果另两座大桥的出行时间或距离效益远远高于海湾隧道的出行成本效益，则在社会经济不断发展的趋势下，仍将有大量的出行者选择缩短出行时间，而不是节省出行成本。也就是说，海湾隧道采取单向收费的措施，会使通道出城方向的通行能力提前饱和，但是随着海湾通道出城交通拥堵情况的日趋严重和社会经济的不断发展，海湾通道出城方向与另两座大桥之间的交通分担关系会逐步由竞争走向合理分工。

②取消收费站，对市籍车辆统一征收车辆通行年费，对外籍过境车辆，可以考虑在城市出入口或其他合适的地方设置卡口统一收费。

3.4.4 互通式立交行车安全安全性评价

1）互通式立交设计符合性

海湾隧道共设置2处互通式立交，即中山东路互通式立交、南滨南路互通式立交，基本情况见表3.4-19。

项目互通式立交一览表　　　　　表3.4-19

序号	立交名称	桩号范围	形式	主线最小平曲线半径(m)	最大纵坡(%)	全长(m)	主线最小竖曲线半径(m)
1	中山东路互通式立交	EK2+465~EK3+614	多级分流	1500	2.24	1149	凹3000
2	南滨南路互通式立交	EK2+465~EK3+614	半苜蓿叶	1500	2.9	780	凹8000

《公路项目安全性评价规范》（JTG B05—2015）对互通式立交的主线线形指标规定见表3.4-20，经核查，两岸互通式立交设计指标均符合规范要求。

互通式立交范围内主线形指标　　　　　表3.4-20

设计速度(km/h)		120	100	80	60
最小圆曲线半径(m)	一般值	2000	1500	1100	500
	极限值	1500	1000	700	350
最小竖曲线半径(m)	凸形 一般值	45000	25000	12000	6000
	凸形 极限值	23000	15000	6000	3000
	凹形 一般值	16000	12000	8000	4000
	凹形 极限值	12000	8000	4000	2000
最大纵坡(%)		2	2	3	4.5(4)
		2	3	4(3.5)	5.5(4.5)

规范对互通式立交的匝道线形指标规定见表3.4-21。南滨南路内环匝道的设计速度采用35km/h,最小平曲线半径为50m,满足规范极限要求;中山东路互通式立交及其比选方案匝道的设计速度采用40km/h,最小平曲线半径为50m,满足规范极限值要求;最大纵坡为6.0%,满足规范最大纵坡≤7.0%的要求;凸性竖曲线最小半径为1100m,满足规范要求;凹形竖曲线最小半径为1000m,满足规范要求。

匝道最小圆曲线半径指标　　表3.4-21

设计速度(km/h)		80	70	60	50	40	35	30
最小圆曲线半径(m)	一般值	280	210	150	100	60	40	30
	极限值	230	175	120	80	50	35	25
最小竖曲线半径(m)	凸形 一般值	4500	3500	2000	1600	900	700	500
	凸形 极限值	3000	2000	1400	800	450	350	250
	凹形 一般值	3000	2000	1500	1400	900	700	400
	凹形 极限值	2000	1500	1000	700	450	350	300
竖曲线长度(m)	一般值	100	90	70	60	40	35	30
	极限值	75	60	50	40	35	30	25

2)互通式立交速度协调性

(1)主线速度协调性评价

①评价方法

《公路项目安全性评价规范》(JTG B05—2015)指出,在不考虑互通式立交设置影响的前提下,预测互通式立交路段主线线形特征点的运行速度,互通式立交主线速度协调性采用互通式立交主线的运行速度计算值与设计速度之差进行评价。

②评价标准

互通式立交段主线运行速度计算值与设计速度之差小于或等于20km/h时,速度协调性较好;反之,速度协调性不良。对于不良路段应对互通式立交路段主线的线形进行调整,条件困难时,通过交通工程措施确保行车安全性。

通过对小客车运行速度预测已知,在不考虑互通式立交设置影响的前提下,互通式立交路段主线小客车的运行速度预测值基本达到95~105km/h,与设计速度差超过20km/h,速度协调性较差。

因此,对于互通式立交段,有必要采用合理的交通工程措施对该路段进行限速,确保互通式立交段的行车安全。

(2)匝道安全车速

近年来,国内外一些研究也指出利用假定服从正态分布的运行速度ΔV_{85}方法来评价匝道运行速度协调性,该方法容易高估匝道的安全性。

因此,本节利用《公路项目安全性评价规范》(JTG B05—2015)中给定的公式[式(3.4-19)]来计算匝道能达到的最大安全车速,从而给匝道限速提供参考。根据立交匝道的设计半径,并取最大超高值0.07,可计算得到匝道所能提供的安全车速,见表3.4-22。

$$v = \sqrt{127(\mu \pm i)R} \tag{3.4-19}$$

式中：v——匝道能达到的最大安全或舒适车速，当 μ 取安全值时，v 为安全车速；当 μ 取舒适值时，v 为舒适车速；

　　　μ——横向力系数；

　　　i——超高。

项目各立交匝道所能提供的安全车速计算表　　　　　表 3.4-22

立交名称	匝道	半径（m）	超高 i 值	安全 μ 值	舒适 μ 值	安全车速（km/h）	舒适车速（km/h）	设计速度（km/h）	建议限速（km/h）
中山东路立交	A	160	0.07	0.2	0.1	74	59	40	40
	B	75	0.07	0.2	0.1	50	40	40	40
南滨南路立交	A	130	0.07	0.2	0.1	67	53	40	40
	B	50	0.07	0.2	0.1	41	33	35	35
	C	60	0.07	0.2	0.1	45	36	40	40
	D	50	0.07	0.2	0.1	41	33	35	35

通过匝道所能提供的安全车速和舒适车速计算，以行车安全性为主，考虑匝道的设计速度，并参考国内一般匝道运营管理限速，对匝道限速值提出建议，见表 3.4-22。

3）互通式立交变速车道

高速公路设置加、减速车道的目的是使车辆能够安全、舒适地汇入主线和分流到匝道，因此加、减速车道必须满足一定长度使车辆减速或加速到安全车速。《公路项目安全性评价规范》（JTG B05—2015）中规定了互通式立交出入口加、减速车道长度，见表 3.4-23。

变速车道长度及有关参数　　　　　表 3.4-23

变速车道类别		主线设计速度（km/h）	变速车道长度（m）	渐变率（1/m）	渐变段长度（m）	主线硬路肩或加宽后的宽度（m）	分、汇流鼻端半径（m）	分流鼻处匝道左侧硬路肩加宽（m）
出口	单车道	100	125	1/22.5	90	3.0	0.6	0.8
		80	110	1/20	80	3.0	0.6	0.8
		60	95	1/17.5	70	3.0	0.6	0.7
入口	单车道	100	200	—(1/40)	80(160)	3.0	0.6(0.75)	—
		80	180	—(1/40)	70(160)	2.5	0.6(0.75)	—
		60	155	—(1/35)	60(140)	2.5	0.6(0.70)	—

注：表中单车道入口为平行式，若为直接式，采用括号内数值。

两岸互通式立交匝道均采用单车道出入口，加、减速车道长度见表 3.4-24。由表 3.4-24 可知，南滨南路互通式立交与中山东路互通式立交及其比选方案的变速车道长度均满足现行规范的要求。

各立交变速车道长度一览表　　　　表3.4-24

立交名称	匝道与主线连接	加减速车道	变速车道规范指标(m)	变速车道计算指标(m)	渐变段规范指标(m)	渐变段计算指标(m)
中山东路立交	出口A匝道	减速车道	95	95	70	70
	入口B匝道	加速车道	155	155	60	60
	出口CA匝道	减速车道	95	95	70	70
	入口D匝道	加速车道	155	155	60	60
南滨南路立交	出口A匝道	减速车道	95	—	70	—
	入口B匝道	加速车道	155	190	60	60
	出口CA匝道	减速车道	95	106	70	70
	入口D匝道	加速车道	155	—	60	—

通过对全线运行速度预测可知，小客车互通式立交区运行速度较高，与设计速度之差达30km/h，这对车辆在互通式立交出入口加减速将造成不利影响。为确保安全性，建议立交段标志设计保持一致性和合理性，以保证能够对汇出车辆提供正确且无误导性的信息；对于加速车道，则需注意立交汇流鼻的通视情况，保证主线和匝道车辆在停车视距内完全通视；另外，在进入互通式立交前方适当位置可设置限速标志或测速装置等。

4）互通式立交视距

（1）主线识别视距

互通式立交主线分流、合流识别视距的计算方法见第3.4.2节。由于中山东路互通式立交的识别视距已在第3.4.2节进行验算，因此本节仅对南滨南路互通式立交的识别视距进行验算，采用的计算公式与标准同前。

南滨南路互通式立交主线 $R=2545$ m，主线设计横净距为5.35m，则可提供的视距为311m，能够满足预测运行速度100km/h下和设计速度60km/h下的主线分流点和合流点视距的要求。合流匝道D匝道 $R=120$ m、B匝道 $R=50$ m，匝道设计横净距为5.6m，则D匝道、B匝道可提供的视距分别为73m、48m，能够满足5s设计速度行程合流视距的要求。

（2）匝道识别视距

《公路项目安全性评价规范》（JTG B05—2015）规定匝道全长范围内应具有不小于表3.4-25规定的停车视距。

匝道停车视距　　　　表3.4-25

设计速度(km/h)	80	70	60	50	40	35	30
停车视距(m)	110	95	75	65	40	35	30

互通式立交匝道的固有横净距 $=3.5/2+2.5+0.75+1.2/2=5.6$ m［车道宽3.5m，硬路肩宽2.5m，土路肩宽0.5m，驾驶员坐在左边的可以增加车身宽度（平均1.2m）一半的横净距］。

以小客车运行速度进行验算，当小客车以表3.4-22中的最大限速值行驶时，对应较小的平曲线情况下匝道可提供的停车视距见表3.4-26。

小客车停车视距验算表　　　　　　　　　表3.4-26

立交名称	匝道	半径(m)	运行速度(km/h)	计算横净距(m)	计算视距(m)
南滨南路立交	A	130	40	5.6	77
	B	50	40	5.6	48
	C	60	40	5.6	53
	D	50	40	5.6	48

从表3.4-26可以看出,南滨南路互通式立交匝道提供的停车视距均能满足规范40km/h运行速度下停车视距40m的要求。

5) 互通式立交间距

《公路项目安全性评价规范》(JTG B05—2015)中指出,一般公路安全性评价中涉及的互通式立交间距是指互通式立交之间或互通式立交与服务区、停车区等服务管理设施及隧道之间的距离,应采用最小距离评价。

① 大城市、重要工业园区附近的平均间距宜为5～10km;其他地区宜为15～25km。
② 相邻互通式立交的最小间距,不宜小于4km。
③ 因路网结构或其他特殊情况限制,经论证相邻互通式立交的间距须适当减小时,加速车道渐变段终点至下一个互通式立交的减速车道渐变段起点间的距离,不应小于1000m;小于1000m,且经论证而必须设置时,应将两者合并为复合式互通式立交。

海湾隧道共有两处立交,立交之间的间距大于4km,间距满足安全性要求。

6) 互通式立交与隧道间距

(1) 规范符合性检查

① 《公路工程技术标准》(JTG B01—2014)的规定。

洞口外与之相连接的路段应设置距洞口不小于3s设计速度行程长度,且不小于50m的过渡段,以保持横断面过渡的顺适,互通式立交与服务区、停车区、公共汽车停靠站、隧道等其他重要设施之间的距离应能满足设置出口预告标志的需要。

② 《公路路线设计规范》(JTG D20—2017)的规定。

隧道出口与前方互通式立交间的距离满足设置出口预告标志的需要;条件受限制时,隧道出口至前方互通式立交出口起点的距离不应小于1000m,小于1000m时应在隧道入口前或隧道内设置预告标志。

互通式立交加速车道渐变段终点至前方隧道进口的距离(以m计)以不小于设计速度(以km/h计)的1倍长度为宜。

③ 《公路立体交叉设计细则》(JTG/T D21—2014)的规定。

a. 隧道出口端与前方主线出口的间距宜满足设置全部指路标志的需要。当受现场条件限制时,间距可适当减小,但隧道与前方主线出口之间的净距不宜小于表3.4-27的规定值,且应提前于出隧道之前开始设置完善的出口预告等指路标志。

与隧道出口的最小净距　　　　　　　　　表3.4-27

主线运行速度(km/h)	120	100	80	60
与隧道出口最小净距(m) (主线单向3车道)	700	600	450	350

b. 主线入口与前方隧道之间的净距不宜小于表3.4-28的规定值。

与隧道进口的最小净距　　　　　　　　　　表3.4-28

主线运行速度(km/h)	120	100	80	60
与隧道进口最小净距(m)	125	100	80	60

c. 当地形特别困难,不能满足上述净距要求而互通式立体交叉及其他设施必须设置时,应结合运行速度控制和隧道特殊结构设计等,提出完善的交通组织、管理和运行安全保障措施,经综合分析论证后确定设计方案。

(2)已有研究结论分析

受地形地貌和社会经济条件等客观因素的制约,我国已建和在建高速公路中出现了隧道出口与互通式立交间距过近的情况。如广珠西线高速公路(S43)右线,石山隧道出口与深湾互通式立交D匝道减速车道起点仅距44.7m。当隧道出口与互通式立交间距过近时,车辆刚刚驶出隧道后进入互通式立交前,驾驶员需对大量道路交通信息做出科学合理的判断,但受隧道运行环境和"白洞现象"的影响,驾驶员容易产生紧张和急躁情绪,极易错过互通式立交出口或在隧道出口处突然变换车道、减速慢行,这将会极大干扰高速公路主线交通流平稳有序运行,严重时会导致重大交通事故发生,影响高速公路的正常运营。

关于隧道与互通立交间距的控制,国内外均有大量的研究成果。

①国外方面。

欧美国家对隧道与互通式立交的最小距离并未做明确规定,两者相隔很近是一种较为普遍的现象,甚至有匝道在隧道内分岔、变速车道伸进隧道或者在隧道内设置出口预告标志的特殊情况。比如在比利时,进出口匝道距离隧道洞口较近的情况很普遍,隧道距出口匝道起点或进口匝道终点经常不足300m,很多情况下甚至小于100m。

欧洲联盟隧道标准提到:除了紧急停车带外,隧道内外的车道数应保持一致。车道数发生变化的位置应与隧道洞口前方有足够的距离,至少不应短于以限制速度行驶10s(即167m)的距离。当地形条件不允许时,应另外采取措施或加强现有措施以提高安全性。

国外部分研究表明,驾驶员平均需要至少4~6s的时间("感知—决策时间",而不是不足1s的"简单刺激—反应时间")来调整到一种新的驾驶需求中,通常称为6s定律。设计速度60km/h情况下的6s行程为100m。

②国内方面。

《新理念公路设计指南》指出:相对来讲,互通式立交在隧道洞口前合流不会出现明显的安全问题,而临近洞口或在隧道出口路段分流则有较多的安全隐患。因此,互通式立交与隧道间距的控制应重点放在隧道出洞口与互通式立交出口间的净距离上。原则上两者之间的距离应满足设置一系列出口预告标志的需要,当条件受限时,标准规定洞口至前方互通式立交出口渐变段起点的距离不得小于1000m,但在之前路段应设置完善的预告标志。研究结果也表明,如果仅从驾驶员的反应需要和避免对主线直行交通流产生大的干扰出发,这个距离应不小于600m。

国内部分文献还提到,从安全角度考虑,应避免在隧道内分合流,保证加速车道渐变段终点与隧道口距离保持在50m以上,减速车道渐变段起点与隧道口距离尽可能满足6s设计速度行程,即100m。

《三车道高速公路隧道出口与互通式立交最小间距研究》[广东省交通运输厅重点工程科技项目(2010-01-006)]以单向三车道高速公路为例,分析最不利情况下高速公路隧道出口与互通式立交最小间距的计算模型,最终研究提出60km/h运行速度下三车道高速公路隧道出口与互通式立交最小间距的推荐取值是800m。

《高速公路互通式立交与隧道最小间距研究》以广东省某高速公路(设计速度80km/h、双向六车道)为依托,从交通冲突、通行能力、驾驶员反应时间和车辆操作时间需求等方面对隧道出口与互通式立交出口间距最小值进行了定量分析。最终结合研究成果、国内外隧道与互通式立交间距设置情况以及现行的标准规范,推荐采用的隧道洞口与互通式立交出入口的最短安全距离如下:隧道洞口与互通式立交出口匝道渐变段起点最小间距一般情况下不应小于1000m,条件受限时不应小于600m,特殊情况下不应小于13s运行速度行程(即220m);互通式立交入口匝道渐变段终点与隧道洞口最小间距一般情况下不应小于8s设计速度行程(即135m),条件受限时不应小于4s设计速度行程(即70m),特殊情况下不应小于50m。

(3)安全距离论证

根据以上规范性检查结果和已有相关研究结论的分析可判断:

①南滨南路互通式立交加速车道渐变段终点与虎头山隧道入口之间136m的间距能满足规范的规定及相关研究成果分析的安全行车要求。

②南滨南路互通式立交减速车道渐变段起点与虎头山隧道出口之间372m的间距不能满足现行规范中关于"隧道出口与前方互通式立交减速车道渐变段起点的距离"的要求,但能满足现有研究成果特殊情况下13s运行速度行程的要求及最新的相关规范征求意见稿中极限值的规定。

(4)安全行车措施建议

受地形地貌条件的限制,南滨南路互通式立交与规划的虎头山隧道之间的间距无法满足已有相关规范标准的一般值要求,则从公路的安全角度来看,固有的不利交通安全因素已经存在。有条件调整优化设计方案时,建议优化互通式立交设计方案或对互通式立交位置进行改移,在没有任何条件的情况下,为了最大限度地保障运营期间的行车安全,建议从工程技术与交通管理两方面采取相应的安全措施。

3.5 本章小结

汕头海湾隧道工程应用先进的水下勘察技术探明了地质情况,采用地质选线确定了最优路径,结合地质及交通量预测结果确定了隧道方案,针对隧道最小覆土、基岩凸起及孤石处理、立交节点、风塔方案、海中硬岩掘进等进行了研究,并对隧道交通安全性进行全方位评价,稳定了隧道总体方案。

(1)汕头湾工程地质条件极其复杂,通过对各种地质勘察技术的优缺点分析,选取了适合本工程特点的物探方法与钻探相结合,精准探明了下伏基岩面的位置,为优化设计方案奠定了基础。

（2）工程在可行性研究阶段推荐采用三管盾构方案，后期随着交通规划、勘察等资料的深入，以及对工程造价、风险、经济、运营等多方面进行比选，最终改为推荐采用两管盾构方案。

（3）对各种情况下盾构隧道最小埋深进行详细计算研究，比选设置了南岸围堰方案，确定了最优的隧道纵断面设计方案。

（4）总结归纳了国内盾构隧道在基岩凸起地层的各种处理方案，并介绍了汕头海湾隧道在类似地层的处理新思路。

（5）系统介绍了汕头海湾隧道交通安全性评价的全过程，重点研究了收费广场停车视距及虎头山隧道洞口与南滨南路互通式立交出入口间的安全行车视距要求。

本章参考文献

[1] 汕头市人民政府. 汕头市城市总体规划(2002—2020)[R]. 2014.

[2] 汕头市交通运输局. 汕头市中心城区快速路系统专项规划[R]. 2016.

[3] 中信汕头滨海新城投资发展有限公司, 中信滨海新城南滨片区控制性详细规划(修编)[R]. 2015.

[4] 汕头市濠江区发展规划局. 汕头市濠江区分区规划(2007—2020)[R]. 2009.

[5] 中交第二公路勘察设计研究院有限公司. 汕头苏埃通道隧道工程可行性研究报告[R]. 2014.

[6] 中铁隧道勘测设计院有限公司, 广东省公路勘察规划设计院股份有限公司. 汕头苏埃通道隧道初步设计文件[R]. 2015.

[7] 中铁隧道勘测设计院有限公司, 广东省公路勘察规划设计院股份有限公司. 汕头市苏埃通道工程调整建设规模报告[R]. 2014.

[8] MAIDI B, HERRENKNETCHT M, ANHEUSER L. Mechanised shield tunnelling[M]. Berlin: Ernst& Sohn Verlag fürArchitektur und techn. WissenschaftenGmb H, 1996.

[9] ARNOLD VERRUIJT. Soil mechanics[M]. Dutch: Delft University of Technology, 2001.

[10] 张庆贺, 王慎堂, 严长征, 等. 盾构隧道穿越水底浅覆土施工技术对策[J]. 岩石力学与工程学报, 2004, 23(5): 857-861.

[11] 戴小平, 郭涛, 秦建设. 盾构机穿越江河浅覆土层最小埋深的研究[J]. 岩土力学, 2004, 27(5): 782-786.

[12] 叶飞, 朱合华, 丁文其, 等. 施工期盾构隧道上浮机理与控制对策分析[J]. 同济大学学报, 2008(6): 728-744.

[13] 中铁隧道勘测设计院有限公司, 北京交通大学. 汕头海湾隧道工程淤泥地层最小覆土研究报告[R]. 2015.

[14] 刘学彦, 袁大军. 盾构掘进过程中防止泥水劈裂的泥水压力设定[J]. 土木工程学报, 2014, 47(5): 128-132.

[15] 中铁隧道勘测设计院有限公司, 广东省航海学会. 汕头市苏埃通道工程通航安全影响论证报告[R]. 2014.

[16] 中铁隧道勘测设计院有限公司, 招商局重庆交通科研设计院有限公司. 汕头市苏埃通道工程交通安全性评价报告[R]. 2014.

［17］中交第二公路勘察设计研究院有限公司.汕头市苏埃通道工程工可阶段工程地质勘察报告［R］.2008.
［18］中交第二公路勘察设计研究院有限公司.汕头市苏埃通道初步设计阶段工程地质勘察报告［R］.2010.
［19］刘宏岳.直流高密度电法在浅海工程勘察中应用［J］.物探与化探,2013,37（4）:756-760.
［20］中铁隧道勘测设计院有限公司.汕头市苏埃通道详细勘察阶段工程地质勘察报告［R］.2015.
［21］蔡旭.TransCAD软件在城市道路交通量预测中的应用［J］.铁道勘测与设计,2006（004）:59-64.
［22］陈百奔.基于神经网络的四阶段预测法在交通量预测中的应用研究［D］.武汉:武汉理工大学,2011.

第 4 章
隧道及附属结构设计关键技术

汕头海湾隧道海域段由两条平行的盾构隧道组成,每条隧道盾构段全长3047.5m,隧道外径14.5m,可以容纳单向三车道。盾构始发井设在南岸围堰上,接收井在北岸华侨公园内。全线设置2处风塔,管理大楼1座,风塔处设置风机房、变电所、雨水泵房等设施。

相比于陆地盾构隧道设计,海底盾构隧道沿线建设条件更为复杂多变,结构设计难度更大。结合汕头海湾隧道工程特点,本章主要介绍盾构管片结构设计、两岸盾构井围护结构与主体结构设计、岸上明挖段围护结构与主体结构设计、防水设计以及围堰设计等内容。

4.1 盾构管片结构设计

4.1.1 衬砌结构选型

1)衬砌环类型选择

盾构隧道管片类型为混凝土管片和钢管片。混凝土管片的优点是耐久性和抗压性能好、刚度大,缺点是重量大,对脱模和运输要求高;钢管片的优点是重量轻、焊接性能好,缺点是易受腐蚀,当千斤顶推力或壁后注浆压力过大时,容易产生变形。

随着管片生产等相关领域技术的进步及盾构机械性能的提高,大直径盾构管片的生产、运输及拼装等已不是管片选型的控制因素。对于大直径盾构隧道,混凝土管片比钢管片更经济,故汕头海湾隧道采用混凝土管片。

盾构隧道通过管片的组合拼装达到线路拟合的目的,就衬砌环类型来看,主要有设置转弯环和通用楔形环两种方式来拟合线路。近年建设的水下盾构隧道通常使用通用楔形环,如上海长江隧道(外径15.0m)、南京长江隧道(外径14.5m)、广深港狮子洋隧道(外径10.8m)、杭州庆春路隧道(外径11.3m)、长沙南湖路隧道(外径11.3m)等。根据已有的工程实例和经验来看,采用通用楔形环来拟合线路,主要优点如下:

(1)不设置专门的转弯环,减少了钢模种类,便于管片的储存、运输及施工管理。

(2)平、竖曲线拟合均可通过管片旋转不同角度实现,避免了采用传力衬垫后易引起接缝漏水等问题。

通用楔形环的缺点在于管片根据拟合需要旋转不同角度,拼装方式不固定。但通过计算机软件辅助管片拼装,可实现线路拟合自动化、管片拼装自动化,缩短管片拼装时间,提高管片拼装速度。

根据以上分析,同时参考国内大直径盾构的类似工程案例,汕头海湾隧道管片采用通用楔形环。

2)管片环宽、分块及楔形量确定

一般来说,隧道直径越大,采用的环宽越大。衬砌环环宽越大,衬砌环节缝越少,因而漏水环节、螺栓数量越少,施工速度越快,费用越省。根据国内外的工程实践经验,盾构隧道环宽多在750~2000mm之间。国内外已建隧道衬砌环宽见表4.1-1。

国内外已建隧道衬砌环宽度实例表　　　　表4.1-1

隧道名称	衬砌外径（mm）	管片厚度（mm）	管片宽度（mm）	分块数（块）	最大块重（t）	最大外弧长（mm）
延安路隧道	11000	550	1000	8	5.64	4319
大连路/复兴路隧道	11000	480	1500	8	6.44	4319
翔殷路隧道	11360	480	1500	8	7.69	4461
上中路隧道	14500	600	2000	10	12.79	4795
易北河第四隧道	13750	700	2000	9	19.00	5300
西斯凯尔特隧道	11000	450	2000	8	10.77	4991
斯托伯尔特隧道	8500	400	1650	7	6.53	4154
上海长江隧道	15000	650	2000	10	—	4960
纬七路南京长江隧道	14500	600	2000	10	15.00	4795
长江西路隧道	15000	650	2000	10	—	4960
钱江隧道	15000	650	2000	10	—	4960
虹梅南路隧道	14500	600	2000	10	—	4795
纬三路过江隧道	14500	600	2000	10	—	4795
瘦西湖隧道	14500	600	2000	10	—	4795

汕头海湾隧道采用环宽2000mm的管片，一方面较1500mm的环宽减少了25%的环向接缝数量，降低了接缝漏水的概率，提高隧道防水质量；另一方面降低了接缝止水材料和连接螺栓的使用量。此外，还可减少25%的拼装时间，提高了施工速度。

通常盾构隧道外径较小时，每环管片以4~6分块居多，外径大于10m时，以8~12分块为宜。汕头海湾隧道盾构隧道外径为14.5m，每环管片分10块。

汕头海湾隧道平曲线最小半径为1500m，盾构管片采用双面楔形，楔形量取48mm。

3）封顶块及拼装方式

管片的分块包括"按圆弧等分"和"小封顶块+邻接块+标准块"两种方法，因此对封顶块而言，有大封顶块和小封顶块之分。

管片的拼装方式有通缝和错缝两种方式。通缝拼装衬砌环采用等分法分块，可按结构内力特点布置分块的位置，避免将纵缝设在管片环内力较大处，可充分达到结构受力合理、控制变形的目的。错缝拼装对管片制作误差、管片混凝土质量、施工拼装技术、盾构性能、管片拼缝构造等方面的要求更高，但错缝拼装的衬砌环的刚度更大，变形比通缝小，近年建成的水下盾构隧道均采用错缝拼装。

管片拼装过程中的各种施工影响和施工误差集中出现在封顶块处。用大封顶块的管片重量大，拼装难度大，在插入封顶块时，易受各种因素影响，导致拼装质量不稳定，出现局部裂缝和管片碎裂现象。经比较研究，为保证封顶块拼装质量，减小封顶块拼装难度和破损概率，汕头海湾隧道采用"小封顶块+邻接块+标准块和错缝拼装"。封顶块中心角度为13°0′0″，2个邻接块的中心角度为38°30′00″，7个标准块的中心角度为38°34′17.14″。封顶块拼装时先搭接1200mm径向推上，再纵向插入。衬砌环布置如图4.1-1所示。

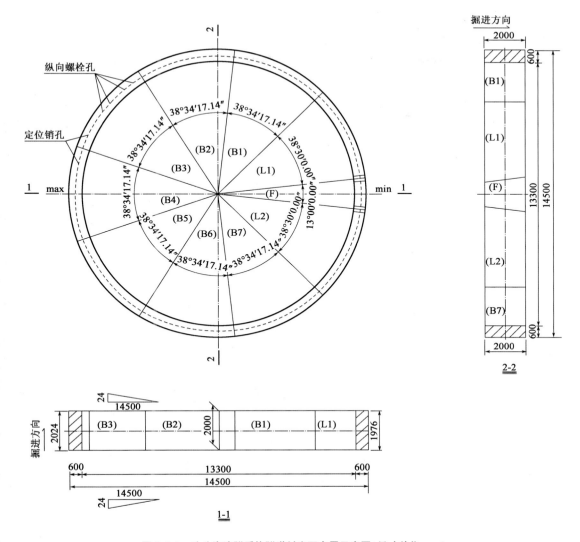

图 4.1-1　汕头海湾隧盾构隧道衬砌环布置示意图(尺寸单位:mm)

4.1.2　衬砌结构连接方式

1)环、纵缝及连接

盾构隧道管片环是由封顶块、邻接块及标准块通过螺栓连接组成,块与块及环与环之间接缝处结构刚度小,故接缝构造是管片结构设计的重点之一。管片接缝设计应满足防水构造的要求,同时应方便隧道施工,尽量减少管片破损,避免出现管片拼装后裂损等情况。在充分借鉴近期国内外若干大直径盾构隧道管片设计的先进经验与理念的基础上,管片接缝面构造形式推荐采用如下方案:根据管片接缝防水设计方案,在接缝外侧上设置两道防水密封垫,同时内侧预留嵌缝槽;为减少管片拼装边角局部破碎情况,环面在千斤顶作用位置设置凸起面;为提高管片拼装精度,环面设置定位销。

2）螺栓连接

管片的连接螺栓有直螺栓、弯螺栓及斜螺栓三种形式，如图4.1-2所示。弯螺栓刚度小、容易变形，螺栓较长，材料消耗较大，且在螺栓预紧力、高水土压力和地震作用下对端头混凝土产生较大的挤压作用，易造成混凝土破坏，对结构的长期安全不利。直螺栓连接抵抗弯矩的能力较好，并具备一定的定位作用，但其手孔尺寸大，对管片结构削弱大。而斜螺栓在结构上加强了构件的联结，防止接头两边错动，可有效地承担接头处的剪力，且对混凝土管片结构的削弱较小。

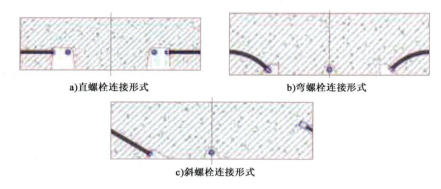

a）直螺栓连接形式　　b）弯螺栓连接形式

c）斜螺栓连接形式

图4.1-2　管片螺栓连接形式示意图

参考国内外类似工程经验，汕头海湾隧道管片采用斜螺栓连接，典型工程应用有南京长江隧道、上海上中路隧道、上海崇明越江隧道、广深港客运专线狮子洋隧道、广深港客运专线、杭州庆春路隧道、杭州运河隧道、长沙南湖路隧道等。通过管片结构分析计算，在最不利工况条件下，考虑连接缝弹性密封垫加紧固力的作用，块与块之间设置3根M36环向螺栓，螺栓机械等级8.8级。环与环之间均匀布置42根M36纵向螺栓，螺栓机械等级8.8级。螺栓中心线与管片接缝交点位于0.5倍管片厚度处，螺栓中心线与管片径向线呈60°。

根据隧道抗震专题研究成果，为满足盾构隧道结构抗震需要，隧道纵向局部范围的管片环缝之间的纵向连接需要加强。加强范围为特殊环南侧500m、北侧100m和南岸竖井100m范围内。加强方式在保留原有螺栓基础上，将一般段环与环间的定位杆设计成具有锁紧功能的销接头，环间接缝张开最大处布置数量为42个（即接缝张开最大处螺栓与销接头总和为84个），销接头数量逐渐往接缝张开较小处递减。接头加强段螺栓分布范围如图4.1-3所示。

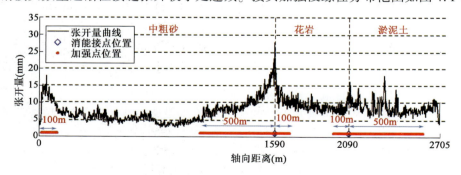

图4.1-3　加强段螺栓分布范围

3）管片材料及精度要求

普通衬砌环由钢筋混凝土管片构成,管片混凝土强度等级为 C60,抗渗等级为 P12,采用 HRB400 级钢筋,管片连接螺栓的材料为 20MnSiV 钢。预埋件采用 Q235B 级钢,考虑到隧道穿越地层地下水对钢材有侵蚀性,所有环向螺栓、纵向螺栓外露铁件均作防腐蚀处理。

由于汕头海湾隧道规模大、结构受力大。为保证盾构装配式衬砌良好的受力性能,达到结构的设计意图,提供符合结构计算假定的工作条件,管片的制作和组装精度必须达到以下要求:

(1) 单块管片制作的允许误差:宽度为 ±0.4mm;弧、弦长为 ±1.0mm;外半径为(-0, +2)mm;内半径为 ±1mm;环向螺栓孔孔径及孔位为 ±1.0mm。

(2) 整环拼装的允许误差:相邻环的环面间隙不大于 1.0mm;纵缝相邻块块间间隙为 (-0, +2)mm;对应的环向螺栓孔不同轴度小于 1mm。

(3) 推进时轴线误差不大于 100mm(包括施工误差、测量误差、不均匀沉降、结构变形及线路轴线拟合误差等)。

4.1.3 管片结构横断面静力计算

衬砌结构计算模型选择均质圆环法及梁—弹簧模型法两种方法进行计算,并对两者结果进行对比分析。

1）计算模型

(1) 均质圆环法

均质圆环法荷载包括主要荷载(即竖向与水平土压力、水压力、自重、超载和地基反力)、次要荷载(即内部荷载、施工期荷载和地震效应)和特殊荷载(即相邻隧道的影响、地基沉陷的影响和其他荷载),如图 4.1-4 所示。该计算模型假定结构为弹性均质体,忽略接头的影响,忽略管片的手孔、肋等的荷载作用特征,认为有效断面为全宽度和全厚度。

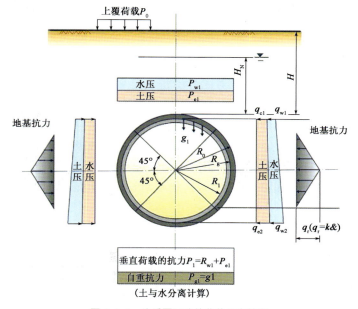

图 4.1-4　均质圆环法的荷载分布简图

接缝的存在将造成衬砌环整体刚度的降低,衬砌环是具有刚度 ηEI(弯曲刚度有效系数 $\eta<1$)的均质环。即使是采用错缝拼装的衬砌环,其变形仍然大于刚度 EI 的均质环。而且,通过相邻环间的纵向螺栓或环缝面上的凹凸榫槽的剪切阻力,纵缝上的部分弯矩将传递到相邻的管片截面上,如图 4.1-5 所示。考虑错缝拼装后整体补强效果,需进行弯矩的重分配。

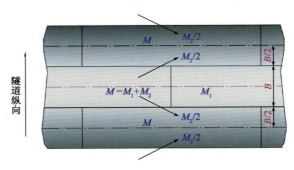

图 4.1-5 错缝拼装弯矩分配示意图

接头处内力:

$$M_j = (1-\xi) \times M \quad N_j = N \tag{4.1-1}$$

管片内力:

$$M_s = (1+\xi) \times M \quad N_s = N \tag{4.1-2}$$

式中:ξ——弯矩调整系数;

M、N——分别为均质圆环计算弯矩($kN \cdot m$)和轴力(kN);

M_j、N_j——分别为调整后的接头弯矩($kN \cdot m$)和轴力(kN);

M_s、N_s——分别为调整后管片弯矩($kN \cdot m$)和轴力(kN)。

为模拟结构的受力状态,将土层抗力、地基反力均用土弹簧模拟,土弹簧刚度取相应土层的基床系数。

(2)梁—弹簧模型法

①模型介绍。

梁—弹簧模型属于精确计算法,能考虑各类接头位置与刚度、错缝时的环间相互咬合效应,以及隧道与周围土体的实际相互作用关系。梁—弹簧力学模型在同一衬砌圆环内,用曲梁单元模拟管片的实际状况,用环向接头抗弯刚度 K_θ 来体现环向接头的实际抗弯刚度,用径向抗剪刚度 K_r 和切向抗剪刚度 K_t 来体现纵向接头的环间传力效果;当管片环采用错缝拼装时,管片环间为相互影响的空间受力体系,采用空间结构进行模拟。将管片模拟成梁,管片环向接头模拟成抗弯弹簧、径向接头模拟成剪切弹簧,地基与管片之间的相互作用采用地基弹簧来模拟,如图 4.1-6 所示。

②管片接头计算参数选取。

管片环向接头抗弯刚度 K_θ 具体取值受管片(材料强度、厚度等)、接头螺栓(材料强度、数量、安装位置等)和承受内力大小(弯矩、轴力等)影响。对于衬砌环承受负弯矩的接头刚度,约为承受正弯矩的接头刚度的 1/3~1/2。对南京长江隧道盾构接头加载试验的结果进行了整理计算,见表 4.1-2。

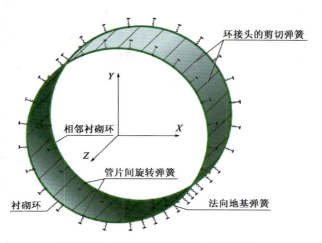

图 4.1-6 梁—弹簧模型计算模式示意图

管片接头计算参数取值 表 4.1-2

轴力 N (kN)	可能的弯矩范围 (kN·m)	试验正抗弯刚度 K_θ^+ (MN·m/rad)	试验负抗弯刚度 K_θ^- (MN·m/rad)
3016	300~500	80~180	150~170
4005	400~600	120~230	250~290
4995	400~800	190~400	280~370
6049	500~900	230~500	330~610
7038	500~900	300~510	370~610
8027	600~1000	310~500	360~590

对于环向接头的抗弯刚度,在隧道内侧受拉时取值为 $4 \times 10^5 \mathrm{kN \cdot m/rad}$,隧道外侧受拉时取值为 $2.4 \times 10^5 \mathrm{kN \cdot m/rad}$(武汉长江隧道工程)。

文献[3]中,在隧道内侧受拉时取值为 $2.5 \times 10^5 \mathrm{kN \cdot m/rad}$,隧道外侧受拉时取为 $1.5 \times 10^5 \mathrm{kN \cdot m/rad}$(地铁区间管片)。

文献[4]中,在隧道内侧受拉时取值为 $1.6 \times 10^5 \mathrm{kN \cdot m/rad}$,隧道外侧受拉时取为 $1.2 \times 10^5 \mathrm{kN \cdot m/rad}$(地铁区间管片)。

文献[5]中,通过上海长江隧道接头的足尺试验,对接头试验数据进行分析总结,总结出来接头抗弯刚度计算公式如下:

$$K_\theta^- = \frac{M \cdot (40.15N + 636809)}{M + 0.008N + 65} \quad (M < 0) \quad (4.1\text{-}3)$$

$$K_\theta^+ = M \cdot e^{\frac{M - 0.308N + 251}{67 - 0.034N}} \quad (M > 0) \quad (4.1\text{-}4)$$

式中,弯矩 M 以内侧受拉为正,轴力 N 以受压为正。弯矩单位为 kN·m,轴力单位为 kN,转角刚度单位为 kN·m/rad。

根据初步设计计算,正弯矩在 250~950kN·m 之间,其轴力在 3000~7000kN 之间;负弯矩在 200~900kN·m 之间,其轴力在 2600~6000kN 之间。

根据文献中提供的试验数据表,$K_\theta^- = 1.5 \times 10^5 \sim 5.9 \times 10^5 \mathrm{kN \cdot m/rad}$,$K_\theta^+ = 0.8 \times 10^5 \sim$

$5.0 \times 10^5 \mathrm{kN \cdot m/rad}$。

根据上海长江隧道试验得到的计算公式，$K_\theta^- = 5.6 \times 10^5 \sim 8.1 \times 10^5 \mathrm{kN \cdot m/rad}$，$K_\theta^+ = 2.5 \times 10^9 \sim 1.5 \times 10^5 \mathrm{kN \cdot m/rad}$，$K_\theta^+$ 分布范围较广，适用性有限。

根据以上分析，由于上海长江隧道管片厚度为650mm，其接头试验公式计算出来 K_θ 与其他案例的结果相差较大，该次计算采用南京长江隧道试验数据，该段隧道采用两管六车道，外径为14.5m，与南京长江隧道相当，其抗弯刚度计算取值为：

$K_\theta^- = 1.5 \times 10^5 \sim 5.9 \times 10^5 \mathrm{kN \cdot m/rad}$，$K_\theta^+ = 0.8 \times 10^5 \sim 5 \times 10^5 \mathrm{kN \cdot m/rad}$。

梁—弹簧模型计算中的纵向接头，根据国内有关研究结果，其径向抗剪刚度 K_r 和切向抗剪刚度 K_t 按偏于安全考虑均取为无穷大，即认为各环管片在纵向接头处不产生错动。

2) 荷载取值及组合

衬砌结构计算考虑的荷载及工况参照国家现行规范及标准执行。

选择 EK4+750、EK5+300 和 EK5+700 三个典型断面进行计算，其计算断面地层如图 4.1-7 所示。

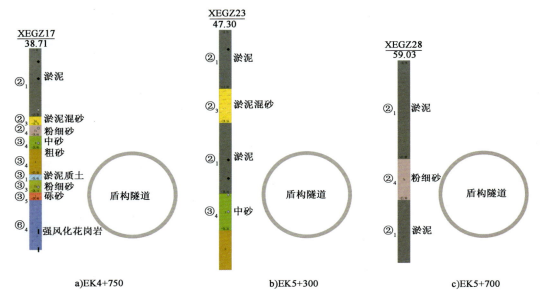

图 4.1-7 计算断面地层示意图

3) 均质圆环模型计算结果

圆环弯曲刚度折减系数 $\eta = 0.8$，弯矩增大率为 $\xi = 0.2$。以下为600mm厚管片在低水位和高水位两种工况下内力计算过程与结果。结果考虑刚度折减，但未考虑弯矩增大系数，增大系数、荷载的分项系数及重要度系数均在配筋时考虑。由于不同土层弹簧刚度相差较大，对均质圆环计算结果有较大影响，选取以下三个典型断面进行计算。

(1) 隧道最低点，洞身为淤泥质土及砂层，基底为硬岩。

覆土为淤泥及淤泥质混砂，厚度为19.2m，覆土加权平均重度15.7kN/m³，计算重度取17kN/m³。水位取最低潮水位 -1.17m，距离地表1.5m，水柱高度20.7m。侧压力系数取0.33。垂直和水平基床系数分别取 12MPa/m 和 6MPa/m。

①计算荷载:采用水土分算。

a.每延米竖向荷载(顶)。

水压力:$20.7 \times 10 = 207(kN)$

土压力:$19.2 \times 7 = 134.4(kN)$

共计:$207 + 134.4 = 341.4(kN)$

b.每延米竖向荷载(底)。

水压力:$(20.7 + 14.5) \times 10 = 352(kN)$

c.每延米侧向荷载。

顶部:$134.4 \times 0.33 + 207 = 251.4(kN)$

底部:$0.3 \times (134.4 + 14.5 \times 7) + 352 = 422.7(kN)$

②弹性地基均质圆环法计算结果。

基于弹性地基均质圆环法、正常使用状态隧道结构内力计算结果分别如图 4.1-8 ~ 图 4.1-10 所示。

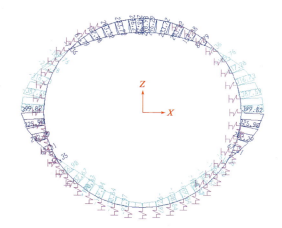

图 4.1-8　正常使用极限状态弯矩图(单位:kN·m)

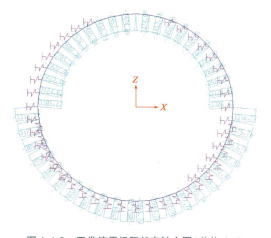

图 4.1-9　正常使用极限状态轴力图(单位:kN)

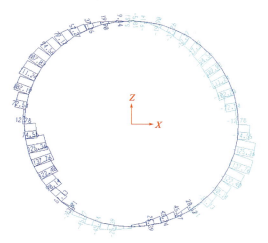

图 4.1-10　正常使用极限状态剪力图(单位:kN)

从以上计算结果可得,结构弯矩最大值为400kN·m,最大弯矩处轴力为3300kN。

(2)上部覆土最深,基底为风化岩层,洞身为淤泥质土及砂层。

覆土为淤泥及淤泥质混砂,厚度为17.3m,覆土加权平均重度16.0kN/m³,计算重度取17kN/m³。水位取最低潮水位-1.17m,距离地表5.8m,水柱高度23.1m。侧压力系数取0.33。垂直和水平基床系数分别取70MPa/m和8MPa/m。

①计算荷载:采用水土分算。

a. 每延米竖向荷载(顶)。

水压力:23.1×10 = 231(kN)

土压力:17.3×7 = 121.1(kN)

共计:231+121.1 = 352.1(kN)

b. 每延米竖向荷载(底)。

水压力:(23.1+14.5)×10 = 376(kN)

c. 每延米侧向荷载。

顶部:121.1×0.33+231 = 270.96(kN)

底部:0.33×(121.1+14.5×7)+376 = 449.5(kN)

②弹性地基均质圆环法计算结果。

基于弹性地基均质圆环法、正常使用状态隧道结构内力计算结果如图4.1-11~图4.1-13所示。

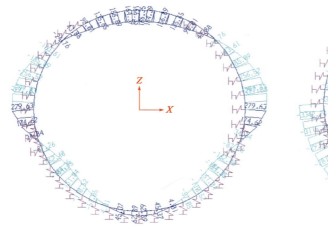

图4.1-11 正常使用极限状态弯矩图(单位:kN·m)　　图4.1-12 正常使用极限状态轴力图(单位:kN)

结构弯矩最大值为298kN·m,最大弯矩处轴力为3327kN。

(3)南岸浅滩区域,洞身为淤泥层。

覆土为淤泥及淤泥质土,厚度为17.8m,覆土加权平均重度15.8kN/m³,计算重度取16kN/m³。水位取最高洪水位,距离地表4.9m。洞身位于淤泥土层,侧压力系数取0.72。垂直和水平基床系数分别取4MPa/m和5MPa/m。

①计算荷载:采用水土合算。

a. 每延米竖向荷载(顶)。

水压力:4.9×10 =49(kN)
土压力:17.8×16 =284.8(kN)
共计:49+284.8 =333.8(kN)

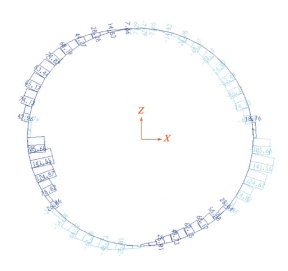

图4.1-13 正常使用极限状态剪力图(单位:kN)

b. 每延米侧向荷载。
顶部:333.8×0.72 =240.3(kN)
底部:240.3+14.5×16×0.72 =407.37(kN)
②弹性地基均质圆环法计算结果。
基于弹性地基均质圆环法、正常使用状态隧道结构内力计算结果如图4.1-14~图4.1-16所示。

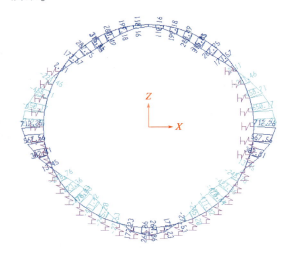

图4.1-14 正常使用极限状态弯矩图(单位:kN·m)

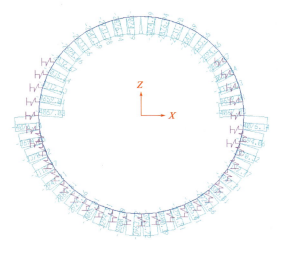

图4.1-15 正常使用极限状态轴力图(单位:kN)

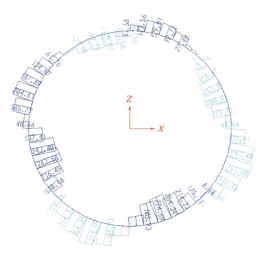

图 4.1-16　正常使用极限状态剪力图(单位:kN)

结构弯矩最大值为712kN·m,最大弯矩处轴力为4061kN。

4)梁—弹簧法模型计算

计算断面选择原则同均质圆环法。

(1)EK4+750隧道最低点,洞身为淤泥质土及砂层,基底为硬岩。前环内力及变形计算结果如图4.1-17~图4.1-20所示。

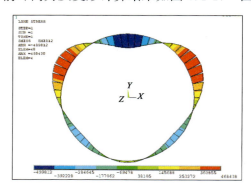

图 4.1-17　弯矩标准值(单位:N·m)

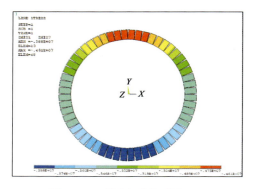

图 4.1-18　轴力标准值(单位:N)

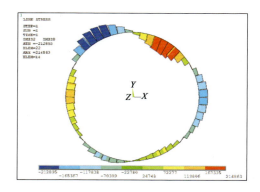

图 4.1-19　剪力标准值(单位:N)

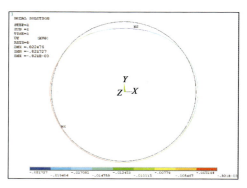

图 4.1-20　竖向变形(单位:m)

前环弯矩最大值为500kN·m,最大弯矩处轴力为4610kN,最大竖向变形17.2mm。后环内力及变形计算结果如图4.1-21~图4.1-24所示。

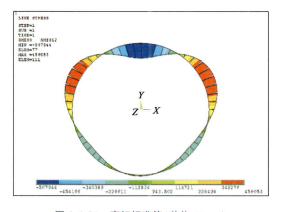

图4.1-21 弯矩标准值(单位:N·m)

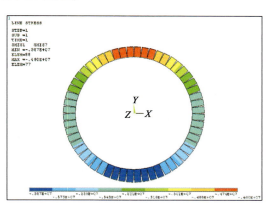

图4.1-22 轴力标准值(单位:N)

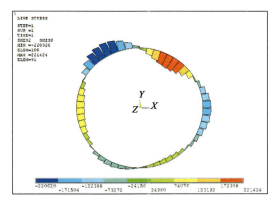

图4.1-23 剪力标准值(单位:N)

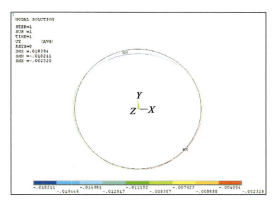

图4.1-24 竖向变形(单位:m)

后环弯矩最大值为568kN·m,最大弯矩处轴力为4600kN,最大竖向变形为13.5mm。

(2)EK5+300上部覆土最深,基底为风化岩层,洞身为淤泥质土及砂层。

前环内力及变形计算结果如图4.1-25~图4.1-28所示。

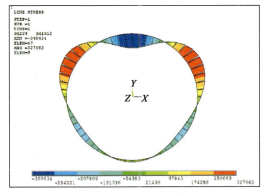

图4.1-25 弯矩标准值(单位:N·m)

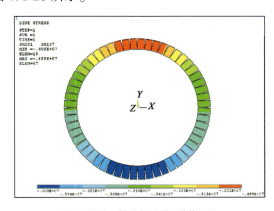

图4.1-26 轴力标准值(单位:N)

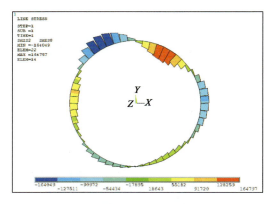

图 4.1-27 剪力标准值(单位:N)

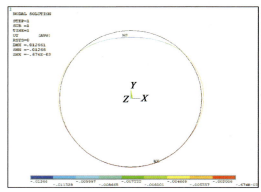

图 4.1-28 竖向变形(单位:m)

前环弯矩最大值为 361kN·m,最大弯矩处轴力为 4880kN,最大竖向变形为 12.0mm。后环内力及变形计算结果如图 4.1-29~图 4.1-32 所示。

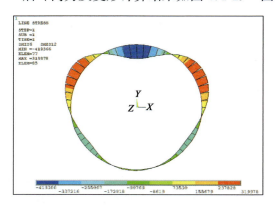

图 4.1-29 弯矩标准值(单位:N·m)

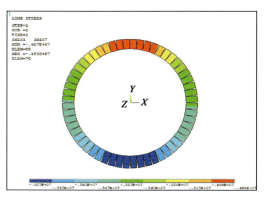

图 4.1-30 轴力标准值(单位:N)

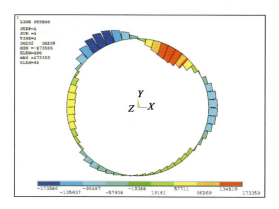

图 4.1-31 剪力标准值(单位:N)

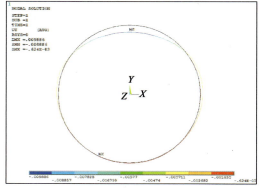

图 4.1-32 竖向变形(单位:m)

后环弯矩最大值为 568kN·m,最大弯矩处轴力为 4600kN,最大竖向变形为 9.2mm。

(3)EK5+700 南岸浅滩区域,洞身为淤泥层。

前环内力及变形计算结果如图 4.1-33~图 4.1-36 所示。

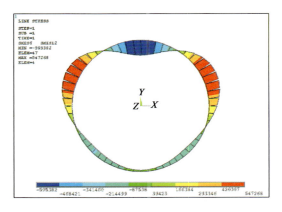

图 4.1-33　弯矩标准值(单位:N·m)

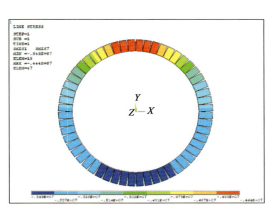

图 4.1-34　轴力标准值(单位:N)

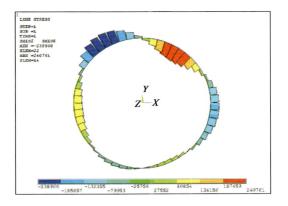

图 4.1-35　剪力标准值(单位:N)

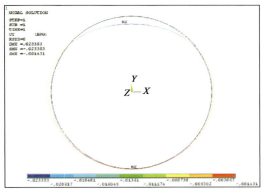

图 4.1-36　竖向变形(单位:m)

前环弯矩最大值为595kN·m,最大弯矩处轴力为4440kN,最大竖向变形为21.9mm。后环内力及变形计算结果如图4.1-37~图4.1-40所示。

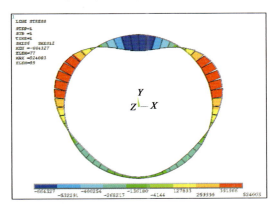

图 4.1-37　弯矩标准值(单位:N·m)

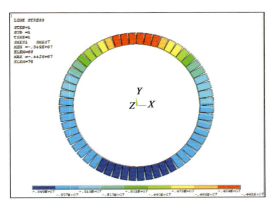

图 4.1-38　轴力标准值(单位:N)

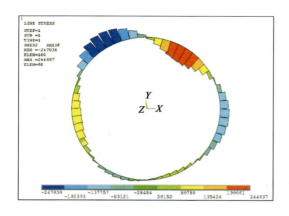

图 4.1-39　剪力标准值(单位:N)

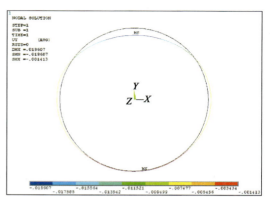

图 4.1-40　竖向变形(单位:m)

后环弯矩最大值为 664kN·m,最大弯矩处轴力为 4420kN,最大竖向变形为 18.2mm。

通过以上结果对比可知,均值圆环法与梁—弹簧法计算出的结果存在一定偏差,这是由于均值圆环法的刚度折减系数与梁—弹簧法的弹簧刚度选取机理不同,导致二者无法协调一致,实际工程计算时,建议两种方法均采用,取计算结果的包络值进行设计。

4.1.4　结构纵断面静力计算

1)计算模型

盾构隧道段底部主要为粉质黏土层、花岗岩层、淤泥质土层及中粗砂层,且地层变化"剧烈",地基弹簧参数变化较大,在外荷载的作用下地层变化处结构容易形成较大的不均匀沉降,对此需进行纵向计算。

计算重点为:①盾构始发和接收端;②淤泥质土层和中粗砂层交界处;③淤泥层与岩层交界处。

主要输出计算数据:①隧道不均匀沉降引起的附加弯矩和剪力;②不均沉降数值。

对于纵向计算,主要方法是地基梁法和三维地层—结构模型法,后者计算资源和建模时间消耗较大,且由于模型复杂和影响因素较多,其计算结果难以真实反映地层变化带来的附加效应。因此这里考虑采用地基梁进行计算,并对其进行改进,主要是将每环管片作为一段梁,采用剪力弹簧和旋转弹簧连接,形成一个节点有弱刚度的梁。

(1)旋转弹簧

旋转弹簧刚度,只考虑螺栓作用的抗弯刚度。

(2)剪力弹簧

剪力弹簧刚度,考虑摩擦和螺栓的作用。

2)计算参数及计算工况

水位变化对结构的沉降影响较大,选取两个极端工况进行计算,具体如下:

(1)高水位工况(历史最高水位)

高水位工况下结构的荷载(不含管片自重)分布如图 4.1-41 所示。

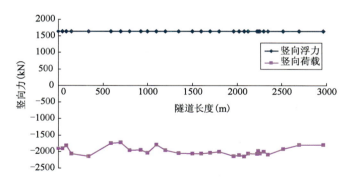

图 4.1-41　荷载分布(不含管片自重)

(2)低水位工况(历史最低水位)

低水位工况下结构的荷载(不含管片自重)分布如图 4.1-42 所示。

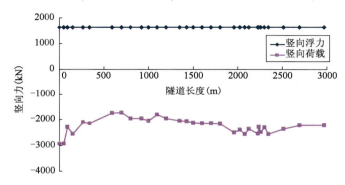

图 4.1-42　荷载分布(不含管片自重)

3)计算结果

隧道沿线地基弹簧系数取值如图 4.1-43 所示。

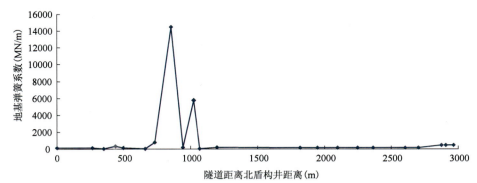

图 4.1-43　地基弹簧系数取值

(1)高水位工况下结构变形及内力计算结果

高水位条件下管片结构沿纵向沉降变形、弯矩及剪力分布计算结果分别如图 4.1-44～图 4.1-46 所示。由计算结果可得,结构最大沉降变形为 15.2mm,位于 K4+340 和 K6+080 附近;结构纵向最大弯矩为 1.61×10^5kN·m,位于 K4+800 附近,为花岗岩和淤泥土交界处;纵向最大剪力为 2.01×10^4kN,位于 K4+800 附近,为花岗岩和淤泥土交界处。

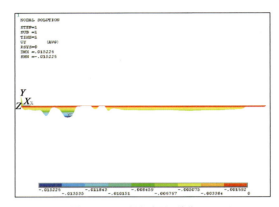

图 4.1-44　竖向变形(单位:m)

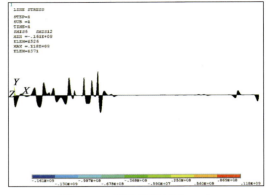

图 4.1-45　纵向弯矩(单位:Nm)

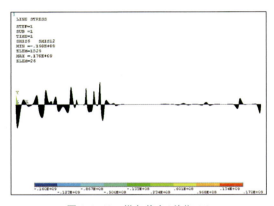

图 4.1-46　纵向剪力(单位:N)

(2)低水位工况下结构变形及内力计算结果

低水位条件下管片结构沿纵向沉降变形、弯矩及剪力分布计算结果分别如图 4.1-47~图 4.1-49 所示。由计算结果可得,结构最大沉降变形为 16.5mm,位于 K4+340 附近;结构纵向最大弯矩为 1.701×10^5 kN·m,位于盾构井端头附近,为花岗岩和淤泥土交界处;结构纵向最大剪力为 2.19×10^4 kN,位于盾构井端头附近,为淤泥土地层。

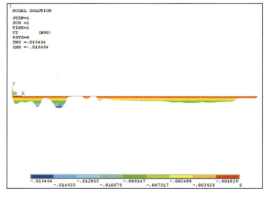

图 4.1-47　纵向变形(单位:m)

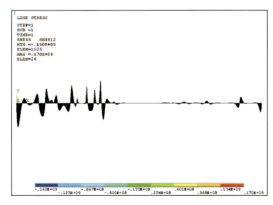

图 4.1-48　纵向弯矩(单位:N·m)

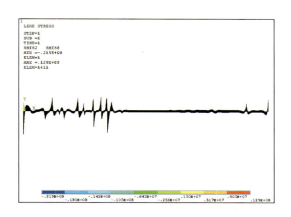

图 4.1-49　纵向剪力(单位:N)

根据以上计算,控制工况是低水位工况,最大纵向弯矩为 $1.701 \times 10^5 kN \cdot m$,最大纵向剪力为 $2.19 \times 10^4 kN$,最大沉降为 20.3mm。

为保证抗剪强度满足要求,考虑轴力的产生的摩擦力,配置 8.8 级 M36 螺栓 42 根。

4.1.5　盾构段内部结构设计

1)烟道板

盾构段车道层顶部烟道板采用预制混凝土与现浇牛腿结合的方式,预制板幅宽 1.2m,厚 200mm,两端搁置在现浇牛腿上。为增加衬砌环整体性,牛腿通过植筋以纵梁形式设置在衬砌环上,烟道板现浇牛腿之间通过预埋钢板焊接,预制板两端与管片间空隙用细石混凝土嵌填,如图 4.1-50 所示。

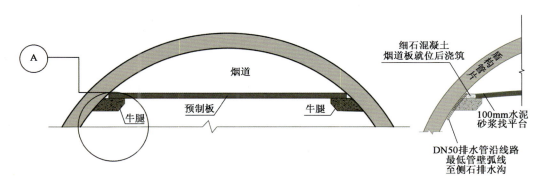

图 4.1-50　盾构隧道内部结构布置示意图

2)车道板下结构

盾构隧道车道板将隧道内部分为上下两层,上层为行车空间,下层为逃生及管线空间,其内部结构主要包括车道板、疏散楼梯、逃生通道、电缆管沟、排水沟及电缆通道等。两侧车道板按搭接形式有两种做法,如图4.1-51所示。最初设计方案为下部半二次衬砌与车道板整体浇筑方案,施工阶段受现场条件制约,修改为车道板牛腿搭接方案。

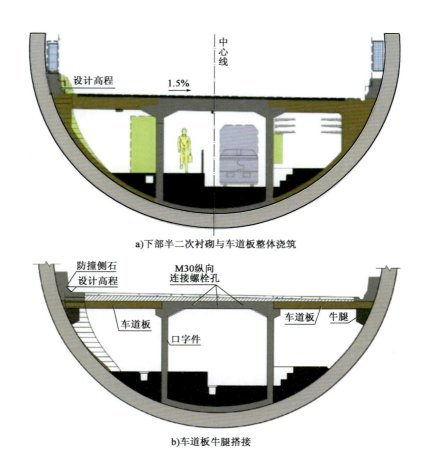

图 4.1-51　盾构隧道内部结构布置示意图

大直径盾构隧道内部结构施工有全现浇方案和同步施工(中部口字件预制、两侧道路板现浇)方案。

现浇方案将隧道衬砌结构施工与内部结构施工在时间上分开,施工工艺简单;施工时两道工序间无干扰;隧道海中泵房、配电房以及预留孔洞等结构不规则地段施工较为灵活;对盾构机设备要求较低,施工后道路版整体性好,但工期稍长。

同步施工方案口字件随盾构掘进同步安装,先安装的口字件可作为后期施工平台和材料运输通道,工人作业环境好;两侧道路板也可随盾构掘进一起浇筑,工期比道路板现浇稍短。但施工后的道路板整体性比现浇道路板差;特殊地段(如海中泵房段)需作特殊处理;盾构机需增加口字件吊装设备,盾构机采购或改造费用相应增加;需有口字件预制场和堆放场,场地占用面积大。

车道板结构内力计算结果如图4.1-52所示。

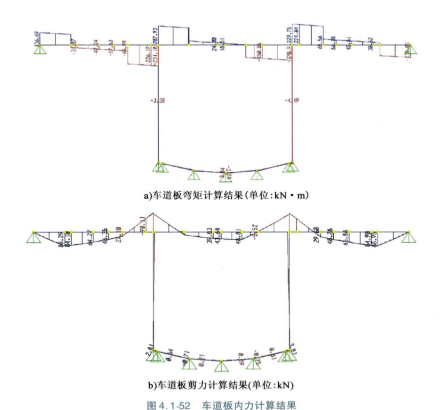

a)车道板弯矩计算结果(单位:kN·m)

b)车道板剪力计算结果(单位:kN)

图 4.1-52　车道板内力计算结果

4.2　盾构井结构设计

4.2.1　南岸盾构井围护结构设计

1) 工程概况

南岸工作井位于南岸围堰范围以内,设计里程为 EK6+837.5～EK6+862.5,按照盾构线路中心距离,两侧为盾构进出洞留有足够的空间以施作内部结构,工作井的平面外包尺寸为距离线路中心 49.9m,施工场地回填砂石进行整平,平整后的高程为 1.5m,底板埋深约为 26m。在施工阶段,工作井作为盾构的始发井应满足盾构始发功能要求。运营阶段分层设置了烟道转换层和车道层以满足正常运营的需要,地下一层拟采用片石进行回填,以改善工作井抗浮。并预留了足够的空间安装风机、敷设管线及逃生救援。

南岸工作井地上不设设备房(风塔不设置在南岸始发井上端)。地下分别设车道层,盾构隧道段疏散安全通道和消防救援空间、电缆通道、废水泵房及废水池。

2) 设计条件

(1) 工程地质条件

工作井主要位于②$_1$淤泥、②$_2$淤泥质土、②$_3$淤泥混砂、③$_1$粉质黏土及③$_4$中粗砂层中。其中②$_1$淤泥、②$_2$淤泥质土,厚度达24m,具高含水量、大孔隙比、高压缩性、低强度的工程特性,开挖易发生蠕动变形,可能导致边坡失稳、基坑变形、塌陷,发生剪切破坏。

(2)工程环境条件

南岸工作井位于海中围堰内,基坑开挖深度约为26m。根据《建筑基坑支护工程技术规程》(DBJ/T 15-20—1997)(广东省标准),基坑安全等级定为一级,重要性系数取1.1,即围护结构水平位移≤0.002H,周围地面沉降≤0.0015H且不大于30mm(H为基坑开挖深度)。

3)结构设计荷载

(1)永久荷载

①结构自重。

②覆土荷载。

③侧向水土压力:黏性土采用水土合算,砂性土按水土分算。

④其他相关荷载。

(2)可变荷载

①地面超载:盾构井施工阶段取20kPa;盾构吊装阶段取75kPa;后期管片运输及堆放阶段取45kPa。

②车辆荷载:公路-I级。

③施工荷载、设备荷载等:按实际情况考虑。

④偶然荷载:地震荷载。

4)围护支撑体系形式

通过论证和工程类比,工作井的平面布置采用矩形,矩形结构具有空间受力条件好、结构整体稳定性好、空间使用率高,特别是盾构始发、接收构造易于处理等优点。

矩形平面的尺寸需满足总体的平面线形布置,并满足施工期间及运营阶段功能布置要求,平面外包尺寸定为49.9m×25.0m,如图4.2-1所示。

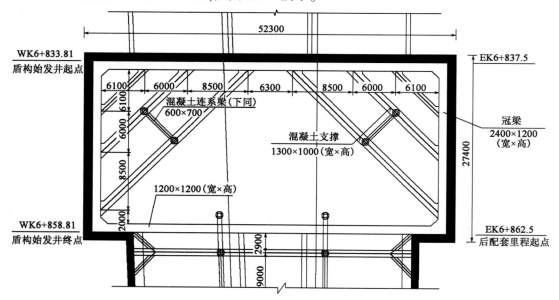

图4.2-1 始发井围护结构平面示意图(尺寸单位:mm)

考虑盾构掘进阶段后配套设备安装的需要,工作井矩形基坑需与同为长条形矩形平面布置的相邻明挖暗埋段同步施工。支撑体系采用六道钢筋混凝土支撑、围檩(其中第一道、第二道围檩与井内上框架和中框架合二为一),如图4.2-2所示。

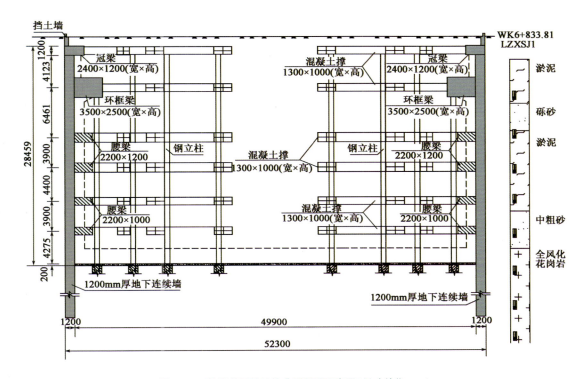

图4.2-2 始发井围护结构典型断面示意图(尺寸单位:mm)

设计中采用1200mm厚的地下连续墙作为工作井的围护结构,地下连续墙墙趾要求插入强风化层,具体嵌固深度根据不同段落的相关地质资料参数进行计算,并最终结合工程类比确定。

5)围护结构计算

施工阶段地下连续墙的计算按平面应变问题考虑,沿纵向取单位长度,根据开挖工况按竖向弹性地基梁进行计算。基坑围护结构设计采用理正深基坑支护结构软件进行计算,按"先变形、后支撑"的原则,采用"增量法"原理分阶段进行结构分析及稳定性计算,内力及配筋计算结果见表4.2-1、表4.2-2,施工过程结构内力与变形计算结果如图4.2-3~图4.2-5所示。

地下连续墙内力计算结果取值　　　　　表4.2-1

段号	内力类型	弹性法计算值	内力设计值	内力实用值
1	基坑内侧最大弯矩(kN·m)	2286.92	2687.91	2687.91
2	基坑外侧最大弯矩(kN·m)	2195.14	2524.12	2524.12
3	最大剪力(kN)	1045.01	1288.65	1288.65

地下连续墙配筋计算结果取值　　　　　　　　　表 4.2-2

段号	选 筋 类 型	级别	钢筋实配值
1	基坑内侧纵筋	HRB400	⏀32@100
2	基坑外侧纵筋	HRB400	⏀32@100
3	水平筋	HRB400	⏀20@200
4	拉结筋	HPB300	φ20

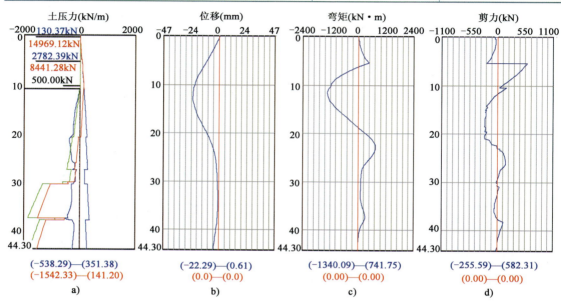

图 4.2-3　基坑开挖至第三道支撑工况的结构内力与变形计算结果

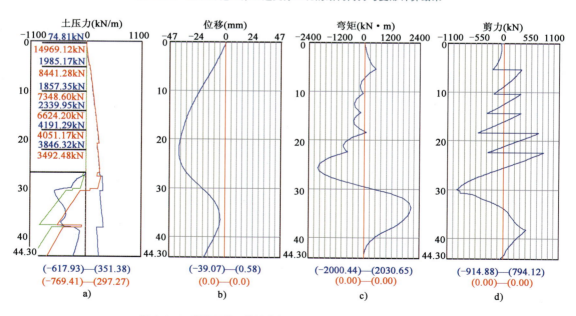

图 4.2-4　基坑开挖至基坑底部工况的结构内力与变形计算结果

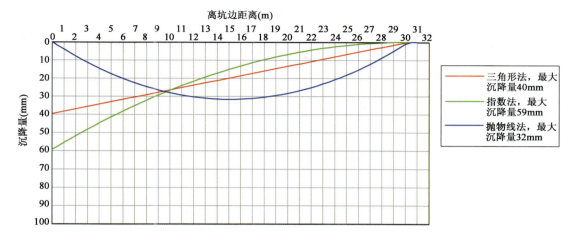

图 4.2-5 地表沉降计算结果

根据《混凝土结构设计规范》(GB 50010—2010)对地下连续墙断面进行承载能力计算和裂缝控制验算,认为地下连续墙断面尺寸合理,含钢量适中,最大变形满足周边环境控制要求,各道支撑受力合理,断面尺寸满足结构要求。

综合考虑工程实践经验、现场周围环境、地质条件、施工方法等因素,确定合理的围护结构插入深度,并按有关的基坑工程设计规定进行基坑的整体稳定性和基底抗隆起验算,计算简图如图 4.2-6、图 4.2-7 所示。

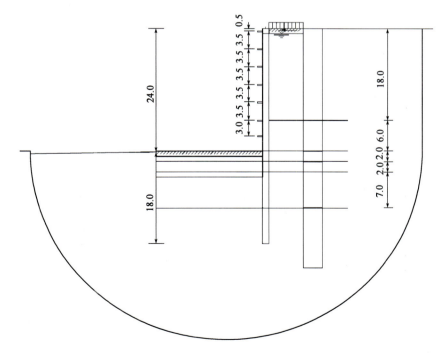

图 4.2-6 基坑整体稳定验算简图(尺寸单位:m)

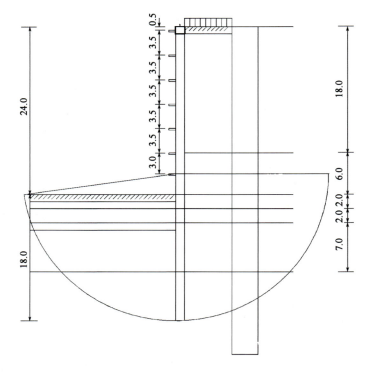

图 4.2-7　基底抗隆起验算简图(尺寸单位:m)

计算结果如下：
(1)基坑整体稳定安全系数：$K_{s1}=1.423>1.1$。
(2)基坑抗倾覆安全系数：$K_{s2}=1.485>1.2$。
(3)基底抗隆起安全系数：$K_{s3}=1.425>1.35$。

验算结果显示，基坑的各项稳定性安全系数均可满足基坑开挖的稳定性要求。

4.2.2　南岸盾构井主体结构设计

1)结构体系布置

工作井的结构形式为地下矩形空间箱形结构，如图 4.2-8 所示，工作井的平面外包尺寸为 49.9m×25.0m，施工场地平整后高程为 1.5m，底板埋深约为 26m。盾构始发处井壁开孔，开洞直径为 15.35m。工作井平面尺寸大，长宽比约为 2:1，且工作井壁两个盾构开孔较大。

如此大跨度盾构工作井在结构施工中，以及支撑凿除后的整体安全稳定存在一定风险，而"内衬挂壁逆筑法"工艺可以提高结构的整体稳定性，较为有效地控制结构变形。

在满足工作井内盾构施工要求的前提下，应着重考虑工作井使用阶段的功能要求，并结合工作井围护支撑体系的布置，沿工作井深度方向布置顶框架和中框架。沿工作井纵向设置两道中隔墙，根据功能要求中隔墙适当开孔后从底板延伸至顶板，将工作井分隔为四个近似正方形的空间，减小了工作井侧墙的横向跨度，可大大改善工作井的空间受力性能。沿工作井竖向在内衬墙内设置暗柱(梁)，构成竖向框架体系。

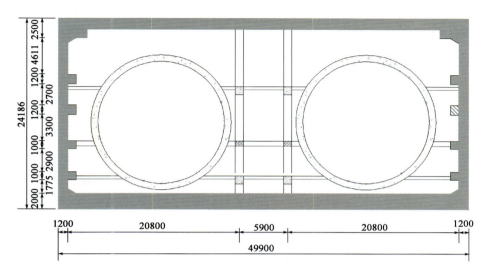

图 4.2-8　盾构工作井断面示意图(尺寸单位:mm)

在盾构掘进阶段,顶框架、中框架、侧墙、底板、中隔墙这些主要的结构构件形成稳定的空间箱形受力体系,顶框架梁断面 1200mm×2500mm,中框架梁断面 2500mm×3500mm,第 3~6 道框架梁断面 1000mm×2200mm,底板厚 2000mm,中隔墙厚 1000mm,纵向内衬墙厚 1200mm,横向内衬墙厚 1200mm。框架内力分析时,内衬墙与地下连续墙按叠合墙考虑,地下连续墙作为内部结构的一部分参与工作井结构的整体受力分析。在工作井横向内衬墙上预留两个 $\phi 15.35$m 圆洞和两个矩形洞,以供连接盾构隧道和明挖暗埋段隧道之用。使用阶段工作井内布置车道层板,烟道转换层层板,结构顶板以及(承重)隔墙、楼梯、电梯井等,满足使用功能要求及结构安全。

2)计算参数和计算工况

(1)初步拟定的计算参数如下:

①墙外侧向土压力采用静止土压力公式计算:盾构施工阶段,黏性土采用水土合算,砂性土采用水土分算;使用阶段均采用水土分算。

②地面超载:盾构机吊装阶段,按 $75kN/m^2$ 考虑,使用阶段考虑地面交通车辆超载及绿化等按 $20kN/m^2$ 考虑。

③地下水位:按设计地面下 0.5m 考虑。

④基底抗力:采用只能承受压力的竖向弹簧模拟基底土体的抗力,基坑墙内被动土抗力采用水平弹簧模拟。

(2)初步拟定的计算工况如下:

①施工阶段井壁不开洞——内衬墙、各道水平框架、中隔墙及竖向框架回筑完成,底板设泄水孔,仅考虑重力作用工况。

②施工阶段井壁开洞——盾构进洞后的整个盾构掘进阶段,底板设泄水孔,仅考虑重力作用工况。

③使用阶段井壁开洞——井内顶板、烟道转换层板、车道层板等及顶板上覆土和上部结构

逐步完成,底板泄水孔封闭,考虑重力作用和水压力作用两个工况。

3)计算结果

工作井内部结构计算采用 MIDAS 有限元分析软件进行了平面二维和空间三维有限元数值模拟分析,采用板壳单元来模拟内衬墙和底板,三维梁单元来模拟横撑与斜撑,竖向弹簧单元来模拟底板与土体的作用,如图 4.2-9 所示。

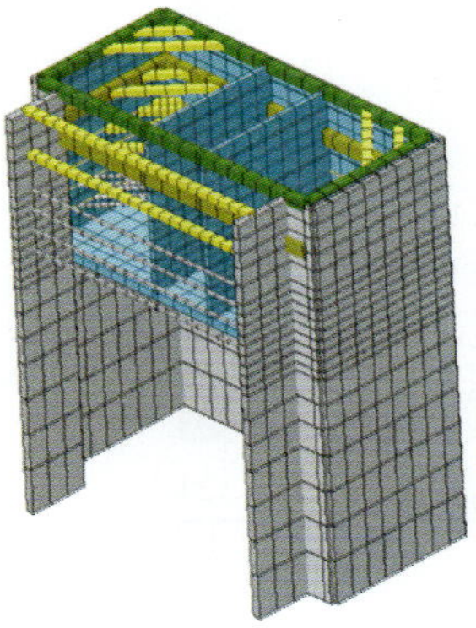

采用不同方法(荷载—结构法和地层—结构法)对工作井内部结构进行内力计算,通过对比、分析各种方法的计算结果,然后进行结构构件的配筋计算。部分计算结果如图 4.2-10 ~ 图 4.2-17 所示。

根据地层—结构法与荷载—结构法内力计算结果,选择最不利荷载组合进行截面配筋计算。可以得到如下基本结论。

(1)地下连续墙变形:地下连续墙的最大水平变形出现在工作井的中下部,且在盾构工作井自上往下开挖过程中变化最快,计算得到的墙体最大水平变形为 4.93cm。经验算地下连续墙的水平变形满足设计规范的要求。

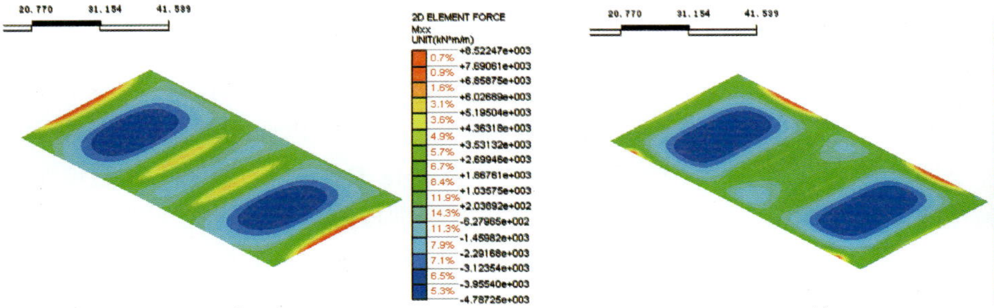

图 4.2-9 计算模型图

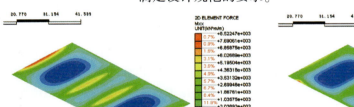

图 4.2-10 底板承载能力极限状态横向与纵向弯矩图

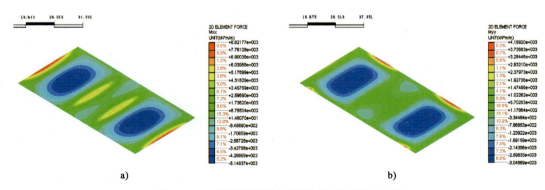

图 4.2-11 底板地震作用极限状态横向与纵向弯矩图

(2)地下连续墙内力:由于工作井的跨度较大,地下连续墙在施工过程中,除了承受较大的竖向弯矩之外,还将承担一定的水平弯矩,其最大的竖向弯矩值为 2003kN·m,最大的水平弯矩为 1720kN·m。地下连续墙的配筋率满足工程设计施工规范要求。

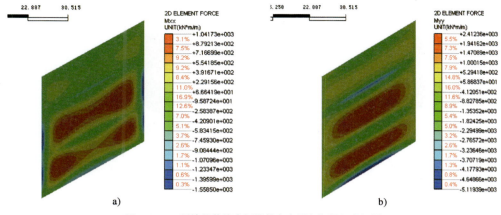

图 4.2-12 侧墙承载能力极限状态水平向与竖向弯矩图

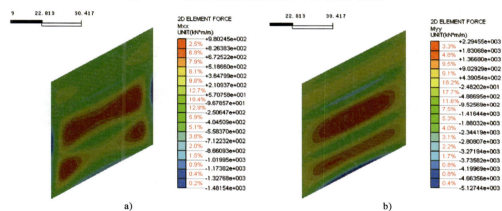

图 4.2-13 地震作用状态侧墙水平向与竖向弯矩图

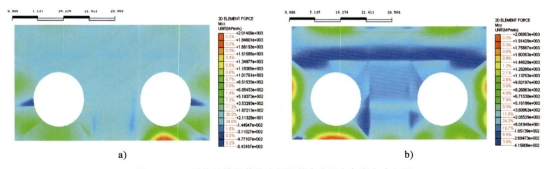

图 4.2-14 盾构端墙承载能力极限状态水平向与竖向弯矩图

(3) 支撑内力:支撑主要承受轴向压应力,最大的轴力出现在拆撑过程中,其最大值为 107500kN。从支撑的弯矩分布来看,支撑的弯矩在施工过程中逐渐增大,最大值出现在支撑的端部,其最大值为 820kN·m。支撑的配筋率满足工程设计施工规范要求。

(4) 环梁(围檩)弯矩:第 1 道和第 2 道环梁(围檩)在整个施工过程中都承担了较大的弯矩,第 2 道环梁(围檩)的弯矩最大值出现在明挖段与工作井相交的处,其最大值为 30680kN·m。圈梁的配筋率满足工程设计施工规范要求。

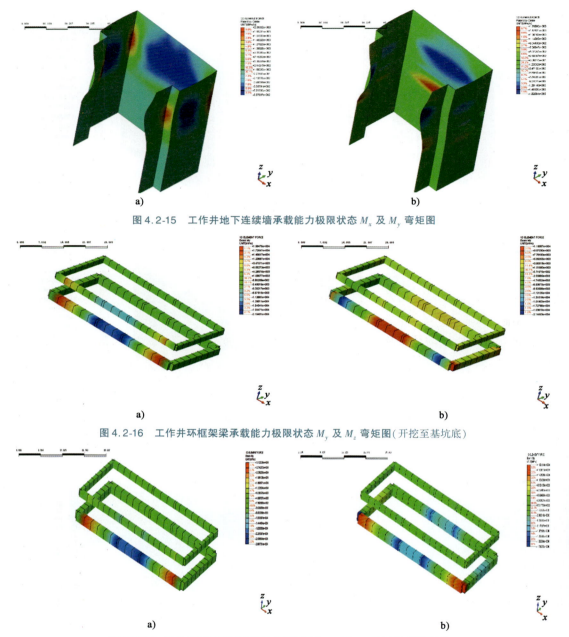

图4.2-15 工作井地下连续墙承载能力极限状态 M_x 及 M_y 弯矩图

图4.2-16 工作井环框架梁承载能力极限状态 M_y 及 M_z 弯矩图(开挖至基坑底)

图4.2-17 工作井环框架梁承载能力极限状态 M_y 及 M_z 弯矩图(拆除斜撑)

(5)底板内力:底板的弯矩在与盾构破墙面相交的位置以及与明挖段相交的位置有明显的集中,纵向最大弯矩为8412kN·m,横向最大弯矩为3658kN·m。底板的配筋率满足工程设计施工规范要求。

(6)内衬墙内力:盾构破墙面墙体在盾构破墙处有明显的应力集中,其最大主应力为2.6MPa,短侧墙在墙体与明挖段连接处有明显的应力集中,其最大主应力为1.7MPa,中隔墙在墙体与盾构破墙面连接处、墙体与明挖段连接处有明显的应力集中,其最大主应力为

1.4MPa。内衬墙的配筋率满足工程设计施工规范要求。

综合现行规范对各构件承载力极限状态和正常使用极限状态的横断面进行验算,各断面尺寸合理,配筋情况满足规范要求,裂缝宽度满足控制标准。

4)抗浮设计

南岸工作井底板位于中粗砂层中,且考虑在盾构施工阶段,内部结构楼板尚未完成,抗浮不能满足要求,故必须采取抗浮措施。综合考虑南岸始发工作井施工周期长,结构安全等级高,为利于安全,采用抗浮桩进行抗浮设计。待工作井完成各层楼板、隔墙、楼梯等结构,且根据建筑设计风塔不设置在始发井处,工作井顶部可回填至海底面高程处(填土厚度较大),不计入地下连续墙的侧壁摩阻力作用,经计算抗浮安全系数大于1.05,可满足抗浮要求。

4.2.3 北岸盾构井围护结构设计

1)工程概况

北岸工作井位于华侨公园东南角,设计里程为EK3+760~EK3+790,工作井的平面外包尺寸为48.1m,场地高程约为3.8m,底板高程约为-28.73m。在施工阶段,工作井作为盾构的接收井应满足盾构接收功能要求。后期盾构井上方需设置风机房,即施工阶段一期施工盾构井,二期施工风机房。

根据接收井所处的环境及开挖深度,基坑安全等级确定为一级,围护结构及地面变形控制指标为:坑外地表最大沉降量不大于2‰H_0及30mm,围护墙最大水平位移量不大于2‰H_0及30mm(H_0为基坑开挖深度),变形速率均为3mm/d。

北岸上段土层由上至下分别为:①$_1$填筑土、②$_1$淤泥、②$_2$淤泥质土、②$_4$粉细砂、③$_1$粉质黏土、③$_4$中粗砂、④$_2$淤泥质土、④$_4$中粗砂及基岩层。基坑深度范围内主要为①$_1$填筑土、②$_1$淤泥、②$_2$淤泥质土、②$_4$粉细砂、③$_1$粉质黏土,基底大部分位于②$_1$淤泥和②$_2$淤泥质土,部分处于①$_1$填筑土和②$_4$粉细砂。

2)围护结构设计

盾构井基坑深度达32.5m,存在较厚的淤泥地层,侧压力较大,且距离海岸线较近,地下水位较高,故采用"地下连续墙围护结构+工字钢接头"的围护结构,止水效果较佳,渗漏现象较少,能够较好地保证施工期间的基坑安全。通过理正深基坑计算结果,连续墙嵌固深度为35m。根据以往经验,淤泥地层施工连续墙易塌槽,故增加连续墙防塌槽措施,拟在连续墙两侧采用直径650mm(咬合150mm)搅拌桩加固,根据广东地区工程经验,淤泥地层连续墙成槽时塌槽深度集中在约10m深度范围,故汕头海湾隧道加固深度按15m控制。

围护结构分两期实施,一期施工盾构井,二期施工东侧风机房基坑。综合考虑围护结构受力及拆除的便捷性,接收井围护结构采用1200mm厚地下连续墙,竖向设置8道支撑,均采用1m撑,均为钢筋混凝土支撑。其中,第1道、第3道支撑分别设置在第1道、第2道环框梁位置。混凝土支撑水平间距6m左右,考虑工作井与明挖暗埋段同步施作,故其支撑采用斜撑形式,中间设置临时中立柱,中立柱采用460mm×460mm格构柱,柱下采用直径1500mm的钻孔桩,钢腰梁采用双榀I45c工字钢。

东侧风机房采用1000mm厚地下连续墙,竖向设置2道支撑,均采用0.6m×0.6m钢筋混凝土支撑,中立柱的设置与盾构井基坑一致。

其典型围护结构横剖面如图 4.2-18 ~ 图 4.2-20 所示。

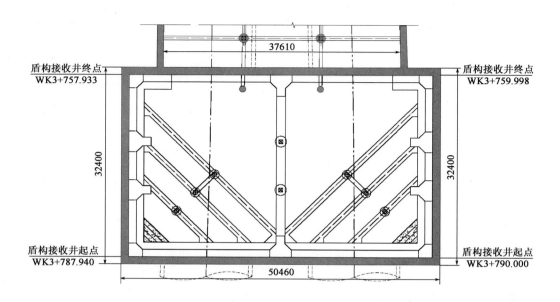

图 4.2-18　盾构接收井混凝土支撑平面布置示意图(第 1 道撑)(尺寸单位:mm)

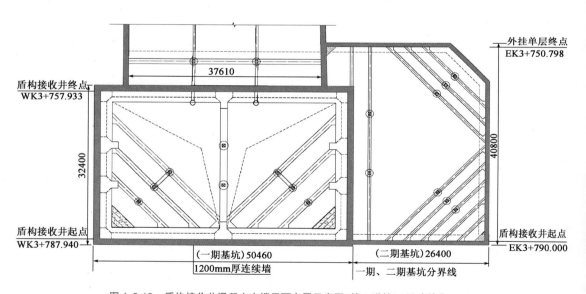

图 4.2-19　盾构接收井混凝土支撑平面布置示意图(第 2 道撑)(尺寸单位:mm)

3)结构稳定性计算结果

施工阶段围护结构的计算按平面应变问题考虑,沿纵向取单位长度,根据开挖工况按竖向弹性地基梁进行计算。基坑围护结构设计采用理正深基坑支护结构软件进行计算,按"先变形、后支撑"的原则,采用"增量法"原理分阶段进行结构分析及稳定性计算。计算结果如图 4.2-21、图 4.2-22 所示。

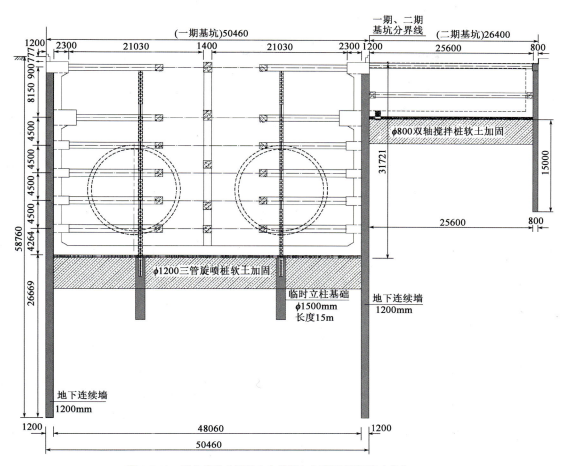

图 4.2-20　盾构接收井混凝土支撑竖向布置示意图（尺寸单位：mm）

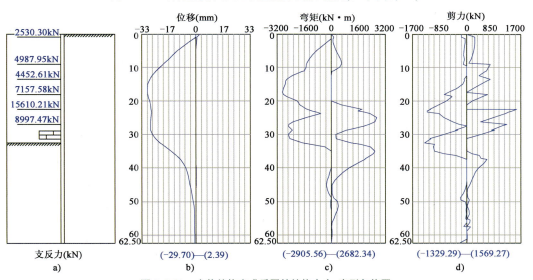

图 4.2-21　主体结构完成后围护结构内力、变形包络图

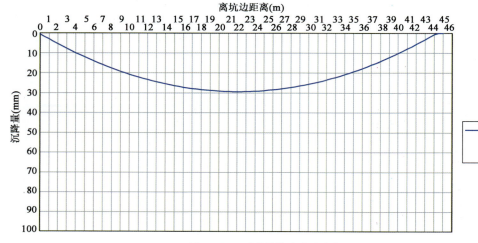

图 4.2-22 主体结构完成后地表沉降值

由以上结果可知：
(1)支护结构最大水平位移29.7mm，小于30mm，满足要求。
(2)最大地表沉降(抛物线法)29mm，小于30mm，满足要求。
基坑开挖设计内力值及配筋见表4.2-3、表4.2-4。

基坑结构内力值 表4.2-3

内力类型	弹性法计算值	经典法计算值	内力设计值	内力实用值
基坑内侧最大弯矩(kN·m)	2905.56	16863.23	3395.88	3395.88
基坑外侧最大弯矩(kN·m)	2682.34	21369.13	3134.99	3134.99
最大剪力(kN)	1588.12	2079.94	1985.15	2183.66

基坑结构配筋 表4.2-4

选筋类型	级别	钢筋实配值	实际配筋[计算]面积(mm²)
基坑内侧纵筋	HRB400	⌀36@100	10179[8886]
基坑外侧纵筋	HRB400	⌀36@100	10179[8886]
水平筋	HRB400	⌀18@200	565
拉结筋	HPB300	φ14	283

稳定性计算结果：
(1)整体稳定安全系数：$K_{s1}=1.598$，满足要求。
(2)抗倾覆最小安全系数：$K_{s2}=2.544>1.250$，满足规范要求。
(3)抗隆起验算：$K_{s3}=2.314>2.2$，满足规范要求。

4.2.4 北岸盾构井主体结构设计

1)断面设计

北岸盾构接收井位于中山东路以北、天山南路以西的绿化带位置，平面尺寸为48.1m×

30m,从上到下设置两道环框梁,第一道环框梁尺寸1800mm,第二道环框梁尺寸2500mm,侧墙厚度为1200mm,底板厚度为1500mm,结构布置图如图4.2-23~图4.2-26所示。

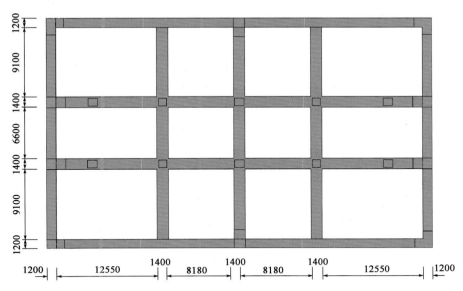

图4.2-23 盾构接收井底板结构平面布置图(尺寸单位:mm)

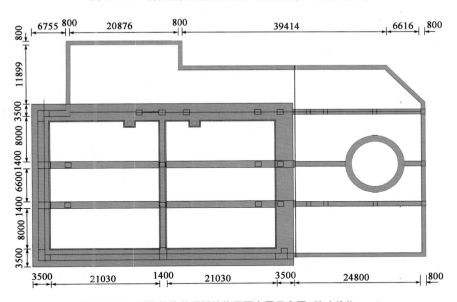

图4.2-24 盾构接收井顶板结构平面布置示意图(尺寸单位:mm)

2)结构计算

计算断面为北岸盾构接收井断面结构,对应的地面高程为+3.760m,结构顶部高程为+2.983m,结构底部高程为-28.331m,埋深32.491m。地下连续墙与盾构井侧墙考虑重合墙进行计算。

结构计算模型取断面每延米的结构中心线处,其断面计算简图如图4.2-27所示。

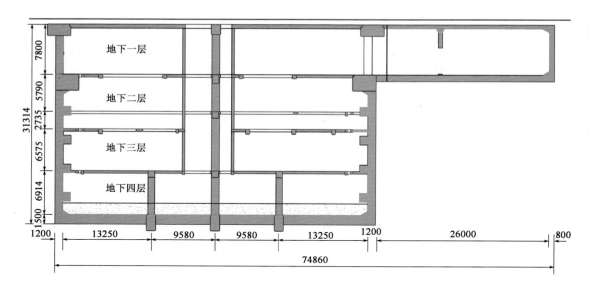

图 4.2-25　盾构接收井结构立面示意图(尺寸单位:mm)

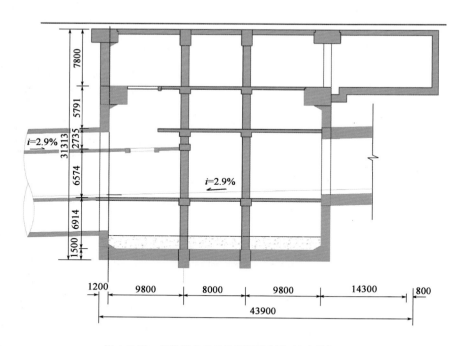

图 4.2-26　盾构接收井结构侧面示意图(尺寸单位:mm)

根据承载能力极限状态与正常使用极限状态的弯矩、轴力、剪力计算结果,绘制控制配筋点的弯矩、剪力及轴力图,分别如图 4.2-28～图 4.2-30 所示。

根据以上计算结果,整理配筋见表 4.2-5。

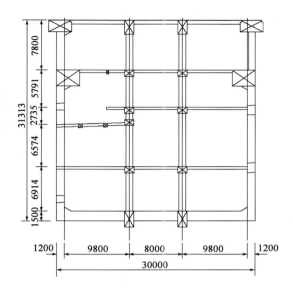

图4.2-27 盾构接收井主体结构计算简图(尺寸单位:mm)

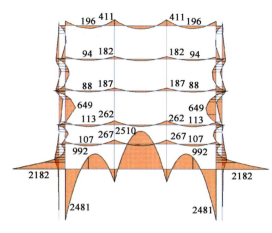

图4.2-28 正常使用极限状态(弯矩,kN·m)

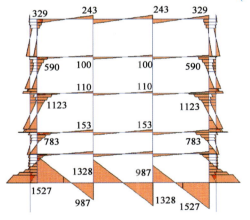

图4.2-29 正常使用极限状态(剪力,kN)

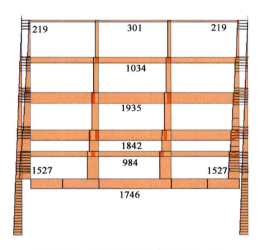

图4.2-30 承载能力极限状态(轴力,kN)

正常使用极限状态最大弯矩控制配筋表(每延米)　　　　表4.2-5

构件尺寸(mm×mm)	部 位	弯矩(kN·m)	轴力(kN)	配筋	裂缝宽度(mm)
侧墙(1000×1200)	支座处	2187	1504	15Φ32	0.198
	跨中	655	622	10Φ32	0.034
顶板(1000×800)	支座处	411	270	10Φ25	0.060
	跨中	196	270	10Φ25	0.024
负一层板(1000×400)	支座处	182	710	6.67Φ25	0.070
	跨中	94	710	6.67Φ25	0.015

续上表

构件尺寸(mm×mm)	部 位	弯矩(kN·m)	轴力(kN)	配筋	裂缝宽度(mm)
负二层板 (1000×400)	支座处	187	984	6.67 ϕ 25	0.044
	跨中	88	984	6.67 ϕ 25	0.023
负三层板 (1000×400)	支座处	262	1289	6.67 ϕ 25	0.132
	跨中	113	1289	6.67 ϕ 25	0.056
负四层板 (1000×400)	支座处	267	688	6.67 ϕ 25	0.180
	跨中	107	688	6.67 ϕ 25	0.087
底板 (1000×1500)	支座处	2481	1222	15 ϕ 32	0.143
	跨中	2510	1222	10 ϕ 32	0.285

注：轴力取计算值的0.7倍。

3) 抗浮设计

使用阶段按最不利荷载组合计算，垂直荷载仅考虑结构自重，地下水位按抗浮最不利水位计。经计算，盾构井及风机房永久阶段不能满足抗浮要求，需采取抗浮措施。对不满足抗浮要求地段底板采用抗拔桩作为结构抗浮措施。对于经计算能满足抗浮要求的地段，为保证施工期安全，应进行基坑施工期底部降水。

4.3 岸上段结构设计

4.3.1 南岸岸上段围护结构设计

1) 工程概况

基坑围护结构根据不同地质、不同开挖宽度、深度和不同支护型式进行施工阶段划分。正常断面处基坑开挖宽度为22.5~26.2m不等，开挖深度为1.9~16.5m不等。基坑侧壁安全等级为一、二级不等。

岸上明挖范围内的土层除表层的杂填土外，下部主要为$②_1$淤泥、$②_2$淤泥质土、$②_4$粉细砂、$③_1$粉质黏土、$③_2$淤泥质土、$③_4$中粗砂、$⑤_1$和$⑤_2$砂质和砾质黏土、$⑥_1$全风化花岗岩、$⑥_{21}$、$⑥_{22}$强风化花岗岩和$⑥_3$中风化花岗岩。该段淤泥层厚度大，厚度3~22m，具高含水率、大孔隙比、高压缩性、低强度的工程特性，施工开挖易导致基坑变形、边坡失稳，地面沉降，甚至造成地面塌陷。

2) 围护结构设计

经计算分析，设计采用如下支护形式。

(1) 海中围堰内基坑围护结构设计

围堰内围护结构采用800~1000mm厚地下连续墙，墙顶设置800(1000)mm×1000(1200)mm钢筋混凝土冠梁，竖向设置1~7道支撑(按不同基坑开挖深度而定)，基坑采用顺筑法施工，基坑第1、2道支撑采用钢筋混凝土支撑，其余支撑采用ϕ609mm(壁厚16mm)的钢管撑。为了增加钢支撑稳定性,在基坑中部增设临时中立柱。

(2)围堰外(岸上段)基坑围护结构设计

深度大于9.8m的基坑,采用1000mm地下连续墙作为围护结构,墙顶设置1000mm×1200mm钢筋混凝土冠梁,第1、2道支撑采用钢筋混凝土支撑,截面尺寸800mm×1000mm,纵向间距为7m。下部的水平支撑采用φ609mm(壁厚16mm)的钢管撑,沿线路纵向支撑间距为3m。水平支撑通过双拼H型钢围檩支撑到地下连续墙。为了增加钢支撑稳定性,在基坑中部增设临时中立柱。对于深度小于4.8m的地段,采用SMW桩支护,采用φ850mm@600mm的SMW工法桩作为围护结构,型钢根据基坑深度采用"隔一插一"的形式布置,桩顶设置800mm×1200mm的钢筋混凝土冠梁;对于开挖深度小于3.2m的地段,采用水泥土墙(水泥搅拌桩)。

当基坑底部位于软土地基时,根据地基承载力等相关要求,需要对基底进行加固。同时,如果地下连续墙底位于淤泥层时,由于淤泥承载力较低,会导致已浇筑的地下连续墙产生不均匀沉降。因此需要在地下连续墙中预留注浆管,待地下连续墙成墙且混凝土达到一定强度后,开始进行墙底加压注浆,以提高地下连续墙底地层的承载力,有效防止地下连续墙的不均匀沉降。

暗埋段及敞开段典型围护结构断面如图4.3-1~图4.3-4所示。南岸围护结构形式统计汇总见表4.3-1。

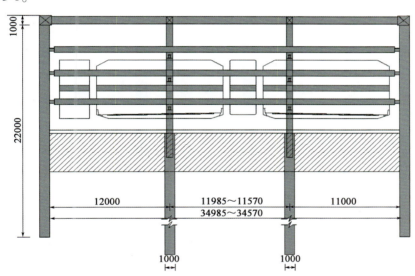

图4.3-1 暗埋段围护结构典型断面示意图1(尺寸单位:mm)

南岸围护结构形式汇总表   表4.3-1

里　　程	基坑深度(m)	竖向支撑道数及类型	支护类型
EK6+980.4 ~ EK6+994.4	15.2~14.8	2道混凝土支撑+2道钢支撑	1000mm地下连续墙
EK6+994.4 ~ EK7+015	14.8~14.3	2道混凝土支撑+2道钢支撑	1000mm地下连续墙
EK7+015 ~ EK7+045	15.4~13.2	2道混凝土支撑+2道钢支撑	1000mm地下连续墙
EK7+045 ~ EK7+075	13.2~12.2	1道混凝土支撑+3道钢支撑	1000mm地下连续墙

续上表

里　程	基坑深度(m)	竖向支撑道数及类型	支　护　类　型
EK7+075～EK7+165	12.2～9.6	1道混凝土支撑+2~3道钢支撑	1000mm 地下连续墙
EK7+165～EK7+225	10.9～9.1	1道混凝土支撑+2道钢支撑	1000mm 地下连续墙
EK7+225～EK7+250	9.1～10.6	1道混凝土支撑+2道钢支撑	1000mm 地下连续墙
EK7+250～EK7+300	10.6～9.8	1道混凝土支撑+2道钢支撑	1000mm 地下连续墙
EK7+300～EK7+350	9.8～6.4	1道混凝土支撑+1道钢支撑	800mm 地下连续墙
EK7+350～EK7+400	6.4～4.8	1道混凝土支撑+1道钢支撑	800mm 地下连续墙
EK7+400～EK7+450	4.8～3.2	1道混凝土支撑	ϕ850mmSMW 工法桩
EK7+450～EK7+500	3.2～1.9	—	水泥土墙
EK7+500～EK7+550	小于1.9	—	水泥土墙

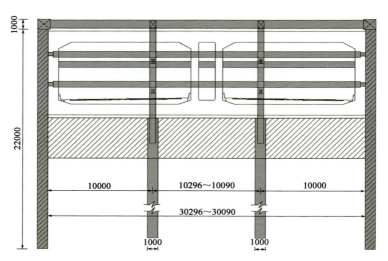

图 4.3-2　暗埋段围护结构典型断面示意图2(尺寸单位:mm)

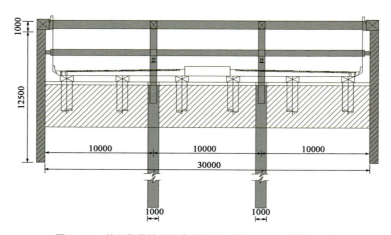

图 4.3-3　敞开段围护结构典型断面示意图1(尺寸单位:mm)

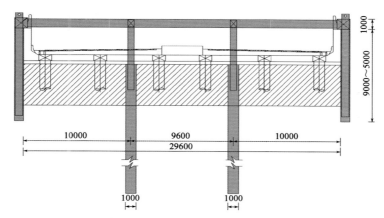

图 4.3-4　敞开段围护结构典型断面示意图2(尺寸单位:mm)

施工阶段地下连续墙的计算按平面应变问题考虑,沿纵向取单位长度,根据开挖工况按竖向弹性地基梁进行计算。基坑围护结构设计采用理正深基坑支护结构软件进行计算,按"先变形、后支撑"的原则,采用"增量法"原理分阶段进行结构分析及稳定性计算。

4.3.2　南岸岸上段主体结构设计

根据建筑及总体布置安排,并按技术、经济及施工工期方面的综合比选,暗埋段结构形式采用三孔框架结构,如图 4.3-5、图 4.3-6 所示,单孔最大跨度 12.65m,整幅宽度最大为 40.246m。敞开段典型主体结构断面如图 4.3-7 所示。

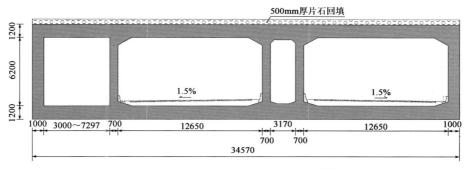

图 4.3-5　常规暗埋段典型断面示意图1(尺寸单位:mm)

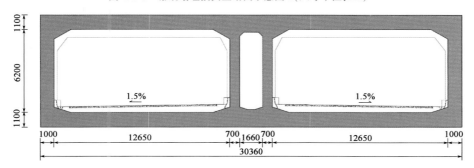

图 4.3-6　常规暗埋段典型断面示意图2(尺寸单位:mm)

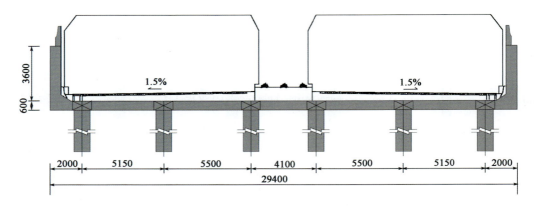

图 4.3-7　敞开段典型主体结构示意图(尺寸单位:mm)

4.3.3　北岸岸上段围护结构设计

1)工程概况

北岸岸上段隧道结构自盾构接收井终点里程向北斜穿龙湖沟,下穿中山东路,进入天山南路西侧绿化带,下穿长平东路后,沿天山南路向北延伸,直至明挖敞开段接地点 EK2+250,EK2+200~EK2+250 为地面道路段。中山东路以南隧道结构处于龙湖沟底,施工时将龙湖沟全部回填,中山东路以北隧道结构部分侵入西侧龙湖沟范围,施工时龙湖沟范围结构需将龙湖沟部分回填。主体结构安全等级为一级,结构形式分为:两孔一管廊(部分顶部空箱)形式、标准两孔箱涵及 U 形槽段。岸上段基坑最大深度 25m,基坑安全等级为一、二级,对于一级基坑,围护结构及地面变形控制指标为:坑外地表最大沉降量≤H_0,围护墙最大水平位移量≤H_0(H_0 为基坑开挖深度),变形速率均为 3mm/d。

北岸岸上段土层由上至下分别为:①$_1$ 填筑土、②$_1$ 淤泥、②$_2$ 淤泥质土、②$_4$ 粉细砂、③$_1$ 粉质黏土、③$_4$ 中粗砂、④$_1$ 淤泥质土、④$_3$ 中粗砂及基岩层。基坑深度范围内主要为①$_1$ 填筑土、②$_1$ 淤泥、②$_2$ 淤泥质土、②$_4$ 粉细砂、③$_1$ 粉质黏土,基底大部分位于②$_1$ 淤泥和②$_2$ 淤泥质土,部分处于①$_1$ 填筑土和②$_4$ 粉细砂。

2)围护结构设计

北岸岸上段围护结构采用 1.0m 地下连续墙、0.8m 地下连续墙及 ϕ850mmSMW 工法桩三种支护形式。基坑深度大于 17m 时采用 1.0m 地下连续墙,基坑深度介于 12~17m 时采用 0.8m 地下连续墙,基坑深度小于 12m、大于 2.5m 时采用 ϕ850mmSMW 工法桩,基坑深度小于 2.5m 时采取 1:2 放坡开挖。其中,连续墙嵌固深度为 0.9h~1.0h,SMW 工法桩嵌固深度 1.0h~1.2h,h 为基坑深度。

岸上明挖段连续墙不考虑用作永久构件,故地下连续墙作为临时构件采用水下 C30 混凝土可满足要求;SMW 工法桩所用型钢采用 700mm×300mm×13mm×24mm。

由于工程范围内软土层较厚,承载力较低,故连续墙底需要进行注浆加固,拟在每幅连续墙内预留两根注浆导管,连续墙施工完成后进行底部注浆,每根导管注浆所用水泥量约为 3t。根据以往经验,淤泥地层施工连续墙易塌槽,故增加连续墙防塌槽措施,拟在连续墙两侧采用直径650mm(咬合150mm)搅拌桩加固,加固深度为15m。

内支撑采用混凝土支撑、钢支撑两种形式,第1道采用混凝土支撑(0.8m×0.8m),较深基坑隧道顶板以上设置1道混凝土撑(1m×1.2m),其余采用 ϕ609mm 钢管支撑。根据基坑宽度设置中立柱及连系梁,中立柱采用460mm×460mm格构柱,柱下采用直径1000mm的钻孔桩。支撑间采用I63c双榀工字钢连系梁,钢腰梁采用双榀I45c工字钢。基坑围护结构设计如图4.3-8~图4.3-10所示。

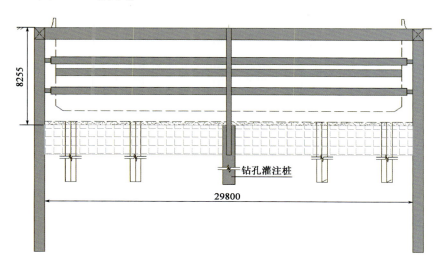

图4.3-8 岸上段围护结构横断面示意图1(尺寸单位:mm)

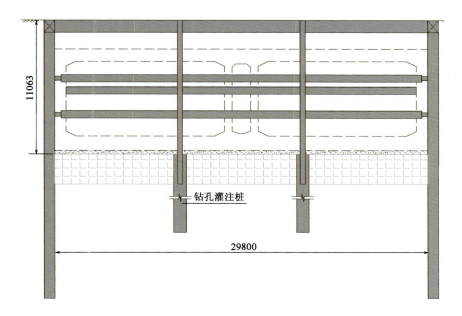

图4.3-9 岸上段围护结构横断面示意图2(尺寸单位:mm)

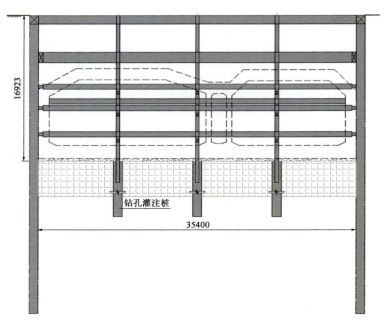

图4.3-10 岸上段围护结构横断面示意图3(尺寸单位:mm)

3)计算结果

施工阶段围护结构的计算按平面应变问题考虑,计算原理及方法与南岸围护结构计算相同。

(1)1.0m厚地下连续墙段计算

计算时考虑主体结构浇筑的影响,直至主体结构浇筑完成,基坑深度为25m。

主体结构施工结束后围护结构内力、变形包络图如图4.3-11所示,主体结构完成后地表沉降值如图4.3-12所示。

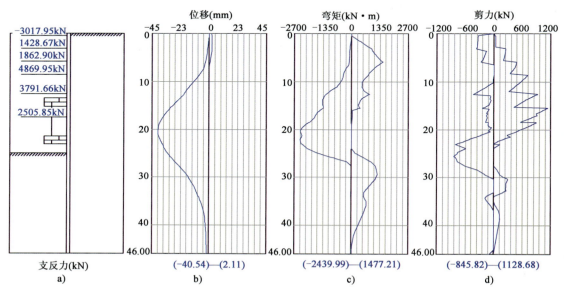

图4.3-11 主体结构完成后围护结构内力、变形包络图

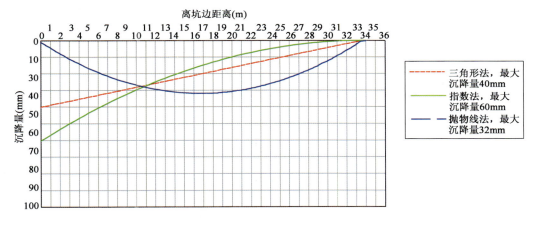

图 4.3-12 主体结构完成后地表沉降值

由以上结果可知：

① 支护结构最大水平位移为 40.54mm，小于 $0.2‰H_0 = 50$mm，满足要求。

② 最大地表沉降（抛物线法）为 32mm，小于 $0.2‰H_0 = 50$mm，满足要求。

③ 基坑开挖围护结构设计内力值、配筋计算及取值见表 4.3-2、表 4.3-3。

围护结构设计内力计算结果及取值　　　　　　　　　　　　　　表 4.3-2

内力类型	弹性法计算值	经典法设计值	内力实用值	内力实用值
基坑内侧最大弯矩（kN·m）	2439.99	2589.64	2851.73	2851.73
基坑外侧最大弯矩（kN·m）	1477.21	1959.50	1726.49	1726.49
最大剪力（kN）	1128.68	1189.93	1410.85	1551.93

配筋计算及实配结果　　　　　　　　　　　　　　表 4.3-3

选筋类型	级别	钢筋实配值	实配[计算]面积（mm²）
基坑内侧纵筋	HRB400	⌀36@100	10179[9431]
基坑外侧纵筋	HRB400	⌀36@100	10179[9431]
水平筋	HRB400	⌀18@200	1272
拉结筋	HPB300	⌀14@400	385

稳定性计算结果：

① 整体稳定安全系数：$K_{s1} = 1.237$，满足要求。

② 抗倾覆最小安全系数：$K_{s2} = 2.277 > 1.250$，满足规范要求。

③ 抗隆起验算：$K_{s3} = 26.004 > 2.2$，满足规范要求。

④ 抗管涌验算：$K = 2.536 > 1.5$，满足规范要求。

(2)0.8m厚地下连续墙段计算

计算时考虑主体结构浇筑的影响,直至主体结构浇筑完成,基坑深度为16.2m。

主体结构施工结束后围护结构内力、变形包络图如图4.3-13所示,主体结构完成后地表沉降值如图4.3-14所示。

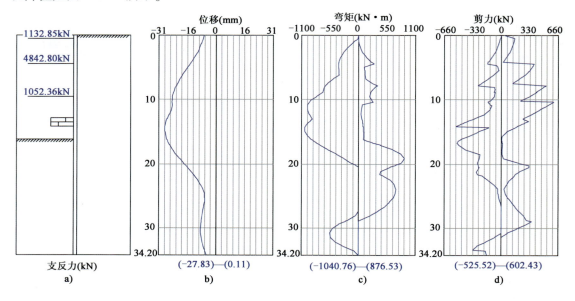

图4.3-13 主体结构完成后围护结构内力、变形包络图

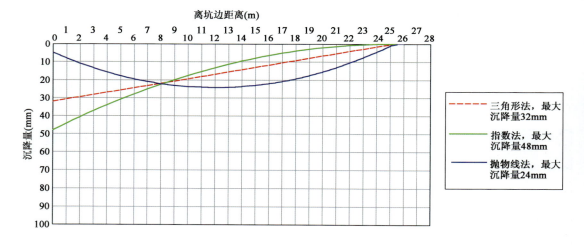

图4.3-14 主体结构完成后地表沉降值

由以上结果可知:

①支护结构最大水平位移为27.83mm,小于$0.2‰H_0=32.4$mm,满足要求。

②最大地表沉降(抛物线法)为24mm,小于$0.2‰H_0=32.4$mm,满足要求。

③基坑开挖围护结构设计内力值、配筋计算及取值见表4.3-4、表4.3-5。

围护结构设计内力计算结果及取值 表4.3-4

内力类型	弹性法计算值	经典法计算值	内力设计值	内力实用值
基坑内侧最大弯矩(kN·m)	1040.77	439.39	1216.39	1216.39
基坑外侧最大弯矩(kN·m)	876.53	443.20	1024.45	1024.45
最大剪力(kN)	602.43	756.56	753.04	828.35

配筋计算及实配结果 表4.3-5

选筋类型	级别	钢筋实配值	实配[计算]面积（mm²/m）
基坑内侧纵筋	HRB400	$\phi 28@100$	6158[5049]
基坑外侧纵筋	HRB400	$\phi 28@100$	6158[5049]
水平筋	HRB400	$\phi 18@200$	1272
拉结筋	HRB400	$\phi 14@400$	385

稳定性计算结果：
①整体稳定安全系数：$K_{s1}=1.834$，满足要求。
②抗倾覆最小安全系数：$K_{s2}=2.457>1.250$，满足规范要求。
③抗隆起验算：$K_{s3}=4.168>2.2$，满足规范要求。
④抗管涌验算：$K=2.492>1.5$，满足规范要求。

4.3.4 北岸岸上段主体结构设计

1) 结构断面设计

盾构接收井主线明挖暗埋段为两孔一管廊形式，中间管廊最大净空宽度为8.5m，向小里程方向宽度逐渐减小，直至渐变为1.5m的标准宽。过中山东路后变为U形槽段，外接C、D平行匝道后，再次入地，以暗埋两孔一管廊形式下穿长平路后出地面，变为U形槽形式，直至埋深约2m时以挡墙形式接地。其中，在近盾构井位置(EK3+751)设置一处防淹门，此处结构外墙外扩7m，长度10m。主线下穿长平路后洞口位置(EK0+070)设置一处雨水泵房及跟随所，雨水泵房内净空尺寸为12m×5m，跟随所内净空尺寸为16m×5m，顶底板厚度为0.7m，侧墙厚度为0.65m，主线下穿长平路暗埋段最低点(EK2+574)设置一处雨水泵房及跟随所，结构尺寸与洞口处相同。A、B匝道洞口位置各设置一处雨水泵房，内净空尺寸为8m×5m。

北岸主体结构部分位于龙湖沟沟底，在此范围内的顶板之上设置0.5m厚浆砌片石保护层，避免主体结构在后期龙湖沟清淤时被损坏。

主体结构形式如图4.3-15~图4.3-17所示。

2) 结构内力计算结果

计算对象为中山东路南侧北岸暗埋段EK3+760处明挖暗埋断面框架结构。地面高程为+3.7711m，隧道顶板高程为-6.5680m，覆土厚度为10.34m，底板高程为-14.9613m，标准段底板高程为-20.9680m。

结构计算模型取结构中心线矩形框架结构，其断面计算简图如图4.3-18所示。

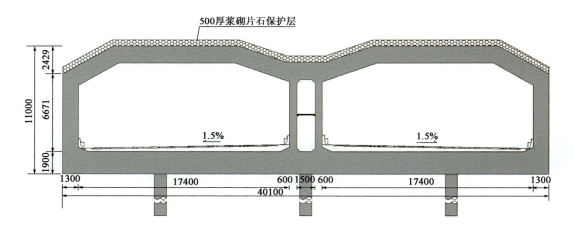

图 4.3-15 岸上段主体结构横断面图 1(尺寸单位:mm)

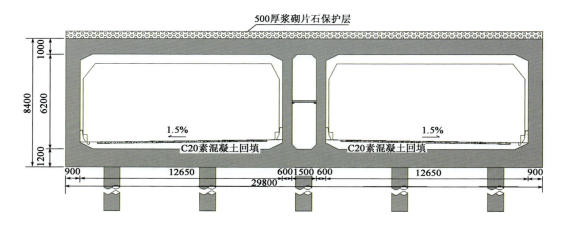

图 4.3-16 岸上段主体结构横断面示意图 2(尺寸单位:mm)

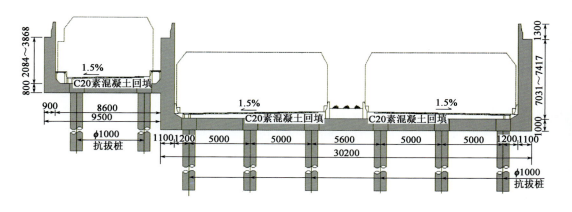

图 4.3-17 岸上段主体结构横断面示意图 3(尺寸单位:mm)

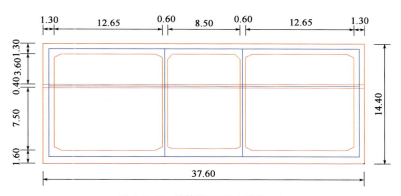

图 4.3-18 计算简图(尺寸单位:m)

根据承载能力极限状态与正常使用极限状态的弯矩、轴力、剪力计算结果,控制配筋点的弯矩、剪力及轴力图分别如图 4.3-19～图 4.3-21 所示。

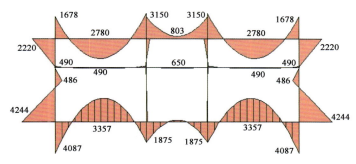

图 4.3-19 正常使用极限状态(弯矩,kN·m)

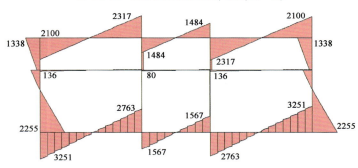

图 4.3-20 正常使用极限状态(剪力,kN)

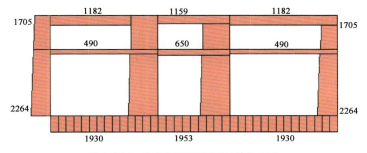

图 4.3-21 正常使用极限状态(轴力,kN)

4.4 隧道防水设计

4.4.1 防水设计原则和等级标准

1）防水设计原则

遵循"以防为主，刚柔结合，多道设防，突出重点，综合治理"的原则，以混凝土结构自防水为根本，衬砌管片接缝、明挖结构施工缝和变形缝为防水重点，加强工作井与隧道接头等特殊部位防水，确保隧道整体防水。

2）防水等级标准

汕头海湾隧道的防水等级为二级。

防水标准为：不允许漏水，结构表面可有少量湿渍；总湿渍面积不应大于总防水面积的 2/1000；任意 100m² 防水面积上得湿渍不超过 3 处，单个湿渍的最大面积不大于 0.2m²；平均渗水量不大于 0.05L/(m²·d)，任意 100m² 防水面积上的渗水量不大于 0.1L/(m²·d)。

4.4.2 盾构段防水设计

1）管片自防水措施

(1) 管片自防水主要从提高管片密实性和管片制作精度两方面的措施来达到。

(2) 隧道管片采用强度等级为 C60 混凝土，抗渗等级不小于 P12，限制裂缝开展宽度≤0.2mm，并不得贯通。

(3) 管片混凝土胶凝材料采用硅酸盐水泥或普通硅酸盐水泥；细集料选用中砂，细度模数为 2.3~2.7；粗集料为 5~35mm 的连续级配碎石；砂率范围 36%~38%；水胶比为 0.28~0.32；胶凝材料最小用量不小于 450kg/m³，胶凝材料最大用量不大于 500kg/m³；坍落度控制在 105mm 左右；掺和料：40%~50% 的 S105 级高炉矿渣微粉，或 30%~40% 的 Ⅰ 级粉煤灰，或混掺适量的优质高炉矿渣和粉煤灰，另添加适量的硅粉，减少水泥用量，降低水胶比，降低渗透性，提高抗侵蚀性能；外加剂为高效的减水剂。

(4) 防水混凝土中各类材料的总碱量(Na_2O)不得大于 3.0kg/m³；氯离子含量不应超过胶凝材料的 0.06%。

(5) 混凝土分层摊铺；采用高频插入式振捣器振捣密实；外弧面手工抹平、压实。

(6) 管片预制需采用水中养护，减少开裂。

(7) 管片混凝土外表面涂刷水泥基渗透结晶型防水涂料，用量 1.5kg/m²。提高管片抗侵蚀性和耐久性。水泥基渗透结晶型防水涂料的有关技术要求应符合《水泥基渗透结晶型防水材料》(GB 18445—2012)的要求；施作工艺及要求需符合产品说明及《聚合物水泥、渗透结晶型防水材料应用技术规程》(CECS 195—2006)的要求。

(8) 管片单块检漏标准：在 0.8MPa 水压下，保持压力不小于 3h，渗水厚度不大于 5cm。

(9) 氯离子扩散系数 D_{RCM}(28d 龄期)小于 $4×10^{-12}$m²/s。

(10) 管片应采用高精度钢模制作，钢模宽度及弧、弦长允许偏差宜为 ±0.4mm。管片应为高精度管片,允许尺寸偏差应符合下列规定:宽度为 ±0.4mm,弧、弦长为 ±0.4mm,厚度为 −1~3mm。螺栓孔直径为 ±1mm。

(11)为防止管片拼装时碰撞引起管片菱角混凝土剥落破坏,在管片拼装前,在管片外侧四个转角处粘贴自黏型橡胶薄板,起到碰撞缓冲作用,保护菱角素混凝土。

2)管片接缝防水

(1)盾构段隧道底板外侧最低高程为 −35.32m,100 年一遇的最高水位高程为 3.85m,结构防水设计最大水头为 39.17m,取 40.0m。

(2)管片接缝防水如图 4.4-1 所示。外缘设置氯丁海绵橡胶条,防止砂土和盾尾油脂进入接缝内;管片内、外侧分别设置一道多孔三元乙丙橡胶弹性密封垫,起到主要防水作用;内缘设置嵌缝槽。

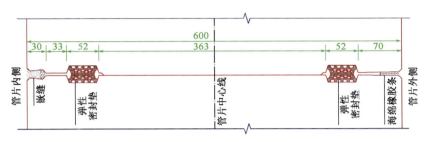

图 4.4-1 管片接缝防水构造示意图(尺寸单位:mm)

(3)由于盾构井与盾构隧道结构形式的差异,容易产生较大的变形,考虑在南北盾构井外侧连续 5 环设置变形缝。变形缝外缘设置氯丁海绵橡胶条,防止砂土和盾尾油脂进入接缝内;管片内、外侧分别设置一道加厚的多孔三元乙丙橡胶弹性密封垫,起到主要防水作用;中部设置丁腈软木缓冲衬垫;内缘设置嵌缝槽。

(4)三元乙丙弹性密封垫是接缝防水的关键,其防水能力主要取决于接触面的应力。汕头海湾隧道弹性密封垫防水按正常工况和地震工况两种工况设计,正常工况下最大张开量根据类似工程经验确定,地震工况下最大张开量根据地震专题成果确定,最大错缝量理论上取决于螺栓和螺栓孔之间的缝隙大小,考虑其他因素并根据工程经验综合确定。汕头海湾隧道采用的弹性密封垫要求的防水性能见表 4.4-1。

弹性密封垫防水性能表　　　　　　　表 4.4-1

工况	最大张开量(mm)	最大错缝量(mm)	远期(100 年)防水能力(MPa)	即时防水能力(MPa)
正常工况	8	10	≥0.40	≥0.80
地震工况	15	10	≥0.40	≥0.65

弹性密封垫接触面的宽度设计成 3 倍错缝量,并综合考虑拼装推力的要求,适当调整后确定。弹性高度按图 4.4-2 和式(4.4-1)确定。

$$\begin{cases} \xi_{max} = \dfrac{h-d}{h} \geq 0.4 \\ \xi_{min} = \dfrac{h-d-\dfrac{\delta}{2}}{h} \geq 0.3 \\ E\xi_{min} \geq \sigma_2 \end{cases} \quad (4.4\text{-}1)$$

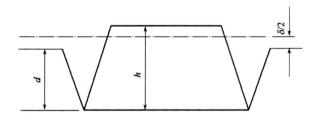

图 4.4-2　管片沟槽与弹性密封垫的压缩关系图

弹性密封垫一般设计成多孔梳形状,为保证弹性密封垫在拼装时能完全压入管片沟槽内,要求管片沟槽面积稍大于弹性密封垫橡胶体的面积,按式(4.4-2)确定开孔面积。

$$A = (1 \sim 1.15)A_0 \quad (4.4\text{-}2)$$

式中:A——管片沟槽面积;

A_0——弹性密封垫橡胶体的面积。

根据上述要求,设计了三种样式的止水带,并分别进行了试验。根据"海湾隧道隧道结构耐久性及抗渗性能专题研究报告"的试验结果,图 4.4-3 所示的三元乙丙弹性密封垫能够满足汕头海湾隧道的防水要求。

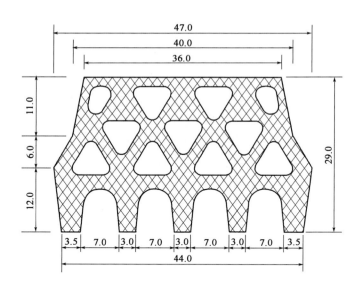

图 4.4-3　管片接缝三元乙丙弹性密封垫详图(尺寸单位:mm)

(5)工作井附近 50 环以及施工中错缝较大地段管片接缝采用聚硫密封胶嵌缝,其余地段管片接缝采用膨胀水泥浆嵌缝。

3)螺栓孔防水

螺栓孔内侧设置遇水膨胀密封圈防水。

4)工作井与盾构井隧道接头防水

工作井与盾构隧道接头采用 C45 补偿收缩钢筋混凝土后浇环框刚性连接,后浇环框与井壁内衬钢板、管片混凝土面之间均设置遇水膨胀橡胶止水条,并在洞门环框中预埋可重复使用注浆管。

5)其他

防水材料及其性能参数除应满足防水的要求外,尚应满足耐久性的相关要求。

4.4.3 明挖段防水设计

1)明挖主体结构自防水措施

(1)以明挖结构混凝土自防水为根本,辅以结构外侧铺设防水卷材全包防水。

(2)北岸混凝土强度等级为C45;南岸混凝土强度等级为C50;结构底板埋深小于30m时,混凝土抗渗等级不低于P10,结构底板埋深大于30m时,混凝土抗渗等级不低于P12。混凝土限制裂缝开展宽度不大于0.2mm,并不得贯通。

(3)混凝土胶凝材料采用硅酸盐水泥或普通硅酸盐水泥;细骨料选用坚硬、抗风化的中粗砂,不得使用海砂;粗集料选用坚固耐久、粒型良好的洁净碎石。最大粒径不宜大于40mm,泵送时最大粒径不得大于输送管直径的1/4,吸水率不得大于1.5%;砂率在38%~40%;不得使用碱活性集料;最大水胶比为0.32;胶凝材料最小用量不小于450kg/m³,胶凝材料最大用量不大于500kg/m³;坍落度控制在120mm左右;掺和料为40%~50%的S105级高炉矿渣微粉,或30%~40%的Ⅰ级粉煤灰,或混掺适量的优质高炉矿渣和粉煤灰,另添加适量的硅粉,减少水泥用量,降低水胶比,降低渗透性,提高抗侵蚀性能;外加剂采用高效的减水剂。

(4)防水混凝土中各类材料的总碱量(Na_2O)不得大于3kg/m³;氯离子含量不应超过胶凝材料的0.06%。

(5)结构底板垫层混凝土强度等级为C20,厚度为200mm。

(6)对于SMW围护结构,应先用喷射混凝土将凹进部分填平,然后采用20mm厚水泥砂浆找平,再铺设自粘型防水卷材。对地下连续墙围护结构,应先将墙面清理干净、整平,再铺设自粘型防水卷材。

(7)顶部防水卷材上面铺设100mm厚的细石混凝土保护层,上面0.5m范围内的填土采用人工填土,避免破坏防水层。

2)纵向施工缝防水

施工缝设中埋式镀锌钢板止水带,并在混凝土接触面涂刷界面剂,增强界面密封,减少开裂。

3)环向施工缝和变形缝防水

(1)环向施工缝设S型中埋式钢边橡胶止水带。

(2)环向变形缝设B型中埋式钢边橡胶止水带,在迎水面加设一道外贴式止水带(顶板为自粘型防水卷材),并在内侧设双组分聚硫密封胶、盲管和不锈钢接水槽(龙湖沟和南岸海中段将不锈钢接水槽换为OMEGA止水带),顶板外侧加设一道密封胶防水。为增加变形缝的抗剪强度,减少两端结构不均沉降,顶板和侧墙变形缝增设剪力杆,底板变形缝设计为凹凸榫槽形式。顶板与底板变形缝防水构造如图4.4-4、图4.4-5所示。

4)抗拔桩桩头防水

抗拔桩桩头涂抹水泥基渗透结晶型防水涂料,桩周抹薄层聚合物水泥防水砂浆,砂浆上覆底板防水卷材,卷材与桩头接触缝用密封胶嵌缝,桩头受力筋用遇水膨胀止水胶包裹。

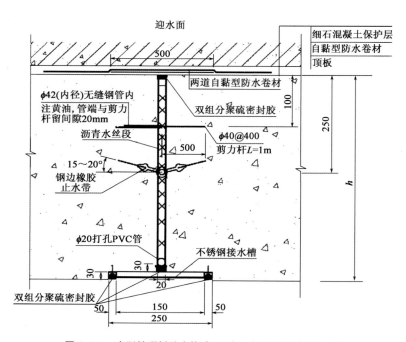

图 4.4-4 变形缝顶板防水构造图(岸上段)(尺寸单位:mm)

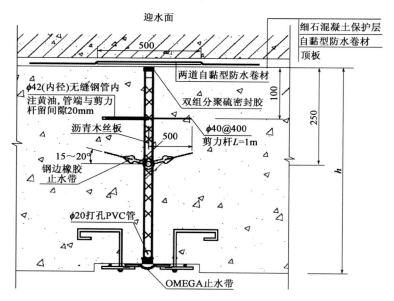

图 4.4-5 变形缝底板防水构造图(水中段)(尺寸单位:mm)

4.5 南岸围堰设计

根据地勘资料所揭示的地层情况,工程南岸存在出露位置较高的硬岩和孤石,为减小盾构法的施工难度,汕头海湾隧道项目在南岸设置围堰,如图4.5-1所示。同时,该围堰的布置优化了隧道南岸接线,使隧道出口直接与南岸地块衔接,接入既有的交通路网。

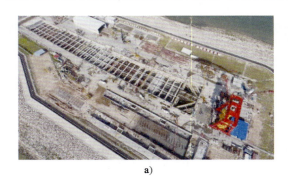

a)　　　　　　　　　　　　　　　　　　b)

图4.5-1　隧道围堰实景

4.5.1　周边建设环境

1) 围堰位置现有大堤简况

围堰两端与现有南滨路海堤相接,形成封闭的挡水区域。现状南滨路路面为宽度33m(含人行道及非机动车道),路面顶高程约3.0m,榕江侧设17m宽的绿化带及人行观光道,地面高程约4.0m,迎水侧设浆砌石挡墙,挡墙现状顶高程同绿化带高程4.0m,迎水侧设70cm高防浪墙至4.7m高程。

根据实测地勘资料,现状海堤位置淤泥层深度在20m左右,原海堤施工采用袋装砂井进行基础处理,其在-4～-2m高程抛砂换填,再设抛石基床至高程0.0m左右,上设浆砌块石挡墙结构,迎水侧设50cm厚干砌块石护底,护底范围约18m。

大堤实景如图4.5-2所示。

2) 工程地质

场区位于汕头市海湾隧道工程南岸海湾浅滩区,地形平坦,海底高程一般为-0.9～-0.02m,往主航道方向缓慢降低。浅滩区涨潮浸没,退潮大部分露出(大潮期间除外),局部孤石群出露(出露高度1～3m),目前为濠江区红星村水养殖区。

4.5.2　围堰设计方案论证

海堤位置地基为淤泥及淤泥质土(Q_{4m}),设计研究了如下4种围堰方案。

1) 模袋砂围堰

作为近些年较常用的淤泥地基上的围堰工程方案,模袋砂围堰利用力的平衡原理,通过改

善地基土体受力状态维持地基短时间的稳定性,具有填筑体防渗基本稳定、施工工期短、造价较低等特点。其缺点如下:

(1)汕头海湾隧道围堰保护对象汕头市海湾隧道工程为重要交通干线,主体工程施工工期为4~5年,对围堰本身稳定性及使用寿命提出了较高的要求,而模袋砂围堰结构刚性不足,长期抵御风暴潮冲蚀的能力不足。

(2)模袋砂围堰多在水面以上提供自身稳定及抵御洪水的能力,无法改善水下地基淤泥流变对隧道主体稳定产生的威胁。

(3)汕头海湾隧道在淤泥层以上围堰高度约为6.6m,为了维持模袋砂自身稳定性,围堰体经模袋砂层层铺设、逐级放坡,基坑范围向各方向延伸约20m,占用大量平面用地,无论从防洪影响还是施工场地都形成了不利的因素。

a)　　　　　　　　　　　　　b)

图4.5-2　工程区大堤实景

2)钢板桩围堰

钢板桩围堰是最常用的一种板桩围堰。其优点为:强度高,容易打入坚硬土层;可在深水中施工,必要时加斜支撑成为一个围笼;防水性能好;能按需要组成各种外形的围堰,并可多次重复使用。

钢板桩围堰施工时需先在基坑及两边各25m范围吹填海砂,然后分别在两边距离基坑边缘15m处打钢板桩围堰,每边围堰设置两排钢板桩,钢板桩间净距离为4m,钢板桩打好后,在顶部设置支撑,中间填砂。钢板桩围堰基底采用ϕ800mm高压旋喷桩加固至淤泥底部以减少围堰沉降。钢板桩围堰顶高程为6.30m,近海侧钢板桩顶高程为7.50m,兼做防浪墙,钢板桩外设置5m的抛石平台,平台顶高程为4.10m。围堰待明挖段主体结构施工完成后拆除。采用该方案的围堰结构如图4.5-3所示。

但汕头海湾隧道并不适用钢板桩围堰,原因主要是:

(1)淤泥地层中孤石分布广泛,采用搅拌桩+钢板桩围堰工艺难于施工。

(2)造价相对较高。

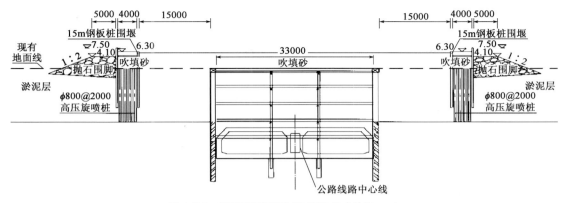

图 4.5-3 钢板桩围堰结构剖面图(尺寸单位:mm)

3) 强夯块石墩围堰

强夯块石墩围堰加固软土地基具有施工方法简单,兼具置换、排水固结、提高软基抗震能力等优点,在沿海软土地基处理中广泛应用。

强夯块石墩围堰方案分别以相同的结构形式布设在隧道明挖段左右岸。顶净宽设置6m的防汛道路,顶高程为6.30m,迎水坡采用浆砌石基础平台上接混凝土防浪墙,防浪墙顶高程为7.50m,背水坡采用泥结块石,坡比均为1:1.5。

围堰占地略大于施工要求用地,由于强夯块石墩基础在淤泥层从上至下有一定自然扩散角(不大于45°),按最大扩散角留足围堰填筑范围,使强夯块石不进入主体基坑范围,平面上从主体工程基坑边缘向两侧偏移40m,(盾构井两侧边缘偏移45m,后方偏移60m)作为强夯块石墩围堰内边线,进行抛石强夯。

强夯石墩围堰待主体工程施工完成后拆除淤泥层以上围堰体。

此方案的围堰结构如图4.5-4所示。

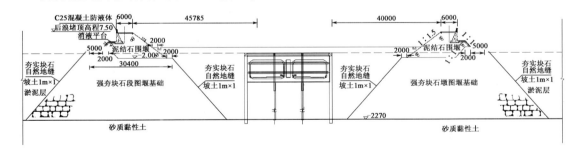

图 4.5-4 强夯块石墩围堰结构剖面示意图(尺寸单位:mm)

强夯石墩围堰对下层淤泥处理效果较好,不易产生沉降和变形。围堰的承载力较大,可以走较重的载重车辆。但施工工期较长,施工所需场地较大,不适合该项目的建设条件。

4) 土石围堰

土石围堰是由土、石筑成,修筑分水上、水下两部分。水上部分的施工与一般土石坝相同,采用分层填筑、碾压施工,并适时安排防渗墙施工。水下部分的石渣、堆石体填筑可采用进占法,也可利用各种驳船抛填水下材料。

该方案结构采用外侧抛石结构+山皮土+内侧闭气土方的土石围堰结构。围堰设计时考虑堰顶行车要求，其顶宽设计为6.00m；围堰顶部填至4.50m（内侧高程4.10m），其上依次铺设0.3m石渣垫层一层、0.2m泥结石一层至5.00m（内侧高程4.60m），堰顶迎水侧设浆砌块石防浪墙，防浪墙顶宽为0.5m，顶高程为6.20m（内侧高程5.80m）。

在围堰迎水侧3.00m高程设置压载平台，平台以上坡比为1:3，并设80cm厚灌砌块石护面，下设30cm碎石垫层，坡脚设1200mm×1000mm素混凝土镇脚，平台以下先以1:3的坡比降至2.0m高程；其后设15～30m宽的二级压在平台以满足稳定要求，围堰护脚采用0.6m厚的抛石结构，宽度为5～10m。

围堰填筑时先在外侧2.0m高程抛填顶宽6.0m的抛石棱体，设3m厚碎石垫层后，内侧抛砂至1.5m高程，再进行上部山坡土及闭气土方的填筑，围堰山皮土填筑背水侧坡比为1:1.5；铺设防渗土工膜后，再填筑闭气土方，闭气土方顶宽1m，坡比为1:2.5；在3.0～2.5m高程处设22m宽的压载平台，坡面采用草皮护坡，坡脚设素混凝土排水沟，尺寸为1000mm×1000mm，壁厚300mm；并在围堰轴线上每隔一定距离设一座集水井，共6座素混凝土集水井，尺寸为2000mm×2000mm×2000mm，底板及壁厚为400mm。

该方案围堰结构如图4.5-5所示。

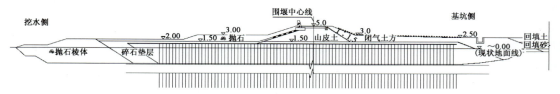

图4.5-5 土石围堰结构剖面示意图（高程单位：m）

通过对4个方案施工工期、造价、施工影响范围及施工后的工程效果进行综合比较分析，最终选用土石围堰方案。方案比选内容见表4.5-1。

围堰方案比选表　　　　　　　　　　　　　表4.5-1

项目	模袋砂围堰	钢板桩围堰	强夯石墩围堰	土石围堰
优点	填筑体防渗基本稳定、施工工期短、造价较低	工期短、施工范围易控制	①对下层淤泥处理效果较好，不易产生沉降和变形。②围堰的承载力较大，可以走较重的载重车辆。③造价相对较低	施工速度快，工期短，造价低
缺点	结构刚性不足，长期抵御风暴潮冲蚀的能力不足，占地面积大	①淤泥层中孤石分布广泛，搅拌桩+钢板桩围堰难于施工。②造价相对较高	工期较长、施工所需场地较大	适应河床浅，水下施工质量不易保证
结论	土石围堰在施工工期、造价、施工影响范围及施工后的工程效果均具有突出优势，为推荐方案			

220

4.5.3 围堰结构设计

1）平面布置

围堰平面布置以汕头海湾隧道南岸明挖段基坑为中心进行布置,同时根据现场现状建构筑物的情况进行围堰轴线布置,西北侧围堰(面向水域左侧)因隧道设计需布置风机房而采用折线形式布置。东南侧围堰(右侧)考虑到现状存在已建涵闸排口,为避让排水口也采用折线布置。

汕头海湾隧道围堰围护范围按下伏基岩凸起范围进行控制,根据地勘资料所揭示的地层情况,南岸硬岩和孤石段隧道长度约400m,需在围堰保护下干地开挖施工,围堰内坡脚线至隧道盾构井主体结构外边线距离按不小于35m控制。经布置,需修筑围堰轴线总长度约为1017m。围堰两端以不大于10%的坡度放坡,与现有南滨路相衔接,以满足施工期交通要求。具体平面布置如图4.5-6所示。

图4.5-6 围堰平面布置图

2）断面设计

围堰顶参照南滨路原二级堤防标准,顶部设置净宽为6m的防汛道路。设计水位处设置3m宽消浪平台,设计水位以下采用浆砌石外包混凝土护面形式的防冲基础,设计水位以上采用混凝土防洪墙,围堰顶设置1.2m高钢筋混凝土防浪墙。

围堰体以丁坝的形式存在于海湾内,在施工期内,长期受到垂直于水流方向的冲刷,故防洪墙后围堰体采用泥结块石砌筑,背水坡坡比为1:1.5,并在高程3.30m处设置2m宽马道,马道及坡脚处设置排水沟,围堰剖面如图4.5-7所示。

3）地基处理

围堰地基均采用塑料排水板+土工格栅加筋垫层法处理,在外侧抛石棱体施工完成后,内侧先抛砂至1.0m高程插设塑料排水板,排水板正方形布置,间距0.7m,长度应穿透表层淤泥,插板完成后铺设土工格栅,然后再填砂至1.5m高程。

围堰北侧与隧道相交位置,考虑盾构穿越,采用高压旋喷桩进行基础处理,如图4.5-8所示,处理范围为桩号K0+460~K0+525,处理宽度74m(围堰轴线以外为32.4m,轴线以内为41.6m),在外侧抛石棱体施工完成后,内侧先抛砂至1.5m高程后施工高压旋喷桩,桩长18.5m,直径0.8m,间距2m。

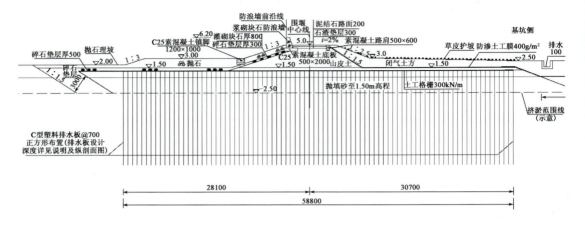

图 4.5-7　土石围堰结构剖面示意图（尺寸单位：mm；高程单位：m）

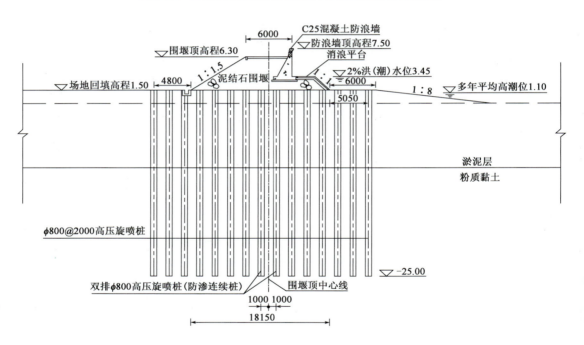

图 4.5-8　桩基处理断面示意图（尺寸单位：mm；高程单位：m）

4.5.4　围堰结构计算

1）工程级别及洪水标准

（1）工程级别

围堰工程保护对象汕头海湾隧道工程作为交通干线，淹没后造成重大灾害和损失，且同时满足使用年限为3年以上，按围堰级别划分标准，围堰工程级别为3级。围堰级别划分标准见表4.5-2。

围堰级别划分标准　　　　　　　表 4.5-2

级别	保护对象	失事后果	使用年限（年）	围堰工程规模	
				围堰高度（m）	库容（亿 m³）
3	有特殊要求的 1 级永久性水工建筑物	淹没重要城镇、工矿企业、交通干线或推迟工程总工期及第一台（批）机组发电，造成重大灾害和损失	>3	>50	>1.0
4	1 级、2 级永久性水工建筑物	淹没一般城镇、工矿企业或影响工程总工期和第一台（批）机组发电，造成较大经济损失	1.5~3	15~50	0.1~1.0
5	3 级、4 级永久性水工建筑物	淹没基坑，但对总工期及第一台（批）机组发电影响不大，经济损失较小	<1.5	<15	<0.1

（2）洪水标准

根据《防洪标准》（GB 50201—2014）、《水利水电工程围堰设计规范》（SL 645—2013），3 级土石围堰对应的防洪（潮）标准为 20~50 年一遇。

汕头海湾隧道施工将会在现状海湾湾南岸南滨路大堤上形成破口，待通道完工后重新修复。由于堤防工程一般保护对象较重要，在已建堤防上破口新建穿堤建筑物时，确需跨汛期施工时，围堰设计洪水标准要与所在堤防防洪标准一致。

海湾南岸南滨路大堤修建年代较远，为直立式土石混合堤，防洪标准为 50 年一遇。因为汕头海湾隧道施工周期长，围堰工程选用防洪标准与南岸南滨路大堤保持一致，为 50 年一遇。

（3）设计控制参数

①抗滑稳定安全系数：3 级土石围堰边坡稳定安全系数为 1.20。

②抗倾安全系数：3 级防浪墙抗倾稳定安全系数正常运用条件为 1.50，非常运用条件为 1.40。

2）围堰顶高程的确定

（1）设计洪水位

根据《广东省海堤工程设计导则（试行）》（DB44/T 182—2004），查得汕头妈屿处：100 年一遇洪（潮）水位为 3.85m（珠基 3.11m）；50 年一遇洪（潮）水位为 3.45m（珠基 2.71m）；30 年一遇洪（潮）水位为 3.07m（珠基 2.33m）；20 年一遇洪（潮）水位为 2.95m（珠基 2.21m）。汕头海湾隧道新建围堰防洪标准为 50 年一遇，设计防洪（潮）水位为 3.45m。

（2）计算依据及标准

①风速：采用《海堤工程设计规范》（SL 435—2008）公式进行计算，选取东向（E~ESE）汕头地区 50 年一遇最大风速 28.6m/s。

②吹程：2000m。

③海湾内 50 年一遇平均水深为 4.1m。

（3）堤防、围堰顶高程计算

堤顶高程应按设计洪水位加堤顶超高确定，堤顶超高应按式（4.5-1）计算确定。

$$Y = R + e + A \tag{4.5-1}$$

式中：Y——堤顶超高(m)；

R——设计波浪爬高(m)；

e——设计风壅水面高度(m)；

A——安全加高(m)。

汕头海湾隧道围堰等级为 3 级，形式为土石结构，安全加高不允许越浪，取 0.7m。汕头海湾隧道堤顶超高计算结果见表 4.5-3。

堤顶超高计算结果表　　　　表 4.5-3

名称	风壅水面高度 e(m)	波浪爬高 R(m)	安全加高 A(m)	计算堤顶超高 Y(m)
围堰	0.073	3.263	0.7	4.037

围堰顶超高为 4.037m，则围堰防洪顶高程 = 计算值 50 年一遇洪水位(3.45m) + 堰顶超高(4.037m) = 7.487m。围堰顶部设置 1.2m 高防浪墙，围堰顶不允许越浪。则设计围堰顶高程取 6.30m，防浪墙顶高程取 7.50m。

3）渗流稳定计算

工况 1：稳定渗流期，外侧遇 50 年一遇高潮位 3.45m，基坑侧无水；

工况 2：稳定渗流期，外侧遇 50 年一遇高潮位 3.45m，内侧吹砂至 1.5m。

计算中所用的地层名称及土层特性见表 4.5-4。

计算采用土层参数表　　　　表 4.5-4

序号	土层位置	土层名称	渗透系数 K_v		渗透系数 K_h	
			地质报告(cm/s)	$K_x = K_v \times 864$ 程序中(m/d)	地质报告(cm/s)	$K_x = K_v \times 864$ 程序中(m/d)
1	围堰	闭气土	1×10^{-5}	0.008640	1×10^{-5}	0.008640
2	围堰	石方	1×10^{-3}	0.864000	1×10^{-3}	0.864000
3	地层	2-1	2×10^{-7}	0.000173	2×10^{-7}	0.000173
4	地层	2-5		3.500000		3.500000
5	地层	3-2		0.020000		0.020000
6	地层	6-2		0.100000		0.100000

渗流稳定计算结果见表 4.5-5。

渗流计算结果汇总表　　　　表 4.5-5

计算工况	设定条件	渗流量(m^3/d)	堰体最大溢出比降	堰基最大溢出比降	备注
1	外河遇 50 年一遇高潮位 3.45m，内侧吹砂至 1.5m，水位为 0	0.005	0.13	0.20	

4）整体稳定计算

汕头妈屿处潮位资料同前文设计浇水位，多年平均高潮位为 1.10m。

本阶段围堰整体稳定计算内外侧水位见表 4.5-6。

计 算 水 位　　　　　　　　　　　　　　　　表4.5-6

运用工况	计算边坡	计算工况	
		临海侧潮位	背海侧水位
施工期	围堰背海坡	设计高潮位3.45m	滩涂高程
	围堰临海坡	滩涂高程	滩涂高程

施工期,考虑堤顶道路荷载为20kPa。设计抗滑稳定计算取用值采用建议值,此时各土层力学指标见表4.5-7、表4.5-8。

饱和重度计算表　　　　　　　　　　　　　　　　表4.5-7

土层名称	天然重度γ (kN/m^3)	含水率 w	相对密度 G_s	孔隙比 e	浮重度(kN/m^3) $\gamma'=(G_s-1)\gamma_w/(1+e)$	饱和重度(kN/m^3) $\gamma_{sat}=\gamma+\gamma_w$
②$_1$ 淤泥	15.50	0.68	2.68	1.9	5.80	15.80
②$_2$ 淤泥质土	16.80	0.48	2.62	1.3	7.03	17.03
③$_1$ 粉质黏土	19.10	0.28	2.69	0.8	9.37	19.37
③$_5$ 砾砂	20.50	—	—	—	—	—

重度及抗剪强度指标参数　　　　　　　　　　　　　　　　表4.5-8

土层名称	重度		直剪快剪指标	
	天然重度γ (kN/m^3)	饱和重度γ_{sat} (kN/m^3)	黏聚力c (kPa)	内摩擦角φ (°)
②$_1$ 淤泥	15.50	15.80	8.00	2.50
②$_2$ 淤泥质土	16.80	17.03	13.4	6.5
③$_1$ 粉质黏土	19.10	19.37	22.00	15.00
③$_5$ 砾砂	20.50	—	0.00	35.00

稳定性计算采用圆弧滑动法进行计算,结果见表4.5-9。

圆弧滑动法计算表　　　　　　　　　　　　　　　　表4.5-9

计算断面		计算值	允许值
典型断面1 (钻孔XSKZ27,20m厚淤泥层)	外坡	1.22	1.20
	内坡	1.25	
典型断面2 (钻孔CZK53,15m厚淤泥层)	外坡	1.22	
	内坡	1.26	
典型断面3 (钻孔XPZ25,12.5m厚淤泥层)	外坡	1.23	
	内坡	1.36	
典型断面4 (钻孔XWGZ45,7.5m厚淤泥层)	外坡	1.20	
	内坡	1.42	

5)沉降计算

根据《海堤工程设计规范》(SL 435—2008),围堰地基的最终沉降量按式(4.5-2)计算。

$$S_\infty = m \sum_{i=1}^{n} \frac{e_{1i} - e_{2i}}{1 + e_{1i}} h_i \qquad (4.5\text{-}2)$$

式中:S_∞——地基最终沉降量(m);

$\quad m$——地基沉降量修正系数,可取 1.0,软土地基取 1.3 ~ 1.6。该地层主要为淤泥,土质相对较差,故地基沉降修正系数取 1.6;

其他符合含义同前。

地基固结度根据《海堤工程设计规范》(GB/T 51015—2014)附录 N.4 计算;对于有排水竖井的一级或多级等速加载条件下,当固结时间为 t 时,对应总荷载的地基平均固结度可按式(4.5-3)计算:

$$\overline{U}_t = \sum_{i=1}^{n} \frac{q_i}{\sum \Delta p} \left[(T_i - T_{i-1}) - \frac{\alpha}{\beta} e^{-\beta t} \left(e^{\beta T_i} - e^{\beta T_{i-1}} \right) \right] \qquad (4.5\text{-}3)$$

式中:$\overline{U}_t$——时间为 t 时地基的平均固结度;

$\quad q_i$——第 i 级荷载的加载速率(kPa/d);

$\quad \sum \Delta p$——各级荷载的累加值(kPa);

$\quad T_i \text{、} T_{i-1}$——第 i 级荷载加载的起始和终止时间(从零点算起)(d),当计算第 i 级荷载加载过程中某时间 t 的固结度时,T_i 改为 t;

$\quad \alpha \text{、} \beta$——参数,可根据地基土排水固结条件按表 4.5-10 取值,对于排水井地基,表 4.5-10 中所列 β 为不考虑涂抹和井阻影响的参数值。

其他符号含义同前。

$\alpha \text{、} \beta$ 取值表　　　　　　　　　　　表 4.5-10

参数	排水固结条件			说　明
	竖向排水固结 $\overline{U}_s > 30\%$	向内径向排水固结	竖向和内径向排水固结(竖井穿透软土层)	
α	$\dfrac{8}{\pi^2}$	1	$\dfrac{8}{\pi^2}$	$F_n = \dfrac{n^2}{n-1}\ln(n) - \dfrac{3n^2-1}{4n^2}$ C_h——土的径向排水固结系数(cm²/s); C_v——土的竖向排水固结系数(cm²/s); H——土层竖向排水距离(cm); d_e——竖井影响范围的直径(cm); $\overline{U}_s$——双面排水土层或固结应力均匀分布的单面排水土层平均固结度
β	$\dfrac{\pi^2 C_v}{4H^2}$	$\dfrac{8 C_h}{F_n d_e^2}$	$\dfrac{8 C_h}{F_n d_e^2} + \dfrac{\pi^2 C_v}{4H^2}$	

设计采用 C 型排水板,产品本身的纵向通水量不小于 40 cm³/s,实际用于工程现场,其通水率应取 1/6,即 6.67 cm³/s。

设计沉降计算取用值采用建议值,此时各土层力学指标见表 4.5-7、表 4.5-11。

沉 降 计 算 参 数　　　　　　　　　　表 4.5-11

土层名称	重度 γ (kN/m³)	饱和重度 γ_{sat} (kN/m³)	直 剪 快 剪		竖向固结系数 C_v	渗 透 系 数	
			黏聚力 c (kN)	内摩擦角 φ (°)		(m/d)	(cm/s)
②₁ 淤泥	15.50	15.80	8	2.50	2.06	0.02	0.0002
②₂ 淤泥质土	16.80	17.03	23	10	3.10	0.002	0.0002
③₁ 粉质黏土	19.10	19.37	22	15	—	0.002	0.001
③₅ 砾砂	20.50	21.00	0	35	—	22	0.025463

以淤泥层厚最深20m为典型断面计算,取 XSKZ27 孔地质剖面,分层计算沉降和固结度。基准期开始时刻为最后一级加载(围堰施工)结束时刻;考虑沉降影响后,围堰的实际计算高度为 6.040(m);围堰竣工时,地基沉降为 1.041m;围堰竣工后,基准期内的残余沉降为 0.393m;基准期结束时,地基沉降为 1.434m;最终地基总沉降为 1.600×1.636 = 2.618(m)。

4.5.5 施工工序

汕头海湾隧道围堰施工总工期为7个月,期间主要完成现有堤防与围堰填筑作业面之间道路的填筑工作。

根据围堰断面结构设计,主要施工工序如下:

(1)围堰开工填筑后,先在外侧抛投抛石棱体至高程2.0m,如图4.5-9所示。

(2)内侧碎石垫层、抛填砂依次跟进,如图4.5-10所示,碎石垫层应滞后于抛石棱体不小于50m,抛填砂滞后于碎石垫层不小于100m。

(3)全线抛砂至1.0m高程后,插塑料排水板,铺设土工格栅,完成后再铺砂至高程1.5m,或施工与隧道交接位置用于加固地基的高压旋喷桩,如图4.5-11所示。

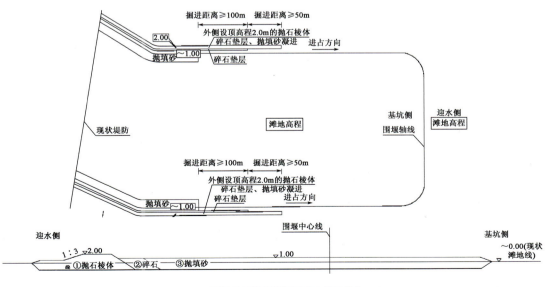

图 4.5-9　围堰外侧抛投抛石棱体(高程单位:m)

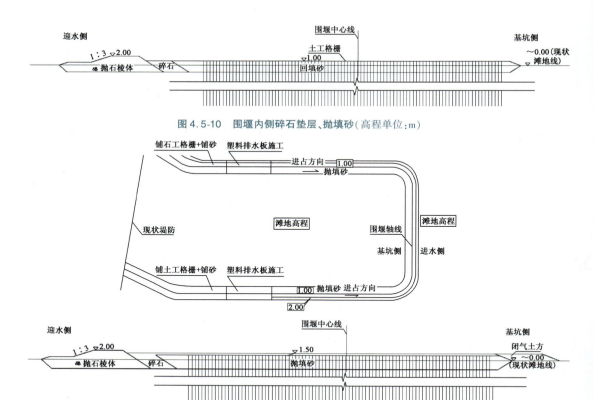

图 4.5-10 围堰内侧碎石垫层、抛填砂（高程单位：m）

图 4.5-11 高压旋喷桩施工（高程单位：m）

（4）抛石、山皮土、闭气土方全线加载至 2.5m 高程后（该高程以下闭气土方同步完成），暂停施工 1 个月，待沉降、固结达到一定程度后继续进行围堰堰身加载，如图 4.5-12 所示。

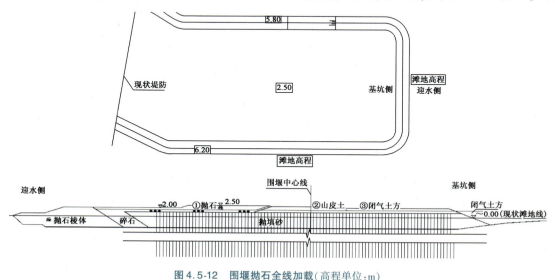

图 4.5-12 围堰抛石全线加载（高程单位：m）

（5）围堰加载至 2.5m 之前，围堰基坑范围内填砂至 1.5m 高程，再填土至 2.5m 高程，如图 4.5-13 所示。

图 4.5-13　内侧回填砂后回填覆土(高程单位:m)

(6)堰身山皮土及闭气土方同步加载至围堰设计顶高程。

(7)完成围堰内、外侧护坡结构,以及堰顶防浪墙、泥结石道路施工作业,如图 4.5-14 所示。

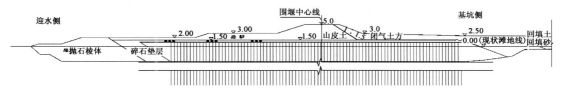

图 4.5-14　围堰 2.5m 以上土石方加载(高程单位:m)

(8)围堰工程完工,如图 4.5-15 所示。

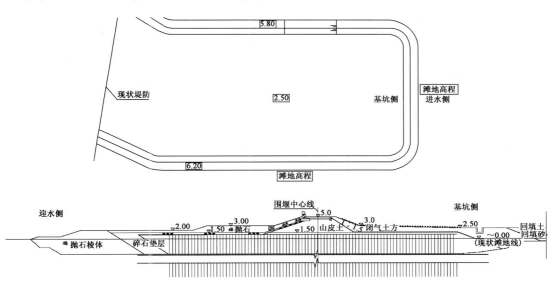

图 4.5-15　围堰工程完工(高程单位:m)

4.6　本章小结

本章通过理论分析、数值模拟计算等方式,对隧道主体及附属结构开展了分析研究,主要成果如下:

(1)汕头海湾隧道盾构段外径 14.5m,环宽 2m,厚 0.6m,采用通用楔形环分块及尺寸,即 7 个标准块+2 个邻接块+1 个封顶块,可满足受力和变形要求。

(2)管片结构采用结构自防水、接缝三道防水、螺栓孔膨胀密封圈防水,工作井与盾构井隧道接头采用遇水膨胀橡胶止水条防水安全可靠。

(3)通过方案比选,确定了土石围堰方案,并对围堰结构进行了渗流稳定性、整体稳定性及沉降进行了检算，满足安全性要求。

本章参考文献

[1] 刘建航,侯学渊.盾构法隧道[M].北京:中国铁道出版社,1991.

[2] 何川,张建刚,苏宗贤.大断面水下盾构隧道结构力学特性[M].北京:科学出版社,2010.

[3] 朱伟,胡如军,钟小春.几种盾构隧道管片设计方法的比较[J].地下空间,2003,23(4):352-356.

[4] 朱伟,黄正荣,梁精华.盾构衬砌管片的壳—弹簧设计模型研究[J].岩土工程学报,2006,28(8):940-946.

[5] 曹文宏,申伟强,超大特长盾构法上海长江隧道工程设计[M].北京:中国建筑工业出版社,2010.

[6] 黄融.上海长江隧道关键技术与创新[M].北京:人民交通出版社,2010.

[7] 吴世明.大直径盾构隧道技术工程示范[M].北京:人民交通出版社,2013.

[8] 朱合华.周质炎.盾构隧道管片设计[M].北京:中国建筑工业出版社,2011.

[9] 宋超业,赵晋友,贺维国.复杂场地环境长大过海地铁区间工法选择和盾构选型建议[C]//2015第八届中日盾构隧道技术交流会论文集,2015.

[10] 周建军,贺维国.汕头海湾隧道盾构设计施工关键技术探讨[C]//中国土木工程学会,中国岩石力学与工程学会.第十二届海峡两岸隧道与地下工程学术与技术研讨会论文集,2013(54):548.

[11] 贺维国,刘庆方.汕头海湾隧道工程关键技术[J].盾构与掘进,2015,3(2):9-18.

[12] 周华贵.汕头市海湾隧道工程海域段平纵横方案研究[J].隧道建设(中英文),2018(7):1189-1195.

[13] 宋仪.汕头市苏埃海底盾构隧道工程设计方案比选研究[J].隧道建设(中英文),2020(10):1391-1398.

[14] 罗震宇.复合式衬砌置换缺陷盾构隧道管片技术在实际施工中的应用[J].建筑工程技术与设计,2018(15):582.

[15] 贺维国.多型式支护在同一基坑中的运用[J].隧道建设,2005(1):61-63.

[16] 杜宝义.一种跨海地铁隧道盾构始发端头加固方法[J].隧道建设,2017(6):761-767.

[17] 贺维国.广州市仑头—生物岛隧道护岸结构设计[J].现代隧道技术,2011(4):97-104.

[18] 宋超业.硬岩地层长距离过海地铁区间施工工法分析[J].施工技术,2018(8):69-74.

[19] 宋超业.高水压过海盾构隧道建设关键技术可行性初探[J].隧道建设(中英文),2020(5):717-726.

[20] 刘庆方.共用对拉围护结构设计影响因素研究[J].广东土木与建筑,2016(8):22-25.

[21] 刘庆方.考虑围护结构隔水作用的基坑涌水量计算[J].隧道建设,2013(2):142-146.

[22] 范国刚.大直径盾构井逆作外包防水设计[J].中外公路,2015(3):214-218.

[23] 范国刚.大直径盾构隧道盾构井顺作法与逆作法受力分析对比[J].现代隧道技术,2015(5):158-164.

[24] 中铁隧道勘测设计院有限公司,广州大学工程抗震研究中心.汕头市海湾隧道工程大直径盾构隧道抗震性能研究报告书[R].2014.

第 5 章
隧道结构抗震性能研究与设计

地震灾害是一种破坏力极强的自然灾害，一旦发生将对人类基础设施造成巨大的损失。我国对隧道及地下工程的抗震研究尚处于起步阶段，主要以震害调查分析和地震响应分析为主，对隧道抗震的研究也主要集中在山岭隧道方面，并引申出了"大震不倒、中震可修、小震不坏"等通用设防标准。汕头海湾隧道是国内首座位于8度地震烈度区的超大直径海底隧道，不同于既有的隧道工程，以往的抗震设计经验、计算方法及抗震措施不能完全满足工程要求；并且洞身依次穿越淤泥、砂土、硬岩、孤石等多种复杂地层，进一步放大了地震作用的影响，使得抗震设计成为了影响本隧道安全至关重要的问题。

本章针对汕头海湾隧道工程的砂土液化与软土震陷进行了分析研判，在对隧道结构抗震性能进行全面评价的基础上，提出了海底隧道抗震性能判别标准，并提出了采用消能减震节点实现隧道地震作用重分布的方法。

5.1 隧道震害及应对措施

5.1.1 隧道震害概况

1) 隧道震害历史

1995年以前，人们普遍认为地下结构受周围土体约束，振动幅度与地面结构相比较小，地震时较难受到地震灾害影响。因此，隧道结构的抗震设计分析比地面结构受到的关注要少得多，但1995年日本阪神地震打破了人们的惯性思维。在这次地震中，以轨道交通的区间隧道为代表的大型地下结构遭受了严重破坏，暴露出地下结构抗震的弱点，引起了世人对地下结构震害的密切关注。

1995年日本阪神地震中有30座隧道受轻、中度损坏，10座隧道受严重损坏需进行加固（图5.1-1）。其中地铁车站和隧道多处震损，最为典型的是大开站和永田町站之间的隧道，其中120多米发生倒塌，大约有231根中柱出现了严重的弯曲和剪切裂缝，有的甚至被压溃。

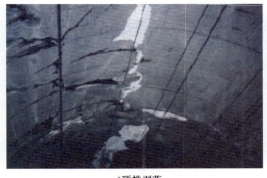 

a) 顶拱剥落　　　　　　　　　　　　　　b) 侧壁压缩破坏

图5.1-1　阪神地震时的隧道破坏

1999年我国台湾集集地震中，许多输水隧道遭受严重的破坏，其中50%是由于土体的振动造成，另外50%是由于土体顺坡度滑移和液化造成。有1座隧道遭断层错动剪断损坏，上盘区域有50座隧道损害，其中13座损害严重，下盘区域有3座隧道损害，其中1座损害严重。

2004年日本新潟地震中，共有24座隧道因地层挤压遭受严重破坏，其中部分隧道离震中较近，损害情况较为严重（图5.1-2），震后需进行修复加固。

a）衬砌脱落　　　　　　　　b）隧道仰拱　　　　　　　　c）纵向开裂

图5.1-2　新潟地震时的隧道破坏

2008年5月12日我国发生了汶川地震（里氏8.0级），根据四川省交通厅公路规划勘察设计研究院的调查统计，有56座隧道发生了不同程度的损坏，其中23座损坏程度较重，位于都汶公路上的龙溪公路隧道拱顶塌方严重（图5.1-3）。

a）拱部地震塌方　　　　　　　　　　b）进口拱顶二次衬砌塌落

图5.1-3　汶川地震时的龙溪隧道破坏

汶川地震中隧道洞口段震害的主要表现为：洞口边仰坡垮塌、掩埋洞口；洞口落石，局部边仰坡地面开裂变形；边仰坡防护、截排水沟开裂变形；洞门墙开裂、渗水（未垮塌）；衬砌开裂变形、渗水等。洞身段震害的主要表现为：衬砌出现纵向、环向和斜向裂缝并渗水；地下水积聚；衬砌掉块、错台，衬砌边墙局部或上部拱圈整体掉落；钢筋扭曲变形甚至断裂；路面、电缆沟开裂、错台，路面仰拱沉陷或隆起；钢支撑扭曲变形、锚杆垫板脱落；隧道整体塌陷封洞等。洞身初期支护和二次衬砌发生严重损坏地段大多处于高地应力区段或者穿越软弱破碎带区域。

从这些震害统计资料来看，地下结构物的抗震设计分析必须得到重视，相应的加固和补强措施也需要在隧道设计中加以考虑。

2）震害总结

1998年美国的POWER等人整理了地震过后的隧道震害调查资料，这份震害调查对象主要是矿山法隧道（少量盾构隧道），包括分布于美国加利福尼亚州、阿拉斯加州和日本的192座隧道的资料。

调查结果显示：

(1)高烈度地震容易造成隧道较严重的破坏。

(2)有衬砌的隧道抗震性能优于无衬砌的隧道。

(3)钢筋混凝土管片或钢管片隧道抗震性能优于无钢筋的混凝土管片隧道。

(4)钢筋混凝土管片隧道仅在大震下出现破坏。

另外，POWER 等人也针对这些隧道震害的情况，分析总结出如下结论：

(1)当最大加速度小于或等于 $0.2g$ 时，隧道的损害程度很小。

(2)当最大加速度介于 $0.2g \sim 0.5g$ 之间时，破坏程度从轻微到严重皆有。例如日本 1923 年关东地震造成 3 座隧道破坏较为严重，其中一座隧道因为边坡土体滑动造成破坏，另两座隧道在隧道较浅的部分发生倒塌。

(3)当最大加速超过 $0.5g$ 时，许多隧道遭受到轻微到一般的破坏，而日本有一座隧道则于 1923 年关东地震时遭受较为严重的破坏。

(4)衬砌强度较高的隧道通常有较好的性能，特别是钢筋混凝土管片或钢管片的隧道。

综合这些文献资料可知，隧道的破坏模式主要分成下列几种：

(1)衬砌的剪切破坏：破坏原因通常为隧道通过活断层带，其次是隧道衬砌未进行有效加固，如图 5.1-4a)所示。

(2)顺向坡滑动造成的破坏：通常发生于顺向坡附近与隧道洞口处，隧道衬砌未进行有效加固也会导致该种破坏，如图 5.1-4b)所示。

(3)隧道纵向裂缝：主要产生原因是隧道上土体于重力方向上的运动，其他原因有施工期间发生的倒塌、衬砌于地震前的开裂和衬砌材料的强度损失等，如图 5.1-4c)所示。

(4)隧道环向裂缝：主要产生原因是土体的滑动，次要原因包括状况较差的土层造成裂缝、衬砌于地震前的开裂、结构几何不连续处、隧道衬砌未进行有效加固和衬砌材料的强度损失，如图 5.1-4d)所示。

(5)隧道斜向裂缝：主要产生原因是土体的滑动，次要原因包括施工期间发生倒塌、状况较差的土层造成裂缝、隧道衬砌未进行有效加固和隧道上土体于重力方向上的运动，如图 5.1-4e)所示。

(6)既有裂缝的延伸：主要产生原因为土层不良、土体不连续且差异性较大、靠近滑动坡面，次要原因为隧道衬砌未进行有效加固，如图 5.1-4f)所示。

(7)环片开裂：主要产生原因是结构几何不连续和衬砌未进行有效加固，如图 5.1-4g)所示。

3)盾构隧道的震害

盾构隧道因具有工期短、施工安全性高、场地适应性强、对环境扰动小等众多优点，近年来在城市地铁与水下隧道建设中得到广泛运用。与传统的矿山法隧道相比，盾构隧道建设历史较短，且通常建设在大城市，地层条件一般较好；同时，盾构隧道绝对数量较少，而且大多并未建造在大规模地震发生区，因此记载的盾构隧道震害相对较轻。

(1)墨西哥米却肯地震和日本阪神地震

从墨西哥米却肯地震(1985 年，地震震级 $M=8.1$)中的软土盾构隧道破坏和日本阪神地震(兵库县南部地震)(1995 年，$M=7.2$)中的盾构隧道破坏等灾害事例中，可以归纳出的盾构隧道的典型震害形式为：

①混凝土管片端部受损。
②竖井接头处附近的环向接头受损。
③隧道曲线部分的混凝土二次衬砌横向裂缝,直线处的混凝土二次衬砌起拱线上下45°位置产生纵向裂缝。
④不均匀沉降及漏水。

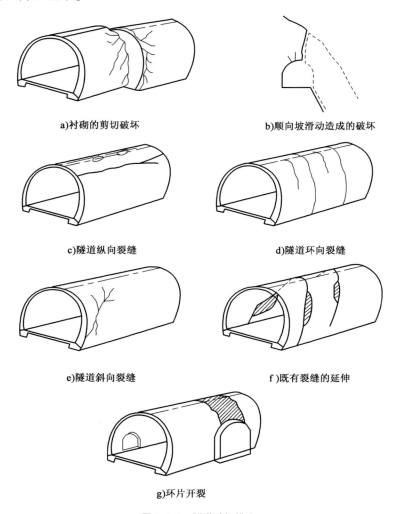

图 5.1-4　隧道破坏模式

在墨西哥米却肯地震中,距震源 350km 的墨西哥城施工中的下水道盾构隧道受到了损害,如图 5.1-5 所示。该隧道埋深约 30m,采用混凝土管片,内径 5.6m,外径 6.1m。工作井与隧道连接处 2～3 环范围内,竖井接合处的环向接头 5 处损坏,管片发生相对错动,环间螺栓被剪断,拱顶轴向发生连续裂缝破坏,并有管片端部缺损的情况。

在日本的阪神地震中,盾构隧道受到了损害,其灾后报告显示受灾详情如下:
①隧道一次衬砌发现由地震造成的明显破坏。二次衬砌隧道起拱线 45°附近出现裂缝,这是由于地震的交替荷载所造成的。

②裂缝宽度为 0.1~0.7mm,部分地方发生渗水。
③竖井与隧道接合处混凝土脱落。
④S 形曲线上少数管片环向接头破坏。

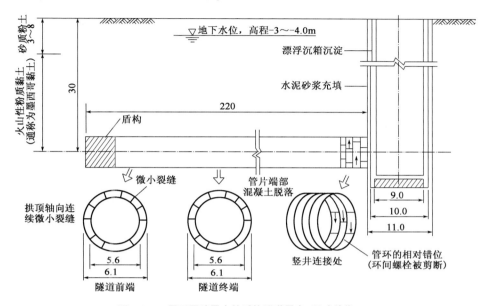

图 5.1-5　墨西哥地震中的盾构隧道震害(尺寸单位:m)

(2)我国汶川地震

我国汶川地震发生时,成都地铁 1 号线正在建设,当时已有相当长度的隧道结构建成。成都地铁工程是距离震中最近的城市地下隧道,烈度为 5~6 度,其区间盾构隧道和车站结构局部部位出现了少量较轻微的震害,其中区间盾构隧道的震害特征较为明显,主要表现形式为:管片衬砌裂纹、剥落、错台、渗漏(图 5.1-6)。渗漏位置主要发生在横断面 45°方向,呈 X 形共轭分布,纵向错台主要发生在隧道的侧部。震害没有对隧道的主体安全和建筑限界产生影响。

a)衬砌管片发生错台　　　　b)衬砌管片纵向接缝出现漏水

图 5.1-6　汶川地震中的盾构隧道震害

综合以上分析,在对隧道进行设计时,必须考虑在地震作用下可能会造成的破坏。抗震设计中,通常涉及以下基本规定:

①中震及以下作用时,常规静力设计的隧道就足以满足抗震要求,隧道产生裂缝或倒塌通常只出现在罕遇地震中。

②深层隧道通常较浅层隧道安全。

③软土中的隧道相较于岩盘中的隧道更容易遭受破坏。

④应力的影响因子包括最大地表加速度、地震频率和地震时间长度。

⑤隧道破坏的程度随着地震的强度而增大,并与震源的距离成反比。

⑥隧道穿过活动断层时易遭受严重破坏,宜尽量绕避或采取特殊措施。

⑦当穿越土层具有1~4倍隧道直径的波长时,隧道的地震效应会有放大现象,造成隧道破坏加重。

⑧隧道抗震设计应考虑砂土液化现象及其上浮力。

⑨设有良好的柔性节点时,隧道在大震中的破坏将大大降低。

4)国内盾构隧道抗震设计相关规范

目前我国隧道抗震现行的相关规范有《公路工程抗震规范》(JTG B02)和《铁路工程抗震设计规范》(GB 50111),主要是针对山岭隧道,规范中隧道抗震验算范围大体为Ⅲ级围岩以上的洞口、浅埋、偏压隧道和明洞,抗震验算方法为地震系数法,仅验算隧道结构横向抗震性能,对于纵向及隧道深埋段不做验算。《城市轨道交通技术规范》(GB 50490—2009)对于盾构隧道的抗震设计有一些基本的规定与要求。

5.1.2 汕头海湾隧道抗震研究内容

汕头海湾隧道直径超大,位于8度地震烈度区,地震作用大,海域段隧道以较小的埋深依次穿越淤泥、细砂、花岗岩以及上软下硬等不良地层,隧道顶部面临补给无极限的海水,类似条件国内外罕见,抗震性能研究主要包括以下三个方面。

(1)砂土液化、软土震陷判别

对结构所在区域砂土液化、软土震陷情况进行复核和判别,研究处治措施,并进行液化状态下的隧道抗浮验算。

(2)隧道结构抗震性能研究

包括抗震计算方法、结构破坏判别标准研究,以及以下结构分析:

①对结构在地质突变区域和有可能发生严重砂土液化等危险区域的横截面进行静力和抗震性能分析。

②对隧道整体结构进行三维地震动输入下的非线性时程数值分析。

③对隧道结构的特殊部位的地震响应进行有限元精细化时程数值分析,如竖井与盾构连接处等区域。

工况组合考虑对结构响应结果有重要影响的工况,主要包括:

①不同类型地震波:根据《汕头海湾隧道工程场地地震安全性评价报告》,考虑5条地震波(包括2条人工波和3条安评波)输入工况。

②不同形式地震动输入:包括一致输入和考虑多点非一致地震激励输入。

③不同结构边界条件:包括"结构—土"共同作用、部分砂土液化作用、部分基础震陷以及同时考虑部分砂土液化和部分基础震陷。

④多重设防水准:包括设计罕遇地震、超烈度地震(对应地面加速度峰值为 0.40g、0.60g)两种工况。

(3)隧道结构抗震措施研究

研究抗震消能节点设置及模型试验,从结构抗震角度研究是否设置二次衬砌。抗震消能节点应满足以下条件:

①采用的抗震消能节点要求既能满足消能减震要求,又易于施工。

②利用数值模拟方法和模型试验,分析研究新型消能减震连接装置的力学性能和耗能性能。

③采用大比例模型试验方法,研究消能节点整体的力学行为,验证消能效果,综合理论分析和模型试验成果,对结构抗震设计提出建议。

5.2 场地砂土液化与软土震陷判别

5.2.1 砂土液化判别

《汕头海湾隧道工程直线位补充勘察初步勘察阶段工程地质勘察报告》(以下简称《地勘报告》)的钻探结果揭露,隧道沿线分布有第四系海相、海陆交互相沉积砂层。当发生地震作用时,饱和砂土有可能产生液化。

《公路工程地质勘察规范》(JTG C20—2011)第 7.11.8 条规定,经初步判别认为有可能液化的土层,采用标准贯入试验判别法进一步判定土层是否液化。当土层实测的修正标准贯入锤击数 N_1 小于按式(5.2-1)计算的修正液化临界标准贯入锤击数 N_{cr} 时,应判为液化,否则应判为不液化。而液化判别标准贯入锤击数临界值按式(5.2-2)计算。

$$N_1 = C_n N \tag{5.2-1}$$

$$N_{cr} = \left[11.8\left(1 + 13.06\frac{\sigma_0}{\sigma_e}K_h C_v\right)^{1/2} - 8.09\right]\xi \tag{5.2-2}$$

式中:N——实际的标准贯入锤击数(次);

C_n——标准贯入锤击数的修正系数,按《公路工程地质勘察规范》(JTG C20—2011)表 7.11.8-1 采用;

σ_0——标准贯入点处土总上覆压力(kPa),取 $\sigma_0 = \gamma_u d_w + \gamma_d (d_s - d_w)$;

σ_e——标准贯入点处土有效覆盖压力(kPa),取 $\sigma_e = \gamma_u d_w + (\gamma_d - 10)(d_s - d_w)$;

γ_u——地下水位以上的土重度(kN/m³),砂土取 18.0kN/m³,粉土取 18.5kN/m³;

γ_d——地下水位以下的土重度(kN/m³),砂土取 20.0kN/m³,粉土取 20.5kN/m³;

d_s——标准贯入点深度(m);

d_w——地下水位深度(m);

K_h——水平地震系数,按《公路工程地质勘察规范》(JTG C20—2011)表 7.11.8-2 采用;

C_v——地震剪应力随深度的折减系数,按《公路工程地质勘察规范》(JTG C20—2011)

表7.11.8-3采用;

ξ——黏粒含量修正系数,$\xi = 1 - 0.17\rho_c^{1/2}$;

ρ_c——黏粒含量百分率(%)。

对存在液化砂土层、粉土层的地基,按式(5.2-2)及《公路工程地质勘察规范》(JTG C20—2011)综合划分地基的液化等级。相应的折减系数α按《公路工程地质勘察规范》(JTG C20—2011)采用。具体的判别数据见表5.2-1。

根据《地勘报告》提供的参数,共判断了29个钻孔。需要说明的是,规范所能判断砂土液化的范围在20m深度内,因此,对深度超过20m的钻孔,在此判断为不发生液化。具体的判别结果统计为:共有24孔砂层产生液化,其中5孔液化等级为轻微,14孔液化等级为中等,5孔液化等级为严重。

5.2.2 隧道抗浮力验算

隧道抗浮验算采用安全率因子法,按式(5.2-3)计算。

$$F_S = \frac{2R_0[\gamma'(H_w + R_0) + \gamma(H - H_w)] - \frac{1}{2}\pi\gamma'R_0 + 2\pi R_0 p_0 + P_i}{\pi\gamma_w R_0^2} \quad (5.2\text{-}3)$$

式中:F_S——抵抗上浮的荷载除以浮力后的安全率,施工时取为1.0,施工完成后取为1.2;

H——覆土厚度(m);

P_i——内部荷载(kN/m);

H_w——到地下水位的覆土厚度(m);

p_0——地面超载(kN/m^2);

R_0——隧道外半径(m);

γ——土的重度(kN/m^3);

γ'——土的浮重度(kN/m^3);

γ_w——水的重度(kN/m^3)。

基于此公式判断盾构隧道可能发生砂土液化部位的抗浮能力,其中包括低潮位时是否发生砂土液化的情况。具体结果见表5.2-2和表5.2-3。从判别结果可见,无论砂土是否液化,盾构隧道抗浮安全系数均大于1.2。

具体的砂土液化区域所在位置如图5.2-1所示。

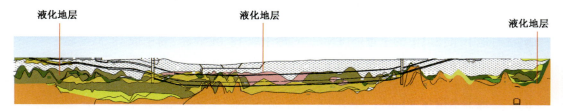

图5.2-1 隧道砂土液化区域的位置

表 5.2-1 砂土地震液化等级判别表

地层编号	砂土名称	孔号	标贯底深度 (m)	实测贯入击数 (次)	水位 (m)	液化层顶埋深 (m)	液化层底埋深 (m)	层中点 (m)	单位层厚 (m)	权函数	N_{cr}	C_n	N_1	液化指数	液化等级	液化抵抗系数 C_e	折减系数 α
②$_4$	粉细砂	XNLZ2	6.50	4	0.50	4.00	6.8	5.40	2.80	9.73	14.020	0.930	3.72	19.48	严重	0.27	0.00
③$_4$	中粗砂	XNLZ3	16.65	25	0.50	15.40	17.4	16.40	2.00	2.40	11.982	0.520	13.00	—	不液化	—	不折减
②$_4$	粉细砂	XNLZ4	6.45	4	0.50	3.70	7.3	5.50	5.20	9.67	14.127	0.930	3.72	24.95	严重	0.26	0.00
②$_4$	粉细砂	XNLZ5	4.15	8	0.50	3.00	5.18	4.09	2.18	10.00	13.984	1.160	9.28	15.77	中等	0.66	0.33
②$_4$	粉细砂	XNLZ5	6.50	9	0.50	5.18	7.1	6.14	1.92	9.24	14.131	0.930	8.37	15.77	中等	0.59	0.00
④$_4$	中粗砂	XNLZ5	19.25	15	0.50	17.70	20	18.85	2.30	0.77	11.397	0.460	6.90	—	不液化	—	不折减
②$_4$	粉细砂	XNLZ6	9.75	9	0.50	7.75	10	8.88	2.25	7.42	13.823	0.750	6.75	17.81	中等	0.49	0.00
②$_4$	粉细砂	XNKZ3	8.54	8	0.50	6.00	9.6	7.80	5.20	8.13	13.931	0.805	6.44	12.47	中等	0.46	0.00
②$_4$	粉细砂	XNKZ5	10.40	3	0.50	6.70	11	8.85	4.30	7.43	13.845	0.705	2.12	25.04	严重	0.15	0.33
②$_4$	粉细砂	XNKZ7	7.35	5	0.50	5.80	9.2	7.50	3.40	8.33	14.082	0.860	4.30	18.27	严重	0.31	0.00
②$_4$	粉细砂	XNKZ8	6.65	8	0.50	6.30	7.73	7.02	1.43	8.66	14.032	0.930	7.44	12.02	中等	0.53	0.00
②$_4$	粉细砂	XNKZ8	9.10	7	0.50	7.73	9.5	8.62	1.77	7.59	13.956	0.780	5.46	12.02	中等	0.39	0.00
②$_4$	粉细砂	XNKZ10	8.45	4	0.50	5.70	10	7.85	4.30	8.10	14.057	0.805	3.22	24.92	严重	0.23	0.00
②$_5$	中粗砂	LZC-01	13.15	5	0.50	12.50	14.30	13.40	1.80	4.40	13.391	0.600	3.00	7.77	中等	0.22	0.33
②$_3$	淤泥混砂	LZC-01	16.00	8	0.50	14.30	17	15.65	2.70	2.90	12.465	0.535	4.28	7.77	中等	0.34	0.33
③$_4$	中粗砂	LZC-01	21.15	29	0.50	19.80	21.2	20.50	1.40	0.00	11.212	0.432	12.53	7.77	不液化	—	不折减
③$_3$	粉细砂	LZC-02	11.55	13	0.50	10.70	12.65	11.68	1.95	5.55	13.556	0.670	8.71	0.44	轻微	0.64	0.67
③$_4$	粉细砂	LZC-02	14.05	19	0.50	12.65	15	13.83	2.35	4.12	13.205	0.580	11.02	0.44	不液化	—	不折减
③$_3$	中粗砂	LZC-02	16.75	27	0.50	15.00	18	16.50	3.00	2.33	11.983	0.520	14.04	0.44	不液化	—	不折减
②$_4$	粉细砂	XNLZ2	6.50	4	0.50	4.00	6.8	5.40	2.80	9.73	14.020	0.930	3.72	19.48	严重	0.27	0.00
③$_4$	中粗砂	XNLZ3	16.65	25	0.50	15.40	17.4	16.40	2.00	2.40	11.982	0.520	13.00	—	不液化	—	不折减
②$_4$	粉细砂	XNLZ4	6.45	4	0.50	3.70	7.3	5.50	5.20	9.67	14.127	0.930	3.72	24.95	严重	0.26	0.00

续上表

地层编号	砂土名称	孔号	标贯底深度 (m)	实测贯入击数 (次)	水位 (m)	液化层顶埋深 (m)	液化层底埋深 (m)	层中点 (m)	单位层厚 (m)	权函数	N_{cr}	C_n	N_1	液化指数	液化等级	液化抵抗系数 C_e	折减系数 α
②₄	粉细砂	XNLZ5	4.15	8	0.50	3.00	5.18	4.09	2.18	10.00	13.984	1.160	9.28	15.77	中等	0.66	0.33
②₄	粉细砂	XNLZ5	6.50	9	0.50	5.18	7.1	6.14	1.92	9.24	14.131	0.930	8.37	15.77	中等	0.59	0.00
④₄	中粗砂	XNLZ5	19.25	15	0.50	17.70	20	18.85	2.30	0.77	11.397	0.460	6.90	15.77	不液化	—	不折减
②₄	粉细砂	XNLZ6	9.75	9	0.50	7.75	10	8.88	2.25	7.42	13.823	0.750	6.75	17.81	中等	0.49	0.00
②₄	粉细砂	XNKZ3	8.54	8	0.50	6.00	9.6	7.80	5.20	8.13	13.931	0.805	6.44	12.47	中等	0.46	0.00
②₄	粉细砂	XNKZ5	10.40	3	0.50	6.70	11	8.85	4.30	7.43	13.845	0.705	2.12	25.04	严重	0.15	0.33
②₄	粉细砂	XNKZ7	7.35	5	0.50	5.80	9.2	7.50	3.40	8.33	14.082	0.860	4.30	18.27	严重	0.31	0.00
③₄	中粗砂	LZC-02	19.45	41	0.50	18.00	21	19.50	3.00	0.33	11.398	0.450	18.45	0.44	不液化	—	不折减
③₄	中粗砂	LZC-03	13.95	15	0.50	13.30	14.4	13.85	1.10	4.10	13.203	0.580	8.70	—	不液化	—	不折减
③₄	中粗砂	LZC-03	19.15	29	0.50	16.80	19.2	18.00	2.40	1.33	11.396	0.460	13.34	—	不液化	—	不折减
③₄	中粗砂	LZC-05	14.00	29	0.50	11.60	15.2	13.40	5.20	4.40	13.204	0.580	16.82	—	不液化	—	不折减
③₄	中粗砂	LZC-05	16.65	32	0.50	15.20	17.7	16.45	2.50	2.37	11.982	0.520	16.64	—	不液化	—	不折减
③₄	中粗砂	LZC-05	19.05	33	0.50	17.70	20.6	19.15	2.90	0.57	11.395	0.460	15.18	—	不液化	—	不折减
③₄	中粗砂	LZC-06	14.70	23	0.50	14.30	15.9	15.10	1.60	3.27	12.954	0.565	13.00	—	不液化	—	不折减
②₄	中粗砂	LZC-06	20.00	32	0.50	19.10	21.2	20.15	2.10	0.00	11.204	0.440	14.08	—	不液化	—	不折减
②₄	粉细砂	LZC-07	8.25	8	0.50	6.90	9.5	8.20	2.60	7.87	14.047	0.830	6.64	8.80	中等	0.47	0.00
②₄	粉细砂	LZC-08	11.35	6	0.50	10.30	11.4	10.85	1.10	6.10	13.712	0.670	4.02	3.77	轻微	0.29	0.33
②₄	粉细砂	XNLZ2	6.50	4	0.50	4.00	6.8	5.40	2.80	9.73	14.020	0.930	3.72	19.48	严重	0.27	0.00
③₄	中粗砂	XNLZ3	16.65	25	0.50	15.40	17.4	16.40	2.00	2.40	11.982	0.520	13.00	—	不液化	—	不折减
②₄	粉细砂	XNLZ4	6.45	4	0.50	3.70	7.3	5.50	5.20	9.67	14.127	0.930	3.72	24.95	严重	0.26	0.00
②₄	粉细砂	XNLZ5	4.15	8	0.50	3.00	5.18	4.09	2.18	10.00	13.984	1.160	9.28	15.77	中等	0.66	0.33
②₄	粉细砂	XNLZ5	6.50	9	0.50	5.18	7.1	6.14	1.92	9.24	14.131	0.930	8.37	15.77	中等	0.59	0.00

续上表

地层编号	砂土名称	孔号	标贯底深度 (m)	实测贯入击数 (次)	水位 (m)	液化层顶埋深 (m)	液化层底埋深 (m)	层中点 (m)	单位层厚 (m)	权函数	N_{cr}	C_n	N_1	液化指数	液化等级	液化抵抗系数 C_e	折减系数 α
④₄	中粗砂	XNLZ5	19.25	15	0.50	17.70	20	18.85	2.30	0.77	11.397	0.460	6.90	15.77	不液化	—	不折减
②₄	粉细砂	XNLZ6	9.75	9	0.50	7.75	10	8.88	2.25	7.42	13.823	0.750	6.75	17.81	中等	0.49	0.00
②₄	粉细砂	XNKZ3	8.54	8	0.50	6.00	9.6	7.80	5.20	8.13	13.931	0.805	6.44	12.47	中等	0.46	0.00
②₄	粉细砂	XNKZ5	10.40	3	0.50	6.70	11	8.85	4.30	7.43	13.845	0.705	2.12	25.04	严重	0.15	0.33
②₄	粉细砂	XNKZ7	7.35	5	0.50	5.80	9.2	7.50	3.40	8.33	14.082	0.860	4.30	18.27	严重	0.31	0.00
③₄	淤泥混砂	LZC-09	17.55	8	0.50	16.30	18.6	17.45	2.30	1.70	11.547	0.490	3.92	6.90	中等	0.34	0.33
③₄	淤泥混砂	LZC-09	20.05	6	0.50	18.60	21.1	19.85	2.50	0.10	11.205	0.440	2.64	6.90	中等	0.24	0.33
③₄	淤泥混砂	LZC-10	13.45	3	0.50	12.50	14.6	13.55	2.10	4.30	13.397	0.590	1.77	11.14	中等	0.13	0.33
③₄	淤泥混砂	LZC-10	16.15	7	0.50	14.60	17.2	15.90	2.60	2.73	12.467	0.535	3.75	11.14	中等	0.30	0.33
③₄	淤泥混砂	LZC-10	18.45	7	0.50	17.20	20.3	18.75	3.10	0.83	11.555	0.470	3.29	11.14	中等	0.28	0.33
③₄	淤泥混砂	LZC-11	15.45	4	0.50	14.50	16.3	15.40	1.80	3.07	12.964	0.500	2.00	6.30	中等	0.15	0.33
②₄	淤泥混砂	LZC-11	17.45	5	0.50	16.30	18.6	17.45	2.30	1.70	11.990	0.490	2.45	6.30	中等	0.20	0.33
②₄	淤泥混砂	LZC-11	20.00	4	0.50	18.60	21	19.80	2.40	0.13	11.204	0.440	1.760	6.30	中等	0.16	0.33
②₄	淤泥混砂	LZC-11	17.35	1	0.50	15.40	18.4	16.90	3.00	2.07	11.989	0.490	0.490	6.22	中等	0.04	0.33
②₄	淤泥混砂	LZC-11	19.65	3	0.50	18.40	20.6	19.50	2.20	0.33	11.202	0.450	1.350	6.22	中等	0.12	0.33
②₄	粉细砂	XNLZ2	6.50	4	0.50	4.00	6.8	5.40	2.80	9.73	14.020	0.930	3.72	19.48	严重	0.27	0.00
③₄	粉细砂	XNLZ3	16.65	25	0.50	15.40	17.4	16.40	2.00	2.40	11.982	0.520	13.00	—	不液化	—	不折减
②₄	粉细砂	XNLZ4	6.45	4	0.50	3.70	7.3	5.50	5.20	9.67	14.127	0.930	3.72	24.95	严重	0.26	0.00
②₄	粉细砂	XNLZ5	4.15	8	0.50	3.00	5.18	4.09	2.18	10.00	13.984	1.160	9.28	15.77	中等	0.66	0.33
②₄	粉细砂	XNLZ5	6.50	9	0.50	5.18	7.1	6.14	1.92	9.24	14.131	0.930	8.37	15.77	中等	0.59	0.00
④₄	中粗砂	XNLZ5	19.25	15	0.50	17.70	20	18.85	2.30	0.77	11.397	0.460	6.90	15.77	不液化	—	不折减
②₄	粉细砂	XNLZ6	9.75	9	0.50	7.75	10	8.88	2.25	7.42	13.823	0.750	6.75	17.81	中等	0.49	0.00

续上表

地层编号	砂土名称	孔号	标贯底深度 (m)	实测贯入击数 (次)	水位 (m)	液化层顶埋深 (m)	液化层底埋深 (m)	层中点 (m)	单位层厚 (m)	权函数	N_{cr}	C_n	N_1	液化指数	液化等级	液化抵抗系数 C_e	折减系数 α
②₄	粉细砂	XNKZ3	8.54	8	0.50	6.00	9.6	7.80	5.20	8.13	13.931	0.805	6.44	12.47	中等	0.46	0.00
②₄	粉细砂	XNKZ5	10.40	3	0.50	6.70	11	8.85	4.30	7.43	13.845	0.705	2.12	25.04	严重	0.15	0.33
②₄	粉细砂	XNKZ7	7.35	5	0.50	5.80	9.2	7.50	3.40	8.33	14.082	0.860	4.30	18.27	严重	0.31	0.00
②₃	淤泥混砂	LZC-14	18.55	4	0.50	17.00	19	18.00	2.00	1.33	11.391	0.470	1.880	5.35	轻微	0.17	0.33
③₄	中粗砂	LZC-15	16.65	13	0.50	15.00	17.1	16.05	2.10	2.63	11.982	0.520	6.760	—	不液化	—	不折减
②₅	中粗砂	LZC-15	5.25	8	0.50	1.00	4	2.50	3.00	10.00	13.874	1.225	9.800	12.70	中等	0.78	0.33
③₅	砾砂	XSKZ5	13.75	10	0.50	11.70	14.8	13.25	3.10	4.50	13.200	0.590	5.900	3.38	轻微	0.49	0.33
③₄	中粗砂	XSLZ2	10.65	8	0.50	9.00	11.6	10.30	2.60	6.47	15.292	0.705	5.640	6.99	中等	0.39	0.33
③₄	中粗砂	XSLZ6	13.25	31	0.50	11.60	13.7	12.65	2.10	4.90	13.393	0.600	18.60	6.99	不液化	—	不折减
②₅	砾砂	XSLZ12	2.65	11	0.50	0.00	2.7	1.35	2.70	10.00	15.223	1.370	15.07	13.96	中等	0.57	0.33
③₅	砾砂	XSLZ12	11.35	12	0.50	9.50	12.5	11.00	3.00	6.00	13.712	0.670	8.040	13.96	中等	0.37	0.33
③₅	砾砂	XSLZ7	13.95	9	0.50	12.50	14.85	15.28	2.35	4.22	13.203	0.580	5.220	13.96	中等	0.26	0.33
②₅	砾砂	XSLZ7	18.45	8	0.50	17.10	18.8	17.95	1.70	1.37	11.555	0.470	3.760	19.48	严重	0.27	0.00
②₄	粉细砂	XNLZ2	6.50	4	0.50	4.00	6.8	5.40	2.80	9.73	14.020	0.930	3.72	—	不液化	—	不折减
③₄	中粗砂	XNLZ3	16.65	25	0.50	15.40	17.4	16.40	2.00	2.40	11.982	0.520	13.00	24.95	严重	0.26	0.00
②₄	粉细砂	XNLZ4	6.45	4	0.50	3.70	7.3	5.50	5.20	9.67	14.127	0.930	3.72	15.77	中等	0.66	0.33
②₄	粉细砂	XNLZ5	4.15	8	0.50	3.00	5.18	4.09	2.18	10.00	13.984	1.160	9.28	15.77	中等	0.59	0.00
②₄	粉细砂	XNLZ5	6.50	9	0.50	5.18	7.1	6.14	1.92	9.24	14.131	0.930	8.37	15.77	不液化	—	不折减
④₄	中粗砂	XNLZ6	19.25	15	0.50	17.70	20	18.85	2.30	0.77	11.397	0.460	6.90	17.81	中等	0.49	0.00
②₄	粉细砂	XNKZ3	9.75	9	0.50	7.75	10	8.88	2.25	7.42	13.823	0.750	6.75	12.47	中等	0.46	0.00
②₄	粉细砂	XNKZ3	8.54	8	0.50	6.00	9.6	7.80	5.20	8.13	13.931	0.805	6.44	12.47	中等	0.46	0.00
②₄	粉细砂	XNKZ5	10.40	3	0.50	6.70	11	8.85	4.30	7.43	13.845	0.705	2.12	25.04	严重	0.15	0.33

续上表

地层编号	砂土名称	孔号	标贯底深度(m)	实测贯入击数(次)	水位(m)	液化层顶埋深(m)	液化层底埋深(m)	层中点(m)	单位层厚(m)	权函数	N_{cr}	C_n	N_1	液化指数	液化等级	液化抵抗系数 C_e	折减系数 α
②₄	粉细砂	XNKZ7	7.35	5	0.50	5.80	9.2	7.50	3.40	8.33	14.082	0.860	4.30	18.27	严重	0.31	0.00
③₅	砾砂	XSLZ7	6.05	7	0.50	5.00	7.2	6.10	2.20	9.27	14.091	0.970	6.790	17.66	中等	0.48	0.00
③₅	砾砂	XSLZ7	8.65	8	0.50	7.20	9.4	8.30	2.20	7.80	14.067	0.805	6.440	17.66	中等	0.46	0.00
③₄	中粗砂	XSLZ11	10.85	22	0.50	9.40	11.6	10.50	2.20	6.33	13.859	0.690	15.18	17.66	中等	—	不折减

表5.2-2 盾构隧道抗浮力验算表(未发生液化)

钻孔编号	隧道半径(m)	低潮位(m)	高潮位(m)	航道深(m)	水厚度(m)	水重度(kN/m³)	淤泥厚度(m)	淤泥湿重度(kN/m³)	淤泥混砂厚度(m)	淤泥混砂重度(kN/m³)	淤泥质土厚度(m)	淤泥质土重度(kN/m³)	粉质黏土厚度(m)	粉质黏土重度(kN/m³)	式(5.2-3)分子项	式(5.2-3)分母项	安全率
LZC-09	7.25	-1.17	3.85	-11.88	10.71	10.00	6.37	15.50	14.75	18.00	0.00	17.00	0.00	19.00	6505.24	1650.46	3.94
LZC-10	7.25	-1.17	3.85	-11.88	10.71	10.00	5.07	15.50	15.40	18.00	0.00	17.00	0.00	19.00	6381.41	1650.46	3.87
LZC-11	7.25	-1.17	3.85	-2.73	1.56	10.00	14.43	15.50	14.11	18.00	0.00	17.00	0.00	19.00	6823.26	1650.46	4.13
LZC-12	7.25	-1.17	3.85	-3.04	1.87	10.00	20.43	15.50	7.00	18.00	0.00	17.00	0.00	19.00	6361.00	1650.46	3.85
LZC-14	7.25	-1.17	3.85	-2.31	1.14	10.00	15.40	15.50	10.60	18.00	0.00	17.00	0.00	19.00	6064.25	1650.46	5.27
LZC-15	7.25	-1.17	3.85	-1.77	0.60	10.00	14.62	15.50	4.00	18.50	7.95	17.00	5.22	20.00	6047.72	1650.46	5.26
LZC-06	7.25	-1.17	3.85	-11.88	10.71	10.00	10.88	15.50	1.60	18.00	3.20	17.00	0.00	19.00	6359.65	1650.46	3.85
LZC-07	7.25	-1.17	3.85	-11.88	10.71	10.00	2.00	15.50	2.60	18.00	13.00	17.00	3.50	19.00	6520.68	1650.46	3.95
LZC-08	7.25	-1.17	3.85	-11.88	10.71	10.00	4.48	15.50	1.10	18.50	8.60	15.50	6.62	17.00	6049.21	1650.46	5.27

表 5.2-3 盾构隧道抗浮力验算表（发生液化）

钻孔编号	隧道半径 (m)	低潮位 (m)	高潮位 (m)	航道深 (m)	水厚度 (m)	水重度 (kN/m³)	淤泥厚度 (m)	淤泥湿重度 (kN/m³)	淤泥混砂厚度 (m)	淤泥混砂重度 (kN/m³)	淤泥质土厚度 (m)	淤泥质土重度 (kN/m³)	粉质黏土厚度 (m)	粉质黏土重度 (kN/m³)	式(5.2-3)分子项	式(5.2-3)分母项	安全率
LZC-09	7.25	-1.17	3.85	-11.88	10.71	10.00	6.37	15.50	14.75	10.00	0.00	17.00	0.00	19.00	5454.43	1650.46	3.30
LZC-10	7.25	-1.17	3.85	-11.88	10.71	10.00	5.07	15.50	15.40	10.00	0.00	17.00	0.00	19.00	5255.78	1650.46	3.18
LZC-11	7.25	-1.17	3.85	-2.73	1.56	10.00	14.43	15.50	14.11	10.00	0.00	17.00	0.00	19.00	5846.68	1650.46	3.54
LZC-12	7.25	-1.17	3.85	-3.04	1.87	10.00	20.43	15.50	7.00	10.00	0.00	17.00	0.00	19.00	6209.18	1650.46	3.76
LZC-14	7.25	-1.17	3.85	-2.31	1.14	10.00	15.40	15.50	10.60	10.00	0.00	17.00	0.00	19.00	4834.65	1650.46	2.93
LZC-15	7.25	-1.17	3.85	-1.77	0.60	10.00	14.62	15.50	4.00	10.00	7.95	17.00	0.00	19.00	5583.72	1650.46	3.38
LZC-06	7.25	-1.17	3.85	-11.88	10.71	10.00	10.88	15.50	1.60	10.00	3.20	17.00	5.22	20.00	6162.45	1650.46	3.73
LZC-07	7.25	-1.17	3.85	-11.88	10.71	10.00	2.00	15.50	2.60	10.00	13.00	17.00	3.50	19.00	6219.08	1650.46	3.77
LZC-08	7.25	-1.17	3.85	-11.88	10.71	10.00	4.48	15.50	1.10	10.00	8.60	15.50	6.62	17.00	5915.23	1650.46	3.58

表 5.2-4 软土震陷判别表

试验编号	野外编号	土类定名 [《岩土工程勘察规范》(GB 50021—2001)]	取样深度 (m)	含水率 $w(\%)$	土粒相对密度 G_s	孔隙比 e	饱和度 $S_r(\%)$	液限 $w_L(\%)$	塑限 $w_P(\%)$	塑性指数 I_P	液性指数 I_L
48924	XNJZ2-6	淤泥质土	16.20~16.40	44.01	2.66	1.23	95.38	34.30	20.20	14.10	1.69
48928	XNJZ2-11	粉质黏土	33.00~33.20	33.15	2.69	1.00	89.05	35.40	24.20	11.20	0.80
2626	XNKZ10-1	淤泥	4.50~5.00	58.20	2.64	1.53	100.00	47.60	36.30	11.30	1.94
2618	XNKZ13-2	淤泥质粉土	9.00~9.50	43.00	2.64	1.23	92.00	25.60	16.60	9.00	2.93
2620	XNKZ13-4	淤泥夹贝壳	18.30~18.80	46.00	2.66	1.21	100.00	33.10	21.30	11.80	2.09
2635	XWGZ4-4	淤泥	12.45~12.95	57.70	2.66	1.53	100.00	35.40	23.40	12.00	2.86
2636	XWGZ4-5	淤泥夹贝壳	15.40~15.90	47.50	2.65	1.33	95.00	31.40	21.50	9.90	2.63
2637	XWGZ5-4	淤泥	13.50~14.00	57.10	2.65	1.54	98.00	40.60	28.00	12.60	2.31
16419	LZC-16-13	淤泥质土	17.00~17.20	41.75	2.66	1.14	97.12	35.50	21.20	14.30	1.44
58228	CZK1-6	淤泥质土	18.80~19.00	42.07	2.68	1.16	97.49	36.40	21.40	15.00	1.38
56020	CZK3-11	淤泥质土	19.90~20.30	40.86	2.67	1.11	98.23	36.20	21.40	14.80	1.32

5.2.3 软土震陷判别

根据《建筑抗震设计规范》(GB 50011—2010)的规定,饱和粉质黏土震陷的危害性和抗震陷措施应根据沉降和横向变形大小因素综合判别研究确定。当地震烈度为 8 度(0.30g)和 9 度时,若土层的塑性指数小于 15 且符合式(5.2-4)、式(5.2-5)规定的饱和粉质黏土可判为震陷性软土。

$$w_S \geqslant 0.9 w_L \tag{5.2-4}$$

或

$$I_L \geqslant 0.75 \tag{5.2-5}$$

式中:w_S——天然含水率;

　　w_L——液限含水率,采用液、塑限联合测定法判定;

　　I_L——液性指数。

表 5.2-4 列出了基于上述条件判定为震陷性软土的结果。经过统计,共有 8 处钻孔所在的软土区域可能发生震陷。

5.3 工程场地地震动的分析与确定

本节根据结构所在场地安全性评价报告(以下简称安评报告)的研究结果,确定工程所在地的地表地震动和基岩地震动时程,然后通过土层反应分析的通用程序,人工生成隧道位置处的地震动时程,以供后续的地震动力时程分析所用。

5.3.1 场地地表地震动的分析与确定

根据《建筑抗震设计规范》(GB 50011—2010)中主要城镇抗震设防烈度、设计基本地震加速度和设计地震动分组,该隧道场地的地震参数为地震烈度Ⅷ度及Ⅲ类场地条件。根据《汕头海湾隧道工程场地地震安全性评价报告》确定场地设计地震动参数和 50 年超越概率(PE)2%~3%、10%和 100 年超越概率 63%三种设防水准确定目标反应谱,所对应的重现期分别为 1600~2400 年、475 年和 50 年,根据 3 个概率水准下设计标准谱的有关特征参数(表 5.3-1),采用《汕头海湾隧道工程场地地震安全性评价报告》的场地地表标准反应谱 $\beta(T)$,其表达式为:

$$\beta(T) = \begin{cases} 1 & (T \leqslant T_0) \\ 1 + (\beta_m - 1) \dfrac{T - T_0}{T_1 - T_0} & (T_0 < T \leqslant T_1) \\ \beta_m & (T_1 < T \leqslant T_g) \\ \beta_m \left(\dfrac{T_g}{T}\right)^\gamma & (T > T_g) \end{cases} \tag{5.3-1}$$

式中: T——反应谱周期(s);

　T_0、T_1、T_g——反应谱拐点周期(s);

　　$\beta(T)$——周期 T 的反应谱值(g);

　　β_m——反应谱最大值(g)。

场地设计标准谱特征参数　　　　　　　表 5.3-1

超越概率水平	$\beta_m(g)$	$T_0(s)$	$T_1(s)$	$T_g(s)$	C	α_{max}
100 年 63%	2.5	0.04	0.1	0.55	1.1	0.20
50 年 10%	2.5	0.04	0.1	0.75	1.1	0.52
50 年 2%～3%	2.5	0.04	0.1	0.90	1.1	0.81

注：C-衰减指数；α_{max}-地震响应系数。

为了选择合适的地震波进行非线性时程分析，根据式（5.3-1）合成两组人工地震波，设定拟合精度为 10%，迭代次数为 200，阻尼比选择 0.05，得到目标场地三个方向地震波合成结果。

此外，采用世界范围内地震记录比较丰富和准确的美国太平洋地震工程研究中心（NGA）数据库，选择两组有代表性的三个方向的地震记录，地震记录的选择范围为：$0 \leqslant$ 震源距 $r \leqslant 200$km，场地 30m 土壤深度的剪切波速小于 500m/s，地震距离包括远场、中场和近场。

根据以上研究的基本条件，利用人工波修正通用程序对所选择的地震波进行修正，采用 ABRAHAMSON 和 HANCOCK 等提出的小波算法，根据功率谱与加速度反应谱相对应的关系对幅值谱进行修正，并根据目标功率谱对给定功率谱进行修正迭代，对高频部分和低频部分进行调整，达到预设误差值即结束迭代，经过对地震动的幅值谱和功率谱修正迭代后，所有频谱控制点处的反应谱与目标谱值的最大误差控制在 10% 以内。

50 年超越概率 2%～3% 设防等级条件下，场地地表三个方向概率一致目标反应谱与所选用的地震动反应谱的比较如图 5.3-1 所示，概率一致目标反应谱与所选用的地震动反应谱的平均值比较如图 5.3-2 所示。

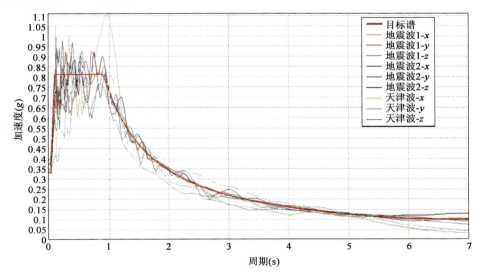

图 5.3-1　目标地震动反应谱与所选用的地震动反应谱的比较

根据以上拟合结果得到 50 年超越概率 2%～3% 地震动水准的地震波如图 5.3-3 所示。

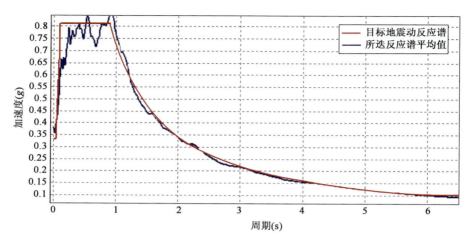

图 5.3-2　目标地震动反应谱与所选用的反应谱平均值的比较

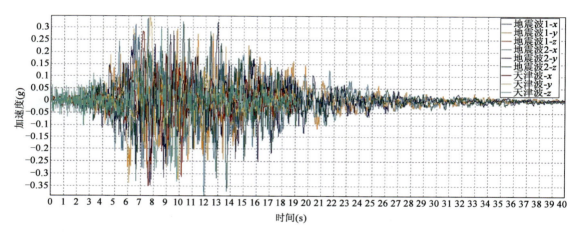

图 5.3-3　50 年超越概率 2%～3% 的地震波

5.3.2　基岩地震动的分析和确定

根据广东省地震工程勘测中心提供的汕头海湾隧道场地基岩地震动加速度时程，采用人造地震动的合成方法，通过拟合场地基岩地震动加速度反应谱以及强度包络函数来合成目标场地基岩地震动的目标反应谱值。在合成计算过程中，目标基岩地震动加速度反应谱的拟合控制数目共计 351 个，拟合过程频谱范围控制最小周期为 0.04s，最大周期为 7.0s，拟合谱与目标谱的迭代控制相对误差控制在 5% 以内。表 5.3-2 为该工程场地基岩不同超越概率水平的目标地震动加速度峰值。

工程场地基岩不同超越概率水平的目标地震动加速度峰值（单位：cm/s²）　表 5.3-2

工程场地	东　经	北　纬	100 年超越概率 63%	50 年超越概率 10%	50 年超越概率 2%～3%
汕头海湾隧道（北端）	116.7116°	23.3548°	67.37	169.82	319.90

该工程研究地震动所采用的修正方法是基于 ABRAHAMSON、HANCOCK 等提出的小波算法及时域分析方法,按照目标反应谱谱值进行修正,该修正过程预设的最大误差为 10%,这个误差的设定满足规范要求。基岩 50 年超越概率 2%~3% 水准拟合人工合成的加速度时程如图 5.3-4~图 5.3-9 所示,其中,安评报告地震波反应谱与拟合人工波反应谱的平均值比较如图 5.3-10 所示。

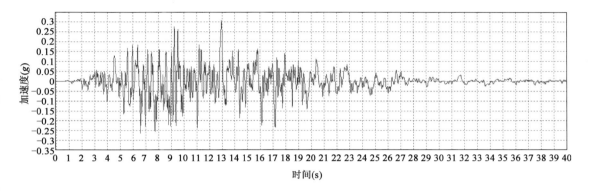

图 5.3-4 基岩 50 年超越概率 2%~3% 水准人工波 1X 向加速度时程

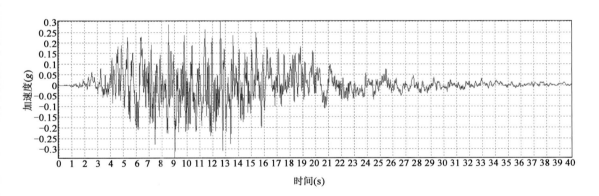

图 5.3-5 基岩 50 年超越概率 2%~3% 水准人工波 1Y 向加速度时程

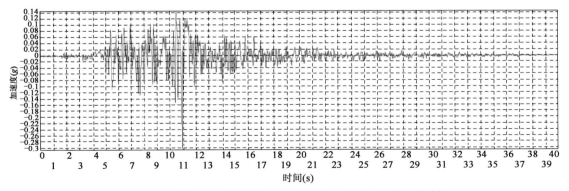

图 5.3-6 基岩 50 年超越概率 2%~3% 水准人工波 1Z 向加速度时程

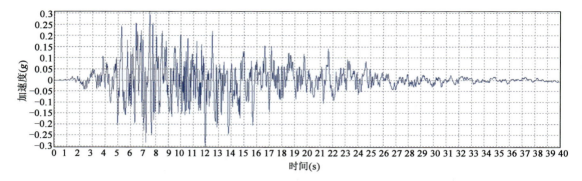

图 5.3-7　基岩 50 年超越概率 2%～3% 水准人工波 2X 向加速度时程

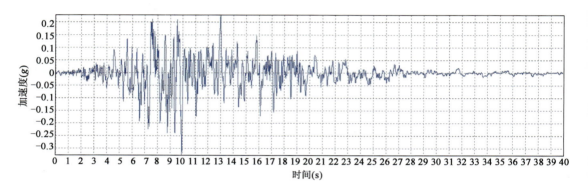

图 5.3-8　基岩 50 年超越概率 2%～3% 水准人工波 2Y 向加速度时程

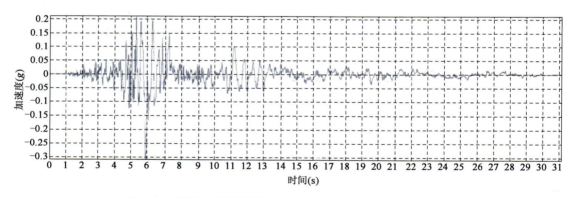

图 5.3-9　基岩 50 年超越概率 2%～3% 水准人工波 2Z 向加速度时程

基岩 50 年超越概率 10% 水准拟合人工合成的加速度时程如图 5.3-11～图 5.3-16 所示，其中安评报告地震波反应谱与拟合人工波反应谱的平均值比较如图 5.3-17 所示。

基岩 100 年超越概率 63% 水准拟合人工合成的加速度时程如图 5.3-18～图 5.3-23 所示，其中安评报告地震波反应谱与拟合人工波反应谱的平均值比较如图 5.3-24 所示。

通过 50 年超越概率 2%～3%、10% 和基岩 100 年超越概率 63% 三种设防水准的概率一致情况下修正反应谱的平均值与目标反应谱比较，可知在波形、频谱特性和谱值方面两者基本吻合。

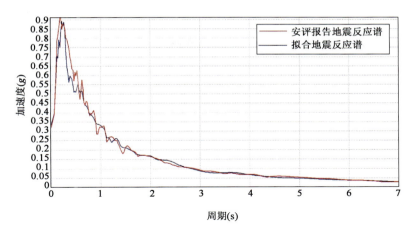

图 5.3-10　基岩 50 年超越概率 2%~3% 水准安评报告反应谱与拟合反应谱的平均值比较

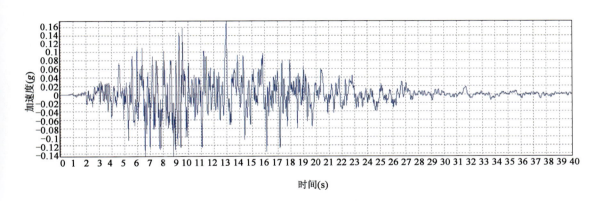

图 5.3-11　基岩 50 年超越概率 10% 水准人工波 1 X 向加速度时程

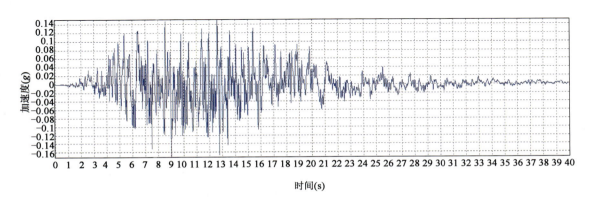

图 5.3-12　基岩 50 年超越概率 10% 水准人工波 1 Y 向加速度时程

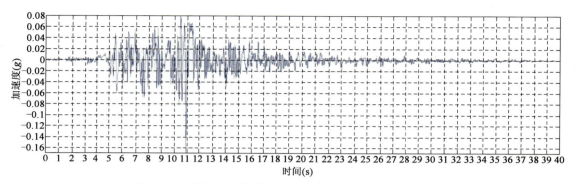

图 5.3-13　基岩 50 年超越概率 10% 水准人工波 1Z 向加速度时程

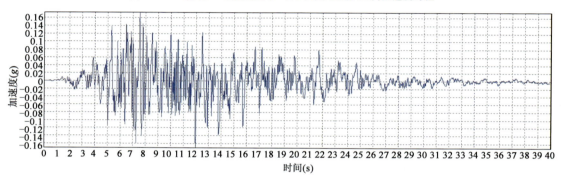

图 5.3-14　基岩 50 年超越概率 10% 水准人工波 2X 向加速度时程

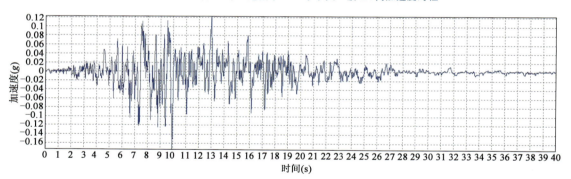

图 5.3-15　基岩 50 年超越概率 10% 水准人工波 2Y 向加速度时程

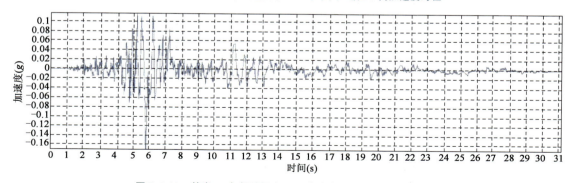

图 5.3-16　基岩 50 年超越概率 10% 水准人工波 2Z 向加速度时程

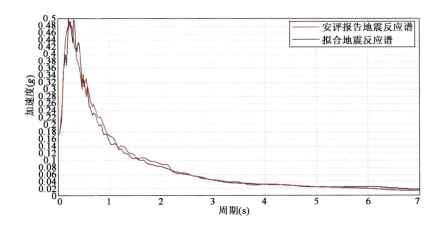

图 5.3-17　基岩 50 年超越概率 10%水准安评报告反应谱与所采用反应谱的平均值比较

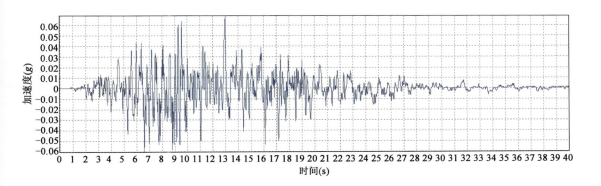

图 5.3-18　基岩 100 年超越概率 63%水准人工波 1 X 向加速度时程

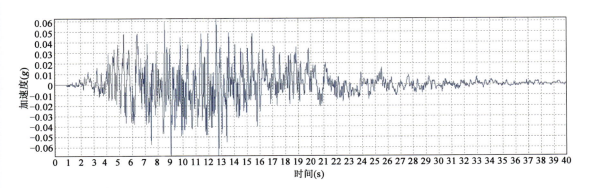

图 5.3-19　基岩 100 年超越概率 63%水准人工波 1 Y 向加速度时程

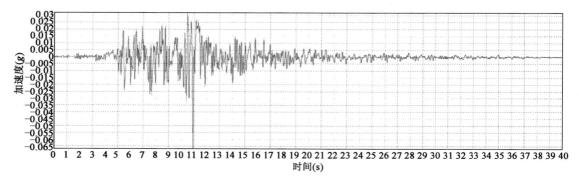

图 5.3-20　基岩 100 年超越概率 63% 水准人工波 1Z 向加速度时程

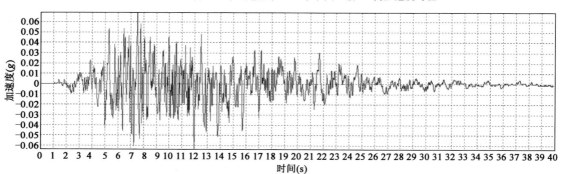

图 5.3-21　基岩 100 年超越概率 63% 水准人工波 2X 向加速度时程

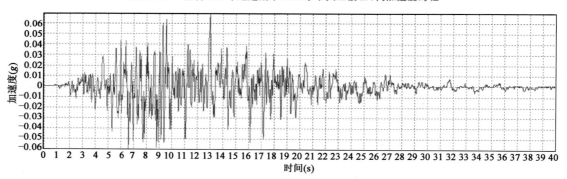

图 5.3-22　基岩 100 年超越概率 63% 水准人工波 2Y 向加速度时程

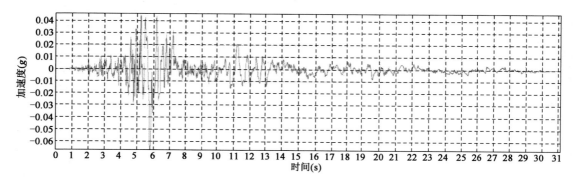

图 5.3-23　基岩 100 年超越概率 63% 水准人工波 2Z 向加速度时程

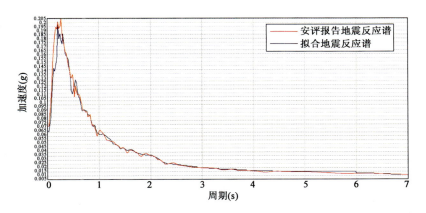

图 5.3-24 基岩 100 年超越概率 63% 水准一致反应谱与拟合反应谱的平均值比较

根据非线性小波算法和时域法修正的反应谱平均值与目标反应谱在隧道第一周期(3.98s)处谱值的比较(表 5.3-3),修正所得的反应谱满足规范中规定的地震动反应谱谱值的要求。

基岩反应谱值在隧道第一周期(3.98s)处比较　　　　　　　表 5.3-3

超越概率	100 年超越概率 63%	50 年超越概率 10%	50 年超越概率 2%~3%
安评地震反应谱谱值(g)	0.011	0.032	0.069
人工波地震反应谱平均谱值(g)	0.011	0.033	0.068
误差(%)	0	3.12	1.45

5.4 隧道位置在土层中的反应分析

5.4.1 场地土类型

根据汕头海湾隧道工程按照波速试验和岩土层的状态特征对该隧道工程场地土类型进行评价,见表 5.4-1。

场地土类型综合评价表　　　　　　　表 5.4-1

序号	地层编号	岩土名称	岩土状态	剪切波速(m/s)	土的类型
1	①$_1$	填筑土	欠压实、松散	104	软弱土
2	②$_1$	淤泥	流塑	116	软弱土
3	②$_2$	淤泥质土	流塑	121	软弱土
4	②$_3$	淤泥混砂	松散	162	中软土
5	②$_4$	粉细砂	松散	279	中硬土
6	③$_1$	粉质黏土	可塑	230	中软土
7	③$_2$	淤泥质土	流塑为主	215	中软土
8	③$_4$	中砂、粗砂	中密~密实	268	中硬土
9	③$_5$	砾砂	中密~密实	330	中硬土

续上表

序号	地层编号	岩土名称	岩土状态	剪切波速(m/s)	土的类型
10	④₁	淤泥质土	流塑为主	234	中软土
11	⑤₂	砾质黏性土	硬塑	323	中硬土
12	⑥₁	全风化岩层	坚硬	309	中硬土
13	⑥₂	强风化岩层	半土半岩	514	坚硬土
14	⑥₃	中风化岩层	较完整岩石	754	岩石
15	⑥₄	微风化岩层	完整岩石	868	岩石

根据场地土类型综合评价表中参数可以基本归纳并确定,该工程主要分布于由填筑土到微风化岩层之间的场地土类型之中,工程穿越淤泥、淤泥质土、淤泥混砂等软弱土、淤泥混砂类中软土,还穿越粉细砂、中砂、粗砂和砾砂等中硬土,场地条件十分复杂,这在地震动土层反应中需要特别关注。

5.4.2 场地土层反应的基本假定和分析方法

考虑竖向传播的剪切波通过水平成层的黏弹性土体引起土层反应,土体被分为 N 个水平层,并假设土体为在水平向无限延伸、竖向表层以下无限延伸的弹性半空间体系。假设每一土层为同质各向同性,竖向传播的剪切波引起土层的水平位移可由各土层厚度、密度、剪切模量、阻尼等系数通过波动方程求解。剪切波引起土层水平位移的一维波动方程表示为:

$$\rho \frac{\partial^2 u}{\partial t^2} = G \frac{\partial^2 u}{\partial x^2} + \eta \frac{\partial^3 u}{\partial x^2 \partial t} \tag{5.4-1}$$

式中:ρ——质量密度;
  G——剪切模量;
  η——黏性系数;
  u——横向位移;
  t——时间。

波在简谐运动中,位移 $u(x,t)$ 可以写成:

$$u(x,t) = U(x)\mathrm{e}^{i\omega t} \tag{5.4-2}$$

将式(5.4-1)代入式(5.4-2)中可得:

$$(G + i\omega\eta)\frac{\mathrm{d}^2 U}{\mathrm{d}x^2} = \rho\omega^2 U \tag{5.4-3}$$

式(5.4-3)的通解为:

$$U(x) = E\mathrm{e}^{ikx} + F\mathrm{e}^{-ikx} \tag{5.4-4}$$

$$k^2 = \frac{\rho\omega^2}{G + i\omega\eta} = \frac{\rho\omega^2}{G^*} \tag{5.4-5}$$

式中,k 为复波数,G^* 为复剪切模量,引入与黏性系数 η 相关的临界阻尼比 $\beta = \dfrac{\omega\eta}{2G}$。

大量试验表明,在地震动研究的频域范围内,G 和 β 接近常数,因此,可以用临界阻尼比 β 代替黏性系数 η 来表示复剪切模量 G^*。

$$G^* = G + i\omega\eta = G(1 + 2i\beta) \tag{5.4-6}$$

式(5.4-2)的解可写成：

$$u(x,t) = Ee^{i(kx+\omega t)} + Fe^{-i(kx-\omega t)} \qquad (5.4\text{-}7)$$

式中，右边第一项表示沿 X 轴的负方向传播的入射波（向上）引起的土层水平位移，左边第二项表示沿 X 轴的正方向传播的反射波（向下）引起的土层水平位移。

研究所考虑的基岩位置采用土体类型均为岩石，经过计算发现，当采用该研究所设定的岩石作为竖向土层之下的半无限入射层输入情况时，地震动的土层反应与《汕头海湾隧道工程场地地震安全性评价报告》的场地地震动的结果基本一致，且半无限入射岩层深度变化对土层反应的影响较小。

5.4.3 隧道工程整体不同区域土层反应分析

由于工程穿越极软土、砂土（可液化层）、硬岩、孤石、不同土层高低错落等复杂地层，因此需要分别对不同地质条件的断面进行特别分析与研究。根据隧道管片衬砌结构的断面内力计算需要及工程所穿越的复杂土层特征，对隧道所穿越的复杂土层区域进行细化研究，依此选择隧道盾构与竖井连接断面及复杂土层断面1～断面7进行土层反应研究，各土层断面分布如图5.4-1所示。

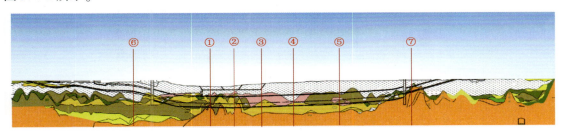

图 5.4-1　隧道工程复杂土层区域土层断面分布

注：图中①～⑦为对应的断面1～断面7。

隧道盾构整体穿越不同土层断面中土层厚度、土体重度、泊松比和弹性模量等参数情况见表5.4-2～表5.4-8。

断面1位置土层分布与参数情况　　　　　　　　　表5.4-2

总土层数	土层信息		各土层厚度（m）	土体重度（kN/m³）	泊松比	弹性模量（MPa）
10层	土层1②$_1$	淤泥	15.2	15.5	0.45	2
	土层2②$_2$	淤泥土	2.8	17.0	0.42	3
	土层3②$_4$	粉细砂	3.1	18.5	0.3	10
	土层4③$_4$	中粗砂	7.2	20.0	0.25	20
	土层5③$_1$	粉黏土	1.2	19.0	0.3	15
	土层6④$_1$	淤泥土	12.6	17.0	0.25	4
	土层7④$_4$	中粗砂	2.0	20.0	0.25	20
	土层8④$_5$	砾砂	2.6	20.5	0.22	28
	土层9⑥$_{2a}$	强风化	10.4	20.0	0.20	50
	土层10⑥$_3$	中风化花岗岩	无限	26.7	0.25	83700

断面 2 位置土层分布与参数情况　　　　　　　　　　　　　　　表 5.4-3

总土层数	土层信息		各土层厚度（m）	土体重度（kN/m³）	泊松比	弹性模量（MPa）
6 层	土层1②$_1$	淤泥	10.8	15.5	0.45	2
	土层2②$_3$	淤泥混砂	9.4	18.0	0.35	4
	土层3③$_4$	中粗砂	1.1	20.0	0.25	20
	土层4④$_5$	砾砂	12.4	20.5	0.22	28
	土层5④$_1$	淤泥质土	1.2	17.0	0.25	4
	土层6⑦$_4$	微风化辉绿玢岩	无限	28.1	0.24	106000

断面 3 位置土层分布与参数情况　　　　　　　　　　　　　　　表 5.4-4

总土层数	土层信息		各土层厚度（m）	土体重度（kN/m³）	泊松比	弹性模量（MPa）
6 层	土层1②$_1$	淤泥	10.4	15.5	0.45	2
	土层2②$_3$	淤泥混砂	1.5	18.0	0.35	4
	土层3②$_4$	粉细砂	1.9	18.5	0.30	10
	土层4③$_4$	中粗砂	6.4	20.0	0.25	20
	土层5③$_3$	粉细砂	4.1	18.5	0.30	10
	土层6⑦$_4$	微风化花岗岩	15.1	26.6	0.24	101000
	土层6⑦$_4$	微风化花岗岩	无限	26.6	0.24	101000

断面 4 位置土层分布与参数情况　　　　　　　　　　　　　　　表 5.4-5

总土层数	土层信息		各土层厚度（m）	土体重度（kN/m³）	泊松比	弹性模量（MPa）
7 层	土层1②$_1$	淤泥	11.8	15.5	0.45	2
	土层2②$_4$	粉细砂	12.5	18.5	0.30	10
	土层3③$_4$	中粗砂	15.6	20.0	0.25	20
	土层4⑤$_1$	砂质黏性	3.5	19.0	0.28	30
	土层5⑥$_1$	全风化	5.3	20.0	0.25	40
	土层6⑥$_{2b}$	强风化	3.3	20.0	0.20	50
	土层7⑥$_4$	微风化花岗岩	无限	26.6	0.24	101000

断面5位置土层分布与参数情况　　　　　　　表5.4-6

总土层数	土层信息		各土层厚度（m）	土体重度（kN/m³）	泊松比	弹性模量（MPa）
3层	土层1②₁	淤泥	39.6	15.5	0.45	2
	土层2⑥₁	全风化	1.9	20.0	0.25	40
	土层3⑥₂ₐ	强风化花岗岩	无限	20.0	0.20	50

断面6位置土层分布与参数情况　　　　　　　表5.4-7

总土层数	土层信息		各土层厚度（m）	土体重度（kN/m³）	泊松比	弹性模量（MPa）
10层	土层1①₁	杂填土	15.2	16.0	—	—
	土层2②₁	淤泥	2.8	15.5	0.45	2
	土层3②₂	淤泥土	3.1	17.0	0.42	3
	土层4③₁	粉黏土	7.2	19.0	0.3	15
	土层5③₂	淤泥质土	1.2	17.0	0.42	3
	土层6③₄	中粗砂	12.6	20.0	0.25	20
	土层7④₁	淤泥质土	2.0	17.0	0.40	4
	土层8④₄	中粗砂	2.6	20.0	0.25	22
	土层9⑤₁	砾质黏性	10.4	19.0	0.28	30
	土层10⑥₂ₐ	强风化花岗岩	无限	20.0	0.20	50

断面7位置土层分布与参数情况　　　　　　　表5.4-8

总土层数	土层信息		各土层厚度（m）	土体重度（kN/m³）	泊松比	弹性模量（MPa）
6层	土层1①₁	杂填土	6.00	16.0	—	—
	土层2②₁	淤泥	4.75	15.5	0.45	2
	土层3⑤₁	砾质黏性	0.89	19.0	0.28	30
	土层4⑥₁	全风化花岗岩	11.25	19.0	0.25	40
	土层5⑥₂ₐ	强风化花岗岩	5.56	22.0	0.20	50
	土层6⑥₃	中风化花岗岩	无限	26.7	0.25	83700

根据以上隧道工程部分不同断面土层分布与参数情况，采用所设定的岩石作为半无限入射层输入地震动，根据通用土层反应分析的通用程序 shake91 等，以及上述基本理论和算法，采用《汕头海湾隧道工程场地地震安全性评价报告》中场地基岩地震动加速度时程，以及在此基础上合成并修正得到的两组场地基岩地震动加速度时程，对场地土层反应进行分析，计算得

到50年超越概率10%设防水准不同地震动作用下各个土层断面中,隧道上缘和下缘土层水平方向相对位移最大值,见表5.4-9。

50年超越概率10%设防水准隧道位置土层位移最大值(单位:m)　　表5.4-9

截面名称	中震								
	安评报告			人工波1			人工波2		
	水平方向			水平方向			水平方向		
	隧道上缘	隧道下缘	相对位移最大值	隧道上缘	隧道下缘	相对位移最大值	隧道上缘	隧道下缘	相对位移最大值
1	−0.019	−0.011	−0.008	−0.018	−0.011	−0.008	0.015	0.008	0.007
2	−0.015	−0.003	−0.012	0.014	0.002	0.012	0.014	0.002	0.012
3	0.004	0.0002	0.0039	−0.005	−0.0002	−0.005	0.005	0.0002	0.0048
4	−0.021	−0.0118	−0.010	−0.023	−0.0111	−0.012	0.022	0.0106	0.011
5	0.049	0.0269	0.023	−0.043	−0.0158	−0.027	−0.063	−0.0344	−0.028
6	−0.024	−0.0223	−0.002	−0.019	−0.016	−0.003	0.015	0.0126	0.003
7	−0.011	−0.002	−0.009	−0.014	−0.003	−0.011	0.014	0.0033	0.011

同时,计算得到50年超越概率2%~3%设防水准不同地震动作用下各个土层断面中,隧道上缘和下缘土层水平方向相对位移最大值,见表5.4-10。

50年超越概率2%~3%设防水准下隧道位置土层位移最大值(单位:m)　　表5.4-10

截面名称	大震								
	安评报告			人工波1			人工波2		
	水平方向			水平方向			水平方向		
	隧道上缘	隧道下缘	相对位移最大值	隧道上缘	隧道下缘	相对位移最大值	隧道上缘	隧道下缘	相对位移最大值
1	0.027	0.013	0.013	−0.045	−0.026	−0.019	0.032	0.017	0.015
2	0.030	0.003	0.027	0.032	0.002	0.030	0.036	0.003	0.033
3	−0.010	−0.0004	−0.010	−0.012	−0.0005	−0.011	−0.010	−0.0002	−0.010
4	0.037	0.0156	0.021	0.052	0.0219	0.030	0.048	0.022	0.030
5	0.092	0.0382	0.054	−0.111	−0.053	−0.058	−0.123	−0.064	−0.059
6	−0.037	−0.033	−0.004	−0.042	−0.037	−0.006	0.028	0.022	0.006
7	0.017	0.002	0.015	−0.026	−0.003	−0.023	0.026	0.003	0.023

5.5 隧道横断面静力与地震计算分析

5.5.1 盾构段横断面计算分析方法

国内对盾构隧道管片衬砌结构的横断面内力计算,多采用经验判断的简化计算法。但该法不能明示接头位置,难以反映管片衬砌结构的实际受力状况(如考虑为匀质圆环时,不能反映圆环偏转某一角度后的截面内力及变形变化、不能计算错缝时纵向接头的剪力等),且计算结果受人为影响的因素较大。随着盾构隧道设计理论的发展,出现了精确计算法,这种计算方法考虑了环向和纵向接头的位置和刚度,以及错缝时的环间相互咬合效应等,其分析结果更为可靠。

精确计算法的思路是:在进行管片设计计算分析时,先采用简化计算法(将管片衬砌结构简化为匀质圆环,即按日本的修正惯用法)初步确定盾构隧道管片结构参数;然后采用精确计算法进行不同拼装方式下的管片结构内力及变形分析,确定设计所采用的管片结构参数;最后对确定采用的方案,采用两种计算方法进行校核。盾构隧道管片衬砌结构的两种力学模式如图5.5-1所示,具体介绍如下:

(1)匀质圆环模式(日本修正惯用法)

将管片衬砌圆环考虑为弹性匀质圆环,用小于1的刚度折减系数 η 来体现环向接头的影响,不考虑接头的位置,即仅降低衬砌圆环的整体抗弯刚度。当采用通缝拼装方式时,其分析结果就作为设计值;而当为错缝拼装时,由于环与环间的纵向接头的咬合作用,出现附加弯矩值,用附加弯矩增大系数 ξ 来表示,即用于设计的弯矩为 $(1+\xi)M$,用于设计的轴力为 N。其中 M、N 为计算弯矩和计算轴力。

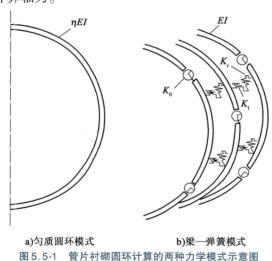

a)匀质圆环模式　　　b)梁—弹簧模式

图5.5-1　管片衬砌圆环计算的两种力学模式示意图

η-刚度折减系数;E-弹性模量;I-截面惯性矩;K_θ-转动弹簧刚度;K_r-半径方向的切线弹簧刚度;K_t-切线方向的切线弹簧刚度

(2)梁—弹簧模式

在一环管片衬砌内,考虑环向接头的位置和接头的刚度,用曲梁单元模拟管片的实际状况,用接头抗弯刚度 K_θ 来体现环向接头的实际抗弯刚度。错缝式拼装时,因纵向接头将引起衬砌圆环间的相互咬合作用,除考虑计算对象的衬砌圆环外,将对其有影响的前后衬砌圆环也作为对象,采用空间结构进行计算,并用径向抗剪刚度 K_r 和切向抗剪刚度 K_t 来体现纵向接头的环间传力效果。

梁—弹簧模型下,盾构隧道管片结构内力及变形计算采用的荷载—结构模式如图5.5-2所示。在确定作用于隧道上方的土层压力时,国内外的研究方法视地层情况的不同,主要采用卸载拱理论(以太沙基公式为主体)或按全部地层压力计算土层压力的方法,但这些方法均有较大近似性。

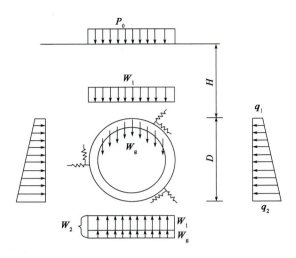

图 5.5-2 荷载—结构模式图

P_0-地面超载;W_1-竖向水土压力;q_1、q_2-水平水土压力;W_g-管片自重;H-管片覆土厚度;D-管片外径

梁—弹簧模型下管片衬砌圆环与周围土体的相互作用,通过在衬砌环设置只能受压的径向弹簧单元和切向弹簧单元来体现。这些单元受拉时将自动脱离,弹簧单元的刚度由衬砌周围土体的地基抗力系数决定。

当地层为砂性土层时,其作用于盾构隧道管片结构上的荷载按水土分算考虑;进行层为不透水黏性土层时,其作用于盾构隧道管片结构上的荷载按水土合算考虑。进行水土分算时,地下水位以下的土采用浮重度进行计算;而进行水土合算时,地下水位以下的土采用饱和重度进行计算。

5.5.2 盾构段横断面静力分析

1) 计算断面

海湾隧道盾构段沿线经过多种不同的地质情况,为全面把握结构内力情况,在纵向选取 5 个典型的不利断面进行分析,包括黏土性地层、砂性地层、最高水位和最大埋深等工况,分布在北岸河漫滩、海中浅埋处、海中大埋深处以及南岸河漫滩区域。主要土质特征及其物理力学参数见表 5.5-1。

计算断面情况及主要特征　　　　表 5.5-1

项目	断面一	断面二	断面三	断面四	断面五
里程	EK3+890	EK4+290	EK4+780	EK5+180	EK5+950
地层特征	从上至下分别为淤泥、淤泥质土、粉细砂、粉质黏土、淤泥质土、砾砂,隧道位于粉细砂、粉质黏土、淤泥质土中	从上至下分别为淤泥、淤泥混砂、砾砂、淤泥质土、微风化辉绿玢岩,隧道位于砾砂、淤泥质土中	从上至下分别为淤泥、淤泥混砂及粉细砂、中粗砂、粉细砂、微风化花岗岩,隧道位于中粗砂、微风化花岗岩中	从上至下分别为淤泥、粉细砂、粉质黏土、砂质砂性土、全风化岩层、强风化岩层、微风化花岗岩,隧道位于粉细砂、粉质黏土中	从上至下分别为淤泥、全风化岩层、强风化岩层,隧道位于淤泥中

续上表

项目	断面一	断面二	断面三	断面四	断面五
隧道埋深(m)	23.0	17.2	20.1	20.5	14.8
水位(高程)(m)	最高水位 +3.85,最低水位 −1.17				
按地层厚度加权平均密度(g/cm^3)	16.3	16.66	17.4	16.74	15.55
地面超载(kPa)	—	—	—	—	—
侧压系数	0.5	0.45	0.5	0.43	0.6
加权平均基床系数(MPa/m^2)	10	20	15	25	5
计算方式	水土合算、水土分算	水土合算	水土分算	水土合算、水土分算	水土合算

5个典型断面在每环幅宽范围内的荷载计算结果见表5.5-2。

计算断面单环的荷载情况(单位:kPa)　　　表5.5-2

| 计算断面 | 计算工况 | | | 上部均布荷载 p_1 | 底部地基反力 p_2 | 上部侧压 q_1 | 下部侧压 q_2 |
	计算方式	水位情况	编号				
断面一	水土合算	高水位	S11	872.57	970.59	441.47	685.2
		低水位	S12	793.24	891.26	401.81	643.94
	水土分算	高水位	S13	872.57	970.59	712.97	1095.1
		低水位	S14	793.24	891.26	623.11	1005.24
断面二	水土合算	高水位	S21	815.66	915.28	371.75	591.02
		低水位	S22	715.26	813.28	326.57	545.84
断面三	水土分算	高水位	S31	912.41	1010.42	719.16	1092.61
		低水位	S32	812.01	910.02	618.76	992.21
断面四	水土合算	高水位	S41	860.98	959.00	374.77	586.78
		低水位	S42	760.58	858.60	331.59	545.21
	水土分算	高水位	S43	860.98	959.00	713.27	1099.8
		低水位	S44	760.58	858.60	612.87	999.40
断面五	水土合算	高水位	S51	556.55	654.57	339.64	606.14
		低水位	S52	469.13	567.15	287.19	555.29

2)接头抗弯刚度确定

由于管片环向接头刚度与接头形式、弯矩和轴力等因素有关,故根据选取的各计算断面,采用匀质圆环模型进行初步的弯矩和轴力计算,然后根据其计算结果进行接头刚度分析。在计算中,取刚度折减系数 η 为0.7,相应的增大系数 ζ 为0.3,按幅宽2m、厚0.6m进行初步计算,其计算结果见表5.5-3。

匀质圆环模型断面内力计算结果　　　　　表 5.5-3

计算工况			单点最大变形（mm）	最大正弯矩（kN·m/环）	最大正弯矩对应轴力（kN/环）	最大负弯矩（kN·m/环）	最大负弯矩对应轴力（kN/环）
编号	水位情况	计算方式					
S11	高水位	水土合算	13.89	1130.8	5554.7	-672.05	6171.2
S12	低水位	水土合算	12.80	1032.5	5083.8	-623.42	5617.8
S13	高水位	水土分算	6.93	449.4	6138.7	-377.40	6388.0
S14	低水位	水土分算	10.99	582.5	5933.9	-483.51	6128.3
S21	高水位	水土合算	9.41	855.2	5292.8	-535.67	5671.4
S22	低水位	水土合算	11.27	871.2	5058.2	-619.96	5258.6
S31	高水位	水土分算	6.80	475.6	6389.7	-367.35	6573.2
S32	低水位	水土分算	9.55	556.9	6072.3	-456.31	6158.9
S41	高水位	水土合算	8.95	846.0	5586.5	-538.55	5928.8
S42	低水位	水土合算	10.46	857.3	5356.7	-610.99	5509.8
S43	高水位	水土分算	6.57	345.0	6587.0	-284.27	64738
S44	低水位	水土分算	4.1	330.4	5436.9	-304.89	5579.2
S51	高水位	水土合算	12.48	804.0	3697.6	-568.09	4157.9
S52	低水位	水土合算	10.72	674.8	3179.4	-491.60	3588.9

注：表中弯矩值未考虑弯矩增大，按修正惯用法，管片设计弯矩值为表中弯矩值乘以 $(1+\zeta)$，接头弯矩设计值为表中弯矩值乘以 $(1-\zeta)$。

根据匀质圆环模型得到的 5 个计算断面的 14 种工况，可以匡算出盾构隧道内力的大致范围，参考何川在《大断面水下盾构隧道结构力学特性》中接头足尺试验得到的管片接头抗弯刚度 K_θ 的建议值，得到 5 个计算断面的 14 种工况管片接头抗弯刚度的取值，见表 5.5-4。对于纵向接头，其径向抗剪刚度 K_r 和切向抗剪刚度 K_t 按偏于安全方面考虑均取为无穷大，即认为各环管片在纵向接头处不产生错动。

各断面管片接头抗弯刚度 K_θ 的取值情况　　　　　表 5.5-4

计算断面	水位情况	正弯抗弯刚度 K_θ^+（MN·m/rad）	负弯抗弯刚度 K_θ^-（MN·m/rad）
断面一	高水位	500	600
	低水位	190	350
断面二	高水位	300	600
	低水位		
断面三	高水位	500	700
	低水位	500	400
断面四	高水位	700	700
	低水位	400	600
断面五	高水位	300	500
	低水位		

3）匀质圆环法静力计算结果

表 5.5-5 和图 5.5-3 为汕头海湾隧道盾构隧道管片衬砌结构的典型拼装方式，错缝拼装时

外侧环为相对位置的前一环,内侧环为相对位置的后一环。在具体的计算过程中,均取出三环管片进行空间计算,检算对象为中间一环。

管片计算拼装方式　　　　　　　　　　　表 5.5-5

管片编号	拼装方式	中间环 K 块中心位置
TF	通缝	拱顶左偏 12°51′25.71″
CF1	两环一组,第一环封顶块管片中心轴相对竖向轴左偏 12°51′25.71″,第二环相对第一环右偏转 25°42′51.4″	拱顶左偏 12°51′25.71″
CF2	两环一组,第一环封顶块管片中心轴相对竖向轴左偏 12°51′25.71″,第二环相对第一环右偏转 102°51′25.7″	右侧水平
CF3	两环一组,第一环封顶块管片中心轴相对竖向轴左偏 12°51′25.71″,第二环相对第一环右偏转 180°	拱底右偏 12°51′25.71″

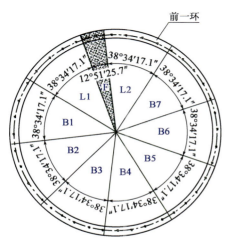

a)TF拼装:衬砌圆环初始位置

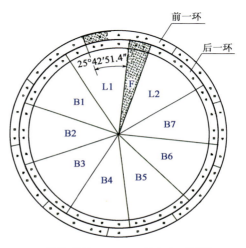

b)CF1拼装:旋转25°42′51.4″衬砌圆环错缝情况

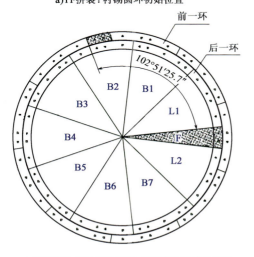

c)CF2拼装:旋转102°51′25.7″衬砌圆环错缝情况

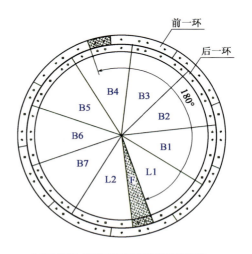

d)CF3拼装:旋转180°衬砌圆环错缝情况

图 5.5-3　管片拼装方式示意图

将 5 个计算断面按照高、低水位，水土分算或合算计算方式，以及拼装方式进行组合，得到 56 组梁—弹簧模型计算工况，见表 5.5-6。

各断面计算工况　　　　　　　　　　　表 5.5-6

编　号	计算断面	水位情况	计算方式	拼装方式
ST01	断面一	高水位	水土合算	TF
ST02				CF1
ST03				CF2
ST04				CF3
ST05			水土分算	TF
ST06				CF1
ST07				CF2
ST08				CF3
ST09		低水位	水土合算	TF
ST10				CF1
ST11				CF2
ST12				CF3
ST13			水土分算	TF
ST14				CF1
ST15				CF2
ST16				CF3
ST17	断面二	高水位	水土合算	TF
ST18				CF1
ST19				CF2
ST20				CF3
ST21		低水位		TF
ST22				CF1
ST23				CF2
ST24				CF3
ST25	断面三	高水位	水土分算	TF
ST26				CF1
ST27				CF2
ST28				CF3
ST29		低水位		TF
ST30				CF1
ST31				CF2
ST32				CF3

续上表

编号	计算断面	水位情况	计算方式	拼装方式
ST33	断面四	高水位	水土合算	TF
ST34	断面四	高水位	水土合算	CF1
ST35	断面四	高水位	水土合算	CF2
ST36	断面四	高水位	水土合算	CF3
ST37	断面四	高水位	水土分算	TF
ST38	断面四	高水位	水土分算	CF1
ST39	断面四	高水位	水土分算	CF2
ST40	断面四	高水位	水土分算	CF3
ST41	断面四	低水位	水土合算	TF
ST42	断面四	低水位	水土合算	CF1
ST43	断面四	低水位	水土合算	CF2
ST44	断面四	低水位	水土合算	CF3
ST45	断面四	低水位	水土分算	TF
ST46	断面四	低水位	水土分算	CF1
ST47	断面四	低水位	水土分算	CF2
ST48	断面四	低水位	水土分算	CF3
ST49	断面五	高水位	水土合算	TF
ST50	断面五	高水位	水土合算	CF1
ST51	断面五	高水位	水土合算	CF2
ST52	断面五	高水位	水土合算	CF3
ST53	断面五	低水位	水土合算	TF
ST54	断面五	低水位	水土合算	CF1
ST55	断面五	低水位	水土合算	CF2
ST56	断面五	低水位	水土合算	CF3

不同工况下管片内力及变形计算结果见表5.5-7。正弯矩代表隧道内侧受拉,负弯矩代表隧道外侧受拉。

不同工况管片内力及变形计算结果 表5.5-7

编号	计算断面	水位情况	计算方式	拼装方式	单点最大变形(mm)	最大正弯矩(kN·m/环)	最大正弯矩对应轴力(kN/环)	最大负弯矩(kN·m/环)	最大负弯矩对应轴力(kN/环)	纵缝最大张开量(mm)	最大轴力(kN/环)	最小轴力(kN/环)
ST01	断面一	高水位	水土合算	TF	11.4	450.19	5560.5	−414.90	6064.1	1.8	6440	5560
ST02	断面一	高水位	水土合算	CF1	10.98	1210.4	5623.8	−721.37	6258.3	4.9	6440	5220
ST03	断面一	高水位	水土合算	CF2	11.0	1103.2	5240.9	−671.98	6281.9	4.4	6450	5240
ST04	断面一	高水位	水土合算	CF3	11.06	1337.8	5188.2	−629.21	6361.7	5.4	6440	5190

续上表

编号	计算断面	水位情况	计算方式	拼装方式	单点最大变形（mm）	最大正弯矩（kN·m/环）	最大正弯矩对应轴力（kN/环）	最大负弯矩（kN·m/环）	最大负弯矩对应轴力（kN/环）	纵缝最大张开量（mm）	最大轴力（kN/环）	最小轴力（kN/环）
ST05	断面一	高水位	水土分算	TF	6.99	290.12	6169.2	−265.34	6361.5	1.2	6440	6170
ST06	断面一	高水位	水土分算	CF1	5.44	451.87	6083.0	−381.49	6318.8	1.8	6540	5960
ST07	断面一	高水位	水土分算	CF2	5.43	474.62	6062.1	−343.10	6321.9	1.9	6540	5950
ST08	断面一	高水位	水土分算	CF3	5.45	491.36	5946.9	−334.95	6322.3	2.0	6540	5950
ST09	断面一	低水位	水土合算	TF	12.9	451.95	5242.2	−448.34	5720.3	4.8	5900	5240
ST10	断面一	低水位	水土合算	CF1	10.04	1101.4	5139.6	−665.81	5809.3	5.8	5890	4770
ST11	断面一	低水位	水土合算	CF2	10.06	1113.4	5085.2	−619.32	5740.2	5.9	5890	4790
ST12	断面一	低水位	水土合算	CF3	10.11	1217.9	5086.8	−579.83	5813.9	6.4	5890	4740
ST13	断面一	低水位	水土分算	TF	10.48	381.43	5962.7	−364.41	6128.4	4.0	6230	5960
ST14	断面一	低水位	水土分算	CF1	5.47	473.07	5374.7	−385.97	5763.7	5.0	5970	5370
ST15	断面一	低水位	水土分算	CF2	5.46	495.98	5373.8	−342.83	5809.6	5.2	5960	5370
ST16	断面一	低水位	水土分算	CF3	5.48	513.44	5365.7	−334.75	5767.9	5.4	5970	5370
ST17	断面二	高水位	水土合算	TF	7.34	403.38	5214.0	−370.71	5659.3	2.7	5960	5210
ST18	断面二	高水位	水土合算	CF1	7.29	856.04	5040.2	−431.86	5784.8	5.7	5920	5040
ST19	断面二	高水位	水土合算	CF2	7.32	837.77	5061.1	−559.89	5538.8	5.6	5920	5060
ST20	断面二	高水位	水土合算	CF3	7.36	940.23	5015.5	−507.22	5647.5	6.3	5920	5020
ST21	断面二	低水位	水土合算	TF	7.82	386.17	4783.4	−374.58	5113.3	2.6	5270	4770
ST22	断面二	低水位	水土合算	CF1	6.46	754.58	4686.3	−386.64	5112.3	5.1	5230	4450
ST23	断面二	低水位	水土合算	CF2	6.48	737.51	4474.6	−495.44	4896.0	4.9	5240	4470
ST24	断面二	低水位	水土合算	CF3	6.52	828.74	4432.8	−452.00	4991.2	5.6	5230	4430
ST25	断面三	高水位	水土分算	TF	6.37	296.95	6416.5	−269.29	6585.5	1.2	6630	6420
ST26	断面三	高水位	水土分算	CF1	5.16	458.25	6334.0	−341.74	6585.1	1.8	6750	6210
ST27	断面三	高水位	水土分算	CF2	5.16	469.03	6210.1	−296.63	6546.6	1.9	6750	6210
ST28	断面三	高水位	水土分算	CF3	5.18	498.68	6311.8	−283.81	6546.2	2.0	6750	6200
ST29	断面三	低水位	水土分算	TF	9.09	355.39	6807.9	−349.93	6872.5	1.4	6880	6700
ST30	断面三	低水位	水土分算	CF1	4.94	448.68	5635.2	−329.53	5852.1	1.8	6050	5510
ST31	断面三	低水位	水土分算	CF2	4.96	489.57	5497.7	−287.67	5839.9	2.0	6050	5500
ST32	断面三	低水位	水土分算	CF3	4.96	488.35	5498.3	−274.09	5829.7	2.0	6050	5500
ST33	断面四	高水位	水土合算	TF	6.895	438.65	5483.1	−371.66	5889.8	1.3	6240	5480
ST34	断面四	高水位	水土合算	CF1	6.92	813.83	5351.0	−411.19	6075.2	2.3	6190	5350
ST35	断面四	高水位	水土分算	CF2	6.95	830.41	5538.0	−552.00	5810.4	2.4	6200	5350
ST36	断面四	高水位	水土分算	CF3	6.98	890.74	5326.0	−520.65	5941.5	2.6	6190	5330

续上表

计算工况			拼装方式	单点最大变形(mm)	最大正弯矩(kN·m/环)	最大正弯矩对应轴力(kN/环)	最大负弯矩(kN·m/环)	最大负弯矩对应轴力(kN/环)	纵缝最大张开量(mm)	最大轴力(kN/环)	最小轴力(kN/环)
编号	计算断面	水位情况	计算方式								
ST37	断面四	高水位	水土分算	TF	3.08	188.45	5981.4	−147.08	6105.2	0.5	6610	5980
ST38				CF1	3.51	292.56	6015.2	−250.51	6160.1	0.8	6520	6020
ST39				CF2	3.52	316.49	6006.2	−208.41	6179.7	0.9	6520	6010
ST40				CF3	3.53	316.84	6005.2	−208.42	6160.4	0.9	6520	6010
ST41	断面四	低水位	水土合算	TF	7.23	420.94	5058.9	−378.79	5352.3	2.1	5540	5050
ST42				CF1	6.17	722.50	4760.5	−369.86	5401.7	5.2	5510	4760
ST43				CF2	6.19	736.99	4926.7	−493.48	5168.3	3.7	5510	4760
ST44				CF3	6.22	790.56	4738.3	−465.77	5285.4	4.0	5510	4740
ST45			水土分算	TF	2.87	182.21	5278.0	−141.74	5405.4	0.9	5910	5280
ST46				CF1	3.31	284.29	5315.2	−236.00	5503.9	1.4	5810	5320
ST47				CF2	3.32	307.76	5306.1	−192.38	5490.9	1.5	5810	5310
ST48				CF3	4.87	354.02	5671.4	−282.30	5597.2	1.8	5750	5430
ST49	断面五	高水位	水土合算	TF	7.83	354.95	3628.7	−285.30	4057.5	2.4	4250	3630
ST50				CF1	9.02	816.33	3450.2	−614.19	4150.0	5.5	4260	3450
ST51				CF2	9.00	891.04	3676.4	−591.21	4159.1	6.0	4280	3440
ST52				CF3	9.02	891.54	3439.6	−592.15	4159.2	6.0	4280	3440
ST53	断面五	低水位		TF	10.38	357.66	3246.5	−352.63	3587.3	2.4	3690	3250
ST54				CF1	7.67	679.21	3173.7	−536.78	3609.3	4.6	3680	2960
ST55				CF2	7.65	741.10	2949.8	−510.60	3560.2	5.0	3680	2950
ST56				CF3	7.67	740.94	3146.3	−511.16	3560.3	5.0	3680	2950

各断面错缝拼装控制设计的内力和变形值见表 5.5-8。正弯矩代表隧道内侧受拉,负弯矩代表隧道外侧受拉。

静力作用下各计算断面的内力和变形值 表5.5-8

计算断面	最大变形(mm)	最大正弯矩(kN·m/环)	最大正弯矩对应轴力(kN/环)	最大负弯矩(kN·m/环)	最大负弯矩对应轴力(kN/环)	纵缝最大张开量(mm)
断面一	11.4	1337.8	5188.2	−721.37	6258.3	6.4
断面二	7.82	940.23	5015.5	−559.89	5538.8	2.0
断面三	9.09	498.68	6311.8	−349.93	6872.5	1.9
断面四	6.98	890.74	5326.0	−552.00	5810.4	1.7
断面五	10.38	891.54	3439.6	−614.19	4150.0	6.0

典型断面内力与变形结果如图 5.5-4、图 5.5-5 所示。

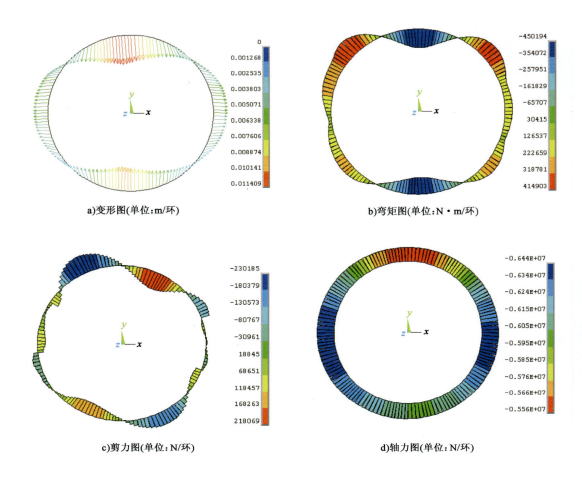

图 5.5-4 工况 ST01 内力与变形结果

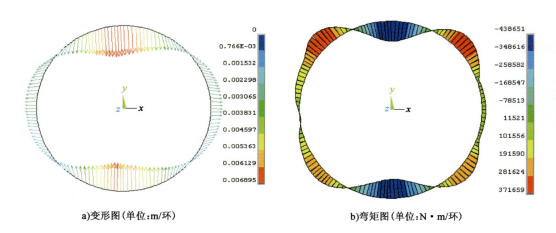

图 5.5-5

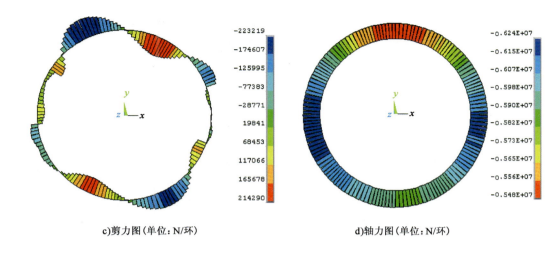

c) 剪力图(单位：N/环)　　　　　　　　d) 轴力图(单位：N/环)

图 5.5-5　工况 ST01 内力与变形结果

4）梁—弹簧法静力计算结果

将各个计算断面梁—弹簧模型的计算结果（表 5.5-8）与匀质圆环模型的计算结果进行对比可得：

（1）各个断面采用匀质圆环模型计算得到的弯矩、轴力等的量值基本与采用错缝拼装方式下梁—弹簧模型的计算结果相当，而采用匀质圆环模型计算得到的单点最大位移基本与采用通缝拼装方式下梁—弹簧模型的计算结果相当。

以计算断面一在低水位条件下采用水土合算的情况为例，从隧道结构单点变形量来看，匀质圆环模型下结构的变形为 12.80mm，而梁—弹簧模型下 TF、CF1、CF2、CF3 等拼装方式的变形分别为 12.9mm、10.04mm、10.06mm 与 10.11mm。

从隧道结构最大正弯矩来看，匀质圆环模型下结构的最大正弯矩为 1032.53kN·m，而梁—弹簧模型下 TF、CF1、CF2、CF3 等拼装方式的最大正弯矩分别为 451.95kN·m、1101.4kN·m、1113.4kN·m 与 1217.9kN·m。

从隧道结构最大负弯矩来看，匀质圆环模型下结构的最大负弯矩为 -623.42kN·m，而梁—弹簧模型下 TF、CF1、CF2、CF3 等拼装方式的最大正弯矩分别为 -448.34kN·m、-665.81kN·m、-619.32kN·m 与 -579.83kN·m。

从隧道结构轴力情况来看，匀质圆环模型下结构的轴力为 5292.8～5671.4kN，而梁—弹簧模型下 TF、CF1、CF2、CF3 等拼装方式的最大轴力分别为 5240～5900kN、4770～5890kN、4790～5890kN 与 4740～5890kN。可见，梁—弹簧模式的计算结果在匀质圆环模式计算结果的范围之内。

（2）该次所采用的梁—弹簧模型精确计算法所得的计算结果可靠，所取的管片接头刚度参数合理。当然，在采用匀质圆环模式进行力学分析时，其分析结果与抗弯刚度折减系数和弯矩增大系数的选取有关；而采用梁—弹簧模型进行力学分析时，其分析结果与管片接头刚度的选取有关。因此，在进行施工图设计时，应进一步对管片接头刚度进行详细的研究。

（3）从相同断面、相同计算条件下，不同拼装方式的结果可见，通缝与错缝拼装结构弯矩沿管片环的分布规律大致相似。

在拱顶和仰拱处管片衬砌内侧受拉外侧受压,在左右拱腰处管片外侧受拉内侧受压;有环向接头的管片附近弯矩有较大的减小。

从弯矩的形状分析,通缝拼装与错缝拼装方式弯矩的分布有些细节上的差异:通缝拼装方式的弯矩分布较为平顺,而错缝拼装方式的弯矩有较大程度的起伏变化,其原因是错缝拼装方式在外力作用下环间螺栓发挥了径向剪切作用,从而引起结构体弯矩沿圆周方向起伏多变。

从弯矩的最值上分析,通缝拼装方式的最大正弯矩发生在拱顶或拱底位置,但是错缝拼装方式由于环间剪切螺栓的作用,最大正弯矩发生的部位未必处于拱顶和拱底位置上,而是附近的某一位置。通缝拼装的最大正负弯矩均小于错缝拼装的最大弯矩值,比错缝拼装的弯矩值小60%~70%。

对最大变形量进行分析,通缝拼装方式变形量一般大于错缝拼装方式的最大变形量,总体来看大15%~35%。

(4)对于不同错缝拼装方式,3种错缝拼装方式的弯矩图总体具有近似的规律。

拱顶拱底附近部位为正弯矩区域,两侧水平的拱腰偏上附近部位为负弯矩区域,最大负弯矩分布在水平位置30°~50°范围内,最大正弯矩为最大负弯矩的1.6~2.0倍,但负弯矩分布范围较大;沿着管片环圆周方向的弯矩分布均具有一定程度的起伏。

从弯矩量值看,在断面二低水位条件下错缝拼装方式CF3最大正弯矩值为828.74kN·m,而错缝拼装方式CF1、CF2最大正弯矩值分别为754.58kN·m、737.51kN·m,可以看出错缝拼装方式CF3最大正弯矩值略大。错缝拼装方式CF1、CF2相差不大。

从轴力图看,各错缝拼装方式相差很小。

从最大变形量看,错缝拼装方式CF3为6.52mm,错缝拼装方式CF1、CF2分别为6.46mm、6.48mm,综合考虑各工况,错缝拼装方式CF1、CF2的最大变形量较小,错缝拼装方式CF3变形量最大。

对各拼装方式在各控制工况下的对比图进行分析,CF3拼装方式在各种工况下相对其他拼装方式的最大弯矩、最大荷载偏心距都偏大,尤其单点变形量比其他错缝拼装方式要明显大,CF3为最不利拼装方式,CF1、CF2为较优的拼装方式。因此,考虑到通缝拼装方式可能出现较大的变形,在后续横断面地震响应分析时,着重对TF与CF3拼装方式进行进一步横断面地震响应计算分析。

(5)计算发现,静力作用下的纵缝最大张开量出现在截面一处,数值为6.4mm。

5.5.3 盾构段横断面反应位移法分析

1)分析原理

盾构隧道横断面方向的地震响应分析常采用反应位移法,但目前国内一般将盾构隧道处理成简化的连续环,管片与管片之间的接头及环间接头对横断面的抗震影响通常都没有考虑。这显然与实际情况差异较大。

汕头海湾隧道盾构段横断面抗震分析时,把管片与管片接头作为弹性铰单元处理,同时选取相邻的三环作为计算对象,考虑环间接头的影响。除此之外,把地震荷载分成两部分,一部分是盾构隧道周边天然地层的剪切力,另一部分是盾构隧道两侧受到地层的强制位移,惯性荷载在地下结构中的影响很小,被忽略。计算思路为首先选取隧道典型断面进行常时荷载下的静力分析,在静力分析基础上叠加地震荷载动力分析结果。

结构的本构关系为弹性材料,基于反应位移法的盾构隧道的抗震计算模型如图 5.5-6 所示。

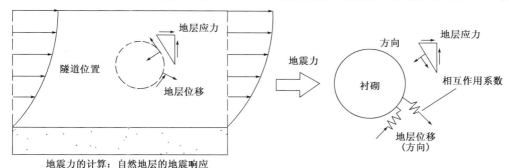

图 5.5-6　反应位移法的抗震计算模型

根据模型,按照下列步骤计算地震所增加的内力、应力和位移值:

(1)在隧道横断面方向将管片简化为刚度相同的曲梁单元,管片之间接头设置为可承受一定弯矩的弹性铰单元(具体参数与静力计算相同)。

(2)沿衬砌环周围设置弹簧来模拟隧道与地层之间的相互作用。

(3)求出地震时隧道断面自由地层的位移、地层应力及加速度等地震荷载,在均质地层中沿水平方向振动时,该地层应力即为地震时的剪切应力。

(4)将地震时的地层剪切力沿环的法线和切线方向分解,直接加载于衬砌环上。

(5)地震时的地层位移也沿环的法线和切线方向分解,分别按各自的方向作用于地层弹簧上末端。

(6)依据上述结构模型及地震荷载进行结构计算,可得到地震时产生的断面内力、应力和位移值。

(7)将按常时荷载计算的断面内力、应力和位移值,与地震荷载产生的断面内力、应力和位移值进行叠加,从而得到抗震设计所需要的断面内力、应力和位移值。

图 5.5-7 为地震时地层位移及周边剪切力沿地层深度方向变化的示意图,其中的位移和剪切力是根据对场地地层进行动力分析获得的,将二者作用于衬砌环模型上即可进行地震动力计算。

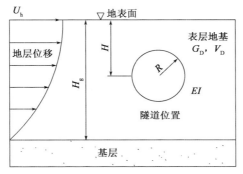

图 5.5-7　地震荷载与隧道埋深相对关系图

2）地震导致砂土液化、软土震陷对典型断面的影响分析

依据工程所在地质条件的砂土液化和软土震陷等级判别情况，选取可能出现砂土液化、软土震陷等不利情况的4个典型断面，断面情况及主要特征见表5.5-9。典型断面计算结果如图5.5-8、图5.5-9所示，具体工况见表5.5-10，计算结果见表5.5-11。

典型断面情况及主要特征　　　　表5.5-9

计算断面	断面六	断面七	断面八	断面九
断面特征	软土震陷：影响区域为隧道通过层拱腰至拱底5.2m范围内的粉质黏土地层。该断面从上至下分别为杂填土、淤泥、中粗砂、淤泥质土、中粗砂、淤泥质土、中粗砂、强风化岩层，隧道位于淤泥、中粗砂、粉质黏土地层中	砂土液化：液化区域为隧道通过层拱顶至拱肩2.9m范围内的淤泥混砂地层。软土震陷：影响区域为隧道拱腰至拱底11.1m范围内的淤泥质土地层。该断面从上至下分别为淤泥、淤泥混砂、淤泥质土、中粗砂、强风化岩层，隧道位于中粗砂、粉质黏土、淤泥质土地层中	砂土液化：液化区域为隧道通过层拱顶以上7.7~10.3m范围内的粉细砂地层。该断面从上至下分别为淤泥、粉细砂、淤泥质土、粉质黏土、微风化岩层，隧道位于淤泥质土、粉质黏土层中	砂土液化：液化区域为隧道通过层拱顶至拱肩9.3m范围内的淤泥混砂地层。该断面从上至下分别为淤泥、淤泥混砂、中粗砂、全风化岩层，隧道位于淤泥、粉细砂地层中
隧道埋深(m)	12.5	17.8	12.4	20.3
水位高程(m)	平均潮水位+0.49m			
按地层厚度加权平均密度(g/cm³)	—	16.25	16.33	15.5
计算方式	地层—结构模式	荷载—结构模式、地层—结构模式	荷载—结构模式	荷载—结构模式
计算方法	考虑淤泥质软土震陷时物理力学参数的变化	考虑淤泥质软土震陷时物理力学参数的变化；考虑中粗砂地层抗力的折减，折减系数为0.66	考虑中粗砂地层抗力的折减，折减系数为0.66	考虑粉细砂地层抗力的折减，折减系数为0.33

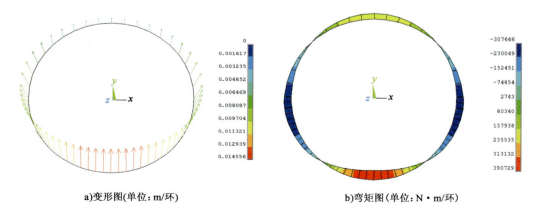

a) 变形图(单位：m/环)　　　　b) 弯矩图(单位：N·m/环)

图 5.5-8

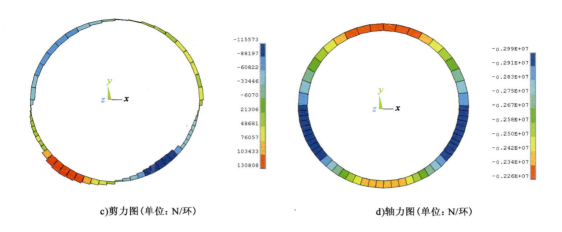

c)剪力图(单位：N/环)　　　　　　d)轴力图(单位：N/环)

图 5.5-8　工况 YZ01 内力与变形结果图

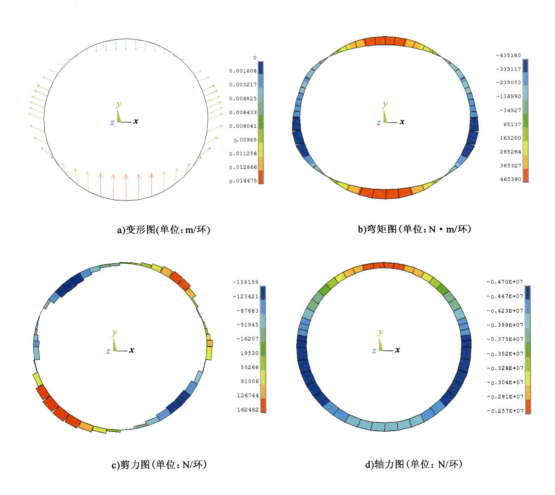

a)变形图(单位：m/环)　　　　　　b)弯矩图(单位：N·m/环)

c)剪力图(单位：N/环)　　　　　　d)轴力图(单位：N/环)

图 5.5-9　工况 YZ02 内力与变形结果

典型断面砂土液化、软土震陷计算工况　　　　　　　　　表5.5-10

编号	计算断面	地震作用	计算方式	拼装方式
YZ01	断面六	正常情况	地层—结构模式	—
YZ02		软土震陷情况1		—
YZ03		软土震陷情况2		—
YZ04	断面七	正常情况	地层—结构模式	—
YZ05		砂土液化、软土震陷情况1		—
YZ06		砂土液化、软土震陷情况2		—
YZ07		正常情况	荷载—结构模式	TF
YZ08				CF3
YZ09		砂土液化、软土震陷情况		TF
YZ10				CF3
YZ11	断面八	正常情况	荷载—结构模式	TF
YZ12				CF3
YZ13		砂土液化情况		TF
YZ14				CF3
YZ15	断面九	正常情况	荷载—结构模式	TF
YZ16				CF3
YZ17		砂土液化情况		TF
YZ18				CF3

其中，工况YZ01~YZ06地层—结构模式中，采用等效刚度折减系数0.7考虑接缝对盾构隧道结构整体刚度的削弱作用，"软土震陷情况1"与"软土震陷情况2"分别将淤泥质土的相关力学参数折减了30%和70%。

（1）软土震陷分析

①只考虑软土的震陷情况（断面六）。

从断面六可以看出，正常情况下管片的最大变形位于拱底，向上隆起约14.5mm，发生震陷后，最大变形位置位于拱顶，其下沉量对应情况1和情况2分别为-37.2mm和-85.7mm。发生震陷后，情况1最大正弯矩增大约33%，情况2增大约82%，且呈现非线性的增长。可见震陷越严重，弯矩的增加越大。相比弯矩，轴力增加得要小一些，对应情况1和情况2，最大轴力分别增大14.3%和27.7%，最小轴力几乎不发生变化。

②同时考虑软土震陷和砂土液化的情况（断面七）。

从断面七可以看出，正常情况下管片的最大变形位于拱底，向上隆起约14.4mm，发生震陷后，最大变形位置位于拱顶，其下沉量对应情况1和情况2分别为-42.2mm和-62.9mm。发生震陷后，情况1最大正弯矩增大约86%，情况2增大约127%，发生震陷和砂土液化的情况越严重，弯矩的增加越大。可见，当同时考虑砂土液化和软土震陷时，对隧道受力影响非常明显。相比弯矩，轴力增加不是特别明显，对应情况1和情况2，最大轴力分别增大14.4%和22.9%，最小轴力呈现出缓慢增长，对应情况1和情况2，分别增大3.8%和6.6%。

表 5.5-11 砂土液化、软土振陷情况下各典型断面管片内力及变形结果

编号	计算断面	水位情况	计算方式	地震作用	拼装方式	单点最大变形 (mm)	最大正弯矩 (kN·m/环)	最大正弯矩对应轴力 (kN/环)	最大负弯矩 (kN·m/环)	最大负弯矩对应轴力 (kN/环)	纵缝最大张开量 (mm)	最大轴力 (kN/环)	最小轴力 (kN/环)
YZ01	断面六	平均水位	水土合算	正常情况	—	14.5	390.729	2420	-307.646	2910	1.3	2990	2260
YZ02	断面六	平均水位	水土合算	软土震陷情况1	—	24.7	520.693	2650	-455.856	3170	2.1	3420	2260
YZ03	断面六	平均水位	水土合算	软土震陷情况2	—	61.8	711.100	3470	-658.264	2960	2.9	3820	2270
YZ04	断面七	平均水位	水土合算	正常情况	—	14.4	465.39	3990	-435.18	4470	1.9	4700	2570
YZ05	断面七	平均水位	水土合算	砂土液化、软土震陷情况1	—	38.95	865.149	4480	-751.109	4780	3.5	5380	2670
YZ06	断面七	平均水位	水土合算	砂土液化、软土震陷情况2	—	57.05	1060.260	4770	-914.672	5320	4.0	5780	2740
YZ07	断面七	平均水位	水土合算	正常情况	TF	7.81	351.74	5296.0	-339.66	5268.2	1.5	5480	4880
YZ08	断面七	平均水位	水土合算	正常情况	CF3	9.84	1067.6	4826.5	-665.67	5282.6	4.3	5860	4510
YZ09	断面七	平均水位	水土合算	砂土液化、软土震陷情况	TF	9.42	363.95	5399.8	-289.64	5252.4	1.5	5400	4940
YZ10	断面七	平均水位	水土合算	砂土液化、软土震陷情况	CF3	12.34	1249.8	4835.6	-623.78	5558.3	5.0	5750	4480
YZ11	断面八	平均水位	水土合算	正常情况	TF	6.61	371.44	4990.6	-333.95	5369.9	1.5	5700	4980
YZ12	断面八	平均水位	水土合算	正常情况	CF3	8.89	1159.9	4908.2	-649.19	5869.1	4.7	6100	4570
YZ13	断面八	平均水位	水土合算	砂土液化情况	TF	7.45	409.40	4982.8	-390.59	5462.2	1.7	5630	4970
YZ14	断面八	平均水位	水土合算	砂土液化情况	CF3	9.86	1299.1	4497.4	-875.72	5972.3	5.2	6090	4500
YZ15	断面九	平均水位	水土合算	正常情况	TF	5.78	273.18	3462.2	-225.07	3644.8	1.1	3930	3460
YZ16	断面九	平均水位	水土合算	正常情况	CF3	6.12	698.45	3523.7	-316.71	3695.4	2.8	3920	3330
YZ17	断面九	平均水位	水土合算	砂土液化情况	TF	7.80	348.41	3461.4	-312.38	3430.7	1.4	3980	3400
YZ18	断面九	平均水位	水土合算	砂土液化情况	CF3	7.85	890.32	3502.4	-587.30	3498.4	5.2	3960	3270

(2) 砂土液化分析

从表5.5-11、表5.5-12中几个断面地震导致砂土液化前后管片衬砌结构的内力与变形情况来看,砂土液化将导致管片衬砌结构变形增加、弯矩增长、轴力下降,从而使隧道处于较为不利的受力状态下。

通缝拼装条件下,砂土液化、软土震陷后结构最大单点位移量增幅达20.6%,最大正弯矩增幅为3.47%,最大轴力降幅为20.6%;CF3错缝拼装条件下最大单点位移量增幅达31%,最大正弯矩增幅为17.1%,最大轴力降幅为1.9‰。相较之下,错缝拼装弯矩增幅略大,但轴力降幅小,仍然推荐采用错缝拼装方式。

当综合考虑砂土液化和软土震陷情况时,结构的纵缝最大张开量为5.2mm。

3) 盾构段横断面反应位移法计算结果分析

依据汕头海湾隧道盾构段所选5个典型断面的地层分布情况以及场地条件(表5.5-12),进行安评报告、基岩人工波1、基岩人工波2三种条件大震下的计算,计算工况见表5.5-13,相应计算结果如图5.5-10、图5.5-11及表5.5-14所示。

场地土类型综合评价表 表5.5-12

序号	地层编号	岩土名称	岩土状态	剪切波速(m/s)	土的类型
1	①₁	填筑土	欠压实、松散	104	软弱土
2	②₁	淤泥	流塑	116	软弱土
3	②₂	淤泥质土	流塑	121	软弱土
4	②₃	淤泥混砂	松散	162	中软土
5	②₄	粉细砂	松散	279	中硬土
6	③₁	粉质黏土	可塑	230	中软土
7	③₂	淤泥质土	流塑为主	215	中软土
8	③₄	中砂、粗砂	中密~密实	268	中硬土
9	③₅	砾砂	中密~密实	330	中硬土
10	④₁	淤泥质土	流塑为主	234	中软土
11	⑤₂	砾质黏性土	硬塑	323	中硬土
12	⑥₁	全风化岩层	坚硬	309	中硬土
13	⑥₂	强风化岩层	半土半岩	514	坚硬土
14	⑥₃	中风化岩层	较完整岩石	754	岩石
15	⑥₄	微风化岩层	完整岩石	868	岩石

各断面的地震作用工况 表5.5-13

编号	计算断面	水位	计算方式	地震作用		拼装方式
DZ01	断面一	高水位	水土合算	中震	安评报告	TF
DZ02						CF3
DZ03					基岩人工波1	TF
DZ04						CF3
DZ05					基岩人工波2	TF
DZ06						CF3

续上表

编 号	计算断面	水位	计算方式	地震作用		拼装方式
DZ07	断面一	高水位	水土合算	安评报告		TF
DZ08						CF3
DZ09				大震	基岩人工波1	TF
DZ10						CF3
DZ11					基岩人工波2	TF
DZ12						CF3
DZ13	断面二	高水位	水土合算	中震	安评报告	TF
DZ14						CF3
DZ15					基岩人工波1	TF
DZ16						CF3
DZ17					基岩人工波2	TF
DZ18						CF3
DZ19	断面二	高水位	水土合算	大震	安评报告	TF
DZ20						CF3
DZ21					基岩人工波1	TF
DZ22						CF3
DZ23					基岩人工波2	TF
DZ24						CF3
DZ25	断面三	低水位	水土分算	中震	安评报告	TF
DZ26						CF3
DZ27					基岩人工波1	TF
DZ28						CF3
DZ29					基岩人工波2	TF
DZ30						CF3
DZ31	断面三	低水位	水土分算	大震	安评报告	TF
DZ32						CF3
DZ33					基岩人工波1	TF
DZ34						CF3
DZ35					基岩人工波2	TF
DZ36						CF3
DZ37	断面四	高水位	水土合算	中震	安评报告	TF
DZ38						CF3
DZ39					基岩人工波1	TF
DZ40						CF3
DZ41					基岩人工波2	TF
DZ42						CF3

续上表

编　号	计算断面	水位	计算方式	地震作用		拼装方式
DZ43	断面四	高水位	水土合算	大震	安评报告	TF
DZ44						CF3
DZ45					基岩人工波1	TF
DZ46						CF3
DZ47					基岩人工波2	TF
DZ48						CF3
DZ49	断面五	高水位	水土合算	中震	安评报告	TF
DZ50						CF3
DZ51					基岩人工波1	TF
DZ52						CF3
DZ53					基岩人工波2	TF
DZ54						CF3
DZ55	断面五	高水位	水土合算	中震	安评报告	TF
DZ56						CF3
DZ57					基岩人工波1	TF
DZ58						CF3
DZ59					基岩人工波2	TF
DZ60						CF3

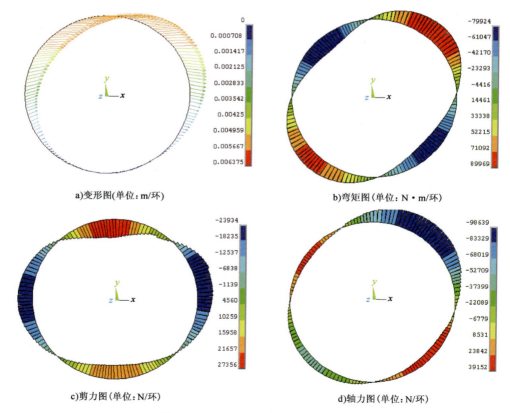

a) 变形图(单位：m/环)　　b) 弯矩图(单位：N·m/环)

c) 剪力图(单位：N/环)　　d) 轴力图(单位：N/环)

图 5.5-10　工况 DZ01 内力与变形结果图

表 5.5-14 地震作用下各控制断面典型拼装方式管片环内力及变形结果

编号	计算断面	水位情况	计算方式	计算工况	地震作用	拼装方式	单点最大变形 (mm)	最大正弯矩 (kN·m/环)	最大正弯矩对应轴力 (kN/环)	最大负弯矩 (kN·m/环)	最大负弯矩对应轴力 (kN/环)	纵缝最大张开量 (mm)	最大轴力 (kN/环)	最小轴力 (kN/环)
DZ01	断面一	高水位	水土合算	中震	安评报告	TF	2.88	34.147	-15.754	-37.640	78.359	0.1	81.730	-21.954
DZ02						CF3	2.88	67.701	-11.439	-62.185	41.209	0.3	193.22	-49.581
DZ03					基岩人工波1	TF	4.14	49.086	-22.647	-54.107	112.64	0.2	117.48	-31.560
DZ04						CF3	4.14	97.320	-16.443	-89.391	59.238	0.4	277.75	-71.272
DZ05					基岩人工波2	TF	4.01	47.562	-21.944	-52.427	109.14	0.2	113.84	-30.579
DZ06						CF3	4.01	94.297	-39.490	-86.615	17.271	0.4	269.12	-69.059
DZ07				大震	安评报告	TF	6.56	77.746	-35.869	-85.698	181.51	0.3	186.08	-49.984
DZ08						CF3	6.56	154.14	-64.551	-141.58	93.824	0.6	439.91	-112.89
DZ09					基岩人工波1	TF	8.36	99.087	-41.945	-109.22	227.38	0.4	237.164	-63.706
DZ10						CF3	8.36	196.45	-82.271	-180.45	35.981	0.8	560.67	-143.87
DZ11					基岩人工波2	TF	7.33	86.790	-36.740	-95.668	199.16	0.3	207.73	-55.800
DZ12						CF3	7.33	172.07	-72.061	-158.05	104.74	0.7	491.09	-126.02
DZ13	断面二	高水位	水土合算	中震	安评报告	TF	2.85	47.603	-35.789	-57.212	181.48	0.3	184.69	-34.010
DZ14						CF3	2.85	72.916	9.273	-96.438	38.920	0.5	305.20	-91.452
DZ15					基岩人工波1	TF	3.81	65.226	-48.989	-72.459	242.56	0.4	246.86	-49.468
DZ16						CF3	3.81	97.459	-7.421	-128.90	52.020	0.7	407.69	-122.24
DZ17					基岩人工波2	TF	3.59	59.892	-46.114	-68.207	228.33	0.4	232.37	-46.565
DZ18						CF3	3.59	91.741	-6.985	-121.34	48.968	0.6	383.77	-115.06
DZ19				大震	安评报告	TF	5.68	94.739	-72.944	-107.89	361.17	0.6	367.57	-75.258
DZ20						CF3	5.68	145.12	18.456	-191.93	168.84	1.0	607.05	-182.01
DZ21					基岩人工波1	TF	8.10	135.19	-101.64	-153.95	515.37	0.9	524.50	-105.11

续上表

编号	计算断面	水位情况	计算方式	地震作用		拼装方式	单点最大变形 (mm)	最大正弯矩 (kN·m/环)	最大正弯矩对应轴力 (kN/环)	最大负弯矩 (kN·m/环)	最大负弯矩对应轴力 (kN/环)	纵缝最大张开量 (mm)	最大轴力 (kN/环)	最小轴力 (kN/环)
DZ22	断面二	高水位	水土合算	大震	基岩人工波1	CF3	8.10	207.07	−15.766	−273.87	240.92	1.4	866.22	−259.71
DZ23					基岩人工波2	TF	6.29	105.01	−78.947	−119.58	394.46	0.7	407.41	−81.641
DZ24						CF3	6.29	160.84	20.456	−212.73	187.14	1.1	672.84	−201.73
DZ25					安评报告	TF	1.45	31.542	−1.522	−34.804	137.42	0.2	137.70	−10.704
DZ26						CF3	1.45	57.706	128.13	−53.340	120.65	0.3	210.84	−41.252
DZ27	断面三	低水位	水土分算	中震	基岩人工波1	TF	1.66	36.005	−1.737	−39.729	155.91	0.2	157.19	−12.219
DZ28						CF3	1.66	65.872	146.26	−60.889	69.270	0.3	240.68	−47.090
DZ29					基岩人工波2	TF	1.82	39.576	1.347	−45.269	17137	0.2	172.78	−13.431
DZ30						CF3	1.82	72.405	160.77	−66.927	76.139	0.4	264.55	−51.760
DZ31					安评报告	TF	2.72	59.066	−2.850	−65.175	257.34	0.4	257.87	−20.045
DZ32						CF3	2.72	108.06	255.04	−99.887	225.93	0.5	394.83	−77.251
DZ33	断面三	低水位	水土分算	大震	基岩人工波1	TF	4.11	89.269	3.039	−98.502	388.92	0.5	389.72	−30.295
DZ34						CF3	3.84	152.43	338.46	−140.90	318.70	0.8	556.94	−108.97
DZ35					基岩人工波2	TF	3.70	80.193	2.730	−88.487	347.25	0.5	350.10	−27.251
DZ36						CF3	3.70	146.72	325.77	−135.62	306.74	0.7	536.05	−104.88
DZ37					安评报告	TF	5.22	58.868	−47.850	−61.723	237.76	0.2	248.09	−47.866
DZ38						CF3	5.22	90.269	−52.720	−105.85	115.27	0.3	586.39	−132.90
DZ39	断面四	高水位	水土合算	中震	基岩人工波1	TF	4.08	66.474	−54.050	−69.697	268.47	0.2	280.14	−54.050
DZ40						CF3	4.08	101.93	−29.714	−119.53	130.17	0.4	662.15	−150.07
DZ41					基岩人工波2	TF	3.83	62.367	−50.710	−65.391	251.89	0.2	262.83	−50.710
DZ42						CF3	3.83	95.633	−55.853	−112.14	122.13	0.4	621.24	−140.79

续上表

编号	计算工况				地震作用		拼装方式	单点最大变形 (mm)	最大正弯矩 (kN·m/环)	最大正弯矩对应轴力 (kN/环)	最大负弯矩 (kN·m/环)	最大负弯矩对应轴力 (kN/环)	纵缝最大张开量 (mm)	最大轴力 (kN/环)	最小轴力 (kN/环)
	计算断面	水位情况	计算方式												
DZ43	断面四	高水位	水土合算	大震	安评报告		TF	6.31	102.68	-83.487	-107.66	405.81	0.3	432.71	-83.487
DZ44							CF3	6.31	157.45	-91.953	-184.62	201.06	0.6	1020	-231.79
DZ45					基岩人工波1		TF	8.59	39.79	-115.27	-146.57	564.59	0.5	589.12	-115.27
DZ46							CF3	8.59	214.36	-62.488	-251.36	273.74	0.8	1390	-315.58
DZ47					基岩人工波2		TF	7.84	127.62	-103.77	-133.81	504.40	0.4	537.84	-103.77
DZ48							CF3	7.84	195.70	-57.049	-229.48	249.91	0.7	1270	-288.11
DZ49	断面五	高水位	水土合算	中震	安评报告		TF	6.38	79.924	-25.536	-89.969	95.938	0.5	98.639	-39.152
DZ50							CF3	6.38	118.36	-34.565	-116.83	66.381	0.8	206.80	-55.587
DZ51					基岩人工波1		TF	6.31	79.044	-25.254	-88.978	96.204	0.5	97.553	-38.721
DZ52							CF3	6.31	117.06	-34.184	-115.55	65.651	0.8	240.52	-54.975
DZ53					基岩人工波2		TF	7.69	96.349	-32.762	-108.46	117.27	0.6	118.91	-47.198
DZ54							CF3	7.69	142.68	41.668	-140.84	34.154	1.0	249.30	-67.010
DZ55	断面五	高水位	水土合算	大震	安评报告		TF	12.39	155.30	-49.619	-174.82	189.02	1.0	191.668	-76.077
DZ56							CF3	12.39	229.99	-67.163	-227.02	55.052	1.5	401.83	-108.01
DZ57					基岩人工波1		TF	14.58	182.73	-62.133	-205.69	219.34	1.2	225.51	-89.510
DZ58							CF3	14.58	270.60	-79.023	-267.11	64.773	1.8	472.79	-127.08
DZ59					基岩人工波2		TF	15.49	194.16	-66.023	-218.57	233.07	1.3	239.63	-95.114
DZ60							CF3	15.49	287.54	-83.970	-283.83	161.26	1.9	502.39	-135.04

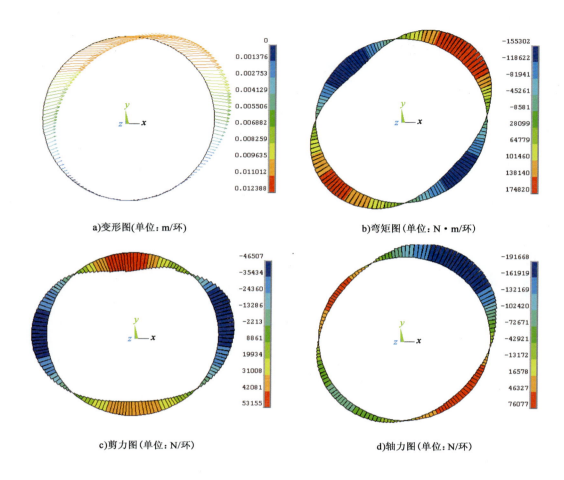

图 5.5-11　工况 DZ02 内力与变形结果图

从以上计算结果可知：

（1）地震作用使得盾构隧道断面由圆形变为椭圆形，变形最大点为拱顶处。剪力图、弯矩图、轴力图均表现出 45°共轭方向较大的特点。错缝拼装由于拼装效应，刚度有所增加，环间咬合作用使结构内力在纵向螺栓处发生明显波动。

（2）从各断面不同工况得到的内力与变形情况来看，大震引起的内力与变形较中震约大一倍。其中，安评报告的计算结果明显小于基岩人工波 2 的计算结果，而基岩人工波 1 的计算结果介于二者之间。

（3）地震产生的最不利内力与变形均出现在断面五，地震作用下最大单点位移量达 15.49mm，通缝拼装条件下最大正弯矩为 194.16kN·m，最大负弯矩为 −218.57kN·m，最大轴力为 239.63kN；错缝拼装条件下最大正弯矩为 287.57kN·m，最大负弯矩为 −283.83kN·m，最大轴力为 502.39kN。通过对比可知，错缝拼装弯矩增幅约为 20%，轴力增幅近一倍，且错缝拼装方式下管片衬砌整体性好，推荐采用错缝拼装方式。

（4）在最不利的情况下，地震作用导致的结构纵缝最大张开量为 1.9mm。

5.5.4 明挖段横断面静力分析

1)明挖段横断面静力分析方法

明挖段横断面计算也采用荷载—结构模式。由于明挖段上覆土层厚度较小,基本上都小于 $2H$(H 为结构横断面高度),一般不会形成卸载拱,因此按全部地层重量计算土层压力。

与盾构隧道横断面计算相似,计算一般采用梁—弹簧模型,衬砌与周围土体的相互作用通过设置在衬砌全环只能受压的径向弹簧单元和切向弹簧单元来体现;地层压力的计算同样需根据地层的透水性考虑水土分算或水土合算。

与盾构隧道不同的是,明挖隧道底板与地层的相互作用,按照弹性地基梁理论考虑,底部主动荷载仅考虑静水压力,明挖隧道梁—弹簧模型荷载模式如图 5.5-12 所示。

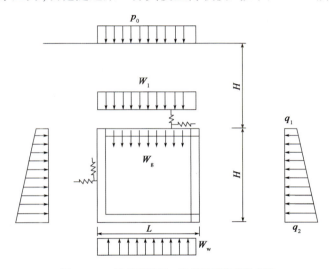

图 5.5-12　明挖隧道梁—弹簧模型荷载模式图

2)计算断面

两岸明挖区段内各选取一个典型断面进行考察,明挖段所处地层地下水变化不大,选取常水位作为计算水位,主要土质特征及其物理力学参数见表 5.5-15。

计算断面情况及主要特征　　　　表 5.5-15

项　目	断面一	断面二
里程	EK2+700	EK7+178
地层特征	开挖范围内的土层除表层的填筑土外,下部依次为淤泥、淤泥质土,隧道位于淤泥层中	开挖段上部为流塑状的淤泥质土,中下部为砂质黏性土、全风化花岗岩,隧道位于淤泥质土与全风化花岗岩中
隧道埋深(m)	6.8	8.2
水位(m)	3.0	3.5
按地层厚度加权平均密度(g/cm³)	16.6	16.9
地面超载(kPa)	—	—
侧压系数	0.5	0.42

续上表

项　　目	断 面 一	断 面 二
加权平均基床系数(MPa/m^2)	10	30
计算方式	水土合算	水土合算

3) 荷载情况

计算断面纵向延米的分布荷载情况见表5.5-16。

计算断面每延米分布荷载(单位:kN/m)　　表5.5-16

计算断面	上部均布荷载p_1	底部静水压力p_2	上部侧压q_1	下部侧压q_2
断面一	114.04	116	57.02	118.64
断面二	137.26	125	68.63	148.91

4) 梁—弹簧模型

计算用模型尺寸及有限元模型如图5.5-13所示。

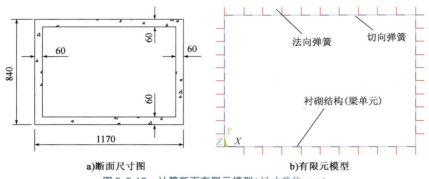

a) 断面尺寸图　　　　　　　b) 有限元模型

图5.5-13　计算断面有限元模型(尺寸单位:cm)

5) 静力计算结果

断面静力计算结果见表5.5-17,断面内力与变形结果图如图5.5-14、图5.5-15所示。正弯矩代表隧道内侧受拉,负弯矩代表隧道外侧受拉。

断面在静载作用下计算内力及变形结果　　表5.5-17

计算断面	单点最大变形(mm)	最大正弯矩(kN·m)	最大正弯矩对应轴力(kN)	最大负弯矩(kN·m)	最大负弯矩对应轴力(kN)	最大轴力(kN)	最小轴力(kN)
断面一	19.44	1063.8	410.23	1144.5	834.24	834.24	410.23
断面二	21.68	1226.7	520.17	1379.8	983.82	983.82	520.17

注:表中轴力均为压力。

6) 断面计算结果分析

(1) 两岸断面变形与内力分布规律相同,结构变形、弯矩及轴力分布呈对称分布,剪力呈反对称分布。

(2) 断面内最大变形量分别为19.44mm和21.68mm,均出现在结构的顶板中部;结构底板的变形量次之,两侧壁的变形量较小。

(3) 结构正弯矩较大处出现在结构顶、底板,其中顶板中部正弯矩最大,分别为1063kN·m和1226.7kN·m;结构负弯矩出现在4个拐角部位,其中底部左、右拐角处负弯矩最大,分别为－1144.5kN·m和－1379.8kN·m;结构两侧壁中部所受弯矩很小。

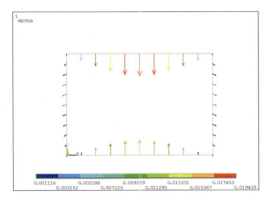

a)变形图(单位：m/环)

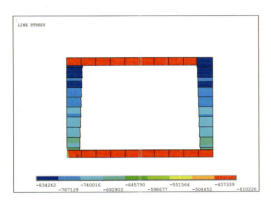

c)剪力图(单位：N/环)

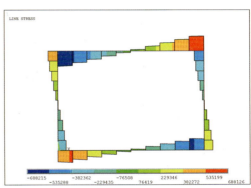

b)弯矩图(单位：N·m/环)

d)轴力图(单位：N/环)

图 5.5-14　断面一静力作用下内力与变形结果图

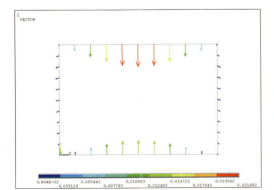

a)变形图(单位：m/环)

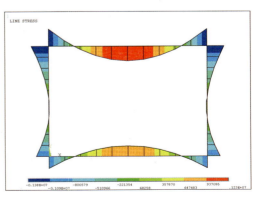

b)弯矩图(单位：N·m/环)

图 5.5-15

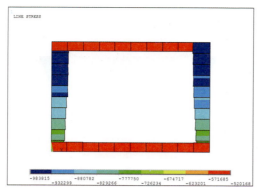
c) 剪力图(单位：N/环)
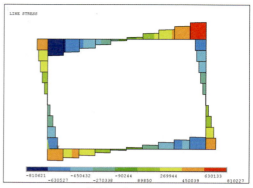
d) 轴力图(单位：N/环)

图 5.5-15　断面二静力作用下内力与变形结果图

结构两侧壁所受轴力大于顶底板轴力，两断面均为全截面受压，最小轴力分别为 410.23kN 和 520.17kN，均出现在顶板中部。

结构剪力呈反对称分布，在 4 个拐角处出现剪力最大值。

（4）结构顶板中部正弯矩最大，而此处轴力最小，因此该部位结构偏心距较大，在进行截面设计时，该位置为重点考虑部位；结构 4 个拐角处负弯矩最大，剪力值也最大，轴力的最值（最大、最小）也出现在这些地方，因此截面设计时应对 4 个拐角位置进行特殊处理，如采用倒角或增加衬砌厚度等。

5.5.5　明挖段横断面反应位移法分析

1）反应位移法计算结果

依据所选 2 个典型断面的地层分布情况以及场地条件，进行安评报告、基岩人工波 1、基岩人工波 2 三种条件大震、中震下的反应位移法计算，计算工况及地层位移数据见表 5.5-18，计算结果见表 5.5-19。两断面不同地震作用下变形及内力如图 5.5-16、图 5.5-17 所示。

各断面衬砌在地震作用下内力及变形结果　　表 5.5-18

计算断面	地震作用		结构所在地层最大位移差(m)	地表峰值位移(m)
断面一	安评报告	大震	0.0040	0.0743
		中震	0.0020	0.0394
	基岩人工波 1	大震	0.0056	0.0981
		中震	0.0025	0.0481
	基岩人工波 2	大震	0.0060	0.0988
		中震	0.0026	0.0435
断面二	安评报告	大震	0.0148	0.0302
		中震	0.0092	0.0164
	基岩人工波 1	大震	0.0230	0.0411
		中震	0.0110	0.0212
	基岩人工波 2	大震	0.0228	0.0421
		中震	0.0111	0.0225

各断面衬砌在地震作用下内力及变形结果　　　　表5.5-19

计算断面	地震作用		单点最大变形（mm）	最大正弯矩（kN·m）	最大正弯矩对应轴力（kN）	最大负弯矩（kN·m）	最大负弯矩对应轴力（kN）	最大轴力（kN）	最小轴力（kN）
断面一	安评报告	大震	7.66	158.69	29.19	171.78	-41.86	29.19	-41.86
		中震	3.82	79.15	14.56	85.68	-20.88	14.56	-20.88
	基岩人工波1	大震	10.50	217.36	39.98	235.29	-57.34	39.98	-57.34
		中震	4.79	99.23	18.25	107.42	-26.18	18.25	-26.18
	基岩人工波2	大震	11.43	236.65	43.53	256.18	-62.43	43.53	-62.43
		中震	5.00	103.56	19.05	112.10	-27.32	19.05	-27.32
断面二	安评报告	大震	28.53	609.82	111.21	751.01	-223.83	111.21	-223.83
		中震	17.64	377.43	68.83	464.81	-138.53	68.83	-138.53
	基岩人工波1	大震	44.33	947.70	172.83	1170.00	-347.84	172.83	-347.84
		中震	21.20	453.25	82.66	558.18	-166.36	82.66	-166.36
	基岩人工波2	大震	43.95	939.46	171.33	1160.00	-344.82	171.33	-344.82
		中震	21.40	457.37	83.41	563.25	-167.87	83.41	-167.87

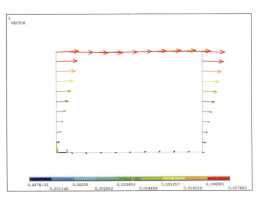

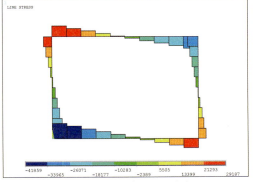

a) 变形图(单位：m/环)　　　　b) 弯矩图(单位：N·m/环)

c) 剪力图(单位：N/环)　　　　d) 轴力图(单位：N/环)

图 5.5-16　断面一安评地震波大震时内力及变形图

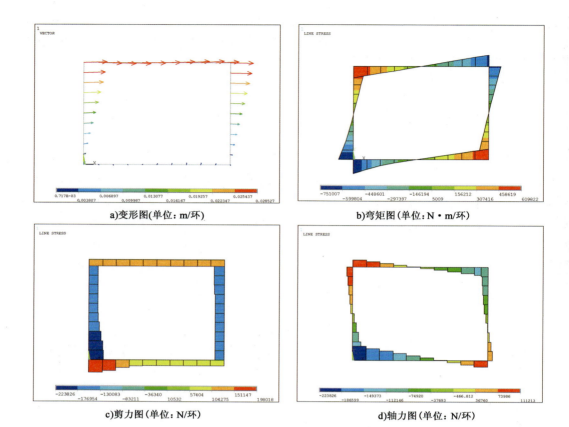

图 5.5-17　断面二安评地震波大震时内力及变形图

2）反应位移法计算结果分析

（1）在不同地震荷载作用下，所选两断面变形及内力分布具有相同的规律

由于地层位移差及结构截面剪应力呈反对称分布，结构横断面弯矩、轴力呈反对称分布，剪力呈对称分布；断面二位置的结构处于淤泥与中粗砂地层中，属于上软下硬地层，因此结构所在地层最大位移差比断面一大，从而导致结构地震内力及变形比断面一大。

（2）以安评报告为基础，分析了地震作用中大震下结构变形及内力特征

从变形来看，结构单点最大变形7.66mm大于地层位移差4.03mm，主要原因是地层剪应力的作用以及结构和地层的相互作用。

从受力来看，结构最大正、负弯矩分布在两条对角线上两拐点处，呈反对称分布，其中顶部拐角处出现最大正、负弯矩，顶、底板中部位置弯矩为0，而该两处位置在静力作用下分别为最大负弯矩和最大正弯矩所在部位；结构的轴力与弯矩类似，同样呈现出反对称分布的规律；横断面的剪力分布呈现出对称的规律。

由于地层位移差较小，因此在地震荷载作用下结构内力与静力相比较小，该工况下的最大正弯矩为158.69kN·m、最大负弯矩为 -171.78kN·m，分别占静力作用下最大正、负弯矩的14.9%和15.0%；同样，地震荷载作用下，断面二的地震最大正、负弯矩分别占静力作用下的49.7%和54.4%。地震荷载作用下结构轴力较小，且出现了轴向拉力，截面最终是否出现受

拉部位需要将静力作用下结构内力与地震内力进行叠加来判断。

值得注意的是,地震过程中地层位移差的作用方向是双向的,因此,与图中作用方向相反的另一个方向地震内力也有同样的分布。

5.6 隧道局部三维实体抗震性能分析

盾构隧道震害多发生在竖井、联络横通道等与隧道结构连接处,因其结构复杂,空间效应明显,易产生应力集中和变形过大,导致连接螺栓剪断、连接处漏水、管片错台、混凝土剥离等问题。1985年墨西哥米却肯地震中,墨西哥城中一下水道盾构隧道的工作井与隧道接合处2~3环范围内环向接头出现了5处损坏;1995年日本兵库县南部地震中,某竖井与盾构隧道连接处发生结构混凝土脱落、管片错位、严重漏水等震害。因此针对汕头海湾隧道中明挖段与竖井连接处、盾构段与竖井连接处进行了三维动力时程分析,揭示该部位的动力响应特性。

5.6.1 明挖段、竖井、盾构段相连处计算模型

根据海湾隧道平、纵断面图,建立南、北两岸竖井与隧道连接处计算模型,如图 5.6-1 所示。其中,地层与结构均采用实体单元模拟,为线弹性本构关系;模型边界采用无反射边界(Nonreflecting boundary),以模拟模型侧边无限延伸的地层,可以很好地防止地震波在模型边界的反射对计算结果的影响。

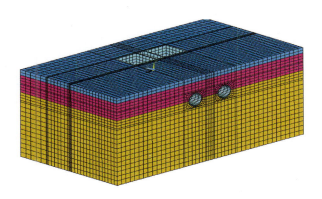

图 5.6-1 地层及结构数值计算模型

数值计算模型横向尺寸为 200m、高度为 100m,盾构隧道埋深 18.8m,竖井采用实际尺寸,两侧明挖段和盾构段分别沿纵向延伸 30m 和 80m。模型中不同颜色地层单元代表不同性质的地层,根据地质勘察资料,南岸地层从上到下依次简化为杂填土(7.1m)、淤泥(21.1m)、中粗砂(71.8m),北岸地层从上到下依次简化为杂填土(7.1m)、淤泥(21.1m)、淤泥质土(31.0m)、中粗砂(41.8m)。结构模型细部如图 5.6-2 所示,通过改变图中红色单元弹性模量来模拟明挖隧道或盾构隧道与竖井间的柔性连接。

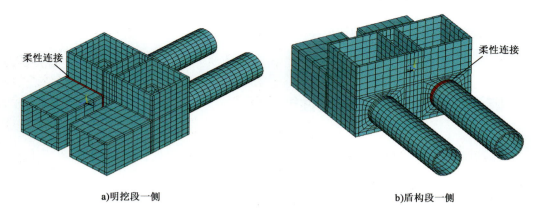

a) 明挖段一侧　　　　　　　　　b) 盾构段一侧

图 5.6-2　结构模型细部

5.6.2　计算参数及工况

计算中采用的围岩及结构参数见表 5.6-1，通过将材料的弹性模量值折减来模拟隧道结构（明挖隧道或盾构隧道）与竖井的柔性连接，计算折减系数为 0.001，从而可以定性地对比柔性连接与刚性连接动力响应特征的差异，以及设置柔性连接的抗震效果。

地层及结构物理力学参数　　　　　　表 5.6-1

地层/结构	变形模量/弹性模量（MPa）	密度（kg/m³）	泊松比
杂填土	10.0	1800	0.4
淤泥土	2.0	1550	0.45
淤泥质土	3.0	1700	0.45
中粗砂	20.0	1950	0.3
C60 混凝土	36000	2500	0.2

根据地震安评报告给出的大震、中震地震波以及两条人工合成的地震波（大震、中震）设计不同的计算工况，共六组；同时考虑南北岸不同地层条件的影响，南岸竖井处盾构隧道穿越淤泥土层、中粗砂层，属于上软下硬复合地层，是不利因素，因此南岸地层条件作为主要工况，北岸地层条件作为对比工况，计算工况见表 5.6-2。

计算工况表　　　　　　表 5.6-2

工况	地震波	地震作用	地层条件
①	安评报告	大震	南岸
②	人工合成波 1	大震	南岸
③	人工合成波 2	大震	南岸
④	安评报告	中震	南岸
⑤	人工合成波 1	中震	南岸
⑥	人工合成波 2	中震	南岸
⑦	人工合成波 1	大震	北岸

5.6.3 监测断面及测点布置

为探明隧道与竖井连接处地震动力响应规律,时程分析中在连接处选取图 5.6-3 中的两个断面(1-1、2-2)监测断面上单元及节点的主应力与位移时程,测点布置如图 5.6-4 ~ 图 5.6-6 所示(图中 RJ 表示柔性连接;GJ 表示刚性连接)。其中根据不同时刻主应力云图可知 1-1 断面结构内侧为应力集中区。为使结果简捷明了,1-1 断面主应力仅在内侧布置监测点,2-2 断面主应力测点布置与其位移测点布置相同;图中所示的两断面位移测点布置,在断面所在处的竖井上及隧道上相同测点位置均布置了位移测点,即在同一处布置一对测点,分别监测竖井和隧道相同位置的变形情况。

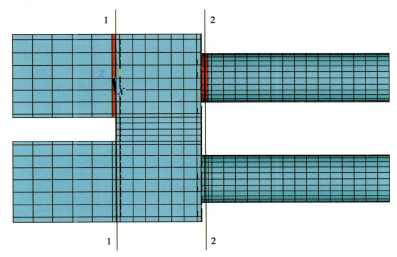

图 5.6-3 监测断面布置示意图

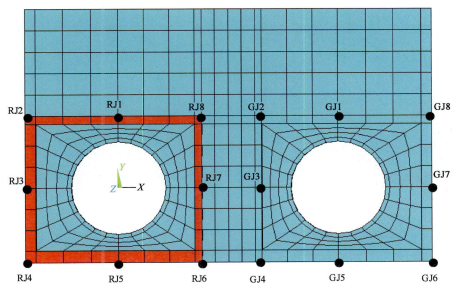

图 5.6-4 1-1 断面位移测点布置示意图

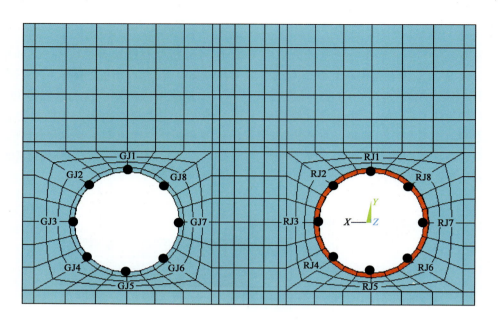

图 5.6-5 2-2 断面位移测点布置示意图

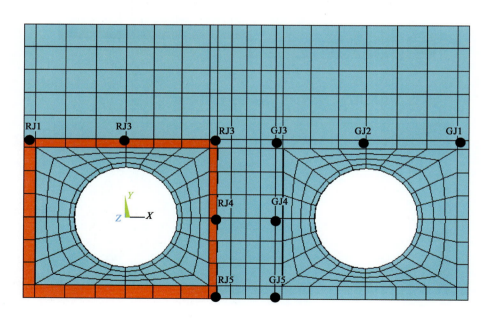

图 5.6-6 1-1 断面主应力测点布置示意图

5.6.4 不同工况的动力响应

在三维地层结构模型底部沿垂直隧道轴向施加不同地震动加速度时程，得到不同时刻结构的主应力云图及位移云图,以及各监测点的主应力及位移时程曲线。下面以工况①为例,给出明挖一侧和盾构一侧两个视角下两个连接处的应力及位移的分布情况。其中,图 5.6-7 为第 40s 时刻结构的主应力云图;图 5.6-8 为第 40s 时刻结构 X 方向位移云图;图 5.6-9 ~ 图 5.6-12 为结构各监测点的主应力时程;图 5.6-13 ~ 图 5.6-16 为结构监测点的相对位移时程,计算结果见表 5.6-3 ~ 表 5.6-5。工况② ~ 工况⑦计算结果见表 5.6-6 ~ 表 5.6-23。

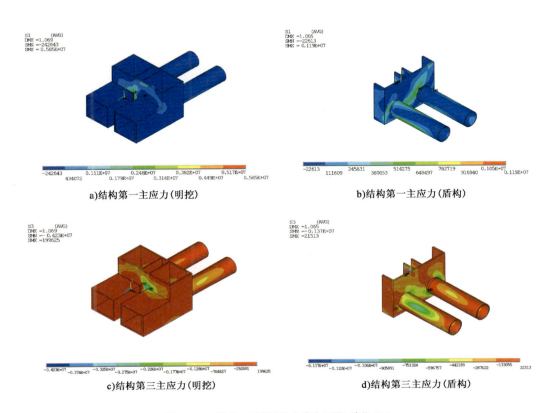

图 5.6-7　第 40s 时刻结构主应力云图(单位:Pa)

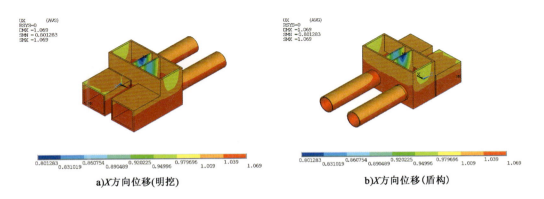

图 5.6-8　第 40s 时刻结构 X 方向位移云图(单位:m)

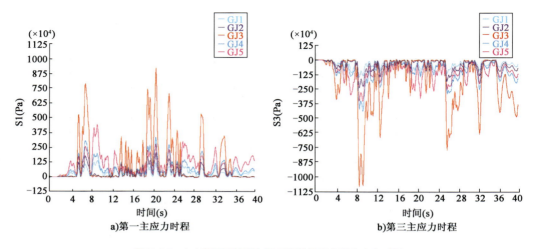

图 5.6-9　1-1 断面明挖段与竖井刚性连接处测点应力时程

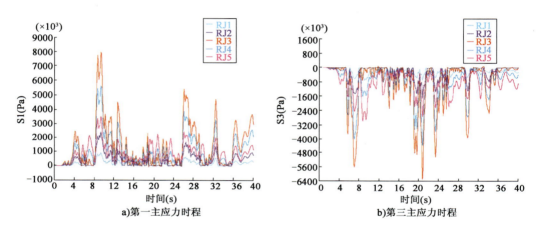

图 5.6-10　1-1 断面明挖段与竖井柔性连接处测点应力时程

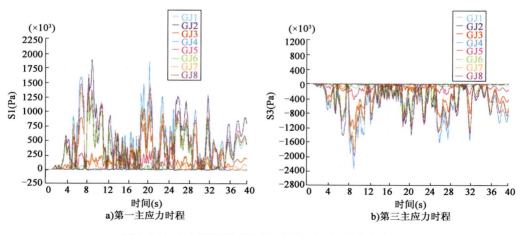

图 5.6-11　2-2 断面盾构段与竖井刚性连接处测点应力时程

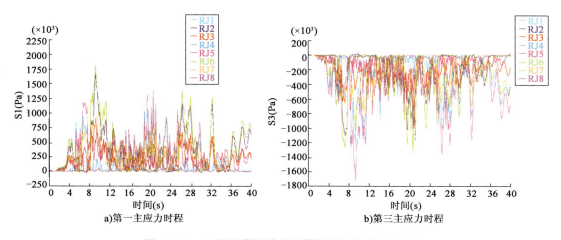

图 5.6-12　2-2 断面盾构段与竖井柔性连接处测点应力时程

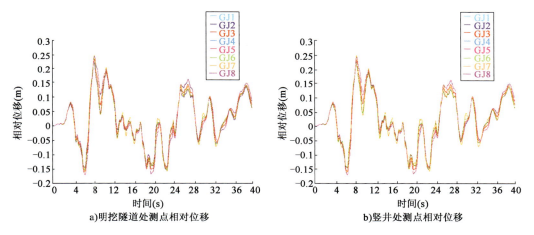

图 5.6-13　1-1 断面明挖段与竖井刚性连接处测点相对位移时程

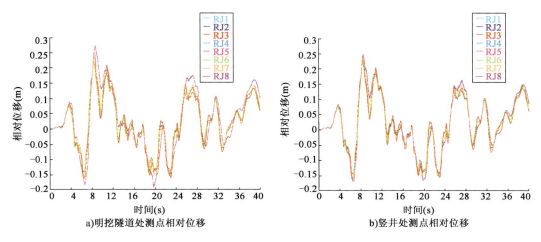

图 5.6-14　1-1 断面明挖段与竖井柔性连接处测点相对位移时程

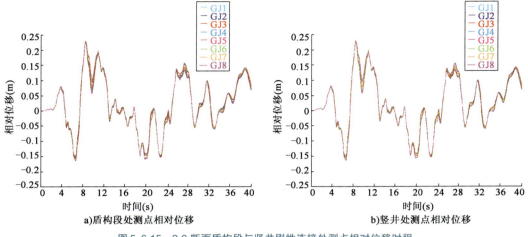

图 5.6-15　2-2 断面盾构段与竖井刚性连接处测点相对位移时程

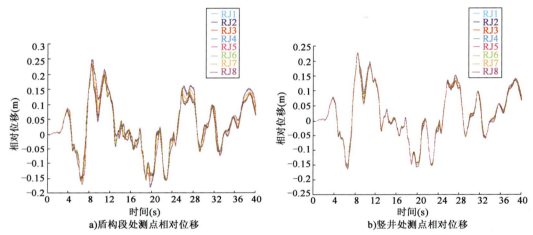

图 5.6-16　2-2 断面盾构段与竖井柔性连接处测点相对位移时程

工况①不同时刻结构主应力最值及变形汇总　　　　　　　　　表 5.6-3

位置			时刻							
			5s	10s	15s	20s	25s	30s	35s	40s
S1 (MPa)	最大值	明挖侧	1.240	4.840	1.810	2.070	4.340	5.290	1.270	5.850
		盾构侧	0.380	1.620	0.990	0.860	1.150	1.380	0.720	1.190
	最小值	明挖侧	-0.050	-0.210	-0.060	-0.100	-0.150	-0.220	-0.040	-0.240
		盾构侧	-0.020	-0.060	-0.020	-0.030	-0.010	-0.030	-0.010	-0.020
S3 (MPa)	最大值	明挖侧	0.030	0.130	0.130	0.150	0.300	0.320	0.100	0.200
		盾构侧	0.020	0.060	0.010	0.030	0.030	0.030	0.030	0.020
	最小值	明挖侧	-0.910	-3.780	-1.320	-2.910	-4.180	-6.100	-1.300	-4.230
		盾构侧	-0.350	-1.930	-0.970	-0.910	-0.990	-1.390	-0.600	-1.370
位移差(m)			0.049	0.165	0.168	0.173	0.118	0.134	0.133	0.268

注：表中位移差为该时刻结构上位移最大值与最小值之差，下同。

工况①测点主应力时程极值结果统计 表 5.6-4

断 面	连接方式	S1(MPa)	监测位置	S3(MPa)	监测位置
1-1	刚性连接	9.30	GJ3	−10.61	GJ3
1-1	柔性连接	7.90	RJ3	−6.32	RJ3
2-2	刚性连接	1.90	GJ8	−2.30	GJ4
2-2	柔性连接	1.83	RJ6	−1.70	RJ8

工况①测点相对位移时程极值结果统计 表 5.6-5

断 面	连接方式	隧道测点(m)	监测位置	竖井测点(m)	监测位置	位移差最大值(m)
1-1	刚性连接	0.25/−0.17	GJ8	0.24/−0.17	GJ8	0.011
1-1	柔性连接	0.28/−0.19	RJ8	0.25/−0.17	RJ8	0.033
2-2	刚性连接	0.23/−0.17	GJ5	0.22/−0.17	GJ4	0.011
2-2	柔性连接	0.25/−0.18	RJ8	0.23/−0.17	RJ4	0.021

注：表中相对位移指的是结构上监测点相对于基岩输入面的位移；位移差指的是竖井与盾构段或竖井与明挖段在同一位置两个监测点的位移差值。

工况②不同时刻结构主应力最值及变形汇总 表 5.6-6

位 置			时 刻							
			5s	10s	15s	20s	25s	30s	35s	40s
S1 (MPa)	最大值	明挖侧	3.510	27.700	22.600	1.410	5.770	2.590	2.550	0.890
S1 (MPa)	最大值	盾构侧	0.720	10.200	4.580	0.900	1.160	0.740	0.740	0.220
S1 (MPa)	最小值	明挖侧	−0.200	−1.480	−13.200	−0.030	−0.190	−0.240	−0.120	−0.050
S1 (MPa)	最小值	盾构侧	−0.020	−0.080	−0.680	−0.010	−0.040	−0.020	−0.010	−0.010
S3 (MPa)	最大值	明挖侧	0.140	1.820	0.890	0.070	0.150	0.150	0.200	0.060
S3 (MPa)	最大值	盾构侧	0.010	0.030	0.060	−1.820	0.030	0.020	0.010	−1.090
S3 (MPa)	最小值	明挖侧	−3.140	−39.700	−17.900	0.050	−3.030	−2.710	−2.910	0.010
S3 (MPa)	最小值	盾构侧	−0.810	−8.380	−5.370	−0.600	−1.220	−1.340	−0.700	−0.260
位移差(m)			0.040	0.503	0.528	0.252	0.335	0.195	0.204	0.191

工况②测点主应力时程极值结果统计 表 5.6-7

断 面	连接形式	S1(MPa)	监测位置	S3(MPa)	监测位置
1-1	刚性连接	30.51	GJ3	−18.12	GJ3
1-1	柔性连接	15.00	RJ3	−24.01	RJ3
2-2	刚性连接	7.22	GJ4	−6.42	GJ2
2-2	柔性连接	5.13	RJ8	−5.61	RJ6

工况②测点相对位移时程极值结果统计 表 5.6-8

断面	连接形式	隧道测点（m）	监测位置	竖井测点（m）	监测位置	位移差最大值（m）
1-1	刚性连接	0.41/−0.85	GJ8	0.41/−0.84	GJ8	0.012
1-1	柔性连接	0.45/−0.93	RJ4	0.41/−0.85	RJ4	0.083
2-2	刚性连接	0.39/−0.81	GJ5	0.40/−0.80	GJ4	0.002
2-2	柔性连接	0.45/−0.90	RJ2	0.40/−0.80	RJ1	0.112

工况③不同时刻结构主应力最值及变形汇总 表 5.6-9

位置			时刻							
			5s	10s	15s	20s	25s	30s	35s	40s
S1（MPa）	最大值	明挖侧	3.260	39.700	20.800	15.900	1.570	3.550	4.110	2.160
S1（MPa）	最大值	盾构侧	1.200	8.390	7.540	4.160	1.570	1.430	0.810	0.430
S1（MPa）	最小值	明挖侧	−0.240	−2.020	−1.120	−1.160	−0.040	−0.190	−0.210	−0.100
S1（MPa）	最小值	盾构侧	−0.004	−0.210	−0.060	−0.040	−0.040	−0.010	−0.010	−0.010
S3（MPa）	最大值	明挖侧	0.150	1.470	1.550	0.730	0.080	0.270	0.160	0.070
S3（MPa）	最大值	盾构侧	0.007	0.090	0.130	0.050	0.040	0.040	0.020	0.010
S3（MPa）	最小值	明挖侧	−2.740	−29.80	−28.500	−14.80	−1.490	−3.580	−3.370	−1.670
S3（MPa）	最小值	盾构侧	−1.200	−9.890	−6.270	−4.870	−1.170	−1.090	−0.950	−0.490
位移差（m）			0.024	0.779	0.537	0.703	0.384	0.279	0.264	0.238

工况③测点主应力时程极值结果统计 表 5.6-10

断面	连接形式	S1（MPa）	监测位置	S3（MPa）	监测位置
1-1	刚性连接	32.42	GJ3	−27.00	GJ3
1-1	柔性连接	21.31	RJ3	−24.81	RJ3
2-2	刚性连接	7.02	GJ4	−6.29	GJ4
2-2	柔性连接	5.33	RJ8	−5.56	RJ6

工况③测点相对位移时程极值结果统计 表 5.6-11

断面	连接形式	隧道测点（m）	监测位置	竖井测点（m）	监测位置	位移差最大值（m）
1-1	刚性连接	0.64/−0.88	GJ8	0.68/−0.88	GJ8	0.041
1-1	柔性连接	0.72/−1.00	RJ2	0.65/−0.90	RJ1	0.071
2-2	刚性连接	0.64/−0.84	GJ5	0.64/−0.82	GJ4	0.022
2-2	柔性连接	0.72/−0.90	RJ2	0.62/−0.80	RJ1	0.101

工况④不同时刻结构主应力最值及变形汇总　　　　　　　　　　表 5.6-12

位置			时刻							
			5s	10s	15s	20s	25s	30s	35s	40s
S1 (MPa)	最大值	明挖侧	1.520	0.610	0.420	5.080	0.970	0.150	1.330	0.290
		盾构侧	0.430	0.450	0.300	1.030	0.430	0.130	0.290	0.140
	最小值	明挖侧	-0.080	-0.020	-0.020	-0.330	-0.040	-0.020	-0.090	-0.010
		盾构侧	-0.004	-0.008	-0.020	-0.010	-0.020	-0.003	-0.050	-0.003
S3 (MPa)	最大值	明挖侧	0.150	0.060	0.020	0.200	0.120	0.010	0.070	0.008
		盾构侧	0.010	0.020	0.010	0.010	0.020	0.004	0.005	0.003
	最小值	明挖侧	-1.750	-0.550	-0.490	-4.570	-0.540	-0.180	-1.260	-0.210
		盾构侧	-0.430	-0.550	-0.490	-1.290	-0.540	-0.120	-0.340	-0.100
位移差(m)			0.010	0.045	0.115	0.088	0.053	0.055	0.060	0.060

工况④测点主应力时程极值结果统计　　　　　　　　　　表 5.6-13

断面	连接形式	S1(MPa)	监测位置	S3(MPa)	监测位置
1-1	刚性连接	5.61	GJ3	-3.81	GJ3
	柔性连接	2.63	RJ3	-3.92	RJ3
2-2	刚性连接	1.12	GJ4	-0.89	GJ4
	柔性连接	0.84	RJ8	-0.85	RJ6

工况④测点相对位移时程极值结果统计　　　　　　　　　　表 5.6-14

断面	连接形式	隧道测点(m)	监测位置	竖井测点(m)	监测位置	位移差最大值(m)
1-1	刚性连接	0.090/-0.108	GJ8	0.090/-0.108	GJ8	0.002
	柔性连接	0.090/-0.110	RJ2	0.090/-0.108	RJ7	0.021
2-2	刚性连接	0.080/-0.100	GJ5	0.080/-0.100	GJ4	0.001
	柔性连接	0.090/-0.110	RJ2	0.084/-0.100	RJ1	0.008

工况⑤不同时刻结构主应力最值及变形汇总　　　　　　　　　　表 5.6-15

位置			时刻							
			5s	10s	15s	20s	25s	30s	35s	40s
S1 (MPa)	最大值	明挖侧	1.960	14.50	11.300	1.100	2.590	1.320	1.410	0.490
		盾构侧	0.390	5.190	2.410	0.450	0.610	0.390	0.400	0.120
	最小值	明挖侧	-0.120	-0.730	-0.700	-0.030	-0.070	-0.120	-0.070	-0.030
		盾构侧	-0.010	-0.040	-0.030	-0.007	-0.020	-0.010	-0.003	-0.003
S3 (MPa)	最大值	明挖侧	0.080	0.920	0.460	0.050	0.070	0.070	0.110	0.040
		盾构侧	0.007	0.020	0.030	0.030	0.010	0.010	0.003	0.004
	最小值	明挖侧	-1.740	-18.800	-9.320	-0.950	-1.540	-1.420	-1.560	-0.570
		盾构侧	-0.450	-4.320	-2.800	-0.390	-0.630	-0.700	-0.380	-0.140
位移差(m)			0.022	0.233	0.319	0.192	0.207	0.185	0.150	0.147

工况⑤测点主应力时程极值结果统计　　　　表 5.6-16

断面	连接形式	S1（MPa）	监测位置	S3（MPa）	监测位置
1-1	刚性连接	15.51	GJ3	-9.31	GJ3
1-1	柔性连接	7.44	RJ3	-12.12	RJ3
2-2	刚性连接	3.57	GJ4	-3.18	GJ2
2-2	柔性连接	2.68	RJ8	-2.90	RJ6

工况⑤测点相对位移时程极值结果统计　　　　表 5.6-17

断面	连接形式	隧道测点（m）	监测位置	竖井测点（m）	监测位置	位移差最大值（m）
1-1	刚性连接	0.22/-0.46	GJ8	0.22/-0.47	GJ8	0.002
1-1	柔性连接	0.24/-0.51	RJ8	0.22/-0.46	RJ4	0.021
2-2	刚性连接	0.22/-0.45	GJ4	0.21/-0.43	GJ4	0.001
2-2	柔性连接	0.22/-0.50	RJ8	0.22/-0.45	RJ8	0.008

工况⑥不同时刻结构主应力最值及变形汇总　　　　表 5.6-18

位置			时刻						
			5s	10s	15s	20s	25s	30s	35s	40s
S1（MPa）	最大值	明挖侧	1.690	19.700	11.200	8.430	0.850	1.930	2.050	0.990
S1（MPa）	最大值	盾构侧	0.640	4.390	4.060	2.240	0.850	0.760	0.420	0.220
S1（MPa）	最小值	明挖侧	-0.120	-1.070	-0.590	-0.610	-0.020	-0.110	-0.110	-0.050
S1（MPa）	最小值	盾构侧	-0.002	-0.100	-0.030	-0.020	-0.020	-0.007	-0.008	-0.006
S3（MPa）	最大值	明挖侧	0.080	0.750	0.830	0.380	0.030	0.150	0.080	0.040
S3（MPa）	最大值	盾构侧	0.004	0.050	0.070	0.030	0.020	0.030	0.010	0.006
S3（MPa）	最小值	明挖侧	-1.410	-16.100	-14.900	-7.940	-0.530	-2.280	-1.830	-0.900
S3（MPa）	最小值	盾构侧	-0.630	-5.160	-3.390	-2.610	-0.450	-0.620	-0.500	-0.260
位移差（m）			0.013	0.379	0.373	0.256	0.219	0.131	0.149	0.133

工况⑥测点主应力时程极值结果统计　　　　表 5.6-19

断面	连接形式	S1（MPa）	监测位置	S3（MPa）	监测位置
1-1	刚性连接	17.62	GJ3	-14.56	GJ3
1-1	柔性连接	10.77	RJ3	-13.01	RJ3
2-2	刚性连接	3.82	GJ4	-3.32	GJ4
2-2	柔性连接	2.83	RJ8	-3.14	RJ6

工况⑥测点相对位移时程极值结果统计　　　　表 5.6-20

断面	连接形式	隧道测点（m）	监测位置	竖井测点（m）	监测位置	位移差最大值（m）
1-1	刚性连接	0.36/-0.48	GJ8	0.36/-0.48	GJ8	0.001
1-1	柔性连接	0.41/-0.54	RJ2	0.36/-0.49	RJ4	0.049

续上表

断面	连接形式	隧道测点（m）	监测位置	竖井测点（m）	监测位置	位移差最大值（m）
2-2	刚性连接	0.35/−0.45	GJ5	0.34/−0.45	GJ4	0.008
	柔性连接	0.39/−0.51	RJ2	0.34/−0.44	RJ1	0.068

工况⑦不同时刻结构主应力最值及变形汇总　　表 5.6-21

位置			时刻							
			5s	10s	15s	20s	25s	30s	35s	40s
S1（MPa）	最大值	明挖侧	2.610	22.500	5.750	1.290	8.490	0.780	0.800	1.260
		盾构侧	0.580	6.120	2.280	0.920	1.220	0.600	0.240	0.270
	最小值	明挖侧	−0.170	−1.120	−0.380	−0.210	−0.380	−0.150	−0.020	−0.060
		盾构侧	−0.010	−0.090	−0.060	−0.020	−0.010	−0.014	−0.007	−0.006
S3（MPa）	最大值	明挖侧	0.110	1.440	0.310	0.060	0.320	0.050	0.020	0.090
		盾构侧	0.006	0.003	0.002	0.017	0.028	0.030	0.008	0.004
	最小值	明挖侧	−2.390	−29.60	−4.150	−1.090	−6.070	−1.020	−0.320	−1.510
		盾构侧	−0.570	−5.470	−2.170	−0.560	−1.470	−0.530	−0.320	−0.240
位移差（m）			0.040	0.503	0.038	0.487	0.440	0.359	0.362	0.272

工况⑦测点主应力时程极值结果统计　　表 5.6-22

断面	连接	S1（MPa）	监测位置	S3（MPa）	监测位置
1-1	刚性连接	31.01	GJ3	−14.81	GJ3
	柔性连接	12.02	RJ3	−24.03	RJ3
2-2	刚性连接	5.79	GJ4	−5.44	GJ2
	柔性连接	4.23	RJ8	−4.82	RJ8

工况⑦测点相对位移时程极值结果统计　　表 5.6-23

断面	连接形式	隧道测点（m）	监测位置	竖井测点（m）	监测位置	位移差最大值（m）
1-1	刚性连接	0.50/−1.08	GJ8	0.52/−1.07	GJ8	0.008
	柔性连接	0.53/−1.13	RJ8	0.53/−1.15	RJ8	0.021
2-2	刚性连接	0.50/−1.07	GJ5	0.50/−1.07	GJ4	0.001
	柔性连接	0.53/−1.13	RJ4	0.51/−1.07	RJ4	0.062

5.6.5 动力响应结果分析

以工况①为例对结果进行分析，具体内容如下：

（1）结构主应力分布特点

从结构不同时刻主应力云图可以看出，在地震作用下，明挖隧道、盾构隧道与竖井连接处为应力集中区域。其中，明挖隧道顶板两拐角处与竖井连接处为应力集中部位，受拉压交替作用最为明显;盾构隧道与竖井连接处隧道拱肩、拱脚所在的共轭45°方向上结构应力集中最为明显,该侧结构主应力数值小于明挖一侧,因圆形截面较矩形截面而言没有形状上的突变。同时明挖一侧的主应力集中主要发生在连接部位竖井结构上,而盾构一侧在竖井和隧道管片相应位置都出现了明显的应力集中现象。

(2)结构变形特征

从不同时刻结构 X 方向位移云图可知,虽然绝对位移较大,但相对位移并不大,结构基本处于整体运动状态。其中,竖井处结构具有较大刚度因而位移值较小,明挖隧道及盾构隧道远离连接部位的区域因整体刚度较小而位移较大。

(3)刚性连接与柔性连接结构应力极值比较

从结构测点主应力时程曲线及主应力时程极值结果可以看出,在明挖隧道与竖井连接处,不论采用刚性连接还是柔性连接,连接处的主应力极值均出现在相同的部位(GJ3、RJ3),采用柔性连接时,连接处主拉应力、主压应力都有所减小,说明采用柔性连接可有效减小结构连接部位应力集中。对于盾构隧道一侧,采用柔性连接时连接处的主拉应力、主压应力也有所减小。

(4)刚性连接与柔性连接结构变形比较

从结构测点相对位移时程曲线及相对位移时程极值结果可以看出,对于明挖一侧而言,刚性连接时隧道结构上和竖井上相同位置的测点位移大致相等,略小于柔性连接,说明采用柔性连接时隧道结构上的测点的位移略有增大,而相同位置竖井上各点位移几乎不受影响;盾构一侧的情况和明挖一侧类似,表现出同样的规律,即柔性连接处隧道结构上测点位移有所增大,而竖井上测点则不受连接方式的影响。

经过分析和比较工况①~工况⑦的结果可以发现,明挖段与竖井的刚性连接处最大的位移差为 0.041m,其柔性连接处的最大位移差为 0.083m;盾构段与竖井的刚性连接处最大位移差为 0.022m,其柔性连接处的最大位移差为 0.112m。

5.7 隧道减隔震措施

隧道在地震作用下,通常会因为土层的变化、结构形式的改变和边界条件的不同,造成部分区域有应力集中或位移放大的现象,这些区域必须采取措施加强抗震性能。需注意的区域包括:

(1)隧道与建筑结构、竖井等的连接处。

(2)隧道的断面不连续处。

(3)隧道通过软硬变化大的土层。

(4)隧道联络通道等引起结构刚度突变处。

为了消除或减弱此类区域应力集中的现象,可采取设置隔震层、柔性节点减震等措施。

5.7.1 隧道隔震措施

隧道隔震措施是在隧道外侧包覆一层柔性材料来降低地震对隧道的影响。隧道隔震主要用于结构不连续处(如隧道与竖井的连接处)和土层不连续处(如土层刚度变化较大的交界处)。常见的包覆材料见表 5.7-1,通常包覆的厚度为隧道直径的 2%~10%,延伸长度取决于非隔震应力或弯矩较大的区段。采用隔震措施时,必须保证隧道不会因为隔震层产生额外沉陷。另外,隔震材料必须具有高耐久性,并且需防止隧道因材料徐变发生位移。

隧道常用隔震材料 表 5.7-1

包覆材料	剪切模量(kPa)	泊松比
沥青	500	0.4
氨基甲酸乙酯(Urethane)	280	0.48
硅胶(Silicone)1	100	0.48
硅胶 2	300	0.48
硅胶 3	570	0.48
流体橡胶	280	0.46
固态橡胶	580~1280	0.33~0.423

隧道隔震的性能,主要由下列参数来控制:
(1)隧道直径与有效土层厚度比。
(2)土层相对于隧道的刚度。
(3)土层与隔震层的剪切刚度比。
(4)土层的泊松比。
(5)隔震材料的泊松比。
(6)隔震层厚度与隧道直径比。

增加土层与隔震层的刚度比,可以有效降低隧道的位移;当隧道直径与有效土层厚度比小于 0.1 时,不利于隔震性能,但高于 0.1 时,则对隔震性能的影响不显著;较小泊松比的隔震材料能有效提升隔震性能。当采用较小泊松比的材料时,必须考虑隧道深度且计算压缩模量,确保隔震层能承受周围的土压力。

隔震层的作用是减小土层在隧道纵向上的剪力效应,所以在数值模拟中可用剪切弹簧来表示隔震层,此弹簧的两端则与土体和隧道相连。同时,对于土体对隧道在径向上的作用,隔震层也可以降低部分直接作用力,在力学模型中,可以在土体和隧道弹簧间连接轴向弹簧。式(5.7-1)、式(5.7-2)分别为隔震层的剪切和径向刚度计算公式:

$$K_s = \frac{GA_{\text{eff}}}{t} \tag{5.7-1}$$

$$K_r = \frac{EA_{\text{eff}}}{\beta t} \tag{5.7-2}$$

式中:K_s——剪切刚度;
K_r——径向刚度;
G 和 E——隔震层剪切模量和弹性模量;
A_{eff}——有效面积;
t——隔震层厚度;
β——折减系数。

隔震层剪切刚度需配合隧道模型的假设来定义有效面积,如果以半圆环的投影矩形面积进行计算,剪切刚度会趋于保守;计算径向刚度时,必须考虑土体围压对隔震层的作用,β可以作为此作用的参数,β越小,径向刚度越趋于保守。式(5.7-1)和式(5.7-2)为简化公式,计算结果会略微低估隔震层的性能,并且未考虑剪切与径向刚度的耦合效应。如考虑精细化的计算,耦合效应必须考虑。

5.7.2 柔性节点减震措施

在大震作用下,管片环间会因轴力损失、过大弯矩和周围土层的位移等,导致相邻环间出现张开的现象。当隧道长度较长时,可能出现大量的管片环间张开量超标的情况。基于此,考虑在隧道纵向设置多处柔性节点,柔性节点刚度低,具有较大的环间张开变形适应能力,有利于集中释放地震作用,而且地震过后具备变形复位的能力。

设计研究采用了以记忆合金阻尼器为主要构件的柔性节点结构,并辅以相邻部位接头螺栓加强的减震措施,具体方案如图5.7-1所示。在每个土层、结构变化剧烈处布置两道柔性减震节点特殊管片,在特殊管片两侧100～500m范围内和南岸竖井100m范围内用接头螺栓局部加强。东西线各设置6处消能减震节点,两处设置在盾构隧道与工作井变化处,其余根据计算结果设置在海中基岩凸起及南岸淤泥质土位置。

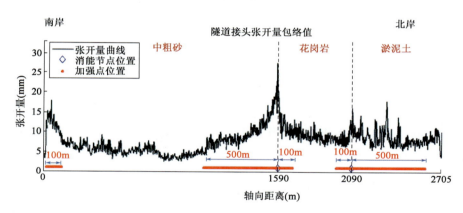

图5.7-1 减震节点及局部螺栓加强方案布置图

(1) 柔性减震节点

柔性减震节点结构如图5.7-2所示。

柔性节点主要由预埋钢板、连接钢板、螺栓、形状记忆合金杆、加腋钢板等组成一套记忆合金阻尼器来实现减震目的,其减震机理描述如下:

①柔性减震节点的抗拉刚度只有普通接头螺栓刚度的1/11,能产生变形集中的效应,降低土层变化区域普通接头的地震作用。

②形状记忆合金杆具有自复位功能,能适应地震过程中的往复变形,且可提供一定的残余变形恢复力。

③柔性减震节点相邻区域的接头螺栓加强,利于将远端接头变形集中至柔性节点处。

④加长欧米伽(Ω)止水带具有较大的变形量,可保证柔性接头发生较大张开量时不漏水。

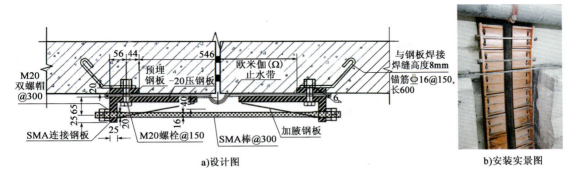

图 5.7-2　柔性减震节点示意图(尺寸单位:mm)

（2）形状记忆合金杆隧道减震节点参数的主要设计思路

①小震下形状记忆合金杆保持线弹性,大震下隧道主体中记忆合金杆的极限弹性位移必须小于设计位移。

②根据盾构环片可施工的面积确定记忆合金杆的长度和断面积,根据环片的宽度确定记忆合金杆的长度。

③整体减震节点的线弹性刚度必须小于普通环片接头的螺栓刚度。

5.8　隧道整体纵向抗震性能分析

从纵向看,盾构隧道呈长线条形,依次穿越不同的地质,地震时隧道纵向受到地震动的影响不同,从而导致不同段落间发生差异变形。隧道纵向仅有螺栓连接,环向接头刚度小,地震差异变形时会产生管片环间张开,对于海底隧道,外部水源补给无限大,而渗漏水只能靠动力抽排,当管片环缝张开量过大时隧道漏水可能会造成重大灾害,因此隧道整体抗震性能研究时管片环缝的张开量计算与处理措施是重要内容。

本节主要采用纵向梁—弹簧模型和三维实体模型进行了抗震分析,分别通过大型有限元软件 ABAQUS 和 ANSYS 计算地震作用一致激励和非一致激励下隧道环间接头的张开量和内力,分析两种计算模型下结构的抗震性能。

5.8.1　隧道纵向分析模型

目前的纵向分析模型主要有两类:一类是以有限元为基础的地层—结构分析模型;另一类为简化的荷载—结构模型。前一种模型计算成本较高,一般适用较为复杂的地质条件和地下结构;后一种模型则概念较为清楚,容易为工程技术人员所理解和掌握,在工程界得到较为广泛的应用。

盾构隧道纵向分析简化的计算模型,目前主要有纵向梁—弹簧模型(图 5.8-1)、纵向等效连续化模型(图 5.8-2)。纵向梁—弹簧模型以梁单元模拟衬砌环,以弹簧的轴向、剪切和转动效应模拟环向接头和螺栓,以弹簧模拟土体与隧道之间的相互作用。纵向等效连续化模型认为,隧道在横向为一均质圆环,在纵向采用刚度等效的方法,把由接头和管片组成的盾构隧道等效为具有相同刚度和结构特性的均匀连续梁。

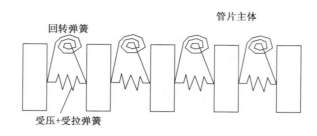

图5.8-1 隧道纵向梁—弹簧模型

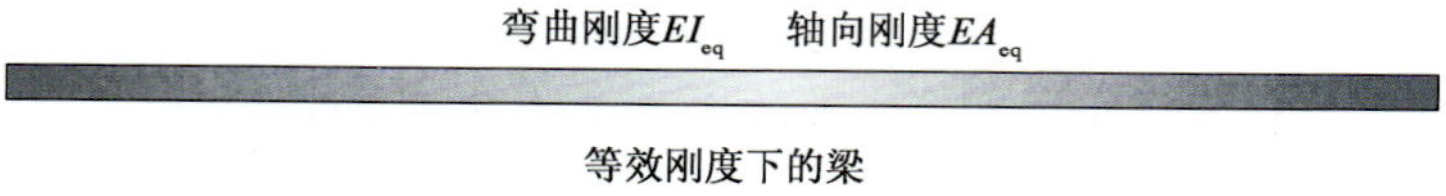

图5.8-2 隧道纵向等效连续化模型

从工程的角度而言,梁—弹簧模型能够合理反映盾构隧道的纵向结构特性。但是,该分析模型节点多,结构参数多,计算较为复杂。等效刚度模型由于断面内力尤其是弯矩采用平均值,如果直接作为计算结果用于环向接头的验算则偏大。

5.8.2 隧道纵向分析方法

隧道纵向分析方法可以分为基于梁—弹簧模型的反应位移法和土、隧道结构皆为实体单元(或结构为壳单元)表达的三维有限元方法。前者较为简单,而且可以刻画出隧道整体的宏观特性,但对于地基弹簧刚度的取值不确定性较大;后者虽然可以精确表现结构部件的细观反应,但建模复杂且计算量大。

反应位移法应用比较广泛,最初用于埋管等线状地下结构纵向地震响应分析中,由于其分析方法明确、简单易行,近来越来越多的应用于大断面隧道的计算分析中。在应用反应位移法时,正确评价地震时地层的震动性态及地层弹簧的刚度非常重要。大量实践证明:如果对上述两种因素的评价正确,该方法的计算结果与采用其他复杂的动力分析结果几乎一致。反应位移法的基本原理是:首先评价隧道与地层的相互作用,即先计算隧道所处位置还没有修建隧道时的地层位移,再将该位移通过地层弹簧作用于隧道结构上进行分析。

在实际应用中,隧道纵向的反应位移法分为狭义反应位移法和广义反应位移法两种。所谓狭义反应位移法是将地震时地层在隧道纵向的位移假定为正弦分布,用梁单元或杆单元模拟隧道,并将地层弹簧的作用以静力的形式施加到隧道上,由此计算出隧道的内力、应力及位移。按正弦函数分布的地层位移用振幅与波长来表示,求解振幅可以采用反应谱法或时程分析法。当隧道周围的地层条件沿隧道纵向变化很大时,假定位移沿隧道纵向按正弦分布就不合适了,而应选用时程分析法计算出地层沿隧道纵向的实际位移分布,再将其以强制位移的荷载形式作用于分析模型,这种方法称为广义反应位移法。

汕头海湾隧道采用广义反应位移法对隧道纵向进行整体抗震分析,对于隧道纵向的位移分布,沿隧道纵向选出若干典型土层断面进行一维场地地震响应分析,求出隧道中心处的位移时程响应,并将一系列的位移时程响应输入相应的地基弹簧固定端。

5.8.3 纵向梁—弹簧模型二次衬砌分析

(1) 二次衬砌模型介绍

在盾构隧道结构设计中，二次衬砌一般不作为基本构件考虑。若将二次衬砌作为结构构件考虑，则管环与二次衬砌连接是关键问题。管片和二次衬砌可按叠合结构或复合结构考虑，海湾隧道计算过程中采用叠合的方式考虑二次衬砌作用，如图 5.8-3 所示。由于管片与二次衬砌间相互作用的弹簧刚度很难确定，特别是考虑到二次衬砌产生裂缝后的非线性，因此假定管环与二次衬砌在连接处变形协同，即相互作用的连接弹簧刚度为无限大。

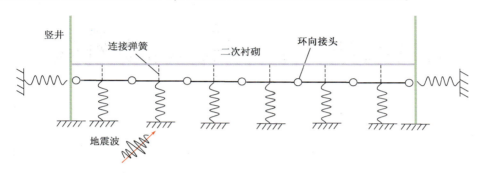

图 5.8-3　有二次衬砌时的隧道纵向梁—弹簧模型

为了减小隧道规模，海湾隧道仅在车道板以下部位施作二次衬砌，纵向梁—弹簧模型中梁截面如图 5.8-4 所示。二次衬砌厚度为 250mm，弧长 16m，材料为 C60 素混凝土。

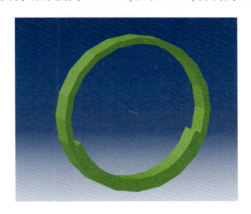

图 5.8-4　有二次衬砌时的管环截面

纵向梁—弹簧模型中二次衬砌采用梁单元模型，梁截面为弧形，由于在地震作用下，二次衬砌极易产生裂缝，因此梁单元需要具有一定的非线性。该项目中，假定混凝土开裂后，二次衬砌退出工作，即混凝土的抗拉强度作为二次衬砌的极限抗拉强度，开裂应变对应的弯矩作为二次衬砌的极限抗弯强度。

(2) 计算结果

隧道在地震作用下，安评波 1 的地震响应最大，为此在分析有二次衬砌的梁—弹簧模型时也只计算了安评波 1 在大震作用下的地震响应。图 5.8-5 为隧道环向接头张开量包络值，可以看出布置二次衬砌之后张开量突起的位置明显增多,并且在左侧淤泥土段张开量显著增大,其原因主要是二次衬砌破坏之后变形出现集中,从而引起相应位置的环向接头张开量突变、增大。图5.8-6为二次衬砌轴力包络值曲线,从曲线上可以看出大部分位置的二次衬砌轴向拉力都接近抗拉强度。

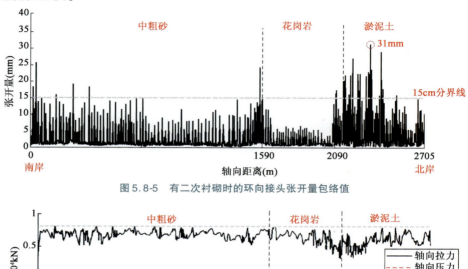

图5.8-5 有二次衬砌时的环向接头张开量包络值

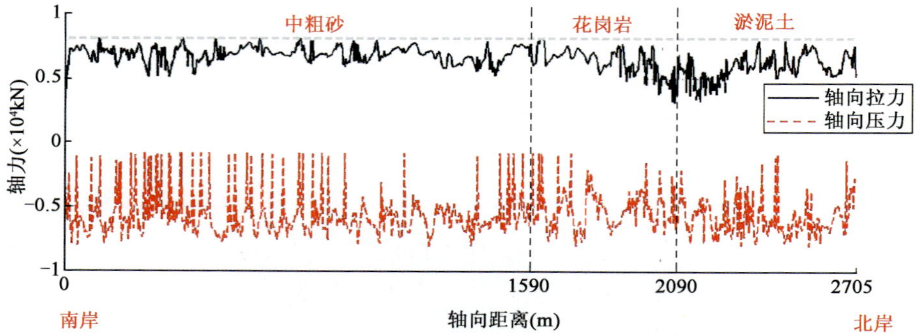

图5.8-6 有二次衬砌时的衬砌轴力包络值

需要指出的是,尽管布置二次衬砌能够增大管环环向接头的刚度,减小接头张开量,但是其前提是二次衬砌在整个地震作用过程中始终处在弹性阶段。而实际情况是二次衬砌极易发生破坏,破坏后产生的变形集中对隧道环向接头的地震响应是不利的。

5.8.4 纵向梁—弹簧模型抗震分析

1) 纵向梁—弹簧模型介绍

隧道在地下空间中是一种三维曲线,利用程序可以提取出隧道平面图和纵断面图的坐标,将两组坐标组合在一起可以得到隧道的空间坐标,隧道三维空间曲线如图5.8-7所示。

在该部分主要以东线隧道为分析对象,每环管片长度为2m,每段中间设置地基弹簧,有限元模型取1m一个单元,同时通过附加共有节点的梁单元考虑隧道内车道的影响。在ABAQUS(有限元软件)中盾构隧道用梁单元模拟,选用中空的三维线性B31梁单元类型,构成梁单元的I、J两节点都有6个自由度,其中包括3个平动自由度和3个转动自由度。B31建立在Timoshenko梁理论基础上,即横截面的横向剪应变为常值,即变形后横截面仍然是平面并且不会扭曲。其空间分布如图5.8-8所示。横截面的内半径为6.65m,外半径为7.25m。

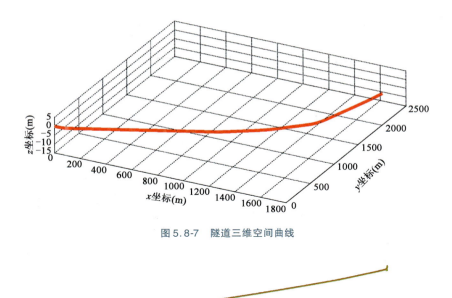

图 5.8-7　隧道三维空间曲线

图 5.8-8　盾构隧道单元示意图

考虑隧道管片纵缝的影响，各个梁单元之间断开，通过一个旋转弹簧和拉压异性弹簧连接，共设 1353 个连接弹簧；由于隧道周围土体属性有差别，每环管片通过 4 个土弹簧分别考虑隧道上、下、左、右 4 个方向的土体刚度属性，同时考虑 4 个方向的土体压力对隧道纵向摩擦的影响，其中每个土弹簧只考虑受压刚度，并通过 1 个土弹簧单独考虑土体的阻尼属性，共设 5440 个土弹簧，有限元模型如图 5.8-9 所示。

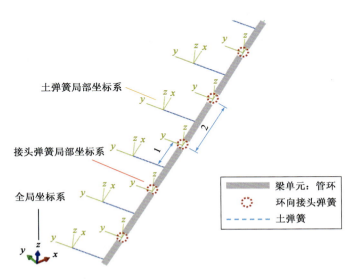

图 5.8-9　梁—弹簧有限元模型(尺寸单位：m)

2)隧道环向接头弹簧参数

在纵向梁—弹簧模型中(图 5.8-10),对管片环采用轴向刚度 EA、弯曲刚度 EI 的梁(轴向刚度 EA、弯曲刚度 EI 可以通过对梁单元指定材料属性和截面几何参数来确定),环间接头采用转动弹簧刚度 K_θ、轴向弹簧刚度 K_u、剪切弹簧刚度 K_s,进行模型化。使用弹簧将众多的梁连接在一起,构成隧道纵向解析模型。

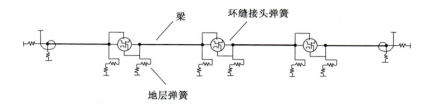

图 5.8-10　隧道纵向梁—弹簧模型

盾构隧道主要结构参数见表 5.8-1。

盾构隧道主要结构参数　　　　表 5.8-1

外径 $D(m)$	内径 $d(m)$	环宽 $l_s(m)$	混凝土弹性模量 $E_c(MPa)$	螺栓直径 $d_0(mm)$	长度 $l(mm)$
14.5	13.3	2	5.2×10^4	36	750
数量 $n(个)$	螺栓弹性模量 $E_s(MPa)$	螺栓屈服应力 $f_y(MPa)$	螺栓极限应力 $f_m(MPa)$	弹塑性刚度比 α	螺栓预应力 $P(MPa)$
42	2.06×10^5	640	800	0.01	—

根据表中参数可以计算出环间接头的弹簧刚度,详述如下:

(1)环间接头轴向弹簧刚度 K_u

如图 5.8-11 所示,管环受拉时,环间接头拉力由螺栓提供,接头的轴向抗拉刚度看成是各个连接螺栓刚度的总和;管片受压时,连接螺栓不再受力,接头的轴向抗压刚度可以看成管片的受压刚度。

根据接头处螺栓的弹塑性受力特性,可将纵向接头模拟成图 5.8-12 所示的受拉和受压性能不同的非线性弹簧。

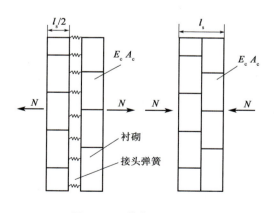

图 5.8-11　管片环拉压变形

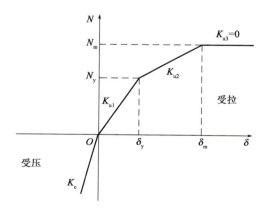

图 5.8-12　接头 N-δ 图

① 受压刚度计算见式(5.8-1)。

$$K_c = \frac{E_c A_c}{l_s} \tag{5.8-1}$$

式中：E_c——混凝土弹性模量；
　　　A_c——管环截面面积；
　　　l_s——管环长度。

② 受拉弹性刚度计算见式(5.8-2)、式(5.8-3)。

$$K_{u1} = n k_{s1} \tag{5.8-2}$$

$$k_{s1} = \frac{E_s A_s}{l} \tag{5.8-3}$$

③ 屈服后刚度计算见式(5.8-4)、式(5.8-5)。

$$K_{u2} = n k_{s2} \tag{5.8-4}$$

$$k_{s2} = \frac{\alpha E_s A_s}{l} \tag{5.8-5}$$

上述式中：n——螺栓个数；
　　　　　k_{s1}——单个螺栓弹性刚度；
　　　　　k_{s2}——单个螺栓屈服后刚度；
　　　　　l——螺栓长度；
　　　　　A_s——螺栓截面面积；
　　　　　E_s——螺栓弹性模量；
　　　　　α——弹塑性刚度比。

④ 接头弹性极限拉力计算见式(5.8-6)。

$$N_y = n A_s (f_y - P) \tag{5.8-6}$$

⑤ 相应的弹性极限变形计算见式(5.8-7)。

$$\delta_y = \frac{N_y}{K_{u1}} \tag{5.8-7}$$

⑥ 接头极限拉力计算见式(5.8-8)。

$$N_m = n A_s (f_m - P) \tag{5.8-8}$$

⑦ 相应的极限变形计算见式(5.8-9)。

$$\delta_m = \delta_y + \frac{N_m - N_y}{K_{u2}} \tag{5.8-9}$$

上述式中：f_y——螺栓屈服应力；
　　　　　f_m——螺栓极限应力；
　　　　　P——螺栓预应力。

将隧道结构参数代入以上各式，可以得到表5.8-2中弹簧参数。

接头轴向弹簧参数

表 5.8-2

受压刚度 K_c(N/m)	受拉第一刚度 K_{u1}(N/m)	受拉第二刚度 K_{u2}(N/m)	受拉屈服力 N_y(kN)	受拉极限力 N_m(kN)	屈服/极限位移 δ_y/δ_m(mm)
4.72×10^{11}	1.17×10^{10}	1.17×10^{8}	2.74×10^{4}	3.42×10^{4}	2.3/60.6

（2）环间接头转动弹簧刚度 K_θ

环间接头受弯时，在受拉区由连接螺栓承担拉应力，在受压区由管片混凝土承担压应力，管片混凝土始终处于弹性状态；截面变形符合平截面和小变形假定。接头转动弹簧本构模型如图 5.8-13 所示。

当接头螺栓完全在弹性时，应力和变形情况如图 5.8-14 所示，x、φ 分别为中性轴的位置和角度，它们之间的关系见式(5.8-10)。

$$x = r\sin\varphi \tag{5.8-10}$$

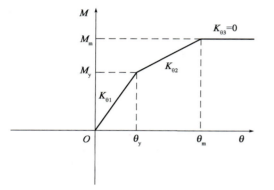

图 5.8-13 接头 M-θ 图

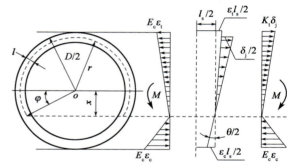

图 5.8-14 弹性状态时的应力应变图

受拉区变形只含接头螺栓的变形，这与等效连续梁模型有所差别，这是因为本模型计算过程中接头与管环分别考虑，因此在计算接头转动刚度时受拉区只需反映环间螺栓的变形即可。接头的变形协调条件见式(5.8-11)、式(5.8-12)。

$$\varepsilon_c \cdot \frac{l_s}{2} = \left(\frac{D}{2} - x\right) \cdot \frac{\theta}{2} \tag{5.8-11}$$

$$\frac{\delta_j}{2} = (r + x) \cdot \frac{\theta}{2} \tag{5.8-12}$$

式中：ε_c——管环边缘混凝土受压应变；

θ——接头转角；

D——管片外径；

x——中性轴位置；

r——管片形心半径。

接头力的平衡条件见式(5.8-13)。

$$2 \cdot \frac{E_c \varepsilon_c}{\frac{D}{2} - x} \int_0^{\pi/2-\varphi} rt(r\cos\alpha - x)d\alpha = 2 \cdot \frac{k_r \delta_j}{r + x} \int_0^{\pi/2+\varphi} r(r\cos\alpha + x)d\alpha \tag{5.8-13}$$

式中：φ——中性轴的角度；
t——管环厚度；
k_r——环间接头抗拉弹簧的线密度，$k_r = K_{j1}/(2\pi r)$ 或 $K_{j2}/(2\pi r)$；
其他符号含义同前。

将式(5.8-10)~式(5.8-12)代入式(5.8-13)可得：

$$\varphi + \frac{1}{\tan\varphi} = \frac{\pi}{2} \cdot \frac{1-\beta}{1+\beta} \qquad (5.8\text{-}14)$$

其中

$$\beta = \frac{K_{u1}l_s}{E_c A_c} \quad 或 \quad \frac{K_{u2}l_s}{E_c A_c} \qquad (5.8\text{-}15)$$

根据变形协调条件和力的平衡条件，接头抗弯刚度表达式为：

$$K_\theta = \frac{\cos^3\varphi}{\cos\varphi + \left(\frac{\pi}{2}+\varphi\right)\sin\varphi} \frac{\pi r^3 t E_c}{l_s} \qquad (5.8\text{-}16)$$

屈服弯矩为：

$$M_y = K_{\theta 1}\theta_y = K_{\theta 1}\frac{\delta_y}{x+r} \qquad (5.8\text{-}17)$$

极限弯矩为：

$$M_m = M_y + K_{\theta 2}(\theta_m - \theta_y) = M_y + K_{\theta 2}\frac{\delta_m - \delta_y}{x+r} \qquad (5.8\text{-}18)$$

将隧道结构参数代入以上各式，可以得到弹簧参数，见表5.8-3。

接头转动弹簧参数　　表5.8-3

抗弯第一刚度 $K_{\theta 1}$(kN·m/rad)	抗弯第二刚度 $K_{\theta 2}$(kN·m/rad)	屈服弯矩 M_y(kN·m)	极限弯矩 M_m(kN·m)	屈服转角 θ_y(rad)	极限转角 θ_m(rad)
3.89×10^{11}	4.38×10^9	6.90×10^4	8.74×10^4	1.78×10^{-4}	4.4×10^{-3}

(3) 环间接头剪切弹簧刚度 K_s

假定环间接头的剪切弹簧刚度为无穷大。

3) 地基弹簧参数

盾构隧道是具有柔性衬砌的结构，地震时很难产生自激振动，具有与周围土体共同变形的特征，在研究地震时隧道的纵向行为应把周围土体的运动考虑进去。梁—弹簧模型可以通过地基弹簧使隧道周边地基反应作用于隧道，从而考虑土—结构的相互作用。地基弹簧参数是重要的参数之一，它对结构的地震响应具有很大的影响。

本节在进行隧道纵向反应计算时，采用地基反力系数法。隧道周围的土体属性差别较大，故在地基反力系数选取时上下左右各自取值，其中隧道上下方取垂直基床反力系数，左右方取水平基床反力系数。

地基弹簧刚度的确定主要分为以下两个步骤：

（1）根据隧道轴向穿过的土层类型及覆土层厚度，将隧道分为 3 段：从北岸至南岸依次为淤泥土段、花岗岩段和中粗砂段，如图 5.8-15 所示。各段隧道周围土层基床反力系数见表 5.8-4。在施工过程中工作井 20m 范围内的地基需要处理，土体的性能也相应地提高。

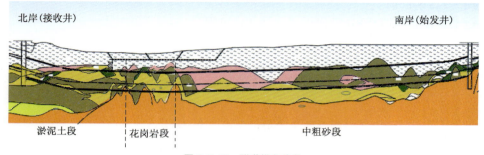

图 5.8-15　隧道纵向分段

隧道纵向各段周围土层基床系数及剪切波速　　　　　　　　表 5.8-4

段号	隧道周围土层名称				基床系数（MPa/m）			
	上	下	左	右	上	下	左	右
1	淤泥	中粗砂	淤泥土	淤泥土	3	12	5	5
2	淤泥土	花岗岩	中粗砂	中粗砂	4	70	15	15
3	淤泥	淤泥土	中粗砂	中粗砂	3	4	15	15

注：隧道上下取垂直基床系数，左右取水平基床系数。

（2）根据基床反力系数和隧道与周围土层的接触面积计算各段 4 个方向的地基弹簧刚度，隧道纵向各段单位长度地基弹簧刚度见表 5.8-5。

隧道纵向各段周围土层地基弹簧刚度　　　　　　　　表 5.8-5

段号	隧道周围土层名称				弹簧刚度（kN/m）			
	上	下	左	右	上	下	左	右
1	淤泥	中粗砂	淤泥土	淤泥土	3.44×10^4	1.38×10^5	5.73×10^4	5.73×10^4
2	淤泥土	花岗岩	中粗砂	中粗砂	4.58×10^4	8.02×10^5	1.72×10^5	1.72×10^5
3	淤泥	淤泥土	中粗砂	中粗砂	3.44×10^4	4.58×10^4	1.72×10^5	1.72×10^5

注：地基弹簧刚度计算取单位隧道纵向长度。

4）地震动输入方式

在梁—弹簧模型中地震动以位移的形式输入土弹簧固定端，该位移波通过场地的有限元分析得到，即将基岩波以加速度的形式施加到场地有限元模型底部，之后求得场地中相应隧道位置的位移响应。有限元模型取长 3000m、宽 84m、深 60m 的立方体；采用实体单元模拟土体；模型的四周边界采用无反射边界（Nonreflecting boundary），模型顶部为自由边界，底部为固定边界，具体如图 5.8-16、图 5.8-17 所示。

场地分析过程中，基岩波输入考虑行波效应，基岩剪切波速为 868m/s，并且采取三方向输入：横向（垂直隧道方向）、纵向（沿隧道轴向方向）、竖向的地震波加速度幅值比例为 1:0.85:0.65（结构最不利方向）。基岩波共 5 组：3 组安评波和 2 组自行拟合的人工波，计算工况见表 5.8-6。

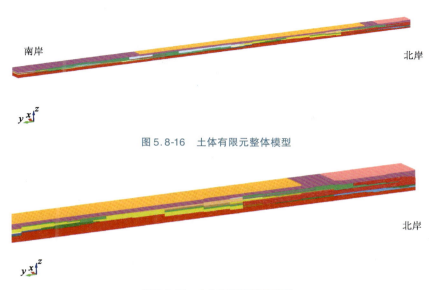

图 5.8-16 土体有限元整体模型

图 5.8-17 土体有限元局部模型

场地分析计算工况 表 5.8-6

基岩波	地震水准	输入方向比例(横向:纵向:竖向)
安评波 1	大震	1:0.85:0.65
安评波 2	大震	1:0.85:0.65
安评波 3	大震	1:0.85:0.65
人工波 1	大震	1:0.85:0.65
人工波 2	大震	1:0.85:0.65

安评波 1 作用下,输入方向比例(横向:纵向:竖向)为 1:0.85:0.65,从起始井每隔 200m 相应隧道位置的场地位移响应及间距 2m 相邻点的相对位移(对隧道环向接头张开量影响较大)如图 5.8-18~图 5.8-23 所示。

在安评波 2 作用下,输入方向比例(横向:纵向:竖向)为 1:0.85:0.65,从起始井每隔 200m 相应隧道位置的场地位移响应及间距 2m 相邻点的相对位移(对隧道环向接头张开量影响较大)如图 5.8-24~图 5.8-29 所示。

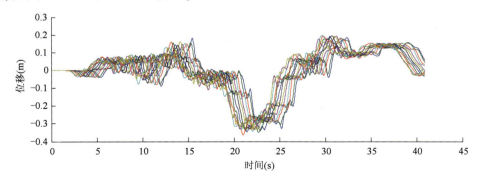

图 5.8-18 安评波 1 作用下场地中隧道位置横向位移时程

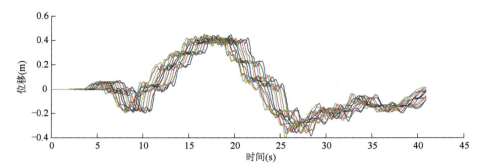

图 5.8-19　安评波 1 作用下场地中隧道位置纵向位移时程

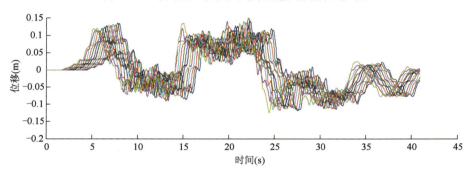

图 5.8-20　安评波 1 作用下场地中隧道位置竖向位移时程

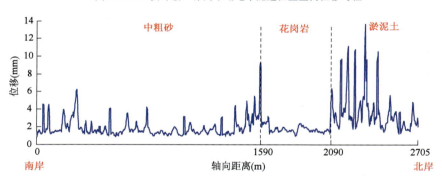

图 5.8-21　安评波 1 作用下场地中隧道纵向相邻位置横向相对位移极值

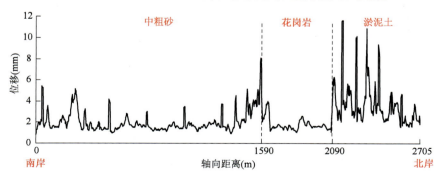

图 5.8-22　安评波 1 作用下场地中隧道纵向相邻位置纵向相对位移极值

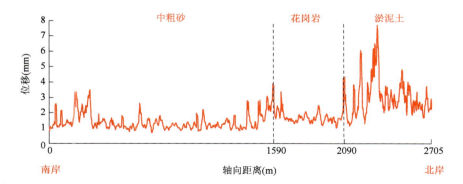

图 5.8-23　安评波 1 作用下场地中隧道纵向相邻位置竖向相对位移极值

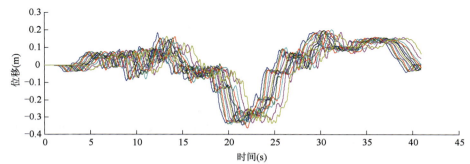

图 5.8-24　安评波 2 作用下场地中隧道位置横向位移时程

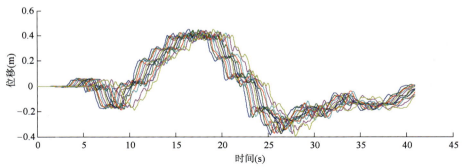

图 5.8-25　安评波 2 作用下场地中隧道位置纵向位移时程

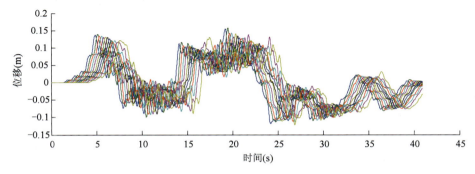

图 5.8-26　安评波 2 作用下场地中隧道位置竖向位移时程

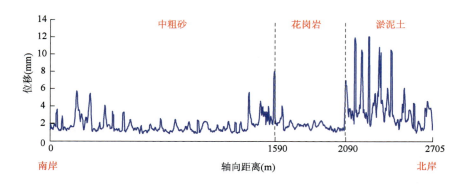

图 5.8-27　安评波 2 作用下场地中隧道纵向相邻位置横向相对位移极值

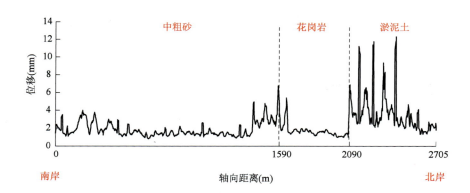

图 5.8-28　安评波 2 作用下场地中隧道纵向相邻位置纵向相对位移极值

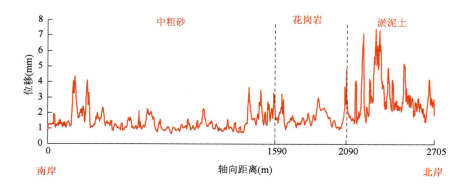

图 5.8-29　安评波 2 作用下场地中隧道纵向相邻位置竖向相对位移极值

在安评波 3 作用下,输入方向比例(横向:纵向:竖向)为 1:0.85:0.65,从起始井每隔 200m 相应隧道位置的场地位移响应及间距 2m 相邻点的相对位移(对隧道环向接头张开量影响较大)如图 5.8-30～图 5.8-35 所示。

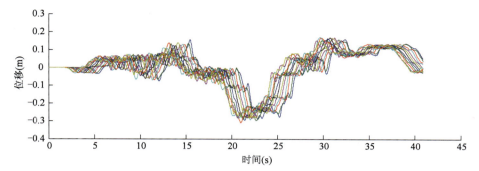

图 5.8-30　安评波 3 作用下场地中隧道位置横向位移时程

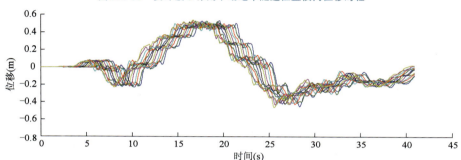

图 5.8-31　安评波 3 作用下场地中隧道位置纵向位移时程

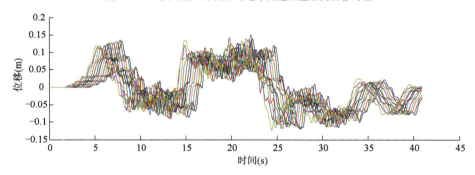

图 5.8-32　安评波 3 作用下场地中隧道位置竖向位移时程

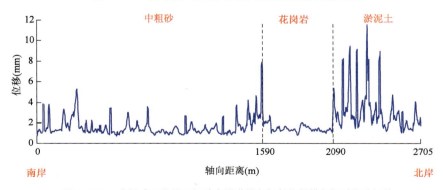

图 5.8-33　安评波 3 作用下场地中隧道纵向相邻位置横向相对位移极值

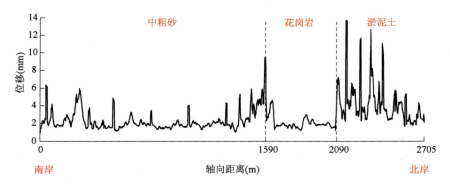

图 5.8-34 安评波 3 作用下场地中隧道纵向相邻位置纵向相对位移极值

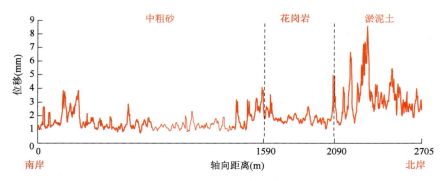

图 5.8-35 安评波 3 作用下场地中隧道纵向相邻位置竖向相对位移极值

在人工波 1 作用下,输入方向比例(横向:纵向:竖向)为 1:0.85:0.65,从起始井每隔 200m 相应隧道位置的场地位移响应及间距 2m 相邻点的相对位移(对隧道环向接头张开量影响较大)如图 5.8-36 ~ 图 5.8-41 所示。

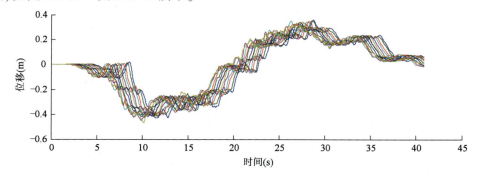

图 5.8-36 人工波 1 作用下场地中隧道位置横向位移时程

在人工波 2 作用下,输入方向比例(横向:纵向:竖向)为 1:0.85:0.65,从起始井每隔 200m 相应隧道位置的场地位移响应及间距 2m 相邻点的相对位移(对隧道环向接头张开量影响较大)如图 5.8-42 ~ 图 5.8-47 所示。

5) 分析工况

动力时程分析采用 5 组地震波,分别为 50 年 2.5%(大震,加速度峰值 0.4g)、超烈度地震(加速度峰值 0.6g)两种地震水准。分析工况见表 5.8-7。

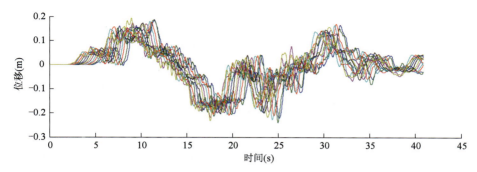

图 5.8-37 人工波 1 作用下场地中隧道位置纵向位移时程

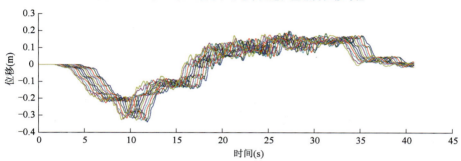

图 5.8-38 人工波 1 作用下场地中隧道位置竖向位移时程

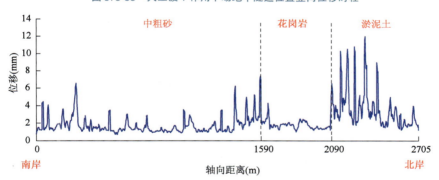

图 5.8-39 人工波 1 作用下场地中隧道纵向相邻位置横向相对位移极值

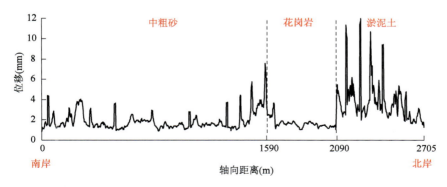

图 5.8-40 人工波 1 作用下场地中隧道纵向相邻位置纵向相对位移极值

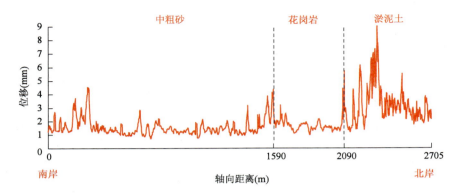

图 5.8-41 人工波 1 作用下场地中隧道纵向相邻位置竖向相对位移极值

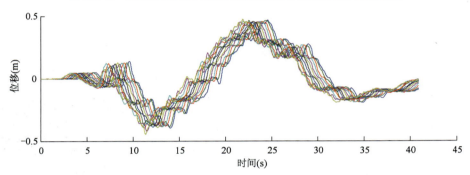

图 5.8-42 人工波 2 作用下场地中隧道位置横向位移时程

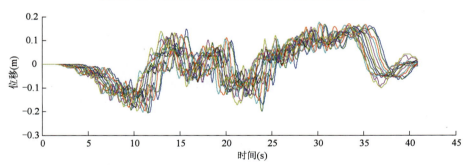

图 5.8-43 人工波 2 作用下场地中隧道位置纵向位移时程

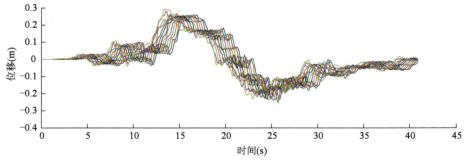

图 5.8-44 人工波 2 作用下场地中隧道位置竖向位移时程

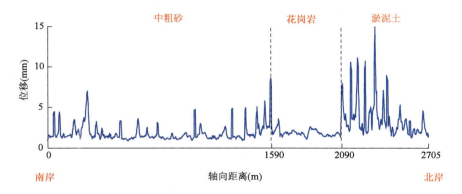

图 5.8-45　人工波 2 作用下场地中隧道纵向相邻位置横向相对位移极值

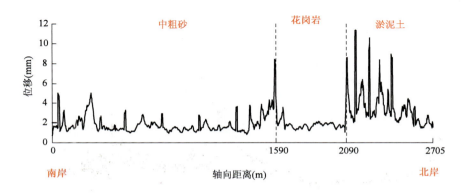

图 5.8-46　人工波 2 作用下场地中隧道纵向相邻位置纵向相对位移极值

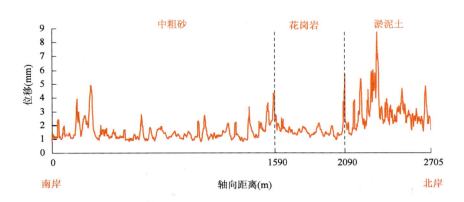

图 5.8-47　人工波 2 作用下场地中隧道纵向相邻位置竖向相对位移极值

动力时程分析工况表　　　　　　　　　　　表 5.8-7

工况	地震水准	地震波	输入类型	输入方向
1	大震	安评波 1	非一致激励	横向(1) + 纵向(0.85) + 竖向(0.65)
2				横向(0.85) + 纵向(1) + 竖向(0.65)

续上表

工况	地震水准	地震波	输入类型	输入方向
3	大震	安评波2	非一致激励	横向(1)+纵向(0.85)+竖向(0.65)
4		安评波3		
5		人工波1		
6		人工波2		
7	超烈度地震	安评波1	非一致激励	横向(1)+纵向(0.85)+竖向(0.65)

6)计算结果

(1)工况1

在大震作用下,安评波1所产生的隧道地震响应如图5.8-48~图5.8-55所示。

环间接头变形:图5.8-48为隧道环间接头张开量包络曲线,x坐标表示距隧道南岸的距离,y坐标表示接头的张开大小(包含轴向拉伸及两个方向的转动引起的张开),图中"中粗砂""花岗岩""淤泥土"表示盾构隧道底部经过的土层。

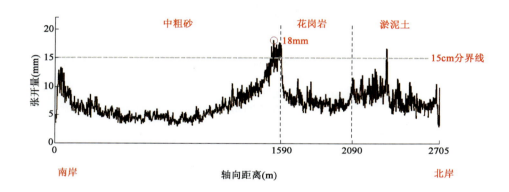

图5.8-48 安评波1下盾构隧道环间接头张开量包络曲线

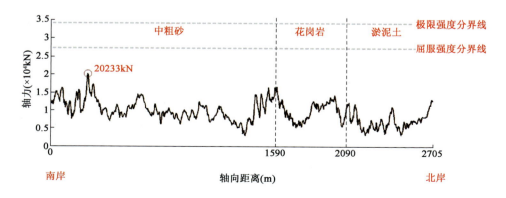

图5.8-49 安评波1下盾构隧道环间接头轴向拉力包络曲线

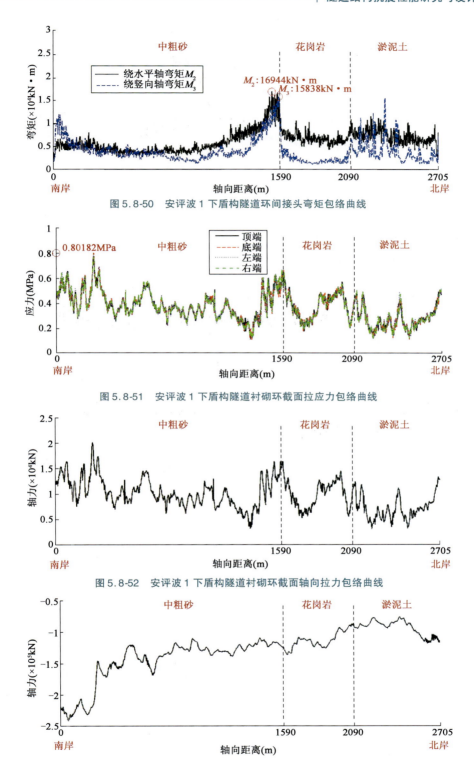

图 5.8-50　安评波 1 下盾构隧道环间接头弯矩包络曲线

图 5.8-51　安评波 1 下盾构隧道衬砌环截面拉应力包络曲线

图 5.8-52　安评波 1 下盾构隧道衬砌环截面轴向拉力包络曲线

图 5.8-53　安评波 1 下盾构隧道衬砌环截面轴向压力包络曲线

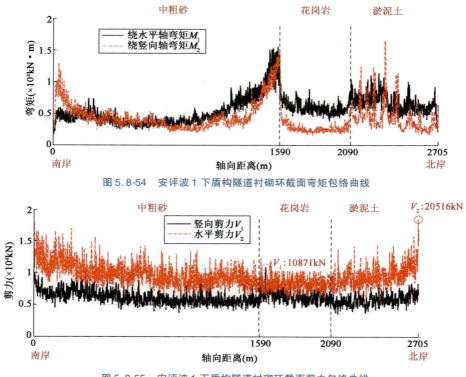

图 5.8-54　安评波 1 下盾构隧道衬砌环截面弯矩包络曲线

图 5.8-55　安评波 1 下盾构隧道衬砌环截面剪力包络曲线

从图 5.8-48 中可以看出在花岗岩与中粗砂交界处（1590m 处）、南北两岸附近（20m 和 2685m 处）以及北侧淤泥土段中部接头张开量有较大突变。南北两岸附近的突变主要原因是工作井附近的 20m 范围内地基进行了加固处理，从而造成地基处理与未处理的交界处张开量有所突变。中粗砂与花岗岩物理属性的差异导致在 1590m 处张开量突然增大，最大值为 18mm，并且该位置处有长约 100m 的接头张开量在 15mm 以上，需要采取特殊措施。由于地震波的传播因素及淤泥土本身的特性，花岗岩与淤泥土交界处的张开量有突变但不大，而淤泥土段中部接头张开量有较大的突起，且超过了 15mm。

环向接头内力：图 5.8-49 为隧道环向接头轴向拉力包络图，轴向拉力最大值为 20233kN，远小于屈服抗拉强度 27361kN。图 5.8-50 为隧道环向接头两个方向的弯矩包络图，两个方向弯矩包络图的形式与张开量分布图比较接近，另外接头轴向抗拉屈服变形为 2.3mm，这说明弯矩对接头的张开量影响较大，最大弯矩为 16944kN·m。

管环截面内力：图 5.8-51 ~ 图 5.8-55 为隧道管环的地震响应。隧道管环截面拉应力包络曲线如图 5.8-51 所示，图中"顶端""底端""左端""右端"分别代表管环上下左右 4 个位置，从图中可以看出四个位置的拉应力相差不大，最大拉应力为 0.8MPa（该隧道混凝土强度等级为 C60，抗拉强度设计值为 2.04MPa）。从图 5.8-52、图 5.8-53 可以看出管环整个截面的最大拉力与压力分别为 20149kN、240991kN。隧道管环截面弯矩与剪力如图 5.8-54、图 5.8-55 所示，在右侧淤泥段绕竖轴弯矩比绕水平轴弯矩稍大，且突变较大，最大值为 16914kN·m。由于地震波按横向：纵向：竖向为 1：0.85：0.65 的比例输入，因此从图 5.8-55 来看横向剪力比竖向剪力大，最大值为 20516kN，大部分位置的管环截面剪力在 15000kN 以下。

（2）工况2

在大震作用下，安评波2所产生的隧道地震响应如图5.8-56～图5.8-63所示。

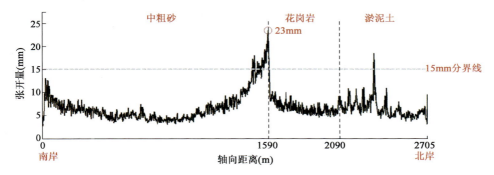

图5.8-56　安评波2下盾构隧道环间接头张开量包络曲线

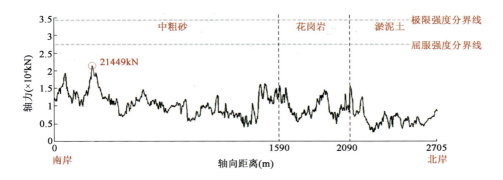

图5.8-57　安评波2下盾构隧道环间接头轴向拉力包络曲线

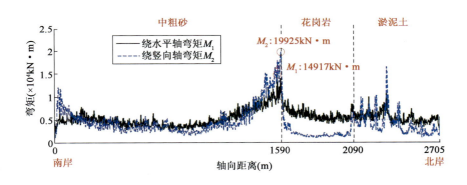

图5.8-58　安评波2下盾构隧道环间接头弯矩包络曲线

①环向接头变形：其变形特征与安评波1基本类似，但在花岗岩与中粗砂交界处（1590m处）接头张开量从18mm增加到23mm。

②环间接头内力：图5.8-57为隧道环向接头轴向拉力包络图，轴向拉力最大值为21449kN，远小于屈服抗拉强度27361kN。图5.8-58为隧道环向接头两个方向的弯矩包络图，两个方向弯矩包络图的形式与张开量分布图比较接近，最大弯矩为19925kN·m。

331

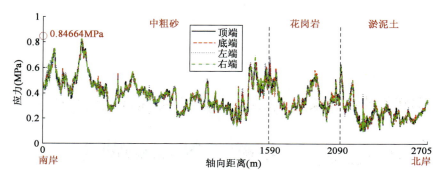

图 5.8-59　安评波 2 下盾构隧道衬砌环截面拉应力包络曲线

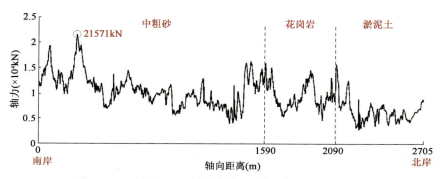

图 5.8-60　安评波 2 下盾构隧道衬砌环截面轴向拉力包络曲线

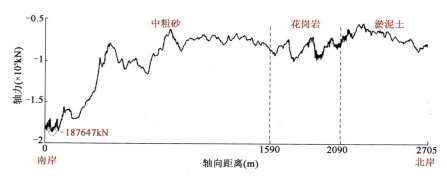

图 5.8-61　安评波 2 下盾构隧道衬砌环截面轴向压力包络曲线

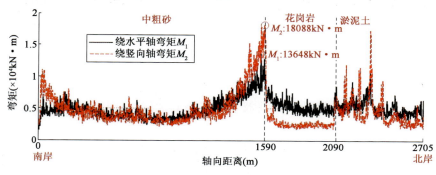

图 5.8-62　安评波 2 下盾构隧道衬砌环截面弯矩包络曲线

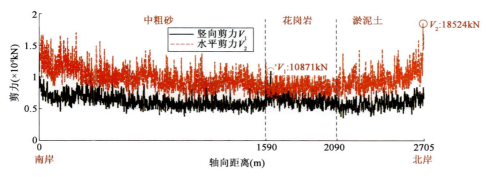

图 5.8-63　安评波 2 下盾构隧道衬砌环截面剪力包络曲线

管环截面内力：图 5.8-59 ~ 图 5.8-63 为隧道管环的地震响应。隧道管环截面拉应力包络曲线如图 5.8-59 所示，从图中可以看出四个位置的拉应力相差不大，最大拉应力为 0.85MPa（工况 1 为 0.8MPa）。从图 5.8-60、图 5.8-61 可以看出管环整个截面的最大拉力与压力分别为 21571kN、187647kN（拉力略大于工况 1，压力略小于工况 1）。隧道管环截面弯矩与剪力如图 5.8-62、图 5.8-63 所示，在右侧淤泥段绕竖轴弯矩比绕水平轴弯矩突变较大，最大值为 18088kN·m（大于工况 1）。从图 5.8-63 上来看，与工况 1 相同，横向剪力比竖向剪力大，最大值为 18524kN（小于工况 1 的 20516kN），大部分位置的管环截面剪力仍然在 15000kN 以下。

（3）工况 3

在大震作用下，安评波 3 所产生的隧道地震响应如图 5.8-64 ~ 图 5.8-71 所示。

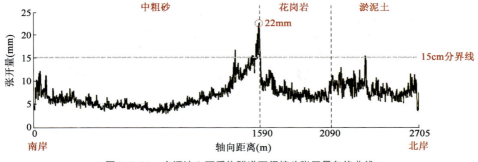

图 5.8-64　安评波 3 下盾构隧道环间接头张开量包络曲线

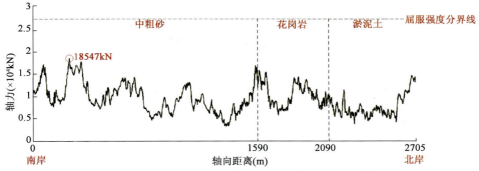

图 5.8-65　安评波 3 下盾构隧道环间接头轴向拉力包络曲线

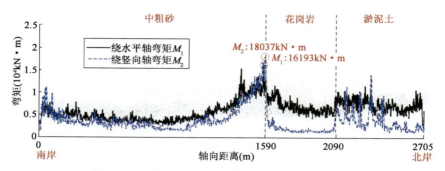

图 5.8-66　安评波 3 下盾构隧道环间接头弯矩包络曲线

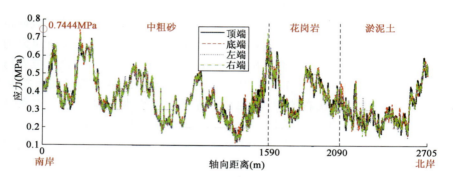

图 5.8-67　安评波 3 下盾构隧道衬砌环截面拉应力包络曲线

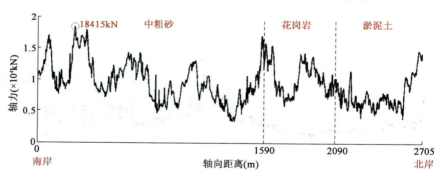

图 5.8-68　安评波 3 下盾构隧道衬砌环截面轴向拉力包络曲线

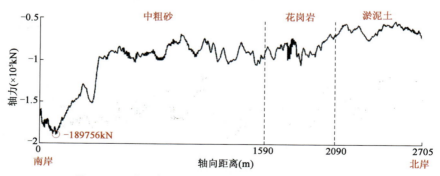

图 5.8-69　安评波 3 下盾构隧道衬砌环截面轴向压力包络曲线

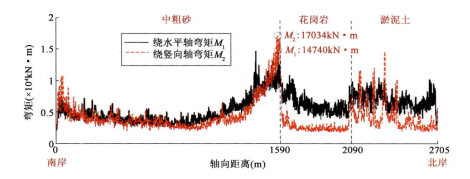

图 5.8-70 安评波 3 下盾构隧道衬砌环截面弯矩包络曲线

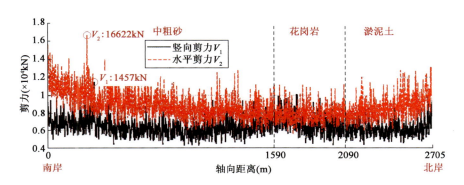

图 5.8-71 安评波 3 下盾构隧道衬砌环截面剪力包络曲线

环间接头变形最大值小于工况 2,最大值为 22mm。

环间接头内力:图 5.8-65 为隧道环向接头轴向拉力包络图,轴向拉力最大值为 18547kN,比工况 2 小约 15%,远小于屈服抗拉强度 27361kN。图 5.8-66 为隧道环向接头两个方向的弯矩包络图,两个方向弯矩包络图的形式与张开量分布图比较接近,最大弯矩为 18037kN·m,比工况 2 小约 10%。

图 5.8-67 ~ 图 5.8-71 为隧道管环的地震响应。隧道管环截面拉应力包络曲线如图 5.8-67 所示,从图中可以看出四个位置的拉应力相差不大,最大拉应力为 0.74MPa。从图 5.8-68、图 5.8-69 可以看出管环整个截面的最大拉力与压力分别为 18415kN、189756kN。隧道管环截面弯矩与剪力如图 5.8-70、图 5.8-71 所示,最大值为 17034kN·m。横向剪力最大值为 16622kN,大部分位置的管环截面剪力在 12000kN 以下。以上各项极值均小于工况 1 及工况 2。

(4) 工况 4

在大震作用下,人工波 1 所产生的隧道地震响应如图 5.8-72 ~ 图 5.8-79 所示。

环向接头变形最大值仅为 15mm。

①环间接头内力:图 5.8-73 所示为隧道环向接头轴向拉力包络图,轴向拉力最大值为 19772kN,与工况 2 接近。图 5.8-74 为隧道环向接头两个方向的弯矩包络图,最大弯矩为 13321kN·m,远远小于安评波的计算结果。

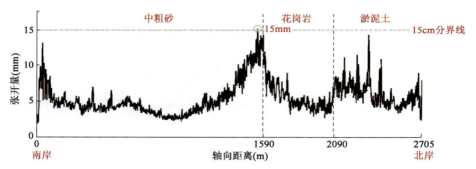

图 5.8-72 人工波 1 下盾构隧道环间接头张开量包络曲线

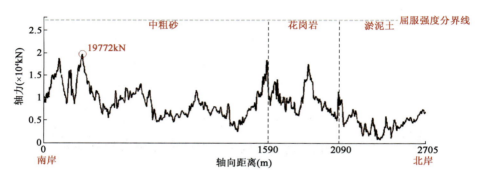

图 5.8-73 人工波 1 下盾构隧道环间接头轴向拉力包络曲线

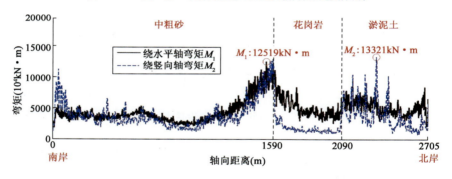

图 5.8-74 人工波 1 下盾构隧道环间接头弯矩包络曲线

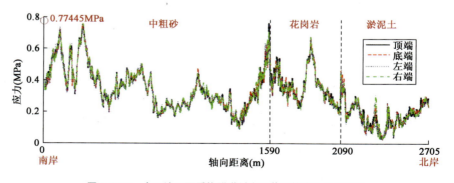

图 5.8-75 人工波 1 下盾构隧道衬砌环截面拉应力包络曲线

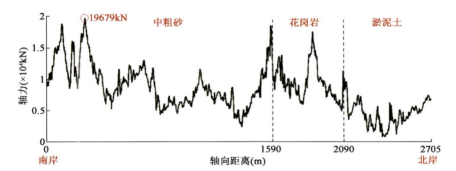

图 5.8-76　人工波 1 下盾构隧道衬砌环截面轴向拉力包络曲线

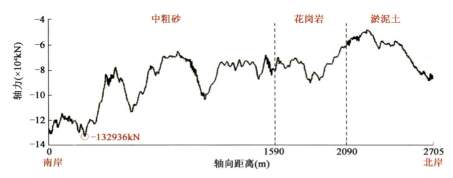

图 5.8-77　人工波 1 下盾构隧道衬砌环截面轴向压力包络曲线

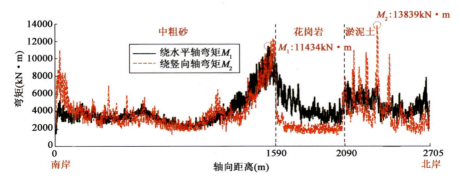

图 5.8-78　人工波 1 下盾构隧道衬砌环截面弯矩包络曲线

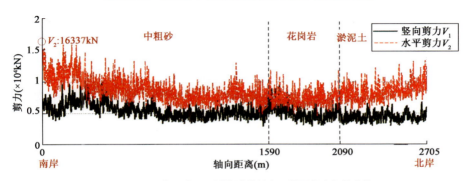

图 5.8-79　人工波 1 下盾构隧道衬砌环截面剪力包络曲线

②管环截面内力:图 5.8-75~图 5.8-79 为隧道管环的地震响应。隧道管环最大拉应力为 0.77MPa,小于工况 1 而大于工况 3。从图 5.8-76、图 5.8-77 可以看出管环整个截面的最大拉力与压力分别为 19679kN、132936kN,远小于工况 2。隧道管环截面弯矩与剪力如图 5.8-78、图 5.8-79 所示,弯矩最大值为 13839kN·m,剪力最大值为 16337kN,大部分位置的管环截面剪力在 12000kN 以下,远远小于前述各工况。

(5) 工况 5

在大震作用下,人工波 2 所产生的隧道地震响应如图 5.8-80~图 5.8-87 所示。

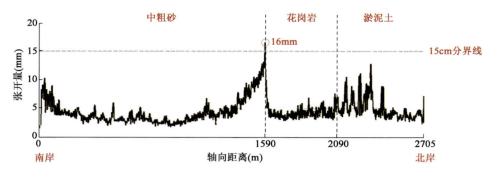

图 5.8-80　人工波 2 下盾构隧道环间接头张开量包络曲线

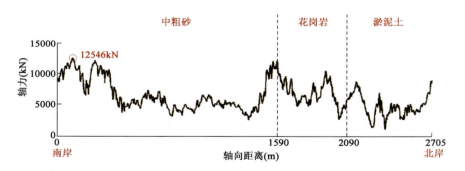

图 5.8-81　人工波 2 下盾构隧道环间接头轴向拉力包络曲线

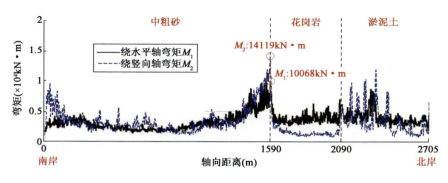

图 5.8-82　人工波 2 下盾构隧道环间接头弯矩包络曲线

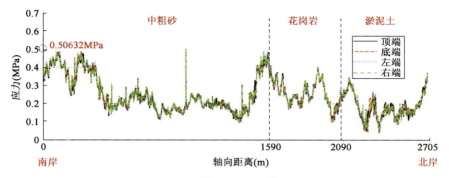

图 5.8-83 人工波 2 下盾构隧道衬砌环截面拉应力包络曲线

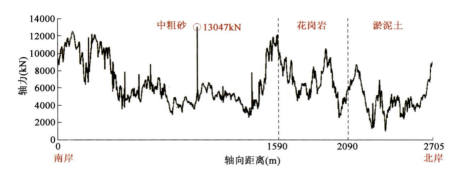

图 5.8-84 人工波 2 下盾构隧道衬砌环截面轴向拉力包络曲线

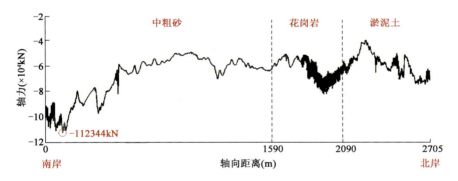

图 5.8-85 人工波 2 下盾构隧道衬砌环截面轴向压力包络曲线

环间接头变形最大值为 16mm。

①环间接头内力：图 5.8-81 为隧道环向接头轴向拉力包络图，轴向拉力最大值为 12546kN。图 5.8-82 为隧道环向接头两个方向的弯矩包络图，最大弯矩为 14119kN·m。

②管环截面内力：图 5.8-83~图 5.8-87 为隧道管环的地震响应。隧道管环截面拉应力包络曲线如图 5.8-83 所示，最大拉应力为 0.51MPa。从图 5.8-84、图 5.8-85 可以看出管环整个截面的最大拉力与压力分别为 13047kN、112344kN。隧道管环截面弯矩与剪力如图 5.8-86、图 5.8-87 所示，弯矩最大值为 13271kN·m，剪力最大值为 15239kN，大部分位置的管环截面剪力在 10000kN 以下。

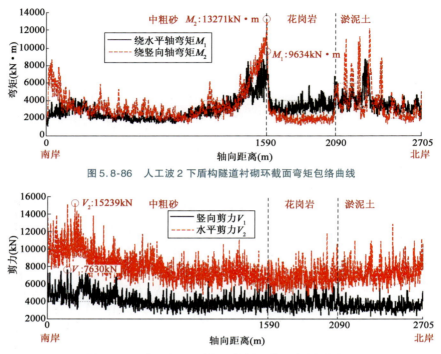

图 5.8-86 人工波 2 下盾构隧道衬砌环截面弯矩包络曲线

图 5.8-87 人工波 2 下盾构隧道衬砌环截面剪力包络曲线

(6) 工况 6

在超烈度地震作用下,安评波 1 所产生的隧道地震响应如图 5.8-88~图 5.8-95 所示。

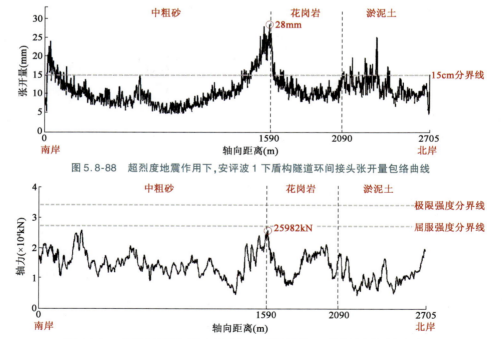

图 5.8-88 超烈度地震作用下,安评波 1 下盾构隧道环间接头张开量包络曲线

图 5.8-89 超烈度地震作用下,安评波 1 下盾构隧道环间接头轴向拉力包络曲线

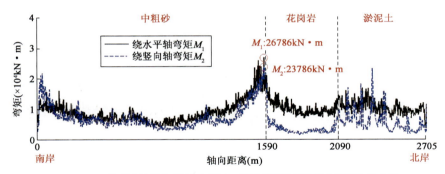

图 5.8-90　超烈度地震作用下,安评波 1 下盾构隧道环间接头弯矩包络曲线

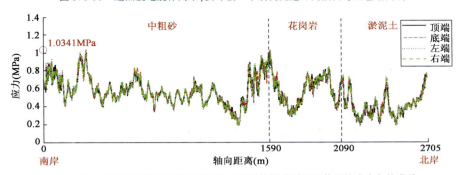

图 5.8-91　超烈度地震作用下,安评波 1 下盾构隧道衬砌环截面拉应力包络曲线

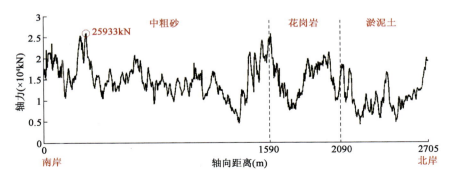

图 5.8-92　超烈度地震作用下,安评波 1 下盾构隧道衬砌环截面轴向拉力包络曲线

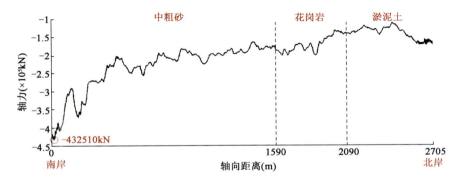

图 5.8-93　超烈度地震作用下,安评波 1 下盾构隧道衬砌环截面轴向压力包络曲线

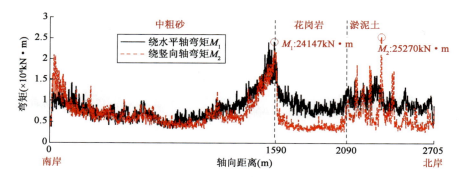

图5.8-94　超烈度地震作用下，安评波1下盾构隧道衬砌环截面弯矩包络曲线

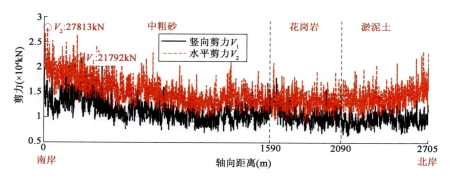

图5.8-95　超烈度地震作用下，安评波1下盾构隧道衬砌环截面剪力包络曲线

环间接头变形最大值为28mm。

①环间接头内力：图5.8-89为隧道环向接头轴向拉力包络图，轴向拉力最大值为25982kN，小于屈服抗拉强度27361kN。图5.8-90隧道环向接头两个方向的弯矩包络图，最大弯矩为26786kN·m。

②管环截面内力：图5.8-91～图5.8-95为隧道管环的地震响应。隧道管环截面拉应力包络曲线如图5.8-91所示，最大拉应力为1.0MPa。从图5.8-92、图5.8-93可以看出管环整个截面的最大拉力与压力分别为25933kN、432510kN。隧道管环截面弯矩与剪力如图5.8-94、图5.8-95所示，弯矩最大值为25270kN·m，剪力最大值为27813kN，大部分位置的管环截面剪力在20000kN以下。

7）结果分析

以上计算工况整体隧道纵向分析结果见表5.8-8，可以得出如下结论：

（1）大震作用下结构变形及内力

①从接头张开量最大值上来看，安评波2、安评波3的接头张开量较大，分别为2.3cm、2.2cm；安评波1、人工波1和人工波2张开量较小，分别为1.8cm、1.5cm、1.6cm。

②从张开量分布范围上来看，5组波都是在花岗岩与中粗砂交界处、淤泥段中部接头张开量较大，其中安评波2作用下，张开量超过1.5cm的接头数目更多一些，主要集中在花岗岩与中粗砂交界处附近。

③从接头受力上来看，安评波2作用下最大，最大拉力和弯矩分别为21449kN、19925kN·m，

但没有超过接头的屈服强度。

工况1～工况6地震响应汇总　　　　　表5.8-8

地震波	地震水准	接头			管环中间截面				
		最大张开量(mm)	最大拉力(kN)	最大弯矩(kN·m)	最大拉应力(MPa)	最大拉力(kN)	最大压力(kN)	最大弯矩(kN·m)	最大剪力(kN)
安评波1	大震	18	20233	16944	0.80	20149	240991	16914	20516
	超大震	28	25982	26786	1.03	25933	432510	25270	27813
安评波2	大震	23	21449	19925	0.85	21571	187647	18088	18524
安评波3	大震	22	18547	18037	0.74	18415	189756	17034	16622
人工波1	大震	15	19772	13321	0.77	19679	132936	13839	16337
人工波2	大震	16	12546	14119	0.51	13047	112344	13271	15239

(2) 超大震作用下结构变形及内力

①接头张开量最大值为28mm，出现在花岗岩与中粗砂交界处附近，并且该位置较大范围的接头张开量都超过了20mm，同时在淤泥土段和南岸附近也有较大范围的接头张开量在15mm以上。

②接头的最大拉力与弯矩分别为25982kN、26786kN·m，相比于大震的响应，有明显增大，而且接近接头的屈服强度。

③管环中间截面最大拉应力为1.03MPa，没有达到强度等级C60混凝土的抗拉强度2.04MPa，说明在超大震作用下管环本身依然是安全的。

5.8.5 纵向三维实体模型抗震分析

1）纵向动力分析模型

海湾隧道盾构段纵向取1000m区段作为研究对象，进行三维实体动力时程分析。模型中，用梁单元模拟隧道结构部分，用实体单元模拟土体部分，结构与土体间设置弹簧单元。模型的横断面方向尺寸取100m（宽）×50m（深），如图5.8-96所示。沿埋深地层依次简化为淤泥15m、粉细砂25m、强风化花岗岩10m。计算模型三维示意图如图5.8-97所示。

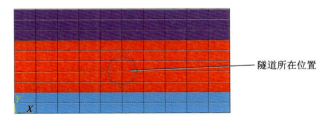

图5.8-96　计算模型横断面示意图

2）纵向刚度等价化处理

把盾构隧道简化成刚度沿纵向不变的连续梁时必须考虑环间接头的影响，根据在拉压、剪切或弯矩作用下变位相等的原则，可以求得盾构隧道分别在拉压、剪切或弯矩作用下的刚度折减系数。以纵向拉压为例，把 m 环长度为 l_s 的管片等效成 m/n 环、长度为 nl_s 管片的等价轴刚度,如图 5.8-98 所示。首先,在轴力为 N 情况下实际伸长为 u_1[式(5.8-19)],通过减少弹簧等效折减后的轴向伸长为 u_2[式(5.8-20)],由 $u_1 = u_2$ 可以计算出轴向刚度折减系数 η_N [式(5.8-21)]。

$$u_1 = \frac{mNl_s}{E_1A_1} + \frac{mN}{K_{u1}} \tag{5.8-19}$$

$$u_2 = \frac{\frac{m}{n}N(nl_s)}{\eta_N E_1 A_1} + \frac{\frac{m}{n}N}{K_{u1}} \tag{5.8-20}$$

$$\eta_N = \frac{K_{u1}}{K_{u1} + \frac{E_1A_1}{l_s}\left(1 - \frac{1}{n}\right)} \tag{5.8-21}$$

图 5.8-97　计算模型三维示意图

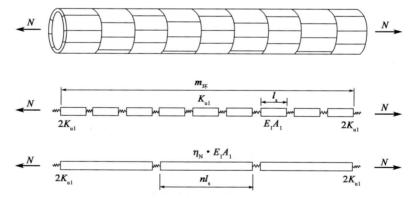

图 5.8-98　盾构隧道纵向拉压刚度等效示意模型

同理,可以获得盾构隧道纵向等效剪切刚度和纵向等效抗弯刚度折减系数 η_Q 和 η_M,见式(5.8-22)、式(5.8-23)。

$$\eta_Q = \frac{K_{s1}}{K_{s1} + \frac{G_1A_1}{l_s}\left(1 - \frac{1}{n}\right)} \tag{5.8-22}$$

$$\eta_M = \frac{K_{\theta 1}}{K_{\theta 1} + \frac{E_1I_1}{l_s}\left(1 - \frac{1}{n}\right)} \tag{5.8-23}$$

由式(5.8-21)~式(5.8-23)可知:n 为 1 时,η_N、η_Q、η_M 都为 1,相当于不折减;当 $n\to\infty$ 时,η_N、η_Q、η_M 分别都取最小值。

纵向 1000m 共 500 环等效成一根均质梁,并对 η_N、η_Q、η_M 平均,最后选用折减系数 η_N、η_Q、η_M 都为 0.03。

3)纵向动力计算工况及参数

动力时程分析采用了地震安评报告给出的地震波,按照大震和中震两种地震动水平计算,地震波输入考虑行波效应,考虑沿结构纵向水平传播的剪切波和压缩波以及沿与隧道纵轴 45°水平传播的剪切压缩波三种情况下结构和土层的动力响应,计算工况见表 5.8-9,地层及结构物理力学参数见表 5.8-10。

计算工况表 表 5.8-9

工况	地震作用	波速(m/s)	质点振动方向
1	大震	868	沿隧道横向
2	大震	868	沿隧道纵向
3	大震	868	与隧道纵轴夹角 45°
4	中震	868	沿隧道横向
5	中震	868	沿隧道纵向
6	中震	868	与隧道纵轴夹角 45°

地层及结构物理力学参数 表 5.8-10

土层及结构名称	密度 (kg/m³)	变形模量/弹性模量 (MPa)	泊松比	土层厚度 (m)
淤泥	2010	4.2	0.25	15
粉细砂	2050	7.2	0.25	25
强风化花岗岩	2010	4.5	0.25	10
C60 混凝土	2500	300	0.20	—

注:表中混凝土材料参数为实际的材料参数,计算时在此基础上考虑折减。

沿隧道纵向依次取 7 个节点进行内力时程监测,监测点布置如图 5.8-99 所示,图中坐标系为梁单元的局部坐标系,其中梁单元弯矩和剪力分别有 Y 方向和 Z 方向两个分量。

需要说明的是:一般情况下,对于穿越复杂地形、地质段的隧道,如地形、地质条件变化显著的洞口段、穿越断层破碎带、软硬岩层交界地带隧道等宜进行纵向抗震计算;对于盾构隧道和沉管隧道等纵向存在接头的结构应进行纵向抗震计算。该次仅选取竖井与明挖段、盾构段连接部位的局部结构进行计算,纵向长度较短,且盾构段未考虑纵向接头的影响,结构纵向的地震附加内力较小,横断面方向为控制方向,故计算中未考虑地震动的纵向作用。此外,通过实测地震加速度记录的统计分析,竖向地震动峰值加速度为水平向地震动峰值加速度的 0.3~0.4 倍,国内外抗震规范中对于竖向地震系数均按 0.5 考虑,仅在活动断裂段附近才按 1.0 考虑。因此,该次计算只考虑了水平横向地震作用对结构的影响。

4)计算结果

内力极值统计见表 5.8-11。

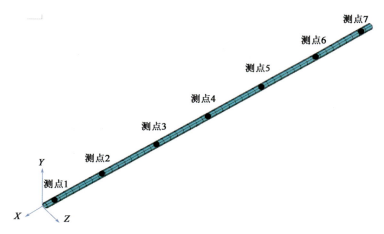

图 5.8-99 监测点布置示意图

内力极值统计表　　　　　　　　　　　　　　　　　表 5.8-11

工况	弯矩（×10^4N·m）		轴力（×10^4N）		剪力（×10^4N）	
	最大值	最小值	最大值	最小值	最大值	最小值
1	4095.60	-2927.34	0	0	182.57	-132.14
2	132.28	-152.88	1510.95	-1755.11	25.62	-17.31
3	1594.22	-1465.28	1017.51	-1048.16	71.29	56.07
4	1380.31	-1152.31	0	0	68.92	-53.55
5	82.07	-108.45	716.99	-773.44	11.59	-10.78
6	653.13	-703.05	471.06	-530.62	31.11	27.23

注：工况 3 和工况 6 中弯矩和剪力值为 Y、Z 两方向的合成。

5）结果分析

（1）水平横向地震作用下结构纵向内力响应

工况 1 和工况 4 分别为水平横向地震作用下，大震和中震时隧道结构纵向的内力响应。在这两种工况下，结构纵向弯矩最大，在大震时最大正弯矩达到 4095.60×10^4 N·m，最大负弯矩达到 -2927.34×10^4 N·m，在中震时最大正弯矩为 1380.31×10^4 N·m，最大负弯矩为 -1152.31×10^4 N·m，且当仅有横向地震作用时，纵向弯矩方向与地震作用方向垂直（即 M_y）。在这两种工况下，结构纵向剪力也是三种方向输入中最大的，但量值总体较小，大震时为 182.57×10^4 N，中震时为 68.92×10^4 N。由于计算中仅有垂直于梁单元方向的地震输入，结构轴力最小，几乎为零。同时，从测点内力时程可以看出，受行波效应的影响，不同监测点时程曲线有一定的相位差。

（2）水平纵向地震作用下结构纵向内力响应

工况 2 和工况 5 分别为水平纵向地震作用下，大震和中震时隧道结构纵向内力响应。在这两种工况下，结构纵向轴力最大，在大震时最大轴向拉力达到 1510.95×10^4 N，在中震时最大轴向拉力为 716.99×10^4 N。纵向弯矩方向主要与横向激振时弯矩方向垂直（即 M_z），弯矩 M_y 很小，几乎为零。结构纵向剪力是三种方向输入中最小的，大震时为 25.26×10^4 N，中震时

为 $11.59×10^4 N$。

(3)地震波沿与隧道纵轴夹角45°作用下结构纵向内力响应

工况3和工况6分别为地震波沿与隧道纵轴夹角45°作用下,大震和中震时隧道纵向内力响应。在这两种工况下,结构两方向纵向弯矩(M_y、M_z)均达到一定量值,其中,大震时最大正弯矩 M_y 达到 $1522.46×10^4 N·m$,M_z 相比较小,达到 $472.91×10^4 N·m$,最大负弯矩 M_y 达到 $-1398.12×10^4 N·m$,最大负弯矩 M_z 达到 $-433.14×10^4 N·m$;中震时最大正弯矩 M_y、M_z 分别为 $622.42×10^4 N·m$、$197.91×10^4 N·m$,最大负弯矩 M_y、M_z 分别为 $-664.56×10^4 N·m$、$-229.44×10^4 N·m$。在这两种工况下,结构纵向轴力介于横向与纵向激振时之间,大震、中震时最大轴向拉力分别为 $1017.51×10^4 N$、$471.06×10^4 N$。剪力与弯矩类似,在两个方向具有剪力产生,其中剪力 Q_z 与 Q_y 相比较大,大震和中震时分别达到 $62.05×10^4 N$、$26.94×10^4 N$。

5.9 本章小结

本章对盾构隧道横断面和明挖隧道的横断面、局部三维竖井接头以及结构纵向整体在常时和地震作用下进行了全面分析,对比了安评波、人工波等多种工况作用下隧道结构的受力及变形特征,可得到以下结论:

(1)中震作用下,隧道按正常受力状态进行设计即可满足抗震性能要求。

(2)大震作用下,隧道结构承载能力仍然可以满足抗震要求,但在结构形式、地质条件发生突变处会发生地震作用放大,盾构隧道的环缝张开量普遍大于15mm 而导致管片接头漏水现象。因此,对于海底盾构隧道,大震时变形量的计算有时甚至比结构承载力计算更为重要。

(3)在结构形式、地质条件发生突变处布置柔性减震节点,并增加邻近区域的管片连接螺栓数量,可达到良好的减震效果,该柔性减震节点为国内首次在海底盾构隧道中使用。

①采用柔性减震节点能把邻近区域节点的张开量集中至节点处,从而使得除柔性节点外,其余地段的环缝张开量都可降至15mm 以下。

②柔性节点设计成特殊结构,能保证在发生较大张开量时隧道的防水安全。

③柔性节点采用记忆合金阻尼器为主要构件,可保证经历地震后柔性减震节点处的接头在一定程度上回复原位。

(4)传统隧道抗震所谓的"大震不倒、中震可修、小震不坏"等通用设防标准并不适用于海底隧道,通过本章的研究,提出了适用于海底隧道的抗震设防标准,即结构承载力+结构变形验算标准。

本章参考文献

[1] 刘晶波,李彬. 地铁地下结构抗震分析及设计中的几个关键问题[J]. 土木工程学报,2006(06):106-110.

[2] 中铁隧道勘测设计院有限公司,广州大学工程抗震研究中心. 汕头市海湾隧道工程大直径盾构隧道抗震性能研究报告书[R]. 汕头:2014.

[3] 于翔.地铁建设中应充分考虑抗地震作用——阪神地震破坏的启示[J].铁道建筑技术,2000(06):32-35+0.

[4] HIROOMI IID A, et al. Damage to daikai subway station[J]. Doboku Gakkai Ronbunshu, 1996,36(Special):283-300.

[5] HSU Y J,SEGALL P,YU S B,et al. Temporal and spatial variations of post-seismic deformation following the 1999 Chi-Chi, Taiwan earthquake[J]. Geophysical Journal International. 2007(2).

[6] 刘建航,侯学渊.盾构法隧道[M].北京:中国铁道出版社,1991.

[7] 赵维炳,唐彤芝,高长胜,等.控制工后沉降处理深厚软土地基[M].北京:人民交通出版社.2006.

[8] 沈珠江.关于理论土力学发展的可能途径[C]//沈珠江土力学论文选集.北京:清华大学出版社,2005.

[9] 谢康和,周建.岩土工程有限元分析理论与应用[M].北京:科学出版社,2002.

[10] 中华人民共和国公安部消防局.中国消防手册:第3卷[M].上海:上海科学技术出版社,2006.

[11] 小泉淳.盾构隧道的抗震研究及算例[M].张稳军,袁大军,译.北京:中国建筑工业出版社,2009.

[12] 小泉淳.盾构隧道管片设计—从容许应力设计法到极限状态设计法[M].宫林星,译.北京:中国建筑工业出版社,2012.

[13] 唐寰澄.世界著名海峡交通工程[M].北京:中国铁道出版社,2004.

[14] 地盘工学会.盾构法的调查·设计·施工[M].牛清山,陈凤英,徐华,译.北京:中国建筑工业出版社,2008.

[15] 杨春德,徐前卫,唐琪.软土地层中盾构管片结构设计与应用[C]//2009海峡两岸地工技术/岩土工程交流研讨会论文集(大陆卷).北京:中国科技出版社,2009.

[16] 张伟才,郭建国,曹养同.盾构掘进地层变形分析与控制探讨[C]//2009海峡两岸地工技术/岩土工程交流研讨会论文集(大陆卷).北京:中国科技出版社,2009.

[17] 白云,丁志诚.隧道掘进机施工技术[M].北京:中国建筑工业出版社,2008.

[18] 高大钊.上海城市建设中的土力学问题[C]//2002年海峡两岸地工技术岩土工程交流研讨会论文集城市地下工程与环境保护(大陆卷).北京:人民交通出版社,2002.

[19] 孙秀容,刘志高,徐东儿.上海越江隧道工程场地剪切波测试及其工程应用[C]//2002年海峡两岸地工技术/岩土工程交流研讨会论文集——城市地下工程与环境保护(大陆卷).北京:人民交通出版社,2002.

[20] 胡向东.盾构隧道工程信息管理系统[C]//2002年海峡两岸地工技术/岩土工程交流研讨会论文集——城市地下工程与环境保护(大陆卷).北京:人民交通出版社,2002.

[21] 蒋洪胜,侯学渊.盾构施工对软土地层的影响[C]//2002年海峡两岸地工技术/岩土工程交流研讨会论文集——城市地下工程与环境保护(大陆卷).北京:人民交通出版社,2002.

[22] 郭仲伟.风险分析与决策[M].北京:机械工业出版社,1986.

[23] ESKESEN S D,TENBORG P,KAMPMANN J,et al. Guidelines for tunneling risk management:International Tunneling Association[J]. Working Group No. 2,Tunneling and Underground Space Technology,2004(19):217-237.

[24] 周勇狄,夏永旭,王永东. 公路隧道火灾消防救援安全研究[J]. 中国公路学报 2008,21(6):83-89.

[25] 霍然,胡源,李元洲. 建筑火灾安全工程导论[M]. 合肥:中国科学技术大学出版社,1999.

[26] 伍作鹏,李书田. 建筑材料火灾特性与防火保护[M]. 北京:中国建材工业出版社,1999.

[27] 韩直. 公路隧道机电系统的现状与发展[J]. 地下空间,2002,22(2):127-129.

[28] 贺敬凯,徐建闽. 基于现场总线的隧道监控系统的设计[J]. 计算机工程,2004,30(6):184-185.

[29] 曹文宏,申伟强. 超大特长盾构法隧道工程设计(上海长江隧道工程设计)[M]. 北京:中国建筑工业出版社,2010.

[30] 何川,张建刚,苏宗贤. 大断面水下盾构隧道结构力学特性[M]. 北京:科学出版社,2010.

[31] 王明年,林国进,于丽,等. 隧道抗震与减震[M]. 北京:科学出版社,2012.

[32] HE C,KOIZUMI A. Study on seismic behavior and seismic design methods in transverse direction of shield tunnels[J]. Structural Engineering and Mechanics. 2001,11(6):651-662.

[33] 何川,耿萍,晏启祥,等. 盾构隧道地震响应分析及抗减震处理措施研究[R]. 成都:西南交通大学地下工程系,2004.

[34] 何川,曾东洋. 盾构隧道结构设计及施工对环境的影响[M]. 成都:西南交通大学出版社,2007.

[35] 何川,谢红强. 多场耦合分析在隧道工程中的应用[M]. 成都:西南交通大学出版社,2007.

[36] 耿萍. 铁路隧道抗震设计方法研究[D]. 成都:西南交通大学,2004.

[37] 封坤. 大断面水下盾构隧道管片衬砌结构的力学行为研究[D]. 成都:西南交通大学,2007.

[38] 周济民. 水下盾构法隧道双层衬砌结构力学特性[D]. 成都:西南交通大学,2008.

[39] 李林. 隧道穿越断裂带地震响应特性及抗震措施研究[D]. 成都:西南交通大学,2009.

[40] 郭启良,等. 广东省汕头市苏埃隧道工程场地地震安全性评价报告[R]. 北京:中国地震局地壳应力研究所,2008.

[41] 黄新辉,等. 汕头海湾隧道工程场地地震动参数分析与研究[R]. 广州:广东省地震工程勘测中心,2014.

[42] 詹龙飞,等. 汕头海湾隧道工程详细勘察阶段工程地质勘察报告[R]. 天津:中铁隧道勘测设计院有限公司,2014.

第6章
汕头海湾隧道结构耐久性研究

混凝土耐久性的研究始于19世纪三四十年代,早期研究大多针对海工混凝土的抗腐蚀性能。20世纪60年代,伴随着混凝土的使用进入高峰期,混凝土结构耐久性的研究也进入了高峰期,并逐步向国际化、系统化方向发展。

我国关于混凝土耐久性的研究始于20世纪60年代初期,大都集中在桥梁、地面及水工结构方面,关于隧道结构耐久性的研究相对较少,多数研究仅基于材料层次,难以反映隧道工程的实际情况。2000年以后我国启动了海底隧道的建设,先后建成的厦门翔安隧道、青岛胶州湾隧道等重大工程都采用矿山法施工,针对喷射混凝土、二次衬砌混凝土的耐久性都进行了较深入的研究。

汕头海湾隧道是我国第一座超大直径盾构法海底隧道,与以往的海底隧道存在较大差异,其耐久性问题值得重点关注。本章通过工程类比、理论分析、室内试验等方法,针对海湾隧道工程明挖段和盾构段的隧道结构开展了耐久性影响因素、提高混凝土耐久性的措施、辅助防腐技术、橡胶密封垫耐久性等方面的研究。

6.1 耐久性影响因素分析和环境类别划分

6.1.1 隧道环境条件

根据隧道所在地域的水样报告,明挖段水样和盾构段水样分别见表6.1-1和表6.1-2。

明挖段水样表　　　　　　　　　　　　　　　　表6.1-1

水样位置	化学成分				
	Cl^- (mg/L)	SO_4^{2-} (mg/L)	Mg^{2+} (mg/L)	侵蚀性CO_2 (mg/L)	pH值
水样528,南岸明挖段,原桩号K7+280	5780.44	405	376.8	13.35	6.7
水样XSKZ10,南岸明挖段(K7+380)	1982.76	301.83	23.86	0.00	7.74
水样苏埃湾海水-1(地表水),南岸明挖段,KB7+300	8685.25	1195.74	581.49	3.91	7.24
水样544(地面以下10m),北岸明挖段,原桩号K2+820	2443.22	65.00	145.78	33.82	6.75
水样544(地面以下30m) 北岸明挖段,原桩号K2+820	2462.69	65.00	142.7	33.82	6.75
水样SNKS1(10m深处地下水)北岸明挖段,原桩号K2+500	2464.69	56.00	142.70	33.82	6.75

盾 构 段 水 样 表　　　　　　　表6.1-2

水样位置	化学成分				
	Cl^- (mg/L)	SO_4^{2-} (mg/L)	Mg^{2+} (mg/L)	侵蚀性 CO_2 (mg/L)	pH 值
盾构段1号,里程桩号 K6+488,地下水	4913.27	769.12	274.06	1.29	7.35
盾构段2号,里程桩号 K6+488,地表海水	13336.19	711.23	754.87	34.94	7.53
盾构段 S420,里程桩号 K3+981.5,地下水（-21.02m）	11091.84	570	97.59	17.18	7.60
盾构段 S421,里程桩号 K3+981.5,地下水（-30.02m）	11611.77	620	121.99	19.09	7.55
盾构段 S422,里程桩号 K3+970,地表海水	5545.92	530	195.15	5.73	7.30

6.1.2　混凝土结构耐久性影响因素分析

根据海湾隧道气象与水文条件分析、地下水成分检测结果,影响混凝土结构耐久性的主要因素有隧道结构外侧的氯盐、硫酸盐、镁离子、侵蚀性二氧化碳等侵蚀作用环境和隧道建成后运营阶段的结构内侧碳化环境。

6.1.3　混凝土结构环境类别划分

汕头海湾隧道混凝土耐久性设计主要依据《混凝土结构耐久性设计规范》(GB/T 50476—2008),同时参考《铁路混凝土结构耐久性设计规范》(TB 10005—2010)及《公路工程混凝土结构防腐蚀技术规范》(JTG/T B07-01—2006)。岸上段、海底段结构腐蚀性环境等级划分结果主要如下。

1) 南岸明挖段

(1) 结构外侧:南岸明挖水域段的 Cl^- 离子浓度大于 5000mg/L,属Ⅲ-E 级非常严重腐蚀环境。其他同时作用的化学腐蚀因素主要包括 SO_4^{2-}、Mg^{2+} 离子的侵蚀,离子浓度均处于 V-C 级范围,由于 SO_4^{2-}、Mg^{2+} 离子的侵蚀同时存在时可能加重混凝土外侧的化学腐蚀,其化学腐蚀环境作用等级定为 V-D 级。

(2) 结构内侧:内侧的主要侵蚀来源为汽车或机车废气,属大气污染环境类别,作用等级为 V-C 级中度腐蚀环境;由于南岸明挖段外侧接触海水,内侧接触空气,会出现干湿交替情况,其环境作用等级不宜低于Ⅲ-E。

综合考虑,南岸明挖段隧道结构内外侧均定为Ⅲ-E 级严重腐蚀环境。

2) 北岸明挖段

(1) 结构外侧:外侧属近海环境中的Ⅲ-D 级严重腐蚀环境;明挖结构干湿交替,北岸明挖段所处水域的 Cl^- 离子浓度处于 500~5000mg/L 范围内,属Ⅲ-D 级严重化学腐蚀环境。其他化学腐蚀因素主要是水中的侵蚀性 CO_2,浓度处于 30~60mg/L 范围内,属于 V-D 级严重化学腐蚀环境。

(2) 结构内侧:内侧的主要侵蚀来源为汽车或机车废气,属大气污染环境类别,作用等级为V-C级中度腐蚀环境；北岸明挖段处于离涨潮岸线100～200m内的陆上环境，为近海或海洋V-D级严重腐蚀环境。

综合考虑，北岸明挖段隧道结构内外侧均定为Ⅲ-D级严重腐蚀环境。

3）海底盾构段

（1）结构外侧：外侧环境中的水中氯离子浓度已超过5000mg/L，属Ⅲ-E级非常严重腐蚀环境。其他化学腐蚀因素主要包括SO_4^{2-}、Mg^{2+}离子及水中CO_2的侵蚀，浓度均处于V-C级中度腐蚀范围。

（2）结构内侧：内侧的主要侵蚀来源为汽车或机车废气，属大气污染环境类别，作用等级为V-C级中度腐蚀环境；由于盾构段结构为一侧接触大气，另一侧接触海水，会出现干湿交替情况，盾构段定为Ⅲ-E级非常严重腐蚀环境。

综合考虑，海底盾构隧道结构内外侧均定为Ⅲ-E级非常严重腐蚀环境。

6.2 混凝土材料指标的确定

混凝土耐久性与所用原材料的性能、品种、数量的选择与限制、混凝土自身致密性、构件构造（保护层）以及外加的防护措施决定。

汕头海湾隧道工程混凝土结构耐久性设计的基本出发点是在材料和工艺技术能够保证的前提下，通过混凝土材料自身和构件构造措施来实现。对于基本措施不能完全保证构件的设计使用年限或基本措施无法应对环境使用因素的情况，则采取附加措施。基本措施包括：正确选用混凝土原材料，限制混凝土的最大氯离子含量、最大含碱量、最大水胶比和最低强度等级，并优化选择混凝土的水泥种类、掺和料种类及其掺量，优选粗、细集料；在满足混凝土抗渗性能条件下，配制满足耐久性要求的高性能混凝土。

6.2.1 最大氯离子含量

根据混凝土所处的环境类别及作用等级，确定混凝土最大氯离子含量，见表6.2-1。

混凝土的氯离子总含量　　　　　　表6.2-1

项　目	钢筋混凝土	预应力钢筋混凝土	备　注
单位体积混凝土中氯离子与胶凝材料的质量比	≤0.1%	≤0.06%	《混凝土结构耐久性设计规范》（GB/T 50476—2008）
	≤0.1%，氯盐能抑制硫酸盐的危害	≤0.06%，氯盐能抑制硫酸盐的危害	《公路工程混凝土结构防腐蚀技术规范》（JTG/T B07-01—2006）

注：混凝土中氯离子总含量系指水泥、矿物掺和料、粗集料、细集料、水、外加剂等所含氯离子含量之和。

6.2.2 最大含碱量

混凝土中碱对混凝土的腐蚀主要是通过碱—集料反应进行，碱—集料反应（又称AAR）是影响混凝土耐久性的最重要因素之一，必需严格控制其含碱量。混凝土内部发生碱—集料反

应必须具备以下三个条件:
(1)混凝土的原材料水泥、外加剂、混合材和水中含碱量高。
(2)集料中有相当数量活性成分。
(3)混凝土所处环境潮湿,即要有充分的水分或湿空气供应。

碱—集料反应破坏混凝土结构的机理可以分成以下三步:
(1)活性集料结晶不完整的 SiO_2 在碱性溶液中被溶解形成硅醇基≡Si-OH。
(2)硅醇基和碱离子(Na^+,K^+)结合形成碱硅溶胶—凝胶。
(3)碱硅凝胶吸水膨胀产生渗透压力,当渗透压力无法释放而超过混凝土的抗拉强度时即引起混凝土开裂。

根据混凝土所处的环境类别及作用等级,结合规范限制混凝土中的最大含碱量,见表6.2-2。

混凝土最大含碱量　　　　　　表6.2-2

参　　数	南岸明挖段、北岸明挖段、盾构段	备　　注
最大含碱量 (水溶碱,等效 Na_2O 当量)	3.0kg/m³	《公路工程混凝土结构防腐蚀技术规范》(JTG/T B07-01—2006)
	混凝土不应使用碱活性集料	《公路隧道设计规范》(JTG D70—2004)
最大含碱量 (水溶碱,等效 Na_2O 当量)	集料无活性但处于潮湿环境(相对湿度≥75%)条件3.0kg/m³	《混凝土结构耐久性设计规范》(GB/T 50476—2008)
	集料有活性且处于潮湿环境(相对湿度≥75%)应严格控制混凝土含碱量并掺加矿物掺和料	

综上所述,混凝土不得采用碱活性集料,且混凝土的最大含碱量(指混凝土各种原材料的含碱量之和)为 $3.0kg/m^3$。其中,矿物掺和料的含碱量以其所含可溶性碱量计算。

6.2.3　最大水胶比和最大、最小胶凝材料用量

水胶比与胶凝材料用量限值是保证混凝土耐久性所需要的抗渗性与力学性能的重要技术参数。

在水泥品种、强度等级相同时,混凝土的强度随着水胶比的增大而有规律地降低。水泥水化所需的结合水,一般只占水泥质量的23%左右,水胶比越大,多余的水分就越多,当混凝土硬化后,多余的水分就留在混凝土中形成水泡或蒸发后形成气孔,大大减少了混凝土抵抗荷载的实际有效面积,而且可能在孔隙周围产生应力集中,使混凝土强度降低;反之,水胶比越小,水泥浆硬化后强度越高,与集料表面的黏结力也越强,则混凝土的强度也越高。但若水胶比过小,拌合物过于干稠,难捣密实,混凝土出现较多的蜂窝、空洞,强度也会下降。

当混凝土中胶凝材料用量过大同时又无增稠剂时,混凝土的单位用水量较大,浆体容易与集料分离;当胶凝材料用量过低时,为使混凝土达到同样流动性,减水剂掺量需提高,这容易导致混凝土泌水,稳定性降低。

根据混凝土所处的环境类别及作用等级,确定混凝土最大水胶比和胶凝材料最大、最小用量,见表6.2-3。

混凝土最大水胶比和胶凝材料最大、最小用量(限值)　　　　表6.2-3

规范指标		南岸明挖段、盾构段	北岸明挖段
《混凝土结构耐久性设计规范》(GB/T 50476—2008)	板、墙等面形结构最大水胶比	0.36	0.40
	胶凝材料最小用量(kg/m³)	360	340
	胶凝材料最大用量(kg/m³)	480	450
	三氧化硫最大含量不应超过胶凝材料总量的4%		
《公路工程混凝土结构防腐蚀技术规范》(JTG/T B07-01—2006)	最大水胶比	0.36	0.40
	胶凝材料最小用量(kg/m³)	360	340
	胶凝材料最大用量(kg/m³)	450	450

6.2.4 混凝土强度等级、裂缝宽度和保护层厚度

当混凝土强度等级提高时,混凝土孔结构较小,密实度提高,碳化速度变慢。另一方面,强度提高后,混凝土孔隙率降低,进而使得混凝土渗透性降低,氯离子扩散系数减小,降低钢筋的锈蚀率。根据混凝土所处的环境类别及作用等级,确定混凝土最低强度等级、裂缝宽度限值和最小保护层厚度,见表6.2-4。

混凝土最低强度等级、裂缝宽度限值和最小保护层厚度　　　　表6.2-4

指　标	南岸明挖段、盾构段	北岸明挖段	依据规范
钢筋混凝土构件裂缝宽度限值(mm)	0.2	0.20	《混凝土结构耐久性设计规范》(GB/T 50476—2008)
板、墙等面形结构混凝土最低抗压强度等级	C50	C45	
板、墙等面形结构混凝土保护层最小厚度 c(mm)	60	55	
最低强度等级	C50	C45	《公路工程混凝土结构防腐蚀技术规范》(JTG/T B07-01—2006)
钢筋混凝土裂缝允许值(mm)	0.25	0.2	
板、墙等平面构件混凝土保护层最小厚度 c(mm)	50	45	

6.2.5 抗渗等级

混凝土具有一定渗透性,环境中的有害介质很容易通过表层混凝土的孔洞、裂缝进入混凝土内部与混凝土中的成分发生化学反应,破坏混凝土的结构,从而导致混凝土结构整体出现耐久性问题。其中有三种与耐久性有关的流体可能进入混凝土基体内部:纯水、带有侵蚀性离子的水和气体,如二氧化碳、氧气、二氧化硫等。这些流体可以以不同的方式在混凝土基体中移动,移动的方式主要取决于混凝土的渗透性,混凝土的耐久性在很大程度上取决于这些液体或气体进入其内部的难易程度。

根据汕头海湾隧道所处环境、隧道埋深和功能需求,混凝土抗渗等级明挖段取P10,盾构段取P12。

6.2.6 水泥种类

通用硅酸盐水泥按混合材料的品种和掺量分为硅酸盐水泥、普通硅酸盐水泥、矿渣硅酸盐水泥、火山灰质硅酸盐水泥、粉煤灰硅酸盐水泥和复合硅酸盐水泥。汕头海湾隧道选择水泥时

要同时满足质量稳定、混凝土配置强度以及耐久性的要求。

根据混凝土所处的环境类别及作用等级,该工程适用的水泥除应符合《通用硅酸盐水泥》(GB 175—2007)外,还应符合表6.2-5的要求。

混凝土所用水泥种类　　　　　　　　　　　表6.2-5

种类	内　　容	备　　注
水泥	①氯化物环境下不宜使用抗硫酸盐硅酸盐水泥。 ②硫酸盐化学腐蚀环境中,当环境作用为V-C和V-D级时,水泥中的铝酸三钙含量应分别低于8%和5%;当使用大掺量矿物掺和料时,水泥中的铝酸三钙含量可分别不大于10%和8%	《混凝土结构耐久性设计规范》(GB/T 50476—2008)
水泥	①氯盐环境下不宜单独采用硅酸盐水泥或普通硅酸盐水泥作为胶凝材料配制混凝土,应掺加大掺量或较大掺量掺和料,并宜加入少量的硅灰。 ②针对(D、E、F级)侵蚀环境下,水泥中的C_3A含量不宜超过8%(海水环境10%),并适当掺加矿物掺和料	《公路工程混凝土结构防腐蚀技术规范》(JTG/T B07-01—2006)

6.2.7　集料和掺和料要求

粗集料的粒径越大,其比表面积越小,因此同体积的集料表面包裹的水泥浆量也越少,在一定的和易性和水泥用量的条件下,则能减少用水量而提高混凝土的强度。另一方面,粒径越大颗粒内部缺陷存在的概率越大,对高强混凝土不利;粒径越大,颗粒在混凝土拌合物中下沉速度越快,造成混凝土内颗粒分布不均,从而影响混凝土强度。

混凝土中粗集料和细集料的材质、级配、最大粒径和掺和料需满足《混凝土结构耐久性设计规范》(GB/T 50476—2008)与《公路工程混凝土结构防腐蚀技术规范》(JTG/T B07-01—2006)的要求。

6.2.8　混凝土材料指标及相关参数

汕头海湾隧道混凝土结构的材料性能及相关参数如下所述。

(1)混凝土中氯离子总含量不应大于0.1%,且不宜使用抗硫酸盐、硅酸盐水泥。

(2)混凝土不得采用碱活性集料,且混凝土的最大含碱量(指混凝土各种原材料的含碱量之和)为3.0kg/m³,其中矿物掺和料的含碱量以其所含可溶性碱量计算。

(3)南岸明挖段、盾构段的混凝土最低强度等级为C50,最大水胶比为0.36,最小胶凝材料用量360kg/m³,最大胶凝材料用量480kg/m³;北岸明挖段的混凝土最低强度等级为C45,最小胶凝材料用量340kg/m³,最大胶凝材料用量450kg/m³。

(4)盾构段的混凝土抗渗等级满足P12要求;明挖段的混凝土抗渗等级满足P10要求。在氯化物环境侵蚀作用下,混凝土自身的氯离子扩散系数D_{RCM}(28d龄期)应小于$4×10^{-12}m^2/s$。

(5)水泥参数要求:氯化物环境下不宜使用抗硫酸盐硅酸盐水泥,且不宜单独采用硅酸盐水泥或普通硅酸盐水泥。盾构段和明挖段的腐蚀环境中,水泥中的铝酸三钙含量应分别低于8%和5%;当使用大掺量矿物掺和料时,水泥中的铝酸三钙含量可分别不大于10%和8%。

(6)粉煤灰、磨细矿渣、硅灰等矿物掺和料应保证品质稳定。不宜用商品复合矿物掺和料,而应在配制混凝土时根据工程需要由试验调配确定,并满足以下条件:

①氯化物环境和化学腐蚀环境中的混凝土结构构件,应采用较大掺量矿物掺和料混凝土,D级以上的腐蚀环境中的混凝土结构构件,采用水胶比 $W/B≤0.4$ 的大掺量矿物掺和料混凝土。且宜在矿物掺和料中再加入胶凝材料总重的3%~5%的硅灰。

②磨细高炉水淬矿渣选用磨细高炉矿渣的勃氏比表面积不宜低于350m^2/kg,也不宜超过450m^2/kg。

③硅灰中二氧化硅的含量宜≥85%,勃氏比表面积≥18000m^2/kg。硅灰掺量不超过胶凝材料总重的8%,且宜与其他矿物掺和料复合使用。

④处于潮湿环境中的混凝土因条件限制不得不使用有潜在碱活性的集料时,限制水泥总的含碱量并掺用大掺量的矿物掺和料,单掺粉煤灰时掺量≥40%,单掺矿渣时掺量≥50%。

(7)粗集料的最大粒径不超过25mm,应选用级配合理、粒形良好、质地均匀坚固、线胀系数小的洁净碎石或碎卵石,硫酸盐和硫化物折合 SO_3 含量不宜超过胶凝材料质量的0.5%,不宜采用抗渗性较差的岩质(如某些花岗岩、砂岩等)。

(8)细集料应选用级配合理、质地均匀坚固、吸水率低、孔隙率小的洁净天然河砂,不得使用海砂。砂中粒径大于5mm的颗粒含量不宜大于5%,否则在混凝土试配时应扣除超出限量的石子,并计入粗集料。

(9)高性能混凝土的外加剂应采用减水率高、坍落度损失小、能明显提高混凝土耐久性的质量稳定的聚羧酸或萘系高效减水剂。

6.3 盾构管片混凝土配合比设计

6.3.1 相关工程类比分析

汕头海湾隧道受海水、盐雾、侵蚀等众多因素影响,为保证隧道结构满足设计使用年限,通过配置高耐久性混凝土提高结构的耐久性是最有效、最直接且最经济的方式。本节收集整理了国内多个工程的混凝土配合比设计并进行对比分析,得到了配合比设计的一般规律,为海湾隧道结构混凝土的配合比设计提供了参考。

1)深圳地铁11号线

深圳地铁11号线穿过福田区、南山区和宝安区,线路总长51.3697km。线路多处穿越填海区、河流、受工业污染的土壤环境;填海区地表海水较发育,与地下水具有较强的水力联系。沿线已有的33个工点水质分析报告显示,水中 Cl^- 浓度5000mg/L以上的有17个工点,水中 SO_4^{2-} 含量1000mg/L以上的有11个工点,水中侵蚀性 CO_2 含量30mg/L以上的有7个工点,其中有不少于5个工点有两种或三种较严重的腐蚀介质同时存在,属于氯盐非常严重腐蚀环境。

(1)原材料控制

原材料控制主要有以下几方面:

①水泥用 P·O 42.5 级普通硅酸盐水泥或者硅酸盐水泥。
②矿物掺和料主要采用磨细矿渣粉和粉煤灰。
③细集料采用属于 2 级配区的中砂,不得采用海砂,不宜采用粉砂或细度模数 $m<2.3$ 的细砂。
④粗集料采用人工砂岩碎石,粒径大小为 5～31.5mm,不宜采用风化岩料,注意控制粗集料的吸水率参数指标,避免对泵送混凝土的可泵性产生不利影响。
⑤减水剂采用萘系或聚羧酸系产品,其中聚羧酸系高性能减水剂在控制混凝土收缩等方面具有更好的性能,在条件许可时,宜优先采用。有含气量要求的混凝土宜单独掺加引气剂,不宜采用引气型减水剂。

(2) 推荐混凝土参考配合比

深圳地铁 11 号线氯盐非常严重腐蚀环境的区段见表 6.3-1。

深圳地铁 11 号线氯盐非常严重腐蚀环境区段表　　　表 6.3-1

工点名称	主要腐蚀介质浓度(mg/L)				腐蚀环境等级	最大水胶比
	Cl^-	SO_4^{2-}	Mg^{2+}	侵蚀性 CO_2		
红树湾站	800～10200	300～650	40～810	2～10	Ⅳ-E、V-C	0.38
南山站	826	226	43	8	Ⅳ-D、V-C	0.38
宝安站	5242	619	217	8	Ⅳ-E、V-C	0.38
碧海站至机场区间	1442～1095	79～869	2～359	0～6	Ⅳ-E、V-C	0.38
福永站	5357	480	173	0	Ⅳ-E、V-C	0.38
松岗站	8940	519	316	22	Ⅳ-E、V-C	0.38
停车场出入线	5357～7870	480～951	27～173	0～19	Ⅳ-E、V-C	0.38

处于氯盐非常严重腐蚀环境下的推荐混凝土参考配合比及其性能见表 6.3-2 和表 6.3-3。

氯盐非常严重腐蚀环境下的推荐混凝土参考配合比(混凝土强度等级为 C35)　　表 6.3-2

粉煤灰(%)	矿渣粉(%)	水胶比	砂率(%)	原材料用量(kg/m³)						减水剂(%)
				水	水泥	粉煤灰	矿渣粉	砂	石	
20	40	0.38	40.5	150	158	79	158	714	1047	0.7

非常严重氯盐腐蚀环境下推荐混凝土参考配合比性能(混凝土强度等级为 C35)　　表 6.3-3

抗压强度(MPa)				抗拉强度(MPa)			轴拉弹性模量(GPa)			极限拉伸值($\times 10^{-6}$)		
7d	28d	56d	90d	28d	56d	90d	28d	56d	90d	28d	56d	90d
34.2	47.3	54.6	57.7	2.95	3.33	3.37	30.6	30.2	28.8	118	139	146
氯离子扩散系数($\times 10^{-12} m^2/s$)		抗压强度耐蚀系数(%)	60d 快速碳化深度(mm)		线膨胀系数($\times 10^{-6}/℃$)		绝热温升(℃)		干缩值($\times 10^{-6}$)			
28d	56d	28d/KS150	28d		11.01		50.4		90d			
3.37	1.68	90	12.3						447			

C35 混凝土配合比主要参数推荐如下:
①水胶比:不大于 0.38。

②矿渣粉掺量:35%~40%。
③粉煤灰掺量:15%~20%。
④含气量:4%~5%。
⑤坍落度:出机口180mm±20mm。
⑥标准养护条件下28d氯离子扩散系数(RCM法)小于$4.0 \times 10^{-12} m^2/s$。
⑦标准养护条件下28d混凝土抗硫酸盐等级不小于KS120。
⑧标准养护条件下28d混凝土试件60d快速碳化深度小于20mm。

2)厦门翔安海底隧道

厦门翔安海底隧道全长8.695km,其中海底段隧道长6.05km,跨越海域宽约4.2km。采用钻爆法暗挖方案修建,建设期采用了公路、水运等行业规范,其耐久性相关设计如下:

(1)环境类别及所用材料

厦门翔安海底隧道所处的环境作用等级按《公路工程混凝土结构防腐蚀技术规范》(JTG/T B07-01—2006)定为E级。

混凝土试验以P·O 42.5级水泥为主,粉煤灰为Ⅰ级灰,磨细矿渣粉为S95矿渣粉,细集料为河砂,粗集料粒径范围为10~31.5mm。

(2)二次衬砌混凝土的主要技术要求

二次衬砌混凝土耐久性设计引用了中国土木工程学会标准《混凝土结构耐久性设计与施工指南》(CCES 01—2004),并参考了交通部《公路工程混凝土结构防腐蚀技术规范》(JTG/T B07-01—2006)。耐久性要求为:强度等级为C50,最大水胶比为0.36,胶凝材料最小用量为360kg/m^3,考虑到掺和料的活性作用主要在后期,因此,要求90d龄期的氯离子扩散系数$D_{RCM} < 2 \times 10^{-12} m^2/s$,56d龄期的通电量<800C。

(3)二次衬砌混凝土的推荐配合比

二次衬砌高性能混凝土采用粉煤灰与矿渣粉复掺方案配制,衬砌混凝土参考配合比见表6.3-4。

衬砌混凝土参考配合比　　　　　　　　　　表6.3-4

水泥品种	粉煤灰(%)	矿渣粉(%)	水胶比	砂率(%)	原材料用量(kg/m^3)					减水剂(%)
					水	水泥	粉煤灰	矿渣粉	砂	石	
P·O 42.5	15	30	0.36	40	164	251	68	137	700	1049	NF 1.8
P·Ⅱ 42.5	18	37	0.36	41	160	200	81	163	724	1041	X 0.9

注:NF为萘系高效减水剂(液),X为聚丙烯纤维。

3)青岛胶州湾海底隧道

青岛胶州湾海底隧道全长7.8km,隧道位于胶州湾湾口,连接青岛和黄岛两地,双向六车道。服务隧道洞口和黄岛端洞口采用明挖法,其他部位均采用钻爆法施工。

(1)衬砌混凝土服役环境特点

海底隧道衬砌混凝土处在十分严酷的环境中,主要有以下几个方面的不利影响:

①海底隧道除了实际的覆盖层以外,还有很高的静水荷载,衬砌混凝土必须承受较大的长期荷载作用和高压力水渗透的影响。

②由于施工裂缝和采用地下排导的方式施工,混凝土将面临含有高腐蚀离子(SO_4^{2-}、Cl^- 和 CO_3^{2-} 等)地下水的直接腐蚀,围岩中也含有可能与地下水反应的化学矿物质及其组合,最终以地下水渗流的方式作用并腐蚀衬砌的后背。

③经由通风系统进入隧道的气流可能因风井靠近海岸而含有 Cl^-,通行车辆也会将洞口空气中的 Cl^- 带进隧道内部,从而加速钢筋锈蚀和缩短混凝土衬砌的使用寿命。

④隧道的不同部位干湿程度差异较大,在隧道的两端,混凝土往往要面临频繁的干湿交替作用,从而加速氯离子的扩散。

⑤汽车尾气导致隧道中 CO_2 的含量较高,致使混凝土碳化的速度显著加快。此外,在北方严寒地区,出口段衬砌混凝土还有可能遭受冻融循环等不利环境作用的影响。

(2)环境类别和抗渗等级

隧道陆域段与海域段分界主要以地下水区分。陆域段地下水主要由雨水补给,海域段包括浅海滩地下水由海水补给。

①隧道陆域段的环境分区:行车侧二次衬砌混凝土在通风塔送新风影响范围所处环境为轻度盐雾区,环境作用等级可定为Ⅲ-D。

②隧道海域段的环境分区:行车侧二次衬砌混凝土侧壁底部及底板所处环境为海水浪溅区,环境作用等级定为Ⅲ-E;围岩侧二次衬砌混凝土所处环境为海水下区,环境作用等级定为Ⅲ-D。

③混凝土抗渗等级为P12。

(3)原材料

①水泥:采用 52.5 级普通硅酸盐水泥。

②粉煤灰:选用Ⅰ级粉煤灰。

③磨细矿粉:选用 S95 级矿粉。

④高效减水剂:采用聚羧酸型高效减水剂。

⑤粗集料:选用颗粒级配良好的碎石集料,最大粒径为 25mm。

⑥细集料:采用当地的河砂,细度模数为 2.6,含泥量≤1.8%。

⑦水:本书中试验用水均为自来水。

⑧坍落度:170~220mm。

(4)二次衬砌高性能混凝土配合比

胶州湾海底隧道混凝土配合比设计时,海域段和进出口环境类别为 E 级,混凝土最低强度等级为 C50;陆域段环境类别为 D 级,混凝土最低强度等级为 C45。实际施工中,全程采用 C50 混凝土,见表 6.3-5。

青岛胶州湾海底隧道衬砌混凝土配合比(混凝土强度等级为C50)　　表 6.3-5

水泥品种	粉煤灰(%)	矿渣粉(%)	水胶比(%)	砂率(%)	原材料用量(kg/m³)						减水剂(%)
					水	水泥	粉煤灰	矿渣粉	砂	石	减水剂	
P·O 52.5 级	16	31	0.32~0.33	40	150~155	250	75	145	730	1095	5.2~6.0	1.1~1.2

通过对以上海底或环境条件复杂的隧道案例的对比分析,可得到如下相关结论:

(1)当设计年限为 100 年时,隧道混凝土设计强度等级范围一般为 C50~C60。

(2)混凝土配合比主要参数:水胶比范围为0.32~0.38,胶凝材料总量范围为450~500kg/m³,用水量范围为140~150kg/m³,砂率范围为36%~38%(预制混凝土构件)和38%~40%(现浇混凝土)。

(3)根据施工工艺的不同,选择适宜的胶凝材料体系。

①对于预制混凝土构件,为加快模具的周转,对混凝土早期强度有一定要求,宜选用粉煤灰单掺和粉煤灰/矿渣双掺,矿物掺和料掺量宜控制在20%~35%。

②对于现浇混凝土构件,宜选用粉煤灰/矿渣双掺,矿物掺和料总量较预制混凝土可适当提高,对于P·O水泥,宜控制在30%~40%;而对于P·Ⅰ/P·Ⅱ水泥,矿物掺和料总量可根据水泥情况适当提高10%~15%。

(4)减水剂的选择可根据实际情况确定,萘系和聚羧酸减水剂均可满足要求。

(5)水胶比和掺率是两个对混凝土耐久性影响比较重要的参数,应重点研究。

6.3.2 汕头海湾隧道盾构管片混凝土配合比设计

1)混凝土配合比设计方法

国内常规的混凝土配合比按《普通混凝土配合比设计规程》(JGJ 55—2011)(以下简称《设计规程》)方法计算,但《设计规程》仅适用于工业与民用建筑及一般构筑物所采用的普通混凝土配合比设计,并且在确定用水量和砂率时,常常按经验或查阅相关表格中推荐的参数选取,如图6.3-1所示。

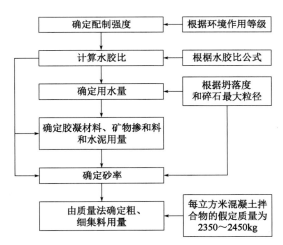

图6.3-1 混凝土配合比计算流程图

2)系统化的高性能混凝土配合比设计方法

基于MEHTA和AITCIN的高性能混凝土配合比设计方法,以实测粗集料的松堆积密度为出发点,用混凝土配制强度来确定水胶比、粗集料掺量、砂率和细集料掺量等,并以适宜的用水量作为校验数据,来确定矿物掺和料掺量。这样就形成了一个闭环的、具有反馈调节能力的高性能混凝土配合比设计方法,该配合比设计方法具有准确、简捷、适用范围宽和易于程序化的特点。依据该配合比设计方法所配制混凝土的实际抗压强度与预期强度有良好的一致性,且表现出良好的强度发展趋势。

系统化的高性能混凝土配合比设计流程如图 6.3-2 所示。

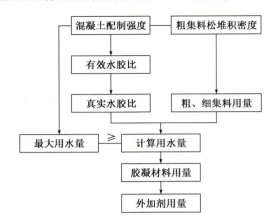

图 6.3-2 系统化的混凝土配合比设计流程图

将国内常规的普通混凝土配合比计算方法与 MEHTA 和 AITCIN 的高性能混凝土配合比设计方法计算结果进行比较,后者的水胶比、水量和水泥的用量稍微偏大,砂、碎石质量稍小。

6.3.3 高耐久性混凝土配合比优化试验设计

1) 高耐久性混凝土配合比设计原则

高耐久性混凝土的配合比设计应在保证满足高性能混凝土工作性能、力学性能、耐久性能要求的前提下,尽量降低混凝土拌合物中的浆体比率,采用最低的用水量。通过使用级配、粒形良好的集料来降低混凝土中浆体比率、提高混凝土的体积稳定性,通过掺入大量矿物掺和料来降低混凝土水化热温升、提高混凝土的抗渗性能,通过掺入与胶凝材料相匹配的优质高效减水剂来降低混凝土升温速率及混凝土中的拌和用水量。高耐久性混凝土的配合比设计包括水胶比影响下的配合比设计和掺率影响下的配合比设计。

2) 高耐久性混凝土配合比试验设计

在配合比方面影响混凝土质量最主要的参数是水胶比、掺和料种类及掺量大小。试验选取水胶比和掺率两个对混凝土耐久性影响比较重要的参数,研究不同水胶比、不同掺率对混凝土力学性能、变形性能及耐久性能的影响,优选出最佳配合比。试配混凝土配合比方案见表 6.3-6。

试配混凝土配合比方案　　　　　　　　　　　　　表 6.3-6

编号及说明			材料用量(kg/m³)						水胶比	砂率(%)	减水剂(%)	掺和料(%)
			水泥	砂	碎石	水	粉煤灰	矿渣				
水胶比变化	单掺	A1	380	705	1150	133	95	0	0.28	38	0.7	20
		A2	362	705	1150	140	90	0	0.31	38	0.7	20
		A3	344	705	1150	146	86	0	0.34	38	0.7	20
	双掺	B1	335	705	1150	133	95	45	0.28	38	0.7	30
		B2	317	705	1150	140	90	45	0.31	38	0.7	30
		B3	299	705	1150	146	86	45	0.34	38	0.7	30

续上表

编号及说明			材料用量（kg/m³）						水胶比	砂率（%）	减水剂（%）	掺和料（%）
			水泥	砂	碎石	水	粉煤灰	矿渣				
水胶比固定	粉煤灰掺量变化	C1	452	705	1150	140	0	0	0.31	38	0.7	0
		C2	362	705	1150	140	90	0	0.31	38	0.7	20
		C3	317	705	1150	140	135	0	0.31	38	0.7	30
		C4	271	705	1150	140	181	0	0.31	38	0.7	40

3）不同水胶比和不同掺率混凝土的测试项目

（1）力学性能试验

①抗压强度（7d、28d、56d）。

②劈裂抗拉强度（28d、56d）。

③抗折强度（28d、56d）。

（2）变形性能试验

①恒温条件下的干燥收缩（4d、10d、17d、31d、59d）。

②恒温恒湿条件下的自生体积变形（1d、3d、5d、7d）。

（3）耐久性试验

①抗氯离子渗透试验（28d、56d）。

②抗碳化试验（7d、14d、28d、56d）。

③抗渗性能试验（28d）。

④抗裂性能试验（1d）。

混凝土优化配合比主要试验项目见表6.3-7。

试 验 项 目 清 单　　　　　　　　　　　　　　表6.3-7

试验项目	对应项目	工作性能	变形性能	力学性能	耐久性能
水胶比影响试验	水胶比：0.28、0.31、0.34	坍落度	收缩率，自生体积变形	抗压强度、劈裂抗拉强度、抗折强度	抗氯离子渗透试验、抗碳化试验、抗渗性能试验、抗裂性能试验
掺率影响试验	单掺粉煤灰：0%、20%、30%、40%	坍落度	收缩率，自生体积变形	抗压强度、劈裂抗拉强度、抗折强度	抗氯离子渗透试验、抗碳化试验、抗渗性能试验、抗裂性能试验

6.4 高耐久性能混凝土试验研究

6.4.1 现场建筑材料的检测

混凝土施工时砂、粗集料、细集料、水泥、粉煤灰和矿渣等建筑原材料的质量对结构耐久性的影响很大，需进行检测。由于客观原因，设计阶段试验时只对汕头海湾隧道现场提供的砂样进行了检测。工程所在地的砂样如图6.4-1所示。

图 6.4-1　工程所在地的现场砂样

砂样试验研究内容包括：砂样的筛选分析试验、含泥量试验、泥块含量试验、快速碱活性反应试验、有机物检测试验和氯离子含量试验。

砂样检测结果如下：

（1）1号砂样级配合格，属于3区细砂，总体级配类别为Ⅱ级。含泥量级配类别为Ⅱ级，泥块含量级配类别为Ⅱ级，膨胀率合格，有机物含量合格，氯离子含量为Ⅰ级，硫化物含量和硫酸盐含量不合格。

（2）2号砂样级配合格，属于2区粗砂，总体级配类别为Ⅱ级。含泥量级配类别为Ⅱ级，泥块含量级配类别为Ⅱ级，膨胀率合格，有机物含量合格，氯离子含量为Ⅰ级，硫化物含量和硫酸盐含量合格。

（3）3号砂样级配合格，属于2区中砂，总体级配类别为Ⅱ级。含泥量级配类别为Ⅱ级，泥块含量级配类别为Ⅱ级，膨胀率不合格，有机物含量合格，氯离子含量为Ⅰ级，硫化物含量和硫酸盐含量不合格。

6.4.2　试验用原材料的基本性能

（1）水泥：试验采用 P·O 42.5 级普通硅酸盐水泥，28d 抗折强度为 9.6MPa，28d 抗压强度为 57.8MPa，其物理力学性能见表 6.4-1。

水泥的物理力学性能　　　　表 6.4-1

品　种	强度等级	抗压强度（MPa）		抗折强度（MPa）		凝结时间（min）		安定性
		3d	28d	3d	28d	初凝	终凝	
P·O 42.5 级	42.5 级	≥17.0	≥42.5	≥3.5	≥6.4	≥45	≤600	合格
试验用水泥	42.5 级	39.33	57.83	9.64	9.64			

（2）粉煤灰：本试验采用粉煤灰为Ⅰ级F类粉煤灰，其物理性能见表 6.4-2。

粉煤灰的物理性能　　　　表 6.4-2

品　种	含水率（%）	烧失量（%）	细度（筛分 45μm）（%）	需水量比（%）
Ⅰ级粉煤灰	≤1.0	≤5	≤12	≤95
试验粉煤灰	0.1	1.70	5.5	92

（3）矿粉：矿渣粉采用 S95 级。矿渣粉的有关性能见表 6.4-3。

矿渣粉的物理性能　　　　　　　　　　　　　表 6.4-3

品　种	含水量（%）	密度（g/cm³）	比表面积（m²/kg）	流动度比（%）	活性指数（%）	
					7d	28d
矿渣粉	0.04	—			100	95
S95	≤1.0	≥2.8	≥400	≥95	≥75	≥95
S75	≤1.0	≥2.8	≥300	≥95	≥55	≥75

（4）粗集料：采用的是石灰石碎石，由 5~10mm 和 10~20mm 两个单粒级按 3:7 的比例掺配得到，以获得较高的堆积密实度。

（5）细集料：采用的是河砂中砂，含泥量、泥块含量满足要求。砂样的筛选分析试验结果见表 6.4-4，满足《建筑用砂》（GB/T 14684—2011）规定的级配要求。

河砂颗粒筛分结果　　　　　　　　　　　　　表 6.4-4

方孔筛尺寸(mm)	筛余量(g)	分计筛余率(%)	累计筛余率(%)
9.5	2.1	0.4	0.4
4.75	49.9	10.0	10.4
2.36	86.9	17.4	27.8
1.18	67.2	13.4	41.2
0.6	68.3	13.7	54.9
0.3	82.8	16.6	71.4
0.15	79.8	16.0	87.4
筛底	62.0	12.4	99.8
合计	499	—	—

（6）外加剂：采用聚羧酸型高效减水剂，含固量为 20%，掺量 1.0%~1.2% 时减水率为 30%。

（7）水：采用满足《混凝土用水标准》（JGJ 63—2006）的试验室自来水。

6.4.3　混凝土试配配合比

根据配合比计算，确定试配混凝土水胶比为 0.31±0.03，即 0.28、0.31 和 0.34。选用两组胶凝材料体系，A 组单掺粉煤灰、B 组为粉煤灰和矿渣复掺。同时固定水胶比为 0.31，通过变化粉煤灰的掺量（即 C 组）研究其对混凝土性能的影响，具体配合比见表 6.4-5。

混凝土试配配合比　　　　　　　　　　　　　表 6.4-5

编号及说明			材料用量（kg/m³）						水胶比	砂率（%）	减水剂（%）	掺和料（%）
			水泥	砂	碎石	水	粉煤灰	矿渣				
水胶比变化	单掺	A1	380	705	1150	133	95	0	0.28	38	1.0	20
		A2	362	705	1150	140	90	0	0.31	38	1.0	20
		A3	344	705	1150	146	86	0	0.34	38	1.0	20
	双掺	B1	335	705	1150	133	95	45	0.28	38	1.0	30
		B2	317	705	1150	140	90	45	0.31	38	1.0	30
		B3	299	705	1150	146	86	45	0.34	38	1.0	30

续上表

编号及说明			材料用量（kg/m³）						水胶比	砂率（%）	减水剂（%）	掺和料（%）
			水泥	砂	碎石	水	粉煤灰	矿渣				
水胶比固定	粉煤灰掺量变化	C1	452	705	1150	140	0	0	0.31	38	1.5	0
		C2	362	705	1150	140	90	0	0.31	38	1.0	20
		C3	317	705	1150	140	135	0	0.31	38	1.0	30
		C4	271	705	1150	140	181	0	0.31	38	1.0	40

通过不同水胶比和不同掺率混凝土试验，研究粉煤灰单掺和粉煤灰/矿渣双掺混凝土的力学性能、耐久性能和变形性能。

1）混凝土力学性能研究

为研究水胶比和矿物掺和料对混凝土性能的影响，根据混凝土配合比设计的结果，确定若干组试验配合比并制备混凝土，对混凝土进行抗压强度、劈裂抗拉强度及抗折强度力学试验。混凝土的力学性能试验如图6.4-2所示。

a)新拌混凝土

b)立方体抗压试验

c)立方体劈裂抗拉试验

d)棱柱体抗折试验

图6.4-2 混凝土制备及力学性能试验

（1）水胶比对混凝土力学性能的影响

不同水胶比下混凝土的抗压强度、劈裂抗拉强度和抗折强度等力学性能见表 6.4-6 和图 6.4-3 ~ 图 6.4-5。

不同水胶比混凝土的力学性能　　　　　表 6.4-6

试件编号	抗压强度（MPa）			劈裂抗拉强度（MPa）		抗折强度（MPa）		坍落度（mm）
	7d	28d	56d	28d	56d	28d	56d	
A1	56.1	71.3	74.8	4.0	4.4	6.4	7.0	65
A2	49.2	55.5	52.3	3.79	3.78	5.18	4.64	70
A3	41.0	60.3	63.6	3.1	4.1	4.9	5.8	55
B1	54.3	68.5	74.4	4.3	5.0	5.8	6.4	58
B2	50.9	67.1	75.4	3.9	5.2	5.7	5.8	62
B3	42.1	56.6	61.6	3.8	4.0	5.6	6.0	65

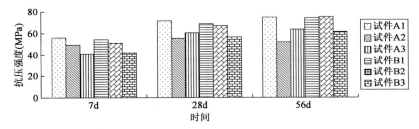

图 6.4-3　不同水胶比的混凝土抗压强度

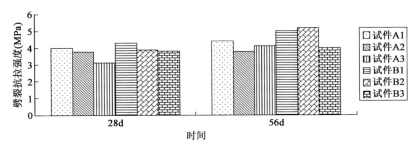

图 6.4-4　不同水胶比的混凝土劈裂抗拉强度

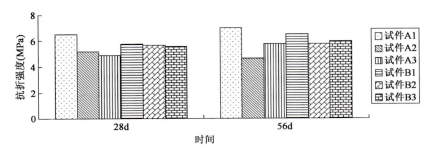

图 6.4-5　不同水胶比的混凝土抗折强度

由图 6.4-3～图 6.4-5 可以看出：

①随着水胶比的增大，混凝土的抗拉、抗折强度逐渐减小；随着龄期的增长，混凝土的抗拉、抗折强度随之增加，符合混凝土强度发展规律。

②由抗压强度与水胶比的关系可知，掺和料在 20% 粉煤灰加 10% 矿渣的掺量配合比条件下，C60 混凝土若要 28d 达到 66.6MPa 的强度评定标准，则混凝土的水胶比为 0.28 或 0.31；掺和料在 20% 粉煤灰的掺量条件下，C60 混凝土若要 28d 达到 66MPa 的强度评定标准，则混凝土的水胶比为 0.28。

（2）矿物掺和料对混凝土力学性能的影响

矿物掺和料的掺入（粉煤灰单掺）对混凝土的抗压强度、劈裂抗拉强度和抗折强度等力学性能的影响见表 6.4-7 和图 6.4-6～图 6.4-8。

表 6.4-7 不同掺和料掺量的混凝土抗压强度

试件编号	抗压强度（MPa）			劈裂抗拉强度（MPa）		抗折强度（MPa）		坍落度（mm）
	7d	28d	56d	28d	56d	28d	56d	
B2	50.9	67.1	75.4	3.9	5.2	5.7	5.8	62
C1	43.7	52.9	60.7	3.7	3.7	5.8	6.4	70
C2	44.8	55.2	56.0	3.1	3.3	6.2	4.64	60
C3	42.0	56.3	64.1	2.0	3.0	4.8	5.7	53
C4	31.2	45.5	55.5	1.9	3.2	4.8	5.5	55

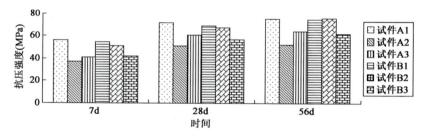

图 6.4-6 不同掺和料掺量的混凝土抗压强度

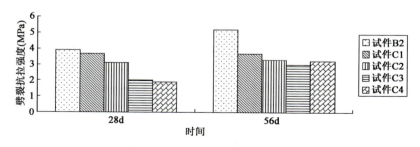

图 6.4-7 不同掺和料掺量的混凝土劈裂抗拉强度

由表 6.4-7 和图 6.4-6～图 6.4-8 可以看出：

①当水胶比不变时，随着粉煤灰掺量的增加，混凝土的抗压强度总体呈下降趋势，但在掺量为 20%～30 时与纯水泥混凝土相比，强度下降幅度较小或基本相当。由于纯水泥混凝土的

耐久性不良，因此在混凝土水胶比为 0.31 时粉煤灰单掺的最佳掺量是 20%～30%；而粉煤灰、矿渣双掺组（20%粉煤灰+10%矿渣）的 28d 抗压强度最高。

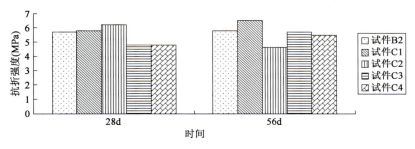

图 6.4-8　不同掺和料掺量的混凝土抗折强度

②另一方面，随着龄期的增长，掺入掺和料的混凝土后期强度将有较大的增幅。在 28d 龄期，只有水胶比为 0.31 时双掺（20%粉煤灰+10%矿渣）的 28d 强度达到 C60 混凝土的要求，其他掺率的混凝土 56d 基本上均可以达到 C60 的强度要求（A2 掺率的混凝土试块强度偏低）。

2）混凝土耐久性能研究

严酷的海洋环境中，混凝土耐久性研究重点探讨隧道混凝土材料的抗氯离子扩散性能、抗渗性能及抗碳化性能。

(1) 抗氯离子扩散性能

海洋环境中的氯化物以水溶氯离子的形式通过扩散、渗透和吸附等途径从混凝土构件表面向混凝土内部迁移，可引起混凝土内钢筋的严重锈蚀。

采用快速氯离子迁移系数（RCM）方法进行氯离子扩散系数测定试验，如图 6.4-9 所示。试样为 $\phi 100mm \times 50mm$ 的试件，试验前将试件在饱和面干状态下置于真空容器中进行真空处理，真空容器中的气压应保持在 1～5kPa，持续时间 3h，注入蒸馏水配制的饱和氢氧化钙溶液，在试件浸没后 1h 后恢复常压，并继续保持试样浸泡 (18 ± 2)h。将试件安装至试验装置后，连接导线，根据初始电流调整电压和试验时间。试验中由于初始电流 I_0 小于 10mA，因此试验时间统一为 96h。试验结束后，取出试件，测定氯离子渗透深度，并根据规范给出的公式计算出混凝土非稳态氯离子迁移系数。氯离子扩散系数试验结果见表 6.4-8。

图 6.4-9　快速氯离子迁移系数（RCM）试验

混凝土的抗氯离子扩散系数　　　　表6.4-8

编号	水胶比	胶凝材料组成	28d 氯离子扩散系数（RCM法）（$\times 10^{-12} m^2/s$）
A2	0.31	80%水泥+20%粉煤灰	1.5
B2	0.31	70%水泥+20%粉煤灰+10%矿渣	0.9
C2	0.31	80%水泥+20%粉煤灰（同A2）	1.5
C3	0.31	70%水泥+30%粉煤灰	3.2
C4	0.31	60%水泥+40%粉煤灰	1.9

试验结果表明，在水胶比为0.31时，各不同配比混凝土28d的抗氯离子扩散性能满足《公路工程混凝土结构防腐蚀技术规范》（JTG/T B07-01—2006）要求（混凝土28d氯离子扩散系数应小于$4\times10^{-12} m^2/s$）。混凝土氯离子扩散系数与其28d强度有一定关系，如水胶比为0.31时双掺（20%粉煤灰+10%矿渣）28d强度最高，其扩散系数也最小。

（2）抗水渗透性能

一般来说，水是氯离子、硫酸根离子等侵蚀性介质进入混凝土内部的载体，因此混凝土材料自身的抗水渗透能力对于其在整体性完好时的耐久性起决定性作用。

采用逐级加压法测定混凝土试件的抗水渗透性能。试验采用上口直径为175mm、下口直径为185mm、高150mm的圆台体。试件经良好密封后装入抗渗仪中，试验装置如图6.4-10所示。试验时，水压从0.1MPa开始，每隔8h增加0.1MPa水压，直至6个试件中有3个试件表面出现渗水或加至设计抗渗等级的规定压力。混凝土的抗渗等级根据6个混凝土试件中有4个试件未出现渗水的最大水压力乘以10来确定。

a)抗渗仪试验装置

b)试块实物图

图6.4-10　混凝土的抗渗试验

同时，为了比较不同混凝土配合比的抗渗性能差异，参考渗水高度法，在逐级加压法结束后，将试件劈开，测量其平均渗水高度值。试验结果见表6.4-9。

试验结果表明，养护良好的混凝土试件，其材料自身的抗渗透能力均较好，能满足P12的设计要求，且随着强度的提高，其渗水高度略有降低。

混凝土的抗渗性能　　　　　　　　　　　　　　　　表 6.4-9

编号	水胶比	胶凝材料组成	渗水压力(MPa)	渗水高度(mm)	抗渗等级
A2	0.31	80%水泥+20%粉煤灰	1.3	51	>P12
B2	0.31	70%水泥+20%粉煤灰+10%矿渣	1.3	—	>P12
C1	0.31	100%水泥	1.3	18	>P12
C2	0.31	80%水泥+20%粉煤灰(同A2)	1.3	51	—

(3)抗碳化性能

混凝土的碳化是指空气中的酸性气体 CO_2 与混凝土中的液相碱性物质发生反应,使得混凝土碱性下降和混凝土中化学成分改变的中性化反应过程。当中性化深度大于混凝土的保护层厚度时,会破坏保护层下钢筋表面的钝化膜,在钝化膜被破坏后,伴随着水和空气的共同作用,钢筋就会出现锈蚀。锈蚀产生的体积膨胀将导致钢筋保护层剥落,继而使得构件的截面减小,承载能力降低。

采用加速碳化对混凝土进行抗碳化性能研究。试验采用尺寸为 100mm×100mm×100mm 的立方体试块,经 28d 标准养护后,置于二氧化碳浓度(20±3)%、温度(20±2)℃、湿度(70±5)%的加速碳化试验条件中,碳化养护装置如图 6.4-11 所示。

a)试块

b)养护箱

图 6.4-11　混凝土抗碳化性能试验

试验结果见表 6.4-10 和图 6.4-12。

混凝土的抗碳化性能试验结果　　　　　　　　　　　　　　表 6.4-10

编号	碳化深度(mm)			
	7d	14d	28d	56d
A2	1.5	1.8	3.8	4.6
B2	1.0	1.0	1.6	1.98
C1	0.5	0.6	0.6	0.89
C2	0.5	0.3	0.8	1.23
C3	1.3	0.8	1.3	1.86
C4	1.9	1.2	2.2	3.23

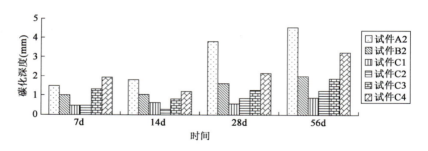

图 6.4-12 混凝土碳化深度

试验结果表明,随着碳化时间的增长,混凝土碳化深度逐渐增加,但碳化 28d 后平均碳化深度均小于 10mm,大致相当于在自然环境中 50 年的碳化深度,因此混凝土的抗碳化性能较好。

3) 混凝土变形性能研究

混凝土服役于严酷的海洋环境过程中,由于自身的体积变形,或由于外界环境的变化造成的干湿变形和温度变形等,在结构中都可能因为约束程度的不同造成一定程度的自生应力,从而导致混凝土出现裂缝。汕头海湾隧道盾构管片设计采用 C60 高强混凝土,因此试验重点研究了混凝土的自生变形(收缩)性能和干燥变形(收缩)性能,为其抗裂性评价和配合比的优选提供基础数据。

(1) 自生收缩

高强混凝土由于水胶比低,其早期内部自干燥作用强,早龄期(前 3d、7d)的自生收缩明显增大。试验采用非接触法混凝土收缩变形测定仪,如图 6.4-13 所示。

图 6.4-13 混凝土的自生收缩性能试验

试验时混凝土带模进行测试,并在混凝土拌合物浇筑入试模后立即用塑料膜覆盖,避免与环境进行水分交换,因此可忽略其早期的干燥收缩。当混凝土达到初凝时开始测读初始读数,之后 7d 内至少每隔 1h 测定试件的变形。试验结果见表 6.4-11、图 6.4-14 和图 6.4-15。

混凝土的自收缩性能试验结果　　　　表6.4-11

试件编号	各个龄期的收缩率($\times 10^{-6}$)			
	1d	3d	5d	7d
A2	142.21	376.91	549.50	788.89
B1	35.99	496.14	753.21	861.18
B2	17.5	220.33	509.86	804.33
C1	31.37	282.34	683.35	760.28
C2	142.21	376.91	549.50	788.89
C3	-244.39	188.99	391.52	678.30
C4	40.92	145.95	308.73	523.06

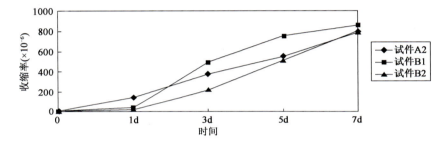

图6.4-14　不同水胶比试件自收缩率与时间关系曲线

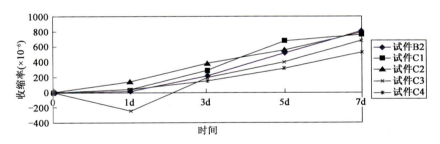

图6.4-15　不同矿物掺和料掺量下混凝土自收缩率与时间的关系曲线

由图6.4-14、图6.4-15可以看出：

①混凝土早期自生收缩变形发展较快,几乎随时间呈线性增长趋势,在7d收缩应变达到近1×10^{-3},其影响应予以重视。

②另一方面,随着粉煤灰(矿物掺和料)掺量的增加,混凝土的自生收缩随之减小。

因此在满足强度和耐久性指标的基础上,宜根据结构形式和约束程度,相应选择自生收缩较小的混凝土,避免过大自生应力造成混凝土内部微裂纹的开展和连通。

(2)干燥收缩

采用接触法测定混凝土在无约束和指定温湿度条件下的干燥收缩变形。采用尺寸为100mm×100mm×400mm的棱柱体试件,经标准养护后在3d龄期时移入温度为(20 ± 2)℃、湿度为(60 ± 5)%的恒温恒湿室,并按规定的时间间隔(龄期)测量其变形读数,试验装置如图6.4-16所示。试验结果见表6.4-12和图6.4-17。

图 6.4-16　混凝土的干缩变形试验

混凝土的干缩性能试验结果　　　　表 6.4-12

试件编号	各个龄期的干缩率（×10^{-6}）				
	3d	7d	14d	28d	56d
B2	25.9	58.9	113.9	110	125.6
C1	21.4	60.2	124.3	127.5	153.4
C2	28.5	68.6	131.4	134.0	155.3
C3	40.8	93.9	160.5	159.9	188.3
C4	23.9	63.4	105.5	107.4	115.9

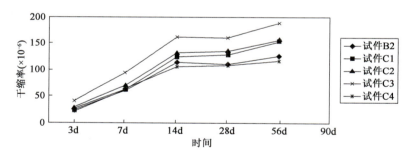

图 6.4-17　不同掺率混凝土的干缩率随时间变化曲线

试验结果表明：

①随着龄期的增加，混凝土的干燥收缩逐渐增大，早期发展速率较快，14d 后增长速率变缓。

②相同龄期时，随着混凝土中粉煤灰掺量的增大，其干燥收缩变形减小。

一般认为纯水泥混凝土干燥收缩较大，而本试验中纯水泥的 C1 组试验可能存在较大误差，因时间关系没有重复进行。

一般而言，高强混凝土的干燥收缩相比中低强混凝土较小，且该工程位于汕头市，其年平均相对湿度较高，隧道大部分又埋置水中、土中，仅隧道内侧及水位变动区的隧道外侧需考虑干燥收缩的影响，因此，现浇施工时应注意早期（7d、14d）的保湿养护，后期的干燥收缩影响相对较小。

通过试验研究了粉煤灰单掺和粉煤灰/矿渣双掺混凝土的力学性能、耐久性能和变形性能,在试验条件下,得到主要结论如下:

①C50 等级高性能混凝土设计配合比试验结果表明:

a. 若以 28d 强度验收,水胶比宜控制在 0.28～0.34,掺和料掺量控制在 20%～30%。由于混凝土强度与水泥强度直接相关,考虑本试验采用 P·O 42.5 级水泥,实际工程应根据实际情况适当调整水胶比和胶凝材料总量;若设计为 C60 混凝土,则控制水胶比在 0.31 以下为宜。

b. 从耐久性的角度考虑,在无须预应力张拉或施工阶段无较大荷载部位,建议以 56d 强度验收,并可根据实际情况减小胶凝材料用量,提高其耐久性。

②试验中混凝土的自身(材料)耐久性较好,均能满足相应设计要求指标。28d 氯离子扩散系数小于 $4 \times 10^{-12} m^2/s$,抗水渗透等级达到 P12,抗碳化性能达到 T-IV。

③试验研究了混凝土的自生收缩和干燥收缩性能,为工程配合比优选提供基础。试验结果表明,在满足强度和耐久性指标的前提下,适当增大矿物掺和料用量,并做好早期养护对减小收缩、提高混凝土结构耐久性有利。

6.5 海湾隧道辅助防腐蚀技术研究

汕头海湾隧道结构处于近海洋氯盐侵蚀非常严重的区域,隧道结构主要构件(图 6.5-1)是钢筋混凝土管片、连接螺栓及钢管片结构关键部位,他们的防腐效果对整座隧道使用寿命的影响极大;此外这些构件基本上不能或难以更换,考虑辅助防腐蚀措施可以提高隧道的使用寿命。

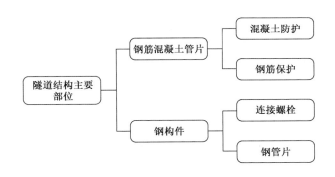

图 6.5-1 盾构管片防腐的主要构件

6.5.1 钢筋混凝土结构附加防腐蚀措施

(1)规范对钢筋混凝土结构防腐蚀措施的技术要求

①《公路工程混凝土结构防腐蚀技术规范》(JTG/T B07-01—2006)的规定。

a. 混凝土表面涂层。

防腐蚀涂料品质与涂层性能应满足下列要求:具有良好的耐碱性、附着性和耐蚀性;底层涂料尚应具有良好的渗透能力;表层涂料尚应具有抗老化性,涂层与混凝土表面的黏结力不得小于 1.5MPa。

b. 混凝土憎水处理。

a）混凝土表面憎水处理。

混凝土表面宜采用辛基或异丁基硅烷作为硅烷浸渍材料，混凝土侧面或仰面宜采用硅烷膏体作为浸渍材料。

b）混凝土自身憎水处理。

混凝土掺用憎水外加剂：在盐类侵蚀环境中的混凝土结构，可在混凝土配料时掺加适当憎水外加剂以制备具有憎水性能的混凝土。

c. 水泥基渗透结晶型防水剂。

水泥基渗透结晶型防水剂适用于混凝土结构的表层防水处理，特别是渗水裂缝宽度不大于1mm的混凝土。从水泥终凝后3~4h起，即应对施工面开始湿养护，24h后可转为直接水养护。在养护期间，应避免雨淋、霜冻、日晒及4℃以下低温。

d. 环氧涂层钢筋。

采用环氧涂层钢筋的混凝土，应为耐久性混凝土，可同时掺加钢筋阻锈剂。环氧涂层钢筋与阴极保护联合使用时，必须先将未经喷涂的钢筋加工、组装成片（或成笼），再以流化床热熔粘工艺涂装环氧层，方可与阴极保护联合使用。先静电喷涂热熔粘环氧涂层，然后再加工、组装成笼的钢筋。不得与阴极保护联合使用。

e. 钢筋阻锈剂。

阻锈剂可与高性能混凝土、环氧涂层钢筋、混凝土表面涂层、硅烷浸渍等联合使用。

采用阻锈剂溶液时，混凝土拌合物的搅拌时间应延长1min；采用阻锈剂粉剂时应延长3min。

f. 混凝土防腐面层。

防腐面层的厚度、原材料配合比及施工方案，应根据混凝土结构构件的耐久性要求及环境的腐蚀性作用类别和等级，委托专业的研究、咨询机构经试验论证确定。

聚合物水泥砂浆面层的施工，可参照现有水泥砂浆抹面的有关规定。聚合物复合材料面层的施工，需在混凝土构件的表面达到足够干燥时才能进行。

②《铁路混凝土结构耐久性设计规范》（TB 10005—2010）的规定。

a. 一般规定。

当混凝土结构处于严重腐蚀环境下，混凝土除了应满足混凝土的强度及耐久性要求外，还应对混凝土结构采取适当的防腐蚀强化措施。

进行防腐蚀强化措施设计时，应明确防腐蚀强化措施所用主要材料的性能指标及有效防护年限。

不同环境下混凝土结构可按表6.5-1选择一种或多种防腐蚀强化措施。

不同环境下混凝土防腐蚀强化措施　　　　表6.5-1

环境类别	外包钢板	表面涂装	表面浸渍	涂层钢筋	钢筋阴极保护	降低地下水位	换填土
L	√	√	—	√	—	—	—
H	√	√	—	—	—	√	√

注：表面涂装包括防腐蚀与防水涂装等。

b. 不同防腐蚀强化措施技术要求。

当设计采用表面防腐涂装措施时，应满足以下要求：配套涂料选用、涂层厚度应根据作用环境、涂装部位和设计使用年限进行设计；选用的配套涂料之间应具有相容性；涂层与混凝土表面黏结强度不得小于 2.5MPa。

当设计采用表面浸渍措施时，宜选用异丁烯三乙氧基硅烷作为硅烷浸渍材料。

③《海港工程混凝土结构防腐蚀技术规范》（JTJ 275—2000）的规定。

a. 混凝土表面涂层。

当采用涂层保护时，混凝土的龄期不应少于 28d，并应通过验收合格；涂层系统的设计使用年限，不应少于 10 年；涂层涂装的范围应按表 6.5-2 划分为表湿区和表干区。

涂层涂装范围的划分　　表 6.5-2

名　　称	范　　围
表湿区	浪溅区及平均潮位以上的水位变动区
表干区	大气区

涂料品质与涂层性能应满足下列要求：防腐蚀涂料应具有良好的耐碱性、附着性和耐蚀性，底层涂料尚应具有良好的渗透能力，表层涂料尚应具有耐老化性；表湿区防腐蚀涂料应具有湿固化、耐磨损、耐冲击和耐老化等性能；涂层与混凝土表面的黏结力不得小于 1.5MPa。

b. 混凝土表面硅烷浸渍。

硅烷浸渍适用于海港工程浪溅区混凝土结构表面的防腐蚀保护。宜采用异丁烯三乙氧基硅烷单体作为硅烷浸渍材料，其他硅烷浸渍材料经论证也可采用。浸渍硅烷前应进行喷涂试验。试验区面积应为 $1 \sim 5m^2$。完成试验区的喷涂工作后，应进行吸水率、硅烷浸渍深度和氯化物吸收量的降低效果测试。当测试结果符合规定的合格判定标准时，方可在结构上浸渍硅烷。

c. 环氧涂层钢筋。

环氧涂层钢筋适用于海港工程混凝土结构浪溅区和水位变动区。

采用环氧涂层钢筋的混凝土，应为优质混凝土或高性能混凝土，可同时掺加钢筋阻锈剂，但不得与外加电流阴极保护联合使用。

d. 钢筋阻锈剂。

在特殊情况下，当混凝土构件的保护层偏薄或混凝土氯离子含量超过 0.1% 时，混凝土中宜掺加阻锈剂，掺加阻锈剂时，应进行阻锈剂掺量的验证试验，并应将预期渗入的氯物含量加上该混凝土拌合物已有的氯化物含量，作为验证试验所采用的氯化物掺量。

（2）钢筋混凝土结构附加防腐蚀措施比较分析

①混凝土结构附加防腐措施比较见表 6.5-3。

混凝土结构附加防腐措施的综合比较　　表 6.5-3

防腐措施	防腐原理	优　　点	缺　　点
硅烷浸渍	渗入混凝土毛细孔中，使毛细孔壁憎水化，使水分和所携带的氯化物难以渗入	①施工最为简便。 ②对混凝土外观无影响（有利于混凝土表面的检查）。 ③达到使用年限后较容易重涂	最好在最高天文潮位以上采用，不适合水位变动区、水下区以及部分浪溅区

续上表

防腐措施	防腐原理	优点	缺点
涂层	混凝土表面形成隔绝层	①施工简便。②保护效果明显	易受外界作用而破坏,需定期维修
聚脲弹性体	混凝土表层形成隔绝层	保护效果明显,并有很高的拉伸强度和断裂延伸率,抗混凝土开裂	成本高,对施工质量要求高
透水模板	具有透水、透气和保水的功能,能降低混凝土表层水灰比而达到提高表面质量的效果	①提高表层混凝土抗氯离子渗透性和强度。②改善混凝土表面质量。③脱模前改善混凝土养护条件,使混凝土表层具有较高的抗裂性	增加混凝土施工成本,每平方米增加20元左右
疏水化合孔栓物	在混凝土空隙中聚合而形成"塞子"堵住毛细管,从而防止水的进入	使混凝土具有防水、防潮、抗渗的性能,在海洋环境下,呈现出较好的防腐蚀效果	对混凝土本身要求高;增加混凝土施工成本,每立方米增加100~300元

②防腐蚀钢筋的技术特点比较。

几种防腐蚀钢筋附加措施的综合比较见表6.5-4。

钢筋附加防腐蚀措施的综合比较 表6.5-4

名称	防腐原理	优点	缺点
环氧树脂钢筋	利用环氧树脂高化学稳定性,隔绝钢铁基体与外界环境	能有效隔绝各种腐蚀侵害	①施工过程技术要求高。②对涂层缺陷敏感。③不可与阴极保护联用
热浸镀锌钢筋	利用镀锌层钝化膜的保护以及Zn对Fe的阴极保护(钢筋基体暴露环境中后)	外层与基地结合牢固,对缺陷的敏感性低	①在高性能混凝土中钢筋黏结锚固强度降低。②在高Cl^-浓度下镀层逐渐销蚀,导致钢筋的最终腐蚀
不锈钢钢筋	利用不锈钢金属合金本身的耐腐蚀性	使用寿命最长;易于装配、安装;强度、可焊性和塑性更高	价格昂贵
不锈钢包覆钢筋	利用不锈钢金属合金本身的耐腐蚀性	具有和不锈钢钢筋基本相同的耐腐蚀性,对小孔等缺陷敏感性基本可以忽略	防止不锈钢与内部钢芯发生脱落
阴极保护	使钢筋电位极化至阳极反应(即钢筋腐蚀反应)停止的电位	①保护效果最好。②保护时间长,保护年限可达50年	价格较昂贵,施工要求高
阻锈剂	在钢筋表面形成一层保护膜,抑制、阻止、延缓了钢筋腐蚀的电化学过程	当有害离子不可避免地进入混凝土内之后,可使有害离子丧失侵害能力	①防护效果持续的时间不明确。②对混凝土配制有一定的影响。③阻锈剂作用的对象为钢筋,但实际应用中需要整个混凝土渗入阻锈剂,造成较大的浪费

③附加防腐蚀措施的保护效果与成本分析。

各种附加防腐蚀措施的保护效果分析见表 6.5-5。

附加防腐蚀措施的保护效果与成本分析　　　　表 6.5-5

附加措施	保护效果	综合评析
涂层	14.5～20 年	能很好地隔绝腐蚀源
硅烷浸渍	大于 15 年	能很好地隔绝腐蚀源,且不影响混凝土外观
喷涂聚脲弹性体	大于 20 年	属于一种特殊涂层,具有特殊的高强力学性能
外加电流阴极保护	50 年	效果最好,可完全避免点蚀
不锈钢钢筋	提高临界氯离子浓度 10 倍以上	造价较高,设计年限内可不维修,但不能完全避免点蚀
阻锈剂	—	是否适合长效混凝土结构有待考证
环氧涂层钢筋	受涂层本身寿命和涂层缺陷限制	涂层缺陷敏感,不适合长效混凝土结构
热浸镀锌钢筋	提高临界氯离子浓度 4～4.2 倍	不适合长效混凝土结构
包覆不锈钢钢筋	提高临界氯离子浓度 10 倍以上	不锈钢层与钢筋的结合力有待考证
透水模版	改善混凝土表面质量	改善混凝土本身质量,但增加了工程造价
疏水化合孔栓物	提高混凝土抗水、抗渗性能	提高混凝土本身质量,但增加了工程造价

(3)工程实例分析

表 6.5-6 统计了国内外类似工程的防腐措施,并进行了对比分析。

隧道工程防腐措施实例对比分析　　　　表 6.5-6

工程名称	相关参数	施工部位	防腐措施
深圳地铁 2 号线	明挖部分选用钻孔灌注桩或地下连续墙围护形式;暗挖部分长度 35m 采用矿山法施工	明挖段及暗挖段	BC-501 阻锈剂,掺量为 10kg/m³
胶州湾海底隧道	混凝土强度等级为 C50,水胶比为 0.32～0.33。背土侧环境类别为Ⅲ-E,迎土侧环境类别为Ⅲ-D	暗挖段	①对外侧围岩进行了注浆堵水加固。②采用了国内最高性能的 C35 高性能喷射混凝土和钢格栅,加上国内首次采用的多重防腐锚杆。③铺设一层土工布和防水板,最后是一层防火涂料
北卡罗来纳州公路隧道	—		1.25mm 厚浅黄色聚脲表面再滚涂施工 0.4mm 厚的脂肪族聚脲

续上表

工程名称	相关参数	施工部位	防腐措施
丹麦斯托贝尔特跨海铁路隧道	埋深海平面以下75m，内径7.7m，外径8.8m	盾构段	①对预制钢筋骨架浸以环氧，形成环氧涂层。 ②在管片中布置了振弦式应变传感器和振弦式孔隙水压计测试腐蚀情况传感器
南京长江隧道	管件外径14.5m，内径13.3m，与最高水位埋深约60m。混凝土为C60低水化热PI或PII型混凝土。环境等级为V-D		混凝土表面涂层防护
上海打浦路隧道	管片外径10m，内径8.8m，最大埋深34m		①整个上风道内表面涂刷聚合物水泥涂料，兼有防水、耐久及外观改造。 ②管片内壁安装腐蚀速率探测器，长期监测螺栓锈蚀，并以静态电阻应变仪监测拉杆受力状态松弛过程
美国波士顿地铁双孔沉管隧道	建于1896年，美国首条沉管隧道		2.5mm厚的PCS-335灰色芳香族聚脲涂层，再施加75mm厚的水泥砂浆保护层
埃及苏伊士运河隧道	内径10.4m盾构隧道，最大埋深水面下46m		环氧煤焦油涂层厚0.5~1mm
澳大利亚布里斯班CLEM7隧道	直径为12.4m的盾构隧道		喷涂聚脲涂料
广州地铁3号线	埋深9~37m、外径6m、内径5.40m的盾构隧道		局部采用了SPUA-102聚脲
上海地铁1号线新闸路—人民广场过河段	11座地下车站采用地下墙深基坑顺筑法或逆筑法施工，区间采用盾构法施工		环氧主聚氨酯涂层
狮子洋铁路隧道	盾构段长4.6km，内径9.8m，外径10.18m，最大埋深水面下64m		①管片混凝土外表面涂刷多功能混凝土防护剂。 ②管片混凝土中掺加改性聚丙烯纤维（掺量为1.5kg/m³），降低混凝土凝结过程中的早期收缩裂缝，并有利于结构的耐火性
南京纬三路隧道	盾构段长约4km，内径13.3m，外径14.5m		管片混凝土中掺加聚丙烯纤维（掺量为1.5kg/m³），外涂水泥基渗透结晶防水涂料（1.5kg/m²）
上海长江隧道	管片强度等级C60，内径13.7m，外径15.0m，江中段埋深约30m		管片外侧涂刷保护膜做硅烷溶液防水处理。施作焦油氯磺化聚乙烯与焦油酸性环氧复合型涂料。对管片施作绝缘保护以防电化作用而锈蚀钢筋

由表6.5-6的对比结果可以看出：

①对于附加防腐措施的选用，要依据实际工程需求、工程造价、耐腐蚀性能优劣等因素综合考虑。例如厦门翔安海底隧道和南京玄武湖隧道注重混凝土结构本身的耐腐蚀性能，没有在表层施加附加的防腐措施；丹麦海峡隧道则对钢筋进行了环氧处理并布置了腐蚀情况监测

传感器;胶州湾隧道则是对支护锚杆进行了塑料套管和注浆隔离的双重技术,加强支护结构的耐腐蚀性。

②由于表面涂层具有成本低、施工便利等特点,实际工程中混凝土的附加防腐蚀措施基本偏向于表面涂层的方式,例如内侧或外侧涂抹聚合物涂层等措施(上海延安东路公路隧道、南京长江隧道)。

(4)汕头海湾隧道钢筋混凝土防腐措施建议

①海湾隧道明挖段主体结构混凝土,其防腐措施应以提高混凝土结构自身的耐久性为主要技术路线,降低水胶比、掺加一定数量的矿物掺和料和高效减水剂,增加混凝土的密实度;并在施工阶段加强现场混凝土浇筑后的早期养护,减少混凝土早期裂缝的生成和扩展概率,提高其抗海水氯化物的能力。

②海湾隧道盾构段的管片混凝土,建议在外侧涂刷多功能混凝土防护剂,达到经济、实惠且有一定防腐效果的目的。

6.5.2 盾构管片连接螺栓防腐措施分析

1)常用螺栓防腐措施

目前连接螺栓常用的防腐措施有以下几种:

(1)电镀锌:利用电解作用在钢铁表面形成一层锌。

(2)热浸镀锌:将工件浸入熔化状态的锌液中,黏附一层锌。其防腐性能一般,镀层较厚,容易造成螺栓与螺母装配困难。

(3)真空渗锌:在真空条件下,使锌渗入钢铁制件表层而形成的锌铁合金层,因此它削弱或避免了锌的氧化,提高了渗锌件的耐腐性和耐磨性但耐盐雾腐蚀性能不大于300h,厚度一般为 $30 \sim 80 \mu m$。

(4)锌铬涂层:以锌粉"铝粉"铬酸和去离子水为主要成分的新型防腐涂料,浸涂、刷涂或喷涂于钢铁工件表面,经高温烘烤烧结,形成裹覆在表面的涂层,厚度一般为 $6 \sim 15 \mu m$。耐腐蚀性能优异,但是硬度低、耐磨性稍差,在螺栓紧固时会对涂层产生磨损破坏,由于含有有毒的铬,欧美、日本等发达国家基本已经不再开发该技术。

2)工程实例分析

(1)日本东京湾隧道

日本东京湾隧道在管片接头处用水膨胀密封材料镶面,并在一次衬砌与二次衬砌之间敷设防水板,采取这些防漏措施,能够有效地抑制腐蚀的发展。但是为了确保隧道的耐久性,对作为结构零件的螺栓要求具有与主体工程同等的耐久性。

根据工程对螺栓的要求,选定了用锌粉铬酸进行化学处理生成保护膜和氟化乙烯树脂涂层两种处理方法:

①锌粉铬酸保护膜:在以无水铬酸和锌粉为主要成分的溶液中浸泡,离心脱水,加热硬化,生成防锈保护膜。

②氟化乙烯树脂涂层:先在金属母材上涂防蚀性及与涂膜有良好密贴性的底膜,然后在底膜上喷涂氟化乙烯树脂涂料,加热硬化,生成防锈保护膜。

（2）上海长江隧道

上海长江隧道环境作用等级为 D 级，连接螺栓防腐蚀方法如下：

①整座隧道管片手孔均用微膨胀水泥或现浇隧道内构件混凝土连带封堵的方法予以封闭，既利于减少通风阻力，又可延长螺栓使用寿命。

②因所有手孔均封闭，故螺栓防腐涂层要求可适当降低，经综合比选，螺栓表面采用锌基铬酸盐涂层+封闭漆的防腐蚀方法，涂层总厚度为 6~8μm。

3）汕头海湾隧道管片螺栓防腐措施

海湾隧道工程盾构段的环境作用等级为 E 级，比上海长江隧道的环境作用等级 D 级高，盾构管片螺栓防腐采用渗锌+锌基铬酸盐+封闭层的防腐措施，涂层总厚度为 50~70μm。

6.5.3　盾构钢管片防腐措施分析

由于汕头海湾隧道地处 8 级地震区，工程抗震要求高，为提高隧道整体抗震水平，在竖井与隧道连接处以及地质突变地段考虑钢管片的柔性减震节头方案，本小节对钢管片的防腐措施进行研究。

1）阴极保护方式

阴极保护法有牺牲阳极的阴极保护和外加电流的阴极保护两种方法。

（1）牺牲阳极的阴极保护法：将还原性较强的金属作为保护极，与被保护金属相连构成原电池，还原性较强的金属将作为负极发生氧化反应而消耗，被保护的金属作为正极可以避免被腐蚀。

（2）外加电流的阴极保护法：通过外部电源来改变周围环境的电位，使得需要保护的设备的电位一直处在低于周围环境的状态下，从而成为整个环境中的阴极，不会因失去电子而发生腐蚀。

两种方法的对比见表 6.5-7。

牺牲阳极法与外加电流法对比表　　　表 6.5-7

方法	技术特点	易施工性	保护效果	保护年限	工程成本
牺牲阳极法	无需外加电源，系统简单，易维护，达设计使用年限可更换	主要为水下焊接或连接安装	好	一般 20~30 年	工程量小或工程量虽大，但构件单元分布散远需独立处理时经济
外加电流法	需外加电源，系统供电、辅助阳极和参比电极要求高，可在线远程监控，达到设计使用年限可更换	辅助电极和参比电极水下安装，供电和系统布置技术要求高	好	设计可达50 年以上	工程量大、构件分布相对集中时经济

国内现有采用阴极保护的工程实例对比见表 6.5-8。

现有采用阴极保护法的工程实例　　　表 6.5-8

工程名称	腐蚀环境	防腐措施
苏北灌溉总渠尾闸（江苏省，1993 年改用）	东临黄海，常年没在海水中	①涂层采用环氧煤沥青，两底四面，膜厚 350~500μm。②采用锌阳极牺牲阳极法保护
榆林—济南输气管道（途经陕、晋、豫、鲁）	长期泡在黄河水中，河水流动腐蚀性更强	①采用加强级三层聚乙烯（PE）防腐层。②采用牺牲阳极的阴极保护法，研制了特殊的铝基牺牲阳极，使用寿命不低于 15 年

续上表

工程名称	腐蚀环境	防腐措施
天津港码头钢管桩	水下区、泥下区和水位变动区	①水位变动区采用 Al-Zn-In-Mg-Ti 合金牺牲阳极和环氧重防腐涂料联合保护。 ②水下区和泥下区的采取 Al-Zn-In-Mg-Ti 合金牺牲阳极防腐
獭山港码头钢管桩（1999年建成）	涨落潮时水流湍急，泥沙含量大	①重防腐蚀涂料（简称厚浆型环氧砂浆涂料）2 道，干膜厚度不小于 1mm。 ②采用 Al-Zn-In-Mg-Ti 合金牺牲阳极的阴极保护法
杭州湾大桥钢管桩（浙江省，2008年建成）	浪溅区、潮差区、水下区和泥下区均有分布	①采用热熔结环氧粉末（FBE）涂层。 ②采用镯型铝合金牺牲阳极的牺牲阳极阴极保护
港珠澳大桥钢管复合桩	水下区	①外壁采用双层环氧粉末涂层，内壁采用无溶剂液体环氧涂层。 ②采用 Al-Zn-In 合金牺牲阳极的阴极保护法
绿华山海上散货平台钢管桩（上海市）	水下区	①采用重防腐涂层。 ②采用 Al-Zn-In 合金牺牲阳极的阴极保护法
象山港大桥钢管桩（宁波市，2012年建成）	水下区	①外壁采用环氧粉末涂层。 ②采用 Al-Zn-In 合金的镯式牺牲阳极的阴极保护

由上表的对比分析结果可知，除了较早建成的苏北灌溉总渠尾闸采用锌阳极以外，其余工程大多采用 Al-Zn-In 合金或者 Al-Zn-In-Mg-Ti 合金作为牺牲阳极。经综合比较，海湾隧道盾构段仅在减震节点采用钢管片，总量少，选用牺牲阳极的阴极保护法。

2）阳极材料的选择

海港工程中的牺牲阳极通常选用铝合金或锌合金。铝基阳极相对于锌基阳极而言，理论发生电量大，适合制造长寿命的阳极，但是电流效率、溶解性能差于锌阳极。在海水中，两种阳极均有较好的溶解性能，但从阳极的长寿角度考虑，选择铝阳极更为合理。

3）钢管片外防腐覆盖层的选择

使用覆盖层可以大幅度减少金属裸露的表面，使得阴极保护的电流密度急剧降低，扩大了保护范围，使阴极保护经济可行且防腐蚀效果更好。

通过表 6.5-8 的对比分析可知，所有工程均采用了钢构件外防腐涂层与牺牲阳极的阴极保护相结合的防腐措施，且外防腐涂层也多采用热熔结环氧粉末涂层。

综上所述，海湾隧道钢管片方案结构防腐可采取如下措施：

(1) 钢管片采用管片外防腐涂层与牺牲阳极的阴极保护相结合的防腐措施。

(2) 钢管片采用 Al-Zn-In 合金或者 Al-Zn-In-Mg-Ti 合金作为牺牲阳极。

(3) 钢管片外侧采用三层聚乙烯（Polyethylene,PE）防腐层，热熔结环氧底层的厚度为 60~80μm、聚合物胶黏剂层厚度为 170~250μm、聚乙烯外层的厚度为 1.5mm。

6.6 盾构管片橡胶密封垫耐久性研究

6.6.1 盾构管片橡胶密封垫的耐久性研究技术路线

盾构管片橡胶密封垫的耐久性研究技术路线如图6.6-1所示。

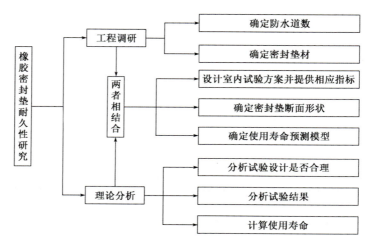

图6.6-1 盾构管片橡胶密封垫的耐久性研究技术路线

6.6.2 盾构管片接缝防水形式

为了确定海湾隧道的防水道数和橡胶密封垫的材料,对国内类似水下隧道进行了调研对比,见表6.6-1。

类似工程防水管片接缝措施　　　　　　　　表6.6-1

工程类别	工程名称	设计最大水压力	防水措施
海域隧道	日本东京湾隧道（外径13.9m,内径12.6m,最高水位60m）	①张开量为5mm时,防水指标为0.6MPa。②张开量为3mm时,防水指标1MPa	①采用一道遇水膨胀弹性体密封垫,膨胀率为200%~300%。②内侧接缝环纵面设置缓冲片一道
	狮子洋隧道（外径10.8m,内径9.8m,最高水位64.7m）	张开量为8mm、错开量为15mm时,防水指标为1.2MPa	①外侧为EPDM弹性密封垫。②内侧为遇水膨胀橡胶密封垫
	丹麦大海峡隧道（外径8.5mm,内径3.9mm,最高水位80m）	防水指标为1.6MPa	单道氯丁橡胶弹性密封垫
	湛江湾跨海隧道（盾构直径6.3m,内径5.1m,最高水位60m）	张开量为6mm、错开量为8mm时,防水指标为0.8MPa	两道高弹性三元乙丙橡胶密封垫

续上表

工程类别	工程名称	设计最大水压力	防水措施
江域隧道	上海长江隧道(外径15m,内径13.5m,最大水头55m)	张开量为8mm、错位量为6mm时,防水指标为1.04MPa	①外侧为遇水膨胀止水条作为辅助防线。②主防水线采用三元乙丙弹性橡胶密封垫
	南京长江隧道(外径14.5m,内径13.3m,最高水位65m)	张开量为8mm、错位量为15mm时,防水指标为1.4MPa	①外侧三元乙丙顶部搭接遇水膨胀弹性密封垫。②内侧遇水膨胀弹性材料
	南京纬三路隧道(外径14.5m,内径13.3m 最高水位72m)	张开量6mm、错位量15mm时,防水指标为1.3MPa	①外侧EPDM弹性密封垫。②内侧遇水膨胀橡胶密封条
	荷兰绿色心脏隧道(外径14m,内径12.8m)		①单道三元乙丙弹性密封垫。②部分管片接缝外沿设置挡水条
	德国易北河第四座道路隧道(外径13.75m,内径12.35m,最大水头50m)	①张开量为6mm、错位量为15mm时,防水指标为1.2MPa。②张开量为9mm、错位量为15mm时,防水指标为0.9MPa	两道弹性密封垫
	武汉长江隧道(外径11.38m,内径10.0m,最高水位57m)	张开量为8mm、错位量为15mm时,防水指标为1.5MPa	①两道弹性密封垫。②外道密封垫用三元乙丙顶部搭接遇水膨胀
	南京地铁10号线(外径11.2m,最高水位60.79m)	张开量为6mm、错位量为8mm时,防水指标为1.22MPa	两道三元乙丙弹性密封垫

经过对比研究,类似工程中单、双道弹性密封垫均有实例,但由于汕头海湾隧道地处高地震烈度区、水压高,且盾构隧道断面大,采用两道弹性密封垫作为管片防水措施。

6.6.3 盾构管片弹性密封垫材料

目前,盾构管片接缝防水材料主要有三元乙丙橡胶带和遇水膨胀止水条两种类型,德国、英国等欧洲国家主要采用三元乙丙橡胶带止水,日本则大多采用膨胀止水条。

我国采用三元乙丙橡胶带或遇水膨胀止水条的盾构隧道均有,也有采用两者组合的方式。如武汉长江隧道、南京长江隧道;或者外侧弹性密封垫选用三元乙丙橡胶,内侧弹性密封垫选用遇水膨胀橡胶,如狮子洋隧道、南京市纬三路隧道、上海长江隧道等。

三元乙丙橡胶密封垫和遇水膨胀橡胶密封垫优缺点比较见表6.6-2。

两类材质密封垫性质对比表 表6.6-2

材 质	优 点	缺 点
三元乙丙橡胶	耐久性能好,物质析出少;生产工艺成熟,已经普遍应用,耐久性、耐腐蚀性较好	接触应力长期衰竭明显,防水能力增长的同时,拼装闭合压缩力也同时增长
遇水膨胀材料	施工初期拼装压力小,遇水膨胀后可补偿应力松弛损失	产品质量参差不齐,物质析出难控制,若膨胀率过大,则容易从沟槽中脱落失效。耐久性、耐腐蚀性较差

从材料的耐久性和耐腐蚀性出发,海湾隧道盾构管片接缝橡胶密封垫采用三元乙丙作为弹性密封垫的材料。

6.6.4 橡胶密封垫的防水性能试验

试验的主要内容:橡胶基本物理性能检测;橡胶密封垫压缩变形试验;橡胶密封垫在指定张开量和错位量下的耐水压水能力,模拟管片环纵缝部位的错缝拼装形式,设计了T形缝试验;设计了老化后的应力松弛试验,并推算其使用寿命。

试验过程及结果如下所述。

1)普通段管片第一种断面橡胶密封垫试验

橡胶密封垫试验产品断面如图6.6-2所示。

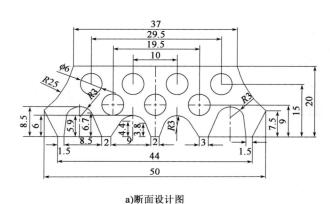

a)断面设计图　　　　　　　　b)实物照片

图 6.6-2　橡胶密封垫试验产品断面(尺寸单位:mm)

(1)橡胶密封垫压缩变形试验

橡胶密封垫在使用时,首先应考虑施工环境。如其需要的装配应力很大,管片拼装不能提供足够拼装力,密封垫不能满足压缩设计要求,造成管片接缝过大,不但影响管片拼装质量,而且影响管片防水性能。

因此,为了满足管片拼装要求,采用密封垫装配应力试验装置对密封垫的装配应力(压缩变形性能)进行试验。

①试验简介。

压缩变形试验通过对密封垫试件的加压,得出管片压缩时橡胶密封垫所承受压力与压缩变形量之间的关系,再根据关系曲线考察其压缩变形特性。

条形试件密封垫的端头设置紧贴限位装置,以避免断面构造所设圆孔中的空气泄漏而影响压力与压缩变形量之间数据的准确性。管片拼装机将橡胶密封垫压缩至理想状态(张开量为0mm、错位量为0mm)所需的拼装力应小于盾构推力,试验过程如图6.6-3所示。

②试验结果及数据分析。

在理想状态下(张开量为0mm、错位量为0mm),橡胶密封垫的压缩变形曲线如图6.6-4所示。

a)密封垫压缩前

b)密封垫压缩中

c)密封垫压缩完毕

d)密封垫压缩试验仪

图 6.6-3　橡胶密封垫压缩变形试验

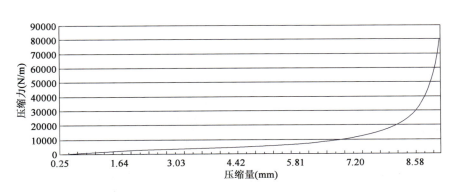

图 6.6-4　橡胶密封垫试验压缩变形曲线

试验设备能提供的最大压缩力超过 100kN/m，通过压缩应力试验可知，将拟用橡胶密封垫压缩至理想状态时所需的装配应力为 81kN/m，满足使用要求。

橡胶密封垫的压力与压缩量曲线中部存在一定的"平坦区"。"平坦区"的出现意味着在压缩量相对较低时(管片接缝张开量相对较大时)抗水压能力仍较强,而管片完全闭合、橡胶密封垫完全压紧时压缩应力也不至于过大,不会造成管片损害。

(2)橡胶密封垫防水试验

为检验拟用橡胶密封垫截面形式的止水能力,验证橡胶密封垫在允许错位量和张开量下的工作性能,设计了橡胶密封垫的T形缝试验,用于模拟盾构管片环纵缝接口处耐水压试验。

①试验简介。

耐水压试验通过对密闭成框的弹性橡胶密封垫的T形缝试件,采用水压每增加0.2MPa,停顿5min的间歇方式,检验其在不同管片张开量、不同管片接缝错位量的抗水压能力。

《地下工程防水技术规范》(GB 50108—2008)规定:"管片接缝密封垫应满足在计算的接缝张开量和估算的错位量下,埋深水头2~3倍水压下不渗漏的技术要求"。

海湾隧道盾构段承受的最大水头高为40m,弹性橡胶密封垫长期防水指标确定为0.4MPa,短期防水指标为1.2MPa。

盾构管片橡胶密封垫T形缝防水试验如图6.6-5所示。

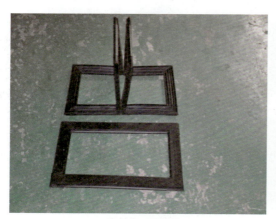

a)密封垫T形试件

b)密封垫防水试验工装

c)T形试件底部安装

d)T形试件上部安装

图6.6-5　橡胶密封垫T形缝防水试验示意图

②试验结果及数据分析。

在不同错位量和张开量下对橡胶密封垫进行 T 形缝试验,试验结果见表 6.6-3。

试验橡胶密封垫 T 形缝试验数据表 表 6.6-3

工 况	错位量(mm)	张开量(mm)	压缩率(%)	最大水压力(MPa)	是 否 漏 水
工况一	0	0	50	1.4	否
		2	45	1.4	否
		4	40	1.4	否
		6	35	1.4(极限压力2.4)	否
		8	30	1.4(极限压力1.7)	否
		10	25	1.4(保压时漏水)	是
工况二	5	0	50	1.4	否
		2	45	1.4	否
		4	40	1.4	否
		6	35	1.4(极限压力2.2)	否
		8	30	1.4(极限压力1.6)	否
		10	25	0.8	是
工况三	10	0	50	1.4	否
		2	45	1.4	否
		4	40	1.4	否
		6	35	1.3	是
		8	30	0.9	是
		10	25	0.3	是
工况四	15	0	50	1.4	否
		2	45	1.4	否
		4	40	1.4	否
		6	35	1.4(极限压力1.6)	否
		8	30	0.4	是
		10	25	0.2	是
工况五	20	0	50	1.4	否
		2	45	1.4	否
		4	40	1.4	否
		6	35	1.0	是
		8	30	0.4	是
		10	25	0.2	是

试验所用橡胶密封垫在盾构管片最大张开量为6mm、最大错位量为15mm的工况下,能在1.4MPa 水压下稳压2h不漏水,且能承受的最大水压力为1.6MPa。

通过对漏水点的位置进行分析,可以得出以下结论:

a. 盾构管片容易发生沟槽渗水的情况，即使橡胶密封垫的弹性性能较好，水流也可能沿着橡胶密封垫与混凝土管片的接触面发生渗漏。

b. 试验结果显示，接触面渗水均发生在管片纵缝与环缝的交点处，如图 6.6-6 所示。

图 6.6-6　T 形缝试验接触面漏水点示意图

2）普通段管片第二种断面橡胶密封垫试验

橡胶密封垫试验产品断面如图 6.6-7 所示。

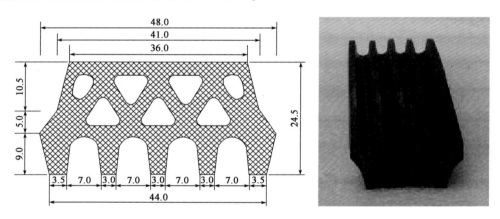

图 6.6-7　橡胶密封垫试验产品断面（尺寸单位：mm）

（1）胶密封垫缩变形试验

在理想状态下（张开量为 0mm，错位量为 0mm）盾构管片橡胶密封垫的压缩变形曲线如图 6.6-8 所示。

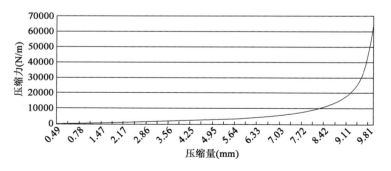

图 6.6-8　橡胶密封垫第二次试验压缩变形曲线

盾构管片安装机的最大推力为55~75kN/m，通过压缩变形试验可知，将试验所用橡胶密封垫压缩至理想状态时所需的装配应力为63.9kN/m，小于管片安装机可以提供的最大荷载75kN/m，故满足使用要求。

（2）橡胶密封垫防水试验

海湾隧道盾构管片接缝橡胶密封垫第二次防水试验的技术指标为：

①在正常使用状态下，错位量为10mm、张开量为8mm时的短期防水指标为1.2MPa，长期防水指标为0.4MPa。

②在地震状态下，错位量为10mm、张开量为15mm时的短期防水指标为0.8MPa，长期防水指标为0.4MPa。

盾构管片橡胶密封垫的T形缝防水试验结果见表6.6-4。

第二次 T 形缝防水试验结果　　　　　　　　　　　　　　　表6.6-4

工况	错位量（mm）	张开量（mm）	最大水压力（MPa）	压缩率（%）	是否满足要求
工况一	10	8	0.8	26.5	否（<1.2MPa）
工况二	10	15	0.2	12.2	否（<0.8MPa）

橡胶密封垫两次压缩变形曲线对比如图6.6-9所示。

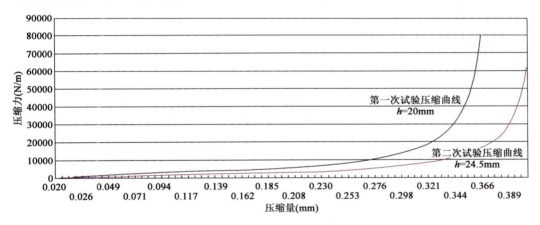

图6.6-9　橡胶密封垫两次压缩变形曲线

两次试验橡胶密封垫截面尺寸参数对比见表6.6-5。

两次试验橡胶密封垫截面尺寸参数对比　　　　　　　　　　表6.6-5

试验批次	截面面积（mm²）	骨架面积（mm²）	高度（mm）	开孔率（%）	硬度（度）	沟槽填充率（%）	压缩率（%）
第一次试验	877.2	495	20	43.6	70	1.03	35
第二次试验	1041.71	667.35	24.5	35.95	65	0.99	26.5

对影响橡胶密封垫的防水性能的因素进行了试验研究，研究结果显示：

①密封垫硬度在密封垫压缩全过程中均起到重要作用，硬度越大、密封垫防水能力越强。较小的硬度改变会带来密封垫防水能力的巨大变化。

②密封垫沟槽体积填充率随接缝张开量的减少对防水能力的贡献逐渐增加。当张开量较小时，较小的体积填充率变化可带来防水能力的大幅提高；当张开量较大时，体积填充率对橡

胶密封垫防水能力影响不大。

因此,第二次防水试验失败的原因有以下几点:

①由于第二次试验盾构管片密封垫沟槽由第一次的10mm增长为14mm,所以当管片接缝达到指定张开量时,橡胶密封垫压缩率较小,无法满足使用要求。

②通过表6.6-5的对比,第二次试验橡胶密封垫截面的硬度、沟槽填充率均小于第一次试验。

③橡胶密封垫的接触应力与防水能力成正比,在压缩量相同时,第一次试验所需的压缩力大于第二次试验。

3) 普通段管片第三种断面橡胶密封垫试验

此次密封垫采用与第二次试验密封垫的截面形式及材料相同的密封垫,不同之处仅沟槽深度由14mm变为12mm,故不再对密封垫的压缩变形实验及基本性能进行测试,直接进行T形缝防水试验,部分试验数据见表6.6-6,试验过程如图6.6-10和图6.6-11所示。

第三次 T 形缝防水试验结果表　　　　　　表6.6-6

工况	错位量(mm)	张开量(mm)	最大水压力(MPa)	是否满足要求
工况一	10	10	1.8	是(>1.2MPa)
工况二	15	10	1.6	是(>1.2MPa)

图 6.6-10　错位量 10mm

图 6.6-11　错位量 15mm

通过表6.6-6可知:

(1) 橡胶密封垫在错位量为10mm、张开量为10mm时能承受1.8MPa的水压,满足短期防水指标1.2MPa的要求。

(2) 橡胶密封垫在错位量为15mm、张开量为10mm时能承受的最大水压为1.6MPa,满足短期防水指标1.2MPa的要求。

因此在密封垫高度为24.5mm、槽深为12mm时能够满足防水要求。密封垫的漏水多为拐角接头处,如在拐角接头处的加工过程中严格控制接头质量,还可以继续提高密封垫的防水性能。

4) 抗震段管片橡胶密封垫试验

为保证抗震段的防水效果,设计时将密封垫厚度提高至29mm,其他尺寸不变,如图6.6-12所示,槽深采用14mm。

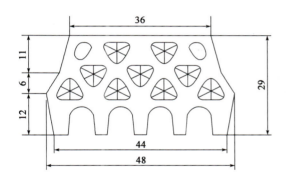
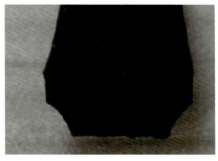

图 6.6-12　橡胶密封垫试验产品断面(尺寸单位:mm)

（1）橡胶密封垫缩变形试验

在理想状态下(张开量为 0mm、错位量为 0mm)盾构管片橡胶密封垫的压缩变形曲线如图 6.6-13 所示。

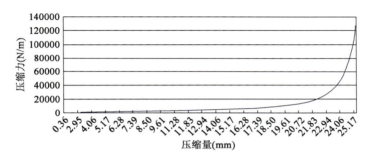

图 6.6-13　橡胶密封垫第三次试验压缩变形曲线

通过第三次压缩变形试验可知,将橡胶密封垫压缩至理想状态时所需的装配应力为 125.5kN/m,所需装配应力较大,需降低产品的硬度来满足装配要求。

（2）橡胶密封垫防水试验

盾构管片接缝橡胶密封垫防水试验的技术指标为:

①在正常使用状态下,错位量为 10mm、张开量为 8mm 时的短期防水指标为 1.2MPa,长期防水指标为 0.4MPa。

②在地震状态下,错位量为 10mm、张开量为 15mm 时的短期防水指标为 0.8MPa,长期防水指标为 0.4MPa。

盾构管片橡胶密封垫的 T 形缝防水试验结果见表 6.6-7。

T 形缝防水试验结果表　　　　　表 6.6-7

工　况	错位量(mm)	张开量(mm)	最大水压力(MPa)	是 否 漏 水
工况一	10	8	1.2	否
			1.8	否
工况二	10	15	0.8	否
			1.2	是

根据表6.6-7的试验结果可知：

①橡胶密封垫在错位量为10mm、张开量为8mm时能承受1.8MPa的水压，满足1.2MPa的防水指标。

②橡胶密封垫在错位量为10mm、张开量为15mm时能承受的最大水压为0.8MPa，满足0.8MPa的防水指标。

6.6.5 橡胶密封垫耐久性试验及使用寿命预测

对于盾构密封垫使用寿命的预测，目前国内外通常采用热氧加速老化的方式进行预测。认为橡胶密封垫的自然老化与热氧加速老化相仿，都服从于"阿累尼乌斯方程"。因此目前推测橡胶密封垫使用寿命通常通过"阿累尼乌斯图"外推或者基于"阿累尼乌斯方程"的"$P\text{-}T\text{-}t$"三元模型进行计算。

1）预测模型简介

（1）阿累尼乌斯图外推模型

当温度升高的时候，一般情况下化学反应的速率会提高，对于某些有机化学反应，提高温度10℃意味着提高了2~3倍的反应速率。温度和化学反应速率的关系可以用阿累尼乌斯方程式[式(6.6-1)]表示。

$$K(T) = A \cdot e^{-\frac{E}{RT}} \qquad (6.6\text{-}1)$$

式中：$K(T)$——反应速率的常数($\min^{-1}$)；

A——指数因数($\min^{-1}$)；

E——活化能(J/mol)；

R——摩尔气体常数，$R = 8.314 \text{J/(mol·K)}$；

T——热力学温度(K)。

化学反应的关系以式(6.6-2)表示：

$$F_x(t) = K(t) \cdot t \qquad (6.6\text{-}2)$$

式中：$F_x(t)$——反应关系的函数；

t——反应时间(min)。

在不同的反应温度 T_i 下，不同的反应速率 K_i 以不同的反应时间 t_i 达到相同的临界值 F_a 为：

$$F_a(t_i) = K_i(T_i) \cdot t_i \qquad (6.6\text{-}3)$$

将式(6.6-1)代入式(6.6-3)，合并常数项 B 以后以对数式(6.6-4)表示：

$$\ln t_i = E/(RT_i) + B \qquad (6.6\text{-}4)$$

在相应的曲线中，$\ln t_i$ 与热力学温度的倒数 $1/T$ 呈线性关系，斜率为 E/R，这就是阿累尼乌斯图，通常情况下，时间的对数 $\ln t$ 与热力学温度的倒数 $1/T$ 呈现阿累尼乌斯关系曲线。在主要的老化反应相同的温度范围内，活化能是常数。当用外推法以短时间的数据预测长时间的性能时，必须以短时间的数值做出适宜的曲线。

（2）"$P\text{-}T\text{-}t$"三元模型

老化性能指标(P)与老化温度(T)和老化时间(t)三者的关系可以用式(6.6-5)表示：

$$\lg\left[-\lg\left(\frac{P}{B}\right)\right] = b_0 + b_1 \lg t + b_2 \frac{1}{T} \tag{6.6-5}$$

式中：P——老化系数，对于应力松弛试验 P 为老化后的应力与初始应力的比值；

B——接近于 1 的常数；

t——老化时间（d）；

T——老化试验温度（K）；

b_0、b_1、b_2——待定系数。

将式（6.6-5）变形可得式（6.6-6）：

$$y = B \times 10^{-10(b_0 + b_1 \lg t + b_2 \frac{1}{T})} \tag{6.6-6}$$

利用二元回归即可求出 b_0、b_1、b_2 的值，待定参数 B 可以通过逐次逼近方法求得。

2）橡胶密封垫耐久性试验

（1）橡胶密封垫耐久性试验简介

橡胶密封垫的耐久性试验通过测量弹性橡胶密封垫老化后的应力松弛来推测其使用寿命。试样和夹具如图 6.6-14 所示，老化试验如图 6.6-15 所示。

a) 耐久性试验试样

b) 耐久性试验夹具

图 6.6-14　耐久性试验试样和夹具

图 6.6-15　老化试验示意图

(2) 胶密封垫耐久性试验结果

测定了橡胶试样在不同温度下老化不同小时后的应力保持系数,试验数据见表6.6-8。

橡胶试样老化后应力保持系数   表6.6-8

老化时间(h)	老化温度(K)					
	343.15		363.15		383.15	
	试样1	试样2	试样1	试样2	试样1	试样2
0	1	1	1	1	1	1
3	0.978	0.917	0.966	0.859	0.818	0.875
18	0.953	0.884	0.945	0.833	0.783	0.852
21	0.914	0.809	0.915	0.82	0.759	0.793
36	0.875	0.799	0.859	0.768	0.722	0.757

将老化后的数据代入"$P\text{-}T\text{-}t$"三元数学模型,利用软件进行二元回归求解出 b_0、b_1、b_2,并利用逐次逼近法求出参数 B,各参数的值见表6.6-9。

"$P\text{-}T\text{-}t$"三元模型各参数值   表6.6-9

参数	b_0	b_1	b_2	B
数值	2.995	0.292	-1521.43	0.951

将表6.6-9所示的数据代入公式(6.6-6)中,可得:$y = 0.833$。可以认为,橡胶密封垫在使用100年后其应力保持率为83.3%。由此可计算出百年后的耐水压能力为:

普通段为 $1.6 \times 83.3\% = 1.33$ MPa,大于汕头海湾隧道盾构段管片接缝长期防水指标(0.4MPa),满足耐久性的要求。

抗震段为 $0.8 \times 83.3\% = 0.67$ MPa,大于汕头海湾隧道盾构段管片接缝长期防水指标(0.4MPa),满足耐久性的要求。

在隧道耐久性研究中对管片接缝橡胶密封垫的装拼适应性、耐水压能力和耐久性等方面进行了详细的研究,研究主要结论如下:

①海湾隧道地处高地震烈度区,地质软硬不均,水压高,且盾构隧道断面大,因此,从安全角度出发,建议采用两道弹性密封垫作为管片防水措施。

②通过工程类比分析,海湾隧道盾构段管片接缝推荐采用双道防水,弹性密封垫的材料采用三元乙丙橡胶。

③所设计的两种截面形式(高度分别为24.5mm、29mm)的弹性密封垫均能满足海湾隧道盾构段的防水要求和施工要求。在地震影响较大的地段推荐采取断面高度为29mm的弹性密封垫;在地震影响较小的地段推荐采取断面高为24.5mm的弹性密封垫。

④对弹性密封垫的材料进行了耐久性试验(老化后的应力松弛试验),并进行了耐久性分析。通过分析可知,试验所用的橡胶材料在自然状态下百年后的应力保持率为0.833,由该种材料制成的弹性密封垫百年后的防水能力分别为1.33MPa(普通段)、0.67MPa(抗震段)。

6.7 本章小结

本章通过对汕头海湾隧道盾构管片高性能混凝土、盾构管片弹性橡胶密封垫展开了试验研究,并对钢筋混凝土管片、钢管片及连接螺栓等构件的防腐措施进行分析研究,取得了以下成果。

(1)海湾隧道南岸明挖段内外侧按Ⅲ-E级考虑,属非常严重海洋氯化物环境;盾构段内外侧按Ⅲ-E级考虑,属非常严重海洋氯化物环境;北岸明挖段内外侧按Ⅲ-D级考虑,属严重海洋氯化物环境。

(2)盾构管片混凝土强度采用C50能满足耐久性要求;根据管片内力计算结果,盾构隧道管片混凝土强度等级需采用C60,因此,隧道盾构管片混凝土强度等级采用C60。

(3)盾构段的混凝土抗渗等级必须满足P12要求;明挖段的混凝土抗渗等级必须满足P10要求。在氯化物环境侵蚀作用下,混凝土自身的氯离子扩散系数D_{RCM}(28d龄期)应小于$4 \times 10^{-12} m^2/s$。

(4)研究了混凝土的自生收缩和干燥收缩性能。试验结果表明,在满足强度和耐久性指标的前提下,适当增大矿物掺和料用量,并做好早期养护对减小混凝土的自生收缩、提高混凝土结构耐久性十分有利。

(5)管片螺栓防腐建议采用渗锌+锌基铬酸盐+封闭层的防腐措施,涂层总厚度建议为50~70μm。

(6)钢管片采用管片外防腐涂层与牺牲阳极的阴极保护相结合的防腐措施。即外侧采用三层PE防腐层,热熔结环氧底层的厚度为60~80μm、聚合物胶黏剂层厚度为170~250μm、聚乙烯外层的厚度为1.5mm;采用Al-Zn-In合金或者Al-Zn-In-Mg-Ti合金作为牺牲阳极。鉴于钢管片防腐、经济性等因素,最终施工阶段采用钢筋混凝土管片方案代替了钢管片方案。

(7)设计的两种管片弹性橡胶密封垫,经试验证明能满足汕头海湾隧道抗震条件下盾构管片的耐水压性能及应力松弛耐久性要求。

本章参考文献

[1] 贺维国,刘庆方.汕头海湾隧道工程关键技术[J].盾构与掘进,2015,3(2):9-18.
[2] TAN Z S, HE W G, WANG M S. A study on engineering geological problems and the railway tunnel plan of qiongzhou strait [J]. Tunnel Construction, 2017.
[3] 贺维国,宋超业,杜宝义.中国跨越海域最长地铁区间隧道—厦门地铁3号线五刘区间[J].隧道建设(中英文),2018,38(03):501-504.
[4] 袁大军,吴俊,沈翔,等.超高水压越江海长大盾构隧道工程安全[J].中国公路学报,2020,33(12):26-45.
[5] 周华贵.汕头市海湾隧道工程海域段平纵横方案研究[J].隧道建设(中英文),2018(7):1189-1195.
[6] 宋超业.高水压过海盾构隧道建设关键技术可行性初探[J].隧道建设(中英文),2020(5):717-726.

[7] 范国刚.大直径盾构井逆作外包防水设计[J].中外公路,2015(3):214-218.

[8] 范国刚.大直径盾构隧道盾构井顺作法与逆作法受力分析对比[J].现代隧道技术,2015(5):158-164.

[9] 王涵,贺维国,袁勇.琼州海峡铁路跨海隧道全寿命风险评价[J].隧道建设,2018,38(9):1513-1519.

[10] 宋超业,贺维国.氯化物环境暗挖海底隧道支护结构的耐久性设计[J].现代隧道技术,2016,53(2):165-172.

[11] 王淑萍,王思远,张春,等.高性能混凝土的研究现状和发展应用[J].北方交通,2007(4):47-50.

[12] 覃维祖.混凝土耐久性研究的现状和发展动向[J].建筑技术,2001(1):12-15.

[13] 李志军.海底环境下盾构隧道混凝土结构耐久性研究[D].北京:北京交通大学,2015.

[14] 姜福香,赵铁军,苏卿,等.海底隧道衬砌混凝土耐久性研究[J].混凝土,2007(12):19-22

[15] 宋以深.盾构隧道管片混凝土抗氯离子侵蚀耐久性与寿命预测研究[D].北京:北京交通大学,2015.

[16] 付飞.桥梁桩基高性能混凝土的抗氯离子侵入性研究[D].西安:西安交通大学,2009.

[17] 洪乃丰.混凝土中钢筋腐蚀与结构物的耐久性[J].公路,2001(2):66-69.

[18] 谷坤鹏,王成启.混凝土硫酸盐侵蚀的研究现状[J].广东建材,2010(8):31-34.

[19] 高立强.混凝土硫酸盐侵蚀抑制措施及其机理研究[D].成都:西南交通大学,2008.

[20] 张喜德,韦树英,彭修宁.钢筋锈蚀对混凝土抗压强度影响的试验研究[J].工业建筑,2003(3):5-7.

[21] 吕清芳.混凝土结构耐久性环境区划标准的基础研究[D].杭州:浙江大学,2007.

[22] 骆世刚.高性能砼集料碱活性反应机理及预防措施[J].现代企业文化,2010(17):150-151.

[23] 苏凤莲,王萍,邵菁,等.混凝土碱集料反应问题及预防措施[J].华北水利水电学院学报,2002(4):22-25.

[24] 陈晓玲.混凝土碱集料反应的机理及危害防止措施[J].山西建筑,2004(23):91-92.

[25] 韩志超.滨海地铁工程环境水腐蚀分析及防腐混凝土试验研究[D].邯郸:河北工程大学,2018.

[26] 李冰.粉煤灰、矿渣双掺混凝土在海底隧道二次衬砌中的应用研究[J].公路交通技术,2007(5):81-84.

[27] 王波.海底隧道结构可靠性综合评估体系初探[J].四川建筑,2009(6):157-158.

[28] 刘伟,王命平,赵铁军,等.胶州湾海底隧道二次衬砌混凝土的耐久性设计[J].海岸工程,2008(2):9-16.

[29] 杨亮,苏强,吴波.南京玄武湖隧道关键施工技术[J].施工技术,2003(9):1-3.

[30] 李勇军.武汉长江隧道工程施工技术[J].隧道建设,2008(3):318-323.

[31] 杨寒冰,田世文,杨思忠.预制盾构管片高性能混凝土的研究和应用[J].混凝土与水泥制品,2006(4):31-33.

[32] 韩建国,阎培渝.系统化的高性能混凝土配合比设计方法[J].硅酸盐学报,2006(8):1026-1030.

[33] 丁杨,邓文武,孟伟,等.隧道混凝土结构使用寿命评价[J].混凝土,2017(1):28-32.

[34] 魏亮.长输管线防腐技术的研究[D].西安:西安石油大学,2015.

[35] 高楠.大断面海底盾构隧道管片接缝防水试验研究[D].北京:北京交通大学,2016.

[36] 丁杨,孟伟,邓文武.盾构管片橡胶密封垫断面形式设计及耐久性研究[J].特种橡胶制品,2016(4):45-49.

[37] 赵运臣,肖龙鸽,刘招伟,等.武汉长江隧道管片接缝防水密封垫设计与试验研究[J].隧道建设,2008(5):570-575.

[38] 于娇.水下大直径盾构隧道管片衬砌力学特性及接缝防水研究[D].北京:北京交通大学,2010.

[39] 陆明.外滩隧道中盾构隧道衬砌接缝密封垫防水试验[J].中国市政工程,2010(S1):135-137.

[40] 王民.隧道盾构施工管片橡胶密封垫的材料和结构及产品性能特性[J].特种橡胶制品,2005(1):42-46.

第 7 章
机电系统设计技术

在隧道工程建设和运营过程中,机电工程是一项重要的系统工程,包括通风、消防、排水、照明、供配电及监控系统,各系统之间看似独立,实际又相互牵制。汕头海湾隧道具有建设条件复杂、海域段隧道长、环境要求高、交通量大和救援疏散难等特点,对隧道机电工程设计提出更高要求。本章在总结国内外公路隧道机电工程设计、修建和运营方面所取得的成果和经验的基础上,全面阐述了通风、消防、排水、照明、供配电、综合监控六大系统的设计关键技术。

7.1 隧道通风系统设计

7.1.1 隧道通风系统

1)隧道通风系统介绍

我国已经成为世界上公路隧道最多、发展最快的国家,其建设技术与运营水平正进入世界先进行列。在长大隧道方面,截至2020年,我国公路特长隧道1394座,公路特长隧道长度达到623.55万m;公路长隧道数量达到5541座,长隧道总长度为963.32万m。

在长大隧道建设与运营过程中,通风问题始终是一个重要的研究课题。设置隧道通风系统主要是为了解决隧道内外环境空气质量达标、行车安全和防排烟等问题,随着国内外长大隧道的不断建设,隧道通风方式也在不断发生变化。

由早期借鉴矿井通风思路,采用通风塔加通风道的全横向通风系统,演化到半横向通风系统,此两种通风方式被欧洲诸国普遍采用,并通过中部增设竖井将其运用到10km以上的特长公路隧道中;以日本和挪威为代表的部分国家,借鉴铁路隧道通风的理念创新出公路隧道纵向通风方式,该通风方式通过在隧道中间设置竖井、横洞或斜井,加大了纵向通风的适用距离;空气净化技术的应用也为隧道通风的发展起到了很大的推动作用,实现了隧道内空气的循环利用,减少了中间风井的建设数量,解决了隧道洞口排污的问题;同时,为了解决隧道长距离排烟问题,在纵向通风方式的基础上增加专用排烟风道,也是近年来隧道通风技术革新的一大创举,较好地解决了城市交通量大、容易发生阻滞的水下隧道无法分段设置排烟井的难题,从而大大增加了纵向通风方式的适用距离。

2)隧道通风的分类

隧道通风的分类方式有很多种,比较常用的分类方式是按照系统动力将其分为自然通风和机械通风,其中,机械通风按照气流组织形式又分为全横向通风、半横向通风、纵向通风和组合通风系统。

自然通风方式无须设置专门的通风设备,利用隧道内外温差、两洞口气压差、地表自然风及车辆活塞风可实现隧道通风换气。由于隧道内自然风受隧道周围环境影响,其大小、方向极不稳定,因此汽车排出的CO等污染物浓度难以控制,发生火灾时排烟能力也较差。按目前的经验和相关规范要求,不设任何通风加强措施的自然通风适用长度,对于山岭隧道而言一般不大于1km,对于城市隧道而言一般不超过500m。当城市隧道有条件采用通风天井、通风天窗、无动力风帽、太阳能烟囱等被动式通风方式时,可以适应更长的隧道通风需求。

《公路隧道通风设计细则》(JTG/T D70/2-02—2014)中规定,对于双向交通隧道,当 $L·N \geq 6 \times 10^5$ 时,对于单向交通隧道,当 $L·N \geq 2 \times 10^5$ 时,可设置机械通风,其中,L 为隧道长度(m);N 为设计小时交通量(veh/h)。以此作为采用机械通风的初步判定条件。而机械通风种类较多,系统组成复杂,初期投资大,运行维护管理要求高,因此,隧道通风系统设计必须结合土建结构建设条件,进行多方案比选,做到功能合理、技术先进、投资节省、运行节能。

目前常用的几种隧道机械通风方案各有利弊。通风方式的选择与隧道长度、交通流量、行车方式、洞口环保要求、隧道施工方法等多种因素有关。

(1)全横向通风

全横向通风是同时设置送风道和排风道,如图 7.1-1 所示,其特点是气流在隧道横断面方向上流动,因此只有横向的风流,污染物浓度沿隧道方向基本均匀。但是在单向交通时,因为交通风的作用,在纵向能产生一定风速,污染物浓度由入口到出口有逐渐增加的趋势,一部分污染空气能直接由出口排出,但基本可以认为送风量与排风量是相等的。

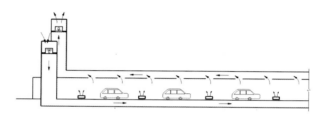

图 7.1-1 全横向通风系统示意图

1971 年建成的上海打浦路隧道是我国第一条采用全横向通风系统的公路隧道,隧道段全长 2382m,是当时我国采用欧美设计理念设计较先进的公路隧道。其后修建的上海延安东路北线隧道及深圳梧桐山隧道均采用了全横向通风系统。但全横向通风系统土建及机电系统复杂,投资巨大,系统运行调试困难,风阀等洞内设施维护不便。因此,上海打浦路隧道复线工程建设期间,对旧线进行封闭改造,将横向通风方式改为半横向通风方式,通过新设的轴流风机将新风从浦东低风塔送入,新风送到隧道内部,再通过车辆在隧道内产生的活塞风,将隧道内的空气从浦西风塔内排出,复线工程直接采用了纵向射流通风加洞口集中排风的方式。上海延安东路隧道在二期工程完成,改为双洞单向行驶后,北线隧道的横向通风改为纵向通风,复线工程采用了纵向射流通风加洞口集中排风的方式,出口侧污染空气 70% 从原隧道浦东 2 号风塔高空排放。深圳梧桐山隧道机电系统改造时,也将通风系统改换成全射流纵向通风系统。

全横向通风目前在我国隧道通风领域已经基本不再采用,但在欧美及东南亚等国家和地区,这种通风方式仍在长大隧道通风中广泛应用。

(2)半横向通风

半横向通风是从全横向通风发展形成的一种通风方式,它是利用隧道洞体作为进风或排风道,只需设一条风道,通过风道将新鲜空气横向进入车道,或通过排风口将污染空气横向吸入风道,隧道内从两端洞口排风或者进风(图 7.1-2)。隧道断面介于全横向通风和纵向通风之间,可以利用部分活塞风作用。与纵向通风不同,送风式半横向通风可以使隧道内的污染物浓度大体上分布均衡。

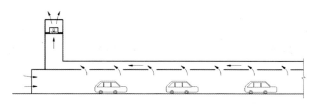

图 7.1-2 半横向通风系统示意图

半横向通风在公路隧道内存在一段与行车方向相反的纵向通风区段,因此可能在洞内出现纵向风速为零的中性点,隧道中部的新风难以保证,从而引起局部地段通风环境严重超标,影响行车安全。对于双向交通的隧道,半横向通风不论是送入式还是排出式,如果双向交通量和两端洞口的气象条件相等,隧道内的风压分布最大值为中间点,除这点以外风速向两端洞口呈线性递增;单向交通时,受纵向交通活塞风的影响,送风式通风的中性点多半移至入口以外,排风式的中性点靠近出口,附近的污染物浓度也就最高。

随着纵向通风技术的推广,这种通风系统在公路隧道也基本不再采用。1990年建成通车的珠海板障山隧道(全长 1210m)是国内为数不多采用半横向通风的公路隧道。

(3)纵向通风

在隧道内顶部每间隔一段距离布置一定数量的射流风机,利用射流风机的诱导和升压作用,形成一定的纵向风速推动和稀释污浊空气沿车道纵向流动,从隧道的一端洞口引入新风,从隧道一端排出洞外(图 7.1-3)。

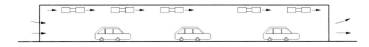

图 7.1-3 纵向通风系统示意图

纵向通风又分为全射流式、洞口集中送入式、通风井排出式及通风井送排式等多种方式(图 7.1-4),可根据隧道结构形式、交通量、火灾处理、工程造价、运营费用及洞口环境等因素进行综合比选。

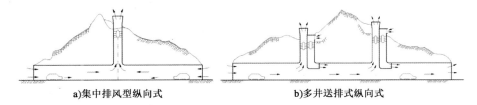

a)集中排风型纵向式   b)多井送排式纵向式

图 7.1-4 纵向通风方式示意图

纵向通风方式主要适用于单向行车隧道,也常用于单洞双向行车的短隧道。该通风方式土建工程量小、运营费用较低、方式多样、选择灵活、受制约因素少,能充分发挥汽车的交通升压力(活塞风)。不设置专用排烟道时,需通过车行道排烟,排烟的流程较长。近年来,纵向通风及各种纵向组合通风方式已经成为公路隧道中的主流通风方式。

国外早期修建的公路隧道,一直采用横向通风排烟方式,大部分学者都认为这是最安全的隧道通风方式。1999年勃朗峰隧道发生火灾造成38人死亡,火灾调查结果发现单个风口排烟效果更好，进而有学者开始反思全横向和半横向通风方式的适用性。与此同时，我国开始修建大量的特长隧道，借鉴成渝高速中梁山隧道和缙云山隧道通风方案的研究成果，得益于纵向通风方式控制简单、工程造价低的特点，加上纵向通风也能有效控制火灾烟气流动，纵向通风方式得到了广泛应用。

对于纵向通风方式的适用长度，相关规范及学术研究都做了大量的论证工作。如果分段长度过长，势必导致断面风速增加，活塞风的利用率下降，运营费用就会增加；但若设计风速过小就会增加通风分段数量，从而增加土建建设费用和通风设备的前期投入。因此，既要考虑隧道断面风速控制，同时也要考虑经济合理的隧道分段长度，单向交通隧道的设计风速控制在10m/s以下，纵向通风的分段长度不大于5km；双向交通隧道的设计风速控制在8.0m/s以下，纵向通风的分段长度不大于3km。对于城市水下隧道，需要同时考虑水域范围、隧道洞口污染气体排放对附近空气环境质量的影响等因素，隧道分段长度及风塔设置往往也受制于此。

随着隧道通风技术的迅速发展以及特长隧道的不断出现，采用单一的通风方式很难满足隧道通风需要，两种或多种通风方式组合构成的通风方式得到了广泛应用。目前，在国内已修建或在建的特长隧道中，通风方式多以各种纵向式通风方式及其各种组合方式为主，如斜竖井分段纵向+射流风机通风方式、斜竖井分段纵向+空气交换站通风方式、双洞互补式（图7.1-5）、纵向通风+重点排烟、纵向通风+空气净化除尘技术等。

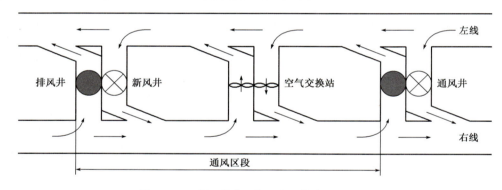

图7.1-5 双洞互补式示意图（用以辅助通风竖井）

3）公路隧道通风系统案例

国内外部分特长公路隧道通风方案统计分别见表7.1-1、表7.1-2。

国内部分特长公路隧道通风方案统计　　　　表7.1-1

序号	隧道名称	长度(m)	地区	竣工年份	竖井/斜井 最大通风长度(m)	通风方案
1	秦岭终南山隧道	18020	陕西	2007	3/0 5080	左右洞共用3座竖井（每井四格）各分4段送排式纵向通风
2	米仓山隧道	13792	四川	2017	1/2 3990	左右线共用2座斜井、1座竖井，4区段分段纵向通风
3	西山隧道	13600	山西	2012	2/2 4930	左右线各1座斜井、1座竖井，3区段分段纵向通风

续上表

序号	隧道名称	长度(m)	地区	竣工年份	竖井/斜井 最大通风长度(m)	通风方案
4	雅康二郎山隧道	13400	四川	2018	0/4 5320	左右线各2座斜井，3区段分段纵向通风
5	虹梯关隧道	13235	山西	2009	0/4 5074	左右洞分别设置2座斜井各分3段送排式纵向通风
6	坪林隧道	12900	台湾	2005	3/0	左右洞分别设置3座竖井分段纵向式
7	麦积山隧道	12290	甘肃	2009	4/0 5178	左右洞分别设置2座竖井分段纵向式
8	大坪里隧道	12288	甘肃	2009	5/0 5120	左线2座竖井、右线3座竖井，分段纵向通风
9	云山隧道	11400	山西	2015	0/2	左右洞分别设置2座斜井各分3段纵向通风
10	包家山隧道	11185	陕西	2011	1/3 6109	右洞2座斜井、1座竖井分4段纵向通风，左洞1座斜井送排式纵向通风
11	宝塔山隧道	10391	山西	2012	0/3 5465	斜（竖）井送排式纵向通风
12	上海长江隧道	8895	上海	2010	0/2 7500	全纵向通风+重点排烟
13	翔安海底隧道	6050	福建	2011	2/0 4741	竖井送排式纵向通风排烟
14	胶州湾海底隧道	7797	山东	2011	3/0 3496	竖井送排式分段纵向通风排烟
15	港珠澳大桥海底隧道	6243	广东	2018	2/0 5664	竖井排风型分段纵向+重点排烟
16	深中通道海底隧道	6150	广东	在建	2/0 6150	竖井排风型分段纵向+辅助烟道重点排烟
17	春风路隧道	4820	广东	在建	0/0 4119/4267	纵向通风+重点排烟+净化除尘
18	湘雅路隧道	3671	湖南	在建	0/0 2237	分散式竖井排风纵向通风
19	营盘路隧道	2850	湖南	2011	1/0 2512	单竖井送排式纵向通风排烟
20	红谷隧道	2650	江西	2017	0/0 2815（含匝道）	全纵向射流通风排烟

国外部分特长公路隧道通风方案统计　　　　　　　表 7.1-2

序号	隧道名称	长度(m)	国家	竣工年份	竖井/斜井 最大通风长度(m)	通风方案
1	勃朗峰隧道	11600	法国—意大利	1965	1450	半横向通风、集中排烟
2	弗雷瑞斯隧道	12901	法国—意大利	1980	1/1 2345	全横向通风
3	格兰萨索隧道	10175	意大利	1984	—	纵向通风
4	圣哥达隧道	16900	瑞士	1980	2/2 1597	全横向通风
5	阿尔贝格隧道	13927	奥地利	1978	2/0 2470	全横向通风
6	关越隧道	11000	日本	1985	2/0 3735	纵向通风
7	莱达尔隧道	24510	挪威	2000	0/1 18000/10000	纵向通风+静电除尘

以下对国内部分已建或在建公路隧道通风系统做简单介绍。

(1)青岛胶州湾海底隧道

青岛胶州湾海底隧道是连接青岛市主城与辅城的重要通道,南接薛家岛,北连团岛,下穿胶州湾湾口海域,隧道工程(含接线隧道)右线全长约 7788m,左线全长约 7797m,海底段约 4050m。运营通风采用分段纵向通风方案,如图 7.1-6 所示,左右洞共用两座竖井送排式纵向通风,左洞出口在青岛城区增设 1 座竖井集中排风。当发生火灾时,人员通过人行横洞或车行横洞逃生至服务隧道或非火灾隧道,接线隧道发生火灾时可以通过紧急逃生口逃生至地面。

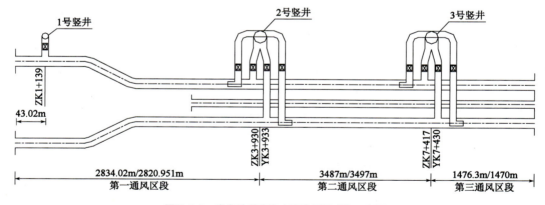

图 7.1-6　青岛胶州湾海底隧道通风系统示意图

(2)厦门第二西通道

厦门第二西通道全长 6335m,海域段长 3850m,为双向六车道城市道路,设计车速为 80km/h,采用左线两竖井分三段送排式纵向通风方式,右线单竖井分两段送排式纵向通风方式+静电除尘方案,服务隧道及匝道均采用全射流纵向式通风方案,如图 7.1-7 所示。

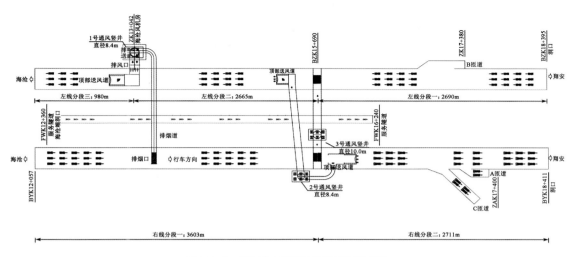

图 7.1-7 厦门第二西通道通风系统示意图

(3)长沙营盘路湘江隧道

长沙营盘路湘江隧道为城市中心区水下隧道,南线长约 2702m、北线长 3001m,为双向四车道城市道路,两岸各设置 2 条匝道,主线纵坡呈 V 字形布置,隧道东岸出口位于建成的城市中心区,商业、民用建筑物密集;西岸出口位于省级重点文物保护单位王陵公园附近。

隧道北线采用全纵向通风,南线采用送排式分段纵向通风方式,南线东岸洞口前 600m 与高层建筑合建通风塔,如图 7.1-8 所示。隧道内汽车尾气污染物集中排出,以减少对隧道东岸出口周围医院、学校、住宅区空气质量的影响。

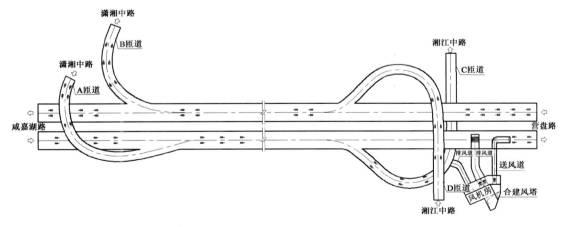

图 7.1-8 长沙营盘路湘江隧道通风系统示意图

(4)上海长江隧道

上海长江隧道为两管盾构隧道 + 明挖暗埋结构形式,盾构直径 13.7m,封闭段全长 8099m,盾构段长 7500m,左端明挖暗埋段 290m,右端明挖暗埋段 290m。隧道通风采用双竖井排风 + 射流风机 + 集中排烟通风方式,如图 7.1-9 所示。射流风机设置在盾构段,盾构段上层设置 12.5m² 土建排烟风道,火源热释放率取 50MW。

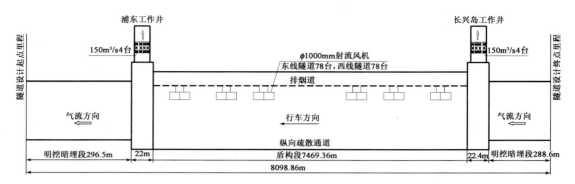

图 7.1-9　上海长江隧道通风系统示意图

(5) 长沙湘雅路隧道

长沙湘雅路隧道主线明挖段为双向四车道,盾构段为双向六车道,其中北主线隧道明挖敞口段长 307m,盾构隧道长 1400m,明挖暗埋段为 1636m;南主线隧道明挖敞口段长 328m,盾构隧道长 1398.5m,明挖暗埋段为 1944.7m;东、西岸共设置匝道四条,匝道为单向单车道,匝道长度共计 1601.1m。

隧道东西岸接线道路为桐梓坡路和湘雅路,均为城市主干路,设计速度为 50km/h,隧道火灾热释放率为 30MW。

隧道通风采用分散排风式纵向通风 + 集中排烟井方案,如图 7.1-10 所示。在隧道西岸银盆岭公园绿化范围内增设了排风井和排烟井,有效分散东西岸洞口集中排放污染物的压力,同时有效控制了隧道内排烟长度,保证每个排烟区段小于 3.0km,且对于西岸进出口分岔较多的情况,控烟效果较好。

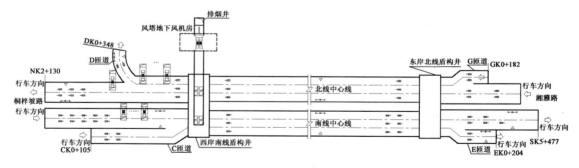

图 7.1-10　长沙湘雅路隧道通风系统示意图

(6) 港珠澳大桥海底隧道

港珠澳大桥海底隧道为双向六车道沉管隧道,全长 6243m,其中沉管段长 5664m。采用射流风机诱导型纵向通风 + 重点排烟的通风方式,如图 7.1-11 所示,在两端出口侧设置高排风塔。平时采用射流风机诱导型纵向通风方式,正常工况时活塞风足够使用,对于偶尔发生的阻塞工况,辅以一定的机械通风即可满足需风量要求。

隧道火灾热释放率取 50MW,并在两孔车道之间设置排烟道 16m²,排烟道上设置电动排烟口(间距根据避让结构接缝的要求取 67.5m),电动排烟口平时关闭,发生火灾时开启,通过设置在两端的排烟风机就近及时将烟气排离行车道,减少烟气影响范围,营造良好的疏散救援环境。

图 7.1-11　港珠澳大桥海底隧道通风系统示意图

(7) 深中通道海底隧道

深中通道海底隧道为双向八车道沉管隧道，全长 6845m，其中沉管段长 5035m，通风区段长度 6150m，东岸深圳侧设置 4 条进出口匝道。采用纵向全射流通风＋集中排烟方案，如图 7.1-12 所示，在两端出口侧设置高排风塔。选取火灾热释放率 50MW，中间廊道上部设置专用排烟道，风道面积不小于 15m²，重点排烟口布置采用侧向排烟口和顶部辅助横向排烟道相结合的方式，侧向排烟口设置间距在 85m 以内。横向排烟道每隔 165m 左右设置一处，尺寸为 0.8m×5.2m，为减少行车主洞通风阻力，采用弧面方案。

匝道隧道在 E、F 匝道交汇口附近设置集中排风口，正常运营工况下采用纵向全射流通风方案，火灾工况下采用集中排烟方案。匝道隧道逃生楼梯采用加压送风方案。

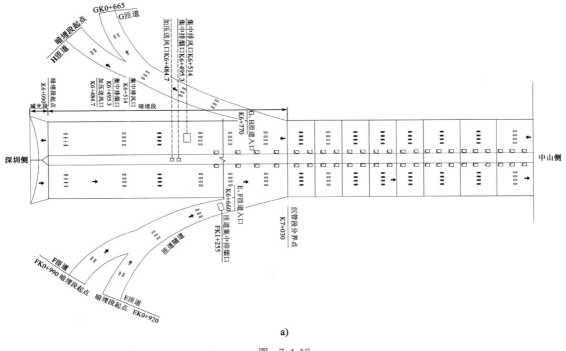

a)

图　7.1-12

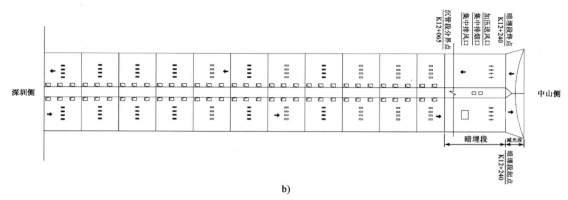

b)

图 7.1-12 深中通道海底隧道通风系统示意图

(8) 南昌红谷隧道

南昌红谷隧道位于南昌大桥、八一大桥之间，东岸以地下互通立交形式接沿江中大道、中山西路及朝阳洲中路，隧道全长约2650m，其中沉管段长度为1305m。隧道西岸设置一进一出匝道，东岸设置三进四出共七条匝道。工程按城市主干路、双向六车道标准设计，设计行车速度为50km/h。

隧道通风采用全射流纵向通风方式，如图 7.1-13 所示，火灾热释放速取20MW，各匝道通过控制断面风速实现纵向排烟。隧道东岸进出口匝道分合流处设置疏散大厅353m²，疏散大厅与匝道连通，可直通地面，疏散大厅及通道内设置独立的加压送风系统，有效缩短了火灾时人员疏散行动时间，保证人员安全疏散，有利于火灾时人员逃生。

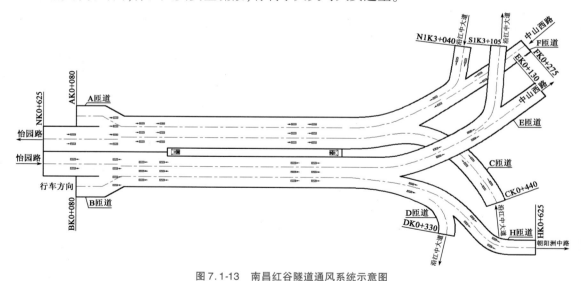

图 7.1-13 南昌红谷隧道通风系统示意图

7.1.2 汕头海湾隧道通风方案比选

1) 技术标准

隧道起点位于龙湖区天山南路与金砂东路交叉口，沿天山南路向南敷设，以直线行驶穿越苏埃湾海域，在南岸汕头跳水馆西侧约200m处上岸，经礐石风景名胜区和南滨规划片区之间的预留空地至虎头山山脚，与规划的安海路相接，如图 7.1-14 所示，线路全长 6.68km，隧道段全长 4835m，主隧道行车速度为 60km/h，出入匝道的行车速度为 30～40km/h；采用两管盾构+明挖暗埋结构形式。

图 7.1-14　隧道线路总平面鸟瞰图

根据《环境影响评价报告》(2010)，项目评价范围内北岸区域环境空气质量执行《环境空气质量标准》(GB 3095—1996)的二级标准；南岸区域环境空气质量执行《环境空气质量标准》(GB 3095—1996)的一级标准。两岸洞口不能直接作为全部污风排放点。为此两线隧道均在隧道出口端设置风塔，北岸风塔设置在北盾构井位置，中心里程距离洞口 875m；南盾构井位于海中央施工后需恢复海域，所以将南岸风塔位置向岸边推移，设置在明挖暗埋段，中心里程距离隧道洞口 170m，南北岸风塔效果如图 7.1-15 所示。

a)　　　　　　　　　　　　　　　　b)

图 7.1-15　隧道南、北岸风塔效果图

2）隧道通风方案比选

根据工程建设条件、工法选择及相关隧道通风案例，海湾隧道一般采用的方案有送风型或排风型半横向、竖井排出式分段纵向及分段纵向+重点排烟通风方案。由于全横向通风方案对土建结构影响较大，通风优势并不明显，此方案不再深入比选。

(1) 方案一：送风型半横向通风方案

在隧道中部盾构段顶部设置送风道，风道断面面积约为 18m²，按隧道不利工况需风量约 420m³/s，每管隧道风道风速将达到 12m/s，隧道全段不设射流风机。由于风道较长，对轴流风机风压要求较高。

在两岸设置风塔,风塔内设置 14 台轴流风机,总体布置如图 7.1-16 所示。其中两岸各设置 4 台轴流送风机,正常或阻塞工况下通过隧道顶部送风道向隧道内送风,两端同时送风,每端约为 210m³/s。风塔内设置排风机将隧道出洞口处的污染空气集中排放,两端各设置 3 台轴流排风机,每端排风量约为 300m³/s。当隧道盾构段发生火灾时,仅开启火灾区域附近 120m 范围内的风口,其他风口迅速关闭,送风机逆转从隧道上部风道排除烟气,方案主要设备见表 7.1-3。

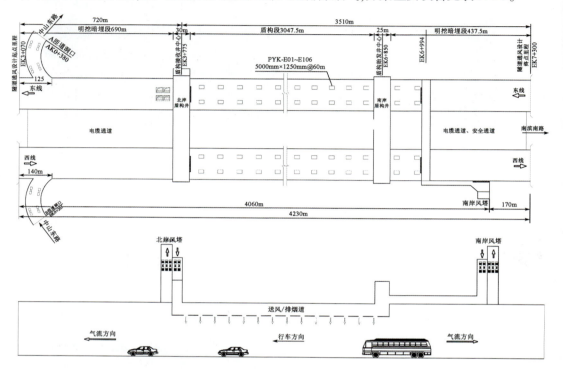

图 7.1-16　隧道通风方案一总体布置平剖面图

通风方案一主要设备表　　　　　　　　　　　　　　　表 7.1-3

序号	设备名称	型号及规格	数量(台)	总功率(kW)	备　注
1	轴流送风机	流量:110m³/s; 风压:1800Pa; 功率:350kW	8	4300	耐高温 280℃1h,可逆
2	轴流排风机	流量:100~150m³/s; 风压:1000Pa; 功率:250kW	6		耐高温 280℃1h
3	电动风阀	2000mm×2000mm	120		
4	电动风阀	5000mm×5000mm	14		
5	片式消声器	5000mm×5000mm×3000mm	28		

该方案的优点是隧道内污染物浓度分布均匀,空气质量较好,特别是当单孔隧道双向行车时,能够很好地解决洞内通风问题;同时隧道阻滞情况下发生火灾时,可以有效控制烟气扩散,减少火灾损失。但该方案的缺点更为突出,由于采用半横向通风,没有充分利用汽车行驶产生

的活塞风,前期投资和运营费用大;每侧送风机承担约 1.5km 长的送风道,要保证隧道顶部送风口均匀送风,对风机风压要求较高,风机选型及系统调试都比较困难;另外当隧道发生火灾时,风口上安装的电动风阀除火源点处需开启外,其他风阀均需及时关闭,由于监控信息点数较多,实际效果难以保证。送风机需要逆转,风机达到全速排烟状态需要 1~2min,这样大大增加了救援疏散的难度。

(2)方案二:排风型半横向通风方案

在隧道中部盾构段顶部设置排风道,风道断面面积约为 $18m^2$,按隧道不利工况需风量约 $420m^3/s$,每管隧道风道风速将达到 $12m/s$,隧道全段不设射流风机。车行道断面面积约 $70m^2$。

在两岸设置风塔,风塔内各设置 3 台轴流风机,总体布置如图 7.1-17 所示。正常或阻塞工况下通过隧道顶部排风道进行排风,每端约为 $210m^3/s$。新风从两端洞口引入,靠近洞口处,新风量较大,空气质量较好,而隧道中部 CO 浓度最高。当隧道盾构段发生火灾时,仅开启火灾区域附近 120m 范围内的风口,其他风口迅速关闭,排风机同时兼做排烟风机,方案主要设备见表 7.1-4。

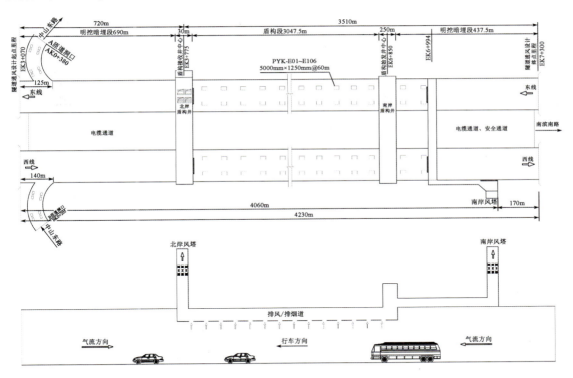

图 7.1-17 隧道通风方案二总体布置示意图

通风方案二主要设备表 表 7.1-4

序号	设备名称	型号及规格	数量(台)	总功率(kW)	备注
1	轴流排风机	流量:100~150m^3/s; 风压:1800Pa; 功率:400kW	6	2400	耐高温 280℃ 1h

续上表

序号	设备名称	型号及规格	数量(台)	总功率(kW)	备注
2	电动风阀	2000mm×2000mm	120		
3	电动风阀	5000mm×5000mm	6		
4	片式消声器	5000mm×5000mm×3000mm	12		

该方案优点是能够有效控制洞口污染，集中排风机、正常运行排风机与排烟风机兼用，大幅度减少了地下风机房的占地面积。缺点是从隧道洞口进入的大部分新风尚未稀释，污风就被排至洞外，且隧道行车产生的活塞风也未充分利用。因此，沿隧道纵向的污染物浓度随着风速的减少而不断升高，隧道中部卫生标准难以符合规定。与送风型半横向通风方式一样，该方案的风机选型及系统调试也比较困难；另外当隧道火灾发生时，火灾区域以外的其他电动风阀均需及时关闭，控制较为复杂。

(3) 方案三：竖井排出式分段纵向通风方案

隧道盾构段有效通风面积为90m²，行车道顶部分组设置直径1120mm的射流风机，用于阻塞和火灾工况时的通风排烟。在两岸分别设置排风塔，方案总体布置如图7.1-18所示，地下风机房内分别设置4台大型轴流风机，用于排除隧道内污染空气，减少洞口污染物排放。此外，当隧道内发生火灾时，该处轴流风机可将烟气集中排出洞外，主要通风设备见表7.1-5。

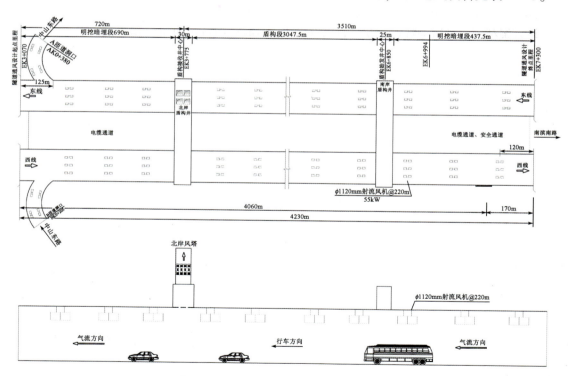

图7.1-18 隧道通风方案三总体布置示意图

该方案按照需风量计算断面风速为4.66m/s，小于最大限制风速10m/s。汽车以50~60km/h的速度行驶时，隧道内行车产生的活塞风量为450~550m³/s，隧道纵向风速基本满足稀释 CO 浓度到允许标准所需通风量,不需要开启射流风机,只需开启出口端轴流风机排除污风,来满足隧道洞口污染物浓度排放标准。

通风方案三主要设备表　　　　　　　　　表 7.1-5

序号	设备名称	型号及规格	数量(台)	总功率(kW)	备注
1	轴流排风机	流量:100m³/s；风压:1000Pa；功率:200kW	8	5670	耐高温 280℃1h
2	射流风机	ϕ1120mm；流量:39.1m³/s；出口风速:38m/s；推力:1519Pa；功率:55kW	74		耐高温 280℃1h,可逆
3	电动风阀	5000mm×4000mm	8		
4	片式消声器	5000mm×4000mm×3000mm	16		

该方案优点是活塞风利用率高,工程造价较低,系统构成简单,管理与维护方便;不影响盾构段直径,风塔结合盾构井设置,对土建方案影响较小。缺点是噪声较大,非阻塞火灾工况,能较好地控制烟气流动和扩散,但在阻塞火灾工况,不能完全保证火灾点下游段人员和车辆的安全;隧道盾构段由于地震烈度较大,采取纵向疏散的方式,取消横向联络通道的设置,纵向排烟距离较长,对于人员疏散尤为不利。

(4)方案四:竖井排出式分段纵向通风＋重点排烟方案

该方案利用两管盾构隧道上层空间设置专用排烟道,射流风机可分组设置在盾构段、明挖段。根据火灾规模及排烟策略,确定盾构上层空间在设置土建排烟风道后是否还有空间设置射流风机。前节论证本隧道火灾时,排烟量为 240m³/s,为了充分保证排烟的安全性,将隧道盾构段分为三个区段,火灾点靠近风塔段采用单端排烟,火灾点发生在隧道中间段采用双端排烟。顶部专用排烟道的面积取 15.6m²,每隔 60m 设置专用电动排烟阀,隧道纵向通风面积约为 71m²。因此,此方案在隧道行车道下方无充足的空间悬挂射流风机,射流风机集中设置在明挖暗埋段。

如果隧道盾构段的排烟策略均考虑双端排烟,那么盾构段顶部排烟道面积约为 12m²。排烟道下方悬挂小直径射流风机,射流风机的布置并不受制于顶部排烟道的空间要求。

在两岸设置两座风塔,风塔内分别设置 2 台大型排风机和 2 台专用排烟风机。当正常及阻滞工况时,出洞口排风机运行将隧道内污染空气集中排放,降低隧道洞口污染物排放对周围环境的影响;当隧道发生火灾时,开启排烟风机,通过集中排烟口或盾构段排烟口进行分区段排烟,隧道通风方案总体布置如图 7.1-19 所示,主要通风设备见表 7.1-6。

通风方案四主要设备表　　　　　　　　　表 7.1-6

序号	设备名称	型号及规格	数量(台)	总功率(kW)	备注
1	专用排烟风机	流量:100~150m³/s；风压:2000~1000Pa；功率:400kW	4	5680	耐高温 280℃1h
2	轴流排风机	流量:150m³/s；风压:1000Pa；功率:250kW	4		
3	射流风机	ϕ1120mm；流量:39.1m³/s；出口风速:38m/s；推力:1519Pa；功率:55kW	56		耐高温 280℃1h,可逆

续上表

序号	设备名称	型号及规格	数量(台)	总功率(kW)	备注
4	电动风阀	5000mm×1200mm	106		
5	电动风阀	5000mm×5000mm	8		
6	片式消声器	5000mm×5000mm×3000mm	16		

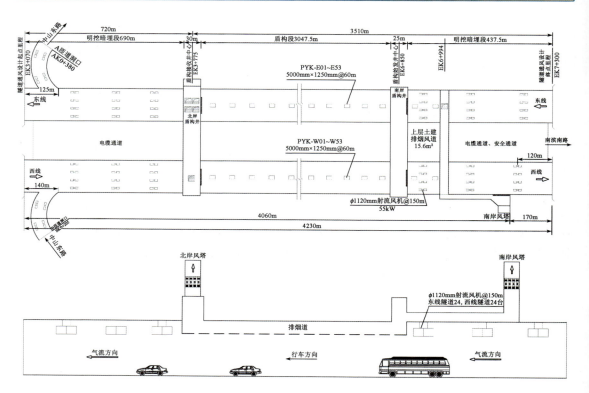

图 7.1-19　隧道通风方案四总体布置示意图

该通风方案正常运行工况与方案三相同,采用竖井排出式分段纵向通风方式,汽车以 50~60km/h 的速度通行时,隧道内形成的活塞风量为 370~490m³/s,纵向风速最大达到 6.9m/s,低于限制风速 10m/s 的标准。由于隧道顶部设置排烟道,断面面积略小于方案三,因此产生的活塞风量也相对较小,活塞风的利用率相对小一些。但从需风量的计算来看,采用世界道路协会(PIARC)2012 年发布的标准计算需风量明显低于按我国《公路隧道通风设计细则》(JTG/T D70/2-02—2014)计算的需风量,对于城市公路隧道来说,交通组成以小客车为主,实际需风量应会小于采用我国标准计算的需风量,汽车行驶速度在 40km/h 以上,所形成的活塞风量大于隧道封闭段换气需风量,基本都可以利用活塞风运行。因此,汕头海湾隧道采用纵向通风方案是合理可行的。

(5) 方案五:竖井送排式分段纵向通风+重点排烟方案

方案四中竖井排风为合流型排风系统,风塔至敞口段活塞风方向与排风气流方向相反,隧道通风不能充分利用活塞风。本方案是在方案四的基础上,在东线隧道龙湖侧风塔至洞口的

720m 明挖段上方设置送风道,而西线隧道濠江侧明挖段排风口距离洞口仅有 170m,由于土建条件限制,无法设置送风道。本方案相比方案四需要增设土建送风道,其建设和运营费用均高于后者,且通风效果并未见明显优势,而方案四可以通过调节射流风机的开启实现分流型通风系统,来利用行车产生的活塞风。因此,本方案不再做综合比选。

3) 方案综合比选

相比方案三,方案四同时兼有方案一、方案二在排烟工况的优势,在隧道顶部设置了专用排烟道。PIARC 于 1999 年明确指出,采用纵向通风形式的城市隧道必须考虑阻塞交通,即指当隧道位于城市区域或白天可能发生阻塞时,必须考虑火灾期间乘用者位于火源两侧的情况。这说明,PIARC 认为城市隧道应当考虑阻塞队列中火灾情况下的人员疏散。汕头海湾隧道连接汕头湾南北两岸,起解决交通瓶颈作用,阻塞工况必须考虑。从设计发展方向看,尊重生命、保障安全是工程设计的重要内容,而且在国际上越来越得到重视。因此,在必须考虑隧道阻塞火灾工况前提下,方案四可以满足要求,是合适的通风方案。

当隧道发生火灾时,隧道不同临界风速取值不小于 3.5m/s,考虑进口段负坡的火风压反作用力,主洞负坡度段临界风速取值不小于 4.0m/s。当火灾发生时交通顺畅,此时可以采取纵向排烟的方式,有效控制烟气回流,火灾点下游车辆迅速驶离隧道,火灾点上游人员在通风系统控制下的无烟环境中快速撤离;当隧道内阻滞情况下发生火灾时,火灾点前方发生阻塞或通行缓慢时,火灾点前后车辆和人员均无法快速疏散,此时就要利用隧道专用排烟道进行排烟。开启火灾点附近 120m 范围内的 3 组排烟风阀,将烟气由排烟风机就近排出。相比方案一、方案二,该方案排烟口电动排烟阀为常闭风阀,不存在正常与排烟工况的转换,控制简单,节约响应时间,为人员安全疏散提供充足时间。通风方案比选见表 7.1-7。

通风方案比选表 表 7.1-7

通风方案		通风效能	火灾处理	工程造价	总装机功率(kW)	风道断面
方案一	送风型半横向通风方案	不能有效利用行车活塞风,且沿隧道纵向送风不均匀	火灾排烟效果好,但需送/排烟工况转换	总初投资高,运营费用高	4300	风道面积约18m²
方案二	排风型半横向通风方案	不能有效利用行车活塞风,洞口引入新风,隧道中部空气环境差	火灾排烟效果好,但电动风口需排烟工况转换	总初投资较高,运营费用高	2400	风道面积约18m²
方案三	竖井排出式分段纵向通风		阻塞火灾工况不能保证火灾点下游段人员和车辆的安全	总初投资较低,运营费用低	5670	满足要求
方案四	双竖井排风分段纵向射流通风(全段布置)+重点排烟	可充分利用活塞风,通风效能高	排烟方便	总初投资高,运营费用低	5680	需加大盾构断面面积
方案四	双竖井排风分段纵向射流通风(明挖段布置)+重点排烟		排烟方便	总初投资较高,运营费用低	5680	排烟风道面积为15.6m²

结合上述方案分析，考虑海湾隧道具有交通量大、带动片区发展的作用大，为保证行车安全及满足其功能定位，以及土建投资等各方面因素，推荐采用方案四：双竖井排风型分段纵向射流通风+重点排烟方案，该方案可尽量减小盾构段断面面积，节约工程投资，同时保证排烟可靠性，射流风机集中布置在隧道两侧明挖段。

7.1.3 隧道需风量计算

根据东线隧道竖井排出式通风方式分段风量计算结果及洞口环境评价标准，车速在50~60 km/h 之间时，采用分流型排风工况，80%污风从风塔排放，20%污风从洞口及匝道排放；车速≤50km/h 及交通阻塞工况时，采用合流型排风工况，全部污风均从风塔排放。西线隧道采用分流型排风模式。

1）按《公路隧道通风设计细则》(JTG/T D70/2-02—2014)计算需风量

根据《公路隧道通风设计细则》(JTG/T D70/2-02—2014)，以及隧道预测交通流量、设计原则计算出东、西线隧道初、近、远期的各交通工况、各设计年份的需风量，见表7.1-8、表7.1-9。

东线隧道需风量(单位：m³/s)　　　　　　　　　　　　　　　表7.1-8

交通状况	2023年(初期)		2028年(近期)		2038年(远期)		
	CO	烟雾	CO	烟雾	CO	烟雾	活塞风
60km/h	146	120	155	127	202	154	484
50km/h	175	144	186	153	243	184	368
40km/h	218	135	233	143	303	173	282
30km/h	246	147	263	156	342	188	214
交通阻塞	301	160	321	170	419	205	131
换气工况				250			

西线隧道需风量(单位：m³/s)　　　　　　　　　　　　　　　表7.1-9

交通状况	2023年(初期)		2028年(近期)		2038年(远期)		
	CO	烟雾	CO	烟雾	CO	烟雾	活塞风
60km/h	146	128	155	136	202	164	496
50km/h	175	154	186	163	243	197	382
40km/h	218	151	233	160	303	193	291
30km/h	254	159	271	169	353	204	220
交通阻塞	231	181	317	192	413	232	147
换气工况				250			

根据需风量计算结果可知，东线隧道最大需风量出现在远期设计年限2038年稀释CO污染物工况，需风量约为419m³/s；西线隧道最大需风量出现在远期设计年限2038年稀释CO污染物工况，需风量约为413m³/s。

2）按PIARC 于2012年发布的报告标准计算需风量

按PIARC 于2012年发布的报告标准计算需风量，计算结果见表7.1-10、表7.1-11。

东线隧道需风量(单位:m³/s)　　　　表 7.1-10

交通状况	2023 年(初期)			2028 年(近期)			2038 年(远期)			
	CO	NO₂	烟雾	CO	NO₂	烟雾	CO	NO₂	烟雾	活塞风
60km/h	76	75	156	69	58	157	80	59	194	484
50km/h	82	79	162	75	61	161	86	62	198	368
40km/h	90	88	171	83	68	168	94	69	205	282
30km/h	98	103	132	89	80	128	102	81	154	214
交通阻塞	107	132	140	97	103	133	112	104	157	131
换气工况	250									

西线隧道需风量(单位:m³/s)　　　　表 7.1-11

交通状况	2023 年(初期)			2028 年(近期)			2038 年(远期)			
	CO	NO₂	烟雾	CO	NO₂	烟雾	CO	NO₂	烟雾	活塞风
60km/h	65	60	147	59	46	150	68	47	187	496
50km/h	72	64	153	66	50	155	76	50	191	382
40km/h	81	72	163	74	56	162	85	57	199	291
30km/h	91	88	126	84	68	123	96	70	149	220
交通阻塞	101	117	134	93	91	127	106	93	152	147
换气工况	250									

注:隧道阻滞工况时,隧道内 1km 的平均车速为 10km/h,其余路段取 30km/h。

从以上需风量计算表中可以看出:

(1)对比计算结果,按 PIARC 于 2012 年发布的标准计算稀释 CO 和烟尘的需风量远小于采用国内标准计算的需风量,但按照该标准新增计算稀释 NO_2 的需风量,隧道预测交通中柴油车比例较低,NO_x 中 NO_2 的体积比取 10%。因此,稀释 NO_2 的需风量计算结果也较小。

(2)根据计算结果,东、西线隧道控制需风量均为隧道 3 次换气需风量 250m³/s,隧道内车辆行驶速度在 40~60km/h 时,车辆行驶产生的活塞风能满足换气需求。当车辆行驶速度在 40km/h 以下时,才需开启射流风机进行通风。

(3)隧道初期配置风机及洞口污染物达标排放情况,暂按我国标准计算的需风量,由于汽车技术在不断发展,随着单车污染物基准排放量的不断降低和新能源车辆保有量的不断增加,隧道远期需风量将会大幅下降,后期通风设备的运行和配置会根据隧道实际交通运行及污染物排放情况进行调整。

7.1.4　隧道火灾热释放率的确定

1)汕头海湾隧道的交通量

根据专项交通规划研究提供的预测交通量,汕头海湾隧道在一般运营过程中不允许通行货车,而在发生台风等灾害事故时,则允许非危险化学品货车通行。

2)对于隧道火灾热释放率的规定

火灾是海底隧道的主要灾害之一。通常情况下,海底隧道的火灾原因大致有 4 种:①车辆本身起火;②车辆交通事故引发;③隧道内通行的车辆载有易燃易爆危险物品,遇明火或热源易发生燃烧或自燃,或者运输危险品的车辆爆炸、泄漏而引发火灾;④由于隧道内的电气设备故障引发。

对于火灾热释放率国内外相关标准规定如下:

(1)根据《公路隧道通风设计细则》(JTG/T D70/2-02—2014),公路隧道火灾热释放率应按表7.1-12确定。

隧道火灾最大热释放率取值(单位:MW) 表7.1-12

通行方式	隧道长度	高速公路	一级公路	二、三、四级公路
单向交通	$L>5000m$	30	30	—
	$1000m<L\leqslant5000m$	20	20	—
双向交通	$L>4000m$	—	—	20
	$2000m<L\leqslant4000m$	—	—	20

(2)国内上海地区对于隧道火灾热释放率根据隧道交通功能、预测交通量、交通组成状况确定,见表7.1-13。

车辆的火灾热释放率(单位:MW) 表7.1-13

车辆类型	小轿车	货车	集装箱车、长途汽车、公共汽车	重型车
火灾热释放率	3~5	10~15	20~30	30~100

(3)根据PIARC于1999年的建议,不同种类的汽车的火灾最大热释放率见表7.1-14。

不同种类汽车的火灾最大热释放率(单位:MW) 表7.1-14

车型	小型客车	大型客车	2~3辆客车	货车	公交车	卡车	油罐车
火灾最大热释放率	2.5	5	8	15	20	20~30	100

(4)瑞士及挪威有关部门提供的关于轿车及公共汽车的火灾最大热释放率见表7.1-15。

各种车型的火灾最大热释放率(单位:MW) 表7.1-15

车辆类型	最高温度(℃)	火灾最大热释放率
轿车	400~500	3~5
公共汽车或有轨车辆	700~800	15~20
大货车或油罐车	1000~2000	50~100
火车车厢	800~900	15~20

(5)国内部分隧道对汽车热释放率取值见表7.1-16。

隧道火灾热释放率(单位:MW) 表7.1-16

隧道名称	通行车辆类型	隧道规模	火灾热释放率
上海长江隧道	通行一定的重型车	双向六车道	50
港珠澳大桥海底隧道	禁止危险品运输车辆通行	双向六车道	50

续上表

隧道名称	通行车辆类型	隧道规模	火灾热释放率
上海虹梅南路隧道	允许重型车的通行	双向六车道	50
南京长江隧道	不允许载重车辆通行	双向六车道	20
南京纬三路隧道	只允许小客车通行	双层双向八车道	20
武汉长江隧道	—	双向四车道	20
上海人民路越江隧道	小汽车、公交	双向四车道	20
上海延安东路隧道	一般小汽车、公交车	双向四车道	20
杭州庆春路隧道	车辆为客车和少量的货车,限制载有大量可燃物的车辆进入	双向四车道	20
长沙南湖路隧道	禁止大型货车、危险品运输车辆通行	双向四车道	20

参考国内外规范对于隧道火灾热释放率的规定,以及不同地区对隧道内不同类型汽车火灾热释放率的取值,在此基础上,结合汕头海湾隧道自身的特点确定火灾热释放率为50MW。

该隧道严禁通行油罐车或液态天然气等运载危险品车辆,对于必须通过该隧道的军事车辆,要求由消防车为其开道。

7.1.5 隧道火灾排烟量计算

1) 纵向排烟临界风速

(1) 美国矿业局计算公式

为防止浓烟逆向流动的发生,隧道内所需的空气流动速度称为临界风速。临界风速的计算公式主要基于空气惯性力与烟气浮力平衡假定的弗洛德(Fr)数模型,如 Thomas 模型。其中,美国矿业局的研究成果在 Thomas 模型的基础上完善了无量纲系数 K 和坡度修正系数 K_g。我国《道路隧道设计规范》(DG/TJ 08-2033—2017)也参考了该公式进行临界风速的计算,并给出了坡度修正系数的计算公式。

当隧道采用纵向通风方式控制烟气流动时,纵向风速应至少高于火灾位于坡道时的临界风速,抑制烟气逆流的临界风速计算公式为:

$$v_c = K_g K \left(\frac{gHQ}{\rho_\infty C_p A T_f} \right)^{\frac{1}{3}} \tag{7.1-1}$$

$$T_f = \frac{Q}{\rho_\infty C_p A v_c} + T_\infty \tag{7.1-2}$$

$$K_g = 1 + 0.0374 i^{0.8} \tag{7.1-3}$$

式中:v_c——临界速度(m/s);

g——重力加速度(m/s²);

H——隧道高度(m);

Q——火灾热释放率(kW);

ρ_∞——周围空气密度(kg/m³);

C_p——在恒压下的空气比热容[kJ/(kg·K)];

A——隧道净横断面面积(m²);

T_f——热气体温度(K);
K——常数,取值0.606(无量纲);
K_g——坡度修正系数(无量纲);
T_∞——环境温度(K)。

经计算得出主线最大纵坡为3.0%时,排烟临界风速为2.8m/s,即采用纵向排烟方式的纵向风速不应小于2.8m/s。

除此之外,还有许多学者在Thomas模型基础上提出了改进的临界风速计算模型,如Danziger模型、Hinley模型、Oka模型、Wu和Bakar模型等。

图7.1-20给出了基于Fr数模型的临界计算模型结果(隧道尺寸基于汕头海湾隧道主入口段),从结果上看,当隧道火灾热释放率达到50MW时,各计算模型对临界风速的计算结果在2.5~5m/s之间。

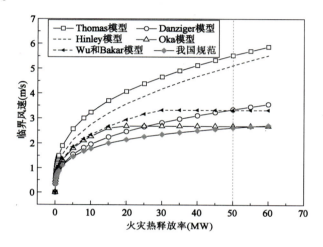

图7.1-20 基于Fr数模型的临界风速计算模型结果

(2)基于回流长度的临界风速计算模型

根据临界风速的定义,当烟气回流长度恰好为0时,此时抑制烟气回流的通风风速即为临界风速,隧道烟气回流示意如图7.1-21所示。

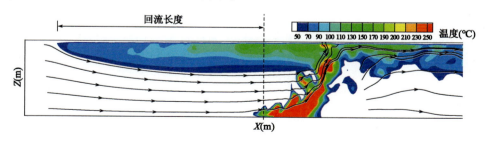

图7.1-21 隧道烟气回流示意图

浙江省科技厅与中南大学合作项目"公路隧道纵向排烟模式与独立排烟道集中排烟模式模型试验研究"中提出基于回流长度的临界风速修正公式如下:

$$u = k_s \cdot u_0 = k_s \cdot \beta \cdot 1.324 \frac{g^{\frac{1}{2}} Z^{\frac{5}{18}} \dot{Q}^{\frac{1}{18}}}{B^{\frac{1}{3}}} \left(\frac{\Delta T_{max}}{T_0}\right)^{\frac{1}{2}} \tag{7.1-4}$$

式中：u——临界风速(m/s)；

u_0——水平隧道临界风速(m/s)；

k_s——坡度修正系数，$k_s = 1.0 - 0.034\alpha$；

α——隧道的百分比坡度；

β——$0.98 - 0.0035 \cdot \dot{Q}, \dot{Q} < 280MW$；

ΔT_{max}——隧道火灾火源处的最大温升(K)；

T_0——隧道着火前风流温度(K)；

B——隧道当量直径(m)；

$\dot{Q}$——火源总热释放率(MW)；

Z——从可燃物表面至计算羽流质量流量处的高度(m)；

g——重力加速度(m/s²)。

以汕头海湾隧道出入口段尺寸为基准,利用基于回流长度的临界风速计算模型计算,得出在不同坡度下,临界风速均在3m/s以上,且当坡度为-2.9%时(汕头海湾隧道入口段最大坡度),所需临界风速为3.9m/s,如图7.1-22所示。

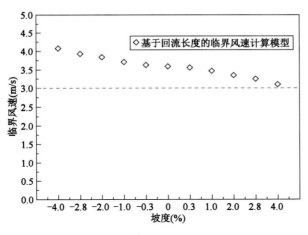

图7.1-22 基于回流长度的临界风速计算模型结果

鉴于不同临界风速计算模型计算出的结果存在差异,对于确定汕头海湾隧道出入口段及匝道的临界风速存在困难,因此利用上述临界风速计算模型,需进一步结合计算流体动力学(CFD)模拟结果确定合理的临界风速值。

(3)临界风速数值模拟结果

以汕头海湾隧道出入口段的尺寸建立数值模拟工况,模型隧道入口处设置为速度入口,隧道出口设置为自然开口,速度入口处保持纵向通风风速不变。环境温度设置为25℃。墙体边界设置为惰性边界,火灾动力学模拟工具(FDS)中设置为"INERT"属性,数值计算模型如图7.1-23所示。

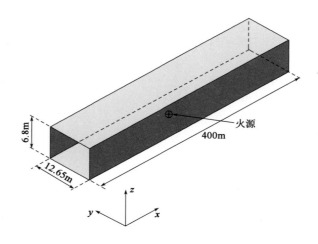

图7.1-23 隧道模型示意图

根据上述临界风速判别依据,采用插值法对数值模拟结果进行数据处理,得到各工况的临界风速变化曲线如图7.1-24所示。

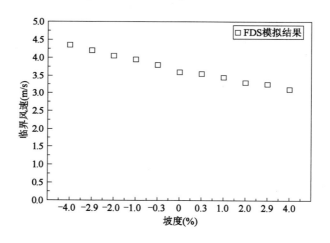

图7.1-24 临界风速变化曲线

利用FDS模拟及公式计算,得到具体的临界风速取值:

①针对汕头海湾隧道入口段-2.9%坡度情况,为防止烟气回流而威胁人员安全疏散,在火灾热释放率50MW下,临界风速取值为4.2m/s。

②针对汕头海湾隧道出口段坡度2.9%,在火灾热释放率50MW下,临界风速为3.5m/s。

③汕头海湾隧道匝道的临界风速,在火灾热释放率50MW下,临界风速为3.8m/s。

(4)隧道临界风速确定

在火灾热释放率50MW下,临界风速的模拟计算值与理论值(即临界风速计算模型)的对比(图7.1-25)中可以看出:基于回流长度的临界风速计算模型与数值模拟计算结果比较相近。

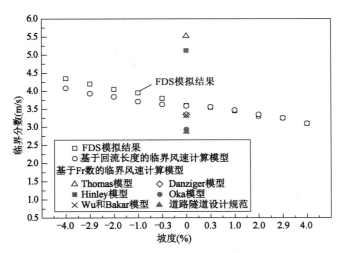

图 7.1-25 临界风速对比（基于汕头海湾隧道出入口段尺寸）

结合工程实际，为了便于组织控制，并考虑其能够满足各种火灾情况下通风排烟要求，对于汕头海湾隧道主洞正坡度和水平坡度段以及匝道，排烟风速取值不小于 3.5m/s，考虑进口段负坡的火风压反作用力，主洞负坡度段临界风速取值不小于 4.0m/s。纵向排烟量按照不同坡度段可取 250m³/s 和 284m³/s。

2）重点排烟量

（1）理论计算排烟量

隧道采用重点排烟，通风系统至少应具有将火源点散发的烟量及时排除的能力，以控制烟气扩散范围。根据《建筑防烟排烟系统技术标准》(GB 51251—2017)，对于两管隧道可以采用轴对称型烟羽流计算隧道内火灾产烟量。

当 $Z > Z_1$ 时，火灾烟量计算如下：

$$M_\rho = 0.071 Q_c^{\frac{1}{3}} Z^{\frac{5}{3}} + 0.0018 Q_c \quad (7.1\text{-}5)$$

当 $Z \leq Z_1$ 时，火灾烟量计算如下：

$$M_\rho = 0.032 Q_c^{\frac{3}{5}} Z \quad (7.1\text{-}6)$$

其中，火焰极限高度 Z_1、烟气平均温度与环境温度的差 ΔT、排烟量 V 计算如下：

$$Z_1 = 0.166 Q_c^{\frac{2}{5}} \quad (7.1\text{-}7)$$

$$\Delta T = Q_c / M_\rho C_\rho \quad (7.1\text{-}8)$$

$$V = M_\rho T / \rho_0 T_0 \quad (7.1\text{-}9)$$

上述式中：Q_c——热释放量的对流部分(kW)，一般取 $0.7Q$；

Q——火灾热释放率(kW)；

Z——燃料面到烟层底部的高度(m)（取值应大于或等于最小清晰高度）；

Z_1——火焰极限高度(m)；

M_p——烟羽流质量流量(kg/s);
ΔT——烟气平均温度与环境温度的差(℃);
C_p——空气的定压比热容[kJ/(kg·K)],一般取1.02kJ/(kg·K);
V——排烟量(m³/s);
ρ_0——环境温度下气体的密度(kg/m³),通常$t_0=20℃$,$\rho_0=1.2kg/m³$;
T_0——环境的绝对温度(K);
T——烟气的绝对温度(K),$T=T_0+\Delta T$。

式中 Z 的取值对烟气生成量影响较大,报告分别取 Z 的上、下限计算理论烟气生成量:

下限:为不影响人员疏散,需要将烟气控制在2m以上,最小清晰高度 Z 取2.5m。

上限:假设燃料面为行车道路面,当所产生的烟气全部被排出时,烟气层底部即为排烟道顶隔板底面,此时 Z 即为行车道路面到排烟道顶隔板面底面的高度,取6.0m。

上、下限情况下排烟量理论计算结果见表7-1.17,由计算结果可得:

①当隧道最小清晰高度 Z 取下限值时,车辆火灾热释放率为50MW,经计算所需的最小排烟量应等于产烟速率为131.5m³/s。

②当隧道最小清晰高度 Z 取上限值时,车辆火灾热释放率为50MW,经计算要将火灾产生的烟气全部排出,所需的最小排烟量应等于产烟速率为181.2m³/s。

排烟量理论计算值 表7.1-17

火灾热释放率(MW)	烟羽流质量流量 M_p(kg/s)	烟气平均温度 T(K)	将火灾烟气控制在2.5m以上的最小排烟量的理论计算值(m³/s)	将火灾烟气全部排除的最小排烟量的理论计算值(m³/s)
50	102.3	633.5	—	181.2
	42.6	1103.5	131.5	—

针对实际隧道火灾排烟时,燃料面到烟层底部的高度 Z 不同,计算所得的排烟量差异也较大,需要进一步进行验证。

(2)数值模拟计算

①模拟工况介绍。

为了尽可能地减少其他参数对排烟量合理取值验证的影响,设定的模拟工况主要为双向排烟模式,且排烟口对称开启,模拟中未引入诱导风速,如图7.1-26所示。通过排烟口打开段中部发生火灾、排烟口对称开启双向排烟模式研究排烟量对火灾烟气蔓延及控制效果,模拟工况见表7.1-18。通过对设定工况下的温度分布、能见度分布、烟气蔓延距离、流速分布以及排烟效率的综合对比,得出合理的排烟量取值范围,验证理论计算的排烟量合理性。

图7.1-26 排烟模式示意图

排烟量对火灾烟气蔓延及控制效果的影响数值模拟研究工况　　表 7.1-18

模型编号	工况	火源位置	通风排烟方式	排烟量(m^3/s)	排烟口开启情况
S1	火灾热释放率 50MW,隧道纵坡 0%	排烟口打开段中部	双向排烟	131.5	开启6个,间距60m,面积 $1.2 \times 5m^2$
S2				140	
S3				150	
S4				160	
S5				170	
S6				180	
S7				181.2	
S8				190	
S9				200	
S10				210	
S11				220	
S12				230	
S13				240	
S14				250	

② 温度分布。

不同排烟量($131.5m^3/s$、$181.2m^3/s$ 和 $240m^3/s$)下烟气稳定后,隧道内温度场分布分别如图 7.1-27～图 7.1-29 所示。

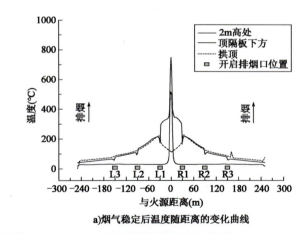

a) 烟气稳定后温度随距离的变化曲线

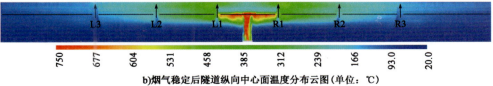

b) 烟气稳定后隧道纵向中心面温度分布云图(单位:℃)

图 7.1-27　烟气稳定后隧道内温度场分布(排烟量 $131.5m^3/s$)

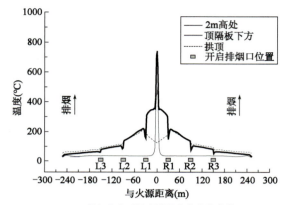

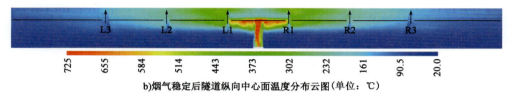

图 7.1-28　烟气稳定后隧道内温度场分布（排烟量 181.2m³/s）

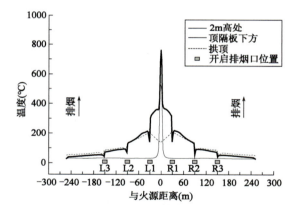

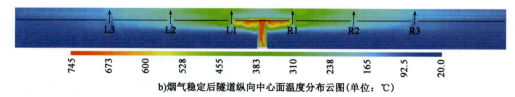

图 7.1-29　烟气稳定后隧道内温度场分布（排烟量 240m³/s）

由数值模拟结果可以得到顶隔板下方 400℃、600℃、800℃ 的高温区分布范围以及顶隔板下方最高温度值，见表 7.1-19。

顶隔板下方各温度值分布范围 表 7.1-19

排烟量 (m³/s)	各温度值分布范围(m)						最高温度 (℃)
	400℃		600℃		800℃		
	火源左侧	火源右侧	火源左侧	火源右侧	火源左侧	火源右侧	
131.5	4	3	2	2	—	—	750
140	4	3	2	2	—	—	760
150	4	3	2	2	—	—	756
160	4	3	2	2	—	—	751
170	4	3	2	2	—	—	746
180	4	3	2	2	—	—	749
181.2	4	3	2	2	—	—	724
200	3	3	2	2	—	—	707
220	5	3	3	1	—	—	729
240	4	3	2	2	—	—	723
250	3	5	2	2	—	—	709

由以上各工况下，烟气稳定后拱顶温度分布规律来看，排烟量对拱顶温度分布影响不大。

③能见度。

通过对火灾热释放率为 50MW 时的工况进行数值模拟，得到烟气稳定后隧道内行车道高 2m 处的能见度随着离开火源距离的变化曲线，如图 7.1-30 所示。

结果表明：随着排烟量的增大，隧道内沿程各点 2m 高处的能见度逐渐增大。因此，单从高 2m 处的能见度来看，排烟量越大越好，但成本也会随之增加，而且由于各工况下除火源附近 6~10m 以外，能见度都大于 10m，当排烟量不小于将火灾烟气控制在 2m 以上所需的排烟量（131.2m³/s）时，高 2m 处的能见度均能满足人员安全的要求。

因此综合考虑安全性和经济性，当火灾热释放率为 50MW 时，从不同排烟量下隧道内高 2m 处的能见度分布情况来看，排烟量不小于 131.2m³/s 即可。

④烟气蔓延范围。

通过对火灾热释放率为 50MW 时的工况进行数值模拟，得到烟气稳定后隧道内火灾烟气向火源两侧的蔓延距离（以某处温度达到 60℃ 为判据），将烟气向火源两侧的蔓延距离求和，就得到随排烟量变化的烟气蔓延范围的变化曲线，如图 7.1-31 所示。

对不同排烟量下双向均衡排烟时烟气蔓延范围进行分析：当排烟量 ≥180m³/s 时，火灾烟气蔓延范围均不大于 300m，即火灾烟气被控制在排烟口打开段内，达到了将火灾烟气控制在 300m 以内的预期目标。因此，建议排烟量不小于 180m³/s。

⑤排烟口流速分布。

不同排烟量下排烟口流速分布特征如图 7.1-32 所示。

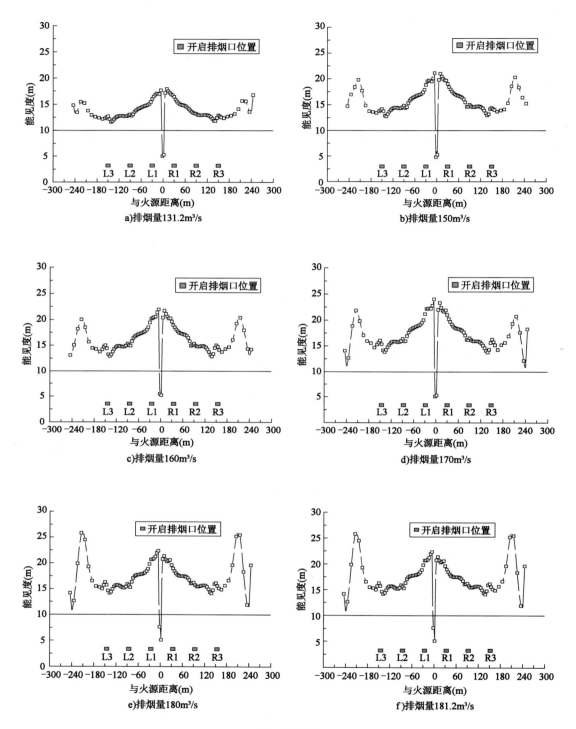

图 7.1-30

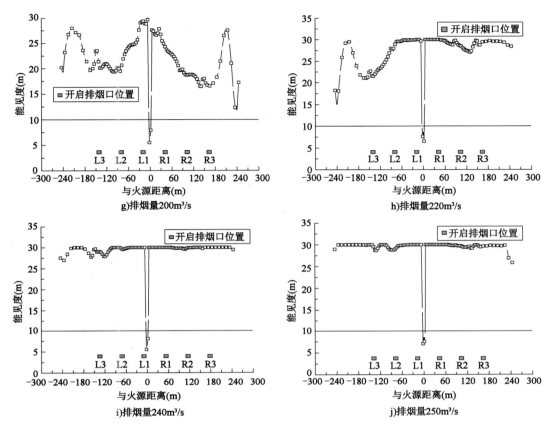

图 7.1-30　行车道高 2m 处的能见度随着离开火源距离的变化曲线

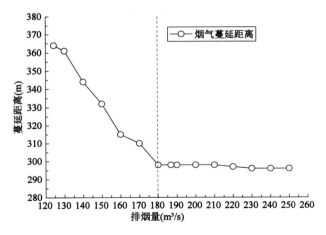

图 7.1-31　烟气蔓延范围随排烟量变化曲线

由计算结果分析可得：

a. 排烟口流速分布特征。

双向均衡集中排烟模式下，火源对称分布的排烟口处竖直方向的流速也对称分布，排烟量较小时,离火源最近的两个排烟口(L1、R1)处的流速最大,且离开火源越远处的排烟口处的流速越小,这是由于顶隔板下方的气体在流动过程中,经过排烟口时会发生分流,一部分烟气进入排烟道,一部分烟气继续沿隧道在顶隔板下方蔓延,而且在蔓延过程中烟气的温度不断衰减,从而使其体积流量逐渐减小,因此离火源越远的排烟口处的流速越小。

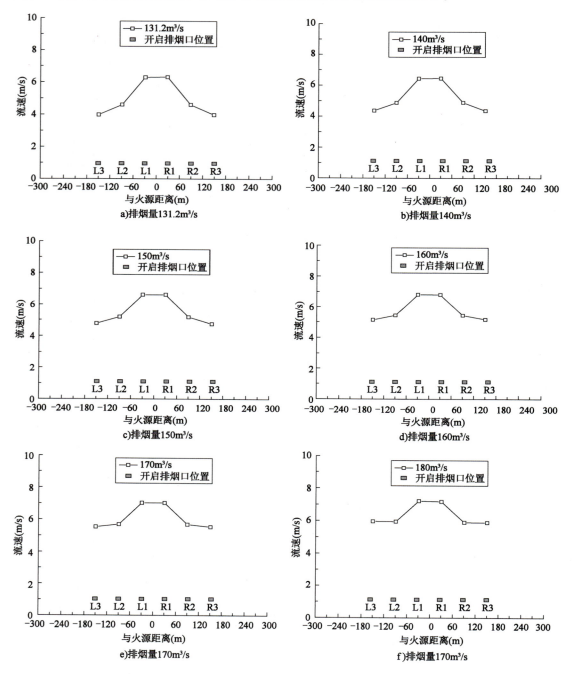

图 7.1-32

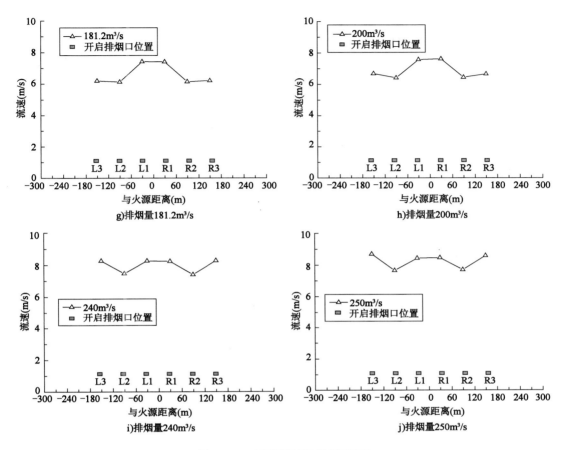

图 7.1-32　不同排烟量下排烟口流速

b. 排烟量对排烟口流速影响规律。

随着排烟量的增大,离火源最远的两个排烟口处的流速逐渐增大。当排烟量达到 181.2m³/s 时,离火源最远的两个排烟口(L3、R3)处的流速已大于中间的两个排烟口(L2、R2)处的流速,当排烟量达到 240m³/s 时,离火源最远的两个排烟口(L3、R3)处的流速已大于离火源最近的两个排烟口(L1、R1)处的流速,这是由于随着排烟量的增大,从隧道两端进入的新风量增加,新风和烟气在离火源最远的两个排烟口形成汇流进入排烟道,导致该排烟口处的流速逐渐增大,当排烟口 L3、R3 处流速大于排烟口 L1、R1 处的流速时,说明从排烟口 L3、R3 处进入排烟道的冷空气量已较大,导致该排烟口处发生了明显的吸穿现象,这将大大降低排烟系统的排烟效率。

c. 排烟量建议值。

各工况的排烟口内气体流速都在 10m/s 以下,均满足规范要求,但由于当排烟量应大于 181.2m³/s 时,才能将火灾产生的烟气排出行车道;当排烟量大于 240m³/s 时会发生明显的吸穿现象,因此,从排烟口处垂直方向的流速来看,建议排烟量应大于 181.2m³/s,且不大于 240m³/s。

(3)排烟量确定

火灾热释放率为 50MW 时,排烟量从 124.37m³/s 增大到 250m³/s 的过程中,各工况的排烟道内气体流速从 4.35m/s 增大到 9.14m/s,均在 18m/s 以下,满足规范要求;各工况的排烟口内气体流速从 3.74m/s 增大到 8.7m/s,均在 10m/s 以下,满足规范要求。

在排烟系统设计中,排烟量要大于产烟量,因为排烟系统不仅要排出烟气,还要克服空气对排烟效果的影响。而通过以上分析,隧道内火灾热释放率为 50MW 时排烟量应为 180~240m³/s。

7.1.6 排烟道横截面面积

排烟道横截面面积一般根据工程实际来确定。同时,排烟道横截面面积设计在满足行车空间的前提下,要综合考虑所选排烟道横截面面积对排烟道端部流速大小、排烟口流速大小及风机全压值大小的影响,使排烟道流速与各排烟口的流速均小于限制流速,以及使风机全压值在可接受的范围内。

利用盾构段上部富余空间设置独立排烟道,使排烟道流速满足要求的排烟道横截面面积可由下式确定:

$$A \geq \frac{Q}{v_{\max}} \quad (7.1\text{-}10)$$

式中:A——排烟道横截面面积(m²);

Q——排烟量(m³/s);

$v_{\max}$——排烟道允许的最大流速(m/s)。

当排烟道允许的最大流速 $v_{\max}$ 为 16m/s 时,通过式(7.1-10)可以确定排烟道横截面面积的最低要求。在单向排烟模式下,排烟道横截面面积不小于 15m²。由于隧道火灾发生的频率不高,较大的排烟道横截面面积将带来高额的工程造价。经过上述分析,本工程中选用的排烟道横截面面积为 15.6m²。

7.1.7 排烟口关键参数

排烟口在隧道集中排烟模式中,以一定间距沿着隧道纵向分布,连通行车道和排烟道。排烟口设置方案是要确定排烟口的形状、间距以及火灾时的开启策略。集中排烟模式中的排烟口只有在隧道发生火灾后才会开启,平常处于关闭状态。合理的排烟口设置方案可以在烟气控制和经济性方面取得较好的效益。在集中排烟模式中,不同的隧道工程对应的排烟口设置都可能存在差异,在同一隧道的不同位置排烟口的开启策略也存在差异,而且火源位置对排烟口的开启策略影响也较大。

1)理论分析

排烟口面积的选取主要是考虑在排烟方式及排烟量确定的情况下,满足通过排烟口的流速不超过规定值,根据相关规范要求,排烟口的风速不宜大于 10m/s。排烟口开启总面积如下:

$$A_{\text{damper}} \geq \frac{Q_{\text{extration}}}{v_{\text{d}}} \quad (7.1\text{-}11)$$

式中:A_{damper}——排烟口开启总面积(m²);

$Q_{\text{extration}}$——总排烟量(m³/s);

v_{d}——排烟口或排烟口的流速(m/s)。

根据前面的研究分析,在火灾热释放率为 50MW 时,隧道排烟量确定为 240m³/s,得到排烟口开启的总面积不应小于 24m²。

2)排烟口面积及形状

(1)建立模型

当火灾热释放率为 50MW、排烟量为 200m³/s 时,排烟口对称开启,双向集中排烟模式下,研究单个排烟口面积分别为 5m²、6m²、8m² 时不同排烟口形状下的火灾烟气蔓延规律及烟控效果,并确定不同排烟口面积下的最佳排烟口形状,即矩形排烟口具有较好的长宽比(图 7.1-33)。

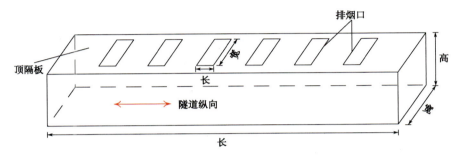

图 7.1-33 排烟口形状示意图(盾构隧道段)

(2)排烟口面积

根据单个排烟口面积,设定了三种排烟口尺寸进行优化研究,见表 7.1-20,优化计算时排烟风机及排烟口开启情况如图 7.1-34 所示。

排烟口面积确定数值模拟研究工况　　　　　表 7.1-20

模型编号	排烟口形状 (长×宽)(m×m)	排烟口长宽比	设置间距 (m)	开启数量 (个)	面积 (m²)
S1	1.25×4	1:3.2	60	6	5
S2	1.2×5	1:4	60	6	6
S3	1.6×5.0	1:3.1	60	6	8

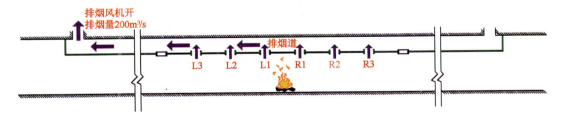

图 7.1-34 排烟风机及排烟口开启示意图

①火灾烟气温度场。

不同排烟口面积烟气稳定后温度随距离的变化曲线、烟气稳定后隧道纵向中心面温度分布云图分别如图 7.1-35、图 7.1-36 所示。

439

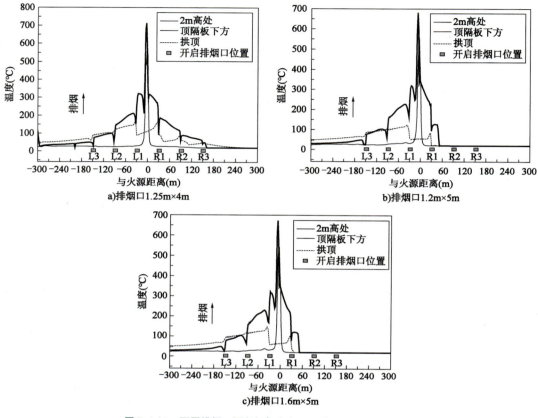

图7.1-35 不同排烟口面积烟气稳定后温度随距离的变化曲线

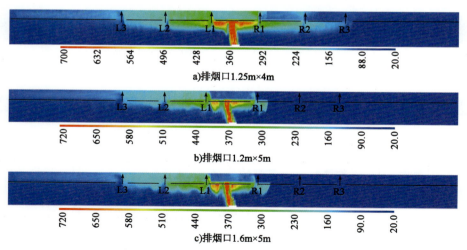

图7.1-36 烟气稳定后隧道纵向中心面温度分布云图(单位:℃)

由图7.1-35、图7.1-36可以看出,火源位于排烟口打开段中部,进行单向排烟时,沿隧道纵向2m高处、拱顶和顶隔板下方烟气蔓延稳定后的温度分布曲线向排烟侧发生偏移,同时,火源排烟侧沿隧道纵向2m高处、拱顶和顶隔板下方温度要比非排烟侧的温度高。隧道纵向距地面2m高处气体高温区域紧靠火源分布,沿纵向两侧迅速降低,并接近于环境温度(20℃)。

当排烟口面积分别为6m²和8m²时,高温分布区域主要是在火源附近及排烟风机开启侧。

②行车道2m高处能见度。

图7.1-37给出了不同排烟口面积最佳形状下的各工况烟气稳定后,行车道2m高处能见度随距离变化的曲线。可以看出,排烟口面积为5m²,排烟侧的能见度变化较大;而排烟口面积分别为6m²和8m²时,2m高处能见度基本不受烟气影响。

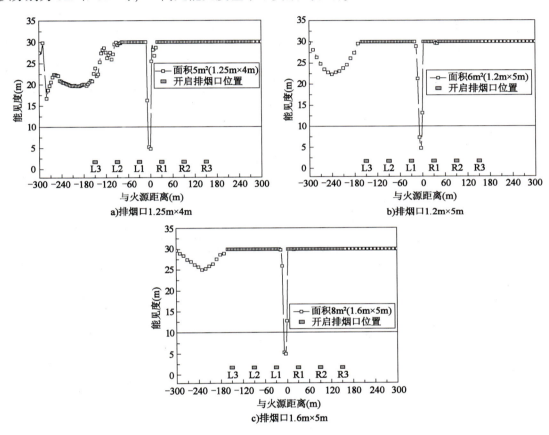

图7.1-37 不同排烟口面积下2m高处能见度分布数值模拟结果

③火灾烟气控制效果分析。

不同排烟口面积数值模拟工况烟气控制范围见表7.1-21。由此可以看出,各排烟口面积最佳形状下的烟气蔓延范围均小于300m,其中排烟口面积为6m²,烟气影响区域最小。

不同排烟口面积数值模拟工况烟气控制范围(以温度60℃为判据) 表7.1-21

模型编号	火源位置	排烟口开启情况 (长×宽)(m×m)	向火源左侧 蔓延距离(m)	向火源右侧 蔓延距离(m)	蔓延范围 (m)
S1	排烟口打开段中部	1.25×4	146	148	294
S2		1.2×5	148	50	198
S3		1.6×5	148	52	200

④排烟效率。

单向排烟模式下,火源位于排烟口打开段中部,对不同排烟量下双向均衡排烟工况的排烟口排烟效率进行计算,得到各个工况下每个排烟口的排烟效率与总的排烟效率,模拟结果见表7.1-22。

不同排烟口面积最佳形状下各工况排烟口排烟效率数值模拟结果　　　表7.1-22

模型编号	各开启排烟口排烟百分数(%)					
	L3	L2	L1	R1	R2	R3
S1	16.8	18.7	25.2	18.5	10.5	5.8
S2	20.1	26.2	31.5	18.4	0.0	0.0
S3	20.1	26.7	31.7	13.3	0.0	0.0

从表中可以得出排烟口为1.2m×5m时,总排烟效率较高。

(3)排烟口形状

单个排烟口面积为$6m^2$时,假设火源位于排烟口打开段中部,双向排烟,排烟量为$200m^3/s$,排烟口开启6个,间距60m,排烟口的形状为长方形,其长宽比分别为1∶1、1∶1.5、1∶4、1∶5,具体模拟工况见表7.1-23。

排烟口形状确定模拟工况　　　表7.1-23

模型编号	排烟口形状(长×宽)(m×m)	排烟口长宽比	设置间距(m)	开启数量(个)
S1	2.45×2.45	1∶1	60	6
S2	2×3	1∶1.5	60	6
S3	1.2×5	1∶4	60	6
S4	1.1×5.48	1∶5	60	6

①火灾烟气温度场。

不同排烟口形状下烟气稳定后温度随距离的变化曲线、烟气稳定后隧道纵向中心面温度分布云图分别如图7.1-38、图7.1-39所示。

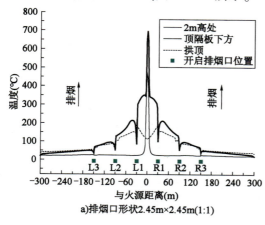
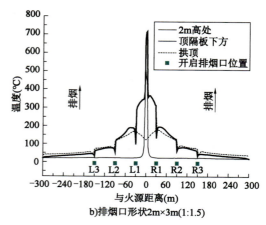

a)排烟口形状2.45m×2.45m(1∶1)　　　b)排烟口形状2m×3m(1∶1.5)

图 7.1-38

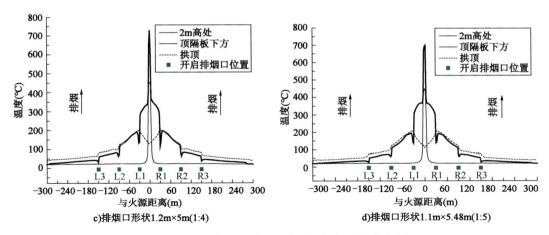

图 7.1-38 不同排烟口下烟气稳定后温度随距离的变化曲线

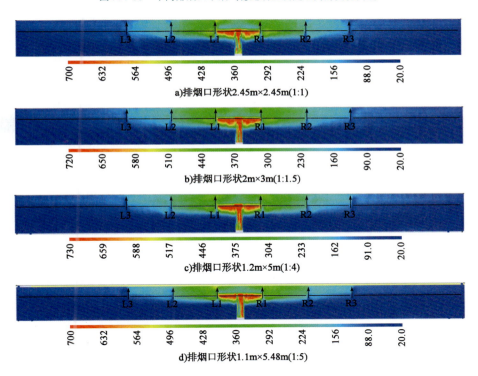

图 7.1-39 烟气稳定后隧道纵向中心面温度分布云图(单位:℃)

从图 7.1-38 可以看出:a. 最高温度均位于火源正上方的顶隔板处,最高温度在 697~730℃ 范围内;且在所有模拟工况中最外端两个排烟口以外区域温度均降至 60℃ 以下;400℃ 高温范围为 7~8m,600℃ 高温范围均为 6m,无 800℃ 高温分布范围,高温区间小。b. 隧道拱顶气体温度在最靠近火源的左右两个排烟口处达到最高温度,即在 203~261℃ 范围内。c. 各工况距火源最远排烟口处温度降至 100℃ 以下,在排烟口打开段外隧道拱顶气体温度逐渐降低,温度下降较缓慢。

从图 7.1-39 可以看出,400℃ 以上的高温区主要分布在火源的两侧。

②行车道 2m 高处能见度。

不同排烟口形状行车道 2m 能见度分布数值模拟结果如图 7.1-40 所示,由图可以看出:a. 双向均衡排烟下,2m 高处能见度以火源为中心呈对称分布;b. 从火源向两边,排烟口打开段内随着烟气温度下降,烟气层不断沉降,2m 高处能见度逐渐下降;c. 排烟口打开段外 2m 高处能见度又逐渐上升,说明烟气基本被控制在排烟口打开段内,只有火源附近 6~10m 范围内能见度低于 10m;d. 当排烟口长宽比≤1:3(排烟口形状 1.2m×5m、1.1m×5.48m)时,2m 高处能见度基本不受烟气影响。

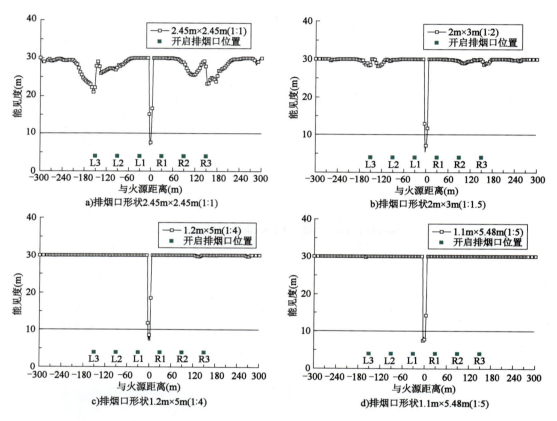

图 7.1-40　不同排烟口形状 2m 高处能见度分布数值模拟结果

③排烟效率。

通过排烟口排烟效率计算模型,对双向排烟模式下,火源位于排烟口打开段中部,不同排烟口形状下的排烟口排烟效率进行计算,得到各个工况每个排烟口的排烟效率与总的排烟效率,模拟结果见表 7.1-24。

不同排烟量下各工况排烟口排烟效率数值模拟结果　　表 7.1-24

模型编号	各开启排烟口排烟百分数(%)					
	L3	L2	L1	R1	R2	R3
S1	15.0	14.6	20.0	20.0	14.8	14.9
S2	12.6	14.6	21.7	22.8	15.2	12.8

续上表

模型编号	各开启排烟口排烟百分数(%)					
	L3	L2	L1	R1	R2	R3
S3	10.9	15.0	22.9	23.9	15.0	11.0
S4	9.4	15.1	25.4	25.6	15.1	9.4

综上所述，当排烟口面积分别为 $6m^2$ 和 $8m^2$ 时，2m 高处能见度基本不受烟气影响。当排烟口长宽比为 1:4 和 1:5 时，总排烟效率较高。

据此可采用集中排烟口面积为 $6m^2$，形状为 1.2m×5.0m，其长宽比为 1:4。

3) 排烟口间距及开启个数

排烟口设置间距既要保证烟气控制效果又要兼顾经济性。当隧道火灾发生时，由于火灾探测技术及系统操作等原因，排烟系统开启会有延迟。此时，隧道火灾烟气可能已经蔓延了较远距离，同时集中排烟模式要将烟气蔓延距离控制在火源附近一定范围内，而这个范围通常选取 300m 以内。

排烟口在隧道火灾发生后的开启策略与火源在隧道中的位置有关。要满足排烟口或排烟口流速不宜大于 10m/s，由式(7.1-11)得到排烟口开启的总面积不应小于 $24m^2$。因此当单个排烟口的面积为 $6m^2$ 时，在隧道发生火灾后，排烟口的开启个数至少是 4 个，且位于火源附近。以烟气要控制在 300m 的范围内为基准，排烟口开启个数与间距有如下关系：

（排烟口开启个数 − 1）× 排烟口间距 ≤ 300m

排烟口开启的个数及间距存在多种组合形式，本节选取典型的组合进行相应的数值模拟，从而确定最佳的排烟口间距及开启个数。

(1) 建立模型

当火灾热释放率为 50MW、排烟量为 $200m^3/s$ 时，排烟口对称开启，对比排烟口间距分别为 30m、50m、60m、70m 和 80m，总排烟口开启范围不超过 300m 时各工况的火灾烟气蔓延规律及烟控效果，并确定最佳的排烟口设置间距和开启个数。具体工况分别见表 7.1-25、图 7.1-41。

排烟口设置间距及开启个数研究工况　　　　表 7.1-25

模型编号	开启方式	排烟量 (m^3/s)	排烟方式	排烟口形状（长×宽）(m×m)	设置间距 (m)	开启数量 (个)
S1	对称开启	200	双向排烟	1.2×5	30	8
S2	对称开启	200	双向排烟	1.2×5	50	6
S3	对称开启	200	双向排烟	1.2×5	60	6
S4	对称开启	200	双向排烟	1.2×5	70	4
S5	对称开启	200	双向排烟	1.2×5	80	4

(2) 火灾烟气温度场

不同排烟口间距及个数下，烟气稳定后温度随距离的变化曲线、烟气稳定后隧道纵向中心面温度分布云图分别如图 7.1-42、图 7.1-43 所示。

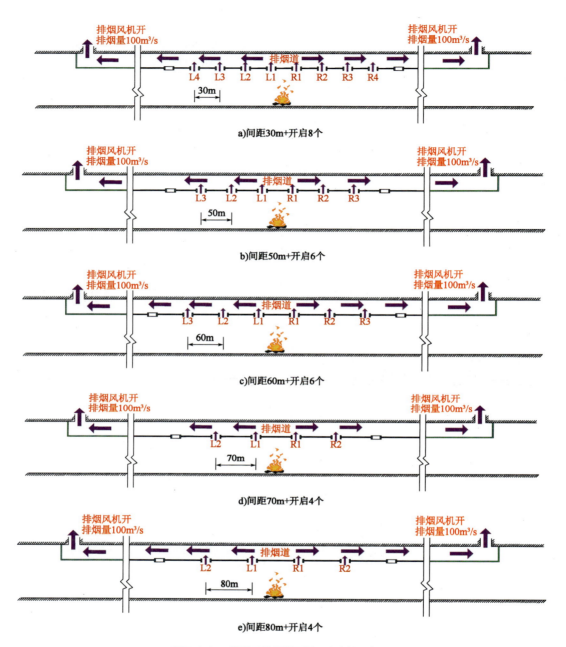

图 7.1-41 排烟口设置间距及开启个数示意图

从图 7.1-42、图 7.1-43 可以看出：

①当火源位于排烟口打开段中部，进行双向均衡排烟时，沿隧道纵向 2m 高处、拱顶和顶隔板下方烟气蔓延稳定后的温度分布曲线基本在火源两侧对称分布。

②最高温度出现在火源正上方，不同排烟口设置策略，最高温度分布差异不大。

③当排烟口设置间距为 30m 时，火源附近的拱顶温度大于 200℃，而其余工况则在 200℃以下。

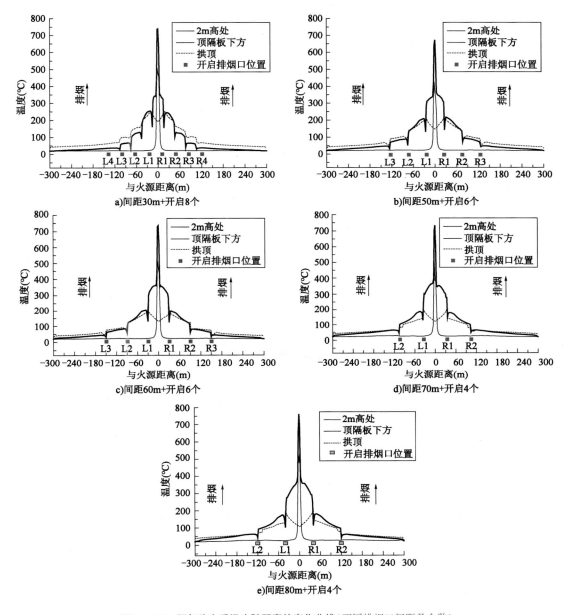

图 7.1-42　烟气稳定后温度随距离的变化曲线(不同排烟口间距及个数)

④各工况距火源最远排烟口处拱顶温度降至100℃以下,在排烟口打开段外隧道拱顶气体温度逐渐降低,且温度下降较缓慢,在隧道的端部一般降至50℃以下,这是由于在两侧排烟风机的影响下,离风机越近,排烟口的排烟速率越快(火源附近排烟口受火羽流影响速率较快),在排烟的过程中不断卷入新鲜冷空气与热烟气混合,且离风机越近,排烟口吸入新鲜冷空气越多,与热烟气混合后拱顶气体温度呈现出火源附近较高,排烟道内沿排烟口打开段外温度较低。

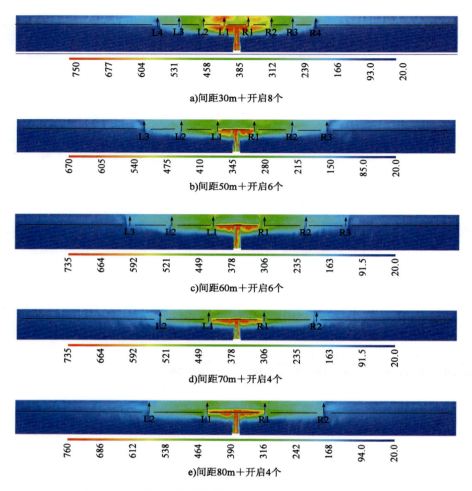

图 7.1-43 烟气稳定后隧道纵向中心面温度分布云图（单位：℃）

(3) 行车道 2m 高处能见度分布

从烟气稳定后 2m 高处能见度分布数值模拟结果（图 7.1-44）可以看出，当排烟口间距≥70m 时，隧道行车道 2m 高处能见度有较大波动；其他排烟口设置组合则能够保持较好的能见度水平。

(4) 排烟口流速

从烟气稳定后不同排烟口组合下的排烟口流速曲线（图 7.1-45）可以看出，进行双向均衡排烟时，排烟口处烟气流速基本呈对称分布。当排烟口间距为 70m 和 80m 时，开启个数为 4 个，排烟口的流速分布较均匀，但均超过了 10m/s；当排烟口间距为 30m 时，流速分布呈"W"形，且离火源最远的 2 个排烟口流速较大，较易发生吸穿；排烟口间距为 50m 和 60m 的流速分布大致相同。

(5) 排烟效率

通过排烟口排烟效率计算模型，对不同的排烟口设置间距及排烟口开启个数的排烟效率进行计算，得到各个工况下每个排烟口的排烟效率，模拟结果见表 7.1-26。

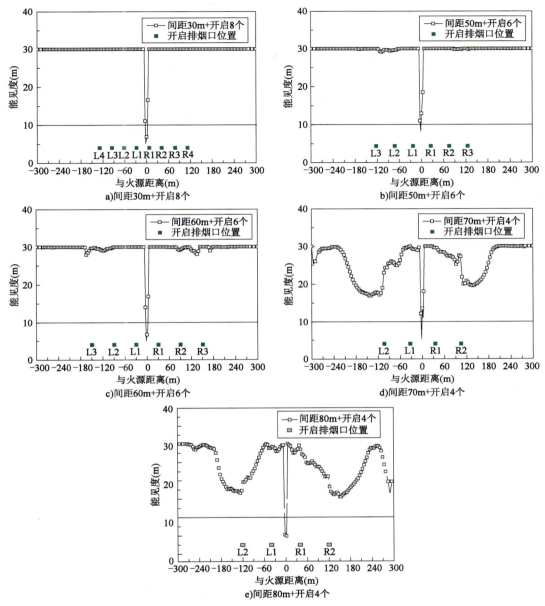

图 7.1-44 2m 高处能见度分布数值模拟结果

各工况排烟口排烟效率数值模拟结果　　　表 7.1-26

模型编号	各开启排烟口排烟百分数(%)							
	L4	L3	L2	L1	R1	R2	R3	R4
S1	6.6	9.4	14.6	19.5	19.3	14.6	9.4	6.6
S2	—	11.88	14.88	22.2	22.98	15.78	12.28	—
S3	—	12.4	15.0	22.1	22.8	15.4	12.1	—
S4	—	—	21.7	27.8	27.6	20.9	—	—
S5	—	—	21.6	26.7	28.3	21.9	—	—

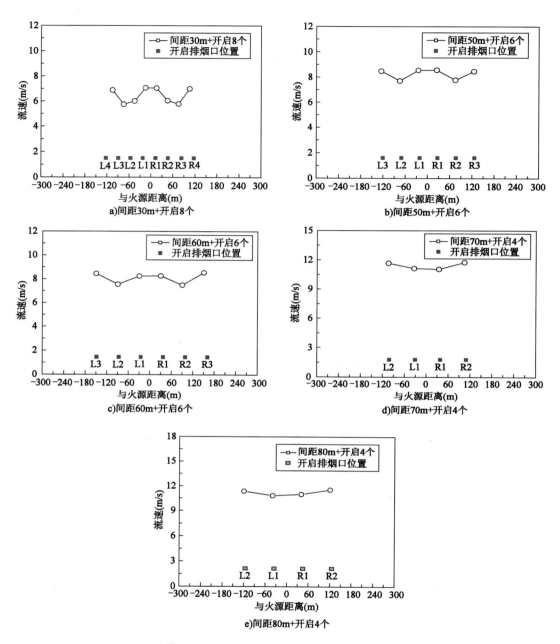

图 7.1-45 不同排烟口组合下的排烟口流速曲线

通过设定排烟口的不同间距及开启个数，对比分析对应工况下的隧道纵向温度分布、能见度、排烟口流速及排烟效率等指标，可以得到：双向排烟模式下，当排烟口设置间距≥70m，总排烟口开启范围≤300m 时，行车道 2m 高处能见度减小较多，且开启的各排烟口垂直方向流速较大（均超过 10m/s）；当排烟口间距为 30m 时，离火源最远的排烟口易发生吸穿。因此，工程排烟口间距为 60m，开启个数为 6 个。

7.1.8 隧道通风设备布置

1）风机布置

隧道各设计年限各工况射流风机数量分别见表 7.1-27、表 7.1-28。每线隧道射流风机按照 1 组备用设计，布置示意分别如图 7.1-46、图 7.1-47 所示。

东线隧道射流风机数量　　　　　　　　　　　　　　　　表 7.1-27

工　况	区段 1(3510m)			区段 2(720m)		
	2023 年(近期)	2028 年(中期)	2038 年(远期)	2023 年(近期)	2028 年(中期)	2038 年(远期)
60km/h	—	—	—	—	—	—
50km/h	—	—	—	—	—	—
40km/h	—	—	—	2	3	4
30km/h	—	3	9	3	5	7
交通阻塞	6	7	12	5	7	8
点式排烟工况	7					
纵向排烟	8					

西线隧道射流风机数量　　　　　　　　　　　　　　　　表 7.1-28

工　况	区段 1(4056m)			区段 2(170m)		
	2023 年(近期)	2028 年(中期)	2038 年(远期)	2023 年(近期)	2028 年(中期)	2038 年(远期)
60km/h	—	—	—	—	—	—
50km/h	—	—	—	—	—	—
40km/h	—	3	6	—	—	—
30km/h	9	10	12	—	—	—
交通阻塞	10	13	16	3	3	3
点式排烟工况	7					
纵向排烟	8					

结合隧道的结构形式：中间段为盾构段，两岸段为明挖暗埋形式；考虑配电电缆长度及启动方式等综合因素，射流风机布置在两岸明挖暗埋段，如图 7.1-48、图 7.1-49 所示，盾构段不设置射流风机，如图 7.1-50 所示。

2）风塔设置

根据地勘资料所揭示的地层情况，南岸存在较多的硬岩和孤石，为减小盾构法施工难度，硬岩和孤石段采用明挖围堰法施工，围堰端头设置始发工作井。围堰拆除，大堤恢复后，盾构井位于海域内，该处设置风塔需要占用海域面积，破坏了整个海岸线风光，同时填筑人工岛增加建设和运营成本。因此，南岸风塔向南移至南滨路北侧海堤上，如图 7.1-51 所示，先在两线明挖段上方设置风道夹层，后在里程为 WK6+988 向南沿西线明挖段隧道增设新排风道，延伸到南滨路北侧海堤上。南岸风机房中心里程距洞口仅 170m，为地下一层建筑物，内设置 4 台大型轴流风机，风塔设置在机房房顶部。

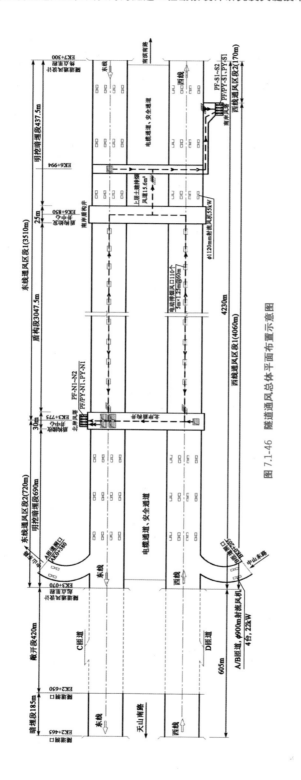

图 7.1-46 隧道通风总体平面布置示意图

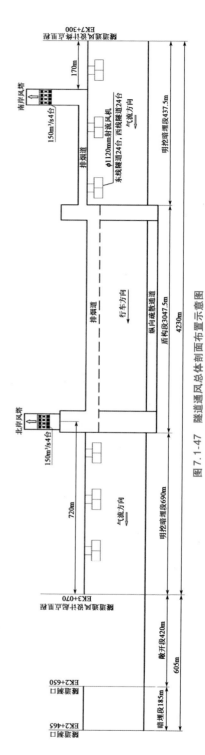

图 7.1-47 隧道通风总体剖面布置示意图

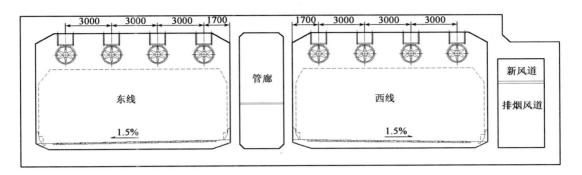

图 7.1-48 南岸明挖暗埋段射流风机布置示意图(尺寸单位:mm)

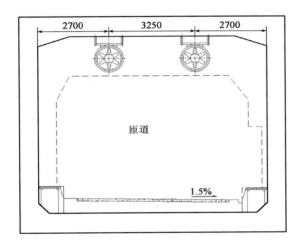

图 7.1-49 匝道射流风机布置示意图(尺寸单位:mm)

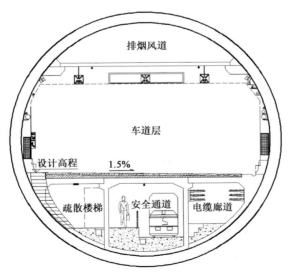

图 7.1-50 隧道盾构段横断面示意图

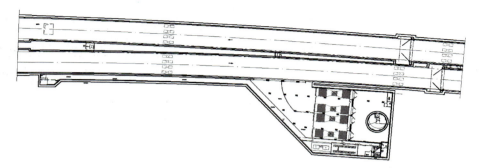

图 7.1-51　隧道南岸风道及风塔布置平面示意图

北岸风塔设置在北盾构井位置，中心里程距离洞口 720m，风机房内设置 4 台大型轴流风机，如图 7.1-52 所示。

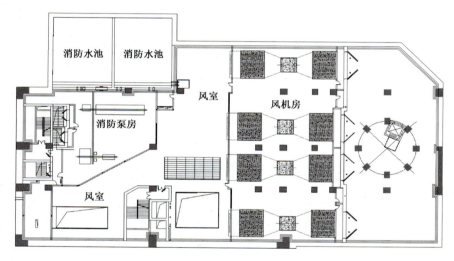

图 7.1-52　隧道北岸风道及风塔布置平面示意图

隧道南、北岸风塔搭建实景如图 7.1-53 所示。

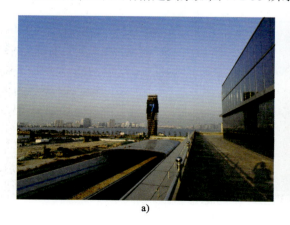
a)

b)

图 7.1-53　隧道南、北岸风塔建设实景

3) 风机设备选型

东线隧道第一段(长3510m)设置3组12台射流风机,第二段(长720m)设置3组12台射流风机,共6组24台射流风机;西线隧道第一段(长4056m)设置5组20台射流风机,第二段(长170m)设置1组4台射流风机,共6组24台射流风机。主要设备参数见表7.1-29。

隧道通风主要设备参数表   表7.1-29

序号	名称	技术参数	数量	单位	备注
1	排风/排烟风机	流量:100~150m^3/s; 风压:2000~1000Pa; 功率:400kW	4	台	变频,耐高温280℃1h,带软接
2	排风机	流量:150m^3/s; 风压:1000Pa; 功率:250kW	4	台	带软接
3	射流风机	ϕ1120mm; 流量:39.1m^3/s; 出口风速:38m/s; 推力:1519N; 功率:55kW	48	台	可逆、耐高温280℃1h;带安装吊架、减振器、2D消声器
4	金属外壳消声器	—	16	台	—
5	电动组合风阀	—	21	只	耐高温280℃1h
6	电动排烟风口	5000mm×1200mm	106	只	耐高温280℃1h
7	风向风速仪	测量范围:0~30m/s,精度±0.1m/s	6	套	防护等级≥IP65
8	能见度/一氧化碳(VI/CO)检测仪	VI测量范围:0~0.025m,精度±0.0001m; CO测量范围:0~300ppm,精度±1×10	6	套	防护等级≥IP65

7.1.9 隧道通风运行模式

隧道交通正常及阻滞工况时,出洞口排风机运行,将隧道内污染空气集中排放,降低隧道洞口污染物排放对周围环境的影响,轴流风机开启的台数和时段主要根据隧道洞口外污染物扩散达标情况确定。射流风机启停根据隧道交通情况和VI/CO检测仪检测到的隧道内污染物数据确定。

当隧道内行驶车辆以50~60km/h的速度通行时,隧道内形成的活塞风量为370~490m^3/s,纵向风速最大达到6.9m/s,此时车辆行驶产生的活塞风大于设计需风量,射流风机可不用开启。

当隧道内车辆行驶速度在50km/h以下时,根据VI/CO检测仪检测的污染物数据确定,为了避免风机频繁启停,设置检测浓度控制滞留区,如CO检测浓度滞留区为80~100ppm。但根据目前国内多条隧道的运营经验和检测结果来看,隧道内检测到的VI/CO值远远低于设计值,依据该值来控制风机启停往往导致风机长期闲置,养护管理单位可采用早晚高峰时段控制或根据隧道内的交通量模糊控制方式,来启停隧道内射流风机。

7.1.10 隧道温升解决方案

根据部分城市公路隧道、地铁温升的实测数据,如上海延安路隧道纵向通风长度只有

2.1km，但在测试气象温度为16.7℃条件下，空气温升达到12℃；1989年东京地铁内温度由1945年的25℃上升至1989年的33℃；北京地铁温度以每年0.2~0.3℃的速度上升，夏季最高温度(1995年)已达到31℃，大大超过25℃的设计值。隧道温升控制问题已是不得不考虑的问题。

海湾隧道属于特长隧道，隧道内交通量大，正常行驶时机动车会排出大量的热量，主要包括汽车行驶时燃烧产生的废气、发动机汽缸的冷却热量以及空调系统的冷凝热量，机动车排热量较大，若不将这些热量及时排出，将会造成隧道内纵向温度不断升高。

根据隧道预测交通量、车型比例以及车辆油耗情况，远期单管隧道内车辆总散热量约为12897kW。根据类似工程的文献及相关参考数据，燃烧的汽/柴油热量中80%会加热空气，20%传给维护结构。汕头海湾隧道用于加热隧道内空气的散热量为10317kW，理论上可使封闭段4.23km隧道的空气温度升高20℃左右。

针对推荐方案，东西线采取不同的运营通风方案，下面详细分析不同运营模式下隧道的空气温升及采取的降温措施。东线隧道第一段长3510m，第二段长720m，50~60km/h时采用分流型排风工况，小于40km/h时采用合流型排风工况；西线隧道第一段长4060m，第二段长170m，正常运营工况采用分流型排风工况，阻塞工况采用合流型排风工况。

东、西线隧道近、远期温度—长度关系分别如图7.1-54、图7.1-55所示。

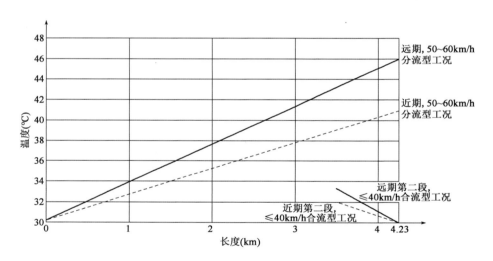

图7.1-54　东线隧道近、远期温度—长度关系

通过上述关系图可知：

(1)进口段隧道温度线性升高，相同的斜率直到竖井底部。

(2)出口段存在以下2种工况：出口段分流型排风工况温升线斜率减小，但升高的趋势不变；出口段合流型排风工况，由于两端洞口均是新风进入，隧道温度在竖井底部达到最高。

(3)东线隧道近、远期分流型排风工况隧道内最高温度分别为41℃、46℃；近、远期合流型排风工况隧道内最高温度分别为39.2℃、43.4℃。

(4)西线隧道近、远期分流型排风工况隧道内最高温度分别为41.6℃、48℃；近、远期合流型排风工况隧道内最高温度分别为41℃、47℃。

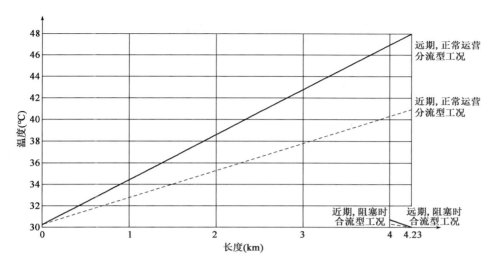

图 7.1-55　西线隧道近、远期温度—长度关系

通常情况下，人体在环境温度 42℃ 时，允许停留时间不超过 5min；43～45℃ 时不超过 1min；高于 45℃ 时不允许人员停留。在确定隧道内温度设计标准时，应考虑车辆、人员在隧道内停留时间，汕头海湾隧道内温度按照 42℃ 标准设计。近期东、西线隧道内最高温度均未超过 42℃，只通过现有的设备在通风降温即可满足要求。远期东、西线隧道内温度均高于 45℃，需采取合适的降温措施保证隧道正常使用。

常用的降温措施：

(1) 加大隧道内通风量，此方法不节能且隧道风速容易超标。

(2) 利用海水与隧道内温差进行热交换冷却，此方法需设置水泵、冷凝循环管，具有投资大特点。

(3) 设置集中冷冻站，英法海峡隧道采用此方案，是最昂贵的降温方式。

(4) 炎热夏季，路面不定时洒水降温，此方法效果不显著。

(5) 采用高压细水雾，上海长江隧道、南京纬三路隧道均采用此降温方式。

通过上述论证分析，汕头海湾隧道近期采用通风降温，远期采用高压细水雾降温方案。预留高压细水雾系统安装条件。

7.1.11　节能措施

(1) 隧道双洞单向行车，根据季节可利用自然风，使隧道内空气流动方向与自然风向保持一致，降低通风能耗。

(2) 通风空调设备按远期高峰小时配置，土建施工一次到位，设备安装考虑近、远期分期实施的经济性及工程实施的可行性。

(3) 充分贯彻国家能源政策，设备选型选用高效节能产品。系统设计考虑运营能耗，并具有依照交通量大小的可调性，在满足隧道运营功能要求的情况下，选用用电功率最低的风机组合开启方式，以降低运营成本。

(4) 混凝土风道的通风表面在满足通风面积的情况下尽量抹平，保证绝对粗糙度 <3mm。

(5) 为减少阻力，混凝土风道转弯处设置结构导流弯头或建筑导流墙。

7.2 消防系统设计

7.2.1 水下公路隧道的火灾特点

水下公路隧道发生火灾，受到地下封闭环境的制约，有如下特点：

(1) 火灾环境特殊，烟雾大、升温快。由于隧道空间狭长，内部空间较小，近似于封闭空间。火灾发生时，隧道中空气不足，多产生不完全燃烧，发烟量一般较大，而且产生的热量和烟雾难以扩散，导致隧道火灾初期升温迅速，并且很容易发生连环爆炸，火势发展迅猛，烟雾笼罩，能见度差，燃烧温度高，易形成"温室效应"和"跳燃"，给消防人员的及时扑救工作带来较大的困难，并可造成人员伤亡和重大的经济损失。

(2) 隧道火灾物理特征独特。水下隧道的管道、风道以及设备室的结构特性都十分有利于火灾的蔓延。与此同时，隧道属于地下工程，密闭条件好，热量不容易散出。火区的节流效应、浮力效应以及摩擦阻力等作用的影响会使隧道内压力场发生明显变化，受其影响新风可能进入隧道上部，烟气层很快下降，影响人员疏散和救援工作开展。

(3) 疏散困难。水下隧道发生火灾时，产生的大量烟气使能见度急剧下降，主要依靠事故照明和疏散指示标志来保证安全疏散。加之隧道横断面小，道路狭长，容易造成车辆堵塞，进退两难，隧道中的人员及车辆数量、堵塞状况和疏散的控制十分困难。

(4) 火灾后果严重。水下隧道的火灾除了具有一般公路隧道的特点外，还具有火灾危害大和火灾发生后难以修复的特点。火灾使衬砌混凝土强度降低，衬砌结构的整体性受到破坏。这对承受相当水压的水下隧道是难以承受的，结构的破坏甚至可能发生海水倒灌等灾难性的后果(图7.2-1)。

a) 火势发展迅猛，控制困难

b) 空间密闭，排烟散热难

c) 道路狭长，疏散困难

图 7.2-1 水下公路隧道的火灾特点

7.2.2 水下隧道消防组织

隧道内一旦发生火灾,为尽可能把火灾限制在最小范围内,需具有三个梯队形式,并各自配置有效的灭火设备。

第一梯队:是隧道使用人员,包括司机和乘客,第一梯队总是首先发现和面临火灾,但是他们没有专门的消防技能,因此,隧道消防箱内所设置的消防设备必须充分考虑容易辨认和方便操作。

第二梯队:是隧道管理人员组成的兼职消防队,第二梯队是在隧道火灾发生后一段时间才能到达火灾现场,他们具有专门的消防技能,但一般不携带设备,而是使用隧道内的消防设备。根据国内外公路隧道运营经验和相关标准规定,推荐第一、第二梯队使用的最佳灭火设备是轻水泡沫系统。

第三梯队:是专业消防队,发生重大火灾,以及火灾现场可燃物长时间燃烧时,使用消火栓、自备的灭火设备、消防车等消防设备进行的强力灭火,由隧道内供给充足的水源。

根据英国隧道火灾的统计资料,1971—1973年三年中共发生14次火灾,其中有9次是在地面消防队到达火场之前由第一、第二梯队灭火的。又据日本相关统计资料,1960—1980年二十年内日本道路公团所属的隧道内共发生24次火灾,其中有15次是由第一、第二梯队灭火的。由此可见,第一梯队和第二梯队在隧道消防中的作用相当重要,在隧道消防设计中,应加强第一梯队和第二梯度所使用灭火设备的设计和选型。

7.2.3 国内外消防灭火设施的现状

1)常规消防系统设置

在公路隧道灭火设施方面,世界各国公路隧道相关标准、规范中均要求设置的灭火设施是消火栓和灭火器。目前我国《建筑设计防火规范》(GB 50016—2014)主要针对城市交通隧道,灭火设备主要包括室内消火栓、室外消火栓、灭火器等。我国《公路隧道交通工程设计规范》(JTG/T D71—2014)主要适用于各等级公路的新建和改建山岭隧道,并对隧道室内消火栓、固定式水成膜泡沫灭火装置、室外消火栓、灭火器等灭火装置的设置进行了明确规定,公路隧道常规消防系统设置如图7.2-2所示。

图7.2-2 公路隧道常规消防系统设置

对于消火栓的设置,各国规范普遍要求用水量在1000～2000L/min,出水口压力不大于0.5～1.0MPa。《建筑设计防火规范》(GB 50016—2014)规定,隧道内的消火栓用水量不应小于20L/s,隧道外的消火栓用水量不应小于30L/s,对于长度小于1000m的三类隧道,隧道内外的消防用水量可分别为10L/s和20L/s。管道内的消防供水压力应保证用水量达到最大时,最不利点处水枪充实水柱不小于10m。《公路隧道交通工程设计规范》(JTG/T D71—2014)规定,隧道内消火栓一次灭火用水量为20L/s,对于长度小于1000m的隧道,消防用水量为15L/s,水压能满足消火栓水枪充实水柱长度不小于10m的要求,室外消火栓数量根据隧道内消防用水量计算。

对于灭火器而言,由于公路隧道火灾具有火灾类型多样性的特点,因此,具有灭火范围广、灭火剂不易变质、存放时间长等特点的ABC型干粉灭火器是国内外公路隧道相关标准、规范中主要推荐的灭火器类型。

2)不同国家自动灭火系统的选择

国外主要发达国家按照相关规范要求(或建议)在公路隧道中设置自动灭火系统比较普遍。日本是最早在公路隧道中设置自动灭火系统的国家,也是设置数量最多的国家;澳大利亚地理环境多是平原,公路隧道总数量不多,长大或者交通繁忙的公路隧道均设置了自动灭火系统;欧洲国家共同开展的欧洲隧道防火计划(UPTUN)项目,推动了自动灭火系统在新建隧道中的普遍应用(图7.2-3);美国有特殊保护目的隧道部分设置了自动灭火系统,比如通过危化物品的公路隧道设置泡沫水喷雾系统。

我国公路隧道一般分为山岭隧道和水下隧道两类,山岭隧道一般不设置自动灭火系统,而水下长大隧道多为城市交通隧道,交通流量大,火灾隐患多,疏散救援困难,火灾后果严重,一旦发生崩塌,灾后修复将变得异常困难,因此普遍设置自动灭火系统。

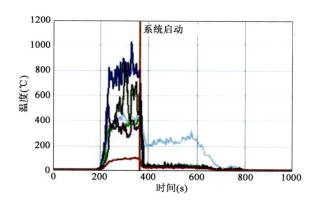

图7.2-3 UPEUN火灾试验过程水灭火系统的降温作用
注:图中曲线显示了全尺寸火灾试验过程中的不同位置的温度。

7.2.4 不同类型自动灭火系统的应用

自动灭火系统在隧道中的应用主要是自动喷水灭火系统、水喷雾系统、细水雾系统、泡沫灭火系统等。

1) 自动喷水灭火系统

自动喷水灭火系统在隧道中的应用,我国消防界历来存有争议。《中国消防手册(第五卷)》中的论述分析,隧道内设置自动喷水灭火系统不仅对灭火无效,而且还有助于火灾的传播和加重火灾的危害,主要理由是:①典型的火灾通常发生在车辆下部或车厢内部,顶部喷水没有效果;②如在火灾开始和喷头动作之间发生延误,在巨热火焰上喷一层薄水雾,实质上不仅压不住火焰,反而将产生大量过热蒸汽,蒸汽比烟雾更具危害性;③喷水会导致烟雾分层紊乱,将空气和烟雾混合,威胁隧道内人员的安全;④系统中喷出的水会使路面变得湿滑,影响人员逃生,并可能导致可燃液体火灾进一步扩大,令火场面积及释热量扩大。

最早将自动喷水灭火系统应用于隧道的实体灭火试验于1965年在瑞士Ofenegg隧道进行。系统启动后可短时间灭火,但产生了大量热蒸汽和烟雾,导致隧道内能见度降低。隧道通风又将烟气和热蒸汽推向火源下风向的地方,灭火后燃料蒸汽继续挥发引发复燃。各界普遍认为自动喷水灭火系统产生的浓烟和热蒸汽不仅会导致能见度降低,并且还会对人体健康造成损害,不利于人员的逃生和疏散。因此,美国消防协会(NFPA)不提倡在公路隧道内使用自动喷水灭火系统。

2) 水喷雾系统

水喷雾系统具有冷却、控火的优势,国内外开展的一系列实体隧道灭火试验表明水喷雾系统具有以下优点:①水喷雾系统开启后,隧道降温效果比较明显,环境气体温度显著降低,可以快速削减热量,降低辐射热,大大降低周围结构的燃烧危险;②水喷雾系统可以有效阻止火势向周围车辆的蔓延;③快速降低挥发性气体浓度,减少爆炸风险。应用过程中该系统也有不利之处:①虽可控制火灾规模,但系统并不能灭火,只是延长了火灾的持续时间;②喷射过程中会降低能见度,不利于人员疏散。但通过一定的延时控制,例如在人员撤离至一定的安全距离之外后,再人工确认远程启动系统等方法,能避免此类问题。

水喷雾系统具有一定的防护冷却作用,基本能将火情控制在一定的状态,虽不能灭火,但能最大限度控制火情,为专业消防队员的灭火赢得有利时机,同时良好的降温措施能保护隧道结构稳定,防止结构因高温坍塌引发更大的事故。在公路隧道应用方面,早在1969年日本就首次设置了水喷雾系统,目前日本已有超过120个公路隧道安装了水喷雾系统;澳大利亚也在公路隧道中广泛设置了水喷雾系统,近年来澳大利亚国内已有19座安装有水喷雾系统的隧道投入运营。我国的武汉长江隧道、长沙营盘路湘江隧道、南昌红谷隧道等也采用了水喷雾系统。

3) 细水雾系统

细水雾系统的作用原理与水喷雾一致,但前者压力更大,产生的水滴粒径更小,因此雾滴的吸热能力更强,可迅速降低空气温度。同时,细水雾灭火系统的用水量显著低于水喷雾系统,可在用水量更少且管径更小的情况下,提供同等或者更优的效果,因此细水雾系统在公路隧道实际应用中更具有优势。欧洲各国开展了大量的细水雾在公路隧道内的灭火试验。试验结果显示细水雾系统可以有效控制火灾规模,降低热释放率,但最终无法扑灭火灾。虽然细水雾灭火系统不能扑灭火灾,但系统启动后显著降低了环境气体的温度,并且可以有效阻止火势向周围车辆的蔓延。大型实体灭火试验也验证了细水雾系统应用于公路隧道火灾防控的可行性。2005年以来,欧洲许多新建隧道均采用的是细水雾灭火系统。如图7.2-4、图7.2-5为隧道细水雾系统试验。

图 7.2-4　150MW 隧道油池火灾（高压细水雾灭火系统）

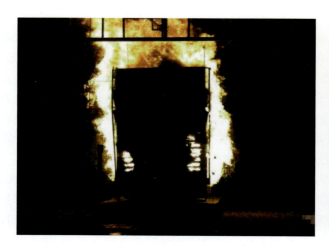

图 7.2-5　200MW 隧道固体火灾（低压细水雾抑火系统）

4）泡沫灭火系统

同水系统相比，公路隧道中采用泡沫灭火系统的实体试验研究相对较少。目前关注较多的主要是泡沫—水喷雾联用灭火系统和压缩空气泡沫灭火系统。

（1）泡沫—水喷雾联用灭火系统

泡沫—水喷雾联用灭火系统是在水喷雾系统的基础上发展而来的。水喷雾系统尽管可以控制火势并降低环境温度，但无法实现灭火，尤其对于液体可燃物泄漏造成的流淌火，系统的灭火效果较差。在水喷雾系统中添加水成膜泡沫灭火剂，可以在发挥水喷雾系统降温、控火优势的同时提高灭火效果。

在工程实际应用方面，泡沫—水喷雾联用灭火系统在我国城市水下隧道中得到了较为广泛的应用。尽管我国隧道建设规范中并未要求设置该系统，但由于城市水下隧道交通流量大、隧道结构处于高水压条件下对消防系统的要求较高等特点，各地普遍参照国外灭火设施设置情况,强化了自动灭火系统的设置。近年来新建的城市水下隧道主要以泡沫—水喷雾联用灭火系统为主,以提高隧道的控火灭火效果。国内最早投入使用的是2005年竣工通车的上海翔殷路隧道。该隧道可通行危险品车辆,泡沫—水喷雾联用灭火系统对扑灭隧道B类火灾具有快速、高效的特点。但是翔殷路隧道使用至今也暴露了该系统的一些问题:泡沫液腐蚀性强,隧道消防管路和排水设施有被腐蚀现象;系统喷射后产生大量的泡沫影响隧道排水系统的正常运行。图7.2-6为隧道泡沫—水喷雾联用灭火系统试验。

图7.2-6　50MW 隧道油池火灾(泡沫—水喷雾联用灭火系统)

(2)压缩空气泡沫灭火系统

压缩空气泡沫灭火系统是近年来发展起来的一种灭火系统,是将压缩空气直接充入泡沫溶液中从而产生细腻、稳定泡沫,该系统具有混合比例和发泡倍数连续可调、泡沫稳定性和灭火效能高的特点。

作为一项新技术,目前压缩空气泡沫灭火系统在公路隧道内的试验和应用相对较少。德国施密茨公司研发的一七式压缩空气泡沫系统在德国图林根州的"Przberg"公路隧道中得到了实际应用。系统每25m设置为1个灭火分区,火灾发生时,正对火源的分区及其相邻2个分区同时启动,灭火强度为$6L/(min \cdot m^2)$,采用旋转喷头施加泡沫,泡沫的连续喷射时间为60min。多次实体灭火试验结果表明该系统具有较好的灭火效能。

7.2.5　自动灭火系统在国内隧道中的应用

目前我国山岭隧道中灭火设施的设置情况主要依据《公路隧道设计规范 第二册 交通工程与附属设施》(JTG D70/2—2014)进行设计。按照该规范要求,消防灭火设施设计内容应包括灭火器、消火栓、固定式水成膜泡沫灭火装置、隧道消防给水设施等。长度小于800m的一级公路隧道,可不设消火栓及固定式水成膜泡沫灭火装置。我国已建成最长的秦岭终南山公路隧道(18.02km),设置了灭火器、消火栓、固定式水成膜泡沫灭火装置这三种灭火设施,未设置自动喷水灭火系统等固定灭火系统。而对于长度较短,且交通量较少的隧道而言,通常只设置消火栓和灭火器。

水下公路隧道在进行消防系统设计时,所依据的设计规范与山岭公路隧道基本一致。但与山岭隧道仅设置灭火器、消火栓及固定式水成膜泡沫灭火装置相比,水下公路隧道主要集中在城市,交通流量大,隧道结构处于高水压条件下,对消防系统的要求较高。在常规的灭火器、消火栓之外,普遍增设了自动灭火系统。根据水下公路隧道的不同类型、交通流量、疏散能力、救援水平以及地理位置等因素,国内部分公路水下隧道消防设施配备情况见表7.2-1。

国内部分公路水下隧道消防设施配备情况统计　　表7.2-1

隧道名称	消防设施	概况	施工工法	修建年份
南京玄武湖隧道	消火栓+固定式水成膜泡沫灭火装置+灭火器	隧道全长2660m,双向六车道	盾构法	2001年
武汉长江隧道	消火栓+固定式水成膜泡沫灭火装置+水喷雾系统+灭火器	左线3295m,右线3303.6m,双向四车道	盾构法	2004年
上海长江隧道	消火栓+泡沫—水喷雾联用灭火系统+灭火器	隧道全长8895m,双向六车道	盾构法	2004年
上海复兴东路越江隧道	消火栓+水喷雾系统+灭火器	隧道全长2785m,双向双层六车道	盾构法	2001年
上海翔殷路越江隧道	消火栓+泡沫—水喷雾联用灭火系统+灭火器	南线2606m,北线2597m,双向四车道	盾构法	2003年
南京长江隧道	消火栓系统+泡沫—水喷雾联用灭火系统+灭火器	隧道全长3790m,双向六车道	盾构法	2005年
厦门翔安海底隧道	消火栓+泡沫—水喷雾联用灭火系统+灭火器	隧道全长6050m,双向六车道	矿山法	2005年
杭州庆春路过江隧道	消火栓+泡沫—水喷雾联用灭火系统+灭火器	隧道主线长3765m,双向四车道	盾构法	2006年
长沙营盘路湘江隧道	消火栓+固定式水成膜泡沫灭火装置+水喷雾系统+灭火器	北线2843m,南线2850.5m,双向四车道	矿山法	2009年
长沙南湖路湘江隧道	消火栓+泡沫—水喷雾联用灭火系统+灭火器	北线1582m,南线1375m,双向四车道	盾构法	2010年
上海虹梅南路隧道	消火栓+泡沫—水喷雾联用灭火系统+灭火器	隧道全长5135m,双向六车道	盾构法	2010年
青岛胶州湾海底隧道	消火栓+固定式水成膜泡沫灭火装置+灭火器	隧道全长7800m,双向六车道	矿山法	2006年
南京纬三路过江隧道	消火栓+泡沫—水喷雾联用灭火系统+灭火器	北线3688m,南线3995m,双向双层八车道	盾构法	2010年
佛山东平隧道	消火栓+固定式水成膜泡沫灭火装置+灭火器	隧道全长1133m,双向六车道	沉管法	2010年
南昌红谷隧道	消火栓+固定式水成膜泡沫灭火装置+水喷雾系统+灭火器	隧道全长2650m,双向六车道	沉管法	2013年
衡阳二环路湘江隧道	消火栓+泡沫—水喷雾联用灭火系统+灭火器	隧道全长2270m,双向四车道	盾构法	2016年

国内大部分水下公路隧道同时设置了三个消防子系统，即：消火栓系统（有的包含固定式水成膜泡沫灭火装置）、自动灭火系统（水喷雾系统或泡沫—水喷雾联用灭火系统）和灭火器系统。之所以同时设置三个消防子系统，主要考虑以下几方面的因素：

一是借鉴国外公路隧道相关标准规范、工程案例和火灾试验。

二是水下隧道的特点决定了其消防灭火系统应严于山岭隧道，火灾工况下应立足于自救，主动扑灭火灾，在保障人身安全的同时，强化对主体结构的保护，尽可能考虑隧道内可能发生的各种类型的火灾。国内常用自动灭火系统如图 7.2-7 所示。

a) 南昌红谷隧道水喷雾系统　　　　　　　　b) 衡阳合江套隧道泡沫—水喷雾联用灭火系统

图 7.2-7　国内常用自动喷水灭火系统

7.2.6　海湾隧道消防方案比选

1）隧道车道层消防方案比选

汕头海湾隧道兼具公路及城市道路功能，以客运为主，火灾特点比较突出，一旦发生火灾，烟雾大、温度高、能见度低，疏散救援困难，根据相关研究，隧道内主要发生的火灾类型分为 A、B 两类，其中 B 类火灾更为突出。根据水下隧道火灾的类型和特点，对下述 3 种消防方案进行比选。

（1）方案一：消火栓系统 + 固定式水成膜泡沫灭火装置 + 灭火器

该方案是国内山岭隧道最常用的设计方案，消火栓系统一般以消防水池作为水源，消火栓在隧道一侧按照一定距离间隔设置，在消火栓箱一侧设固定式水成膜泡沫灭火装置，灭火器在隧道两侧按照一定距离交错设置。该方案特点是：可以有效扑灭 A 类、B 类初期火灾，固体物质着火后由于缺乏流动性，水体易附着于燃烧物表面，使燃烧物和空气隔绝，从而有效扑灭 A 类火灾；发生油类或流淌火灾时，在泡沫和水成膜的双重作用下，迅速冷却并覆盖油面，使燃烧物和空气隔绝，以达到扑灭 B 类火灾的目的；灭火器使用方便、性能可靠，可以有效扑灭各类初期小范围火灾。

（2）方案二：消火栓系统 + 固定式水成膜泡沫灭火装置 + 水喷雾系统 + 灭火器

该方案是在方案一基础上增设水喷雾系统。消火栓系统、固定式水成膜泡沫灭火装置和灭火器的功能与方案一相同。水喷雾系统要达到灭火效果，固体火灾设计喷雾强度应不小于 $15L/(min \cdot m^2)$，液体火灾（闪点在 $60 \sim 120℃$）设计喷雾强度应不小于 $20L/(min \cdot m^2)$；要达到防护冷却效果，设计喷雾强度应不小于 $6L/(min \cdot m^2)$。由于市政给水管管径小或消防水池设置困难,加之水下隧道空间有限,喷雾水量达不到灭火要求,设计标准通常定位为防护冷却,将火情控制在一定的状态,降低火场温度,防止结构高温崩塌,同时便于消防队员靠近救援。

(3)方案三:消火栓系统+泡沫—水喷雾联用灭火系统+灭火器

该方案是将方案二的固定式水成膜泡沫灭火装置+水喷雾系统由泡沫—水喷雾联用灭火系统取代。泡沫—水喷雾联用灭火系统灭火时首先喷出泡沫,泡沫与水的混合比为3%,之后喷水进行冷却。扑灭A类火灾时,与水相比泡沫液更容易沿固体表面流淌并覆盖于固体表面,泡沫对固体表面的覆盖率较单纯以水为灭火介质的覆盖率更高,相对灭火盲点较少,灭火效果更好;扑灭B类火灾时,覆盖于油面的泡沫,能隔绝空气和抑制油气蒸发,同时泡沫析出的液体又能对燃油起到冷却作用,因此,对隧道内发生的油类火灾及流淌火灾,能在极短的时间内扑灭。

隧道车道层消防方案性能比选见表7.2-2。

隧道车道层消防方案性能比选　　　　表7.2-2

方案名称	扑灭初期火灾效果	扑灭固体火灾效果	扑灭液体火灾效果	降温冷却效果	控制模式
方案一	好	好	一般	无	手动
方案二	好	好	一般	好	自动
方案三	好	好	好	好	自动

综上分析,隧道车道层消防系统推荐采用方案三。

2)隧道下层电缆通道消防方案比选

电缆通道内敷设通信、信号、电力等大量重要的电缆,对于隧道的安全运营极为重要,同时电缆通道内防火、救火条件相对恶劣,除了设置常规的灭火器外,还需要配备适宜的自动灭火设施。根据性价比和电缆隧道的灭火要求,可应用于电缆隧道的气体灭火剂一般选六氟丙烷、七氟丙烷、三氟甲烷。但是由于地下电缆隧道空间狭长,气体灭火剂灭火效率低,很难达到灭火效果,而传统的水喷雾系统因为用水量大、管道粗,也不适用于安装在电缆隧道中。因此,目前用于电缆隧道的自动灭火系统主要有细水雾、气溶胶、超细干粉等几种灭火装置。其中气溶胶类产品由于启动、灭火速度慢,不适用于隧道消防。下面对脉冲超细干粉自动灭火系统和高压细水雾灭火系统消防方案进行比选。

(1)方案一:脉冲超细干粉自动灭火系统

在电缆通道内全线设置脉冲超细干粉自动灭火系统,该系统由脉冲超细干粉自动灭火装置、启动组件、消防电源及显示盘组成。火灾发生时,组件传递火灾温度信号,实现灭火装置自动组合启动,高速喷射超细干粉灭火剂,淹没服务范围内的保护对象,达到瞬间高效灭火的目的。该装置适用于各电缆沟工程及电缆夹层的消防,在电力行业工程中应用广泛。

(2)方案二:高压细水雾灭火系统

在电缆通道内全线设置高压细水雾灭火系统,该系统由高压细水雾泵组、细水雾喷头、区域控制阀组、高压不锈钢管道以及火灾报警控制系统等组成。火灾发生时,火灾报警控制系统启动,喷头喷出的细水雾在隧道内四处弥散,降落速度缓慢,与烟气大面积长时间接触,可大量吸收火场中的烟雾和毒气,降低火场温度,保护电缆安全,可有效扑灭火灾。细水雾在电缆隧道中的应用国内外已有较多成功的工程实例。隧道下层电缆通道消防方案性能比选见表7.2-3。

隧道下层电缆通道消防方案性能比选　　　　　表7.2-3

方案名称	灭火效果	降温冷却效果	烟雾除尘效果	系统复杂程度	生命周期造价
方案一	好	无	无	简单	高
方案二	好	好	好	复杂	低

脉冲超细干粉自动灭火装置在电缆通道内的使用寿命仅为5年，汕头海湾隧道工程建设时一次性投资700万元，之后每隔5年更换一次，所需费用约400万元，隧道服务年限100年的工程总造价约为8300万元。高压细水雾灭火系统一次性投资较高，约2000万元，但使用寿命长、维护管理也比较方便，同时具有降温冷却、烟雾除尘功能，因此，隧道下层电缆通道消防方案采用方案二。

7.2.7 海湾隧道消防系统设置

1）隧道车道层消防系统

（1）消防给水

隧道消防水源采用城市自来水，在隧道南岸管控中心地下一层、北岸盾构井地下一层分别设置消防水池及消防泵房，南、北岸消防水池有效容积均为800m³，每座消防水池由两个相互独立的400m³消防水池组成，可满足隧道消防时用水量。

（2）消火栓系统

隧道两端消防泵房分别引出两根DN150的消火栓总管，沿两条隧道纵向敷设，全线贯通，形成安全可靠的消火栓总管环网。在每条隧道及匝道的一侧墙内，每隔40m设置一组消火栓箱，每只箱内设DN65消火栓2只，ϕ65mm×25m水龙带2盘，ϕ19mm多功能水枪2把，自救式消防软管卷盘一套。隧道内消火栓系统用水量为20L/s，发生火灾时两个消火栓箱4支水枪可同时使用。

隧道消火栓系统启动方式：①消火栓箱内的按钮作为报警信号，由火灾报警系统（FAS）启动；②泵房内手动启动；③控制中心远程启动；④根据管网压力变化自动启动。

（3）泡沫—水喷雾联用灭火系统

在海湾隧道盾构段及暗埋段内，设置泡沫—水喷雾灭火系统。自隧道两端消防泵房内的水喷雾泵引出两根DN250管道，沿两条隧道纵向敷设，全线贯通，为隧道内泡沫—水喷雾联用灭火系统供水。自隧道两端消防泵房内的泡沫泵引出两根DN65泡沫管道，沿两条隧道纵向敷设，全线贯通，为隧道内泡沫—水喷雾联用灭火系统供泡沫液。泡沫—水喷雾联用灭火系统沿隧道纵向划分若干独立的灭火分区，每区段单侧设5只喷头，喷头间距≤4m，长度≤20m，每个分区设置独立的泡沫—水喷雾控制阀组（内含雨淋阀组、泡沫阀组、比例混合器等），如图7.2-8所示。发生火灾时，同时启动着火分区及相邻两个防火分区的三组泡沫水喷雾阀组。

泡沫—水喷雾联用灭火系统启动方式为：①火灾探测器自动报警，监控中心确认后开启雨淋阀组及泡沫阀组，水喷雾泵组及泡沫泵组随之开启；②泵房内手动启动；③控制中心远程启动。

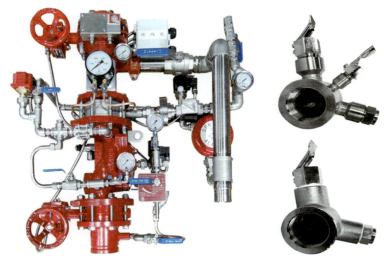

a) 泡沫—水喷雾联用灭火系统雨淋阀组　　　　b) 专用喷头

图 7.2-8　隧道泡沫—水喷雾联用灭火系统配件

汕头海湾隧道泡沫—水喷雾联用灭火系统安装现场如图 7.2-9 所示。

a)　　　　　　　　　　　　　　　　　　b)

图 7.2-9　汕头海湾隧道泡沫—水喷雾联用灭火系统安装现场

(4) 水泵接合器及室外消火栓

在隧道主线及匝道洞口地面附近分别设置水泵接合器,并在距水泵接合器 15~40m 范围内设置室外消火栓,室外消火栓用水量为 30L/s。

(5) 灭火器设置

鉴于隧道内可能发生的火灾多为 A、B 类火灾,灭火器选用磷酸铵盐干粉灭火器。在隧道的一侧,相距 40m 设置灭火器箱一组;在隧道的另一侧,相距 40m 与消火栓共箱设置灭火器一组,灭火器洞室与消火栓洞室间隔布置。

2) 隧道疏散通道消防系统

(1) 消火栓灭火系统

疏散通道不单独设置给排水消防系统,只是在消防人员使用的救援楼梯处增设消火栓,其间距与逃生楼梯一致。该消火栓从车道层消火栓系统干管上接出,疏散通道内消火栓设计用水量标准为10L/s。

(2)灭火器设置

隧道下层的纵向疏散通道相距25m设置挂壁式灭火器一组,每组设4具5kg装磷酸铵盐干粉灭火器。

3)隧道电缆通道消防系统

(1)高压细水雾系统

隧道盾构段电缆通道及隧道内变配电房间设置高压细水雾灭火系统,共设置三个防护区,分别为盾构段西线电缆通道防护区、盾构段东线电缆通道防护区、隧道内变配电设备房间防护区。每条电缆通道长度约3.05km,约30m为一个防护分区,共划分为102个分区;隧道内变配电防护区由9个电气房间组成,每个房间作为一个防护分区,共划分为9个防护分区。每个防护分区设置独立的开式区域阀组(气动阀、带测试装置、反馈功能),火灾时电缆通道同时启动着火分区及相邻两个防护分区的三组区域阀组,变配电房间仅启动与之对应的区域阀组,报警系统终端触发装置编号与防护分区的区域阀编号相对应。

汕头海湾隧道两端消防泵房内的高压细水雾泵组各引出一根DN65管道,在东西线电缆通道环状布置,为电缆通道内区域阀组供水,系统选用高压细水雾开式喷头,喷头间距≤2.5m,流量系数$K=0.7$,单个喷头流量≥7L/min,设计水箱容积$10m^3$,有效容积不小于$8.4m^3$。

高压细水雾灭火系统泵组启动方式为:①两路独立的火灾信号报警,系统自动开启;②控制中心远程启动;③现场启动区域阀组+泵房内手动启动泵组。

汕头海湾隧道电缆通道采用高压细水雾灭火系统,如图7.2-10~图7.2-12所示。

图7.2-10 汕头海湾隧道电缆通道高压细水雾灭火系统

(2)灭火器设置

在电缆通道内每隔25m设置2具5kg装磷酸铵盐灭火器。

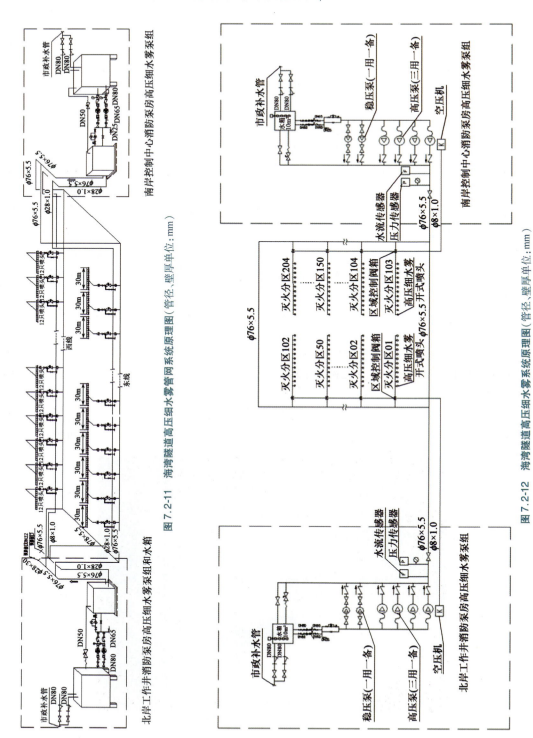

图7.2-11 海湾隧道高压细水雾管网系统原理图（管径、壁厚单位：mm）

图7.2-12 海湾隧道高压细水雾系统原理图（管径、壁厚单位：mm）

7.3 排水系统设计

7.3.1 海底隧道集水池容积确定

目前国内已建成的水下隧道,其废水泵房集水池有效容积大小不一。废水泵房有效容积主要与隧道结构渗漏水量、水泵参数以及应急储备容积有关。挪威是世界上建造水下隧道较多的国家之一,规定水下隧道废水泵房的容积需满足 24h 结构渗漏水量的要求,目前国内已有工程案例参照该规定执行。国内水下隧道运营经验表明,合理扩大废水泵房集水池规模,为特殊情况预留应急储备容积是十分必要的,但是否按 24h 结构渗漏水量来预留集水池容积,仍存在较大的争议。

对于采用盾构法施工的全包防水型水下隧道,因其结构渗漏水量较小,按 24h 结构渗漏水量预留集水池容积,规模可以接受;对于采用矿山法施工的防排结合型水下隧道,24h 结构渗漏水量小则数千立方米,地质条件较差的隧道甚至可达 1 万多立方米,如按 24h 考虑废水泵房有效容积,一方面将大大增加土建成本,另一方面如此规模的废水泵房将对结构施工造成较大风险,不利于隧道结构的稳定。集水池预留应急储备容积为隧道险情的有效处理争取了宝贵时间,提供了必要条件。但隧道险情一般与隧道外部水源进入隧道有关,与隧道自身结构渗漏水量的大小无直接联系。因此,研究隧道集水池预留应急储备容积的大小,应建立在外部水源不进入隧道的前提之下,否则隧道集水池应急储备容积的大小将难以量化。

水下长大隧道集水池有效容积的确定应建立在隧道排水系统的风险分析之上。废水泵房应为排水系统瘫痪等情况预留应急储备容积,但不应单纯按 24h 结构渗漏水量来确定集水池规模。应结合项目具体情况对隧道排水系统可能存在的风险进行分析,得出导致排水系统瘫痪的最不利情况及其抢修恢复时间,以此为依据,结合隧道实际渗漏水量确定集水池的最终容积。隧道排水系统瘫痪的风险主要有以下方面:①水泵故障;②管道破裂;③电力故障;④隧道突涌水。其中,隧道突涌水风险极低,且为不可预估的灾难性事故,单靠预留应急储备容积无法解决。

水下隧道排水系统水泵至少应设置一台备用泵,管道应按 100% 备用,上述设置将有效降低水泵及管道检修造成排水系统瘫痪的风险。因此,排水系统的瘫痪风险主要来自电力故障。水下隧道主排水泵站均应按 2 路独立电源设置,自隧道两端引入隧道,但该种配置仍存在失电的可能性,一旦失电,整个排水系统将面临瘫痪,所有排水均靠集水池应急储备容积解决。因此,在保证外水不进入隧道的前提下,集水池预留应急储备容积的大小应由隧道电力系统的复通时间或者备用电源的启动时间决定。

此外,为降低排水系统瘫痪的风险,缩短系统恢复的时间,减小集水池容积,可从机电设备方面采取其他辅助措施,如设置集装箱式移动蓄能电站、柴油发电机等应急备用电源。

7.3.2 海域环境排水泵的选型

1) 水泵材料的研究

(1) 影响水泵腐蚀的主要因素

①输送介质 pH 值的影响,pH 值表示液体中氢离子浓度的大小,pH 值过大或过小都会影响金属的腐蚀。

②盐浓度的影响,海水中盐粒子的浓度也会影响金属的腐蚀,压力离子浓度越高,海水对金属的腐蚀性也越强。

③温度的影响,温度可以影响液体中氢离子浓度的大小,也会影响海水中盐浓度的大小,一般温度越高,海水的腐蚀性也越强。

④液体流速的影响,金属表面在腐蚀过程中会出现保护膜,可以减缓腐蚀,但其只能在液流速度较低的情况下才有可能产生,因此流速越快,海水的腐蚀也越强。

⑤微生物的影响,海水中含有菌、水藻等微生物,其新陈代谢产物,如硫化物、有机酸等,改变海水中氧的浓度和 pH 值,加剧了腐蚀过程。

(2) 水泵防腐技术措施

①针对不同海水环境,选择不同的水泵材质。一般对于在海水环境中运行的水泵,材质尽量选用双相不锈钢或青铜。

②提高叶轮的制造工艺。叶轮在铸造过程中应尽量减少砂眼、气孔等缺陷,严格按照相关标准探伤检验。在叶轮表面进行喷丸、渗碳、渗氮、淬火等强化处理,提高抗磨蚀效果。

③非金属涂层法。将环氧树脂、玻璃、聚氨酯、橡胶、复合尼龙或陶瓷等非金属材料喷涂在叶轮表面,避免金属直接与海水接触。但由于结构渗漏水中存在砂石等颗粒物,在水泵长期运行过程中非金属涂层会因磨损而脱落,因此长大轨道交通过海区间排水泵不建议设置非金属涂层。

对于过海长大隧道,推荐选用双相不锈钢材质作为水泵材质,该材质已在青岛胶州湾隧道、厦门翔安隧道使用并取得良好的效果。

2) 水泵选型

水下长大隧道由于长度和埋深大,其排水泵扬程较高,多数超出普通潜污泵的扬程范围,致使水泵选型困难。目前青岛胶州湾隧道采用的是双相不锈钢海水泵,扬程约为 70m,运营实践表明,该水泵防腐性能优良,运行稳定,但已接近其单级潜污泵扬程极限。多级潜水泵扬程能够满足排水要求,但其进水口设置在水泵中部,安装应用不便。目前已有过海隧道排水系统采用多级潜水泵的案例。国内某过海隧道废水泵房布置如图 7.3-1 所示。

该工程废水泵房在集水池底部设置圆形泵坑,将多级潜水泵沉入泵坑,使吸水口低于池底,这种设计能够满足多级潜水泵的进水要求。但该种泵房设计也存在一定的问题:由于多级潜水泵电机下置,如按图 7.3-1 的形式安装,电机将沉入泵坑,排水系统在运行期间,集水池内会沉积大量淤泥,如电机被淤泥浸没,将不利于电机散热,影响水泵寿命,且泵坑较深,清淤不便。

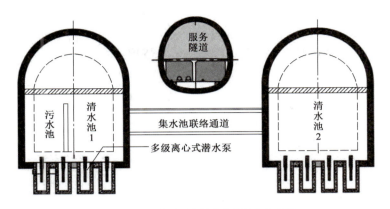

图 7.3-1 国内某过海隧道废水泵房示意图

3) 管道系统设置

由于水下隧道废水泵房位于隧道最低点,整个水域段无排水出口,排水系统管路需伸至两端陆域段,通过风井或出入口排出隧道,因此导致排水系统高差大、管路长,管路甚至长达数千米。目前国内水下隧道多采用一拖二、一拖三甚至是一拖多的泵管模式,即 1 条排水管道承担两三台甚至数台废水泵的排水。一拖多的泵管模式存在很大的弊端:如按照水泵同时启动计算水泵扬程,将导致单泵启动时,管道流速较小,沿程损失较小,实际扬程远低于水泵扬程,流量增大,水泵参数偏离高效区,水泵长期运行在非高效区间内,水泵实际功率超出额定功率。如电控柜容量不足,将造成电控柜发生超负荷保护性断路现象。如按照单泵启动计算水泵扬程,将导致多泵启动时管道流速变大,沿程损失变大,实际扬程远高于水泵扬程,每台水泵的流量远低于额定流量,存在憋泵现象。

水泵扬程主要由排水高差与管道沿程损失两部分组成。沿程损失可按海曾-威廉公式计算,即:

$$h = 10.67 \frac{q^{1.852} l}{C^{1.852} \cdot D^{4.87}} \tag{7.3-1}$$

式中:l——管段长度(m);

D——管径(m);

q——流量(m^3/s);

C——海曾-威廉公式系数,其取值见表 7.3-1。

海曾-威廉公式系数 C 的取值   表 7.3-1

水 管 种 类	C 值
塑料管、内衬(涂)塑管	140
铜管、不锈钢管	130
内衬水泥、树脂的铸铁管	130
普通钢管、铸铁管	100

以青岛胶州湾隧道排水系统为例,该隧道水下最低点海水泵房实测承担排水量为 190 m^3/h,选用 3 台双相不锈钢单级海水泵,排出口与集水池底高差为 49m,排水管长 2000m,选用

DN350衬塑钢管作为排水管材,按一拖三模式设置,水泵额定参数为:流量$Q=280\mathrm{m}^3/\mathrm{h}$,扬程$H=65\mathrm{m}$,功率$N=95\mathrm{kW}$。根据海曾-威廉公式计算并绘制的双相不锈钢海水泵性能曲线如图7.3-2所示,并估算不同工况下水泵运行参数,估算结果见表7.3-2。

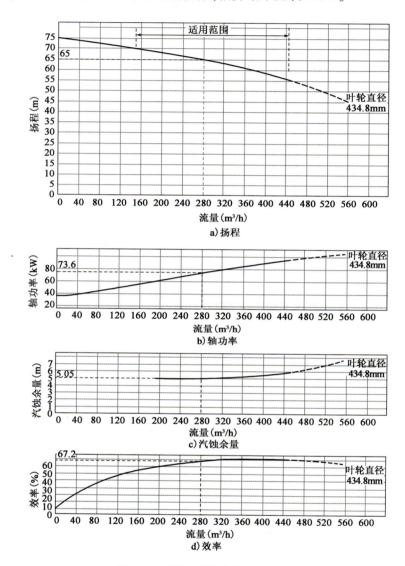

图7.3-2 双相不锈钢海水泵性能曲线

水泵参数估算表　　　　表7.3-2

工况	单泵流量（m³/h）	实际扬程（m）	实际功率（kW）	总流量（m³/h）	效率（%）
单泵启动	410	58	91	410	71.2
双泵启动	280	65	73.6	560	67.2
三泵启动	200	68	62	600	60

水泵在3种工况下均处于高效区,能够满足不同工况的排水要求,但三泵启动仅比双泵启动每小时多排水约 40m³,且表 7.3-2 中参数为理论估算,与实际存在偏差,其中单泵启动时估算电机运行功率已达到 91kW,接近 95kW 限值,易出现过流跳闸现象。因此,水下长大隧道废水泵房宜按一拖二模式设置,不宜超过一拖三模式。

水下长大隧道排水管道管径不应单纯考虑经济流速,应根据水泵性能曲线,兼顾单泵启动、多泵启动等不同工况计算决定,使各种工况下水泵参数均能落入高效区。其排水管道管径选择时,应注意以下几点:

①原则上要控制沿程损失在合理的区间范围内,使不同工况下的水泵运行参数均能处于水泵高效区间内。

②小流速大管径有利于减小管道沿程损失,降低不同工况下水泵实际扬程差异,但会增加工程造价,流速过小容易造成泥沙淤积,滋生微生物,尤其是海水介质微生物附着管壁容易对排水管材造成点状腐蚀。

③大流速小管径容易对管材造成冲蚀,沿程损失差异巨大,泵管难以有效匹配。

4) 水锤防护

由于排水系统扬程大、管路长,其水锤现象严重,会对排水管道造成较大的影响。目前既有隧道工程排水系统多采取在水泵出水管上加装缓闭止回阀、水锤消除器等措施来消除或降低水锤对系统的影响。但个别工程实例效果并不理想,尤其是水泵停泵时,排水管道在水锤作用下,发出巨大声响,不利于排水系统的安全和稳定。另外,对于采用衬塑或涂塑钢管作为排水管材的系统,频繁发生弥合水锤,水锤形成过程中的真空作用加上水锤的撞击作用,容易造成衬塑或涂塑层发生剥离,影响管材的防腐效果。水锤按形成原因主要分为启泵水锤、停泵水锤及关阀水锤等。其中,停泵过程中发生的弥合水锤对排水系统的危害最大,弥合水锤的最大压力值为几何扬程的 3~5 倍。解决弥合水锤问题应从两方面入手:

(1) 持续供水,避免产生水气分离的现象,从水锤形成因素上消除或降低水锤作用;

(2) 水锤形成后,采取措施降低水锤的作用力,减小对管道的危害。

目前可采取的措施主要有:

(1) 适当增大管径,降低管道流速;

(2) 加装变频控制装置,实现排水泵缓启缓停;

(3) 在水泵出水管上加装水泵多功能控制阀、水锤消除器等;

(4) 实行分级排水,减小水泵扬程;

(5) 加装调压塔。

7.3.3 海域环境排水管材的比选

1) 排水管道的功能特点

受海底隧道高盐、高湿环境的影响,排水管材的防腐性能直接影响着排水系统的可靠性,根据我国已建海底隧道的相关经验,长大海底隧道的排水管道具备以下特点:

(1) 管路长,高差大。长大过海隧道因其纵向为 V 字形坡,故海底泵房位于隧道最低点,靠近隧道中部位置,与两端风井距离较远,造成了排水管道高差大,而且需敷设长距离排水管路才能将隧道内的水排出。

（2）管径大。结构渗漏水量受地质条件和施工质量等因素的影响较大,我国隧道工程通常遵循"防、截、堵相结合,以防为主,防排结合"的原则,故过海隧道渗水量较大。为达到多泵同启时减少沿程阻力损失的目的,往往采用牺牲管道经济流速,增大排水管道管径的方法。目前我国已建过海隧道的排水管道多采用 DN300 及以上的管径。

（3）对耐海水腐蚀性能要求高。海水是一种含盐度很高的电解质溶液,其腐蚀性较强。海底隧道多为百年工程,为提高排水系统的安全可靠性,长大过海隧道排水系统对排水管材的耐海水腐蚀性能要求极高。为避免在实际运营过程中因海水腐蚀而影响排水系统的正常使用,必须选择耐海水腐蚀性能优良的排水管材。

2）海域环境中常见的管材

（1）铜镍合金管

近年来,铜镍合金被越来越多地应用在海洋船舶、电力等领域,其中 90Cu/10Ni 铜镍合金管是目前在海洋平台海水系统中应用较普遍的一种金属管材。铜镍合金管具有以下优点：①耐海水腐蚀能力强、无腐蚀产物而且耐海水生物生长,使用寿命较长（通常都在 20 年以上）；②水力性能良好；③管材质量轻,易于加工成型等。但是,铜镍合金管也存在如下缺点：价格昂贵、机械强度低、安装难度大和对流速的限制要求高等。一般连续使用的场合,流速不超过 3.36m/s；间断使用的场合,流速不超过 6.72m/s。国外有关规范提出了 90Cu/10Ni 铜镍合金管不同管径下的最大流速限制值,见表 7.3-3。

90Cu/10Ni 铜镍管设计允许最大流速　　　表 7.3-3

管内径（mm）	9.5	12.7	19.1	25.4	31.8	38.1	50.8	63.5	76.2	≥88.9
允许流速（m/s）	0.91	1.21	1.52	1.82	1.97	2.21	2.28	2.43	2.73	3.03

通常情况下,"防排结合型"过海隧道因结构渗水量较大,海底泵房排水管道管径多采用 DN300 及以上,排水管道流速一般为 1m/s 左右,故铜镍合金管从其本身的性能方面,可以胜任长大海底隧道的排水管材。但是由于大管径的铜镍合金管价格昂贵,国产化程度不高,且安装维护麻烦,目前长大过海隧道工程排水系统上尚无使用案例。

（2）碳钢管

碳钢管是一种价格低廉、机械性能良好且施工技术成熟的管材,但耐海水腐蚀能力弱成为它在使用过程中的致命弱点。为提高钢管耐海水腐蚀的能力,通常采用管道内外防腐相结合的方法（图 7.3-3）,如内涂塑、内衬塑或内镀锌等。然而上述方法需要先期预制管线,再将预制好的管线整体做防腐处理,然后运输至施工现场进行安装,安装过程中稍有不慎,就得将管线重新切割组对焊接,不仅影响管道施工质量和施工进度,还可能造成防腐层破坏,破坏的防腐层不易被发现,存在安全隐患,而且管道检修维护麻烦。

镀锌钢管由于耐海水腐蚀能力较弱,不建议应用于海底隧道排水管路中。

内外涂塑钢管具有管道内、外均耐海水腐蚀、价格低廉、承压性能好、使用寿命长等优点。根据有关过海隧道排水管的使用情况调研,目前内外涂环氧复合钢管的使用较为常见,该管材以无缝钢管、螺纹钢管为基材时,运行整体效果良好,无明显腐蚀;管材以焊接钢管为基材时,运行一段时间后渗漏严重,有明显腐蚀。

衬塑钢管道内衬层较厚,内部耐海水腐蚀较好,其防腐层比内涂塑钢管厚,可承受一定的海水冲刷,价格适中,具有承压性能好、使用寿命长的优点。成品管道无外防腐,需后期涂刷防腐涂料。青岛胶州湾隧道排水管道采用缩合式衬塑钢管,该管道以无缝钢管为基材,缩合式内衬 PE 管,外涂防腐涂料,目前整体效果良好,但外防腐需定期巡检维护。

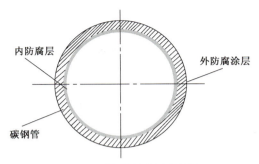

图 7.3-3　碳钢管防腐层示意图

(3) 不锈钢管

不锈钢管具有良好的耐热阻燃性、抗机械损伤性和管道内外防腐性,而且安装简易,连接方便。例如,316L 不锈钢在海水中的腐蚀速率 R 均小于 0.002mm/年,且随着浸泡时间的延长,腐蚀速率呈下降趋势(图 7.3-4)。但是,由于海水中含硫,尤其当管网中充满静止海水的时候,低级别的不锈钢(如 304 不锈钢)抗点蚀能力弱,易出现穿孔泄漏现象,缩短管道使用寿命。

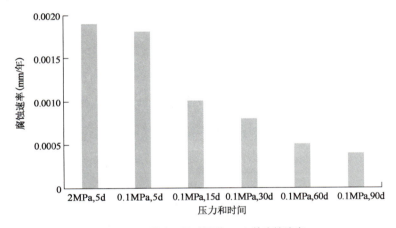

图 7.3-4　浸泡不同时间后 316L 的腐蚀速率

镍基合金双相不锈钢的抗点蚀、缝隙腐蚀、应力腐蚀及腐蚀疲劳性能明显优于普通奥氏体不锈钢,可替代普通不锈钢解决严重海水腐蚀的问题,但双相不锈钢昂贵的价格成为阻碍了其在海洋领域推广使用的重要因素。两种不锈钢在 NaCl 溶液中浸泡腐蚀试验结果见表 7.3-4。

两种不锈钢在 NaCl 溶液中浸泡腐蚀试验结果　　表 7.3-4

材料名称	试验时间 (h)	点蚀			缝隙腐蚀			发生概率 (%)
		平均腐蚀速率 [g/(m²·h)]	平均点蚀深度 (mm)	最大点蚀深度 (mm)	平均腐蚀速率 [g/(m²·h)]	平均点蚀深度 (mm)	最大点蚀深度 (mm)	
316L 不锈钢	24	29.49	1.34	1.60	23.68	0.86	1.09	100
双相不锈钢	12	4.68			6.39	0.34	0.51	15

根据我国已建厦门翔安隧道实地考察发现，隧道水泵房内的碳钢设备被海水腐蚀严重，和渗漏水直接接触的304不锈钢材质的设备，防腐效果不甚理想，无直接接触时抗腐蚀效果尚可，但是使用316L不锈钢材质的设备状况良好。海域环境下的排水管材，可选用防腐性和机械性都比较优秀的316L不锈钢。当然双相不锈钢的防腐性能要优于316L不锈钢，但是从经济角度出发，316L不锈钢的性价比更高。

(4) 钢骨架塑料复合管

挪威在近30年来修建了约40条海底隧道，根据挪威公路隧道设计规范规定，海底隧道内排水管道在满足压力的条件下可用塑料制成，钢骨架塑料复合管是目前综合性能较好的非金属管材，该种管材已在目前许多新建平台的海水系统中得到实践验证，使用效果不错。钢骨架塑料复合管是以钢网为增强骨架，高密度塑料为内外层填充基体的双面防腐材料，结合了PE80的耐腐蚀性与金属（钢丝）的高强度优势，管壁的内外层塑料通过管壁中间的金属网孔连接为一体，在一定程度上解决了金属管道耐压不耐腐、纯塑料管道耐腐不耐压的缺陷。与金属管材相比，非金属管材具备诸多优点，但是其耐火能力要逊色于金属管材。基于海底隧道排水管材在防火阻燃方面的考虑，钢骨架塑料复合管在长大过海隧道上的推广使用还存在一定问题。但如果过海隧道排水管道能够做到100%备用设计，其备用管道能否选用增加耐火等级处理的非金属管道值得探讨。

3) 综合技术经济比较

通过以上对每种管材的理论分析，再从管材的耐海水腐蚀性和经济性等方面，对铜镍合金管、加防腐处理的钢管、不锈钢管和钢骨架塑料复合管进行综合比较，详见表7.3-5。

几种管材综合性能比较　　　　　　　　　　　　表7.3-5

项目	铜镍合金管	内外涂环氧复合钢管	衬塑钢管	316L不锈钢管	双相不锈钢管	钢骨架塑料复合管
耐腐蚀能力	强	较强	较强	较强	强	强
使用寿命	长	较长	较长	较长	长	长
价格	昂贵,使用较少	低廉	适中	较昂贵	昂贵,使用较少	低廉
连接方式	焊接（钨极氩弧焊,对氩气纯度要求高,≥99.99%,焊接预处理要求高,坡口切割打磨施工难度较大）	管径≤DN80,丝扣连接;管径≥DN100,沟槽连接	管径≤DN80,丝扣连接;管径≥DN100,沟槽连接	焊接（A022不锈钢焊条）,钨极氩弧焊（即充氩保护,容易出现热裂纹）	焊接（钨极氩弧焊或焊条电弧焊）	电热熔连接
施工难易度	焊接要求高	预制安装检验涂覆再安装	预制安装检验涂覆再安装	简便	焊接要求高	简便
耐火等级	L1	L1	L1	L1	L1	隔热处理可达L3级

7.3.4 海湾隧道排水设计

1)隧道废水系统

(1)隧道废水来源及水量

海湾隧道内的废水来源主要是隧道内的消防废水、冲洗废水、结构渗漏水等。

①冲洗废水:隧道内的冲洗废水一般在冲洗隧道时产生,可根据冲洗水量确定,消防时不考虑冲洗水量。

②结构渗漏水量:盾构法隧道的结构渗水量很小,大部分隧道侧沟呈现干燥状态。根据《地下工程防水技术规范》(GB 50108—2008),海湾隧道明挖段、盾构段结构按二级防水等级进行设计,结构渗水量按 $0.5L/(m^2 \cdot d)$ 进行计算,经计算每座江中废水泵房废水量为 $5.1m^3/h$。

③消防废水量:仅在发生隧道火灾时才产生,根据隧道内消防系统的设置,主要是隧道内消火栓系统、泡沫—水喷雾联用灭火系统、高压细水雾系统,确定过海隧道消防废水量。

隧道上层为车道层,消防水量主要是消火栓系统消防废水量与泡沫—水喷雾联用灭火系统消防废水量之和。消火栓废水流量约为20L/s,泡沫—水喷雾联用灭火系统废水流量约为86L/s,隧道上层消防废水量之和为106L/s。

隧道下层为疏散通道和电缆通道,消防水量主要是消火栓系统消防废水量与高压细水雾系统消防废水量之和。消火栓废水流量约为20L/s,高压细水雾系统废水流量约为5L/s,隧道下层消防废水量之和为25L/s。

隧道上层废水不进入下层,隧道内按同一时间内发生一次火灾考虑。隧道上层的消防废水量取大值,故消防废水量为106L/s。

综上所述,三种来源废水均可定量计算。冲洗废水量和结构渗水量较小,主要废水来源是消防废水量,最大废水量为火灾时消防废水量和结构渗水量之和,约为107.4L/s(消防时不考虑冲洗废水量)。

(2)隧道内废水收排集系统

在海湾隧道内行车方向的右侧防撞侧石布设纵向排水边沟,设置流水方向坡度同道路坡度值。在匝道分叉处设置排水横截沟,与连接处纵向沟沟底平齐,形成有组织的纵向排水系统。

隧道废水泵房包含南、北岸盾构井内废水泵房和东、西海中废水泵房。在南、北岸盾构井与盾构段隧道相接处设置尺寸500mm×700mm 的横截沟并通过3根DN200排水管排至盾构井废水泵房内;隧道两个海中废水泵房处,在隧道最低点处设置两道横向排水沟(尺寸500mm×250mm),设置流水方向坡度为1%。隧道内消防废水、冲洗废水、结构渗漏水沿道路纵向排水边沟流经隧道设置的横截沟和预埋在结构中的3根DN200不锈钢套管接入海中废水泵房。

隧道采用纵向疏散,为不影响疏散通道的通畅,每条隧道的海中废水泵房排水采用大泵房加小泵房的组合形式,大泵房主要收集并排出上层交通面的废水,小泵房主要收集下层空间的废水,通过其内设置的潜污泵排至大泵房,之后由大泵房统一排至隧道北岸盾构井废水泵房集水池内,由其排出隧道外。

（3）废水泵房设计

海湾隧道盾构段为圆形结构，由车道板分为上下两大部分，上部为行车道层，下部为服务层。行车道层为单向三车道，服务层由结构划分为三部分，左侧空间作为疏散楼梯空间，同时利用疏散楼梯的间隔设置隧道海底泵房；右侧空间作为隧道强、弱电缆通道；中部空间分为疏散通道和检修救援专用通道。东、西线隧道海底废水泵房集水池设于隧道车道板下安全通道左侧，平时收集隧道冲洗水、结构渗漏水，发生火灾时收集消防废水。废水泵房集水池安装了3台流量为200m^3/h潜水排污泵。隧道底部集水沟只收集隧道下层的结构渗漏水，废水量很小，集水沟内安装了3台流量为10m^3/h小型潜水泵。行车道板下空间设置废水池及废水泵房，泵房内排水泵采用无堵塞自动搅匀功能的双相不锈钢潜水排污泵，压力排水管采用内外涂环氧树脂复合钢管，每个泵房设置两根排水管，排水管平时一备一用，消防或非常事故时同时使用。海底泵房布置如图7.3-5所示。

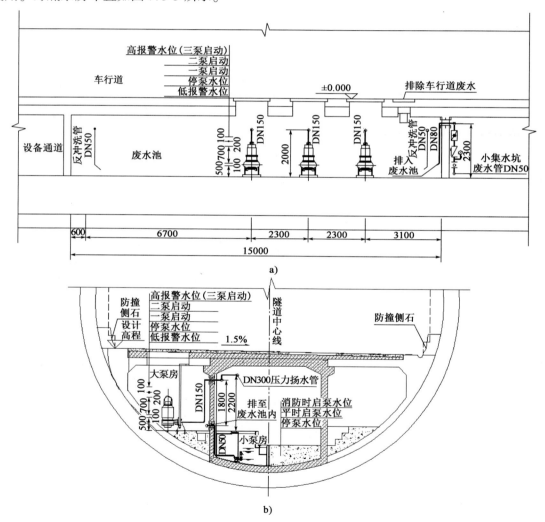

图7.3-5　海底泵房布置剖面图（尺寸单位：mm）

2)隧道雨水系统

(1)雨水系统设计思路

①接地点处的横截沟收集和拦截隧道外的雨水→检查井→接入就近的市政雨水管网或排至就近河涌。

②敞口段纵、横排水沟收集和拦截雨水→沉砂池→雨水泵房→潜污泵抽排至压力检查井→接入就近的市政雨水管网或排至就近河涌。

③局部雨水工程:敞口风井经横截沟、挡水槛拦截雨水→雨水集水井→潜污泵抽排至压力检查井→接入市政雨水管网或就近河涌。

(2)雨水量计算

雨水量采用汕头地区暴雨强度公式计算,隧道敞开段雨水按暴雨重现期50年一遇设计。

$$q = \frac{1042(1+0.56\lg P)}{t^{0.488}} (\text{L/s} \cdot \text{ha}) \tag{7.3-2}$$

式中:P——暴雨重现期;

t——降雨历时(min),$t = t_1 + m \times t_2$;其中 t_1 为起始管道地面集水时间,t_2 为管内流行时间;m 为延缓系数,$m = 0$。

雨水设计流量 Q_R 计算公式为:

$$Q_R = \Psi \times q \times F \tag{7.3-3}$$

式中:Ψ——径流系数,$\Psi = 1.0$;

F——汇水面积(hm^2)。

雨水泵房设计流量以 1.2 倍雨水量计,$Q_\text{泵} = 1.2 Q_R$。

(3)横截沟设计

在隧道敞口段雨水通过路面横截沟排入雨水集水池内,横截沟尺寸需满足排水要求。

$$Q = V \cdot A \tag{7.3-4}$$

$$v = \frac{1}{n} R^{\frac{2}{3}} I^{\frac{1}{2}} \tag{7.3-5}$$

式中:A——过水断面面积(m^2),对于矩形断面,$A = b \cdot h$,其中 b 为沟宽,h 为水深;

v——平均流速,取值范围为 0.4~4m/s;

n——粗糙系数,混凝土抹面取 0.013;

R——水力半径(m),对于渠道,$R = \dfrac{bh}{b+2h}$,其中 b 为沟宽,h 为水深;

I——水力坡度;

Q——流量(泄水能力)(m^3/s)。

实际设置横截沟泄水能力值应大于所负担的排水量。

(4)隧道洞口段雨水收集系统

为防止隧道洞口外的雨水进入隧道,在主线及匝道接地点位置设置横截沟,横截沟的尺寸为宽(B)×起点深(H) = 500mm × 700mm,横截沟流水坡度为1%;在隧道洞口位置设置三道横截沟,三道横截沟尺寸均为 $B×H$ = 500mm × 700mm,横截沟流水坡值为1%;在敞口段东西线道路一侧设置排水纵向边沟,尺寸为 $B×H$ = 450mm × 330mm,流水坡度同道路纵坡值,排水纵沟收集雨水后,和洞口附近的横截沟拦截雨水统一排入沉砂池,最后流入雨水泵房。横截沟盖板采用球墨铸铁箅子,每块球墨铸铁箅子承压不小于400kN,排水纵沟盖板采用钢筋混凝土盖板。

(5)雨水泵房设计

在隧道主线及各匝道洞口设置雨水泵房。雨水通过隧道敞开段的排水边沟及横截沟,将雨水拦截汇入泵房集水池。

雨水泵采用无堵塞自动搅匀功能、配套导轨等设备的潜水排污泵,并采用环链电动葫芦提升泵。各雨水泵房潜污泵选型见表7.3-6。

雨水泵房水泵性能表　　　　　　　　　　　　　　　　　　表7.3-6

泵房名称	单泵性能	数量	备注
北岸1号雨水泵房	$Q=350m^3/h, H=18m$	3	两用一备,必要时同时使用
北岸2号雨水泵房	$Q=350m^3/h, H=18m$	3	
北岸3号雨水泵房	$Q=1600m^3/h, H=20m$	4	三用一备,必要时同时使用
北岸4号雨水泵房	$Q=1800m^3/h, H=20m$	4	
南岸5号雨水泵房	$Q=1400m^3/h, H=18m$	4	

7.4 照明系统设计

为保障隧道内驾驶员视觉需求,隧道内需要考虑照明亮度,做到"按需照明";隧道照明设计应遵循科学合理、安全、高效利用等原则。

7.4.1 隧道照明设计理论与工程案例

1)隧道照明设计的目的

隧道照明设计的目的是保证驾驶者以设计速度安全地通过隧道,给驾驶者在隧道行驶过程中提供一个安全、舒适的视觉环境;由于隧道内空间有限,并且在视觉适应方面存在"黑洞"和"白洞"现象,整个行驶过程中的安全和舒适标准应高于一般洞外道路段。

2)隧道照明设计的关键

隧道照明设计的关键是达到安全、节能、舒适方面的要求。隧道内的行车安全涉及多个因素,照明系统是其中的关键因素之一,照明系统的作用就是给驾驶者提供足够的目标可见度,确保驾驶者完成驾驶过程中的视觉任务。为确保正常照明电源故障或停电情况下的行车安全,需要设置应急照明系统。在隧道运营期间,照明用电量在隧道总用电量中占有较大比例,隧道照明设计应从灯具选型、照明控制等方面考虑绿色照明节能技术措施,降低隧道运营成本。在提高视觉舒适性方面,主要从减少灯具眩光、提高照明均匀度和合理布置灯具等方面考虑,舒适性高的照明环境有利于减少交通事故。

3)隧道照明区段划分

隧道照明设计需要基于人眼视觉特性才能实现安全和舒适的视觉环境。人眼的视觉特性为:当视野内的亮度发生突然变化时,人眼的视觉敏感度会降低,要经历一段时间之后视觉敏感度才能恢复到与变化后的亮度等级相对应的级别,暗适应需要的时间较长,明适应需要的时间较短,如图7.4-1所示。

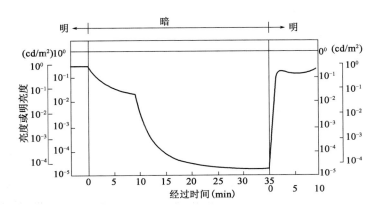

图7.4-1　暗适应和明适应亮度与时间的关系

由于白天洞外亮度与洞内亮度差别很大,在隧道进口存在黑洞效应,在隧道出口存在白洞效应,对行车安全有很大影响。考虑到上述因素,隧道内照明区段划分为入口段、过渡段、中间段及出口段,如图7.4-2所示。

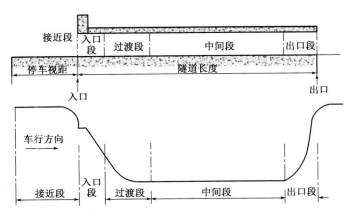

图7.4-2　隧道照明区段划分图

4)隧道照明亮度适应

在国内隧道照明设计中,亮度适应方面主要参考了国际照明委员会(CIE)标准中的亮度曲线,如图7.4-3所示。

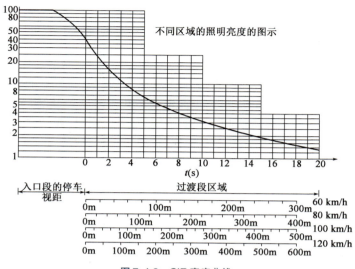

图 7.4-3 CIE 亮度曲线

5）国外与国内隧道照明设计方面的标准及主要差异

（1）CIE 标准《公路隧道和地下通道照明指南》（CIE88—2004）中，推荐采用基于等效光幕亮度的觉察对比度法确定入口段照明亮度，觉察对比度法综合考虑了人眼视觉特点、汽车前挡风玻璃光透射情况及近地大气透射光等因素的影响，首先选取或测量大气的光幕亮度和挡风玻璃的光幕亮度，然后计算隧道洞口周围环境的等效光幕亮度，最后根据最小觉察对比度值来确定隧道入口段照明亮度，其原理如图 7.4-4 所示。

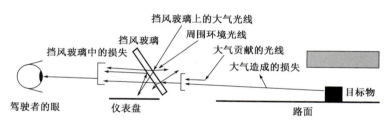

图 7.4-4 觉察对比度法的原理示意图

（2）北美照明工程协会（IES）标准《道路和停车设施照明设计和维护的推荐做法》（IES RP-8—2018）中，采用等效光幕亮度法确定入口段照明亮度。

（3）英国隧道照明标准《道路照明设计实用规程 第 2 部分：隧道照明》（BS 5489-2—2016）中，采用基于 L_{20}（洞外亮度）的 K 值计算法确定隧道入口段照明亮度。

（4）我国《公路隧道照明设计细则》（JTG/T D70/2-01—2014）中，采用基于 L_{20}（洞外亮度）的 K 值计算法确定隧道入口段照明亮度。入口段亮度系数 K 的取值参考了 CIE 等国际组织以及一些国家的隧道照明标准，并充分考虑目前我国的经济发展水平和隧道照明状况，系数 K 采用欧洲学派和日本学派的中间值。

由于 K 值计算法未充分考虑人眼视觉特性及通过隧道口的车速变化等因素，而等效光幕亮度法已充分考虑了人眼视觉科学理论，等效光幕亮度理念已经逐步成为国际隧道照明研究的基础。

6) 隧道照明设计工程案例

国内一些隧道照明系统设计工程案例详见表7.4-1。

隧道照明设计工程案例 表7.4-1

项　目	车速(km/h)	基本照明亮度标准(cd/m^2)	基本照明灯具类型	加强照明灯具类型	照明控制方案
广州市仓头隧道	50	3	高压钠灯	高压钠灯	有级调光控制
青岛胶州湾隧道	80	4.5	发光二极管(LED)隧道灯	LED隧道灯	无级调光控制
长沙南湖路隧道	50	2.5	LED隧道灯	LED隧道灯	无级调光控制
衡阳二环路湘江隧道	60	2.5	LED隧道灯	LED隧道灯	无级调光控制

由表7.4-1可以看出，隧道照明灯具已由LED隧道照明灯替代高压钠灯等传统隧道照明灯具，隧道照明控制系统发展为智能无级调光控制系统。

本节将从隧道照明标准、灯具选型、照明布置、照明控制、照明供电、节能措施及舒适性要求等方面对汕头海湾隧道照明设计进行分析研究。

7.4.2 隧道照明标准

在国内隧道照明设计中，确定隧道入口段照明亮度的方法是采用基于静态视觉适应理论的L_{20}方法。洞外亮度值确定方法为：在道路纵向距离洞口一个停车视距处，距地面1.5m高，正对洞口方向20°视场测量的平均亮度值，如图7.4-5所示。

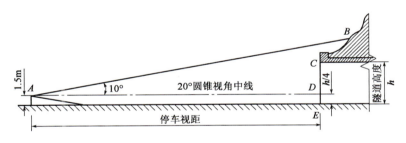

图7.4-5 洞外亮度测试示意图

本隧道照明计算洞外环境亮度按查表法取值：北洞口按$4000cd/m^2$取值，南洞口按$3000cd/m^2$取值，东、西洞口按$3500cd/m^2$取值。隧道各照明段长度及路面亮度标准见表7.4-2。

汕头海湾隧道照明标准值表 表7.4-2

项　目		长度(m)	灯具布置方式	亮度(cd/m^2)
主洞加强照明	入口段1	21	两侧对称布置	88
	入口段2	21	两侧对称布置	44
	过渡段1	49	两侧对称布置	13.2
	过渡段2	70	两侧对称布置	4.4
	出口段1	30	两侧对称布置	7.5
	出口段2	30	两侧对称布置	12.5

续上表

项　　目		长度(m)	灯具布置方式	亮度(cd/m²)
主洞中间段		—	两侧对称布置	2.5
匝道中间段		—	两侧对称布置	1.5
匝道加强照明	入口段1	14	两侧对称布置	36
	入口段2	14	两侧对称布置	18
	过渡1	28	两侧对称布置	5.4
	出口段1	30	两侧对称布置	4.5
	出口段2	30	两侧对称布置	7.5

城市隧道与山岭隧道的中间段照明亮度指标不同,国内目前没有专门针对城市道路隧道照明设计的国家规范或行业标准,汕头海湾隧道中间段亮度标准参照《城市道路交通设施设计规范(2019年版)》(GB 50688—2011)中的相关要求进行取值。

7.4.3 隧道照明灯具选型

隧道照明灯具是隧道运营过程中非常重要的设施。隧道照明灯具应具有防水、防尘、防振动的性能,并应安全可靠、维修方便,灯具外壳防护等级应达到IP65。

1) 照明光源选型

用于隧道照明中的灯具类型主要有:高压钠灯、三基色直管荧光灯、无极荧光灯、LED隧道灯等。常用隧道照明灯具的性能参数详见表7.4-3。

常用隧道照明灯具性能对比表　　　　　　　表7.4-3

灯具类型	光效(lm/W)	显色指数R_a	色温(K)	平均寿命(h)	启动时间	调光性能	频闪
高压钠灯	120~140	20~25	2000	24000~32000	3~5min	无	有
T5型三基色直管荧光灯	90~100	80~85	2700~6500	12000~15000	0.5~1.5s	差	有
无极荧光灯	65~80	80	2700~6500	50000	瞬时	差	无
LED隧道灯	100~120	80~90	3500~6500	50000	瞬时	好	无

由表7.4-3可以看出,光源效能较高的灯具有高压钠灯、LED隧道灯;显色指数比较高的灯具有三基色直管荧光灯、无极荧光灯、LED隧道灯;平均寿命比较长的灯具有无极荧光灯、LED隧道灯;启动比较快的灯具有无极荧光灯、LED隧道灯;调光性能好的灯具是LED隧道灯。因此,LED隧道灯的光效、显色指数、平均寿命、启动性能、调光性能均较好。

考虑到城市隧道照明灯具应具有较高的显色性和舒适性,汕头海湾隧道照明灯具选用显色性好、调光性能优异、节能、环保的LED隧道照明灯。

2) 隧道照明灯具配光类型选择

隧道照明基本类型为对称照明、逆光照明和顺光照明。逆光照明的主要特点为大部分光线投向行车方向相反的方向,驾驶者感受到的路面亮度等级比较高,目标物亮度低于路面亮度;顺光照明特点是光线投向行车方向,驾驶者感受到的路面亮度等级较低,目标物亮度高于路面亮度;对称照明特点是光线对称投向两个方向,同时照亮路面和目标物,相对于逆光照明和顺光照明,对称照明的亮度均匀度比较高。

考虑到对称照明能够提供比较好的亮度均匀度,为提高隧道内的亮度均匀度,汕头海湾隧道照明灯具采用纵向对称配光形式,如图7.4-6所示。

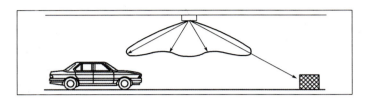

图7.4-6 对称照明示意图

7.4.4 隧道照明布置

隧道照明灯具布置应综合考虑照明亮度值、均匀度及舒适性等相关要求,才能实现较高质量的照明布置设计。

1) 照明灯具安装间距

车辆通过设置有电光照明的隧道时,驾驶者会感到一种与车速成正比的亮暗相间的闪光脉冲,对驾驶者的视觉造成干扰,此效应为"频闪"。照明灯具布置间距应满足闪烁频率低于2.5Hz或高于15Hz;当闪烁频率在4~11Hz之间时,不舒适感会使人无法忍受,影响驾车安全。灯具安装间距应符合规范要求,见表7.4-4。

隧道照明灯具安装间距　　　　　　　　　　表7.4-4

设计车速	灯具安装间距
60km/h	≥6.7m 或 <1.1m
40km/h	≥4.4m 或 <0.7m

汕头海湾隧道照明设计从亮度值、均匀度、舒适性及经济方面进行综合考虑,确定中间段灯具布置间距为7m,避开了不舒适闪烁频率值范围,舒适性比较好,并且有利于隧道内驾车安全。

2) 布置形式

隧道照明灯具布置通常有三种形式:交错布置、对称布置、中间布置,如图7.4-7所示。

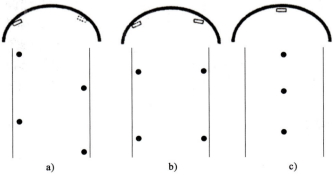

图7.4-7 隧道照明灯具布置方式示意图

从灯具维修方便和亮度分布均匀方面考虑，本隧道内照明灯具采用双侧对称布置形式，如图 7.4-8 所示。

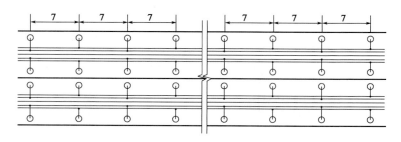

图 7.4-8　隧道中间段照明灯具平面布置图（尺寸单位：m）

3）照明灯具横断面布置

隧道照明灯具沿隧道两侧顶部纵向布置，结合隧道内建筑限界情况，行车道照明灯具安装高度为距路面 5.2m，如图 7.4-9、图 7.4-10 所示。

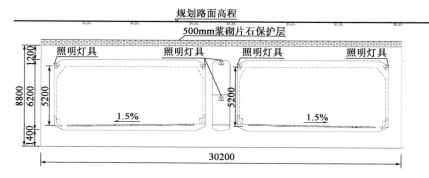

图 7.4-9　明挖段隧道照明灯具安装断面图（尺寸单位：m）

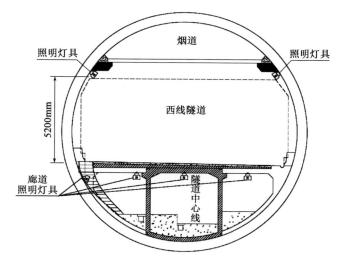

图 7.4-10　盾构段隧道照明灯具安装断面图

7.4.5 隧道照明控制

在照明设计中,既要保证隧道的舒适度、亮度要求,又要充分节约能源、降低运行费用。照明控制系统主要根据洞口外部亮度的强弱和交通流量的变化,调整隧道内的照明亮度。

为达到节能目的,隧道照明控制采用智能调光控制系统。整套照明调光控制系统在管理中心控制室设置一台照明控制工作站,在隧道内分区域设置调光控制箱,通过光缆连接组成现场照明调光控制环网。

全隧道照明根据车流量状况调光,当车检器探测到一段时间内无车经过,系统自动进入节能状态,所有可调的 LED 灯以 10% 的功率工作;当车检器探测有车经过,系统根据车流量大小以 10%~100% 的功率自动调光,整条隧道基本照明在正常运转模式不需要关闭某一回路来进行调光,从而保证路面良好的均匀度,做到按需照明。

隧道一旦发生火灾,调光系统接收到火灾报警系统(FAS)发出的信号,联动控制隧道照明灯具 100% 的光输出。调光系统如发生故障,故障区域内的隧道照明灯具进行 100% 光输出。

隧道照明控制系统架构图如图 7.4-11 所示。

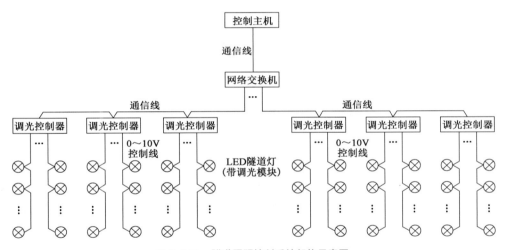

图 7.4-11 隧道照明控制系统架构示意图

7.4.6 隧道照明供电

隧道基本照明及应急照明负荷为一级负荷,需确保此照明负荷的供电可靠性。

1) 隧道正常照明供电系统

隧道照明供电采用 0.4kV 低压供电的方式,每个变电所负责相邻变电所之间的半个区域内的照明配电;隧道内分散设置照明配电箱,相邻照明配电箱的电源分别引自变电所的Ⅰ段、Ⅱ段低压母线;隧道内的照明配电采用两路电源交叉配电。

2) 隧道应急照明供电系统

隧道应急照明供电系统应能在正常外部电源全部失去时,提供不间断的交流电源,切换时间不大于 0.3s,应急供电时间不小于 1.5h,应急电源在正常母线电压低于额定电压的 85% 时能自动启动。本隧道内采用集中式应急电源(EPS)照明装置。

EPS 应急照明电源由充电机、蓄电池组、逆变器、自动切换装置及交流配电屏组成。正常情况下,蓄电池处于浮充状态,由变电所提供的交流 220/380V 电源直接供电给应急照明回路。当两路电源都失电的情况下,自动切换装置动作,应急照明负荷全部由逆变器供电,如图 7.4-12 所示。

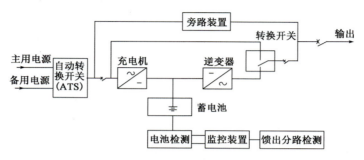

图 7.4-12　EPS 应急电源装置原理图

7.4.7　隧道照明节能措施

(1)隧道照明灯具选用 LED 隧道照明灯。
(2)隧道照明控制采用"智能调光控制系统",实现"按需照明"的照明效果。
(3)在隧道洞口外设置遮光棚,如图 7.4-13 所示。

图 7.4-13　隧道口遮光棚

7.5　供配电系统设计

供电系统设计的主要指导思想是:安全可靠、技术先进、经济合理、维护管理方便。具体设计原则如下:结合隧道周边电网情况,选择合理的供电电源和供电方案;采用经过实践证明、行之有效的新技术、新设备;隧道用电设备多、负荷大,电气设计应积极采取各项节能措施,努力降低电能损耗;充分考虑供电可靠性;以满足国家规范和相关行业标准为主要设计依据,做到安全、可靠、节能、环保。

7.5.1 负荷分类及供电原则

1）负荷分类

（1）一级负荷：包括防灾用通风风机、消火栓泵、水喷淋泵、雨水泵、废水泵、行车道基本照明、应急照明、电光标志、通信设备、监控设备等用电负荷，其中通信设备、监控设备、电光标志、应急照明等用电负荷为特别重要的一级负荷。

（2）二级负荷：包括隧道检修电源、隧道加强照明、敞开段道路照明、非防灾用通风风机、中央控制室空调等用电负荷。

（3）三级负荷：不属于一、二级的其他用电负荷。

2）供电原则

一级负荷由两路独立电源供电，当一路电源发生故障时，另一路电源不应同时受到损坏；二级负荷应保证一路可靠电源供电；三级负荷平时以单回路电源供电，当一台变压器退出运行时，应将其切除。

动力设备供电采用放射式的配电方式。对于通风机、水泵等大容量用电设备，由变电所低压母线接引独立回路采用放射式供电，在大容量设备处设降压软启动装置。对于照明灯具等用电容量较小、比较分散的用电设备，由变电所低压侧母线接引回路采用放射式与树干式相结合的配电方式。

7.5.2 供电方案

1）供电方案研究

对于长度为几公里的城市道路隧道，存在大量的必要负荷；为保证城市隧道的安全运营，隧道供电系统需要确保其供电可靠性。国内水下盾构隧道供电设计典型案例详见表7.5-1。

水下盾构隧道供电设计典型案例统计表　　　　　　表7.5-1

项　目	道路性质及车速	隧道长度（km）	隧道形式及车道数	变 电 所	供电方案
长沙南湖路隧道	城市主干路,50km/h	1.9	双管,2+2	1座变配电所+2座分变电所	东岸引入两路10kV电源
上海迎宾三路隧道	城市次干路,40km/h	2.9	单管双层,2×2	2座变配电所	西端引入两路10kV电源
衡阳二环路湘江隧道	城市主干路,60km/h	1.5	双管,2+2	2座变配电所	每座变配电所均引入两路10kV电源
上海军工路隧道	城市快速路,80km/h	3.0	双管双层,2×2+2×2	2座主变配电所	两端分别引入两路10kV电源，设置一根10kV联络电缆将两端电源互为备用
南京纬三路过江隧道	城市快速路,80km/h	北线3.6 南线4.0	双管双层,2×2+2×2	2座主变配电所+分变电所+地埋式变压器	两端分别引入两路10kV电源，设置一根10kV联络电缆将两端电源互为备用

续上表

项目	道路性质及车速	隧道长度（km）	隧道形式及车道数	变电所	供电方案
杭州钱江隧道	高速公路 80km/h	4.45	双管单层，3+3	2座主变配电所+分变电所+地埋式变压器	两端分别引入两路10kV电源，设置一根10kV联络电缆将两端电源互为备用
上海长江隧道	城市快速路，80km/h	盾构7.5	双管，3+3	2座主变配电所+地埋式变压器	两端分别引入两路35kV电源，设置一根35kV联络电缆将两端电源互为备用

隧道供电系统设计过程中,需要具体问题具体分析,进行综合考虑,设置技术、经济合理的供电系统。对于水下隧道工程,比较常见的供电方案有以下几种：

（1）单端供电方式

在隧道一端,从城市电网引入两路相对独立的中压电源（10kV 或 35kV）,如图 7.5-1 所示。

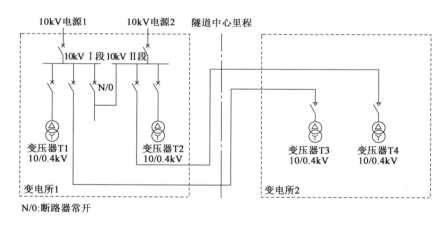

图 7.5-1　单端供电方案

该方案的优点：造价较低、主接线形式较简单、电气联锁较简单。

该方案的缺点：供电可靠性一般；城市电网可靠性对隧道供电可靠性影响很大；当两路中压电源全部断电时（小概率事件）,整个隧道需关闭。城市电网可靠性对隧道供电可靠性影响很大。

（2）两端供电方式（两端电源不联络）

在隧道两端,分别从城市电网引入两路相对独立的中压电源（10kV 或 35kV）,如图 7.5-2 所示。

该方案的优点：主接线形式简单、供电可靠性高、电气联锁较简单。

该方案的缺点：城市电网可靠性对隧道供电可靠性影响大；造价高；当同一端的两路中压电源全部断电时（小概率事件）,整个隧道需关闭或分段关闭。

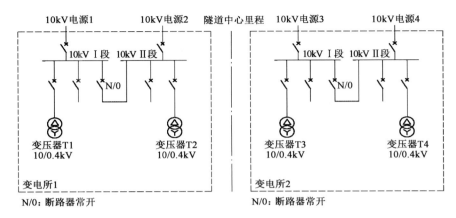

图 7.5-2 两端供电方案(两端不联络)

(3)两端供电方式(两端电源联络)

在隧道两端,分别从城市电网引入两路相对独立的中压电源(10kV 或 35kV),并设置 1 根 10kV 或 35kV 联络线路,如图 7.5-3 所示。

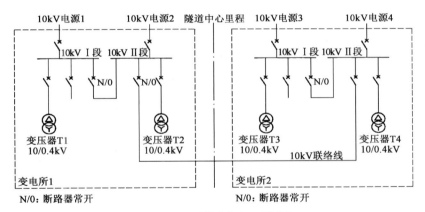

图 7.5-3 两端供电方案(两端联络)

该方案的优点:供电可靠性较高;城市电网可靠性对隧道供电可靠性影响小;在同一端的两路外部电源全部断电情况下(小概率事件),隧道仍然可以正常运营。

该方案的缺点:造价很高、主接线形式复杂、电气联锁复杂。

(4)两端供电方式(两端互供)

在隧道两端,分别从城市电网引入 1 路中压电源(10kV 或 35kV),两端设置中压联络线,如图 7.5-4 所示。

该方案的优点:造价较低、供电可靠性高。

该方案的缺点:城市电网可靠性对隧道供电可靠性影响大;主接线形式复杂,电气联锁复杂。

通过对上述几种常见供电方案的研究,在隧道供电系统设计过程中,需重点考虑以下几个方面:隧道运营安全对供电可靠性方面的需求、城市电网可靠性程度、隧道关闭运营的影响程度、工程造价、供电系统的维护管理。

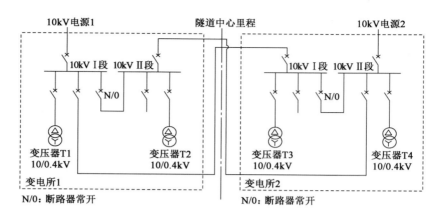

图 7.5-4　两端供电方案(两端互供)

汕头海湾隧道工程中的用电负荷总容量较大,并且对供电可靠性要求比较高,如果隧道突然关闭运营对区域交通影响很大。为确保隧道供电可靠性,汕头海湾隧道工程供电系统采用两端供电方式(两端互供)。

2)供电电源

(1)施工阶段电源

汕头海湾隧道施工用电情况:报装容量为32200kVA,高可靠供电容量为3826kVA。新建盾构配电站2座,每座配电站由两回10kV专用线路供电,共4路10kV专线供电(每路10kV专线的额定容量为9000kVA),分别接110kV礐石变电站不同主变。

①1号盾构机配电站装设变压器7台,分两回专线供电。

a.1号专线接入变压器3台(包括3600kVA变压器1台、2500kVA变压器1台及1600kVA变压器1台),总容量为7700kVA。

b.2号专线接入变压器4台(包括3600kVA变压器1台及1600kVA变压器3台),总容量为8400kVA。

正常运行时,1号、2号专线各自供电,当一路电源停电时,检查确认需停电馈线柜断路器已分闸后,才能手动合上联络柜断路器;停电的一路恢复电源后,通过进线备自投装置给联络柜断路器分闸信号后,联络柜断路器自动分闸,然后进线柜断路器自动合闸。

②2号盾构机配电站装设变压器7台,分两回专线供电。

a.3号专线接入变压器3台(包括3600kVA变压器1台、2500kVA变压器1台及1600kVA变压器1台),总容量为7700kVA。

b.4号专线接入变压器4台(包括3600kVA变压器1台及1600kVA变压器3台),总容量为8400kVA。

正常运行时,3号、4号专线各自供电,当一路电源停电时,检查确认需停电馈线柜断路器已分闸后,才能手动合上联络柜断路器;停电的一路恢复电源后,通过进线备自投装置给联络柜断路器分闸信号后,联络柜断路器自动分闸,然后进线柜断路器自动合闸。

(2)运营阶段电源

在北岸盾构井、南岸管理中心各设置10kV变配电所一座,作为受电电源点。为保证本工程供电可靠性,北岸盾构井变配电所、南岸管理中心变配电所分别由供电部门提供一路独立可靠的 10kV 电源,两路外部电源同时运行。运营阶段的配电变压器总装容量为 15600kVA,高可靠供电容量约为 8000kVA。

隧道永久用电方案与施工临时用电方案的主要差异为:供电系统运行方式不同;10kV 外电线路回路数量需求不同;外电线路高可靠供电容量不同(永久用电的高可靠供电容量大于施工临时用电的高可靠供电容量)。

考虑到汕头海湾隧道运营阶段的供电系统主接线形式、运行方式和高可靠供电容量等因素,施工临时用电的 10kV 外电线路不满足永久用电需求,永久用电的 10kV 外电线路在机电施工阶段重新敷设。

汕头海湾隧道工程永久供电系统采用两端供电方式(两端互供),确保隧道运营阶段的供电可靠性,为隧道安全运营提供电力保障。

①汕头海湾隧道供电系统情况如图 7.5-5 所示。

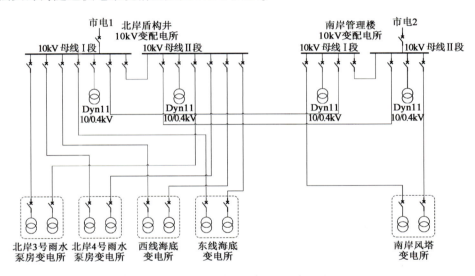

图 7.5-5　汕头海湾隧道供电系统示意图

②汕头海湾隧道变电所布置情况如图 7.5-6 所示。

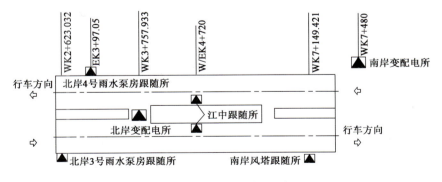

图 7.5-6　隧道变电所布置示意图

3) 供电系统运行方式

10kV 侧主接线采用单母线断路器分段接线,正常时两路独立的 10kV 电源分列运行,母联断路器断开。当一路电源失电,母联断路器自动投入,由另一路 10kV 电源对全所负荷供电。

10/0.4kV 变电所从配电所高压回路的不同母线各接引一路 10kV 电源。低压主接线采用单母线断路器分段接线。正常时两台变压器分列运行,0.4kV 母线联络断路器分闸;当一台变压器退出运行时,0.4kV 母线联络断路器自动合闸,由另一台变压器对全所一、二级负荷供电。

4) 无功补偿方式

无功功率补偿采用集中补偿结合就地补偿的方式。在 0.4kV 开关柜上设置集中补偿装置,以补偿变压器的基本无功及变电所附近用电设备的无功需求,对于远离变电所的大容量感性用电设备,如雨水泵房、废水泵房内的水泵等,则采用单机就地补偿的方式。

7.5.3 电力监控系统

电力监控系统采用分层分布式系统结构,整个电力监控系统按照中控级、站控级、间隔级三级配置的原则进行配置,实现变电所的无人值守。汕头海湾隧道电力监控系统如图 7.5-7 所示。

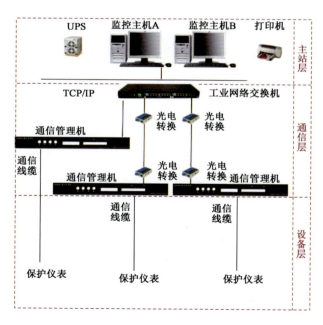

图 7.5-7 隧道变电站电力监控系统示意图

7.5.4 应急电源系统

1) 应急电源(EPS)和不间断电源(UPS)

在隧道变电所集中设置 EPS 应急电源装置向隧道内应急照明等设备供电。在通信设备和监控设备处设置 UPS 电源装置,保证对通信、监控设备的不间断供电。

2) 变电所直流操作电源

隧道 10kV 变配电所直流电源电压为 110V,是变电所高压开关柜的操作电源。在变电所控制室内各设 1 套免维护电池的直流屏装置,该装置由蓄电池屏、直流充电、浮充电和直流配电屏组成。

北岸盾构井变电所控制室、隧道管理中心的变电所控制室内分别设置 1 套,每套容量为 40Ah,事故放电时间为 2h,直流系统如图 7.5-8 所示。

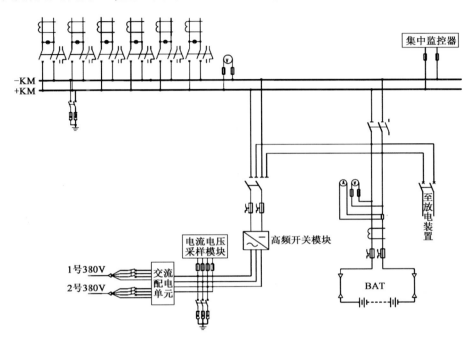

图 7.5-8 直流系统原理图

7.5.5 电气火灾监控系统

为有效预防电气火灾的发生,设置了电气火灾监控系统。电气火灾监控系统能准确监控电气线路的故障和异常状态,发现火灾隐患,并及时提醒管理人员处理。本系统主要由底层的剩余电流式和测温式探测器、数据传输设备及监控主机等组成。监控主机设置在中控室内,并预留与 FAS 系统的互联接口。

7.5.6 防雷与接地

隧道地下变电所按三类防雷建筑物标准进行防雷设计;隧道监控中心按二类防雷建筑物标准进行防雷设计。采用在房屋面设避雷带作为接闪器,并利用房屋下部基础内主钢筋作接地装置。引入建筑物和隧道内的电线路等考虑防止雷电波侵入的措施,在引入口设重复接地装置。各配电所母线设避雷器装置,高压开关柜真空断路器出线装设操作过电压吸收装置;低压开关柜总进线处装设防浪涌保护装置;对弱电设备考虑装设防止内部电源过电压的保护设施。

隧道设置强弱电共用的综合接地网,接地电阻不大于1Ω。东、西两条隧道内各敷设两条贯通的专用接地干线,隧道内强电、弱电设备的金属外壳、金属构架、电缆金属护套等分别与接地干线可靠连通,形成电气通路,如图7.5-9所示。

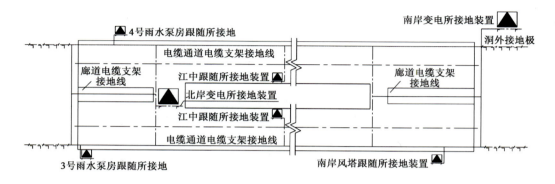

图7.5-9　隧道接地系统示意图

7.5.7　主要设备和电缆选型

1)主要设备选型

工程的所有电气设备应选择技术先进、安全可靠、价格合理的产品。受运行环境和维护条件的限制,要求采用低噪声、空气自冷、无自爆和免维护、符合防火安全和五防要求的产品。

(1)10kV 高压开关柜采用金属铠装中置移开式配真空断路器的开关柜。

(2)0.4kV 低压配电装置采用抽屉式开关柜。

(3)10/0.4kV 变压器采用环氧树脂浇注干式变压器,且带外壳。

2)电缆选型

非消防负荷配电电缆选择"低烟无卤阻燃"铠装电缆(WDZB-YJY23-0.6/1kV),消防负荷配电电缆选用柔性矿物绝缘电缆。

7.5.8　隧道供电节能措施

(1)根据用电负荷分布情况,在各区域负荷中心分散设置10/0.4kV 变电所。

(2)在每处变电所400V 侧,集中设置动态无功补偿装置,提高功率因数,降低无功损耗;对于远离变电所的大容量感性用电设备,如雨水泵房、废水泵房内的水泵等,采用就地补偿的方式。

(3)配电变压器选用1 级能效型的干式变压器。

7.6 综合监控系统设计

隧道是一个狭长受限的空间，易引起驾驶者的不安与烦躁，隧道的横断面小，道路狭窄，发生火灾后，不仅人员疏散困难，物资疏散也极其困难，因此车辆行驶高速、快捷、安全、舒适是交通隧道的本质特征。为确保隧道正常运营、提高隧道的安全性和应急应变能力、提高隧道的管理水平及品质等，在本工程中设置了综合监控系统。

综合监控系统是隧道营运管理的重要工具，是通过各种监控设施合理设置、高度集成的中央计算机和网络系统，可实现对隧道的实时监控、事件自动发现、交通量检测、环境参数检测、交通诱导、紧急通话、火灾自动报警、隧道及时通风、照明智能控制等功能，对提高隧道管理的质量和效率起到了重要的作用，并能及时有效地采取控制措施以确保隧道安全畅通运营。

7.6.1 设计目标

（1）自动检测隧道路段交通流的状况，采集隧道区段内的交通参数、事故信息、视频信息等，提高公路管理部门对交通运行状况的控制能力。

（2）自主监视隧道及隧道交通运行状况，及时发现或检测偶发性事故、故障等造成的交通阻塞，迅速疏散阻塞的车辆，减少交通延误，防止二次事故的发生。

（3）当隧道内发生重大事故、火灾等情况时，可有效、快速地反应，迅速处理事故，采取有效的控制措施疏导交通，减少人员和财产损失。

7.6.2 设计原则

（1）以确保隧道正常运营、行车安全、人身安全以及提高车辆通过能力为目的，实现疏导交通、防灾和救灾的功能。通过多种监控手段的运用，确保通行环境的安全、舒适，机电设备运行高效、节能。

（2）系统的配置应本着实用、经济、可靠的原则，为管理单位提供一套便捷、现代化的操作工具，提高管理效率和水平。

（3）提供多种通信手段且灵活可靠，确保突发事件状况下内外通信畅通，信息发布及时、准确。建立智能化操作模式，包括自动调控、半自动、手动遥控以及就地控制等方式。

（4）系统的构建充分运用当前成熟技术，各子系统的配置尽可能采用模块化结构，并具有开放性、可扩展性、可升级等特点。

（5）系统设计在关键部分应建立冗余，以达到容错、延缓及降级使用的功能，力求提高系统整体的可靠性，实现既定的设计。

（6）系统为上级管理部门预留数据通信接口，实现数据共享和网络互通。

7.6.3 综合监控系统总体框架

汕头海湾隧道连接汕头市濠江区和龙湖区,为汕头市重要的过海通道。隧道全长6.68km,隧道段长5.3km,隧道设置管理所一处,位置在南岸管控中心4楼。隧道为一级公路兼作城市道路,主隧道双向六车道,设计行车速度60km/h;隧道设置2个匝道,为单车道,设计行车速度40km/h。

依据《公路隧道设计规范 第二册 交通工程与附属设施》(JTG/T D70/2—2014),本项目监控等级为A+级,A+级隧道的交通工程设施配置见表7.6-1。

一级公路隧道交通工程设施配置表　　　　　表7.6-1

设施名称		各类设施分级				
		A+	A	B	C	D
交通安全设施				●		
通风设施	风机			●		
	能见度检测器	★	★	▲	—	—
	CO检测器	★	★	▲	—	—
	NO_2检测器	■	■	▲	—	—
	风速风向检测器	★	★	▲	—	—
照明设施	灯具			●		
	亮度检测器	★	★	▲	—	—
交通监控设施	车辆检测器	★	■	▲	—	—
	视频事件检测器	★	★	▲	—	—
	摄像机	●	●	★	■	—
	可变信息标志	★	★	▲	—	—
	可变限速标志	★	★	▲	—	—
	交通信号灯	★	★	■	▲	—
	车道指示器	★	★	■	▲	—
	交通区域控制单元	★	★	▲	▲	—
紧急呼叫设施	紧急电话	★	★	▲	—	—
	隧道广播	★	★	▲	—	—
火灾探测报警设施	火灾探测器	★	★	■	—	—
	手动报警按钮	●	●	■	—	—
	火灾声光报警器	设置火灾探测器且未设置有线广播时为★;设置火灾探测器和有线广播时为■				
消防设施与通道	灭火器	●	●	●	●	●
	消火栓	●	●	■	—	—
	固定式水成膜泡沫灭火装置	●	●	■	—	—
	通道			●		

续上表

设施名称		各类设施分级				
		A+	A	B	C	D
中央控制管理设施	计算机设备	★	★	▲	—	—
	显示设备	★	★	▲	—	—
	控制台	★	★	▲	—	—
供配电设施				●		
接地与防雷设施				●		
线缆及相关设施				●		

注:"●"表示必须设,"★"表示应设,"■"表示宜设,"▲"表示可设,"—"表示不作要求。

根据规范中对于 A+类隧道交通工程设施配置的要求,结合本隧道的实际情况,工程中综合监控系统包含了中央控制、视频监控、工业总线(含现场监控设备、设备监控和交通监控)、通信(紧急电话及有线广播、有线通信、无线通信)、指示标志系统 5 个分系统,如图 7.6-1 所示。

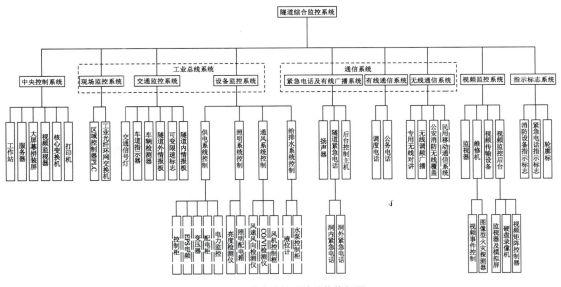

图 7.6-1 综合监控系统总体构架图

7.6.4 中央控制系统

1)系统功能

本项目设管理所负责隧道日常监控与管理。隧道管理中心的核心内容为中央计算机系统和中心闭路电视系统,也是本路段通信系统的汇聚节点。

中央计算机系统是整条隧道管理的智能控制中心,即能在各种情况下准确、可靠、快捷地作出反应,及时处理,协调各系统工作,以达到实时监控的目的。该系统是集数据通信、采集、控制、协调、图文显示为一体的综合性系统。隧道内所有设备的运行控制及状态信息均接受该系统的管理,中央计算机网络所有计算机系统应在统一的操作平台上工作。所有网络操作都具有安全系统,各系统信息传输通道必须独立划分,互不干扰,不允许非法或越级操作。软件模块具备较强的冗余、校验、互锁、检错、纠错及自恢复功能;软件按功能分成输入/输出、报警、报表和趋势服务器。设立网管工作站确保通信传输系统网络运转,达到各系统独立工作、彼此联动、显示、监视等作用。各系统网管机负责各系统的数据存取权限及资料分配。

综合监控系统采用三级网络构架,第一层为中央集中控制层,主要实现预案制订、预案发布、多系统协同控制等功能;第二层为区域控制层,主要实现预案执行、设备闭环控制、设备运行状态采集等现场控制功能;第三层为现场设备层,主要由各分系统设备控制柜、智能仪表、硬件执行机构组成,主要用于执行系统发出的命令,实现硬件级自动控制、硬件自保护以及现场手动操作功能,如图 7.6-2 所示。

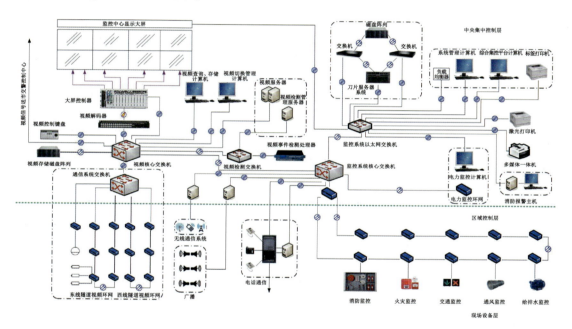

图 7.6-2 综合监控系统网络构成示意图

2)系统组成

中央计算机系统由机房设备和中央控制室设备组成。

(1)机房设备由主服务器及阵列磁盘、设备冗余服务器、操作工作站、工程师工作站、网管维护工作站、打印机、网卡、以太网交换机、通信设备、计算机网络及电源线缆及连接器、电源、防雷、接地、机柜等组成。

(2)中央控制室设备由综合显示屏、控制台、各服务器及工作站的显示器等组成。

3)机房总体要求

机房地面采用抗静电的活动地板,地面光滑平整,机房的门应保证最大设备能进出。机房照明要求不闪烁,照度大,光线分布均匀,不直接照射光照面,特别是显示设备和控制板。机房内温度要求通常为 20~25℃，相对湿度要求为 40%~75%。此外，机房应有良好的接地系统，避免由于接地电位不同而引入干扰。

4）综合显示屏

（1）显示屏种类

从目前市场上显示屏的种类来看，可分为监视器、拼接屏、小间距 LED 显示屏。

①监视器。

监视器与显示器、电视的形状相同，但它的尺寸范围更广，尺寸从 21 英寸到 100 英寸，相比于显示器和电视，它的面板为工业级特制，可满足全天 24h 连续开机的使用需求，也不会烧坏面板。它的特点是价格便宜，经济实用，但是它不能多屏拼接，即监控画面只能是在一块屏幕内显示或者分割显示，而不能两块屏同时显示一个画面。

②拼接屏。

拼接屏是一款专业的用于监控画面显示的大屏幕产品，与监视器相比，它的尺寸更大，而且边框非常窄，只有几毫米并且具有拼接功能，所以它一般都是多个拼接在一起使用，整体的显示效果也更好。现在市面上应用于隧道工程的较主流的拼接屏有两类，即液晶拼接屏和 DLP 拼接屏。

液晶拼接屏是安防监控显示市场的主要大屏幕设备，相比于监视器，它的边框更窄，而且可拼接，所以可以打造任意大小的显示屏幕，并且根据监控视频点的数量来决定拼接的数量。此外，它的亮度、对比度、分辨率等都是行业最高水准，并且支持 4K 显示。

DLP 的中文名称是数字光处理，DLP 拼接屏与液晶拼接屏一样，也是一款专业的室内大屏幕显示设备，相比来说，除了技术上的不同以外，DLP 的拼缝更小，但是它的价格却比液晶拼接屏贵些，对安装的空间要求相对较大，安装方式单一。

③小间距 LED 显示屏。

小间距 LED 显示屏是指 LED 点间距在 P2.5 及以下的室内显示屏。小间距 LED 显示屏采用像素级的点控技术，实现对显示屏像素单位的亮度、色彩的还原性和统一性的状态管控。室内 LED 显示屏最大的竞争力在于显示屏无缝，显示色彩自然真实、亮度高、寿命长、且可以定制任务尺寸的屏幕。相比而言，后期的维护也比较简单。但是 LED 屏在亮度降低时，画面会出现较为明显的灰度梯度损失，画质损失较大，而且 LED 屏功率较大，随之而来的发热量也很大，一般而言需要第三方辅助散热才能保证运作。LED 屏像素之间的间隔较大，会使得画面较为粗糙。

（2）工程实际应用案例

①广州仑头隧道和官洲隧道（于 2010 年通车运营）为双洞四车道城市道路隧道，其中仑头隧道长 1109.981m，官洲隧道长 1338.587m，两座隧道共用一座管理大楼及一套监控系统。监控室内电视墙由 56 台 21 英寸彩色监视器及 4 台拼接大屏组成，用于查看两条隧道内的实时状况，如图 7.6-3 所示。

②青岛胶州湾隧道工程（含接线隧道，于 2011 年通车运营）右线全长约 7788m，左线全长约 7797m，主线隧道为双向六车道，设置匝道 4 处、隧道管理中心一座；南昌红谷隧道全长约 2650m，城市主干路、双向六车道标准设计，设置匝道若干，管理中心一座。这两条隧道管理中心的监控室内电视墙均由 DLP 拼接屏组成，如图 7.6-4 所示。

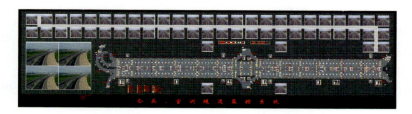

图 7.6-3 仓头、官洲隧道电视墙组成图

图 7.6-4 青岛胶州湾隧道电视墙组成图

③上海虹梅南路隧道全长 5.26km（于 2015 年通车运营），主隧道为双向六车道，设置匝道六处，隧道管理中心一座。隧道管理中心内电视墙由小间距 LED 显示屏组成。

（3）显示屏方案比较

综上所述，结合一些目前大屏技术和经验总结，可以得到以下性能对比表可供参考，详见表 7.6-2。

各类型屏幕技术参数对比表　　　　　　　　　　　表 7.6-2

项目	监视器	拼接屏		小间距 LED 显示屏
		拼接屏	DLP 拼接屏	
视角	≥160°	≥160°	≥160°	≥160°
分辨率	单屏分辨率：1920×1080	单屏分辨率：1920×1080	单屏分辨率：1920×1080	分辨率：1920×1080
拼接效果	不可拼接	拼接缝较明显	图像缝隙<0.5mm	无缝拼接
显示效果	亮度均匀性、色彩及细节的表现较好。不同的观测视角显示效果不一致；亮度较低	亮度均匀性、色彩及细节的表现较好。不同的观测视角显示效果不一致；亮度较低	全数字处理，分辨率高、清晰度好、画面层次丰富、质量稳定；亮度中等	色彩鲜艳、清晰，近距离观看像素颗粒感较强；亮度较高
使用寿命	工作寿命在 50000h 左右	工作寿命在 50000h 左右	反射器件寿命为 100000h，LED 光源寿命在 60000h 以上，激光光源寿命在 200000h 以上	工作寿命可达 6000~10000h。长时间使用会出现像素失控的现象，静电对其造成的伤害较大

续上表

项目	监视器	拼接屏		小间距 LED 显示屏
		拼接屏	DLP 拼接屏	
适宜性	适用于环境光较强的场所,不具备拼接功能	适用于环境光较强的场所,可拼接	适合各个行业,可拼接	适合视觉距离较长的场合
维护性	不易损耗,无需定期维护,后期使用成本较低	不易损耗,无需定期维护,后期使用成本较低	维护成本较低且方便,可直接更换光源灯泡或损坏部件	更换较为方便,可以进行小模组更换
造价	造价较低	造价较低	造价较高	造价较低

经对比分析,拼接屏中的 DLP 拼接大屏虽价格较高,但具有拼缝细小、维护成本低、视觉效果好等优点,目前 DLP 拼接大屏在国内许多重特大项目中应用广泛,包括青岛胶州湾隧道、南昌红谷隧道等水下长大隧道,实践应用证明,使用寿命及视觉效果均优于其他类型屏幕。故本次设计使用 DLP 拼接大屏作为监控室的显示屏。

7.6.5 视频监控系统(含视频事件检测系统)

1) 系统组成

视频监控系统由前端视频采集设备、传输设备、监控中心的视频控制、存储、显示设备构成。整个系统采用高清网络视频监控方案,前端视频采集设备均采用高清网络摄像机,如图 7.6-5 所示。

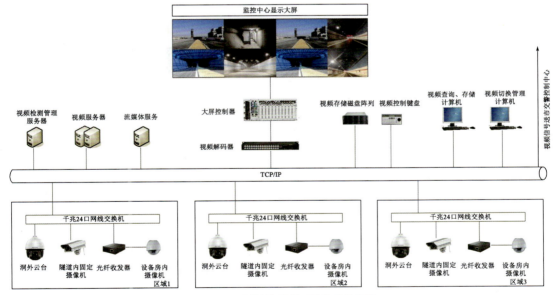

图 7.6-5 隧道视频监控系统构成示意图

(1) 前端采集设备

前端采集设备包括隧道洞内的固定摄像机、车行横洞处遥控摄像机、隧道洞口和中间敞开段遥控摄像机、隧道洞内管理用房(变电所、跟随所、盾构井)半球式遥控摄像机、逃生通道/疏散通道/电缆通道内出入口、隧道管理所监控大厅半球式遥控摄像机,负责隧道洞内及洞口的监视。

①隧道洞内以100m左右的间距设置定焦距固定式高清网络摄像机,车行横洞附近和车行横洞内各设置遥控式高清网络摄像机,标准以太网口输出,摄像机顺车辆行驶方向设置。

②在隧道各出入口接地点处设置一台室外高清遥控摄像机和一台室外高清固定摄像机,两机共杆。两个摄像机一个方向对隧道口,另一个方向对洞外,应能清楚地监视洞口全貌和交通运行状况。

隧道420m敞开段的中间位置处中设置一台室外高清遥控摄像机和一台室外高清固定摄像机,两机共杆。两个摄像机分别朝向两边洞口。

③在隧道洞内管理用房(变电所、跟随所、盾构井)内设置室内型高清彩色半球摄像机,应能清楚地监视管理用房全貌。

④隧道洞内疏散通道、电缆通道两头出入口,以及疏散通道和电缆通道内每隔约1km在横向的门处各设置一处球形遥控摄像机。

(2) 传输设备

视频传输采用纯数字传输方式,前端设备摄像机拍摄下来的视频图像信号通过光纤收发器和光缆传输到后台。

(3) 视频监控中心

视频监控中心设在中控室内,监控中心可对系统图像资源进行有效的管理和控制。所有图像实时传送至监控中心,监控人员可以根据需要随意切换到目标画面,便于查看。

2) 系统功能

隧道采用高清数字视频监控系统对隧道全路段进行无盲区可视性监视,平时用以掌握交通状况,以利交通控制;紧急时用于确认通报设备上传的数据信息,以及监视消防活动、疏散行动等状况,尤其可用于监视隧道内各种防灾设备和对火灾报警的确认。当数字视频监控系统接受到来自中央控制系统计算机和火灾报警系统的报警信号时,立即对摄像机进行选择控制(摄像机带位置记忆功能),自动显示报警区段及相邻区段的图像,自动录像,并将时间、摄像机号码记录在储存系统中,作为处理事故的依据。当几种隧道内监控设备同时报警时,火灾报警信号应优先显示。

视频监控系统主要用于监控中心值班员对整条隧道及洞口的交通运行状况实行全范围、全断面监视,监视整条隧道及匝道的运营状况,协助值班员指挥行车,为隧道交通管理提供全面、直观的监视手段。在发生紧急情况时,为及时了解现场灾害和乘客疏散情况并为指挥提供直观有效的帮助,保证人员、车辆和隧道的安全。本系统可实现实时、直观的观察效果,为隧道的运营管理提供直观的实时资料,对确认交通事故和火灾事故、指导运营管理和指挥救灾均有非常明显的作用,是长大隧道的必设系统。

视频事件检测系统(图7.6-6)借助于视频监控系统所摄取的图像通过视频分析仪对隧道的交通流进行分析。需进行交通事件检测分析的图像取自隧道洞内进、出口处、主线隧道与匝道交叉口前等重要位置的摄像机。交通事件检测系统除了对交通参数检测(包括交通流量、速度、占有率、车距、排队长度)等进行检测外,还能对超车、违章停车、抛洒物品等自动监测,及时发现交通事故和阻塞情况,及时疏导处理并与洞口情报板及车道控制器联动控制,实现交通的智能控制,减轻值班人员的劳动强度;同时系统还具有辅助检测火灾事故的功能。

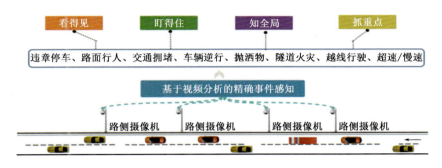

图 7.6-6　隧道视频事件检测系统构成示意图

7.6.6　工业总线系统

工程中交通监控系统与设备监控系统共用一套区域控制器和网络系统;区域控制器除了承担交通监控任务外,还接受设备监控系统发来的指令,控制该区域内设备运行。

1)现场监控设备子系统

本次设计在主隧道内间隔 500m 左右设置一台区域控制器,同址设置一台千兆工业交换机。隧道内所有区域控制器通过工业以太网交换机全部相连,形成一个光纤冗余环网,进行数据通信;隧道两端盾构井内设备房分别设置两套主控区域控制器,盾构井内设置的以太网交换机与监控中心以太网交换机相连,形成向上连接的双通道备份。主控区域控制器可对其他区域控制器程序备份,在通信中断时由其他就近的区域控制器或主控区域控制器实现备份控制。

2)交通监控子系统

(1)系统功能

隧道内的区域控制器可完成对现场交通信息的采集和对现场设备的自动控制;现场光环网通过交换机将区域控制器互联,并使区域控制器通过服务器或直接数据链路与信息管理网中的中央计算机服务器和工作站建立联系。系统通过区域控制器、车辆检测器等现场设备,可实时、准确地获取各车道交通运行参数(车速、流量、占有率等),区域控制器进行预处理后,经现场光环网送至交通监控计算机(中央信息网的工作站),并存入数据库中。该系统具有控制、疏导车流的功能。

(2)系统构成

该系统由监控工作站(已纳入中央计算机系统)、区域控制器、车辆检测器、车道信号灯、可变情报板、通信接口、通信线缆、光缆、电源线缆等设备组成。区域控制器按就近数据采集的要求设置在隧道现场的设备箱预留洞室中。

①在隧道进出口处各设置 1 台微波车辆检测器;隧道内重要位置(如人行横通道、车行横通道、匝道与主隧道交汇处等)采用就近的摄像机兼作车辆检测器,利用摄像机的视频事件检

测功能探测隧道内车辆信息,采集各种交通参数,并输出数据,如图7.6-7所示。

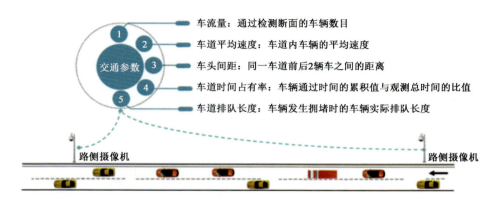

图7.6-7 隧道内视频摄像机兼作车辆检测器检测示意图

②隧道内设置CO/VI检测器、风速风向检测器、洞内光强检测器、洞外亮度检测器。

CO/VI检测器、风速风向检测器在主洞两组风机之间及A、B匝道与主动交叉处设置;亮度及光强检测器用来检测隧道内、外的亮度,并通过反馈的数据及时地对隧道内灯具进行调光,保证人员安全、舒适地驶过隧道。

③大型可变信息标志(门架式,尺寸为11m×1m)设置在隧道主洞入口接地点处,悬臂式可变信息标志(F型,尺寸为3m×1.5m)设置在B匝道隧道入口接地点处,在主隧道及匝道进口设置的信息标志,可起到分流、启闭车道、胁迫车辆改道等作用。

隧道内可变信息标志(吊顶式,高0.6m×宽2.56m),主隧道设置在隧道进口第一处车行洞前方,后隧道内每1km设置一处,匝道设置在B匝道入主隧道前方;设置的可变信息标志便于即时显示隧道内最新动态,用以指引过隧车流,使隧道在保证安全行车的前提下,充分发挥隧道的通行能力。

④隧道洞口可变限速标志(附着式,尺寸为1m×1m)与各入口可变信息标志同址设置,安装于可变信息标志立杆上;隧道内可变限速标志(吊顶式,尺寸为0.8m×0.8m)的设置间距为1000m,每个车道上方均设置1块可变限速标志,B匝道在中间里程处车道上方设1块可变限速标志(吊顶式,尺寸为0.8m×0.8m);限速标志用于提醒驾乘人员隧道内车辆的行驶速度,使隧道交通流达到合理状态。

⑤交通信号灯设置在隧道入口接地点处,与可变信息标志同址设置,安装在可变信息标志支架上;具有红、绿、黄及左向"←"显示,用于车辆限制、禁止通行控制。

⑥车道指示标志(尺寸为0.6m×0.6m)在隧道入口、出口及车行横洞前方设置,洞内布设间距不超过500m,匝道转弯半径较小处间距缩小,每个车道上方各设置1套可显示红色"X"和绿色"↑"的车道指示器,在车行横通道处增设一套绿色"←"的车道指示器,用于紧急状态下的车辆疏散诱导控制。

交通监控系统(图7.6-8)用于隧道正常交通及火灾、交通事故、施工等特殊情况的交通控制,隧道区域控制器通过车辆检测器、CO/VI检测器、风速风向仪等设备获取信息,对信号系统发布控制命令,合理地控制交通。

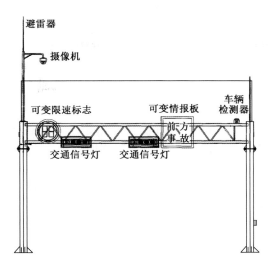

图 7.6-8　隧道洞口监控设备安装示意图

3）设备监控子系统

隧道设备监控系统包括通风控制、照明控制、水泵控制和横洞门控制等子系统。

（1）通风控制系统

由于隧道内汽车排放的废气、行驶时带起路面上的烟气和粉尘不易扩散，对人体有害，也影响行车安全，因此隧道内保持良好的空气是行车安全的必要条件。通风控制系统可根据隧道内 CO/VI 检测器检测到的环境数据、微波车辆检测器检测到的交通量信息控制风机的运行台数、风向、运行时间，控制排烟口的开闭，并且能实现节能运行和保持风机较佳寿命的控制运行，并在发生火灾时根据不同地点进行相应的火灾排烟处理，以保证隧道的安全及运行环境的舒适性。

① 通风系统的控制方式有以下两级：

a. 监控中心：自动控制、人工远程控制。

b. 就地控制箱：人工手动控制。

在正常情况下由监控中心实现对通风系统的监控，自动完成系统的各项功能。系统在出现故障或需要时经过转换应在前级上维持系统的正常运行。当通风设备和通风控制子系统需要进行维修和测试时，则可以采取风机控制箱人工控制的方式。

② 风机自动控制模式有两种：一种是在一些特定情况下选用某种预先编制的控制程序通过人工确认后进行风机自动控制，另一种是根据 CO 和能见度检测器检测到的实际数据与环境指标的标准值比较，以实时调节风机的运转，此功能可在本地控制系统实现。

③ 监控中心通风、照明控制计算机界面可显示每一检测点的 CO/VI 参数。当隧道内 CO 浓度上升或能见度降低到预报警临界点时，系统将发出预报警信号；当隧道内 CO 浓度上升或能见度降低到报警临界点时，系统将发出报警信号。

④ 接受区域控制器、火灾报警和消防联动控制系统的同时接入和控制，非火灾工况由区域控制器控制，火灾工况由火灾报警和消防联动控制系统接管并优先控制。

⑤ 通风控制系统能够检测每台风机的工作状态，即风机的正转、反转、停止、故障等信号。

隧道区域控制器或监控室计算机系统累计运行时间最短的风机应首先启动,以平衡各台风机的劳逸程度,延长风机的使用寿命,如图7.6-9所示。各台风机的运行数据应保存到数据库并可随时调用查阅。

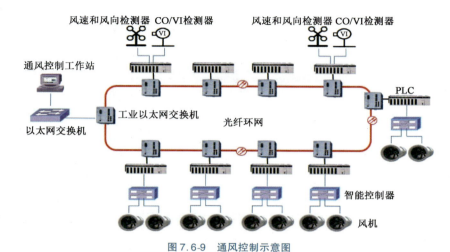

图7.6-9　通风控制示意图

（2）照明控制

由于隧道内、外的亮度差别较大,因此驾驶员在进出隧道时会产生视觉问题,因此减少这种亮度差别带来的影响是隧道照明控制子系统的一个重要功能。

①隧道基本照明（含应急照明）采用LED调光系统,现场调光控制设备自成网络,如图7.6-10所示。在管理控中心机房内通过预留通信接口与照明调光网络互联。管理中心可对隧道LED照明亮度进行分级调控（分为10级）,并可对调光系统的运行状态进行监控。当发生火灾时,亮度等级将自动调整至最高级。

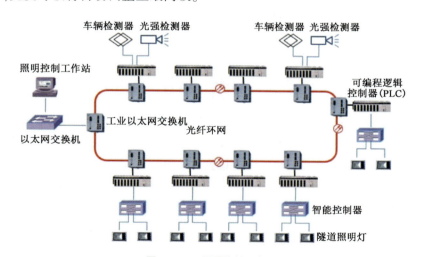

图7.6-10　照明控制示意图

②通过隧道入口的光强检测器、车辆检测器的检测数据对隧道的照明回路进行人工和自动两种控制,并可以按晴天、阴天、重阴天（雨天）、前半夜、后半夜等不同情况照度分级进行控

制,以减少入口"黑洞效应"和出口"白洞效应"并实现节能。本系统以亮度控制为主,时序控制和交通流量信息为辅。

③自动控制方式由隧道口设备机房工控机或本地控制器实现。它是根据实际运行经验,制定合理的时序控制措施,通过隧道本地控制器或照明系统的中控装置根据不同时段自动切换相应的照明方案。

④手动控制则在特定的情况下(例如火灾)将所有灯打开,以满足照明要求。

(3)水泵控制

运营期间将对泵房中的水池水位进行实时监测。正常情况下,根据水池的水位信号,水泵本身具备自动控制功能,实现水池水位的全自动控制;特殊情况下,操作人员也可以在隧道监控中心根据水位信息作出判断后,对水泵进行远程控制。当液位仪检测到水位过低或者过高时,将立即在隧道监控中心发出报警信号,由人工控制水泵的启停。

系统可对水泵的运行状态、故障状态、集水池液位数据进行监控,并在工作站监控界面上显示、报警。根据水泵的日常工作情况,建立运行数据库,通过软件对水泵进行轮询启动方式,防止备用泵长时间限制或长时间运营而损坏,延长水泵的使用寿命,如图7.6-11所示。

a)通风控制

b)照明控制

c)水泵控制

d)横通道门控制

图7.6-11 设备监控系统构成示意图

(4)横通道门控制

横通道控制系统主要是在隧道发生火灾时,为行人与车辆迅速逃生提供出口,车行横洞门可实现远程自动控制及现场手动控制;人行横洞门不进行控制,现场人员可手动推开通道门,如图7.6-11所示。

车行横洞门根据火灾发生的不同部位按火灾预案进行控制。

7.6.7 通信系统

1）紧急电话及有线广播系统

（1）系统功能

紧急电话及有线广播系统是隧道运营管理系统中信息采集的主要构成部分，如图7.6-12所示。在隧道内若发生交通异常或重大事故，驾乘人员可通过紧急电话迅速通知管理人员，请求救援，从而快速进行排障行动；同时隧道管理站可以通过隧道内有线广播系统对隧道洞内外进行广播，还可以将紧急电话系统与闭路电视监视系统联网，当发生紧急电话呼叫时，摄像机自动对准事故发生地点，及时掌握事故现场信息。

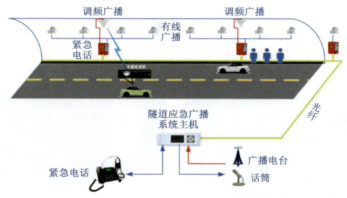

图7.6-12　隧道紧急电话及有线广播系统构成示意图

本隧道采用紧急电话与有线广播系统二合一的控制方式，在隧道监控中心安装1套中心控制设备，共用一个控制主机及一个软件平台。

（2）系统组成

采用紧急电话和广播系统二合一的控制方式，共用一个控制主机和一个软件平台。系统主要由紧急电话分机、功率放大器、室外/室内扬声器、控制主机、紧急电话及有线广播计算机等设备构成。

①紧急电话分机。

隧道内、外紧急电话分机直通管理站，免拨号，摘机即可通话，通话内容可录音记录。

隧道外紧急电话分机设置在距离洞口前100~400m范围内，隧道内按照150m的间距设置壁挂式紧急电话分机，为抗噪声防潮电话机；紧急电话分机与光纤接入主机连接。隧道紧急电话摘机时，将触发闭路电视系统的联动，自动将现场画面调到控制台主监视器，紧急电话分机具有隧道背景噪声抑制功能。

②广播功率放大器。

与紧急电话分机同址，设置45W功率放大器，每个功率放大器带3个扬声器。每3个扬声器为一个广播分区，不同的广播分区可实现同时播放不同的语音，并可根据位置需要开闭广播分区。

③有线广播系统。

隧道外扬声器与隧道外紧急电话同址，隧道内扬声器布置间距为50m左右，隧道疏散通道内每个疏散口出口位置距洞口较近一侧 3m 布设;扬声器广播的内容包括交通提示、紧急疏散、应急援救和日常业务管理。广播与紧急电话系统共用光纤环网传输。不同区域能够同时进行不同内容的广播,监控室可以选择监听。

隧道内部采用分音区选路广播,音区长度按 150m 考虑。每个音区均配置独立的功率放大器以及独立的控制通道和冗余的双路音频通道,某个音区广播设备的故障不影响其他音区的正常工作。

④控制主机。

控制主机设置在监控中心,实现对紧急电话分机和扬声器管理,能接收紧急电话分机的呼叫信号,并建立通话,也可以任意选定一台紧急电话分机进行通话,可以控制扬声器发出广播声音。

⑤紧急电话及有线广播计算机。

通过安装紧急电话管理软件,可实现对紧急电话分机和控制主机的管理。全部设备在同一个软件图形界面上显示,可以显示紧急电话分机和扬声器的状态等。软件需具有开放的通信协议接口,能与其他子系统实现联动。

2) 无线通信系统

隧道无线通信系统具有调频广播覆盖,运营专用无线对讲,公安、消防无线对讲的功能。手机无线通信覆盖不在本项目建设范围,由运营单位负责建设。

(1) 隧道调频广播覆盖

①功能。

a. 可解决隧道调频广播的盲区,实现调频自动接收、广播插播、安全紧急切换、乘客自动接收的功能。

b. 可解决隧道调频广播的盲区,行驶在隧道内的车辆可以不间断地收听调频广播,缓解驾驶疲劳,提高行车安全;隧道管理单位可以插播相关的欢迎信息、提示信息、广告信息等,如"欢迎您进入×××隧道",更好地服务驾乘人员;可以对超速的或具有其他违章行为的车辆发出警示信息,提高安全行车管理水平;在紧急情况下可用于疏导交通和指挥调度。

②组成。

a. 前端信号传输和发射设备:在隧道车辆行驶方向的右侧敷设泄漏电缆,每隔一定距离设置 1 台调频广播远端机,如图 7.6-13 所示。

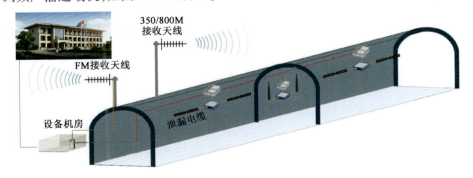

图 7.6-13　隧道无线通信系统设置示意图

b. 后端设备:在管理中心设置调频接收天线接收调频广播信号,设置播音话筒作为管理中心插播拾音设备。调频广播主机把广播/插播信号通过调频广播近端机、远端机、POI等传输到隧道内的泄漏电缆。

(2)运营专用无线对讲

①功能。

运营专用无线对讲可提供隧道内部(包括车道层和纵向疏散通道)各工作面之间的对讲通信信号,覆盖隧道内、隧道出入口、隧道管理区域、工作井区域、地下安全通道、检修通道、事故救援工作区及重要设备机房等区域。通过基地台和手持台可实现工作范围内作业人员之间以及管理中心与作业人员之间的通信功能。

②组成。

a. 前端信号传输和发射设备:与隧道调频广播共用漏缆传输信号,每隔一定距离设置1台运营专用无线对讲远端机;在每个隧道口处和隧道内重点设备机房设置天线,使调度对讲信号能够覆盖;在管理中心设置吸顶天线,使信号覆盖管理中心。

b. 后端设备:在管理中心设置基地台作为管理中心调度指挥工具,并设置近端机与前端设备连接。本系统与调频广播覆盖系统共用隧道车辆行驶方向的右侧泄漏电缆。

(3)公安、消防无线对讲

①功能。

当管理中心发现有火灾发生时,可启动公安消防无线系统。本系统无线信号覆盖隧道内和隧道口,公安消防人员可把设置在隧道口的天线作为接口,实现外界与隧道内的公安消防人员的通信。

②组成。

a. 前端信号传输和发射设备:与隧道调频广播、运营专用无线对讲共用漏缆传输信号,每隔一定距离设置1台公安、消防无线对讲远端机,在每个隧道口处设置1个天线,使信号覆盖隧道口一定范围。

b. 后端设备:在管理中心设置控制平台,发生火灾时可通过控制平台启动本系统。管理中心设备与附近消防局指挥、报警中心之间通过专线连接,保证消防指挥中心及时获得隧道内的情况。

以上三个功能不共用泄漏电缆、POI等设备,公安、消防无线应为独立系统。

(4)民用通信信号引入

民用移动通信信号在隧道内覆盖一般采用泄露电缆或天线的方式,各运营移动商业网的信号在隧道内的引入由各运营商自行解决。

7.6.8 指示标志系统

指示标志系统由发光轮廓标及隧道设备指示标志两部分组成。

1)发光轮廓标(LED诱导标)

发光轮廓标(LED诱导标)由前端发光轮廓标和后端控制主机、交通监控计算机等设备构成。

(1)前端发光轮廓标安装在隧道的两侧防撞墙侧壁顶部下沿及匝道电缆沟侧壁,隧道全线两侧每15m安装1个。运行时利用轮廓标发出的光线明显标示出隧道两侧的边界线,提高通车安全系数。

(2)隧道内单洞每500m设置1套LED诱导标控制器,负责向下500m范围内的发光轮廓标(LED诱导标)控制及向上接收交通监控计算机的控制命令并上传工作状态信息。

(3)交通监控计算机

安装发光轮廓标系统软件模块可实现控制命令编制并下发至LED诱导灯控制器,显示控制主机上传的状态信息。软件需具有开放的通信协议接口,能与其他子系统实现联动。

2)隧道设备指示标志

隧道电光标志的照明方式为内部照明,主要包括紧急电话指示标志、消防设备指示标志,如图7.6-14所示。

(1)紧急电话指示标志:设置于紧急电话上部,安装高度净空应不小于2.5m。

(2)消防设备指示标志:设置于消火栓上方,安装高度净空应不小于2.5m。

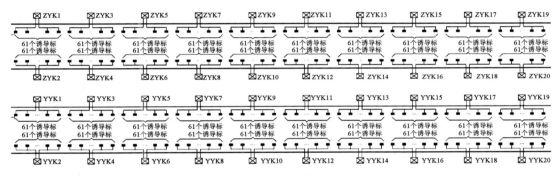

图7.6-14 隧道LED诱导标设置示意图

7.7 本章小结

汕头海湾隧道工程的建设正引领国内盾构隧道向特大直径方向发展,该隧道建设条件复杂,环境标准要求高,交通量大,救援疏散难,机电系统多,为隧道机电工程设计提出更高的要求。隧道机电系统设计在首先保证车辆安全通行的前提下,为提高汕头海湾隧道内的车辆行驶安全性和驾乘人员舒适性,不断归纳总结近几十年来国内外隧道建设的经验,对于工程建设中遇到的新问题不断创新思路,力求高质量、高标准完成机电系统设计。

汕头海湾隧道在以下几方面进行了机电系统的创新性设计:

(1)隧道采用竖井集中排风纵向式通风+重点排烟组合通风模式,海湾两岸设置高风塔,该方案减小了隧道污风排放对洞口环境的影响,增加了发生火灾时人员安全疏散的保障措施。

(2)在安全疏散通道内首次采用了两端集中加压送风+前室分散加压送风的方案,有效解决了长距离加压送风不均匀的难题。

(3)隧道内车行道设置了消火栓、灭火器及泡沫—水喷雾联用灭火系统,电缆通道及电气设备用房设置了高压细水雾灭火系统,消防系统设计方案完备,设计理念新颖。

(4)隧道照明控制采用智能调光控制系统,可根据洞口外部亮度的强弱和交通流量的变化,调整隧道内的照明亮度,既满足了隧道的舒适度、亮度要求,又充分节约了能源,降低了运行费用。

(5)隧道内还设置了完备的监控系统,并在海湾南岸建设管控中心,实现了对隧道的实时监控、事件自动发现、交通量检测、环境参数检测、交通诱导、紧急通话、火灾自动报警、隧道及时通风、照明智能控制等功能,提高了隧道管理的质量和效率,为隧道的安全运营保驾护航。

本章参考文献

[1] 王东伟,戴新,李国江.南昌红谷水下互通立交隧道通风排烟组织研究[J].隧道建设,2018(6):992-999.

[2] 蒋卫艇.上海打浦路隧道改造通风系统设计[J].空调暖通技术,2010(4):39-42.

[3] 胡维撷.延安东路隧道复线工程通风设计[J].地下工程与隧道,1995(1):22-24.

[4] World Road Association(PIARC)Road tunnels:vehicle emissions and air demand for ventilation[R]. PIARC Technical Committee c4 Road Tunnels Operation,France,2012 Ro5EN,20-30.

[5] 王东伟,苟红松,戴新.南昌红谷隧道通风及洞口污染物排放分析[J].暖通空调,2021(3):59-65.

[6] 黄家成,王东伟,陈涛,等.多匝道公路隧道烟气控制方案研究[J].消防科学与技术,2018(8):1061-1065.

[7] 吴明毅.隧道通风工程设计手册[M].台北:中兴工程顾问社,1999.

[8] 吴德兴,徐志胜,李伟平.公路隧道火灾烟雾控制[M].北京:人民交通出版社,2013.

[9] 中铁隧道勘测设计院有限公司,公安部四川消防研究所.汕头市海湾隧道工程消防减灾关键技术研究论证报告[R].天津,2014.

[10] 郑晋丽,蒋卫艇,蔡岳峰.特长公路隧道温升和控制措施研究[J].中国交通信息产业,2010(S1):55-58.

[11] 包志明,张宪忠,靖立帅,等.公路隧道自动灭火系统应用研究及展望[J].工业安全与环保,2015:28-31.

[12] 周金忠,贺维国,唐健,等.矿山法海底交通隧道废水排水系统调研与思考[J].给水排水,2018:30-38.

[13] 周金忠,唐健,贺维国,等.矿山法海底隧道废水排水系统设计实践[J].隧道建设,2018(10):1698-1705.

[14] 唐健,周金忠,范太兴,等.盾构法过江交通隧道废水排水系统调研与总结[J].隧道建设,2018(2):260-269.

[15] 吕青松,贺维国,方祖磊,等.水下长大隧道排水系统设计问题探讨[J].隧道建设,2016,36(11):1361-1365.

[16] 方祖磊,吕青松,程士好,等.海底隧道排水管材的比选[J].给水排水,2016,42(10):124-127.

[17] 何潇剑.公路隧道消防灭火系统优化设计研究[J].隧道建设,2017,37(4):505-509.
[18] 戴新,贺维国,吕青松.矿山法水下隧道控制排水量标准及排水设计思路探讨[J].隧道与轨道交通,2021(S2):10-13.
[19] 戴新.长沙营盘隧道给排水及消防系统设计浅析[J].隧道建设,2010(S30):85-90.
[20] 欧洲委员会UPTUN研究项目 第2工作组.隧道与地下设施防护用水灭火系统工程指南[M].8版.2007.
[21] 何潇剑.汕头苏埃湾海底长大隧道消防水系统设计探讨[J].给水排水,2017,43(9):77-80.
[22] 庞蕴繁.视觉与照明[M].2版.北京:中国铁道出版社,2018.
[23] INTERNATIONAL COMMISSION ON ILLUMINATION. Guide for the Lighting of Road Tunnels and Underpasses: CIE 88-2004 [S]. AUSTRIA:CIE, 2004.
[24] 王莉,刘涛,刘伟杰.上海越江道路隧道设计[M].上海:同济大学出版社,2016.

第 8 章 隧道防灾、减灾设计技术

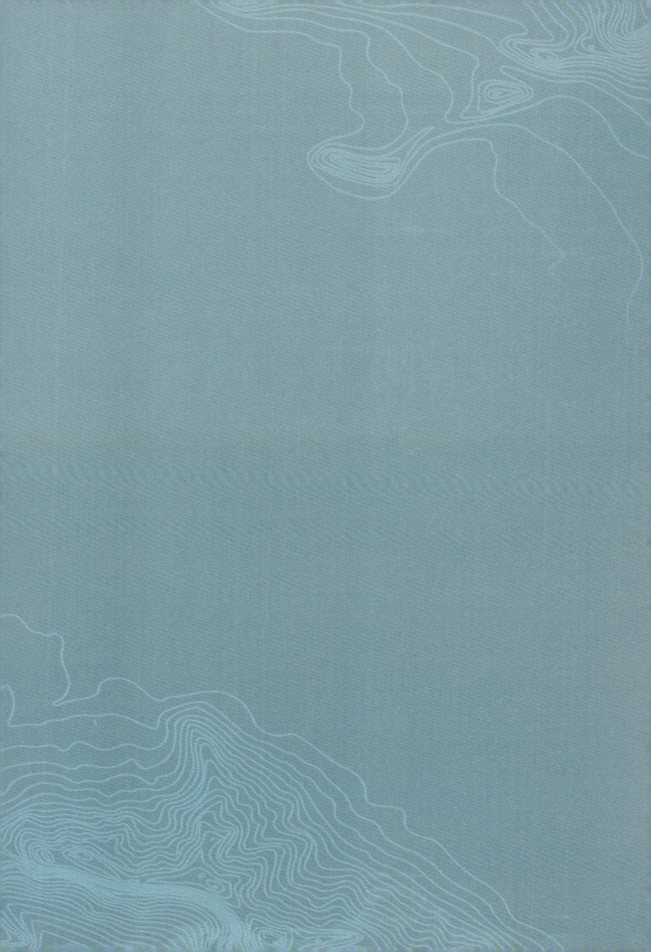

汕头海湾隧道全长6680m，隧道段长4835m，海中盾构段长3047.5m，为特长海底隧道，隧道位于高烈度地震区，为降低隧道横向通道结构失稳及渗漏风险，盾构段未设置横向联络通道；为降低施工难度，南岸盾构井离岸设置于临时围堰上，建成后疏散人员无法直接到达地面，这些客观因素给隧道防灾、减灾带来很大困难。

本章根据隧道结构及环境特点，对隧道防火灾设计原则、建筑与结构防火设计、安全疏散通道设置、救援方案、防排烟方案、消防系统及火灾报警系统进行全面研究分析，为了保证隧道安全运营，国内首次提出了长大盾构隧道疏散楼梯间分散加压送风设计方法，有效解决了盾构段下层疏散通道长距离加压送风不均匀的难题；国内首次提出了车道层下方设置环形救援疏散通道，并利用盾构机后配套区域中间廊道设置坡道可直接进入疏散通道，显著提高了疏散救援效率。通过克服无法修建横向通道的难题，形成了高烈度地震区特长海底盾构隧道防灾、减灾设计关键技术。

8.1 防灾设计原则及要求

从发生概率来说，隧道内发生火灾的概率远远高于水灾、地震等其他灾害，因此通常情况下，隧道防灾主要指防火灾。近年来，随着全球变暖，极端气候频频出现，仅2021年国内就发生多起因超越历史数据的特大暴雨而导致的隧道水灾事故。但对于此类事故，可能更多需要从加强应急演练、提高隧道运营管控水平等方面着手，故不在此次研究范围内。本节主要针对隧道内火灾防控进行研究，隧道内火灾主要以汽车交通事故或汽车燃烧引起的火灾为主。

隧道防灾设计采用"以防为主，防灾、减灾和救灾结合"的设计原则，重在"防灾"，通过提高工程的安全度，从源头上降低发生灾害的风险。灾害发生后，尽可能把火灾限制在最小范围内，同时有效组织救援和人员疏散，以达到减灾和救灾的目的。

隧道防灾设计是通过隧道工程结构、建筑、疏散、通风排烟、水消防、供电、照明、监控等各子系统的安全或功能的冗余设计来实现的，并通过监控系统和有效的管理将各子系统构成一个有机的整体，设计的功能要求是：

（1）隧道顶主体结构采用防火内衬进行保护，满足温升曲线下测试耐火极限要求；
（2）具有能控制住火灾烟雾方向和良好排烟的通风系统；
（3）能够满足驾乘人员有效逃生的辅助通道设计；
（4）具有充足、可靠的消防设施灭火系统；
（5）保证紧急情况下为驾乘人员逃生提供应急照明系统；
（6）完善清晰的标志标牌设计，尤其是逃生诱导标志；
（7）完善可靠的运营监控系统，包括自动火灾检测系统、手动火灾报警系统、闭路电视监视系统（Closed Circuit Television，CCTV）、紧急电话系统、有线广播系统、无线通信和广播系统、火灾交通控制与诱导系统等；
（8）设置双电源的供电系统和防灾通风、应急照明、监控系统的耐火电缆配置；
（9）建立防灾救灾系统的畅通连接，当发生火灾后，可充分利用城市公共防灾救灾体系；
（10）除以上基础设施外，隧道管理机构对工程的综合管理能力和紧急状况的应对能力，是隧道防灾救援系统中最基本的保证。

8.2 工程防灾救援设计特点

汕头海湾隧道采用盾构段内部纵向通道疏散与两边明挖段横向疏散相结合的疏散方式。

盾构段利用隧道内车行道下方空间作为纵向逃生通道,车行道下方空间中间廊道设置为消防救援疏散车辆专用通道,在行车方向右侧每隔80m设置一个逃生口,采用疏散楼梯与纵向疏散通道相连。

在隧道两端明挖暗埋段内设置横向联络通道,两端盾构井内设置车行横通道,消防救援车辆可以从非火灾隧道进入实施消防救援。

疏散楼梯出口设置前室,按照规范要求对前室加压送风,保持前室相对于火灾隧道的正压。

8.3 隧道建筑与结构防火设计

8.3.1 结构防火隧道分类

《建筑设计防火规范》(GB 50016—2014)中对隧道的分类见表8.3-1。

隧道分类评定　　　　表8.3-1

用途	隧道封闭长度 L(m)			
	一类	二类	三类	四类
可通行危险化学品等机动车	$L>1500$	$500<L\leqslant1500$	$L\leqslant500$	—
仅限通行非危险化学品等机动车	$L>3000$	$1500<L\leqslant3000$	$500<L\leqslant1500$	$L\leqslant500$

汕头海湾隧道长度超过3000m,不得通行大型货车及危险化学品等机动车,为一类隧道。隧道内顶部喷涂防火涂料,防火涂料耐火极限的试验升温曲线采用RABT标准升温曲线,耐火极限不低于2h。隧道所用板材防火等级均需达到不燃性A级标准,并采用不燃性建筑材料。

8.3.2 防火门

1)防火门设置

在隧道两端明挖段设置横向联络通道,在横通道采用两组常闭式防火门进行分隔。

2)防火门控制

所有的防火门均采用A类甲级钢质防火门,其耐火时间为1.5h,具有平推开和自动关闭功能。防火门应有醒目的标识,且易手动开启。

8.4 安全疏散通道设置

8.4.1 国内外疏散通道设置方式

国内外隧道疏散通道设置情况的调研表明,隧道防灾疏散可以通过以下三种方式来实现。

1)横向联络通道逃生

沿主隧道纵向,每隔一定间距设置横向联络通道使主隧道连通,实现火灾逃生及救援。

2)纵向通道逃生

利用隧道内行车路面以下的空间建成纵向逃生通道,每隔一定间距设置紧急出口及滑行坡道与路面下的逃生通道连通,以逃离火灾危险。

3)隧道内上下层互通逃生

当隧道内部空间较大时,可在隧道内设置上下双层车道,隧道内每隔一定间距设置连通口及通行梯,实现上下层之间的互联。

8.4.2 国内外水下隧道疏散通道设置案例

1)横向联络通道逃生

(1)英法海峡隧道

英法海峡,英国称为多佛海峡,法国称为加莱海峡。英法海峡隧道连接英国的莎士比亚·克利夫与法国桑加特,长度约38km,采用盾构法施工。

英国一侧的隧道埋深在21~70m之间,平均40m。整个隧道系统组成为:①两条直径7.6m的铁路区间隧道,相距30m;②一条直径4.8m的服务隧道,供管理、维护及防灾救援用;③横向通道:每隔375m设置一条与服务隧道相连接的横向通道,每隔250m设置连接两条铁路隧道的横向活塞式泄压风道。每两条横向通道设置一条为双通道,以便每隔375m设置一个人行通道,每隔750m设置一个电力控制室或变电站。整个隧道系统组成如图8.4-1所示,隧道通风系统如图8.4-2所示。为了能在维修时保证列车顺利运行,在海底隧道中设置了两处交叉渡线,其位置约在全长50km的两个三等分点上。

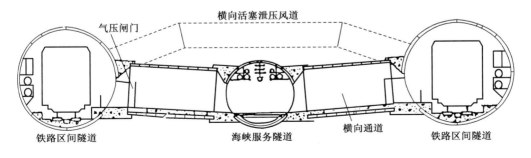

图8.4-1 英法海峡隧道组成

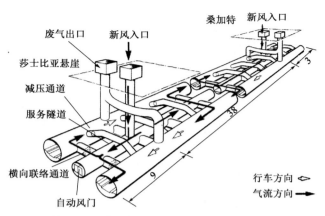

图 8.4-2　英法海峡隧道通风系统(尺寸单位:km)

三处进行日常维护的交叉区在紧急状态下可以用作安全区域。每条横向通道,从中心服务隧道经防火门通向行车隧道。这样在紧急情况下,乘客可以疏散到中心服务隧道中去,然后搭乘从另一条行车隧道驶来的救援车离开。中心服务隧道也被用作隧道系统的通风道,它内部的空气压力要比行车隧道的压力高,这样即使横向通道上的门打开,烟气也不会侵入服务隧道。

(2)丹麦斯多贝尔特大海峡隧道

丹麦斯多贝尔特大海峡通道工程连接菲英岛与西兰岛及哥本哈根,全长 18km,为桥隧相接方式,其中隧道长 7.9km。

两条主隧道内径 7.7m,间距 25m,采用土压平衡盾构掘进,每间隔 250m 设置一条直径 4.5m 的横向通道,有两个联络通道内设置集水坑及排水设备。主隧道断面及横通道设置如图 8.4-3 所示。主隧道采用预制混凝土管片拼装而成,横通道采用厚 135mm 的球墨铸铁管片作衬砌。

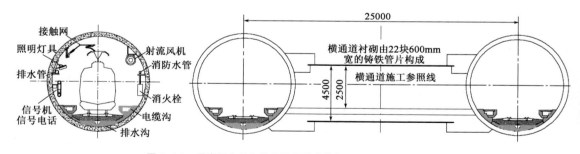

图 8.4-3　丹麦斯多贝尔特大海峡隧道横断面图(尺寸单位:mm)

(3)广深港狮子洋隧道

狮子洋隧道位于广深港客运专线东涌站至虎门站之间,穿越珠江入海口的狮子洋,是广深港铁路客运专线的控制性工程。隧道全长 10.8km,盾构段长 9.34km,盾构段外径 10.8m。盾构段共设置 16 处联络横通道,联络通道间距不大于 500m,轨面最低点前后各 1 倍车长范围内横通道间距加密至每 300m 一处。明挖隧道和工作井利用中隔墙开孔设置防火门,各设两处横通道。盾构段断面布置如图 8.4-4 所示。

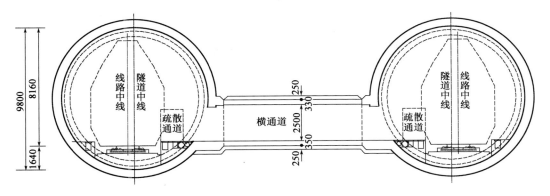

图 8.4-4　盾构段断面布置图(尺寸单位:mm)

隧道内电缆槽均采用粗砂填埋,既可以保护电缆又可以防止电缆着火;各种大型电气设备采用防火板或防火隔离门保护。盾构管片内掺加合成纤维,降低高温下混凝土爆裂风险。火灾通风系统按控制事故纵向风速不小于 3m/s 计算。隧道行车方向左侧设置 1.5m 宽的纵向疏散通道。

(4) 上海大连路隧道

上海大连路隧道设计为双向四车道,由东、西线两条盾构隧道组成,东线盾构段长 1275m,西线盾构段长 1253m。隧道外径 11m,内径 10.04m,采用直径为 11.22m 的泥水平衡盾构掘进。

为满足防灾救援的功能需要,在距两隧道端部各 1/3 处设立两个联络通道,两个联络通道相距约 400m,如图 8.4-5 所示。每 30m 设置一个窨井(用于底部逃生)。联络通道断面为圆拱形,净高 2.7m,净宽 1.4m,净面积 3.67m²,结构为单层钢筋混凝土,厚度为 400mm。浦西、浦东各设 1 座风塔。全线共设 2 座降压变电所、2 座雨水泵房、2 座消防泵房和 2 座江中泵房。

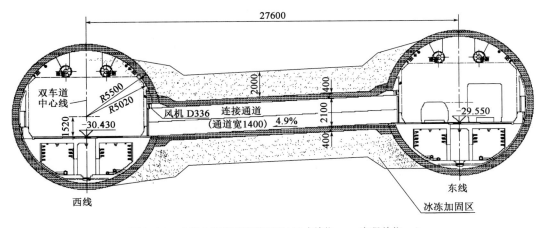

图 8.4-5　上海大连路隧道断面图(尺寸单位:mm;高程单位:m)

(5) 上海翔殷路隧道

翔殷路隧道位于上海市区北部,内环线与外环线之间,东连五洲大道,西接翔殷路、中环线。南线长 2606.32m,北线长 2597m,其中盾构段南线长 1242.09m,北线长 1231m,盾构直径为 11.9m,隧道外径为 11.56m、内径为 10.6m。

翔殷路隧道为近期工程建设与远期预留建设方案综合考虑,规划道路等级为城市快速路;设计行车速度为80km/h;隧道横断面近期设双向四车道、车道宽度为3.75m和3.5m,远期增设双向两车道、车道宽度为3.5m;净空高度为4.5m。

两条隧道在江中设2处联络通道,联络通道最大间距为558m。隧道内车道板下设紧急疏散安全通道。

隧道内采用纵向通风方式,浦东、浦西分设风塔集中排风,在浦西、浦东工作井上分别设置高20m的排风塔。

隧道顶部设独立排烟风道(图8.4-6),每隔50m设排烟阀门,由控制中心统一控制,火灾工况时,至少开启离火灾点最近的和顺车行方向的下一扇阀门,由风井内风机抽烟并高空排除。

(6)上海复兴东路隧道

上海复兴东路隧道工程设计为双管双层六车道,自浦西光启路沿复兴东路至浦东张杨路崂山东路,总长2780m。其中盾构段长约1215m,管片外径为11.0m、内径为10.04m。

复兴东路隧道是国内第一条双层式隧道,2条隧道之间有4条联络通道和2座江中泵房。每条隧道设计为2层3车道,其中上层为2车道,每条车道宽3.0m,设计净高2.6m,通行小轿车;下层设置双向双车道,大小车混合行驶,车道宽3.5m,并设2.5m的紧急停车带,下层车道净高4.0m。隧道的横断面如图8.4-7所示。

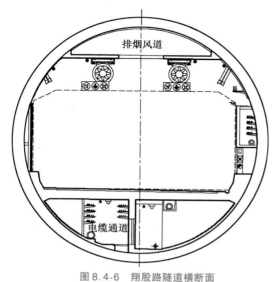

图8.4-6 翔殷路隧道横断面

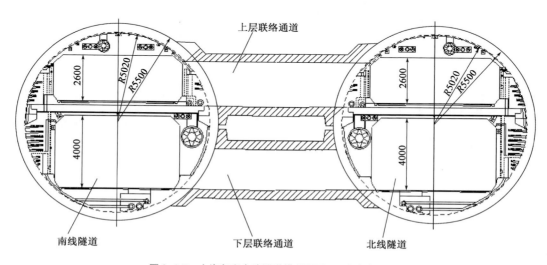

图8.4-7 上海复兴东路隧道横断面图(尺寸单位:mm)

(7) 上海长江隧道

上海长江隧道为双向六车道高速公路隧道,采用双管盾构法隧道。隧道外径 15.0m、内径 13.7m,总长约 8895m,隧道横断面如图 8.4-8 所示。隧道上层顶部为专用排烟道,中部为行车道,行车道下部中间为预留轨道交通空间,左侧空间为安全疏散通道。

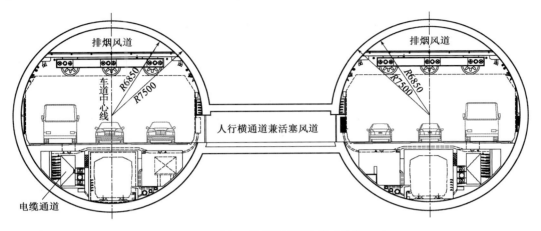

图 8.4-8　上海长江隧道横断面图(尺寸单位:mm)

上层公路隧道采用射流风机诱导型纵向通风+重点排烟的通风方式。正常及阻塞工况时,基本采用纵向通风方式。排烟风道板下方悬挂的射流风机辅助正常及阻塞交通时的诱导通风。

公路交通层内火灾热释放率 50MW,双管隧道按同一时间内发生一次火警,且相邻隧道孔关闭交通进行控制设计。当采用集中排烟时,隧道排烟量不小于 130m^3/s,土建排烟道净空为 12m^2;当采用纵向排烟时,隧道内风速应阻止烟气逆流,风速应不小于 3.2m/s。

上下行线隧道公路交通层设 8 条横向通道(间隔 830m),主要采用横向疏散的方式,且可通过上下层之间设置最大间距约 280m 的疏散楼梯向下疏散,疏散楼梯共 26 条;下层轨道交通采用纵向疏散的方式或通过疏散楼梯向上疏散。

暗埋段采用两孔一管廊的设计。管廊净宽不小于 1.6m,沿管廊纵向每隔 100m 留有横向安全通道,安全通道净高 2.1m,对两侧车道孔设安全门。

2)纵向疏散通道逃生

(1) 日本东京湾海底公路隧道

东京湾公路连接川崎市和木更津市,全长 15.1km,海中设川崎人工岛(作为盾构始发基地和通风之用)和木更津人工岛(桥隧连接处),如图 8.4-9 所示。隧道段位于川崎侧与木更津人工岛之间,长 9.5km,盾构直径 14.14m,每管容纳 2 个车道,如图 8.4-10 所示。

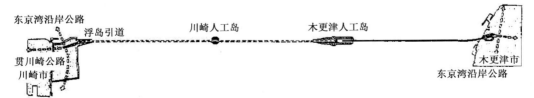

图 8.4-9　东京湾公路平面图

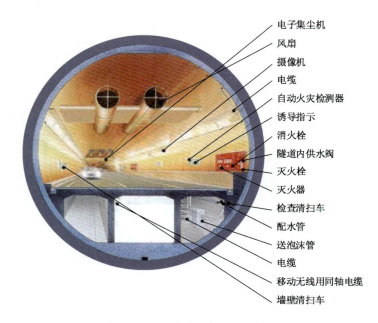

图 8.4-10 东京湾海底公路隧道断面图

东京湾海底公路隧道采用纵向通风系统,如图 8.4-11 所示。

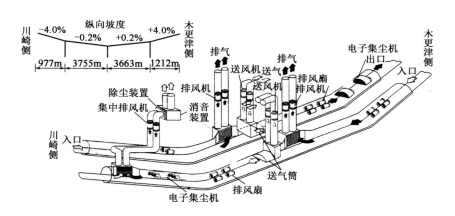

图 8.4-11 东京湾海底隧道通风系统

为减少施工风险并避免地震破坏结构,两条隧道之间未设联络通道,利用车道板下的空间作为安全通道,每隔 300m 设置一处逃生滑梯和消防人员出入口,出入口间距约 30m。逃生滑梯设置如图 8.4-12 所示。

(2) 武汉长江隧道

武汉长江隧道连接汉口岸大智路与武昌岸的沙湖路,双向四车道。左线隧道长 3295m,盾构段长 2550m;右线隧道长 3303.6m,盾构段长 2499.2m,盾构段未设置联络通道,车行道内每 80m 设置一个通行下层疏散通道的疏散口。隧道横断面如图 8.4-13 所示。

图 8.4-12　东京湾公路隧道逃生滑梯设计

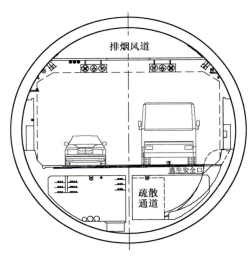

图 8.4-13　武汉长江隧道横断面图

非火灾情况下隧道通风采用竖井吸出式纵向通风方式。左线隧道利用汉口通风井排风，右线隧道利用武昌通风井排风，通风系统平面布置如图 8.4-14 所示。火灾发生时采用重点排烟通风方式，在盾构段隧道顶部设置专门的火灾排烟风道。

(3) 南京长江隧道

南京长江隧道设计为双管盾构隧道，隧道总长 3790m，其中盾构段长度为 3020m。盾构段内径 13.30m、外径 14.50m，隧道断面如图 8.4-15 所示。

隧道未设置横向联络通道，采用下层疏散通道纵向逃生的疏散模式。车辆前进方向的左侧每隔 80m 设置逃生口，每 320m 设置一处救援楼梯。

隧道通风采用分段纵向通风方式，隧道排风利用两侧风井排风，风塔高度为 30m。

火灾情况下采用纵向排烟模式，排烟方向与行车方向一致。

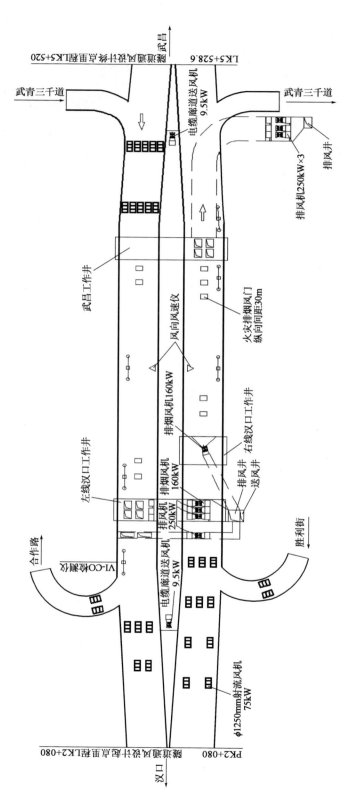

图8.4-14 武汉长江隧道通风系统平面布置图

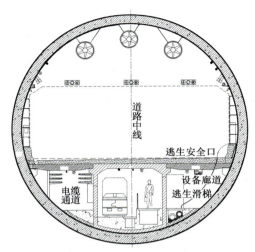

图 8.4-15　南京长江隧道横断面图

(4) 长沙市南湖路湘江隧道

长沙市南湖路湘江隧道位于橘子洲大桥与猴子石大桥之间,北线全长 1614m,南线全长 1422m,盾构管片外径 11.3m,隧道平面布置效果图如图 8.4-16 所示。

图 8.4-16　南湖路湘江隧道平面布置效果图

隧道采用纵向通风排烟方式,污染空气和烟气直接从洞口排出,如图 8.4-17 所示。南、北线主线各设置 12 组(每组 2 台)射流风机,直径为 900mm,出口风速为 33.5m/s。南、北线隧道分别划分为 7 个、3 个防火排烟区段,其中匝道各为 1 个防火排烟区段。隧道内发生火灾时,在疏散阶段,不要改变烟气的流动方向,使其沿车流方向流动,纵向风速应为 2~3m/s,将烟气控制在火场一侧,以确保隧道内逃离人群的最好生存条件。一旦消防人员抵达火灾现场,即可现场决定启用相关风机来协助控制火势。

南湖路隧道采用纵向疏散方式,在行车方向的左侧每隔 80m 设置竖向疏散滑梯,滑梯设置如图 8.4-18 所示。板下纵向疏散通道内设置加压送风系统,火灾时保证疏散通道内的相对正压。驾乘人员手动将盖板打开,乘滑道达到隧道下部安全区域。在应急照明指引下,向隧道两端盾构井疏散,由盾构井疏散楼梯直出地面。

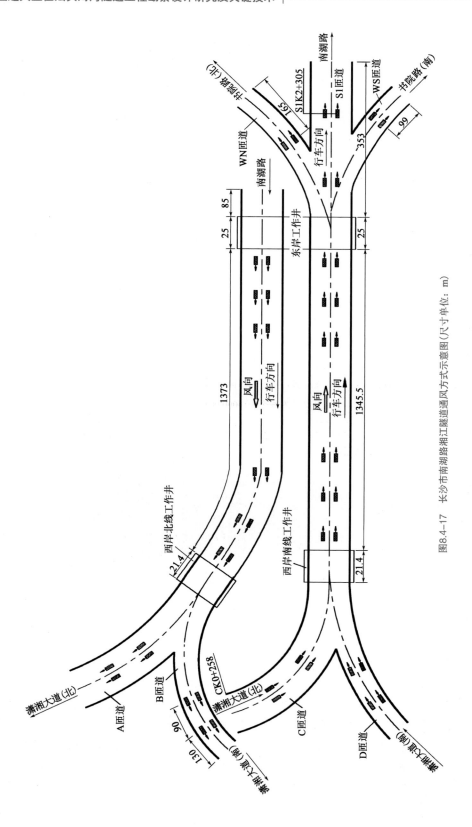

图8.4-17 长沙市南湖路湘江隧道通风方式示意图（尺寸单位：m）

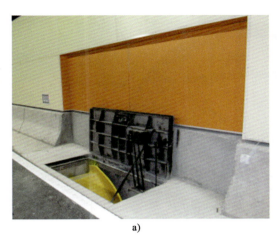

图 8.4-18 隧道疏散滑梯实物

(5) 杭州钱江隧道

杭州钱江隧道位于钱江观潮胜地——盐官以西 2.5km 处，按高速公路设计速 80km/h、双向六车道设计，隧道长 4000m，其中东线盾构段长 3245m，盾构段外径为 15m。

隧道通风采用竖井排风式纵向射流通风+重点排烟方式，射流风机布置于隧道明挖暗埋段顶部，轴流风机布置在两端风井附近风机房。隧道进出口根据需要设置排风井，风井面积为 4.5m×5m，风塔高出地面 28m。隧道通风平面布置如图 8.4-19 所示。

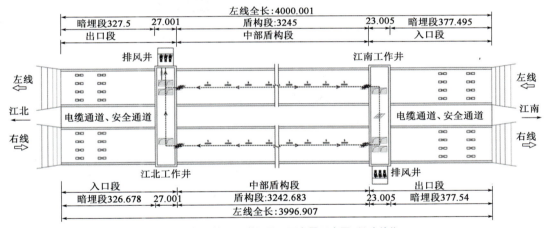

图 8.4-19 杭州钱江隧道通风平面布置示意图 (尺寸单位：m)

钱江隧道火灾规模按 50MW 设计，盾构段利用顶部富余的拱形空间设置排烟道，每隔 60m 设置一处电动排烟口，左右线各设 54 个排烟风口，单个风口尺寸为 5m×1.25m，选择通长型且沿隧道横截面方向布置，用于火灾时的重点排烟。排风量 300m³/s，隧道纵向控制风速 1.3m/s。

车道层下方空间的中间管廊作为纵向疏散及救援通道。纵向疏散及救援通道宽 3.7m、高 2.8m，两端分别与江南和江北工作井地下三层连接，疏散或救援人员可从该疏散通道经过工作井内的楼梯从车道层或地面出入。为了使驾乘人员能够从下层通道疏散、救援人员能够从下层通道到达事故现场，在行车道右侧每隔 80m 设置一处疏散滑道、每隔 240m 设置 1 处救援楼梯。隧道横断面如图 8.4-20 所示。

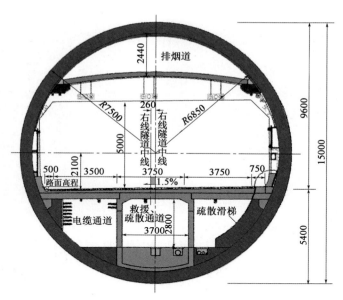

图 8.4-20　杭州钱江隧道横断面图(尺寸单位：mm)

(6)武汉三阳路隧道

武汉三阳路隧道长 4320m，双向六车道，隧道等级为城市主干道。盾构段长 2590m，外径 15.2m。每管隧道内上层布置公路行车道和排烟道，下层为轨道交通 7 号线区间隧道、电缆通道和疏散通道。两管盾构隧道之间未设置联络通道，盾构段隧道横断面如图 8.4-21 所示。

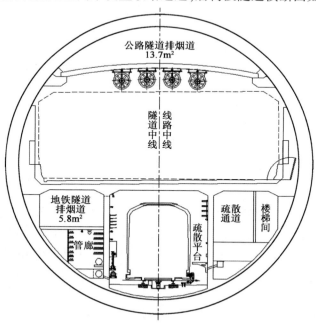

图 8.4-21　武汉三阳路隧道横断面图

在两岸设置高风塔，隧道采用竖井送排式纵向通风方案，三阳路隧道通风系统平面布置如图 8.4-22 所示。

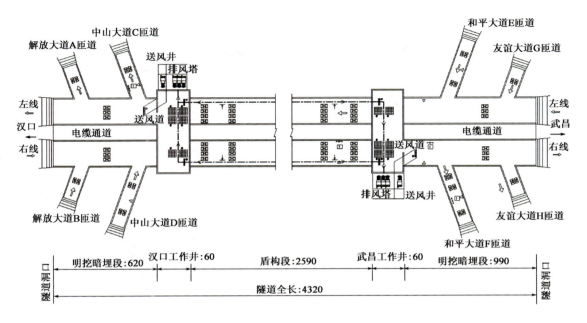

图 8.4-22　三阳路隧道通风系统平面布置示意图(尺寸单位:m)

隧道采用重点排烟方式,火灾规模按 20MW 计算,利用盾构段顶部富余空间设置排烟道,排烟道净面积不小于 14.1m²,排烟道长 2590m,排烟道内每隔 60m 设置一处电动排烟口,风口尺寸为 4m×1m,左右线隧道各设置 44 个电动排烟口。盾构段发生火灾时开启火源附近 6 个电动排烟口就近将烟气排出。

三阳路隧道在盾构段采用公、轨共用纵向逃生通道,如图 8.4-23 所示;通道分别与公路层、轨道层以楼梯形式连接,每间隔约 75m 设置一处疏散楼梯,在疏散通道对应每个楼梯处将其隔成封闭的楼梯间,形成前室,在疏散通道两端设置加压送风系统,在楼梯间与疏散通道隔墙上设置余压阀。

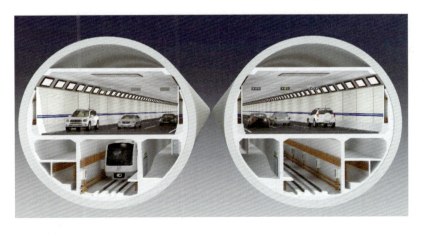

图 8.4-23　三阳路隧道逃生通道设置示意图

3）上下层通道逃生

（1）法国 A86 公路隧道

法国 A86 公路隧道双层行车道,结合送、排风井每间隔 1km 设置一处直出地面的竖井疏散口,通过避难楼梯间互为纵向疏散方式,同时每间隔 200m 在上下行车行道之间设置楼梯用于相互疏散,如图 8.4-24 所示。

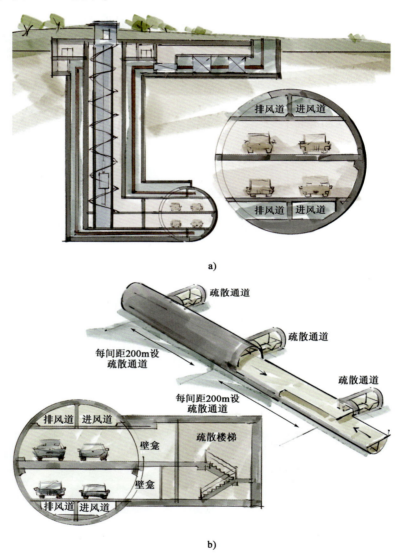

图 8.4-24　法国 A86 公路隧道疏散楼梯

（2）马来西亚 SMART 隧道

马来西亚 SMART 隧道,长 9.7km,单洞双层双向四车道,兼作城市防洪隧道。盾构外径 12.83m,内径 11.83m。每隔 1km 设 1 座中间风井兼直通地面疏散通道,采用分段纵向通风,联络通道间隔 250m,平面及横断面如图 8.4-25 所示。

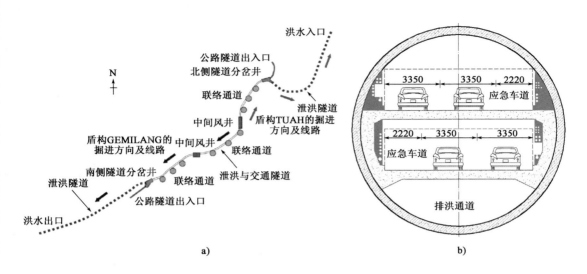

图 8.4-25 马来西亚 SMART 隧道平面及横断面图(尺寸单位:mm)

(3)南京扬子江隧道

南京扬子江隧道是双管双层八车道 X 形隧道,分别经南北两条线路穿越长江,上层为江北至江南方向,下层为江南至江北方向。南线全长 7363m,北线全长 7014m;南线隧道长 5290m,北线隧道长 4990m。两条隧道之间不设联络通道。隧道横断面如图 8.4-26 所示。

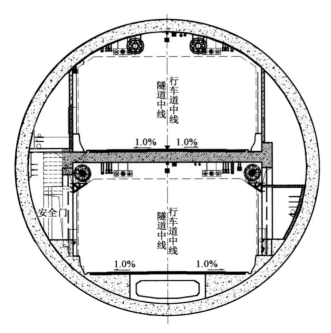

图 8.4-26 南京扬子江隧道横断面图

隧道采用纵向通风+重点排烟模式,隧道内每间隔 64m 设置一处逃生楼梯。一旦发生火灾、突发事故，人员可通过连接上下层的疏散楼梯疏散至另外一层隧道进行逃生。

（4）深圳春风隧道工程

春风隧道西起滨河大道上步立交东侧，与滨河大道对接，东至新秀立交南侧，与沿河北路对接，全长约5.08km，其中隧道长约4.82km。隧道采用单洞双层的结构形式，上层通风区段长4118m，下层通风区段长4266m，为小客车专用通道，隧道横断面如图8.4-27所示。

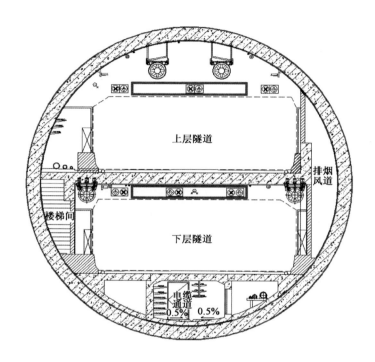

图8.4-27 深圳春风隧道横断面图

隧道采用纵向通风+重点排烟模式，上下层隧道共用一个排烟道，隧道两岸工作井各设置1台70m³/s的专用排烟风机，隧道内每间隔100m设置一处逃生楼梯。一旦发生火灾、突发事故，纵向排烟临界风速不低于2m/s。隧道同时发生阻塞时，采用重点排烟方式，盾构段上下层每间隔60m设置排烟口，火灾情况下打开火灾点附近电动排烟口，可有效控制烟气扩散，人员通过连接上下层的疏散楼梯疏散至另外一层隧道进行逃生。

8.4.3 水下隧道疏散通道方案对比

根据国内外多座水下隧道的调查分析，可选的疏散通道方式主要有横向、纵向或横向与纵向相结合三种方式。对汕头海湾隧道而言，需进行充分论证，选择最优方式。

表8.4-1全面对比了三种疏散方式的应用情况、疏散效果、施工风险、结构受力影响以及经济性等内容。

水下隧道安全疏散通道设置对比表　　　　　表 8.4-1

对比项目	设置方式		
	横向联络通道疏散	纵向疏散	上下层互通疏散
工程应用情况	应用广泛,英法横向隧道、丹麦大海峡隧道、上海翔殷路隧道、上海长江隧道及大部分山岭隧道、地铁隧道	有少量应用,东京湾海底隧道、武汉长江隧道、南京长江隧道、杭州钱江隧道	应用较少,法国 A86 公路隧道、马来西亚 SMART 隧道、上海复兴东路隧道、上海军工路隧道、深圳春风隧道
疏散效果	良好	良好	待检验
施工风险	横通道开挖存在一定风险,地层条件恶劣时开挖风险很高	两条隧道之间不打通,同一条隧道内不存在开挖风险	两条隧道之间不打通,同一条隧道内不存在开挖风险
结构受力影响	易使接口部位产生局部附加应力和变形,开裂漏水,地层软弱、不均时尤为明显	主隧道不开口,不产生附加应力和变形	主隧道不开口,不产生附加应力和变形
施工经济性	横通道施工,地层加固、土体开挖,引起工期延长,增加了工期风险;增加了材料费、人工费及管理费,经济性较差	在一条隧道内施作紧急出口及滑行道,大大降低了工程造价,经济性较好	在一条隧道内施作上下通道,大大降低了工程造价,经济性较好

注:1. 上海翔殷路隧道采用了下滑通道纵向逃生与横通道逃生相结合的疏散方式。
　　2. 隧道内上下层互通疏散也属于纵向逃生方式。

8.4.4　疏散梯布置形式

考虑人员疏散梯盖板布置空间和疏散效率等问题,通过楼梯、滑梯、楼滑梯组合比较将人员疏散梯定为楼梯形式。

出现紧急事故情况,乘行人员、救援人员可经安全逃生口疏散至车道板下的人员疏散通道,再通过纵向人员疏散通道疏散至地面。逃生口的盖板应能承受行车荷载并设置液压装置等以便于开启,盖板的开启应具有手动和远程控制的功能。逃生口开口尺寸为 2350mm × 850mm,如图 8.4-28 所示,下行楼梯台阶与道路路面底面垂直高度不低于 1.8m。

靠近逃生口的盖板处隧道侧壁上设置应急照明灯具和明显的灯光指示标志,并有打开逃生口盖板的指示标志。盖板四周设置灯光警示标志,防止事故发生时人员踏空。同时逃生盖板周围做好排水工作,防止废水进入纵向疏散通道。

疏散通道逃生盖板采用手动开启,盖板下方设液压助力装置,疏散时需要手动开启,开启盖板的初始拉力大,不利于人员迅速疏散。为了降低盖板开启难度,优化逃生盖板开启方式,采用电动助力开启盖板,就地设置控制箱。逃生盖板的盖板框与盖板本体通过合页铰链铰接,盖板本体内侧连接有扇形板,并通过钢丝绳与配重连接,盖板始终受到配重的作用,处于开启动作状。正常情况下通过电机、卷扬、链条锁紧盖板,正向给电时,链条释放,盖板在配重作用下打开。当电机失效时(电线断裂、电气元件老化、电机烧损),通过上部或下部手动开启装置,涨紧闸线打开电机制动器,电机转子处于自由状态,对盖板失去约束力,盖板自由,在配重作用下快速打开,如图 8.4-29 所示。优化后的逃生盖板可以通过就地控制电动开启,节约了开启时间,大大提高了人员疏散效率。

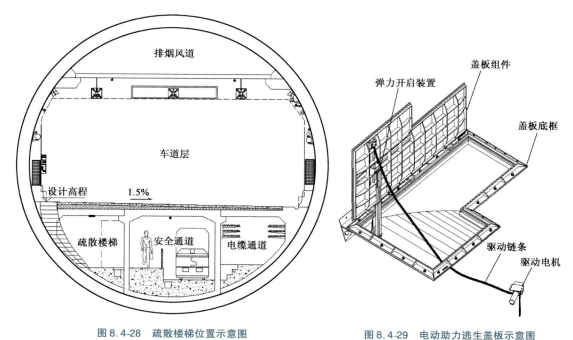

图 8.4-28 疏散楼梯位置示意图　　　　图 8.4-29 电动助力逃生盖板示意图

在疏散楼梯出口处设置两道门,如图 8.4-30 所示,在主隧道与纵向疏散通道之间形成前室。

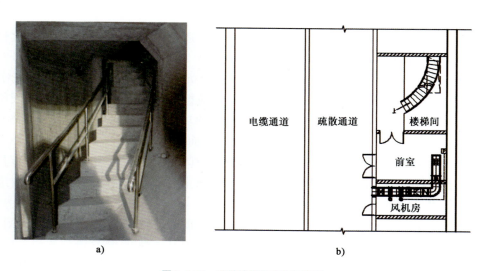

图 8.4-30 疏散楼梯及前室示意图

8.4.5 人员疏散数值模拟

1）疏散通道设置情况

隧道明挖段采用横向疏散方式，每间隔100m设置一处横向联络通道，净宽2.0m，净高2.5m；盾构段隧道采用车道板下纵向疏散方式，间隔80m设置疏散楼梯，间隔160m设置消防楼梯，车道板下设置宽度为4.0m的救援通道，在隧道南岸明挖段连接至隧道车道层；两端盾构井内设置车行横通道，通道净宽4.0m，净高5.0m。

2）疏散模拟计算模型

对于未设置横向联络通道的隧道，更应关注盾构段人员救援疏散的安全性，人员疏散是否安全，需要将不同火灾场景下的火灾环境与人员疏散情况联系起来分析。通过对盾构段疏散时间的模拟计算，得到各段火灾时人员疏散的必需疏散时间，对比可用安全疏散时间，分析该疏散模式的可靠性。隧道盾构段人员疏散模型如图8.4-31所示。

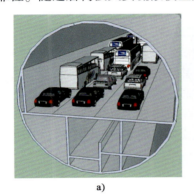
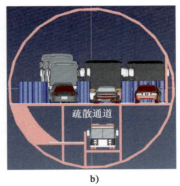

图8.4-31　盾构段人员疏散断面示意图

3）模拟计算结果

综合考虑火灾场景下的人员疏散行走时间、火灾报警时间及火灾报警信号发出后的人员响应时间，最后可得到各场景的必需安全疏散时间，见表8.4-2。

盾构段人员疏散必需安全疏散时间　　　　表8.4-2

所处区段	报警时间(s)	响应时间(s)	行走时间(s)	必需安全疏散时间(s)
盾构段	60	120	465.0	645.0

汕头海湾隧道在任意位置处发生大型火灾，以合理的烟控方案进行烟气组织，隧道内各参数都能保证火源上游2m高处的可用安全疏散时间超过1800s。通过隧道内可用安全疏散时间与必需安全疏散时间的对比，可以得到隧道内疏散设施的合理关键参数。

（1）盾构段计算结果

隧道内盾构段可用安全疏散时间与必需安全疏散时间对比见表8.4-3。

隧道内可用安全疏散时间与必需安全疏散时间对比分析表　　　　表8.4-3

所处区段	楼梯布置间距(m)	必需安全疏散时间(s)	可用安全疏散时间(s)	安全性判定
盾构段	80	645	1150	安全

在合理的烟控方案下,盾构段利用楼梯进行人员疏散,人员必需安全疏散时间最小为645s。富余505s的疏散时间,仅从人员疏散时间方面考虑,能够满足人员安全疏散的要求。

(2)明挖段计算结果

通过对汕头海湾隧道明挖段不同火灾场景下人员疏散过程的仿真模拟,得到各个场景的疏散过程及人员疏散的行走时间,见表8.4-4。

明挖段人员疏散必需安全疏散时间 表8.4-4

所处区段	人行横通道宽度(m)	车行横通道宽度(m)	主线洞口宽度(m)	匝道洞口宽度(m)	必需安全疏散时间(s)	可用安全疏散时间(s)	安全判定
东线主道与匝道交汇处	2.0	4.0	12.65	—	963	1800	安全
东线匝道	2.0	—	—	—	556	1800	安全
西线主道与匝道交汇处	—	—	12.65	8.65	721	1800	安全
西线匝道	—	—	—	8.65	405	1800	安全

综合考虑汕头海湾隧道工程项目人员疏散的安全性以及相关规范这两种因素,可以确定在满足该隧道施工、结构等方面安全的基础上,盾构段采用疏散楼梯纵向疏散模式,楼梯布置间距为80m;明挖段采用横向疏散模式,人行横通道采用2m宽度、间距100m,车行横通道采用4m宽度、间距不超过400m可以满足人员安全疏散需要。另外,隧道制订了合理的救援疏散预案,分别明确了隧道各区域发生火灾时,隧道交通监控系统动作指令、隧道内车辆、人员疏散方向及救援路径等。

8.5 隧道救援方案

8.5.1 消防救援车辆进出口

南岸车道层为满足盾构始发的要求,降低盾构井后配套段30m范围底板,设备段底板至车道层板底净距达到4m,空间可满足车辆在其下方通行的需要。

1)车道层消防救援车辆出入路线

消防救援车辆出入口位于南岸车道层的设备段两孔车道中间的设备管廊区内,通过救援通道坡道与车道板下的设备段相连接,在盾构机架段内完成救援车辆的回转组织。救援环形通道由南岸工作井内车道板下层的富余空间通过与疏散通道等宽、转弯半径为7m的车道将东西两线车道板下疏散通道180°的半圆弧形连接,完成两条平行线路的环形连接。救援进入线路如图8.5-1所示。

2)中间廊道消防救援车辆出入路线

救援车辆经交通组织疏导后可由南岸进入明挖段的车行横通道,通过车行横通道内救援通道的专用卷帘门后进入救援坡道,坡道设置在盾构井后配套区域,救援车辆由直行坡道下至盾构井底层,然后通过盾构井内最小转弯半径为7m的转弯道进入车道层下的环形疏散通道。

南岸车道层下有180°的半圆弧形车道连通东西两线的疏散通道,因此救援车辆由车道层进入下层空间后可根据情况选择进入东线或西线的任意通道。盾构井及设备段消防救援车辆路线如图8.5-2所示。

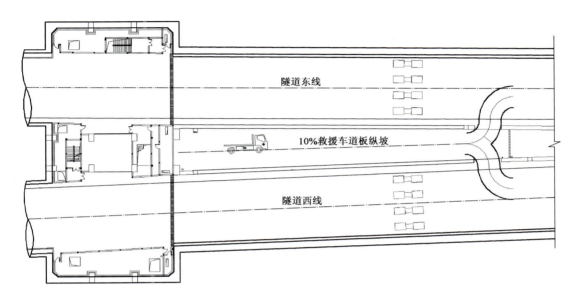

图8.5-1 车道层消防救援车辆进入路线示意图

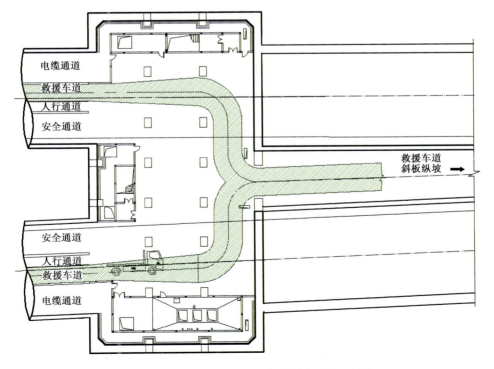

图8.5-2 工作井及设备段消防救援车辆路线示意图

8.5.2 消防救援梯布置形式

盾构段隧道间隔 80m 设置疏散楼梯,间隔 160m 设置消防楼梯,消防救援楼梯与疏散楼梯合用。下行楼梯台阶与道路路面底面垂直高度不低于 1.8m。逃生口开口尺寸为 2350mm×850mm,逃生盖板边缘位于车行道外,占用路缘带。

8.5.3 消防救援环路

由南岸车道层、南岸盾构井、东线盾构段纵向救援通道、北岸盾构井、西线盾构段纵向救援通道形成环路,如图 8.5-3 所示,消防救援车辆从车道层通过车行横通道进入中间廊道坡道,经坡道进入行车道下层,根据到着火点距离最近的原则组织顺时针或逆时针的救援路径实施救援。正常人员可疏散至盾构井,通过楼梯间直通地面或到达非火灾隧道车道层;事故受伤人员可由救援车辆通过坡道进入车道层,由隧道南岸洞口驶出隧道并及时就医。

8.5.4 消防扑救站

隧道发生火灾,火势发展迅速、烟气很快蔓延,因此专业消防人员尽早到达事故现场开展扑救尤其重要。

国外一些国家对隧道消防力量的设计要求比较严格,对于特长隧道要求隧道内每 5km 设置一个消防站。我国的消防站设置原则要求消防力量应能在 5min 内赶到火灾现场。而汕头海湾隧道工程隧道总长 4835m,且隧道盾构段未设横向通道,行车速度按照 60km/h 计算,从一端洞口到另一端至少需要 4.835min,火灾时消防车到达相应的隧道洞口时间可能很长,再加上隧道内的行车时间,很难保证此消防力量的可用性。

目前国内隧道设置消防救援站情况见表 8.5-1。

国内隧道设置救援站情况   表 8.5-1

隧道名称	规模	救援站个数	位置
向莆铁路戴云山隧道	27.3km	1个	隧道中部
太行山特长隧道	39.4km	2个	隧道中部、大桥出口处
南京纬三路隧道	北隧道3688m,南隧道3995m	2个	南北两侧

考虑到国内现状和汕头海湾隧道的实际情况,宜在隧道附近 1~2km 范围以内设置一个消防站(不宜在主道边),以缩短消防力量到达着火点的时间。应急救援站点按照规范配备一定数量的专、兼职救援人员,配备一定数量的救援设备和物资,站内至少配备一辆泡沫消防车,便于突发事故的就近快速处置。

因此,推荐车行道下方空间中间仓设置为消防救援疏散车辆专用通道,通道宽 2.4m、高 3.09m,最小转弯半径 7m。消防救援楼梯与疏散楼梯合用,每隔 160m 设置 1 个。

在隧道附近设置一个消防站,隧道管理处建立义务消防队。定期对其进行消防技能培训,着重培养其防火意识和火灾发生时的应急处理能力,以保证其早期火灾的扑救能力。

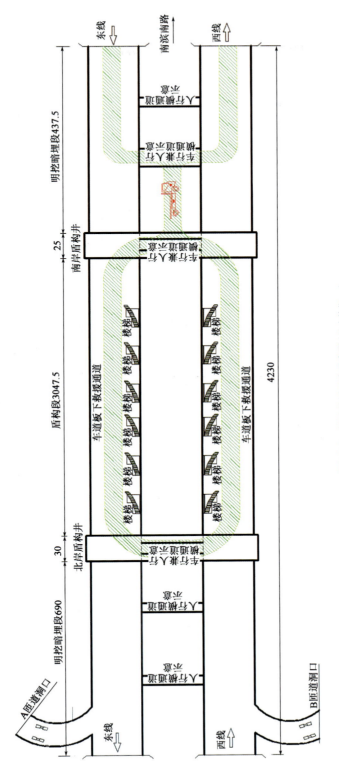

图8.5-3 消防救援环路示意图（尺寸单位：m）

8.6 隧道防排烟方案

8.6.1 隧道火灾排烟方案

根据隧道的不同区域特点,将整个隧道分为 12 个排烟区段,东线隧道为 E1~E5,如图 8.6-1 所示,西线隧道为 W1~W5,如图 8.6-2 所示,A、B 匝道分别为 E6、W6 段。

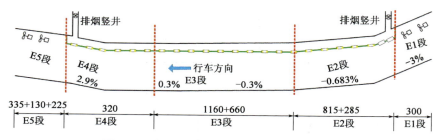

图 8.6-1 东线隧道排烟分区示意图(尺寸单位:m)

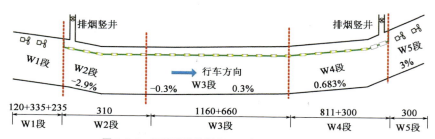

图 8.6-2 西线隧道排烟分区示意图(尺寸单位:m)

当火灾发生在洞口至风塔之间的入口段 E1、W1 或西线匝道 W6 时,开启部分射流风机产生不小于火灾临界风速的风控制烟气流动,同时开启入口段风机房内的轴流风机及隧道正上方的电动风阀排烟及部分土建排烟风口,烟气通过风塔排出,如图 8.6-3 所示。

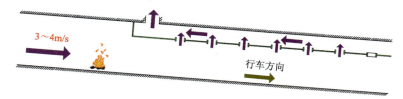

图 8.6-3 隧道入口段火灾排烟模式

当火灾发生在风塔至洞口之间的出口段 E5、W5 或东线匝道 E6 时,开启部分射流风机直接将烟气从车辆行驶方向的出洞口方向排出隧道,如图 8.6-4 所示。

当火灾发生在两风塔之间时,若交通顺畅,此时采用纵向排烟,利用隧道两端的射流风机,临界风速不小于 4.5m/s,可将烟气控制在火灾点的下游,烟气可通过集中排风井或洞口排出,保证疏散区域处于新风区域。

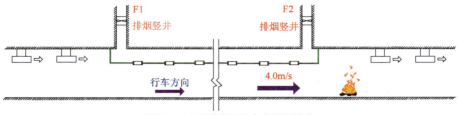

图 8.6-4　隧道出口段火灾排烟模式

若发生火灾时交通阻塞,车行缓慢,火灾发生在阻塞段之间,此时火灾点前后车辆均不能快速撤离,利用上层空间设置的土建排烟风道,根据火灾发生位置的不同,将盾构段分为 3 个区段,两端近风井段 E2～E4、W2～W4,一般情况下,火灾发生在近风井段时,开启对应侧的排烟风机进行集中排烟。火灾发生在中间段时,开启两端排烟风机进行集中排烟;集中排烟时开启专用排烟风道内的电动排烟口和风道内对应的排烟阀,根据火灾发生的区段不同,开启火灾点上下游不同组合的 6 组电动排烟风口,排烟口尺寸为 $5m×1.2m$,沿隧道断面横向布置,可将烟气经风道迅速排出,如图 8.6-5 所示。此时,通风系统应有 $240m^3/s$ 的排烟能力,可有效控制烟气和热量扩散,为火灾点前后的乘用人员创造疏散条件。

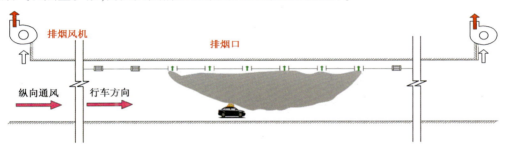

图 8.6-5　隧道盾构段交通阻塞工况火灾排烟模式

8.6.2　疏散通道加压送风方案

盾构段隧道采用车道板下纵向疏散方式,如图 8.6-6 所示,间隔 80m 设置疏散楼梯,间隔 160m 设置消防楼梯,均通过前室与安全疏散通道相连。隧道封闭段火灾时,安全疏散通道前室按照满足余压值 30Pa 进行设计,加压送风量按照门洞风速 0.7m/s 取值。每间安全通道前室的加压送风量为 $7000m^3/h$。在南、北两岸盾构井下层机房内设置疏散通道加压送风系统,如图 8.6-7 所示,风机一备一用,两端同时进行加压送风,单端风机风量为 $110000m^3/h$。

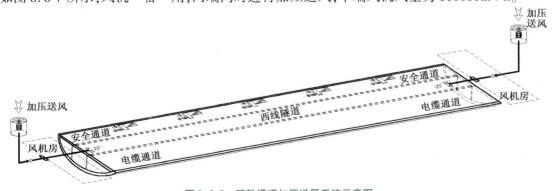

图 8.6-6　疏散通道加压送风系统示意图

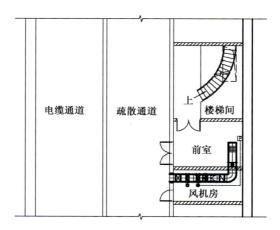

图 8.6-7　楼梯间及前室加压送风系统示意图

8.7 隧道消防系统

汕头海湾隧道工程为两管双向六车道盾构水下隧道,交通量大、施工难度大,隧道车行道采用消火栓系统、泡沫—水喷雾联用灭火系统、灭火器。隧道电缆通道采用高压细水雾系统,在北岸工作井及南岸管理用房地下一层分别设置消防泵房。

8.7.1 消火栓灭火系统

给水管从市政给水管接出,给消防水池供水,管道沿纵向敷设,形成安全可靠的环状管网。在北岸工作井及南岸管理用房地下一层分别设置消防泵房,泵房内各设消火栓泵组一套,一用一备,故障时可自动切换。消火栓在隧道内单侧布置;每隔 40m 设置消防箱一套(内设 DN65 单口单阀消火栓 2 只,ϕ65mm×25m 水龙带 1 盘,ϕ19mm 多功能水枪 2 把,消防泵启动按钮和火灾报警按钮各 1 只),隧道消火栓泵可由消防箱按钮启动、中控室遥控和泵房内手动启闭水泵。主线隧道内设置为环管。

8.7.2 泡沫—水喷雾联用灭火系统

汕头海湾隧道采用专门研制的隧道专用水成膜泡沫喷头,同时配有近、中、远程喷嘴或近、远程喷嘴,其在隧道一侧壁布置,喷头间距根据一个防护区设置喷头数目确定,喷口前压力为 0.35MPa,喷水强度为 6.5L/(min·m^2),一个双喷口喷头有效射程可覆盖隧道标准横断面。泡沫—水喷雾联用灭火系统沿隧道纵向划分若干独立的灭火分区,长度≤20m,每个分区设置独立的泡沫水喷雾控制阀组(内含雨淋阀组、泡沫阀组、比例混合器等),火灾时同时启动着火分区及相邻两个防火分区的三组泡沫水喷雾阀组。

两端消防泵房内分别设 1 套泡沫—水喷雾联用灭火系统专用泵组,内含水喷雾消防专用泵、水喷雾稳压泵、泡沫泵、气压罐、泡沫液储罐等。

8.7.3 隧道电缆通道高压细水雾系统

高压细水雾系统自隧道两端消防泵房内的高压细水雾泵组各引出一根 DN65 管道,在东西线电缆通道环状布置,为电缆通道内区域阀组供水,系统选用高压细水雾开式喷头,喷头间距≤2.5m,流量系数 $K=0.7$,单个喷头流量 ≥ 7L/min,设计水箱容积 $10m^3$,有效容积不小于 $8.4m^3$,系统的水质不应低于现行国家标准《生活饮用水卫生标准》(GB 5749)的规定。隧道盾构段及隧道内变配电房间共设置三个防护区,分别为盾构段西线电缆通道防护区、盾构段东线电缆通道防护区、隧道内变配电设备房间防护区。隧道盾构段约 30m 为一个防护分区,共划分为 102 个防护分区;隧道内变配电防护区将每个房间作为一个防护分区,共划分为 9 个防护分区。火灾时,电缆通道同时启动着火分区及相邻两个防护分区的三组区域阀组,变配电房间仅启动与之对应的区域阀组。

8.7.4 灭火器及地面消防设施

在隧道的一侧,相距 40m 设置灭火器箱一组,在隧道的另一侧,相距 40m 与消火栓共箱设置灭火器一组,两侧灭火器箱与消火栓箱间隔布置;隧道下层的纵向疏散通道相距 25m 设置挂壁式灭火器一组;每组内设 4 具 5kg 装磷酸铵盐的灭火器。在电缆通道内每隔 25m 设置 2 具 5kg 装磷酸铵盐的灭火器。

南、北岸设备管理房设置灭火器箱,在设备电气房间的每个灭火器布置点放置 2 瓶 5kg 磷酸铵盐干粉灭火器。

在隧道主线、洞口及匝道洞口地面附近各设 8 套 DN150 水泵接合器,其中 2 套接消火栓环状管网、6 套接水喷雾环状管网,并在距水泵接合器 15~40m 范围内配合设置对应的室外消火栓。

8.8 火灾报警及联动控制

火灾是隧道最大的威胁。隧道内一旦发生火灾,由于隧道空间小,近似处于密闭状态,不可能自然排烟,因此烟雾比较大,燃烧产生的热量不易散发;火灾可能将隧道照明系统破坏,使洞内能见度降低,给扑救火灾和疏散人员带来困难。如日本大阪隧道火灾温度高达 600℃,将隧道内 1000 多平方米的顶部烧塌落。

8.8.1 系统功能

火灾报警系统用于隧道内发生火灾时,发出紧急信号,迅速通告监控中心,请求灭火、救援等。其具有报警、显示及联动等功能,且为独立系统。

火灾探测系统能无间隙、不间断、全工况地对隧道进行自动监测,实现对管辖范围内火灾的预期报警功能。

1)报警

火灾报警系统接收隧道内的手动和自动报警信号。

2)联动控制及反馈

系统强切进入火灾紧急广播状态。切除有关部位的非消防电源,并接通报警装置及火灾应急照明和疏散标志灯。将隧道内有关部位通风转化为火灾运行模式,直接控制车行横通道,并接受反馈信号。

对发生火灾区域,火灾报警工作站指令图形工作站将相应的摄像机摄取的图像切换至详情监视器并录像。

3)显示

报警点及消防设备状态可在智能火灾报警控制器上显示,同时也可在中文彩色图形终端以及综合模拟显示屏上显示。

8.8.2 系统组成

系统由火灾报警和联动控制主机、光纤测温自动报警主机、中文彩色图像显示终端、感温光纤火灾探测器、图像火灾探测器、手动报警按钮、消火栓报警按钮、点式感烟探测器、点式感温探测、信号线缆、电源线等组成。

火灾报警系统包括火灾自动检测报警系统和手动报警系统。

1)前端设备

手动报警系统前端设备包含手动报警按钮、消火栓报警按钮、报警总线等。隧道内的手动报警按钮、消火栓报警按钮的设置间距均为40m。

火灾自动检测报警系统前端设备包含自动报警检测器、点式感烟探测器、点式感温探测器等设备。

(1)感温光纤

在两侧隧道上方和电缆通道顶端,设置感温光纤,主洞三车道顶部敷设2条感温光纤,匝道顶部敷设1条感温光纤。分别从隧道两端向隧道中部敷设,贯穿整个隧道,感温光纤在防淹门处断开。光纤探测器可随隧道内环境温度的变化而使通过的激光漫反射发生变化,从而感知火灾的发生。

(2)图像探测器

在隧道内每间隔100m设置一套图像火灾探测器(由视频摄像机兼作)。图像火灾探测器可在第一时间发现火灾的发生,并发出报警信号。

(3)感温、感烟探测器

在隧道内的所有管理用房(变电所、跟随所、泵房、盾构井)设置感温、感烟探测器,根据管理用房面积按规范中规定的探测器设置间距在每个变电所、跟随所、盾构井设备房/变电房设置相应数量的感温探测器和感烟探测器,感知各用房内火灾的发生。

在电缆通道顶部敷设1条感温光纤,电缆通道内感温、感烟探测器交错布设,与感温光纤构成两种探测信号,确保消防联动控制的触发和启动。

2)后端处理设备

后端处理设备主要包括火灾报警和联动控制主机、光纤测温自动报警主机和火灾报警计算机等。

火灾报警和联动控制主机、光纤测温自动报警主机设置在隧道两端盾构井设备房和隧道洞内,火灾报警主机和光纤测温自动报警主机相连,同时通过总线方式连接隧道现场火灾报警综合盘和管理用房内电缆通道的感温、感烟探测器,以及手动报警按钮,火灾报警主机通过光端机上联至隧道监控中心的监控大厅火灾报警和联动控制主机(带声光报警器),同时与就近隧道主控可编程逻辑控制器(Programmable Logil Controller,PLC)连接上传隧道管理所形成备用通道。

光纤测温自动报警主机与感温光缆连接,向感温光缆发射激光的同时接收漫反射回来的激光信号,分析激光信息,在发现火灾信息时即时发出报警信号。

隧道监控中心机房设置火灾报警主机与隧道内两个盾构井内的火灾报警主机通过光端机相连,监控大厅设置火灾报警计算机,火灾报警计算机安装火灾报警软件,可以显示相应位置的报警信息,驱动喇叭和声光报警器发出报警。软件需具有开放的通信协议接口,能与其他子系统实现联动。

8.8.3 自动火灾报警探测器的选择

用于隧道火灾事件检测的方法主要有:针对火灾,主要采用基于燃烧产物(温度、红外光)辐射、对流而进行探测报警的方法,例如线型光纤感温火灾探测器、点型红外火焰探测器;针对隧道内的交通事件,主要采用单通道视频图像分析系统。另外,隧道内往往还要设置一套CCTV系统。

1)自动火灾报警探测器的种类

(1)线型光纤感温火灾探测器

线型光纤感温火灾探测器悬挂于隧道顶部,每隔几米就会设置一个感温探点,探点对应主机上的编码,形成物理上的一一对应关系,工作机原理简单,不易出现误报。主机放置在洞外设备间,不易被污染和干扰,任何探测点发生火灾都是直接在主机屏幕上显示出该处的地址编码,探测点的位置准确,定位理论上准确,但隧道内风速大,温漂依然严重。

(2)点型红外火焰探测器

点型红外火焰探测器安装在隧道内侧壁上,根据综合控制盘的设置间距对应设置,安装工作量非常大,探测器放在洞内易被污染和干扰。隧道内每隔一段距离安装一个探头,探头自带地址编码,能对火灾发生位置准确地定位,不受风速的影响,但是它只能捕捉到明火,对阴火或对障碍物阻挡的火焰不发生报警。

(3)图像型火灾探测器

图像型火灾探测器从基本原理来讲类似人眼和人脑的关系,通过对摄像机获取的视频图像进行连续的分析,最终进行决策报警。只要火灾的烟雾和火焰在视频中出现,探测器便开始分析,因此不需要燃烧产物的传播过程,受环境因素的影响较小。

2)工程应用案例

(1)青岛胶州湾海底隧道工程主线隧道为双向六车道,右线全长约7788m,左线全长约7797m,另设置匝道4处,服务隧道1条。在主隧道及匝道内各设置1条光纤光栅感温火灾报警探测器,如图8.8-1所示,探测器安装在隧道顶部中心位置,对隧道进行实时在线的火灾监测。在隧道的管理中心设置1台光纤光栅信号处理主机。光纤光栅感温火灾探测系统采集信号后将信号传至纤光栅信号处理主机。隧道监控中心内设置火灾监控工作站,主要用于加强隧道管理站集中监控隧道火灾的能力。此工作站具有多种监视和连锁控制画面显示功能,可与隧道控制室的计算机联网,实现与其他系统的联锁控制功能。

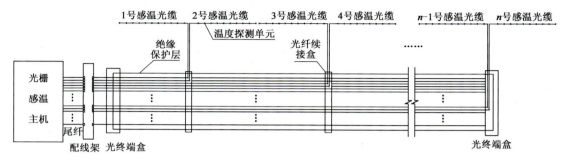

图 8.8-1　胶州湾海底隧道光纤光栅感温火灾探测器布置示意图

在主隧道内和匝道内每隔 100m 设置 1 处彩色定焦摄像机。主隧道与匝道内的每路摄像机兼设视频事件检测功能。发生火灾时,可控制视频监视系统自动显示火灾事故发生的区段,并在大屏对应的区段有发光信号显示。经人工确认可自动启动消防水泵,并按消防预案联锁风机、信号机等。当隧道变电所和风机房发生火灾时,直接联锁排烟风机进行排烟。

(2)南昌红谷隧道全长约 2650m,沉管段长度为 1305m。隧道东、西岸均设置匝道。鉴于红谷隧道为城市水下隧道,高峰期交通量大,火灾风险高,经论证火灾自动报警装置采用感温光纤光栅和图像火灾探测器两种互补型火灾探测装置,使自动报警系统尽可能早且准确地探测到隧道火灾,并联动启动水喷雾系统降温灭火。

隧道设置一套感温光纤光栅火灾自动探测报警系统。在主隧道顶部布设两条光纤光栅探测链路,在匝道顶部布设一条光纤光栅探测链路。光纤光栅传感器的间距不大于 10m,每条链路包括 25 个传感器,每个光纤光栅传感器为独立地址,链路长度约为 250m。光纤光栅探测链路经多芯光缆接入光纤光栅主机,光纤光栅主机对信号进行分析后,输出分区报警信号,光纤光栅主机与火灾报警主机采用通信方式传递分区报警信号信息。为了与消防水喷雾系统实现联动,要求每个光纤光栅传感器为独立地址,报警分区不大于 25m,与消防水喷雾灭火区域和雨淋阀对应。在电缆通道顶部敷设一条光纤光栅探测链路,光纤光栅传感器的间距不大于 10m。报警分区长度为 100m,对电缆通道的火灾进行探测。隧道和电缆通道采用感温光纤光栅后可以利用其探测温度的特性,在非火灾工况下根据隧道探测温度高低控制风机运行,自动控制隧道和电缆通道的温度。

隧道设置一套图像型火灾自动探测报警系统,如图 8.8-2 所示。每一套图像型火灾探测器划分为 2~4 个探测分区,与水喷雾灭火分区一一对应,并通过图像型火灾探测器分区报警盒将探测分区火灾报警信号发送给火灾报警控制器。同时图像型火灾探测器通过光纤交换机连接到监控中心的图像火灾中央监控管理系统,实现同步显示报警。

3)自动火灾报警探测器的种类比较

根据《火灾自动报警系统设计规范》(GB 50116—2013)第 12.1.1 条规定:城市道路隧道、特长双向公路隧道和道路中的水底隧道,应同时采用线型光纤感温火灾探测器和点型红外火焰探测器(或图像型火灾探测器);其他公路隧道应采用线型光纤感温火灾探测器或点型红外火焰探测器。

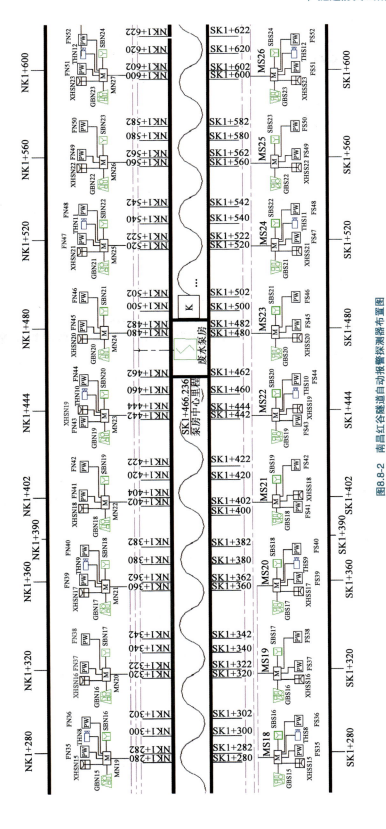

图8.8-2 南昌红谷隧道自动报警探测器布置图

对线型光纤感温火灾探测器、点型红外火焰探测器和图像型火灾探测器三种类型的探测器各项性能进行比较,见表8.8-1。

火灾自动报警探测器的比较　　　　　表8.8-1

功　能	线型光纤感温火灾探测器	点型红外火焰探测器	图像型火灾探测器
系统响应性能	火灾发生后感应到温度变化,可触发报警	检测到火焰立即发出报警	发生火灾时第一时间触发报警
火灾定位能力	受风向影响会造成报警位置的偏移	定位精度在设置间距范围内	定位精度在设置间距范围内
误报与漏报率	漏报率极小	阴火或被光源障碍物遮挡时无法发出报警	漏报率极小
环境的适用性	对环境的适应性较好	探测器容易受环境污染致使灵敏度降低	可以在各种场所使用,耐环境性能较优
使用维护问题	一定年限后可更换光纤	定期对探头进行清洗和维护,可延长其使用寿命	系统使用维护方便,维护时擦拭探头及防护罩即可
与监控系统的整合	是单纯的火灾探测产品,不具备与其他安全监控系统融合的方便性	是单纯的火灾探测产品,不具备与其他安全监控系统融合的方便性	可以同时提供监控图像给后端分析系统进行智能分析,也可与视频监控系统合设

青岛胶州湾海底隧道、青岛滨海公路仰口隧道、南昌红谷隧道等长大隧道中均使用了光纤光栅感温火灾探测器,从使用效果来看,光纤光栅感温火灾探测器在隧道中虽然报警时间不是最早,但没有漏报;南昌红谷隧道设置了图像型火灾探测器作为另一种互补性的火灾自动报警设施,由实践可知,图像型火灾探测器能在第一时间发现火灾的发生,故火灾自动报警系统设计时采用光纤光栅感温火灾探测器+图像型火灾探测器两种探测器相结合的报警方式。

隧道内设置图像型火灾探测器时,需兼顾规范对摄像机设置间距的要求,摄像机的设置间距直线段不宜超过150m。隧道内图像型火灾探测器的设置可为单独系统或由视频监控系统所设置的隧道内摄像机兼作火灾的图像型火灾探测器。从工程安装、视觉效果等多方面考虑,建议图像型火灾探测器由隧道内视频摄像机兼作,并将之与视频事件检测系统合设,统一考虑,这样既可以保证火灾检测的可靠性,又可在造价方面提高监控系统的整体性价比。

8.8.4　火灾系统与消防系统的联动功能

火灾报警系统不仅要能实时地提供报警功能,还必须与监控系统联动,即当发生火灾报警时,监控系统首先要判定是否真的有火灾发生而非误报。

火灾报警发生时,系统应能直接输出报警信号动作火灾报警控制器,主机同时发出声光报警,自动化管理火灾自动报警系统及防救灾设备,同时将报警信息上传至中央计算机系统,可在综合模拟屏上显示,并作为相关系统及消防设备联动的依据。火灾报警的地址信息与相应的风机、广播音区、摄像机、水喷雾灭火喷头等设备对应起来。

1)隧道内火灾报警系统的联动控制

隧道采用光纤光栅感温火灾探测器与图像型火灾探测器两种探测器,二者相结合。当其中任一种探测器报警后,作为预报警信号,需要值班人员经过视频系统确认火灾后,启动泡沫—水喷雾灭火系统;当两种探测器都发出火灾报警信号时,自动确认为火灾信号,系统自动联动启动对应区域的泡沫—水喷雾灭火系统。手动报警按钮也作为预警信号,需要值班人员视频确认;当其中任一种探测器报警后,同时手动报警按钮报警,则可以确认为火灾信号,系统自动联动启动对应区域的泡沫—水喷雾灭火系统。

2）隧道防烟/排烟控制功能

隧道内平时兼火灾工况的射流风机、风机房内的排风风机、平时兼火灾工况的送风风机，正常由建筑设备自动化系统（Building Automation System，BAS）按其运行模式进行监控管理；发生火灾时，火灾自动报警系统（Automatic Fire Alarm System，FAS）接收到火灾信息，强制将兼作平时工况运行的风机转换为消防模式并监视其运行状态。消防专用排烟风机、加压送风机、消防补风风机由 FAS 按相应的火灾运行模式直接联动控制并监视其运行状态。所有火灾工况工作的消防风机，在消防控制中心手动控制盘均可以实现远程手动控制启、停。隧道的火灾通风排烟模式和防排烟系统控制要求主要由通风专业提出控制模式。

3）对隧道交通控制的联动功能

隧道内的交通信号灯、车道灯、可变情报板等设备，正常由隧道监控系统按其运行模式进行监控管理，火灾时转入火灾控制模式按照火灾预案进行控制。隧道入口信号灯亮红灯并设置声光指示报警装置，禁止后续车辆进入隧道；着火车辆下游的车道灯亮绿灯，指示车辆快速驶出隧道，着火车辆上游的车道灯亮红灯，指示车辆上的人员弃车从逃生通道快速逃生；可变情报板给出多种提示警告和引导信息。

4）气体灭火系统监视功能

气体灭火系统自成系统，气体灭火保护区内的所有设备由气体灭火系统控制并实施，FAS 系统与气体灭火系统之间通过模块接口传输信息，内容包括 FAS 主机接收气体灭火控制盘的火灾预警、火灾报警、气体喷放、故障、手动/自动位置等信号。

5）广播和紧急电话系统联动功能

火灾应急广播设备和紧急电话系统共用隧道监控系统的设备。火灾时，广播系统进入应急状态进行紧急广播，指挥人员疏散，进行防灾救援。

6）无线通信系统联动功能

隧道无线通信系统属于共用隧道监控系统的设备。在隧道控制中心共用一个无线通信和无线调频广播系统控制台。正常情况下，调频广播转播广播电台的语音信号；火灾时，将正常广播切换为火灾应急广播，指挥防灾救援。火灾报警系统控制具有优先权，同时为交警、消防队和隧道抢险救援人员提供无线对讲功能。火灾报警系统联动示意如图 8.8-3 所示。

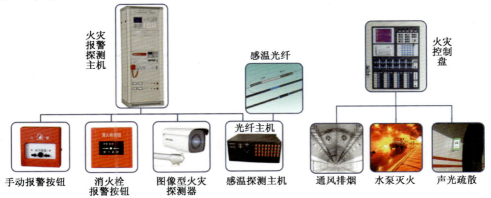

图 8.8-3　火灾报警系统联动示意图

8.9 本章小结

本章总结梳理了国内外既有隧道所采用的各种疏散通道设置方式,进而从疏散时间、防排烟、水消防策略及火灾报警等多角度综合评价分析盾构隧道防灾方案的可行性。

为减少隧道结构安全风险和降低工程造价,经消防减灾专项课题论证,盾构段取消设置横向联络通道,仅在盾构井和明挖段设置横向联络通道。

通过采用重点排烟、泡沫—水喷雾联用灭火系统、加密竖向疏散楼梯口及设置与行车道连通的环形消防救援通道等措施来弥补其带来的影响,该方式也逐步得到了业界专家和学者的认可。

本章参考文献

[1] 黄家成,王东伟,陈涛,等.水下立交型复杂隧道疏散中心有效性研究[J].消防科学与技术,2018(9):1184-1187.
[2] 北京交通大学隧道及地下工程试验研究中心.南京长江隧道疏散通道专题研究[R].北京:2005.
[3] 中铁隧道勘测设计院有限公司.琼州海峡铁路跨海隧道通风、防灾救援研究[R].天津:2016.
[4] 曹文宏,申伟强.超大特长盾构法隧道工程设计[M].北京:中国建筑工业版社,2010.
[5] 同济大学上海防灾救灾研究所.钱江隧道疏散通道设置专题研究报告[R].上海:2011.
[6] 车轮飞.公路隧道通风系统设计工程实录[M].北京:中国建筑工业版社,2015.
[7] 中铁隧道勘测设计院有限公司,公安部四川消防研究所.汕头市苏埃隧道工程消防减灾关键技术研究论证报告[R].汕头:2014.
[8] 汕头市苏埃通道建设投资发展有限公司,中南大学,等.海底单管特长隧道防火关键技术研究[R].汕头:2020.

第 9 章
概算研究

汕头海湾隧道具有地质环境复杂、施工风险高、投资规模大等特点,投资控制研究是保证项目成功的关键,其中超大直径盾构工程是整个工程的投资重点。但是与国内已建的其他大直径盾构隧道不同,汕头海湾隧道设计标准为一级公路,现行的公路工程概算预算编制办法中缺少超大直径盾构相关定额,既有定额中的航道疏浚定额、明挖段定额与海湾隧道实际不完全匹配。鉴于此,通过借鉴相关工程经验、参考相关定额规范和开展超大直径盾构定额专题研究,最终达到了合理确定工程造价、有效控制工程投资的目的。

9.1 编制原则与依据

汕头海湾隧道工程概算编制的框架严格按照《公路工程基本建设项目概算预算编制办法》(JTG B06—2007)及广东省交通厅《关于印发广东省执行交通部<公路基本建设工程概算预算编制办法>补充规定的通知》(粤交基〔2008〕548号)规定执行。公路编制办法中的隧道工程主要针对矿山法隧道,未涉及盾构、明挖等工法。

在定额选用上,严格按照《公路工程概算定额》(JTG/T B06-01—2007)、《公路工程预算定额》(JTG/T B06-02—2007)、《公路工程机械台班费用定额》(JTG/T B06-03—2007)(以下简称"公路定额")执行。公路定额缺少的部分,考虑汕头海湾隧道工程为广东省内公路建设项目,则参考《广东省市政工程综合定额(2010)》(粤建市〔2010〕15号)的消耗量进行补充。针对盾构段土建工程,由于《广东省市政工程综合定额(2010)》(粤建市〔2010〕15号)中已删除了盾构法隧道的相关内容,故除了盾构掘进以外,借用《广东省市政工程综合定额(2006)》(粤建价字〔2005〕148号)中$\phi \leqslant 11000mm$(ϕ为盾构管片结构外径)的盾构定额子目并对消耗量进行换算。而关于盾构掘进,由于《广东省市政工程综合定额(2006)》中不含电的消耗量,不考虑借用,暂借调《全国统一市政工程预算定额》(GYD-304—1999)并对消耗量进行换算。

9.2 项目概算编制重点及难点

1)概算编制重点

汕头海湾隧道工程概算第一部分建筑安装工程费共分为公路和管控中心两部分,占整个概算总额的72.71%。其中公路部分包括临时工程(含临时道路、临时电力线路、临时电信线路、水泥混凝土拌和站、管片预制场、泥水处理系统、临时用水管路、临时围堰等)、路基与路面工程、桥梁改造、互通式立交工程、隧道工程(含隧道土建及机电)、公路设施及预埋管线工程、绿化及环境保护工程,分别占概算总投资的4.68%、0.86%、0.3%、4.45%、61.32%、0.45%、0.21%;管控中心包括管理大楼土建、安装、室外地下水池、泵房、管控中心道路、停车场、绿化、南北岸风塔、主线及匝道洞口遮光棚、收费站等,占概算总额的0.43%。

由此可见,隧道工程在整个投资中占比超过六成,在建筑安装工程费中占比更是高达84.34%。因此隧道工程是概算编制的重中之重。

2）概算编制难点

在概算编制工作启动前，做了大量准备工作。针对汕头海湾隧道建设模式、建设环境的独特性及建设条件的复杂性，结合其施工工法及特点，查阅、分析公路定额后发现存在如下问题：

(1) 隧道工程盾构定额缺少

汕头海湾隧道工程推荐采用明挖加超大直径盾构的工法，由于公路定额中的隧道工程针对的是矿山法隧道，所以目前的公路定额没有录入隧道工程盾构定额子目。

(2) 明挖段定额不匹配或部分缺少

汕头海湾隧道工程明挖段围护结构采用地下连续墙加混凝土支撑、钢支撑的施工工法，大型基坑带支撑开挖、混凝土支撑、钢支撑、连续墙工字钢封口等定额缺少，主体结构定额与项目不匹配，相关的施工监测、水泥搅拌桩加固定额也缺少。

(3) 航道疏浚定额缺少

针对工程中所需要的航道疏浚，公路定额中也没有相关可使用的定额。

除了公路定额中针对以上三大类定额的缺少，市政及铁路定额中也没有 $\phi 11m$ 及以上的超大直径盾构定额子目。当时的市政定额中盾构最大管片结构外径为 11m，而汕头海湾隧道工程海底大盾构的管片结构外径为 14.5m，所以当时没有适用的大直径隧道工程盾构定额。

一个工程概算编制的合理性、准确性建立在选用合适定额的基础之上。由于汕头海湾隧道工程的特殊性及当时工程定额的不完善性，给概算编制带来了一定的困难，而这些难点，又恰恰在工程中占了较大比重。所以如何合理、有效地解决这些问题，是概算编制工作的重点和难点。

9.3 概算编制重点及难点解决方法研究

针对以上重点及难点问题，工程经济专业经过资料收集、实际调研之后，探讨研究并提出了以下解决办法。

1) 大直径隧道工程盾构定额缺失的解决方法

(1) 调研目前已经建成的类似大盾构过江隧道工程，暂按已建成隧道的施工费用按每延长米的指标估列。

(2) 分析目前市政定额中不同直径的盾构定额消耗及消耗量内部增长关系类推出 $\phi 14.5m$ 大直径盾构的定额消耗，根据推算出来的消耗量补充录入公路定额人工、材料、机械库（简称"工料机库"）进而形成补充定额。

(3) 待后续工作推进，确定盾构机具体的生产厂家及型号后，再分析盾构机摊销费用，搜集盾构机掘进及拼装管片的用水用电量以及所需的系列材料用量参数，最后计算出盾构掘进的具体费用。

由于不同的隧道建设环境存在很大差异，显然方法(1)不适合初步设计阶段，而方法(3)在初步设计阶段很难落实完善，方法(2)比较适合超大直径盾构隧道工程在初步设计阶段的概算编制工作。

2)明挖段缺少的定额的解决方法

经过对定额现状的调研,《全国统一市政工程预算定额》(GYD-304—1999)和《广东省市政工程综合定额(2010)》均可满足明挖段缺少的定额的套用。经过对消耗量的对比分析,且考虑《广东省市政工程综合定额(2010)》更具有针对性,最终选定《广东省市政工程综合定额(2010)》对缺少的定额进行补充。

具体方法是参考市政定额的消耗,将其中人工、材料、机械单价替换成公路定额中的人工、材料、机械单价,其中机械台班按台班的组成补充,不变费用(大修理费、经常修理费等)直接参考市政定额;可变费用(电、汽油、柴油)参考市政的消耗,单价按公路工程的信息价执行,取费按公路的编制规定来执行。存在的问题是,这部分工程有一部分定额采用公路定额,另一部分是补充的定额,两者相互穿插很难单独分开计算。

3)航道疏浚及围堰段清除淤泥定额的解决方法

航道疏浚及围堰段清除淤泥目前都按《疏浚工程预算定额》(交水发[1997]246号)计算,解决办法有两种:

(1)完全按疏浚工程预算定额及配套取费计算,然后将算出来的这部分费用汇总计入总概算表,出文件时将这部分单独成册。

(2)套用疏浚工程预算定额的定额消耗,将其中人工、材料、机械单价替换成公路定额中的人工、材料、机械单价,如果公路定额中没有相应的人工、材料、机械单价,则按疏浚工程预算定额中的人工、材料、机械单价进行补充,然后再套用公路编制办法中的取费。

为了保证文件的完整性及取费的统一性,针对以上三类定额缺少问题,最终统一原则,均为借调相关定额消耗量,并将其中人工、材料、机械单价替换成公路中的人工、材料、机械单价,其中机械台班按其组成补充,不变费用(大修理费、经常修理费等)直接参考相关定额,可变费用(电、汽油、柴油)参考相关定额的消耗量,单价采用公路工程的信息价,取费采用公路编制办法中的取费。

9.4 超大直径盾构隧道工程定额专题研究

以上难点中最重要的部分便是超大直径盾构隧道工程定额的缺失。汕头海湾隧道对此问题进行了专题研究。汕头海湾隧道对主体工程中的泥水平衡模式超大直径($14.5m \leqslant \phi \leqslant 15.0m$)隧道的盾构掘进、管片预制、管片短驳、管片拼装、管片嵌缝、临时设施周转摊销等分别进行了研究,并测定、分析、编制超大直径隧道盾构掘进工程定额子目,对确保超大直径盾构隧道工程建设顺利完成,合理编制工程概算、准确确定工程造价,以及完善和丰富国内交通工程案例的计价参考等都具有重要意义。

1)国内超大直径盾构隧道

(1)国内超大直径盾构隧道建设概况

盾构法施工中盾构机的选型决定了施工进度、施工成本。随着城市道路的发展,我国近几年来在上海、南京等地建设了越江的超大直径隧道,隧道管片外径在15m左右,均采用泥水平衡盾构机,为我国建设者掌握超大直径盾构的技术积累了宝贵的经验。

国内超大直径盾构隧道主要建设情况见表9.4-1。

国内超大直径盾构隧道建设概况表（统计时间截至2014年） 表9.4-1

序号	隧道名称	隧道直径(m)	备注
1	上海上中路隧道	14.87	完成
2	上海崇明长江隧道	15.43	完成
3	南京长江隧道	14.5	完成
4	浙江钱江隧道	15	完成
5	扬州瘦西湖隧道	14.5	完成
6	武汉三阳路过江隧道	15.2	在建
7	南京纬三路长江隧道	14.5	在建

注：项目设计时间为2014年，故统计时间截至2014年。

（2）国内超大直径隧道盾构造价研究概况

由于目前我国建设的超大直径盾构隧道项目并不算丰富，因此既有的研究主要集中在对超大直径隧道盾构的施工技术、管理技术等方面，对工程造价方面的研究较少。目前已颁布的全国统一市政定额及各省颁布的市政定额中已有 $\phi 11m$ 的盾构工法相关子目，而 $\phi 15m$ 的盾构工法相关定额子目缺项，超大直径隧道盾构法施工造价方面的资料也相当零散。

2）专题研究目的和内容

（1）专题研究目的

专题将对超大直径盾构隧道工程中的超大直径跨海隧道盾构工程的施工资源消耗（人力、材料、主要机械设备、管理等）及施工工效进行探讨，旨在国家交通运输工程相关定额标准缺项条件下，为超大直径盾构隧道工程变更增/减、可能发生的索赔/反索赔等提供科学、合理、客观的费用核定依据，为工程投资者准确把握工程施工的实际投入、有效控制建设期工程造价、确保将工程建设总投资控制在交通运输主管部门批复的工程概算以内提供支撑依据，同时为国家超大直径盾构隧道工程定额标准的制定积累基础数据，为同类工程造价确定提供参考。

（2）专题研究内容

根据汕头海湾隧道主体工程跨海超大直径盾构隧道工程的工程内容、盾构机类别、地质条件、工程设计、施工组织设计，结合我国交通定额计价的特点，专题从以下方面展开研究：

①跨海超大直径盾构施工工效。

a. 不同地质条件下超大直径盾构机掘进功效分析；

b. 结构耐久性费用分析。

②跨海超大直径盾构隧道基础定额。

a. 海底混凝土配合比；

b. 大型专用设备台班费用；

c. 临时辅助设施的周转和摊销。

③超大直径盾构隧道工程定额。

a. 盾构吊装（$\phi \leqslant 15000mm$）；

b. 盾构拆卸（$\phi \leqslant 15000mm$）；

c. 台车安装、拆除；

d. $\phi \leqslant 15000$mm 刀盘式泥水平衡盾构掘进(针对不同地质条件);
e. 预制钢筋混凝土管片($\phi \leqslant 15000$mm);
f. 预制管片成环水平拼装($\phi \leqslant 15000$mm);
g. 管片短驳运输($\phi \leqslant 15000$mm);
h. 管片设置密封条($\phi \leqslant 15000$mm);
i. 管片嵌缝($\phi \leqslant 15000$mm);
j. 负环管片拆除($\phi \leqslant 15000$mm);
k. 隧道内管线拆除($\phi \leqslant 15000$mm)。

3) 专题研究特点、难点及技术路线

(1) 专题研究特点

①地质情况复杂。地层包括软土、砂土、孤石、基岩等。研究各类地质条件下盾构掘进的功效及费用成本。

②研究周期长。超大直径盾构定额专题研究拟进行的施工现场观测贯穿工程施工的始终,研究周期长。

③以跨海超大直径盾构隧道工程为依托。除管片在预制场施工外,其他绝大部分工程均在海底或海水环境中完成,现场观测工作量很大。

(2) 专题研究难点

超大直径盾构定额专题研究的难点在于确保获得真实、全面、准确、具有代表性的现场原始数据。

定额编制是一项以统计、调查为主,并以统计、调查对象为样本进行分析的专业性工作,定额编制成果最终是否科学、适用,很大程度受制于统计和调查样本的质量。由于汕头海湾隧道工程复杂、实施难度大,施工现场点多、面广,需采集的数据量庞大,现场直接观测非常困难,如果现场观测布点不合理,观测人员到位不及时,采集的样本不真实、不完整、不具有典型性和代表性,或者参与各方不能很好地协调配合,都会严重影响定额编制的质量。因此,在指导性的工作大纲的基础上制订详细的工作实施方案是非常必要的。

只有参与的各方通力协作,在确保采集高质量样本的同时,辅之以将定期验收的样本入库,不断调整完善实施方案等有力措施,才能确保这一专题研究顺利完成。

(3) 技术路线

根据交通运输部现行交通定额的编制原则、编制方法,结合超大直径盾构隧道工程的特点,制定适合超大直径盾构隧道主体工程的专题研究技术路线,使之成为一个符合现行标准的可独立应用的计价库。定额编制以研究成果(含编制报告)的形成为主线,即现场观测和现场基础资料采集直至定额成果形成的"有形"工作为主,同时辅之以外部调研、图纸和施工组织等收集以及外部专家支持、评审等。

4) 专题研究成果

(1) 超大直径盾构概算定额子目编制分析

①盾构掘进定额编制原则。

a. 盾构掘进定额子目:暂借调《全国统一市政工程预算定额》(GYD-304—1999)并对其消耗量进行换算。

b. 主要换算原则：人工、机械消耗量按盾构机尺寸 $\phi15m$ 与 $\phi11m$ 的最大推力比系数换算；材料消耗量除"电"以外按 $\phi15m$ 与 $\phi11m$ 盾构机的面积比系数换算；"电"消耗量按 $\phi15m$ 与 $\phi11m$ 盾构机的功率比系数换算。

根据调研，相关数据采用海瑞克盾构机技术参数，则：

最大推力比系数 = 228004/123854 = 1.84

面积比系数 = $15^2/11^2$ = 1.86

功率比系数 = 8700/5137 = 1.69

c. 盾构机台班单价组成：因已单独计列了盾构机摊销费，折旧费调整为0；大修理费及经常修理费按 $\phi15m$ 与 $\phi11m$ 盾构机的购置费比例系数调整。

② 盾构机摊销比例方案及掘进定额子目编制分析。

在常规的盾构掘进中，盾构机的摊销费往往不独立计算，而是通过折旧费、大修费、经常修理费组成的盾构机台班单价来体现，而盾构机掘进所需的人工和电、水的消耗则在定额子目中考虑。当盾构机的掘进遇到不同地质情况时，对人工、机械、材料等的消耗量也是不同的，对盾构机的寿命也有很大的影响。

以《广东省市政工程综合定额(2010)》中 D.7.9 盾构掘进补充章节为例，考虑到广东省地质条件复杂的特点，适用于盾构掘进施工时其地面上沉降达到中等程度(如盾构在砖砌建筑物下穿时允许发生的结构裂缝)的软土、软岩、砂岩、砂性土等地质，并综合考虑了盾构正掘面含砂性土的不同比例，地质条件不适应时应按章节相关要求调整。盾构机通过复杂地质地层，如岩芯单轴饱和抗压强度≥80MPa 或≥60MPa 的硬岩地层、有球状风化体的花岗岩地层、溶洞地层等，执行定额时应根据地质报告、地质补勘资料、详细地质报告等地质资料做相应调整。

最新发布的《广东省城市轨道交通工程综合定额(2018)》(粤建市〔2018〕62号)中，对盾构掘进系数有相应的调整要求，盾构掘进地层符合表 9.4-2 要求时按表中系数调整相应定额的人工、机械、材料消耗量等。

盾构掘进系数调整表　　　　表 9.4-2

地质类型	强度、断面、长度要求	调整系数和说明
硬岩	(1)掘进断面、强度要求：掘进断面中存在单轴饱和抗压强度≥120MPa 部分，且其占掘进断面的比例≥50%。 (2)长度要求：符合以上掘进断面、强度要求的连续长度≥30m	应根据地质实际情况、施工方案等另行计算，建议人工和机械的调整系数≥1.7，不构成实体的损耗性材料调整系数≥2.4
	(1)掘进断面、强度要求：掘进断面中存在单轴饱和抗压强度≥100MPa 部分，且其占掘进断面的比例≥50%。 (2)长度要求：符合以上掘进断面、强度要求的连续长度≥30m	人工和机械的调整系数≥1.4，不构成实体的损耗性材料调整系数≥1.9
	(1)掘进断面、强度要求：掘进断面中存在单轴饱和抗压强度≥100MPa 部分，且其占掘进断面的比例≥50%。 (2)长度要求：符合以上掘进断面、强度要求的连续长度≥30m	人工和机械的调整系数≥1.25，不构成实体的损耗性材料调整系数≥1.5

续上表

地质类型	强度、断面、长度要求	调整系数和说明
软硬不均、上软下硬	(1)统一掘进断面强度、断面要求:有单轴饱和抗压强度≥60MPa硬岩面,且硬岩面占掘进断面的比例≥25%;单轴饱和抗压强度≤20MPa的软土(岩)面,且软土(岩)面占掘进断面的比例≥25%。(2)长度要求:符合以上掘进断面、强度要求的连续长度≥30m	人工和机械的调整系数为1.4,不构成实体的损耗性材料调整系数为2.0;再增加4500元/延长米的带压开仓费,计入措施其他项目
孤石	盾构机直接掘进孤石影响段	人工和机械的调整系数为1.25,不构成实体的损耗性材料调整系数为1.5
孤石	先采用其他措施处理,如爆破解小孤石等,再盾构掘进通过影响段	人工和机械的调整系数为1.1,不构成实体的损耗性材料调整系数为1.25,其他措施费用另计
溶洞	先采取填充等措施,再盾构掘进通过溶洞影响段	人工和机械的调整系数为1.1,不构成实体的损耗性材料调整系数为1.25,其他措施费用另计

  汕头海湾隧道工程盾构机选型确定后,在初步设计概算编制中,盾构机考虑为新购,经调研市场同类工程的盾构机设备购置费高达3亿~4亿元,如何确定盾构机摊销费,对工程造价和技术经济指标有很大影响。

  在超大直径盾构机费用的摊销过程中,摊销比例与设备性能、使用情况、掘进长度有关,其主要影响因素是掘进长度,但是盾构机摊销费往往与推进长度并不完全按比例同步增减。超大直径盾构机这种特殊机械在计算摊销费用时应采用加速折旧的方法,或者根据常规掘进长度,采用插入法计算。

  汕头海湾隧道工程盾构机购置费在初步设计概算中按4亿元考虑,盾构机摊销费的两种计算方法如下:

第一种:盾构机折旧率按双倍余额递减法计算(按8km考虑盾构机寿命)。

双倍直线折旧率:$2/8=0.25$;

第1km折旧:$40000 \times 0.25 = 10000$(万元);

第2km折旧:$(40000-10000) \times 0.25 = 7500$(万元);

第3km折旧:$(40000-10000-7500) \times 0.25 = 5625$(万元);

第3~3.0475km折旧:$(40000-10000-7500-5625) \times 0.25 \times 47.5/1000 = 200$(万元);

则每台盾构机总折旧费:$10000+7500+5625+200=23325$(万元);

汕头海湾隧道工程每台盾构机摊销比例 $=23325/40000=58\%$。

第二种:2km以内按50%摊销,8km以外按100%摊销,2~8km按插入法计算摊销比例。

汕头海湾隧道工程每台盾构机摊销比例 $=50\%+[(3.0475-2)/(8-2)] \times 50\%=59\%$;

则每台盾构机折旧费:$40000 \times 59\% = 23600$(万元)。

为了验证以上两种计算方法的可靠性,对既有工程盾构机摊销进行了调研,调研结果如下:

a.上海军工路隧道。掘进长度为2991m,初步设计评审摊销费用为2.2亿元。

b. 长沙市南湖路湘江隧道。该项目采用 $\phi11.65m$ 的泥水平衡盾构机进行掘进,初步设计概算中盾构机费用按1.4亿/台考虑,泥浆处理系统按0.2亿/套考虑,经与建设单位协商,该项目按1台盾构机及1套泥浆处理系统计列,考虑到盾构机在施工过程中的各种损耗,以及项目完成后机械的剩余价值,该项目的盾构机及泥浆处理系统的设备摊销费按0.83亿计列(约占购置费的50%,在盾构掘进的概算指标中予以考虑)。

c. 南京地铁3号线浦珠路站—滨江路站区间隧道。浦珠路站—滨江路站区间为 $\phi11m$ 大直径盾构隧道区间,定额套用江苏省建设厅颁发的《江苏省市政工程计价表》(苏建定〔2003〕371号),在删减盾构机折旧费的基础上另计摊销费2.5万/延长米。

d. 广深港高铁狮子洋隧道。该隧道位于广州市南沙区庆盛站和东莞市虎门站之间,其盾构段采用4台 $\phi11.182m$ 的复合式泥水平衡盾构机掘进,在国内首次开发盾构地中对接技术,单台盾构最大掘进长度为5200m,4台盾构机在洞内解体。由于地质条件差,软硬不均地层段较多,对盾构机损伤极大,在施工图预算中,盾构机只考虑了5%的残值,盾构机摊销按80%计列。后经调研,该项目弃壳后重组大修费用高达上亿元,实际摊销比例高达95%。

e. 佛莞城际铁路狮子洋隧道。采用一台 $\phi13.61m$ 的泥水平衡盾构机施工,其中盾构段长4900m。本条隧道最大埋深达64m,最大水深17m,穿越软硬不均和硬岩破碎带较长,为了适应这种地质以便高效完成掘进,盾构机进行了特殊设计,适用性不够广泛,因而在施工图预算中盾构机摊销比例按80%考虑。

结合各工程实例,通过对比以上两种方法的计算结果,汕头海湾隧道工程暂按第二种方案计列盾构机摊销费。

在定额子目中,关于刀盘式水力出土泥水平衡盾构掘进机台班,其台班数按最大推力比值计算,而组成机械台班的大修理费和经常修理费按盾构机原值比例计算,因已单独计列盾构机摊销费,折旧费则按0考虑。

子目分析见表9.4-3~表9.4-6。

刀盘式泥水平衡盾构掘进　负环段掘进(m)　　　表9.4-3

编号	费用名称	单位	数量 $\phi \leqslant 15000mm$
(一)人工			
000001	人工	工日	283.42
(二)材料			
1021001	轻轨	kg	48.47
1026015	走道板	kg	107.92
3003006	钢轨枕	kg	50.76
17008002	锭子油	kg	187.88
18012001	电焊条	kg	11.36
22019004	管片连接螺栓	kg	406.15
24003011	钢管 $\phi80mm$	kg	29.50

续上表

编号	费用名称		单位	数量 φ≤15000mm
24003014	钢管	φ200mm	kg	117.37
26011001	风管		kg	47.97
37039005	金属支架		kg	66.44
38021001	钢支撑		kg	560.34
38041009	钢管栏杆		kg	41.24
FY000045	其他材料费		元	135.95
WZC001869	混凝土		m³	1.23
	电		kW·h	6398.85
	(三)机械			
99903022	履带式起重机	提升质量[50](t)	台班	5.78
99908006	电动单级离心清水泵	出口管径[200](mm)	台班	5.91
99908010	电动多级离心清水泵	出口管径150mm[扬程180m内]	台班	5.91
99909003	交流电焊机	容量[30](kVA)	台班	12.70
99910005	电动空气压缩机	排气量[6](m³/min)	台班	5.56
99912094	轴流风机	功率[100](kW)	台班	4.93
99911013	刀盘式水力出土泥水平衡盾构掘进机	管径[15000](mm)	台班	2.89

刀盘式泥水平衡盾构掘进　出洞段掘进(m)　　　　　　表9.4-4

编号	费用名称		单位	数量 φ≤15000mm
	(一)人工			
000001	人工		工日	128.93
	(二)材料			
1021001	轻轨		kg	48.47
1026015	走道板		kg	107.92
3003006	钢轨枕		kg	50.76
17008002	锭子油		kg	170.51
17023001	油脂		kg	91.01
22019004	管片连接螺栓		kg	812.30
24003011	钢管	φ80mm	kg	29.50
24003014	钢管	φ200mm	kg	117.37
26011001	风管		kg	47.97
37039005	金属支架		kg	66.44
38041009	钢管栏杆		kg	41.24
FY000045	其他材料费		元	136.67

续上表

编　号	费　用　名　称		单位	数量
				φ≤15000mm
	电		kW·h	5811.49
（三）机械				
99903040	门式起重机	提升质量[10]（t）	台班	4.20
99904041	轨道平车	装载质量[5]（t）	台班	8.76
99908006	电动单级离心清水泵	出口管径[200]（mm）	台班	9.31
99908010	电动多级离心清水泵	出口管径150（mm）[扬程180m内]	台班	9.31
99909003	交流电焊机	容量[30]（kVA）	台班	5.00
99912054	硅整流充电机	90A/190V	台班	3.94
99912094	轴流风机	功率[100]（kW）	台班	3.88
99912011	电瓶车	牵引质量[8]（t）	台班	4.38
99911013	刀盘式水力出土泥水平衡盾构掘进机	管径[15000]（mm）	台班	4.54

刀盘式泥水平衡盾构掘进　正常段掘进（m）　　　　表9.4-5

编　号	费　用　名　称		单位	数量
				φ≤15000mm
（一）人工				
000001	人工		工日	53.43
（二）材料				
1021001	轻轨		kg	48.47
1026015	走道板		kg	107.92
3003006	钢轨枕		kg	50.76
17008002	锭子油		kg	69.92
17023001	油脂		kg	91.01
22019004	管片连接螺栓		kg	812.30
24003011	钢管	φ80mm	kg	29.50
24003014	钢管	φ200mm	kg	117.37
26011001	风管		kg	47.97
37039005	金属支架		kg	66.44
38041009	钢管栏杆		kg	41.24
FY000045	其他材料费		元	112.12
	电		kW·h	2381.38
（三）机械				
99903040	门式起重机	提升质量[10]（t）	台班	1.73
99904041	轨道平车	装载质量[5]（t）	台班	3.59

续上表

编 号	费 用 名 称		单 位	数量 φ≤15000mm
99908006	电动单级离心清水泵	出口管径[200](mm)	台班	3.83
99908010	电动多级离心清水泵	出口管径150(mm) [扬程180m内]	台班	3.83
99909003	交流电焊机	容量[30](kV·A)	台班	2.06
99912054	硅整流充电机	90A/190V	台班	1.62
99912094	轴流风机	功率[100](kW)	台班	1.60
99912008	电瓶车	牵引质量[2.5](t)	台班	
99912011	电瓶车	牵引质量[8](t)	台班	1.80
99911013	刀盘式水力出土泥水平衡盾构掘进机	管径[15000](mm)	台班	1.88

刀盘式泥水平衡盾构掘进　进洞段掘进(m)　　　　　　表9.4-6

编 号	费 用 名 称		单 位	数量 φ≤15000mm
	(一)人工			
000001	人工		工日	99.64
	(二)材料			
1021001	轻轨		kg	48.47
1026015	走道板		kg	107.92
3003006	钢轨枕		kg	50.76
17008002	锭子油		kg	131.45
17023001	油脂		kg	91.01
22019004	管片连接螺栓		kg	812.30
24003011	钢管	φ80mm	kg	29.50
24003014	钢管	φ200mm	kg	117.37
26011001	风管		kg	47.97
37039005	金属支架		kg	66.44
38041009	钢管栏杆		kg	41.24

续上表

编号	费用名称		单位	数量 φ≤15000mm
FY000045	其他材料费		元	127.15
	电		kW·h	4480.61
	(三)机械			
99903040	门式起重机	提升质量[10](t)	台班	3.24
99904041	轨道平车	装载质量[5](t)	台班	6.75
99908006	电动单级离心清水泵	出口管径[200](mm)	台班	7.18
99908010	电动多级离心清水泵	出口管径150(mm)[扬程180m内]	台班	7.18
99909003	交流电焊机	容量[30](kVA)	台班	3.86
99912054	硅整流充电机	90A/190V	台班	3.04
99912094	轴流风机	功率[100](kW)	台班	3.00
99912011	电瓶车	牵引质量[8](t)	台班	3.39
99911013	刀盘式水力出土泥水平衡盾构掘进机	管径[15000](mm)	台班	3.51

③管片预制及拼装定额子目编制分析。

除了盾构掘进以外，其余盾构相关定额借用《广东省市政工程综合定额》(粤建价字[2005]148号)中 φ≤11m 的盾构定额子目并对消耗量进行换算。

管片预制：预制钢筋混凝土管片以 m^3 为单位计价，φ15m 以内管片预制暂借用 φ11m 的管片预制定额，不再进行换算。

预制管片成环水平拼装换算原则：人工、材料、机械按 φ15m 与 φ11m 盾构机的周长比系数进行换算。

子目分析见表9.4-7。

预制管片成环水平拼装(组)　　　　表9.4-7

编号	费用名称		单位	数量 φ≤15000mm
	(一)人工			
000001	人工		工日	68.53
	(二)材料			
37039011	钢制台座		kg	393.04
FY000045	其他材料费		元	47.40
	(三)机械			
99903016	履带式起重机	提升质量[10](t)	台班	3.28
99903040	门式起重机	提升质量[10](t)	台班	6.57
99904006	载货汽车	装载质量[6](t)	台班	3.28

④其他定额子目编制分析。

管片设置密封条(氯丁橡胶条)换算原则：人工、材料、机械按 φ15m 与 φ11m 盾构机的周长比系数进行换算。按照设计方案,密封条采用三元乙丙橡胶垫、遇水膨胀橡胶垫、海绵橡胶条,将定额中氯丁橡胶条进行替换,三元乙丙橡胶垫、遇水膨胀橡胶垫消耗量根据设计分别按照每环130m、125m、131m 计列。

管片嵌缝换算原则:人工、材料、机械按 $\phi 15m$ 与 $\phi 11m$ 盾构机的周长比系数进行换算。

周长比系数 = 15/11 = 1.36。

子目分析见表9.4-8、表9.4-9。

管片设置密封条(氯丁橡胶条)(环)　　　　　　　　　　　　表9.4-8

编号	费用名称	单位	数量
			$\phi \leqslant 15000mm$
(一)人工			
000001	人工	工日	9.72
(二)材料			
14005004	氯丁橡胶条	kg	141.06
14043004	聚氨酯泡沫塑料	kg	1.26
16086003	丁醛自粘腻子	kg	7.82
17084012	氯丁粘接剂	kg	7.82
17241032	胶粉油毡衬垫	kg	12.17
FY000045	其他材料费	元	112.89
(三)机械			
99903039	门式起重机 提升质量[5](t)	台班	1.12
99912101	组合烘箱	台班	0.92

管片嵌缝管片(环)　　　　　　　　　　　　表9.4-9

编号	费用名称	单位	数量
			$\phi \leqslant 15000mm$
(一)人工			
000001	人工	工日	18.89
(二)材料			
17237002	环氧聚氨酯嵌缝膏	kg	60.41
38041014	钢平台	kg	18.47
FY000045	其他材料费	元	110.06
(三)机械			
99903039	门式起重机 提升质量[5](t)	台班	0.18
99912008	电瓶车 牵引质量[2.5](t)	台班	0.18
99912033	电动灌浆机	台班	3.47

(2)水下硬岩段处理定额子目编制分析

①水下软土钻孔及入岩增加费(孔径110mm)定额子目换算原则:根据《关于发布调整锚杆土钉子目的通知》(深建价〔2011〕50号),借用该定额进行换算,将其中关于注浆的消耗调

整为0,增加船机消耗,根据调研,考虑每艘船配置6台钻孔机。

子目分析见表9.4-10、表9.4-11。

软土钻孔(孔径110mm)(100m)　　　　　　　　　　　　　　　表9.4-10

编号	费用名称		单位	数量
	(一)人工			
1	人工		工日	18.44
	(二)材料			
231	电焊条		kg	12.00
996	其他材料费		元	352.68
	(三)机械			
220003	交流电焊机	30kVA	台班	0.72
220045	锚杆钻孔机	DHR80A 大型	台班	0.72
220046	内燃单级离心清水泵	出口直径为50mm,为小型水泵	台班	1.76
997	其他机械费		元	610.98
1852	88kW以内内燃拖轮		艘班	0.12
1874	100t以内工程驳船		艘班	0.12

注:100m为定额单位,表示每100m钻孔需要的人、材料、机械消耗量,下同。

钻孔入岩增加费(孔径110mm)(100m)　　　　　　　　　　　　表9.4-11

编号	费用名称		单位	数量
	(一)人工			
1	人工		工日	70.74
	(二)材料			
996	其他材料费		元	564.03
	(三)机械			
220045	锚杆钻孔机	DHR80A 大型	台班	4.80
1852	88kW以内内燃拖轮		艘班	0.80
1874	100t以内工程驳船		艘班	0.80

②水下钻孔注浆定额换算原则:借用《广东省市政工程综合定额(2010)》中"水泥砂浆预留孔注浆""水泥浆预留孔注浆""水泥浆钻孔注浆"定额,并相应增加船机消耗。根据调研,考虑每艘船配置2台灌浆机。

子目分析见表9.4-12～表9.4-14。

水泥砂浆水下预留孔注浆(m³)　　　　　　　　　　　　　　　表9.4-12

编号	费用名称	单位	数量
	(一)人工		
1	人工	工日	0.932
	(二)材料		
9113	1∶2.5水泥砂浆	m³	1.020

续上表

编号	费用名称	单位	数量
100005	杂板枋材	m³	0.010
996	其他材料费	元	0.130
	（三）机械		
1291	电动灌浆机	台班	0.141
1409	1.5t 以内机动翻斗车	台班	0.146
1516	50kN 以内双筒慢动电动卷扬机	台班	0.015
1852	88kW 以内内燃拖轮	艘班	0.071
1874	100t 以内工程驳船	艘班	0.071

水泥浆水下预留孔注浆（m³）　　　　　　　　　　表9.4-13

编号	费用名称	单位	数量
	（一）人工		
1	人工	工日	1.238
	（二）材料		
833	42.5 级水泥	t	0.765
866	水	m³	0.950
100005	杂板枋材	m³	0.008
996	其他材料费	元	2.840
	（三）机械		
1281	400L 以内灰浆搅拌机	台班	0.140
1291	电动灌浆机	台班	0.140
1409	1.5t 以内机动翻斗车	台班	0.146
1516	50kN 以内双筒慢动电动卷扬机	台班	0.014
1852	88kW 以内内燃拖轮	艘班	0.070
1874	100t 以内工程驳船	艘班	0.070

水泥浆水下钻孔注浆（m³）　　　　　　　　　　表9.4-14

编号	费用名称	单位	数量
	（一）人工		
1	人工	工日	1.815
	（二）材料		
833	42.5 级水泥	t	0.765
866	水	m³	1.000
100005	杂板枋材	m³	0.008
213	φ50mm 以内合金钻头	个	0.050
996	其他材料费	元	2.840

续上表

编号	费用名称	单位	数量
	(三)机械		
1102	风动气腿式凿岩机	台班	0.140
1281	400L 以内灰浆搅拌机	台班	0.140
1291	电动灌浆机	台班	0.140
1409	1.5t 以内机动翻斗车	台班	0.146
1516	50kN 以内双筒慢动电动卷扬机	台班	0.014
100100	电动空气压缩机排气量 10(m³/min)	台班	0.039
1852	88kW 以内内燃拖轮	艘班	0.070
1874	100t 以内工程驳船	艘班	0.070

③水下三轴搅拌桩定额换算原则:借用《广东省市政工程综合定额(2010)》中"水下三轴搅拌水泥桩(水泥掺量18%)""水下三轴搅拌水泥桩(空桩)"定额,并相应增加船机消耗。根据调研,考虑每艘船配置2台三轴搅拌桩机。

子目分析见表9.4-15、表9.4-16。

水下三轴搅拌水泥桩(水泥掺量18%)(10m³)　　　表9.4-15

编号	费用名称	单位	数量
	(一)人工		
1	人工	工日	3.500
	(二)材料		
832	32.5 级水泥	t	3.240
866	水	m³	5.740
996	其他材料费	元	49.640
	(三)机械		
1280	200L 以内灰浆搅拌机	台班	0.480
220005	电动空气压缩机	台班	0.350
220023	三轴搅拌桩机	台班	0.230
997	其他机械费	元	53.290
1852	88kW 以内内燃拖轮	艘班	0.115
1874	100t 以内工程驳船	艘班	0.115

水下三轴搅拌水泥桩(空桩)(10m³)　　　表9.4-16

编号	费用名称	单位	数量
	(一)人工		
1	人工	工日	3.100
	(二)材料		
996	其他材料费	元	15.000

续上表

编号	费用名称	单位	数量
	(三)机械		
220005	电动空气压缩机	台班	0.260
220023	三轴搅拌桩机	台班	0.190
997	其他机械费	元	38.070
1852	88kW以内内燃拖轮	艘班	0.095
1874	100t以内工程驳船	艘班	0.095

9.5 本章小结

一个超级工程从立项到最终建成往往要历经数年，在整个建设过程中，必须进行多方案比较和技术经济分析论证，在满足国家现行的相关技术政策、技术标准、施工及验收规范、工程质量检验评定标准及操作规程的前提下，选择最优方案，保证施工安全，提高工程质量和经济效益。而这其中，工程造价往往是人们关心的焦点。工程造价是项目决策的依据，而合理准确地编制好设计概算，能确定一系列技术经济指标，进而进行经济比较，分析设计方案，避免设计上的不合理和浪费现象。

本着这一原则，针对超大直径盾构隧道工程存在缺少超大直径盾构与航道疏浚定额子目，以及明挖段定额子目不匹配或部分缺少等问题，经过上述研究过程，形成专题并顺利通过专家评审，为超大直径盾构隧道工程概算的编制提供了扎实的基础。

本章参考文献

[1] 广东省建设工程标准定额站，广州地铁集团有限公司.《广东省城市轨道交通工程综合定额 第三册 隧道工程》(2018)[M].广东：广东省住房和城乡建设厅，2018.
[2] 朱振宇.大型盾构费用构成及分摊研究[J].地下工程与隧道，2014(2)：38-40.
[3] 石刘.地铁盾构区间过硬岩段造价分析[J].隧道建设，2014(2)：124-128.
[4] 苑泽斌.对不同断面下高速公路隧道造价及影响因素分析[J].工程管理前沿，2020(6)：32.
[5] 苑泽斌.公路隧道工程造价指标分析与探讨[J].城市建设，2021(1)：111.
[6] 蒋洪军.各城市地铁盾构造价编制及定额浅析[J].隧道建设，2007，27(6)：105-107.

RESEARCH ON SURVEY,
DESIGN AND KEY TECHNOLOGIES OF SUPER LARGE DIAMETER
SHANTOU BAY TUNNEL
IN HIGH INTENSITY AREA

高烈度区超大直径汕头海湾隧道工程勘察设计研究及关键技术

工程建设实录

汕头海湾隧道工程规模大、边界条件极为复杂、技术难度大。前期研究过程中方案多次进行较大整改,建设过程中先后召开了初步勘察(以下简称"初勘")启动、围堰施工、主体施工三次大规模的开工仪式。工程整体将于2022年9月竣工,从前期研究到建设完成历时15年。

2007年开展项目建议书编制及工程可行性研究工作,2011年5月取得项目建议书批复文件,2012年5月22日取得工程可行性研究报告的批复。工程可行性研究推荐采用三管盾构法隧道方案,工程总投资36.95亿元。

2011年9月

鉴于海域地质条件的复杂，受汕头市濠江区政府委托，中铁隧道勘测设计院有限公司开始进行项目初测外业和地质详细勘察工作，采用物探＋钻探的组合勘察方式，有效探明了海域范围内岩土分界面的位置(图1、图2)。

图1　勘测合同签约仪式

图2　海中物探勘察

2011年10月22日

中信滨海新城暨汕头海湾隧道工程建设工作正式启动(图3)，汕头海湾隧道建设正式纳入中信滨海新城整体建设体系。

图3　中信滨海新城暨汕头海湾隧道工程启动仪式

2014 年 1 月

中铁隧道勘测设计院有限公司中标汕头海湾隧道的初步设计、技术设计、初测、补勘、详细勘察定测及专题研究工作，正式启动隧道初步设计各项工作(图4)。

图4 初勘现场踏勘

2014 年 3 月

完成海湾隧道专项交通规划报告及专家评审，研究确定隧道建设规模为双向六车道，目前的潮汐式交通是暂时现象，三管盾构隧道方案不符合远期交通流情况。

2014 年 7 月

完成海湾隧道工程方案设计及交通主管部门主持的审查。

2014 年 7 月

汕头市政府召开了"关于汕头海湾隧道建设"的专题会议，说明项目建设的相关事项。

2014年7月20日

《汕头市海湾隧道工程海潮、台风等自然灾害影响及应对措施专题研究》通过专家审查(图5)。

图5 项目自然灾害影响及应对措施专题专家审查会

2014年7月26日—27日

《汕头海湾隧道工程水文测验及水文计算分析报告》《汕头海湾隧道工程河床演变分析及冲刷研究报告》通过专家审查(图6),为隧道埋深确定提供设计依据。

图6 项目水文分析及河床演变、冲刷研究报告专家审查会

2014年8月

项目完成了海湾隧道工程初测、初勘验收报告,并通过了交通主管部门主持的审查(图7)。

图7　初测、初勘外业验收会现场

2014年9月1日

《苏埃海湾隧道工程交通安全性评价》在广州市通过了专家评审(图8),报告对隧道洞口接线段行车安全性、出口与主线收费站间距的安全性及南滨南路立交与虎头山隧道间距的安全性等方面进行了主要危险因素辨识,分析合理,结论正确,为稳定两岸接线奠定了基础。

图8　项目交通安全性评价专题专家评审会

2014 年 9 月 21 日

《汕头海湾隧道工程隧道消防减灾技术研究专题研究成果》在广州通过了专家评审（图 9），会议明确了隧道火灾规模以及海域段不设置联络通道的疏散救援方案。

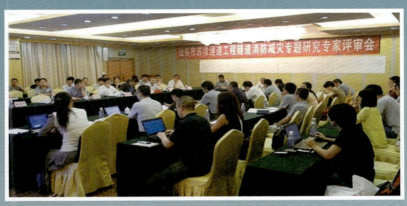

图 9　隧道消防减灾技术研究成果评审会

2014 年 9 月 21 日

《汕头海湾隧道工程海底大直径盾构隧道抗震性能专题》通过了专家审查（图 10、图 11），理清了海湾隧道主体隧道结构在大、中、小震作用下的地震响应性态，分析了砂土液化、软土震陷等情况对隧道结构的影响，提出了在花岗岩段与中粗砂、花岗岩段与淤泥土段交界处等地层突变处的结构抗减震措施，研究首次提出设置消能减震节点的理念。

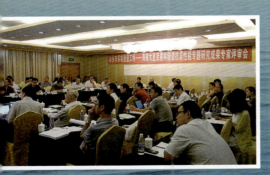

图 10　隧道抗震性能专题专家评审会

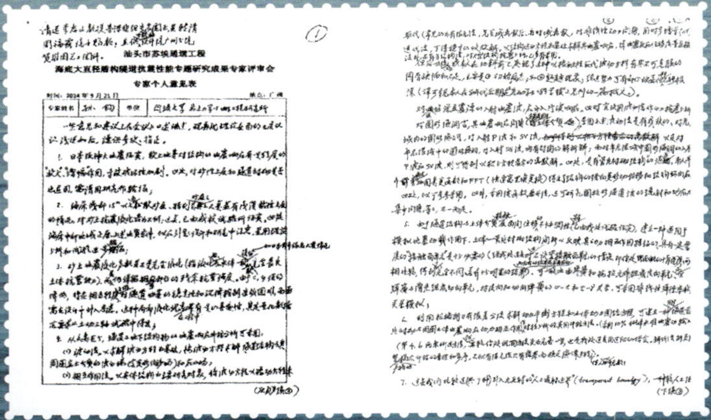

汕头市苏埃通道工程

海底大直径盾构隧道抗震性能专题研究成果专家评审会

专家个人意见表

图 11　孙钧院士关于海底大直径盾构法隧道抗震性能研究专家意见

2014年9月23日

针对当前公路工程大直径盾构概算定额缺项无计价依据现状,为合理确定汕头海湾隧道工程造价,业主单位组织召开大直径盾构隧道概算补充定额研讨会(图12)。

图12 大直径盾构概算补充定额研讨会

2014年9月28日—29日

《苏埃海湾隧道工程通航安全影响论证报告》在汕头市通过了专家评审(图13),会议明确了隧道埋置高程及埋设长度要求,进而确定了隧道纵断面设计。

图13 项目通航安全影响论证专题专家评审会

2014 年 10 月 10 日

《汕头海湾隧道工程结构耐久性及抗渗性能专题》研究成果通过了专家评审（图 14），初步提出了隧道结构耐久性和抗渗性能设计，并为施工阶段落实耐久性措施提供参考。

图 14　隧道结构耐久性及抗渗性能专题审查会

2014 年 11 月 27 日

《汕头海湾隧道工程建设风险评估研究》通过了专家审查，对南岸围堰及明挖段、北岸河道回填段、海域隧道段盾构工法、海域隧道段沉管工法和隧道运营期进行了风险评估，并成立专家委员会（图 15）。

图 15　专家委员会成立

● **2014 年 11 月**

　　完成汕头海湾隧道工程初步设计评审，并进行了现场踏勘（图 16、图 17）。

图 16　项目初步设计评审会现场

图 17　初步设计评审会专家现场踏勘

● **2014 年 11 月**

　　完成汕头海湾隧道工程调整投资规模报告。

● **2014 年 12 月 11 日**

　　《汕头海湾隧道工程防洪评价报告》通过了专家评审（图 18），为后续项目报批提供技术依据。

图 18　工程防洪评价报告评审会

● **2014 年 12 月**

　　完成汕头海湾隧道工程调整投资规模报告评审及批复。

2015 年 1 月

广东省交通运输厅完成对本项目初步设计的批复,批复初步设计概算总额 56.7 亿元。

2015 年 2 月

汕头海湾隧道工程正式开工建设。

2015 年 12 月

南岸临时围堰完工 (图 19)。

图 19　南岸临时围堰

2016 年 2 月

开始盾构始发井及后配套工程施工。

2017 年 8 月

海湾隧道首台盾构在广州下线 (图 20)。

图 20　东线盾构下线

2017 年 12 月

东线海瑞克盾构机顺利始发（图21）。

图21　东线盾构始发仪式

2018 年 4 月

西线中铁装备盾构机顺利始发，西线隧道盾构机创造了我国自主设计制造盾构机的最大直径记录（图22）。

图22　西线盾构内部实景图

2020年5月

东线盾构隧道顺利贯通（图23）。

图23　东线盾构水下接收现场

2020年8月

西线盾构隧道顺利贯通（图24）。

图24　西线盾构隧道贯通内部实景图

·589·

2021 年 1 月

南岸临时围堰开始拆除 (图 25、图 26)。

图 25　南岸临时围堰拆除现场

图 26　建设中的南岸风塔

2021 年 12 月

汕头海湾隧道工程入围国际隧道与地下空间协会 (ITA) "2021 年度杰出工程奖" (图 27)。

图 27　汕头海湾隧道入围国际隧道与地下空间协会 (ITA)
"2021 年度杰出工程奖"